献给天津考古70周年
（1953～2023）

天津文化遗产保护成果系列之四

# 天津考古资料汇编
## （1997~2020）

天津市文化遗产保护中心 编

科学出版社

北 京

## 内 容 简 介

本书是在《天津考古四十年资料汇编（1956~1996）》基础上，对天津地区1997~2020年在各类刊物上发表考古资料的汇编。本书共收录考古综述、考古报告、考古发现等各类文献资料36篇，并附有天津地区1994年以来的考古工作年鉴以供参考。本书图文并茂，系统地梳理汇总了这一时期内正式发表的天津考古文献，旨在为天津考古及相关历史研究提供参考。

本书可供考古学、文物学、历史学等学科研究者，以及高等院校相关专业师生和广大文物考古爱好者阅读、参考。

---

**图书在版编目（CIP）数据**

天津考古资料汇编：1997~2020 / 天津市文化遗产保护中心编. —北京：科学出版社，2023.4

（天津文化遗产保护成果系列；之四）

ISBN 978-7-03-075395-3

Ⅰ.①天⋯ Ⅱ.①天⋯ Ⅲ.①考古发现-资料-汇编-天津 Ⅳ.①K872.21

中国国家版本馆CIP数据核字（2023）第069040号

责任编辑：王光明 / 责任校对：王晓茜
责任印制：肖 兴 / 封面设计：张 放

科学出版社 出版
北京东黄城根北街16号
邮政编码：100717
http://www.sciencep.com

北京汇瑞嘉合文化发展有限公司 印刷
科学出版社发行 各地新华书店经销

\*

2023年4月第 一 版　开本：889×1194　1/16
2023年4月第一次印刷　印张：25　插页：12
字数：763 000

**定价：268.00元**
（如有印装质量问题，我社负责调换）

## "天津文化遗产保护成果系列"编辑委员会

主　任：白俊峰

副主任：盛立双　唐凤红

编　委：张　旭　杨　新　杨彩红　王文国
　　　　郭男平　赵　晨

编　务：陈　扬　赵　晨　尹承龙　甘才超

# 出版说明

包括考古报告（简报）在内的各类考古资料是考古学文献的重要组成部分，也是进行考古和历史研究的第一手资料，具有十分重要的文献价值和资料价值。由于考古资料刊布形式多元，要全面系统了解一个区域一定时期内的考古发现和成果是一件很费力的事。基于上述认识，我们决定在《天津考古四十年资料汇编（1956～1996）》基础上，接续前人的工作，继续编辑出版《天津考古资料汇编（1997～2020）》一书。希望本书的出版，能为关心关注天津考古和地域历史文化的研究人员提供有益的参考和帮助。

本书是对天津考古二十余年来已发表报告、简报（包括考古资料成果）的一次系统梳理和汇总，做到了以下几点：

1）以考古报告（简报）为主，兼含考古新发现和资料性文章。

2）自1997年始，截至2020年，已公开发表（出版）。

3）力求全面和代表性。补录《天津考古四十年资料汇编（1956～1996）》遗漏的一些重要篇目；由于这段时间发表的旧石器考古报告多已收入《初耕集：天津蓟县旧石器考古发现与研究》一书中，故本书仅收录2篇旧石器考古的代表性文章。

4）尽量忠实于原文原作，所有收录的考古资料均注明出处。

本书共分四个部分：第一部分为考古综述，主要是不同时期内天津考古的综述性文章；第二部分为考古报告，主要是历年的考古简报（报告），以遗存的年代早晚排序；第三部分为考古发现，主要是见诸专业报纸、杂志等的考古发现，同样以考古对象的年代排序；第四部分是收录于1997～2020年出版的《中国考古学年鉴》里的天津考古工作年鉴，以工作时间为序排列。

为优化读者的阅读体验，本书在对所有考古资料梳理的基础上，将所有报告（资料）的文字、图片、参考文献等进行重新整理和排版，使所有篇目格式统一，图片尽可能清晰；同时对原报告中的句读、别字进行了一些调整。

需要说明的是，此次搜集整理的天津考古资料年代跨度较长，并散见于各类出版物，难免存在挂一漏万和不妥之处，敬请专家和读者在使用中及时提出指正。

天津市文化遗产保护中心
2023年4月

# 目　录

## 第一部分　考古综述类

天津市考古五十年……………………………………………天津市历史博物馆考古部（3）
天津市考古六十年……………………………………………天津市文化遗产保护中心（14）
天津旧石器遗存发现与研究述要
　　………………………………天津市文化遗产保护中心　吉林大学边疆考古研究中心（27）

## 第二部分　考古报告类

天津蓟县东营坊旧石器遗址发掘简报
　　……………………………中国科学院古脊椎动物与古人类研究所　中国科学院大学
　　　　中国科学院脊椎动物演化与人类起源重点实验室　吉林大学边疆考古研究中心
　　　　天津市文化遗产保护中心　中国社会科学院考古研究所（43）
天津蓟县青池遗址发掘报告………………天津博物馆　天津市文化遗产保护中心（50）
宝坻秦城遗址试掘报告………………………天津市历史博物馆考古部　宝坻县文化馆（98）
天津蓟县西关汉墓2006年发掘简报………天津市文化遗产保护中心　蓟县文物管理所（133）
天津蓟县邦均两座古墓的清理…………………………………天津市文物管理处考古队（144）
天津市武清县兰城遗址的钻探与试掘…………………………天津市历史博物馆考古部（148）
天津市西辛庄唐代遗址发掘简报……天津市文化遗产保护中心　天津市宝坻区文化馆（167）
天津蓟县白马泉晚唐墓…………………………天津历史博物馆考古队　蓟县文物保管所（173）
天津蓟县弥勒院村辽墓…………………………天津历史博物馆考古队　蓟县文物保护管理所（178）
蓟县鼓楼遗址发掘简报…………………………………………天津市文化遗产保护中心（184）
天津市宝坻区哈喇庄遗址的发掘………………天津市文化遗产保护中心　宝坻区文化馆（193）
天津市蓟州区下闸村辽代水井的发掘
　　……………………………………天津市文化遗产保护中心　蓟州区文物保护管理所（209）
天津市宝坻区茶棚村发现金代石椁墓
　　……………………………………………天津市文化遗产保护中心　宝坻区文化馆（216）
天津静海谭庄子金元遗址发掘简报……………………………天津市文化遗产保护中心（224）

天津蓟县城关镇明敦典墓……………………………………………天津市文化遗产保护中心（236）
天津蓟县吴庄明代墓葬考古发掘简报
　………………………………………天津市文化遗产保护中心　蓟县文物保护管理所（241）

# 第三部分　考古发现类

天津蓟州朝阳洞发现旧石器遗址………………………………………………………（249）
宝坻县歇马台出土一批刀币……………………………………………………………（251）
静海县西钓台古城址的调查与考证……………………………………………………（253）
天津静海出土陶文选释…………………………………………………………………（258）
天津蓟县城西发现大规模古墓群………………………………………………………（266）
天津蓟县小毛庄汉墓考古发掘新收获…………………………………………………（268）
天津蓟县小毛庄东汉列侯家族墓………………………………………………………（270）
天津蓟县小毛庄东汉画像石墓…………………………………………………………（272）
宝坻县北台发现古墓……………………………………………………………………（274）
蓟县贾各庄发现一批古钱币……………………………………………………………（276）
元代河西务漕运遗存……………………………………………………………………（278）
北运河张湾明代沉船遗址的发掘………………………………………………………（281）
天津城城砖拾记…………………………………………………………………………（290）
挖掘明代天津卫北门瓮城闻见记………………………………………………………（294）
天津出土大批铁钱币……………………………………………………………………（298）
天津大胡同商业中心挖出"兵器库"……………………………………………………（299）
天津武清县出土金元银铤………………………………………………………………（300）

# 第四部分　历史考古年鉴

1994年年鉴………………………………………………………………………………（305）
　武清县北双庙石器……………………………………………………………………（305）
1995年年鉴………………………………………………………………………………（306）
　宁河县桐城遗址………………………………………………………………………（306）
1998年年鉴………………………………………………………………………………（307）
　蓟县青池新石器时代及商周遗址……………………………………………………（307）
1999年年鉴………………………………………………………………………………（308）
　蓟县青池新石器时代及青铜时代遗址………………………………………………（308）
　宝坻县哈喇庄金元时期遗址和明清墓葬……………………………………………（308）

天津旧城东门城楼基址……………………………………………………（309）
2000年年鉴………………………………………………………………………（310）
　　静海县后双战国、汉代、金元及明清遗址……………………………（310）
　　静海县王匡战国至魏晋及金元时期遗址………………………………（310）
　　静海县杨家汉代及金元时期遗址………………………………………（311）
　　静海县谭庄子金元时期遗址……………………………………………（311）
　　静海县沉船及相关遗迹…………………………………………………（312）
　　静海县袁家元明遗址……………………………………………………（312）
　　静海县佛寺明代遗址……………………………………………………（313）
　　静海县西长屯明代遗址…………………………………………………（313）
2001年年鉴………………………………………………………………………（314）
　　蓟县大安宅商周、战国、汉唐及辽至明代遗址………………………（314）
　　蓟县东大井汉墓…………………………………………………………（315）
2002年年鉴………………………………………………………………………（317）
　　宝坻县西辛庄唐代遗址…………………………………………………（317）
　　蓟县五里庄辽代墓地……………………………………………………（317）
　　宝坻县东辛庄金代遗址…………………………………………………（318）
　　蓟县西庄户元代遗址……………………………………………………（319）
2003年年鉴………………………………………………………………………（320）
　　蓟县东大屯汉墓…………………………………………………………（320）
　　蓟县小毛庄汉代及明代墓群……………………………………………（321）
　　蓟县七里峰汉代石刻遗迹………………………………………………（321）
2004年年鉴………………………………………………………………………（323）
　　蓟县东大井西周遗址和汉代、明清墓葬………………………………（323）
　　武清区南蔡村镇韩营村战国至汉代墓地………………………………（324）
　　蓟县崔店子战国、汉代、明清墓葬……………………………………（324）
　　蓟县独乐寺西墙外汉至清代遗址及汉魏时期墓葬和明清城墙基址…（325）
　　蓟县东大屯汉墓…………………………………………………………（326）
　　宝坻区辛务屯唐代遗址和元明时期墓地………………………………（326）
　　蓟县千像寺遗址…………………………………………………………（327）
　　河东区大直沽明清酒坊遗址……………………………………………（328）
2006年年鉴………………………………………………………………………（329）
　　蓟县旧石器时代遗址……………………………………………………（329）
　　蓟县于桥水库新石器时代至战国及辽金元时期遗址…………………（329）
　　静海西钓台战国及宋代遗址及唐宋墓葬………………………………（330）

静海古城洼东周时期遗址 (331)
静海县鲁辛庄东周时期遗址 (331)
静海县杨家疙瘩汉至唐代遗址 (332)
京津城际轨道交通工程（天津段）沿线汉至金元时期遗址 (332)
京津高速公路工程（天津段）沿线汉至明代遗址 (333)
静海后石门宋金时期遗址 (334)
静海县袁家疙瘩元代窑址 (335)
蓟县桃花园明清墓群 (335)

## 2007年年鉴 (337)
武清区齐庄商周至清代遗址和墓地 (337)
武清区兰城战国至明清遗址和墓地 (338)
武清区大桃园汉代窑址 (338)
武清区东岗子西汉遗址唐代窑址明清墓葬 (339)
蓟县城关镇小毛庄汉唐明清墓葬 (340)
蓟县西关汉墓和明清墓葬 (340)
武清区白古屯东汉至宋元时期遗址 (341)
蓟县鼓楼南大街唐至明清时期遗址 (342)
蓟县东营坊金代窑址和明清墓地 (342)
武清区八里庄元明遗址 (343)
蓟县桃花园明清墓地 (344)
塘沽区明清大沽口炮台遗址 (344)
武清区太子务明清墓地 (345)
蓟县上宝塔明清墓葬 (345)
武清区南辛庄明清墓地和窑址 (346)
塘沽区清大沽船坞遗址 (346)

## 2008年年鉴 (348)
蓟县东营坊旧石器时代晚期遗址 (348)
蓟县上宝塔唐墓及明清墓葬 (349)
蓟县西大佛塔村唐辽时期塔基 (350)
京沪高速铁路（天津段）沿线辽金至明清时期遗址 (351)
大港区沈清庄金元和明代遗址 (351)
蓟县长城资源调查 (352)
南开区天津文庙明清建筑基址 (353)
宝坻区朱刘庄明清墓葬 (354)
东丽区牧场新村与朱庄村清代墓地 (354)

塘沽区清代大沽海神庙遗址……（355）
## 2009年年鉴……（356）
津南区巨葛庄东周时期遗址和清代墓葬……（356）
宁河县西塘坨元代遗址……（356）
宁河县杨家岭元代窑址及清代墓葬……（357）
武清区青坨元明时期窑址……（357）
天津段明长城调查……（358）
蓟县清允禟陪葬墓……（359）
武清区东肖庄清代遗址……（360）
## 2010年年鉴……（361）
蓟县小毛庄明清墓群……（361）
塘沽区明清大沽口炮台遗址……（361）
## 2011年年鉴……（362）
静海县谷庄子战国遗址……（362）
静海县程庄子唐代遗址……（362）
东丽区大宋庄清代遗址……（363）
蓟县龙庭庄园清代墓葬……（363）
## 2012年年鉴……（364）
锦州—郑州成品油管道工程（天津段）沿线考古调查……（364）
蓟县远景城工程汉明清墓葬及唐代窑址……（365）
静海县顺小王庄村元代水井……（366）
津南区小站"米立方"建设工地考古调查……（366）
北塘清仁正营炮台遗址……（367）
天津海域水下文物重点调查……（367）
## 2013年年鉴……（369）
蓟县东五百户唐代墓葬……（369）
北辰区张湾明代沉船遗址……（369）
滨海新区明清大沽口北岸炮台遗址……（370）
## 2014年年鉴……（371）
宝坻区歇马台商周遗址……（371）
武清开发区两汉及北朝墓群……（372）
蓟县小毛庄东汉墓葬……（372）
蓟县赵家湾唐代窑址……（373）
津南区宋代三女砦遗址……（374）
蓟县吴庄明代墓葬……（374）

天津水下文化遗产重点调查 ……………………………………………………………（375）
2015年年鉴 ……………………………………………………………………………………（376）
　　宁河县田庄坨战国遗址 …………………………………………………………………（376）
　　蓟县小毛庄东汉列侯家族墓 ……………………………………………………………（376）
　　静海县明清文庙遗址 ……………………………………………………………………（377）
　　天津大沽口Ⅱ号沉船重点调查 …………………………………………………………（378）
2016年年鉴 ……………………………………………………………………………………（379）
　　蓟县旧石器考古调查 ……………………………………………………………………（379）
　　大沽口海域水下考古调查 ………………………………………………………………（380）
2017年年鉴 ……………………………………………………………………………………（381）
　　蓟州区官善村商周至明清时期遗址 ……………………………………………………（381）
2018年年鉴 ……………………………………………………………………………………（382）
　　静海区纪庄战国至汉代遗址 ……………………………………………………………（382）
　　静海区西钓台村西战国、汉代和金元时期遗址 ………………………………………（382）
　　蓟州区下闸村辽代水井 …………………………………………………………………（383）
　　蓟州区大云泉寺村辽金墓 ………………………………………………………………（383）
　　蓟县明清多宝佛塔遗址 …………………………………………………………………（384）
　　津南区慈云寺遗址 ………………………………………………………………………（385）
　　蓟州区中峪清代墓葬 ……………………………………………………………………（385）

# 第一部分

## 考古综述类

# 天津市考古五十年

天津市历史博物馆考古部

## 一

天津市介于北纬38°33′00″~40°15′02″，东经118°42′05″~118°03′35″，面积11305平方千米，位于华北平原东北部，北枕燕山，东临渤海。从山地到海滨的地形大体分为山地丘陵、洪积冲积平原、河流冲积平原、海积冲积平原和滨海平原几个区域。海河与蓟运河等河流分别在天津入海。

"天津"得名于明朝永乐年间，意为天子经由的渡口。1949年以来，天津市的隶属关系和行政区划经历了多次变动，1979年确定了现区划。今辖13个区5个县。

以现天津市行政区划范围内古代遗存为对象的天津考古，其实质是以海河水系区和蓟运河水系区为重心的区域考古。天津特殊的地理区位，使天津考古成为中国北方沿长城地带与环渤海地区考古的结合点。

## 二

天津考古工作大体经历了三个阶段：第一阶段（20世纪50~60年代），试掘、调查和小型发掘，本阶段主要以年代学研究与历史地理考证为主。第二阶段（20世纪70~80年代），侧重遗址的编年分期和专题研究，初步建立起天津地区的考古遗存编年。第三阶段（20世纪90年代以来），学科目的日趋明确，科研体系逐渐形成。

目前一般认为，天津考古始于1956年12月天津市文化局试掘东郊张贵庄战国墓[1]。其实，现天津市行政区划范围内最早的考古工作应当是1953年3月中国科学院考古研究所调查宁河县四遗址[2]。宁河调查和东郊试掘都使考古工作人员认识到，所发现的遗存对于研究天津历史与地理将产生积极的作用，为天津考古开了个好头。此后，天津史编纂室和天津市文化局考古发掘队分别对渤海湾西岸海河水系区和西北岸蓟运河水系区进行考古调查[3]，初步确定了以古遗存年代、通过古遗存研究天津平原海陆变迁、通过古遗存研究天津古代史为基本内容的研究方向。1965年蓟县张家园遗址试掘[4]，在天津考古界最先提出根据遗址的地层和遗物对遗址分期。这次试掘为下一阶段研究重点的形成奠定了基础。

20世纪70~80年代，天津考古对遗址编年分期表现出极大的兴趣，于是有了蓟县围坊遗址[5]、张家园遗址第二次[6]和第三次[7]、宝坻牛道口遗址[8]等代表性发掘。这几处遗址的青铜遗存，不仅成为天津考古发现和研究的重点，而且随着沿长城地带考古课题的深入展开，成为不可或缺的内容。天津汉城调查与汉墓发掘，是本阶段天津考古的又一重点。与此同时，还从汉代考古与渤海湾西岸海岸线变迁研究中派生出"西汉后期渤海湾西岸海侵"问题[9]。蓟县围坊、张家园、下埝头[10]和宝坻牛道口遗址新石器时代遗存的相继被发现，把天津地区新石器时代考古提到日程上来。1979年和1989年，进行了两次全市范围文物普查，基本搞清天津市地上地下文物分布情况。结合发掘，初步建立起天津地区考古遗存编年序列。

20世纪90年代以来，在《田野考古工作规程》指导下，规范了田野发掘和室内整理，天津考古整体水平有所提高。蓟县青池新石器—青铜遗址、弥勒院新石器—青铜遗址、宝坻秦城战国汉遗址、武清兰城战国汉魏遗址、宝坻哈喇庄金元明清遗址、南开区明清天津城东门遗址、河东区大直沽中台元明清遗址、大直沽天妃灵慈宫等遗址的发掘和资料整理，为完善和深化天津地区新石器时代至明清的考古遗存编年序列，提供了科学依据和骨干资料。

城市史学给予天津考古新的视角和理论方法。近年来，在天津战国汉城、明清天津城的调查、发掘、考证的基础上，正在逐渐形成旨在探讨城市与人类文明关系的天津城市考古。

环境考古学把天津考古带有某些历史地理色彩的贝壳堤与海岸线、天津平原成陆、汉代海侵等专题研究，改造为旨在探讨天津地区全新世以来人地关系的天津环境考古。

历史学不满足天津考古多年来在补史证史方面做的工作，对天津考古提出了更高的要求。近年来，天津考古正朝着这样一个方向去努力：建立天津地区考古学文化的历史，揭示阐释在考古遗存中观察到的规律，通过文化变迁过程结合历史文献，复原天津古代社会和城市历史。

博物馆学教会天津考古如何从书本里跳出来，走到群众中去。近年来，天津考古开始思考科研向科普转化的新问题，并进行了一些有益的尝试。

天津考古自从张贵庄墓发掘，就遇到了配合工程的问题。20世纪80年代以来，许多汉墓和重要遗址都是在大型基本建设项目（如大秦铁路、盘山热电厂等）中发现的。但是至今天津考古工作尚未纳入城乡建设程序里，工作很被动。总结80年代以来配合工程考古工作的经验和教训，在被动中多少争得一些主动的最好办法是，把将要发生和正在发生的配合工程考古置入既定的科研体系里，使配合工作具有一定的前瞻性和学术性，这确实能够解决一些学术问题（如编年序列问题、城市探源问题等）。同时做好科普和舆论宣传工作。这几年正是因为这样做了，所以才更加得到各级领导和社会各界的重视与支持。

## 三

截至目前，天津市发现古代遗址、墓葬、建筑和碑刻近900处，约占天津现有文物资源的60%。据目前掌握的资料统计，明代以前（包括明代）的古遗址、墓葬共计568处。在天津市18个区县的分布情况见表一。

表一 天津市古代遗址墓葬分布表

| 区县\时期数量 | 新石器前期 | 新石器后期 | 石器地点 | 夏商 | 西周 | 春秋 | 战国 | 两汉 | 魏晋北朝 | 隋唐 | 宋 | 辽 | 金 | 元 | 明清 | 总计 |
|---|---|---|---|---|---|---|---|---|---|---|---|---|---|---|---|---|
| 蓟县 | 5 | 2 | 0 | 8 | 8 | 1 | 11 | 31 | 0 | 1 | 0 | 9 | 1 | 1 | 7 | 85 |
| 宝坻 | 0 | 1 | 4 | 3 | 1 | 4 | 15 | 20 | 0 | 1 | 0 | 31 | 4 | 41 | 15 | 140 |
| 武清 | 0 | 1 | 1 | 0 | 1 | 0 | 8 | 35 | 1 | 5 | 0 | 21 | 1 | 36 | 10 | 120 |
| 宁河 | 0 | 0 | 3 | 0 | 1 | 0 | 11 | 18 | 1 | 0 | 1 | 1 | 0 | 7 | 7 | 50 |
| 北辰 | 0 | 0 | 1 | 0 | 0 | 0 | 7 | 1 | 0 | 0 | 0 | 0 | 0 | 1 | 0 | 10 |
| 西青 | 0 | 0 | 0 | 0 | 0 | 0 | 4 | 1 | 0 | 0 | 2 | 0 | 3 | 3 | 7 | 20 |
| 东丽 | 0 | 0 | 0 | 0 | 0 | 0 | 3 | 4 | 0 | 5 | 1 | 0 | 0 | 0 | 0 | 14 |
| 津南 | 0 | 0 | 0 | 0 | 0 | 1 | 20 | 2 | 0 | 1 | 3 | 0 | 0 | 0 | 0 | 27 |
| 静海 | 0 | 0 | 0 | 0 | 0 | 0 | 9 | 11 | 0 | 2 | 5 | 0 | 1 | 3 | 0 | 31 |
| 大港 | 0 | 0 | 0 | 0 | 0 | 0 | 9 | 11 | 1 | 1 | 2 | 0 | 3 | 15 | 14 | 56 |
| 河东 | 0 | 0 | 0 | 0 | 0 | 0 | 0 | 0 | 0 | 0 | 0 | 1 | 2 | 3 | 0 | 6 |
| 河西 | 0 | 0 | 0 | 0 | 0 | 0 | 0 | 0 | 0 | 0 | 0 | 0 | 0 | 0 | 1 | 1 |
| 河北 | 0 | 0 | 0 | 0 | 0 | 0 | 0 | 0 | 0 | 0 | 0 | 0 | 0 | 0 | 1 | 1 |
| 红桥 | 0 | 0 | 0 | 0 | 0 | 0 | 0 | 0 | 0 | 0 | 0 | 0 | 0 | 0 | 0 | 0 |
| 南开 | 0 | 0 | 0 | 0 | 0 | 0 | 0 | 0 | 0 | 0 | 0 | 0 | 0 | 0 | 2 | 2 |
| 和平 | 0 | 0 | 0 | 0 | 0 | 0 | 0 | 0 | 0 | 0 | 0 | 0 | 0 | 0 | 1 | 1 |
| 汉沽 | 0 | 0 | 0 | 0 | 0 | 0 | 0 | 0 | 0 | 0 | 0 | 0 | 0 | 2 | 2 | 4 |
| 塘沽 | 0 | 0 | 0 | 0 | 0 | 0 | 0 | 0 | 0 | 0 | 0 | 0 | 0 | 0 | 0 | 0 |
| 总计 | 5 | 4 | 9 | 11 | 11 | 6 | 97 | 134 | 4 | 16 | 14 | 62 | 14 | 111 | 70 | 568 |

现将天津地区新石器时代至明清时期的考古遗存编年序列概括如下[11]：

**1. 新石器时代前期**

1）青池一期[12]。
2）青池二期。
3）青池三期、下埝头一期、弥勒院一期。
4）下埝头二期、弥勒院二期、围坊一期[13]、张家园一期[14]等。

**2. 新石器时代后期**

弥勒院三期、张家园二期[15]、牛道口一期。

**3. 夏商时期**

张家园三期[16]、围坊二期、弥勒院四期、牛道口二期等。

### 4. 西周时期

张家园四期[17]和铜器墓、围坊三期、弥勒院五期、牛道口三期等。

### 5. 春秋战国时期

1）津南巨葛庄和商家岭子陶鬲[18]、蓟县西山北头青铜短剑[19]。

2）兰城一期、秦城一期、西钓台城址战国遗存[20]以及张贵庄墓、巨葛庄墓、牛道口墓[21]、西北隅墓[22]等。

### 6. 两汉时期

秦城二期、兰城二期和三期、西钓台城址汉代遗存以及双口墓[23]、体育学院墓[24]、宜城墓、牛道口墓[25]、东关墓[26]和别山墓[27]、辛西墓[28]、田庄坨墓[29]、兰城墓[30]、东滩头墓[31]等。

### 7. 魏晋北朝时期

1）兰城四期后段、西南堼遗存[32]、城顶子（即大海北）遗存等。

2）大港窦庄子造像[33]。

### 8. 隋唐时期

1）窦庄子隋墓[34]、张村隋墓[35]等。

2）军粮城唐墓[36]、蓟县唐墓等。

### 9. 宋辽金元时期

1）双港寨、泥沽寨、三女寨遗址以及东滩头宋墓[37]、西钓台宋墓等。

2）抬头村辽墓[38]、营房村辽墓[39]等。

3）小云泉寺遗存[40]、哈喇庄二期以及东滩头金墓、上沽林金墓等。

4）哈喇庄三期、小甸子遗存[41]、大直沽中台一期、天妃宫一期以及弥勒院元墓等。

### 10. 明清时期

明清天津城址、大直沽中台二期和三期、天妃宫二期和三期以及菜园明墓[42]、敦信墓[43]等。

新石器时代前期，蓟县山前平原上存在着两种不同的文化遗存。第一种以青池遗存为代表，出现年代较早，大约距今8000年。典型陶器为夹砂褐陶"之"字纹筒形罐、圈足钵、盆、鸟（或兽）首形支脚等。晚期出现了少量泥质红陶器。这种遗存跟北京平谷上宅遗存[44]的面貌、年代都很接近，属于以"之"字纹筒形罐为代表器的燕山文化系统。第二种以弥勒院遗存为代表，出现年代较晚，大约距今6000年。典型陶器为夹砂褐陶素面釜、支脚和泥质红陶盆、钵、壶等。晚期出现了为数不多的黑彩红陶器。无论早期还是晚期都有一些夹砂褐陶"之"字纹筒形罐（与青池的形异）与典型陶器共生。这类遗存不仅见于州河流域的弥勒院遗址，还见于沟河流域的下棪头、张家园遗址。目前这类遗存在考古文献中还找不到合适的对比材料，只知其晚期的面貌跟辽河流域的红山文化有某些相似之处。这类遗存从整体上看，基本属于以釜、支脚为代表器的太行山东麓文化系统。

新石器时代后期以弥勒院三期为代表的遗存，典型陶器为夹砂绳纹罐、泥质篮纹罐、瓮、大口尊及素面杯等。未见空足三足器。目前这类遗存发现不多，面貌反映得不充分。据现有资料，大约能够跟河北蔚县三关三期[45]、北京昌平雪山二期[46]等冀北龙山时期遗存相比较。

新石器时代石器地点共发现9处。北辰区和武清县、宝坻县发现的石器多数是新石器时代前期的石耜、石磨棒及扁圆宽体石斧。石器埋藏深度：北辰、武清器，距地表5.6~8.1米；宝坻器，距地表4~4.7米。宁河县发现的石器主要是新石器时代后期的近似圆柱状长体石斧及石凿。石器埋藏深度距地表1.5~2.5米。

以张家园三期、围坊二期为代表的夏商时期青铜遗存，主要见于蓟县、宝坻。关于这类遗存的属性，学术界有两种意见：一种意见认为属于夏家店下层文化的一个类型[47]，另一种意见认为应当立为一种新的考古学文化[48]。据北京密云凤凰山[49]、房山琉璃河[50]、河北蔚县三关等遗址[51]的同类遗存分析，这种遗存的遗址陶器与墓葬陶器存在一定的区别。就遗址陶器而言，与辽河流域的夏家店下层文化遗址陶器差别较大，就墓葬陶器尤其是筒形鬲而言，与夏家店下层文化的同类器又很相似。若依墓葬陶器定性，可将这类遗存视为夏家店下层文化的一个类型。但截至目前，天津尚未发现以张家园、围坊为代表的墓葬遗存，因此关于这类遗存的文化性质，还有待新的考古发现与进一步深入研究。

西周时期，主要存在着两类青铜遗存。一类以张家园四期为代表。典型陶器为高领叠唇柱跟绳纹鬲、甗、罐、盆、瓮、敛口钵等。口部叠加泥带拍印绳纹是这类陶器常见风格。张家园第二次发掘F1和H11、第三次发掘87临T4②，可能代表了早晚不同阶段。F1的陶器与H1、87临T4②的形态有别，H1和87临T4②有西周早期鬲、簋共生。据此推测，F1代表的年代可能在商周之际（帝辛、武王时期）。另一类以围坊三期为代表。典型陶器为斜领无足跟绳纹鬲、甗、罐、盆、瓮、敛口钵等。交叉僵直的绳纹是这类陶器多见的特征。围坊遗址T5①和T8②两组陶器有别，暗示着年代的区别。目前天津地区内还没有发现张家园、围坊两类遗存在同一遗址存在，因此在层位上找不到二者直接的年代关系。如果把张家园四期和北京琉璃河[52]、河北涞水炭山[53]等遗存视为同类文化遗存，把围坊三期和河北宣化李大人庄[54]、河北涞水渐村[55]等遗存视为同类文化遗存，那么在天津周邻地区也没发现两类遗存并存在同一遗址内。至今在围坊三期一类的遗存里尚未见到商周陶器共生，这一现象或许能够作为这类遗存仅有可能早于以张家园H1和87临T4②为代表遗存的依据。以往关于张家园四期和围坊三期是同一文化的认识[56]，以及二者是早晚接替的两种文化的认识[57]，都有再检讨的必要。

这个时期的墓葬发现了两种。张家园、刘家坟以铜鼎、簋为随葬器。据器形、组合和铭文，知为周人墓。弥勒院五期墓以敛口陶钵为随葬器，殆为土著人墓。后种墓葬属于张家园四期抑或围坊三期，尚有待研究。

周人铜器墓在张家园四期遗址里出现，商周陶器在遗址里和土著陶器共生，明白地反映出随着周初分封，土著文化被涵化与燕文化形成的过程。

春秋遗存暂付阙如。大约春秋晚战国早的津南区巨葛庄、商家岭子鬲和蓟县西山北头青铜短剑，分别透露出燕文化和北方系青铜文化（山戎）在平原与山前地区活动的线索。

战国时期，燕文化占据了天津绝大部分地区，北部地区仍可见到北方系青铜文化因素的遗存。南部地区发现了齐文化曾于一个时期插入的现象。

在静海、武清、宝坻，都发现有战国城址。秦城、兰城等遗址出土的各类建筑瓦件和各种陶器，表现出和河北易县燕下都[58]同类器物的相对一致性。在其他遗址调查采集的遗物，也大都与此相近。张贵庄、歇马台等墓葬，据陶器大体分为三类：①红陶直腹柱足鬲（燕式鬲），如张贵庄M1、M7；②灰陶三足罐，如张贵庄M6、M8、M14、M30；③灰陶三足罐和仿铜礼器，如张贵庄M3、M4、M23。红陶鬲一般不和灰陶仿铜礼器发生组配关系。作为瓮棺墓葬具的夹云母（砂）红陶釜，有卵形和筒形两种，多为同形器组配使用，间或有异形组配者。以上三种陶器墓和瓮棺墓，目前都被视为燕文化遗存。至于三种陶器组合墓的社会含义，还没有令人满意的解释。

宝坻牛道口M7和M11随葬的褐陶、灰陶素面罐，明显区别于同时期的燕文化陶器。这种含有非燕文化因素的陶器墓，又见于河北、辽宁等地。以牛道口M7、M11为代表的遗存，或许是北方部族在天津北部地区活动的物证。

静海西钓台城址出土的"陈和忐左廩"陶量残片和大港沙井子出土的"平阳"戈、"平□"戈[59]等齐国遗物，反映了齐国和燕国争夺领土的历史。过去所说的巨葛庄"区釜"齐量器[60]，在山东省齐国境内从未发现过。检齐国量器亦无自名为"区釜"者。巨葛庄器上被释为"区釜"二字的形体，跟山东出土的齐国陶文"区""釜"[61]二字差别很大。过去的释读和据以为说均误。目前能够定为齐国遗物的，仅限于有铭器物。陶器和其他器物估计应当存在，但需从已有的资料中比较甄别。

原属燕国的"宝坻秦城"，于燕国灭亡后被纳入秦朝郡县制体系里。在秦城内采集的石质印范（母范），一面刻有"泉州丞印"，另一面刻有"范阳丞印"，阴文，田字界格，具有秦印特征。泉州、范阳，西汉时分属两郡，秦时属何郡、为什么这两县刻在同一印范上，这些都有待研究。只有解决了印范的疑问，似乎才好确定秦城与文献记载的对应关系。宝坻秦城出土遗物能确定为秦物的，仅印范一件。其他的遗物，尤其是陶器，尚混在战国或汉代遗存里没有区别出来。

过去报道天津发现6座汉代城址，即静海西钓台、宝坻秦城、武清城上、邱古庄、兰城、大宫城古城[62]。据地面勘察，西钓台古城长、宽均为500余米，城上古城边长约500米，大宫城古城长600、宽500米，"邱古庄古城"并不存在。经钻探，秦城为不规则的四边形，北墙长910米（在462米和448米处罄折），东墙长658、南墙长820、西墙长474米，总面积近50万平方米。此城形制、大小均与汉城不合。城址发掘表明，该城建于战国晚期，废于西汉早期，不是汉城。1991年对兰城进行了钻探，此次钻探没有发现城墙。试掘出土的各种板瓦、筒瓦和大量陶器，似乎又非一般居址所有。故而兰城是否为城址，目下一时难下结论。近年在今蓟县县城地下发现可能存在着汉城。

汉墓分布范围较广，但不均匀。静海县汉墓相对集中在西钓台城址所在的陈官屯乡。武清县汉墓以兰城遗址所在的高村乡最为密集，鲜于璜墓就在遗址附近。蓟县汉墓以今县城城关周围和邻乡最多。宝坻县汉墓分布在县北部地势稍高处，数量不多，分布不密。宁河汉墓不多。市四郊汉墓仅有零星发现。汉墓这种分布特点，应当和汉城的存在有关。

汉墓形制分为土坑墓和砖室墓两类。前者多为西汉，后者多为东汉，两类并见于西汉晚期和东汉早期。墓的随葬陶器粗略分为两大类：壶、罐、瓮、罐、壶、瓮、罐一类；壶、瓮、罐和盒、奁、盘、勺、杯、仓、灶、井、猪、狗、鸡、鸭等一类，这类或有楼。前一类组合可延至东汉初早期，后一类组合的部分器物（如盒），可出现在西汉中晚期。后一类组合器物的种类、数量都多，且有陶楼者，多为东汉中晚期较大的墓。这种粗略的分类，分别见于北辰双口、宝坻宜城、牛道口、宁河田庄坨、蓟县东关、别山、辛西、邦均和静海东滩头等墓葬。目前天津已积累了250座汉墓发掘资料，汉墓编年分期研究亟待进行。

原战国燕文化分布范围内的汉代遗存，往往继续沿用夹云母（砂）红陶釜和小盆，大约一直延续到东汉末年。天津的考古发现和北京、河北、辽宁见到的情况基本相同。

武清兰城遗址最晚的遗存里有一种瓦头捏成波状的"花边板瓦"，被视作汉魏遗物。这类"花边板瓦"又见于宁河城顶子、东丽西南疃遗址。如果"花边板瓦"断代不误的话，那么宁河、东丽这两处遗址为探讨曹魏开凿的泉州渠的位置，提供了可资参考的地理坐标。北朝遗存仅在大港窦庄子一带相继发现一批北魏铜造像。而见诸北京、河北的北齐墓，不知何故至今没有发现。

隋唐时期遗存主要分布在津浦铁路以东地区，多是单室墓，尤以东丽区军粮城靠近隋唐海岸线一带相对集中。军粮城唐墓出土的人首鱼身俑，带有鲜明的沿海色彩。这些很容易使人和文献记载的唐"三会海口"产生联想。近年来在蓟县开始发现晚唐单室墓。

需要提及的是，市区三岔河口附近发现的唐"永徽二年"石造像，过去认为和唐"三会海口"及所谓"务本唐城"有关[63]。地质资料表明，天津市区（主要是海河两岸地区）成陆年代很晚，大约为距今3500～3000年。迄今还没在市区范围内发现唐代的文化堆积。该造像不是发掘品，出土情况不详，考虑到天津近年时有古代石造像（甚至外国神像）出土，这尊造像不应是天津市区唐代的遗留物。

海河以南的宋代寨铺遗址尚未发掘，宋墓只清理了几座。海河以北的辽墓，因工作有限，编年不清。时下每每提及辽墓，则举抬头、官庄二例，或谓之两个类型。

宝坻哈喇庄金元时期遗址的分期和河东大直沽中台、天妃灵慈宫元明清遗址的分期，为天津地区金元明清考古遗存编年提供了标尺。同时对遗址常见的砖、瓦、勾头、滴水等建筑构件和瓷器、陶器的断代有了比较清楚的认识，对金元明清的民居和寺庙建筑有了更多的了解。

元代的遗址，多数靠近河流分布。根据遗址分布走向，结合沉船地点，可以大体复原出元代漕运的三条路线：①南运河—北运河，②海—直沽口—北运河，③海—北塘口—蓟运河。根据遗址分布走向还能看出古今河道的变化。

20世纪70年代以来，配合市区建设，先后发现1902年以后埋入地下的明清天津城的东、西、北墙基。清理了东门瓮城基础。发掘了三岔河口炮台基址。这些考古发现，在建城修城的时间、次数、建筑工艺及旧城墙与现今围城马路的对应关系等方面，有所收获，为明清天津城的复原研究提供了宝贵的一手资料。

过去天津史学界普遍认为天津传统时期（城市史指古代而言）城市起源于老三岔河口地区（小直沽，今南开区天后宫一带）。自从河东区大直沽考古发现元明清三个时期的堆积和宋金遗物、元代建筑基址后，史学界开始对过去的认识进行检讨。以元代天妃宫（东庙）为重心的大直沽地区，是目前市区内发现的文化堆积最厚、内涵最丰富的遗址区。该地区的考古发现，为探讨金代直沽寨、元代海津镇的所在提供了可能。而目前在小直沽地区还不具备城市探源的条件。但是，地质资料表明，小直沽地区的人工堆积层厚度和大直沽的一样，深达6米。该地区也有元代的天妃宫（西庙，比东庙始建年代略晚）。小直沽地区考古工作的深入展开，将会使城市探源问题复杂化。

## 四

由于天津所处的独特地理环境，天津考古从20世纪50年代开始时就注意到古遗存和贝壳堤、海岸线的关系[64]。据渤海湾西岸古代遗存和贝壳堤而提出的海陆变迁研究[65]，据古遗存"年代割裂现象"而提出的西汉后期海侵研究[66]，成为20世纪60~80年代天津考古最具特色的阶段性成果。20世纪90年代以来，在过去研究的基础上，结合自然科学，明确提出天津环境考古的研究课题。

地质学关于渤海湾地区的最新认识，为天津考古提供了考察史前和历史时期人类文化发展的环境背景。

开始于距今12000年的全新世海进，至距今6000年左右时，从宝坻—武清—沧州一线后退，海进变为海退，原先被海水淹没的地区逐渐成为陆地。距今4000年是天津环境变迁的重要分界线。此前气候温暖，降水充沛。此后气候转冷，降水减少，以海洋影响为主的环境逐渐让位于陆相影响不断增强的环境。从而导致了天津南部贝壳堤平原和北部牡蛎礁平原的形成。

贝壳堤在气候寒冷期最发育，而牡蛎礁仅存在于气候温暖期。发育的贝壳堤和死亡的牡蛎礁，均可视为古海岸的标志。一系列贝壳堤和牡蛎礁的绝对年代，为研究海陆变迁提供了重要依据。值得注意的是，贝壳堤平原上每一列贝壳堤向陆的一侧均有宽浅的洼地，尤以白塘口—沙井子一列和军粮城—岐口一列之间的最为发育，存在着较大的水体。牡蛎礁平原上，近东西向岭地（坨子）和洼地（如七里海）相间布列。由于受到众多洼地的阻隔，人类活动遗留下的遗址、墓葬多呈条块状分布。发现于贝壳堤和牡蛎礁之上的古遗存年代，往往比贝壳堤或牡蛎礁的年代晚数百年或千余年。这是因为贝壳堤形成后或牡蛎礁死亡后的相当长一段时间内，仍为湿地或沼泽环境，需要进一步堆积或与内陆连通才能满足古代先民居住的最低条件[67]。

如果从宁河芦台向西而南依次连接距离海岸线最近的战国、汉代遗址，一直连到河北省黄骅、海兴县，能够大体勾勒出一条像侧伸张开的手掌样海岸线。有遗址的岭地外凸若三角洲，没遗址的洼地内凹若小海湾。市区河东大直沽ZH4孔柱状剖面显示，距今10000～3000年为海相堆积，从而证实了"小海湾"的存在。被认作西汉泉州故城的武清城上村城址坐落在"天津小海湾"的西北，适与《汉书·地理志》载沽水、治水至泉州入海相吻合。指状岸线和"小海湾"的复原为北南向各列贝壳堤断续分布和局部存在西东向贝壳堤的现象找到一种解释。渤海湾西岸岭地与洼地从北向南相间分布的成因，大约和新构造活动的沉降、断裂以及泥沙质冲积物、海积物垂向加积作用有关。隋唐岸线大致和战国汉岸线相似。宋代以后形成和现岸线平行的弧状岸线。

距今8000年以来的天津先民活动，始终受到环境变迁的制约。距今8000～6000年的文化遗存，仅存在于蓟县山前洪积冲积平原区。距今5000～4000年的文化遗存，随着海退，分布到天津北部河流冲积平原区。西周文化遗存分布的南界，可达武清城上至宁河俵口一线。天津南部海积冲积平原上最早的遗存（巨葛庄鬲）不早于距今2500年。离海最近、年龄最小的上沽林贝壳堤上发现的遗存，只有距今700年左右。不难看出，文化遗存年龄越老的越靠近山脉，年龄越年轻的越靠近海洋（参见表一，注意黑线的走向）。天津先民从山前向平原、沿海迁徙过程，与中晚全新世海退过程、环境变化过程相适应。假如环境从不发生变化，那么也就没有任何文化会获得对它所处环境的适应了。

现在看来，过去天津考古界所说的渤海湾西岸古遗存在编年上存在的"年代割裂现象"，只不过是受当时认识和工作局限造成的假象，实际上并不存在。已发表的渤海湾西岸考古资料里，有多处西汉晚期至魏晋、北朝的遗存。如宁河芦台西汉晚期（竟宁元年）墓、城顶子（即大海北）西汉末东汉初和汉魏遗存，西青区体育学院西汉晚期墓，东丽西南墅东汉和魏晋遗存，务本二村、三村东汉遗存，津南区万家码头东汉初墓，静海东滩头东汉中晚期墓，大港区窦庄子东汉初墓、北魏造像，以及河北黄骅李官庄、北辛庄、北王曼、许官庄等东汉遗存[68]。过去据古遗存"年代割裂现象"提出的"西汉后期海侵"，显然得不到考古学方面的支持。起码在目前，还得不到地质学方面的证实。过去涉及的"海侵"概念含义和援引的证据，均缺乏科学性。"西汉后期海侵"的说法跟前文所述的全新世以来渤海湾西岸地质环境变迁也不协调。

执笔：陈 雍

## 注 释

[1] 天津市文物组、天津市历史博物馆联合发掘组：《天津东郊发现战国墓简报》，《文物参考资料》1957年第3期。

[2] 安志敏：《河北宁河县先秦遗址调查记》，《文物参考资料》1954年第4期。

[3] a. 李世瑜：《古代渤海湾西部海岸遗迹及地下文物的初步调查研究》，《考古》1962年第12期；b. 天津市文化局考古发掘队：《渤海湾西岸古文化遗址调查》，《考古》1965年第2期。

[4] 天津市文物管理处：《天津蓟县张家园遗址试掘简报》，《文物资料丛刊（第1辑）》，文物出版社，1977年。

[ 5 ] 　　　　天津市文物管理处考古队：《天津蓟县围坊遗址发掘报告》，《考古》1983年第10期。
[ 6 ] [ 56 ] 　天津市历史博物馆考古队：《天津蓟县张家园遗址第二次发掘》，《考古》1984年第8期。
[ 7 ] [ 57 ] 　天津市历史博物馆考古部：《天津蓟县张家园遗址第三次发掘》，《考古》1993年第4期。
[ 8 ] [ 25 ] 　天津市历史博物馆考古队、宝坻县文化馆：《天津宝坻县牛道口遗址调查发掘简报》，《考古》1991年第7期。
[ 9 ] [ 66 ] 　韩嘉谷：《西汉后期渤海湾西岸的海侵》，《考古》1982年第3期。
[ 10 ] 　　　a. 梁宝玲：《蓟县下埝头、弥勒院新石器时代遗址》，《中国考古学年鉴（1989）》，文物出版社，1990年；b. 梁宝玲、宋国：《蓟县下埝头新石器时代遗址》，《中国考古学年鉴（1990）》，文物出版社，1991年。
[ 11 ] 　　　以下凡未注明出处的均为未发表资料。
[ 12 ] 　　　以下所述分期均为本文拟定。
[ 13 ] 　　　参见注［ 5 ］引文。围坊一期以T8⑤、T10③为代表，不应包括T8④、T9④一类遗存。
[ 14 ] 　　　参见注［ 7 ］引文。以87T26②为代表。
[ 15 ] 　　　同上。以87T12②为代表。
[ 16 ] 　　　参见注［ 4 ］、［ 6 ］、［ 7 ］引文。过去或称"张家园下层"。
[ 17 ] 　　　同上。过去或称"张家园上层"。
[ 18 ] 　　　天津市文化局考古发掘队：《天津南郊巨葛庄战国遗址和墓葬》，《考古》1965年第1期。
[ 19 ] 　　　梁宝玲：《天津蓟县发现青铜短剑》，《北方文物》1993年第2期。
[ 20 ] 　　　赵文刚：《静海县西钓台战国、汉代城址》，《中国考古学年鉴（1984）》，文物出版社，1984年。
[ 21 ] 　　　张贵庄墓见注［ 1 ］和《天津东郊张贵庄战国墓第二次发掘》（《考古》1965年第2期）。巨葛庄墓见注［18］。牛道口墓见注［ 8 ］。
[ 22 ] 　　　a. 邱明：《蓟县西北隅战国至辽代墓地》，《中国考古学年鉴（1989）》，文物出版社，1990年；b. 纪烈敏：《蓟县西北隅战国至辽墓地》，《中国考古学年鉴（1993）》，文物出版社，1995年。
[ 23 ] 　　　天津市文物管理处：《天津北郊发现一座西汉墓》，《考古》1972年第6期。
[ 24 ] 　　　同注［ 3 ］b。
[ 26 ] 　　　赵文刚等：《蓟县东关汉墓》，《中国考古学年鉴（1992）》，文物出版社，1994年。
[ 27 ] 　　　赵文刚：《蓟县别山汉代墓地》，《中国考古学年鉴（1989）》，文物出版社，1990年。
[ 28 ] 　　　梅鹏云：《蓟县辛西村汉墓》，《中国考古学年鉴（1989）》，文物出版社，1990年。
[ 29 ] 　　　邱明：《宁河县田庄坨汉墓》，《文物资料丛刊（第9辑）》，文物出版社，1985年。
[ 30 ] 　　　天津市文物管理处考古队：《武清东汉鲜于璜墓》，《考古学报》1982年第3期。
[ 31 ] 　　　赵文刚：《静海县东滩头汉墓》，《中国考古学年鉴（1986）》，文物出版社，1988年。
[ 32 ] 　　　天津市历史博物馆考古部：《天津军粮城海口汉唐遗迹调查》，《考古》1993年第2期。
[ 33 ] 　　　《天津市文物考古工作三十年》编写组：《天津市文物考古工作三十年》，《文物考古工作三十年（1949—1979）》，文物出版社，1979年。
[ 34 ] 　　　天津市文物管理处：《天津南郊窦庄子隋墓和汉代瓮棺墓》，《文物资料丛刊（第1辑）》，文物出版社，1977年。
[ 35 ] 　　　赵文刚：《静海县张村隋墓》，《中国考古学年鉴（1991）》，文物出版社，1992年。
[ 36 ] 　　　a. 天津市文化局考古发掘队：《天津军粮城发现的唐代墓葬》，《考古》1963年第3期；b. 同［32］。
[ 37 ] 　　　邱明：《天津静海东滩头发现宋金墓》，《考古》1995年第1期。
[ 38 ] 　　　魏仲明等：《蓟县抬头村早期辽墓》，《中国考古学年鉴（1985）》，文物出版社，1985年。
[ 39 ] 　　　赵文刚：《天津市蓟县营房村辽墓》，《北方文物》1992年第3期。

［40］ 纪烈敏、张俊生：《蓟县小云泉寺金代遗址》，《中国考古学年鉴（1990）》，文物出版社，1991年。
［41］ 天津市文物管理处：《天津市西郊小甸子元代遗址》，《文物资料丛刊（第8辑）》，文物出版社，1983年。
［42］ 魏克晶：《河北宝坻菜园村明墓群》，《考古》1965年第6期。
［43］ 张俊生等：《蓟县城关镇明敦信墓》，《中国考古学年鉴（1988）》，文物出版社，1989年。
［44］ 北京市文物研究所、北京市平谷县文管所上宅考古队：《北京平谷上宅新石器时代遗址发掘简报》，《文物》1989年第8期。
［45］ 张家口考古队：《一九七九年蔚县新石器时代考古的主要收获》，《考古》1981年第2期。
［46］ 北京市文物研究所：《北京考古四十年》，北京燕山出版社，1990年。
［47］ 李经汉：《试论夏家店下层文化的分期和类型》，《中国考古学会第一次年会论文集》，文物出版社，1980年。
［48］ 韩嘉谷：《大坨头文化陶器群浅析》，《中国考古学会第七次年会论文集》，文物出版社，1992年。
［49］ 同注［46］，第二编青铜时代。
［50］ 北京市文物管理处等：《北京琉璃河夏家店下层文化墓葬》，《考古》1976年第1期。
［51］ 张家口考古队：《蔚县夏商时期考古的主要收获》，《考古与文物》1984年第1期。
［52］ 北京大学考古学系、北京市文物研究所：《1995年琉璃河周代居址发掘简报》，《文物》1996年第6期。
［53］ 拒马河考古队：《河北易县涞水古遗址试掘报告》，《考古学报》1988年第4期。
［54］ 张家口市文物事业管理所、宣化县文化馆：《河北宣化李大人庄遗址试掘报告》，《考古》1990年第5期。
［55］ 河北省文物研究所：《河北涞水渐村遗址发掘报告》，《文物春秋》1992年增刊。
［58］ 参见河北省文物研究所：《燕下都》，文物出版社，1996年。
［59］ 此戈题铭"平"下一字，或释为"舒"（韩嘉谷：《"平舒"戈、"舒"豆和平舒地理》，《天津市历史博物馆馆刊（第三期）》，内部刊物，1990年）。
［60］ 见注［33］，并见天津市历史博物馆考古部：《1979—1989年天津文物考古新收获》，《文物考古工作十年（1979—1989）》，文物出版社，1991年。
［61］ 参见高明编著：《古陶文汇编》，中华书局，1990年。
［62］［63］ 见注［60］引后一文。
［64］ 见注［1］，并见云希正：《天津市郊古遗址古墓葬的调查与发掘记略》，《北国春秋》1959年第1期。
［65］ 见注［3］a、b；韩嘉谷：《天津地区成陆过程试探》，《中国考古学会第一次年会论文集》，文物出版社，1980年。
［67］ 王宏：《渤海湾全新世贝壳堤和牡蛎礁的古环境》，《第四纪研究》1996年第1期。
［68］ 陈雍：《渤海湾西岸东汉遗存的再认识》，《北方文物》1994年第1期。

（原载于《新中国考古五十年》，文物出版社，1999年）

# 天津市考古六十年

天津市文化遗产保护中心

1949～2009年，天津文物考古工作在党和政府的领导下，认真贯彻执行《中华人民共和国文物保护法》，遵照"保护为主、抢救第一、合理利用、加强管理"的文物保护方针，积极做好各项考古工作，取得了一系列重要收获。

## 一、旧石器考古

2005年5月，天津市文化遗产保护中心在蓟县北部地区开展了旧石器考古调查，共发现旧石器地点27处，分布范围覆盖蓟县下营镇、孙各庄满族乡、罗庄子镇、官庄镇、邦均镇、城关镇等6个乡镇，采集到各类石制品近千件，包括各种刮削器、尖状器、钻器、砍砸器及石核、石片等，还发现少数细石核和若干不典型的细石叶，表明该地区旧石器文化的多样性。从石器加工技术来看，除细石器以外，几乎都是直接打制的，修理方式主要为向背面加工，错向、复向、交互加工等较少。根据采集到的石制品标本（图版一，1）及其出土地点的地貌特征初步推断，石制品的年代为旧石器时代晚期，距今10万～1万年，属于中国北方小石器传统。蓟县旧石器地点及人工制品的发现，不仅填补了天津地区旧石器考古的空白，而且将天津市域的人文史提前到距今1万年以上。

以此次考古调查为契机，2007年5月，天津市文化遗产保护中心与中国科学院古脊椎动物与古人类研究所组成联合发掘队对东营坊遗址进行了发掘，获得了丰富的石制品。东营坊遗址位于蓟县城关镇东营坊村附近，地理位置北纬40°3′32.6″，东经117°26′8.4″，海拔60米。考古发掘前在遗址周围进行了较大规模的详细勘查，选取地层序列完整、石制品出露丰富的区域进行布方，发掘面积200平方米，分为A、B两区。从两区地层堆积来看，地层保存不甚完整。从文化层位置及与基岩的关系来看，A区文化层要比B区年代稍早。

石制品共出土2000余件。原料主要为节理发育的劣质燧石，此外还有石英、石英砂岩、硅质岩、脉石英、白云岩等。石制品以小型为主，微型和中型次之，大型标本少见。类型主要有石核、石片、碎屑、断块等。工具类型复杂多样，主要有刮削器、尖状器、雕刻器、石钻等，工具所占石制品比例相对较少。工具类中，刮削器是主要类型，主要有单直刃、单凹刃、单凸刃、双刃及复刃刮削器等，其中以单直刃数量最多，其他器形较少。值得注意的是，存在一定数量的使用石片，还需微痕和残留物分析来验证。石核主要为锤击石片石核，包括单台面、双台面石核，以前者为主。剥片方法主要以锤击法为主，也有一部分使用了砸击法；修理方式以锤击法正向加工为主，反向加工、对向加工、错向加工等较少。工具毛坯以片状毛坯为主，块状毛坯较少。

根据遗址的埋藏环境和石制品特征分析，东营坊旧石器遗址的石器面貌具有中国北方旧石器主工业的鲜明特点。通过对遗址周围地区进行小规模地质调查和石制品原料开采情况分析，该遗址古人类因地制宜、就地取材制作石器，所用的石器原料应采自附近河床和基岩，绝大部分为黑色或灰黑色燧石；石器原料具有高含量、低质量的特点，这对原料的开采和石器加工有着重大的影响，导致原料的利用率较低。遗址内存在较多废片、断块，绝大多数个体较小，边缘不甚规则，一些边缘锋利、个体适中的燧石石片被直接使用。综上所述，东营坊遗址可能为一处古人类活动场所，在该遗址进行过简单的石器加工。据石制品面貌和出土地层推测，该遗址属于旧石器时代晚期。

东营坊遗址是天津考古首次进行的旧石器时代遗址发掘，该遗址的发现与发掘为中国北方旧石器主工业增加了新的材料，扩大了其分布范围。遗址出土的石制品对于揭示晚更新世古人类对该遗址占据的行为特点以及环境动因，研究环渤海地区旧石器时代晚期以来人类生活的环境背景、旧石器文化内涵、东北亚地区旧石器文化之间的关系以及旧石器时代向新石器时代过渡具有重要的学术意义。

## 二、新石器考古

据统计，目前天津地区共发现新石器时代遗存地点近20处，分石器出土地点和遗址两类。石器出土地点分布在北辰、武清、宁河、宝坻等区县，石器多发现于距地表较深的灰土层中。遗址大多位于蓟县和宝坻，进行过考古发掘的有张家园、弥勒院、下埝头、青池、围坊和牛道口等遗址。

青池遗址位于蓟县五百户乡青池一村西北，于桥水库南岸阶地上，1997～1999年连续进行过三次考古发掘，出土遗物以石器和陶器为主。石器有磨盘、磨棒、石斧和少量燧石细石器等。陶器以夹砂为主，夹云母和泥质陶次之。广泛流行"之"字纹以及由"之"字纹带组成的绞结状图案，另有少量弦纹和网格状划纹。代表性器物有"之"字纹筒形罐（图版一，3）、盆、圈足钵、碗、鸟首形支脚、夹云母素面盆等，晚期出现了少量泥制素面陶器。青池遗址新石器遗存年代距今约8000～6000年，与兴隆洼、赵宝沟等同期文化面貌很接近，属以筒形罐为炊器的燕山南麓文化系统，也是天津地区迄今为止发现的年代最早的新石器时代遗址。

弥勒院遗址位于蓟县别山镇弥勒院村南台地上，东、北为燕山余脉，南面为平原。1990～1993年进行多次发掘，总面积近4000平方米，新石器时代遗存分布在遗址高台地的中南部。早期遗存发现房址、灶址、窖穴、灰坑等遗迹；典型陶器有夹砂褐陶釜、支脚、小口壶、盆、红顶钵等，器表多素面，也有少量弦纹、"之"字纹和压印纹等；石器以磨盘、磨棒为主。

下埝头遗址位于蓟县李庄子乡下埝头村西北，1988~1992年发掘。新石器时代遗物以陶器为主，石器较少。陶器以夹砂陶为主，泥质陶较少。器类有釜（图版一，2）、瓮、支脚、壶、红顶钵、碗等。在夹砂陶器的上腹部较流行饰数周旋纹，折肩处常见一周压印纹，下腹部多显粗糙。泥质陶多素面。发现石器70余件，以磨制石器为主，有磨盘、磨棒、石斧和凿等。细石器较少，有镞和刮削器等。共发现保存较好的新石器时代房址4座、灶址9座、窖穴和灰坑近百座，房屋均是直接挖破山皮或生土的半地穴式，以坑壁和坑底作为住宅的居住面和墙体的一部分，平面形状有扁圆形和椭圆形两种。

蓟县弥勒院，下埝头遗址第一、二期遗存的面貌与北京房山镇江营遗址同时期遗存相近似，距今约6000~5000年，属以釜、支脚为炊器的太行山东麓文化系统。这一时期遗址中发现的房址、灶址、窖穴等建筑遗迹，充实了天津地区史前文化的内涵。

2003年的考古调查，在蓟县马伸桥镇于各庄村东又发现一处新石器时代遗址，含有圆形支脚、侈口罐、筒腹罐等陶器。该遗址的发现对于探讨以青池遗址和以下埝头、弥勒院遗址为代表的两类史前遗存之间的关系，具有十分重要的意义。

新石器时代后期，主要以弥勒院遗址第三期遗存为代表，还包括张家园与牛道口遗址等相关遗存，典型陶器为夹砂褐陶绳纹罐、泥质灰陶篮纹罐、瓮、大口尊及素面杯等，与北京昌平雪山二期等龙山时期遗存联系密切。

## 三、夏商周考古

据统计，目前天津域内已发现商周时期遗存30处，其中蓟县24处、宝坻5处、武清1处。遗址多数分布在蓟县山前丘陵高地和低矮的小山阳面坡地，向南地势较低的平原地区数量逐渐减少。遗址年代相对较早的多分布在北部山前丘陵台地，年代较晚的则分布在南部平原地区。目前已经发掘的商周遗址有蓟县围坊、张家园、青池、刘家坟、弥勒院、下埝头遗址，宝坻牛道口等遗址；经小面积发掘或试掘过的遗址有南城子、西山北头、看花楼、大安宅、东大井、西庄户等遗址。遗址的年代，上限可早到夏商之际，下限约与春秋时期相当。

张家园遗址位于蓟县许家台乡张家园村北，燕山南麓的丘陵山地上，南面紧邻沙河，1965年、1979年、1897年分别进行发掘，发掘面积累计441.5平方米。商周时期文化堆积主要分两层，下层发现房址、窖穴等遗迹，出土青铜刀、耳环以及陶、石、骨、角等文物；上层发现房址、窖穴等遗迹，出土铜器、陶器、石器等遗物。

到目前为止，天津发现的属于商周时期的遗迹，以张家园遗址上层遗迹最为丰富，不仅有房址、窖穴和灰坑，还有墓葬。张家园遗址共发现了房址4座，1979年发掘的F1是一座圆形浅穴窝棚式建筑，门道设在东南部，舌形坡状，长1.1、最宽处0.8米，居室圆形，东西直径3.2、南北直径3.55米，穴壁残高0.15~0.2米，居住面和门道砸实后，又经火烤十分坚硬。主室中间有一柱洞，直径0.165、深0.5米。在室内西侧有5个浅槽状的柱洞和1个较深的柱洞；室内东侧有两个较大的椭圆形坑，坑底比居住面低，内壁呈坡状，与居住面相连。蓟县刘家坟和弥勒院遗址也发现与之形制完全相同的房址。

张家园遗址还发现4座随葬青铜器的墓葬，皆为长方形竖穴土坑墓，俯身葬，头东向，随葬器物有青铜鼎（图版一，4）、簋（图版一，5），金耳环，绿松石串珠等。

围坊遗址位于蓟县城东围坊村东北的高岗上，1977年和1979年进行发掘，发掘面积164平方米。该遗址二期遗存与三期遗存商周时期遗物较为丰富。二期遗存发现房址、灰坑等遗迹，出土遗物有陶、石、骨、铜器，陶器以鬲、甗、罐、盆为主。三期遗存发现残灶址等遗迹，出土遗物有陶、石、骨、铜器，陶器以鬲、甗、罐、盆、钵等为主。

夏至商代前期，天津域内以蓟县张家园遗址第三期遗存（下层）和蓟县围坊遗址第二期遗存为代表，出土的典型遗物有敛口鼓腹袋足鬲、束腰甗、折腹盆、喇叭口状铜耳环和翘首弧背铜刀等。关于这一时期遗存的考古学文化属性，有学者认为属于夏家店下层文化，或夏家店下层文化的一个地方类型，也有学者认为应独立命名一个考古学文化，即"大坨头文化"。

晚商至西周时期，天津域内存在以蓟县围坊遗址第三期和以蓟县张家园遗址第四期为代表的两类遗存。前者典型陶器为斜领无实足跟鬲、甗、罐、盆、瓮、钵等，鬲的特点是高领、凹沿，领、腹有明显分界，附加堆纹均饰于口沿唇部以下，多饰交叉僵直绳纹。后者典型陶器为叠唇高领柱状实足跟鬲、甗、罐、盆、瓮、钵等，鬲的特点是直口、叠唇、深垂腹、柱足，口腹之间分界不明显，叠唇与唇边平齐。对于这两类遗存之间的关系，有学者认为这是大约相当于黄河流域商末至西周时期，具有文化谱系方面差别的两类遗存，也有学者认为这两类遗存是前后相衔的两种考古学文化。

这一时期除张家园遗址发现铜器墓外，刘家坟遗址也发现东西向墓葬4座，只有1座墓葬出土铜簋、铜鼎各1件，绿松石珠4颗，墓主人口含10片白石块。弥勒院遗址发现墓葬11座，均为土坑竖穴，墓圹呈长椭圆形，多有单棺，头东足西，随葬品放置在棺外头前，多为敛口钵，有的有罐。

## 四、春秋战国考古

目前，天津地区尚未发掘春秋时期遗址或墓葬，但从津南巨葛庄遗址、商家岭子遗址采集到的绳纹陶鬲观察，此时期天津南部地区应属燕文化范畴，但在天津北部蓟县的西山北头曾采集到1件青铜短剑剑柄，柄首为镂空兽首形，此青铜短剑与中原式青铜短剑形制完全不同，与北京延庆军都山出土的同类器相同，应属北方直刃匕首式青铜短剑系统，由此推定天津北部山前丘陵地区尚存在北方系青铜文化遗存。

战国时期，天津地区的考古学文化主要为燕文化，但在天津北部山前丘陵地区则发现有北方游牧民族的文化遗存，而在海河南部平原地区则发现了齐、赵文化的部分遗存。

天津地区已经发掘的战国时期墓葬主要位于东丽张贵庄、津南巨葛庄、宝坻牛道口、静海西钓台、宝坻歇马台、蓟县西北隅、蓟县辛西、宝坻秦城、蓟县西关、蓟县崔店子等地。

从目前掌握的考古资料看，天津地区的战国墓葬形制主要有土坑竖穴墓和瓮棺墓两种。

土坑竖穴墓一般面积较小，葬式一般为单人仰身直肢葬。此类型墓葬的随葬品具有一定的规律性：一类为仅随葬夹云母红陶直腹柱足鬲，即"燕式鬲"；一类为随葬泥质灰陶的仿铜陶礼器，一般为鼎、豆、壶成组出现；还有一类为随葬没有实用价值、具有明器性质的灰陶三足罐。从考古学文化渊源考虑，上述三类随葬不同器物的墓葬应该分别源于战国燕文化、中原周文化及本地土著文化；而从墓葬的共生关系看，上述出土不同随葬品的墓葬又共处于东丽张贵庄、宝坻歇马台等墓地。三类不同渊源的墓葬能够共存于一个墓地，是一个值得研究的现象。

在蓟县西关发掘了一座青铜短剑墓，该墓土坑竖穴，随葬青铜戈、青铜短剑、灰陶壶等器物，其中青铜短剑为直刃，剑柄尾部饰小兽首，具有十分显著的北方系青铜文化特征。可见春秋战国以来，天津北部蓟县山前一带一直受北方游牧民族文化的影响。

天津地区的瓮棺墓最早出现在战国中期，主要分布于两个地区，即天津南部（现津南区南部、大港区北部的高地及贝壳堤）、天津北部（现潮白河中游地区）。此期用作葬具的器物有筒形釜、圜底瓮、卷沿盆等，常见釜—釜、釜—瓮、瓮—瓮组合。瓮棺葬多与土坑墓混杂，尚未形成专用于埋葬儿童的瓮棺葬墓地。

天津地区已经发掘的战国时期遗址主要有静海西钓台、宝坻秦城、武清兰城、静海古城洼、静海鲁辛庄、津南巨葛庄等遗址。

静海县西钓台古城址出土的带有"陈和志左廪"戳记的量器残片（图版二，1）以及大港沙井子出土的"平阳"戈等遗物，为考古工作者提供了天津南部存在战国齐文化遗存的线索，随着近年来基本建设工程的开展，先后对天津南部静海西钓台、古城洼、鲁辛庄，津南巨葛庄等遗址进行了考古发掘，其中以静海鲁辛庄为代表的包括西钓台、古城洼、鲁辛庄三处遗址的考古学文化面貌基本一致，典型器物有圜底釜、折肩尊、浅盘豆、敞口罐等，豆均为素面，釜、罐等器物表面多饰压印的粗绳纹，在器物颈部压印戳记的现象普遍。2008年发掘的津南巨葛庄遗址则与上述三处遗址文化内涵完全不同，其器类十分单一，仅见夹砂红陶圜底瓮一种。津南巨葛庄、静海鲁辛庄遗址应属于区别于燕文化的两种性质不同的战国时期考古学文化，这种情况正好与文献记载的今天津海河以南地区在战国时期被燕、齐、赵三国交替控制的内容相吻合。

宝坻秦城是天津地区唯一的一座战国时期城址，此城平面为不规则四边形，北墙长910米（中间磬折，东段长462、西段长448米），东墙长658、南墙长820、西墙长474米，总面积近50万平方米。经过1989年、1990年两次发掘，此城建于战国晚期当无疑问，发掘者将此城废弃年代定为西汉时期。据此次发掘清理的W5、W6、W56三座瓮棺葬，均打破夯土城墙，其中W5、W6应为战国晚期瓮棺葬，由此推断该城墙应毁于战国晚期，即秦王政二十一年（公元前226年）秦攻占蓟都不久，此城便被攻破废弃。西汉时期出现大量的瓮棺葬，则说明至西汉时期此城已废弃良久。

# 五、秦汉考古

秦代因其存在时间短暂，在天津地区可确认为秦代文化的遗存寥寥。在秦城遗址采集到的石质印母范，为双面印，阴文，反书，分别刻有"泉州丞印"和"范阳丞印"（图版四，3），田字格，为秦印无疑。近年来，通过运用考古类型学对宝坻秦城遗址发掘资料加以研究，已确认宝坻秦城W56，虽然其在文化属性上与战国燕文化一致，但在类型学变化规律的时间坐标上其已处于战国晚期之后西汉早期之前的位置，在年代上应属秦代。天津地区秦代遗存在考古材料不断积累和深入研究下逐渐明晰。

两汉时期，中国社会进入大一统时期，社会经济繁荣发展，物质文化空前丰富，区域文化交流频繁，这些情况反映在天津地区的汉代文化遗存上，既有汉代文化的普遍特征，又有与周边地区结合的独特区域特征。

目前，天津地区可以明确认定为汉代的城址有3处，即静海县西钓台古城址、武清区城上村城址和武清区大宫城城址，这三处城址的边长在500～600米，符合汉代县城的规制。除静海县西钓台城址进行过部分考古勘探外，其余两处城址均未进行过文物保护工作。

以往对武清区兰城遗址是否为汉代城址，考古界一直持怀疑态度，1991年和1992年连续两次对该遗址进行了勘探和试掘，未发现城墙遗迹，但从出土的大量瓦当、板瓦、筒瓦及大体量精美磨光陶器看，又绝非小型聚落址所能比拟。2006年在兰城遗址附近又清理出汉代道路、水井、陶窑等遗迹。

2003年，在蓟县独乐寺西墙外清理了一处地层剖面，发现在明清时期城墙基址的下部叠压有汉代壕沟，这个迹象为我们提供了在现今蓟县县城下叠压着汉代城址的线索。

天津地区汉代遗址发掘不多，收获最大的是蓟县大安宅遗址的抢救性发掘。此次发掘共清理汉代水井11座、窖穴2座以及灰坑、车辙等遗迹。汉代水井主要是砖木混合结构，少量为圆形砖结构。完整的砖木混合结构水井自上至下包括：陶制圆形盘口井沿、圆形陶井圈、砖砌井圈、方形木井圈。木井圈一般用长1～1.4米的圆木、半圆木或板材采用搭口法进行搭砌，井圈外侧填以五花土，并加以夯实。砖结构水井全采用弧形绳纹小砖平砌。两种形制水井的井身均底大口小，由下向上逐渐内收。井深5～7米（图版四，1）。从1号水井中发现了一方木牍，木牍长21、宽4.2厘米，出土时残断，经处理拼复，缀合成一方基本完整的木牍。木牍书于东汉建安十年（205年），墨书文字6行138字，可释读出较清晰的85字，为国内首次发现的东汉道教方术文书（图版四，2）。

天津地区正式发掘汉墓葬始自1972年，当时有农民在北郊双口附近疏浚永定河故道时发现，考古人员清理了西汉土坑竖穴墓葬1座。自此之后，随着农田基本建设的发展，考古工作人员又陆续在南郊窦庄子、蓟县邦均、武清高村兰城、蓟县别山、宁河田庄坨等地清理了一些汉墓。20世纪80年代至今，因建设工程，又先后在静海东滩头、西钓台，蓟县逯庄子、西北隅、辛西、别山、邦均、吴家埝头、东关、西北隅、电厂、西关（图版二，2）、小毛庄、东大屯、东大井、崔店子，武清齐庄等墓地进行了大规模考古发掘，共发掘500余座汉代墓葬。这些墓葬一般以城址或大型聚落址为中心分布，主要集中在蓟县城郊［包括东大井、小毛庄、崔店子（图版二，4）、西关、七里峰、东大屯等墓地］、蓟县周边以邦均为中心的邦均墓葬区和以别山为中心的别山墓葬区、兰城周边（包括以武清兰城遗址为中心的高村兰城、里罗等墓葬）、西钓台古城周边（包括以静海西钓台古城址为中心的西钓台、东钓台等墓葬）。墓葬形制大致可分为土坑墓、砖室墓、砖石混合墓三大类，其中土坑墓中依葬具的制作材料，又可划分为木椁（棺）墓、石椁（棺）墓、砖椁墓、瓦椁墓、瓮棺墓五种类型；砖室墓依墓室的数量，又可分为单室墓和多室墓两种类型。

蓟县东大井M106乙为天津地区迄今发现最大的西汉土坑竖穴墓，全长24、墓道长14米，墓室长10、宽5.5、深6.5米，墓圹和墓道内的填土经过逐层夯打，土质坚硬，夯打技术主要有单夯和排夯两种，夯窝亦有5～6厘米和10～12厘米两种，夯层11～20厘米。椁板四周及顶部、底部填有用于防盗的陶片、瓦片（图版三，2）。

蓟县东大井M109为天津地区首次发现的汉代带陪葬车马坑的土坑竖穴墓。陪葬坑长4.5、宽1.8米，北侧有一小洞室，陪葬两套木质明器车、马，明器铜马具、车具位置固定、配件齐全。

2004年发掘的蓟县小毛庄东汉彩绘画像石墓为天津地区首次发现。该墓正南北方向，全长22.8米，由墓道、甬道、前室、中室、后室和4个侧室构成，每座墓室的门楣、立柱、门扉的内外两侧均刻有图案，题材主要有四神、日月、瑞兽（图版二，5）、瑞禽、人物等。图案由线刻和减地浅浮雕两种手法刻成，并在细部施有红、黑、黄等颜色的彩绘（图版二，3）。

2002年在蓟县七里峰汉代墓葬保护区的西北部，发掘了一座东汉中晚期石刻遗迹。该遗迹为石板围成的方台子，上部已残失，四边石板也残失过半，但仍能判断出该遗迹平面呈正方形，边长490厘米，每边各用四块石刻围成，两块石刻之间均有一块桩石加以固定。所有的石刻上面均采用剔地浅浮雕的形式刻有图案，题材主要有门吏、伎乐、杀牲、侍女、青龙、白虎、朱雀、玄武、骏马、禽鸟等。七里峰东汉石刻遗迹的发现，填补了天津地区汉代考古的空白，石刻的题材亦不像山东、河南等地出土的画像石那样青龙、白虎、朱雀、玄武四神各守四方，而是青龙、白虎放在西部，朱雀、玄武放于南部，这一反常的现象一定有其深刻的内涵，从石刻的布局和题材看，该石刻遗迹极有可能为墓前祭祀建筑——祭坛。

另外，1977年发现的延熹八年（165年）《汉故雁门太守鲜于璜碑》，圭首，通高2.42、宽0.82米，碑阴、碑阳共刻碑文827字，记述了鲜于璜生平及上下七代家族成员名字、官职，字口清晰、书法遒劲古朴，为汉碑珍品。

天津地区两汉时期墓葬具有鲜明的时代特征和地域特征，经过近年来的不懈努力，天津地区两汉时期墓葬的时空框架已基本建立。

天津南部和北部地区西汉时期墓葬随葬器物组合完全一致，均为敞口圈足壶、长颈敞口罐、敞口圜底瓮、三足盒。说明天津地区西汉墓葬区域文化属性一致，且这种属性与河北省沧州地区北部、保定地区中北部、张家口地区绝大部分以及北京市，河北廊坊、承德、唐山等地区同时期墓葬文化属性相同。据《汉书·地理志》记载上述地区皆属幽州管辖，可见西汉时期的行政地理区划与墓葬所反映的考古学文化在空间上具有对应关系。

天津地区东汉时期墓葬随葬器物组合在器类上大致相同，具体器型以海河为界，南、北差别较大。北部以盘口高圈足壶、直口短颈平底罐、圆头三角形灶、连枝灯为典型陶器，南部以盘口短颈弧腹罐、梯形灶、豆形灯为典型陶器。北部与北京地区以及河北廊坊、张家口、唐山、秦皇岛等地同时期墓葬文化属性相同，据《后汉书·志·郡国》记载上述地区属东汉时幽州管辖；南部与河北省沧州、保定、石家庄、衡水、邢台和邯郸等地同时期墓葬文化属性相同，据《后汉书·志·郡国》，上述地区属于东汉时冀州勃海郡、中山国、常山国、河间国、安平国、巨鹿郡、赵国、魏郡、清河国，几乎涵盖了整个东汉时期的冀州。说明东汉时期墓葬所反映的考古学文化在空间上与当时行政地理区划范围仍然大致相同。

## 六、魏晋北朝考古

曹魏时期遗存在天津地区发现很少，武清兰城遗址第四阶段可以看作有明确地层关系的曹魏时期遗存，其以C型板瓦（俗称"花边瓦"）为代表，这种板瓦也见于东丽西南堼、宁河城顶子及静海杨家疙瘩等遗址，只是由于文化层较薄、遗物不丰富，了解此期的文化全貌尚待时日。曹魏时期的墓葬也已在蓟县发现。

天津地区发现的北朝时期遗存相对较少，主要有大港窦庄子北魏铜造像窖藏，共计发现12尊，造像由佛像、背光、佛座构成，佛像面颊清癯、栩栩如生；背光一般鎏金，正面为火焰纹，背面为线刻佛像图案；佛座为方形，多数刻有铭文，见有"延兴""永平"等年号。

2006年武清齐庄遗址发现的北齐天保八年（557年）火葬墓为天津地区首次发现有明确纪年的北朝墓葬。该墓以灰陶罐做葬具，上面扣压两块素面砖，其中一块为志铭，刻有"大齐天保八年"等字。同年，在武清兰城遗址附近发掘了2座北朝墓葬，均为南北向，土坑砖棺，棺用饰细绳纹的青砖砌成，头部较宽，平面呈倒梯形，在棺外随葬有肩部饰有刻划波浪纹或压印方格纹的夹砂鼓腹褐陶罐；棺内无随葬品，人骨保存较好，葬式为仰身直肢。

## 七、隋唐考古

隋代遗存目前只是零星发现，仅有墓葬见于津南窦庄子和静海张村。墓葬均为圆角弧方形砖室墓，有的有棺床，砖为单面绳纹，长28、宽14、厚5厘米。随葬的器物有双耳灰陶罐，青釉瓷碗、四系罐、盘口长颈瓶、敛口平底钵等。

近年来，随着基建考古工作的增多，发现的唐代遗存也逐渐丰富起来，类型增多，见有城址、村落址、庙址、墓葬、水井、窑址等。

唐代城址当以东丽军粮城刘台古城址为代表，其发现于1987年文物普查，采集的遗物多为唐代早期，不见后期遗物，应属于唐代前期的城址，发掘者认为此地为《通典》所记的"三会海口"。

唐代村落址目前发掘的有宝坻西辛庄遗址、辛务屯遗址以及静海杨家疙瘩遗址。唐代遗址的特点是地层堆积较薄、遗物少。遗迹有灰坑、水井等。水井为圆形土圹竖穴。出土遗物一般有陶罐、钵、盘，红胎黄釉陶碗，玉璧底白瓷碗，粗白釉瓷碗等遗物。

唐代墓葬近年发现相对较多但未见大规模墓地。主要散见于军粮城附近的刘台子、唐洼、白沙岭，蓟县城关镇，静海西钓台等地，武清、宝坻也有零星出土。墓葬类型有石棺墓、砖室墓和土坑墓等形制。

石棺墓见于军粮城刘台子村西，1957年发现。石棺为长方形，由六块大理石板合成，上刻有龙形图案，出土器物有武士俑、胡俑、人面鱼身俑和人面兽身双首俑以及羊、马、猪、磨、灶、碓等明器，年代为唐早期。

砖室墓有圆形、弧方形、方形等形制，由墓室、甬道、门楼、墓道等构成，均为单室墓，多为唐代晚期，发现于军粮城唐洼、白沙岭、刘台子，蓟县城关，宝坻辛务屯以及静海西钓台等地。墓室内一般有影作结构，内设棺床。西钓台唐墓棺床上还饰有彩绘。

唐代窑址近年来也有发现，主要见于蓟县西关，武清东岗子、白古屯（图版五，1）等地。窑址均为砖室，有单体窑和连体窑两种，均由操作间、火道、火膛、窑室和烟道组成。单体窑平面为椭圆形状，由操作间、火门、火膛、窑床和烟道组成，有的窑床上还遗留有未烧成型的唐代砖坯，形状类似于晚唐时期的砖室墓。连体窑由两个单体窑组成，窑室平面略呈弧圆形，两个窑室相互贯通，各自有窑床、火膛、火门、操作间等。

# 八、宋辽考古

宋辽时期，北宋和辽以海河、白沟为界南北对峙，在遗存上表现出既相互区别又相互联系的特点。

宋代遗存主要分布在海河以南，目前所见遗存有寨铺遗址、墓葬及沉船等。寨铺遗址分布于海河南岸，未做过正式发掘。

墓葬发现不多，目前仅清理2座，见于静海东滩头村，砖室墓，墓室呈圆形和长方形两种。圆形墓由墓道、墓门、甬道、墓室四部分组成，墓室内砌棺床，置木棺。墓壁影作木结构。长方形墓头宽尾窄，无铺地砖，内置女性骨架一具，随葬的遗物有灰陶双耳罐、红陶双耳罐、黑釉双耳罐、白瓷碗、白瓷杯等。

宋代沉船1978年出土于静海元蒙口村古河道中，属内河运粮船，是天津完整清理的唯一一艘木船，其形制为齐头齐尾、平底、翘首、船内通仓。体长14.62米，出有宋代的陶碗、瓷碗、草绳、麻绳、苇席残片和"开元通宝""政和通宝"铜钱等。该船发现的尾舵，印证了古代文献关于平衡舵的记载。

辽代遗存较为丰富，主要分布在海河以北。以往考古工作涉及的辽代遗存既有地上遗存也有地下遗存。地上遗存主要是蓟县独乐寺、独乐寺塔、段庄子塔、天成寺塔等，以往资料多有记述。

近年辽代遗存较重要的工作是对千像寺造像群的调查（图版五，2）。该造像群位于蓟县官庄镇联合村北的盘山东麓，以往的文献鲜有记载。为彻底摸清造像的数量、分布时代、刊刻内容以及保护现状，为其整体保护提供依据，2003~2005年，文物部门对千像寺造像群进行了拉网式调查，基本摸清了造像群的基本情况。造像群主要分布在千像寺遗址的西北、东北、西南和东南部的孤石或崖壁上，空间分布范围约为0.4平方千米，海拔100~200米，最高处与最低处高差95米。造像分布于124处地点，共计535尊，全部采用阴线刻法，造型简练，线条粗犷。造像最大的高2.2米，最小的高0.6米。分立姿和坐姿两种，头部均有头光，莲座多为单层覆莲，少数双层覆莲和须弥座。坐姿造像高度一般为0.9米，立姿造像高度一般为1.1~1.5米。造像绝大部分为佛造像，可以辨认出释迦牟尼佛、大日如来佛、药师佛、弥勒佛、观音菩萨、地藏菩萨等。

菩萨可辨识的有7尊，均与佛造像刻于同一岩石表面，此类造像全部为立姿，单重头光，头戴宝冠，身体纤秀，衣纹疏朗，臂搭帔帛，宽衣博带，莲座均为单层覆莲，左手提净瓶者为观音菩萨，集中分布于千像寺遗址的东南和西南部。

比丘造像可辨的有10尊，均和佛或佛、菩萨共存于同一块石块的平坦平面上，可以看出具有组合关系，此类造像全部为立姿，单重头光，体态挺拔，身披袒右式袈裟，下身着裙，赤足，单层覆莲莲座，所持法器可以辨识为宝珠的1尊。

另有一类特殊的造像，均为坐姿，从头部看为佛，刻画细致，发髻、肉髻、髻珠、白毫清晰可见，但颈部以下由圆弧形线条组成，简洁疏朗，不见手足，似用布裹身一般，集中分布于千像寺遗址西北方，应具有特殊的含义。许多造像旁刻有榜题，带栏框，文字大多漫漶不清，可辨识的文字多为"弟子某某为亡母敬造"或"弟子某某敬造"一类的内容。根据造像的特征分析，其刊刻时间集中于辽代。

千像寺遗址现存大殿及配殿基址，该遗址南部现有辽统和五年（987年）《盘山千像祐唐寺创建讲堂碑》，据载，该寺古名长兴寺，一名祐唐寺，唐末毁于兵燹。2003年对该遗址进行了发掘，发现了叠压于金元时期地层之下的建筑遗迹和一条石砌排水道。年代与讲堂碑所记历史年代相吻合。

辽代遗址发掘不多，有蓟县鼓楼南大街遗址第一期、宝坻哈喇庄遗址第一期遗存。出土的遗物差别不大，多为陶、瓷器，在鼓楼南大街遗址发现了辽代的房址。

辽代考古较为重要的发掘是蓟县西大佛塔塔基的清理（图版五，3）。2006年、2007年两次进行抢救性发掘。塔基位于盘山南麓的山前高地，为一不规则形大土台，高于现地表约6米。塔基在平面上分三个层次，自外及内为方形基岩台基、方形夯土基座、八角形夯土基座。方形基岩台基边长为39、高1.4米，是用自然的山体修整而成的；方形夯土基座边长26.5、高2.8米；八角形夯土基座边长3.6、高4.6米，方形夯土基座和八角形夯土基座均以黄沙土为原料采用排夯的方法人工夯制而成。在塔基的上述组成部分（尤其是八角形夯土基座）的外部当初都包砌有青砖，现绝大部分青砖已不存在。

从各遗迹的叠压打破关系看，该塔历经三次修建。在塔基的填土中清理出磨砖、瓦当、铜钱、绿琉璃建筑构件、瓷碗残片、陶罐残片等文物，表明该塔的建筑规格很高。而且在塔基外部填土中出土了较多带有红、黑彩绘的白灰块，说明该塔的外部曾做有彩绘装饰。该塔不见于文献记载，故始建及重修年代不详。根据出土的青砖判断，修建年代为晚唐至辽代。西大佛塔唐辽塔基从其体量看，为天津地区目前已知最大的塔基，塔基建造技法独特，其内部为八角形夯土基座、外部砌砖，重修时又在外部夯土加固的建造方法，为我国现存唐、辽佛塔所不见。

辽代墓葬存在以蓟县抬头辽墓和营房村辽墓为代表的汉人和契丹墓葬。天津地区发现的辽墓见于蓟县西辛、弥勒院、五里庄、西关、西北隅等地，均属汉人墓葬，多为仿木结构砖室墓，墓室内有影作的直棂窗、壁柱等。墓室多为圆形，有棺床。五里庄清理了4座辽墓，均为火葬墓，其中4号墓为圆形多室墓，是唯一发现的多室墓，残存主室和西耳室，耳室内也有棺床。辽墓个别为八角形和长方形，八角形墓见于蓟县西关，仿木结构，有彩绘。上述辽墓出土的遗物有白瓷碗、陶筒形罐、陶鼓腹罐、陶剪等，与抬头辽墓出土器物较为一致。

## 九、金元以降考古

金元时期随着漕运的兴起，天津地区经济逐渐走向繁荣，也是天津城市萌芽和起源时期，遗存在天津南北均有分布。

金代遗存目前发现的有遗址、墓葬、窖藏等。经过考古调查和发掘的有蓟县小云泉寺遗址、千像寺遗址、宝坻哈喇庄遗址二期及三期遗存、东辛庄遗址、武清齐庄遗址、大港建国村钱币窖藏、静海后石门遗址。在齐庄遗址灰坑中，出土了金代磁州窑釉上彩观音造像，十分精美（图版七，2）。

大港建国村金代窖藏钱币一次性出土了上自西汉下至金代的各时期铜钱2.2万枚，重达150千克，该窖藏位于渤海湾西岸第二道贝壳堤第二层，何种原因窖藏于此地，尚待研究。

金代墓葬发现不多，只见于静海东滩头，墓葬呈椭圆形，设有棺床。

金代窑址发现一处，位于蓟县东营坊村东的山冈上。窑址形制独特，呈长条形，长11.6、宽3.2、深0.5米，窑底部西南低东北高，呈坡状，由操作间、火门、火膛、烟道构成。与一般窑体不同的是，该窑具有一个主火道和十二个副火道，不见窑床。主火道位于西南端，副火道由西南向东北依次排列分布，如十三孔桥状。火道及窑室内出土了大量草木灰。火膛和操作间长度相当且平行分布。在窑址西部约5米处，有一长方形水井，深达4米，直接下挖至河沙层，应为此窑取水之用。

其他金元时期遗址见于静海后楼、王匡、杨家疙瘩、谭庄子、西青小淀子、武清十四仓、河东区大直沽中台、武清八里庄、蓟县西庄户等遗址，这些金元时期遗址的发掘，为天津地区考古编年研究提供了资料。

在上述遗址中，近年来较为重要的考古收获当属河东大直沽天妃宫遗址（图版六，2）。1998年底至1999年初，对该遗址进行抢救性发掘，发掘出元代建筑基址和元代地层堆积。元代建筑基址发现砖砌墙基、磉墩、地面等遗迹。从出土遗物分析，可大致分为两个时期。早期不见钧窑瓷片，仅见磁州窑白瓷碗和龙泉窑青瓷片。晚期则钧窑、龙泉窑、磁州窑瓷器共出。在出土遗物中，还发现金代建筑构件出土。在元代堆积之上，发现明、清时期天妃宫大殿基址。该遗址文化内涵丰富，层次清晰，是天津市区内已发掘的堆积最厚的古代遗存，反映出元代海上漕运的兴盛。2000年9月，国家文物局考古专家组对遗址鉴定后认为，大直沽是天津历史文化名城的原生点，天妃宫则是这个原生点的标志。天妃宫遗址由考古发掘到整体保护与展示，以及成功申报为第六批全国重点文物保护单位，是天津城市考古的成功范例。

蓟县西庄户遗址是一处较为重要的元代居住址。该遗址发掘出元代房址25座，分布密集（图版七，1）。以单室房址为主，双室较少。单室房址多为抹角长方形，面积近20平方米，室内多一炕一灶，炕台上有平行的烟道与灶台相连。在房址周围的灰坑中，发现丰富的蚌壳和动物骨骼。该遗址发现的器物有酱釉碗、白釉褐花碗，泥质灰陶盆、罐及敛口錾耳锅等，均为北方地区常见生活器皿。该遗址的发掘对于了解元代天津地区村落房址布局及结构特点具有重要意义。

元代窑址近年来也有新发现。静海袁家疙瘩遗址共清理5座，保存完整，一般由操作间、火膛、窑室、烟道构成。操作间位于窑室外侧，隔窑门与火膛相连，窑室呈圆形，内有窑床；烟道位于窑壁外侧，呈弧形。在个别窑址的操作间中还发现砖砌的出灰口，与圆形的盛灰坑相连（图版七，3）。

元代墓葬发现较少。2003年在宝坻辛务屯发掘时清理3座，均为长方形南北向竖穴单室砖墓，皆用砖错缝平砌，墓壁下部较直。随葬器物有韩瓶、酱釉瓷罐、铜钱、项链等器物。

近年来，天津考古工作对象的时间下限不断向后延伸。因建设工程需要，发掘了蓟县桃花园、东营坊、上宝塔，武清太子务，宝坻辛务屯等明清时期墓群，发掘墓葬600余座。以明清墓地考古发掘为契机，对墓葬出土人骨标本进行全面采集、照相，室内清理消毒、修复记录及测量等，这在国内尚属首次。在此基础上与高等科研院校进行古生理、古病理、人种等课题合作研究，已取得初步研究成果。

明清时期遗址发掘主要集中在人口相对集中的城市区域。蓟县鼓楼南大街遗址发现了明清时期连排的街道商业店铺及水井、菜窖、排水系统、手工业作坊等遗迹。结合大直沽地区平房改造工程，先后发掘了大直沽后台遗址、中台遗址。大直沽中台遗址发现了明清时期天妃宫大殿基址，其建立在高大的台基上，面向海河。台基宽17.4、进深10.5米，大殿面阔三间，宽13、进深6.3米。该遗址的发掘是天津明清时期城市考古的一个重要收获。

近年来，天津在做好基本建设工程中考古工作的同时，也注意将考古工作纳入文化遗产保护体系中来，积极参与国家组织实施的大型专项调查工作，同时开展主动性考古工作，为相关文物保护规划编制提供基础依据。

2004年，为编制塘沽大沽口炮台遗址整体保护规划提供依据，对大沽口南炮台遗址进行了考古勘探，确定了炮台遗址地层堆积情况。同时搞清楚了南炮台遗址地下遗迹的埋深和布局，炮台东侧、西侧围墙的大致走向和残存墙基顶部的宽度以及围墙的形状。

2006年，因大沽船坞遗址保护需要，对其进行了考古勘探。发现2处大型槽状遗迹与1处平台遗迹，均面向海河，东临正在使用的船坞。1号槽，长25、宽13米左右；2号槽，长25、宽

13~16米，整个槽都是上宽下窄，大致为倒梯形。平台遗址位于2处大型槽状遗迹之间，叠压在砾石层之下，开口距地表1.4~1.5米，上部堆积为人工夯筑的红土层，下部堆积为自然淤积层。根据考古勘探结构结合文献，2处大型槽状遗迹为北洋时期修筑的土坞遗存，为炮舰避冻之用；平台遗迹为北洋时期修建的小船台遗存。据史载，大沽口船坞始建于1880年，先后建有5个船坞、2个土坞，后废弃淤塞变为遗址。此次勘探基本吻合。

2007年，为配合国家长城资源调查项目，天津组成联合调查队对天津段明长城进行了田野调查。调查发现天津段明长城均为石质墙体，还发现多条二道边长城。本次还调查发现了大量与长城相关的遗存，类型丰富，有关城、寨堡、敌台、烽火台、火池、烟灶、居住址、水窖、水井等。其中火池和烟灶是此次调查发现较多的遗存，多位于敌台的南侧，成组分布。居住址、水窖、水井和坝台是此次调查新发现的长城相关遗存。此次调查测量出了明长城天津段的长度，对于所有长城本体、附属设施、相关遗存全部绘制了平、立、剖面图纸，并做了详细的文字记录和相对应的摄影和摄像记录。调查确定，天津市域内的长城本体、附属设施、相关遗存的修建年代均为明代；明长城天津段是一个完整的防御体系，报警系统齐全。

2008年进行的京杭大运河天津段文物资源调查，旨在通过基础田野调查工作，摸清大运河天津段文化遗产资源的情况（图版六，1）。京杭大运河天津境内的南运河南起静海九宣闸，北运河北起武清木厂闸，流经静海、西青、河北、红桥、南开、北辰、武清7个区县，全长近180千米，调查发现包括古遗址、古墓葬、古建筑、古码头、沉船点、古窑址、碑刻等不同类型古代遗存近100处，年代涵盖战国至明清时期，许多遗址属于新发现。

中华人民共和国成立以来，经过几代考古工作者的努力，天津考古从"无古可考"的局面逐渐发展到今天，已初步建立起天津地区考古学文化编年，取得了许多重要发现，使天津考古学文化面貌清晰地呈现在世人面前，为天津古代史、地方史研究提供了支持。天津作为南北文化交汇地区，文化具有鲜明的地域性，考古工作者以"边角下料做文章"，使天津考古工作不断得到提升。纵观过去，天津考古经历了20世纪50~60年代以年代学与历史地理研究为主的阶段，70~80年代侧重于遗址编年分期和专题研究阶段，90年代天津考古学科目的及研究体系形成阶段。进入21世纪，天津考古在做好基础工作的同时，积极向文化遗产保护领域拓展，天津市文化遗产保护中心的成立，是天津考古理念开始转变的标志，天津考古工作又有了新的视野。一些大型文化遗产保护项目如千像寺石刻文物调查、京杭大运河天津段文物资源调查、第三次全国文物普查、天津明长城资源调查、蓟县清代皇家陵寝清理与测绘、塘沽大沽口炮台遗址与大沽船坞遗址整体保护规划编制等工作都留下天津考古人的身影。

在回顾天津考古60年所取得成绩的同时，面对现实也必须要有清醒的认识。新时期天津文化遗产事业如何更好地融入经济社会发展，如何多出高水平研究成果，文化遗产保护成果如何更好地惠及广大民众，是摆在我们面前的紧迫任务。

执笔：梅鹏云　盛立双　姜佰国

（原载于国家文物局：《中国考古60年（1949~2009）》，文物出版社，2009年）

# 天津旧石器遗存发现与研究述要

天津市文化遗产保护中心　吉林大学边疆考古研究中心

## 一、主要工作

天津地处中国北方沿长城地带与环渤海地区结合点的重要区域。21世纪以前，通过几代考古工作者的努力，已将天津地区的人文史追溯到距今约8000年前的新石器时代早期，但是长期以来一直没有发现旧石器遗存。而与天津蓟县毗邻的北京市、河北省相关区县不断有旧石器遗存发现。根据天津古代遗存越靠近北部山地年代越古老的分布规律，考古工作者推测在天津蓟县北部的山区中一定存在着旧石器遗存。

基于上述认识，2005年3月，由天津市文化遗产保护中心陈雍先生主持实施的蓟县北部山区旧石器考古专题调查正式展开，这也是天津第一次旧石器考古专业调查[1]。本次调查通过先组织有寻找旧石器遗存丰富经验的河北阳原技工开展初调，发现旧石器线索；在此基础上再进行实地复核、确认的工作方式取得极好成果，发现距今10万~1万年的旧石器时代晚期地点27处（后根据石制品采集点空间分布、地貌特征拟合成旧石器地点13处），采集石制品千余件，实现了天津旧石器遗存零的突破，具有开创意义。

2007年5月，天津市文化遗产保护中心和中国科学院古脊椎动物与古人类研究所联合组队，由陈雍先生与高星先生任领队，对蓟县东营坊遗址进行考古发掘，发掘面积200平方米，出土石制品90余件。据石制品面貌和出土地层推测，该遗址属于旧石器时代晚期，遗址绝对年代不晚于距今43500年[2]。发掘结果显示，东营坊遗址可能为一处古人类活动场所，早期人类曾在此进行过简单的石器加工。东营坊遗址是天津首次发掘的旧石器遗址，它不但从层位上进一步确定了天津旧石器遗存的存在，也将天津旧石器考古认识和研究工作引向深入。

2015年4月，以开展国家社科基金项目"天津地区旧、新石器时代过渡遗存综合研究"为契机，吉林大学边疆考古研究中心陈全家教授团队与天津市文化遗产保护中心、蓟县文物保护管理所组成联合调查队，再次对蓟县北部山区开展了有针对性的旧石器考古调查，又取得新突破[3]。此次调查，新发现14处旧石器地点（遗址），采集石制品千余件。从地貌部位与文化特征推测，此次调查新发现部分旧石器地点的年代已经进入旧石器时代中、早期，不晚于距今10万年，从而将早期人类在天津地区活动的历史推向更久远的时代。

## 二、发现概况

综合2005年、2007年、2015年的工作,天津旧石器地点(遗址)总量达到28处,其中,分布于Ⅱ级阶地的18处,分布于Ⅲ、Ⅳ级阶地的9处,洞穴遗址1处。上述遗址(地点)的基本情况如下。

表一 天津蓟县旧石器地点(遗址)一览表

| 序号 | 遗址名称 | 地理坐标 | 海拔／米 | 地貌部位 |
| --- | --- | --- | --- | --- |
| 1 | 太子陵地点(TZL) | 40°08.941′N<br>117°35.039′E | 127 | Ⅱ级阶地 |
| 2 | 丈烟台地点(ZYT) | 40°08.835′N<br>117°35.293′E | 113 | Ⅱ级阶地 |
| 3 | 小平安地点(XPA) | 40°12.991′N<br>117°26.650′E | 232 | Ⅱ级阶地 |
| 4 | 七区地点(QQ) | 40°11.180′N<br>117°26.698′E | 235 | Ⅱ级阶地 |
| 5 | 杨家峪地点(YJY) | 40°08.611′N<br>117°23.743′E | 166 | Ⅱ级阶地 |
| 6 | 营坊地点(YF) | 40°03.295′N<br>117°26.358′E | 44 | Ⅱ级阶地 |
| 7 | 闯子峪地点(CZY) | 40°03.134′N<br>117°22.477′E | 32 | Ⅲ级阶地 |
| 8 | 周庄地点(ZZ) | 40°03.011′N<br>117°22.531′E | 24 | Ⅱ级阶地 |
| 9 | 大星峪地点(DXY) | 40°03.244′N<br>117°22.436′E | 29 | Ⅲ级阶地 |
| 10 | 大孙各庄地点(DSGZ) | 40°01.306′N<br>117°18.053′E | 30 | Ⅱ级阶地 |
| 11 | 野沟地点(YG) | 40°03.677′N<br>117°16.983′E | 88 | Ⅱ级阶地 |
| 12 | 东大屯地点(DDT) | 40°03.904′N<br>117°27.494′E | 41 | Ⅱ级阶地 |
| 13 | 北台地点(BT) | 40°11.536′N<br>117°26.698′E | 220 | Ⅱ级阶地 |
| 14 | 杨庄西山地点 | 40°8′53.7″N<br>117°25′28.9″E | 197 | Ⅲ级阶地 |
| 15 | 杨庄西山北地点 | 40°9′28.5″N<br>117°25′44″E | 200 | Ⅲ级阶地 |
| 16 | 下营南岭地点 | 40°11′3.7″N<br>117°27′36.55″E | 272 | Ⅳ级阶地 |

续表

| 序号 | 遗址名称 | 地理坐标 | 海拔/米 | 地貌部位 |
|---|---|---|---|---|
| 17 | 段庄地点 | 40°11′59.1″N 117°27′13.42″E | 299 | Ⅳ级阶地 |
| 18 | 船仓峪黄土梁子地点 | 40°10′35.5″N 117°32′10.4″E | 268 | Ⅳ级阶地 |
| 19 | 船仓峪东岭地点 | 40°9′51.4″N 117°32′14.5″E | 221 | Ⅲ级阶地 |
| 20 | 道古峪北岭地点 | 40°9′32.96″N 117°32′42.15″E | 188 | Ⅱ级阶地 |
| 21 | 小港村地点 | 40°9′35.08″N 117°33′16.26″E | 176 | Ⅱ级阶地 |
| 22 | 赤霞峪西岭地点 | 40°9′19″N 117°33′16.26″E | 173 | Ⅱ级阶地 |
| 23 | 丈烟台东山地点 | 40°8′53.48″N 117°36′42.91″E | 144 | Ⅱ级阶地 |
| 24 | 东井峪骆驼岭地点 | 40°4′2.87″N 117°26′14.33″E | 59 | Ⅱ级阶地 |
| 25 | 杏花山朝阳洞遗址 | 40°8′2.64″N 117°30′4.39″E | 270 | 近山顶处 |
| 26 | 小穿芳峪地点 | 40°6′15.42″N 117°32′25.58″E | 65 | Ⅱ级阶地 |
| 27 | 下营梁峪黄土地地点 | 40°10′39.53″N 117°25′45.15″E | 227 | Ⅲ级阶地 |
| 28 | 东营坊遗址 | 40°3′32.6″N 117°26′8.4″E | 60 | Ⅱ级阶地 |

**1. 太子陵地点**

太子陵地点位于孙各庄乡太子陵东侧冲沟的黄土台地中，2005年调查发现。在该地点地表采集石制品58件：石核3件、石片40件、断块5件、石器5件、在地层中取得石制品5件（石核2件、石片1件、断块1件、石器1件）。

**2. 丈烟台地点**

丈烟台地点位于太子陵遗址以东的河流阶地上，2005年调查发现。调查共获石制品62件，找到其原生层位。其中地表采集60件，包括石核6件、石片30件、断块19件、石器5件；地层出土2件，包括石片1件、石器1件。

**3. 小平安地点**

小平安地点位于下营镇石炮沟村东南的黄土台地中，2005年调查发现。共获石制品31件，其中地表采集28件，包括石核5件、石片19件、断块2件、石器2件；地层出土石制品3件。

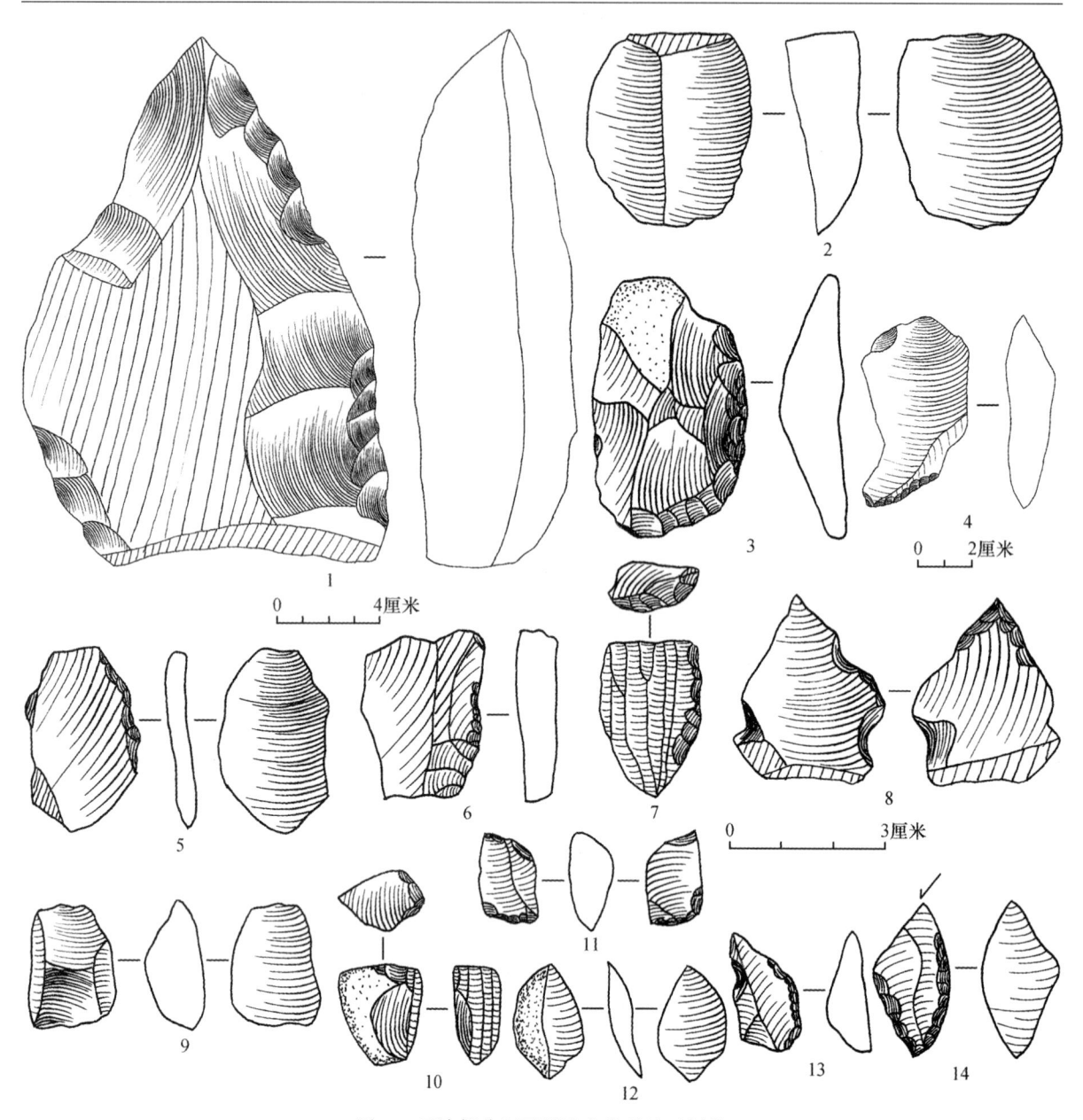

图一　天津部分旧石器地点发现的石制品
1. 手镐　2、12. 石片　3、13. 单凸刃刮削器　4~6. 单直刃刮削器　7、10. 细石叶石核　8. 尖状器　9、11. 砸击石核　14. 修边雕刻器

## 4. 七区地点

七区地点位于下营镇下营七区村北部的黄土台地中，2005年调查发现。调查共获石制品25件，其中地表采集23件，包括石核3件、石片10件、断块6件、石器4件；地层出土2件，包括石核1件、石片1件。

## 5. 杨家峪地点

杨家峪地点位于罗庄子镇王庄子村南的黄土台地中，2005年调查发现。调查共获石制品91件，其中地表采集66件，包括石核4件、石片37件、断块22件、石器3件；地层出土25件，包括石核2件、石片11件、断块11件、石器1件。

## 6. 营坊地点

营坊地点位于城关镇营坊村西北的黄土台地中，2005年调查发现。调查共获石制品279件，其中地表采集276件，包括石核10件、石片97件、断块72件和石器97件；地层中获得3件，包括石片2件、石器1件。

## 7. 闯子峪地点

闯子峪地点位于城关镇闯子峪村西南约500米的黄土台地上，2005年调查发现。在地表采集石制品18件，包括石核4件、石片10件、断块4件。

## 8. 周庄地点

周庄地点位于城关镇周庄村偏北部的黄土台地上。2005年调查发现。在地表采集石制品53件，包括石片25件、断块20件、石器8件；在地层中取得石制品2件，包括石片1件、石器1件。

## 9. 大星峪地点

大星峪地点位于城关镇大星峪村以南400米的黄土台地上，2005年调查发现。在地表采集石制品25件，包括石核2件、石片8件、断块9件、石器6件；在地层中取得石制品5件，包括石片3件、石器2件。

## 10. 大孙各庄地点

大孙各庄地点位于邦均镇大孙各庄村北的黄土台地，2005年调查发现。在该地点地表采集石制品6件，包括石片1件、细石叶1件、断块2件、石器2件。

## 11. 野沟地点

野沟地点位于官庄镇小石佛村东南、野沟村以北阶地上，2005年调查发现。调查共获石制品53件。地表采集石制品38件，包括石核4件、石片27件、断块2件、工具5件；地层中取得石制品15件，包括石片11件、断块3件、工具1件。

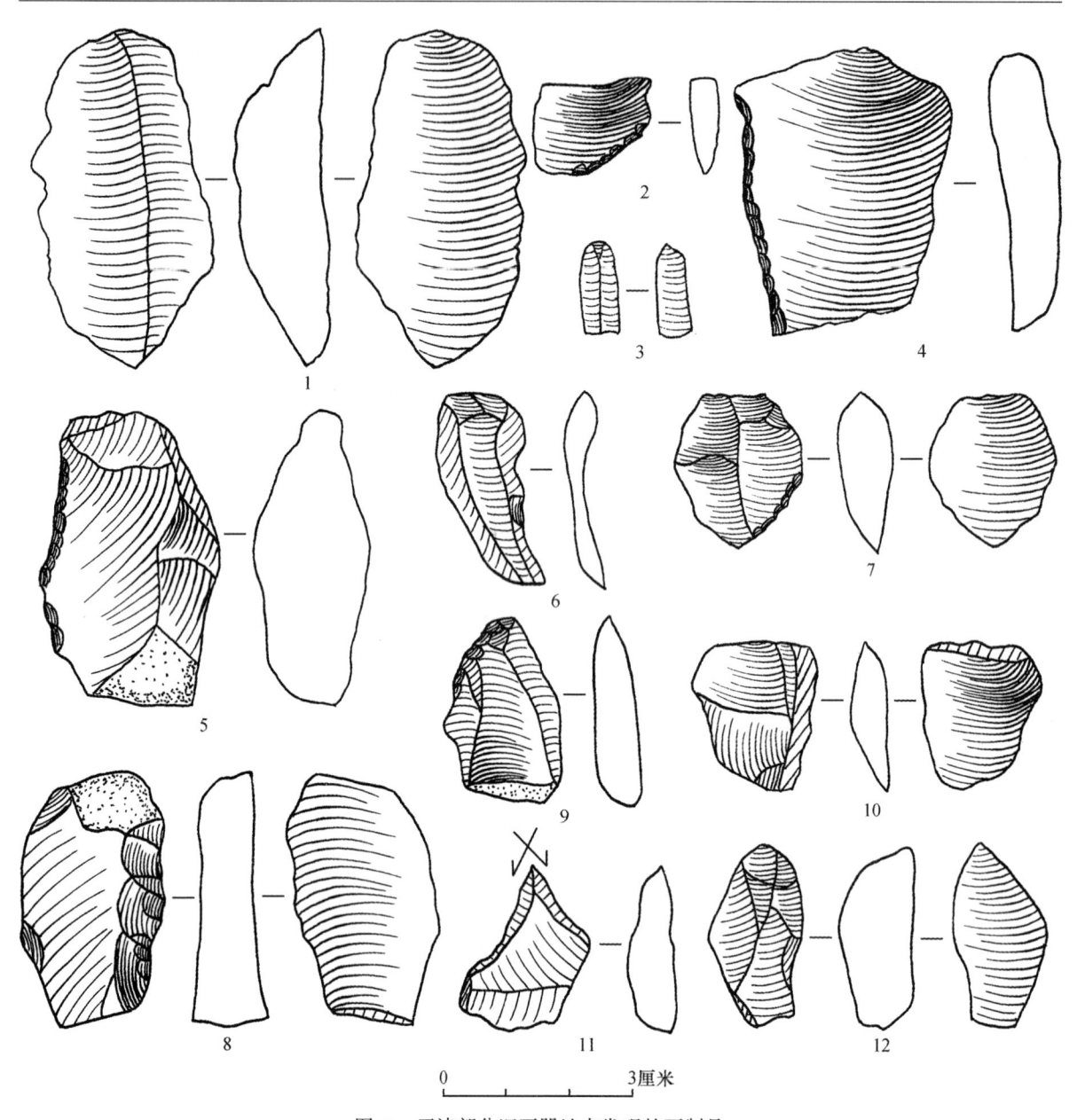

图二 天津部分旧石器地点发现的石制品

1. 砸击石片  2、9. 单凸刃刮削器  3. 细石叶  4、5、8. 单直刃刮削器  6、10. 完整石片  7. 单凸刃刮削器（使用石片）
11. 屋脊形雕刻器  12. 石片

## 12. 东大屯地点

东大屯地点位于城关镇郭庄子与黄土坡村以北约250米的黄土台地上。2005年调查发现。调查共获石制品42件，地表采集35件，包括石核1件、石片20件、断块5件、石器9件；地层出土7件，包括石片4件、断块2件、石器1件。

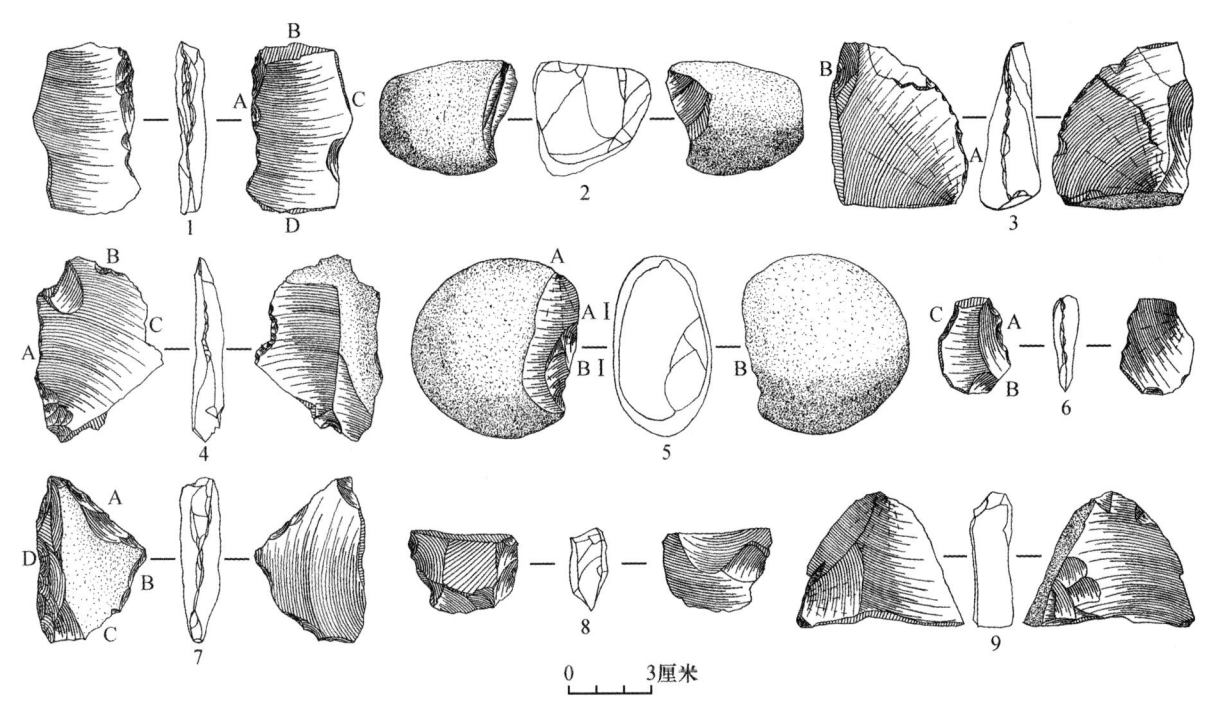

图三　天津部分旧石器地点发现的石制品
1. 单凹刃刮削器　2. 单台面石核　3. 单凸刃刮削器　4. 复刃刮削器　5. 双台面石核　6. 单直刃刮削器　7. 单尖刃刮削器　8. 远端断片　9. 近端断片

## 13. 北台地点

北台地点位于下营镇北台村以北的黄土台地中，2005年调查发现。调查共获石制品27件，包括石核1件、石片17件、断块6件、石器3件。

## 14. 船仓峪黄土梁子地点

船仓峪黄土梁子地点位于下营镇船仓峪村附近沟河右岸Ⅳ级阶地上，2015年调查发现。共采集石制品40件，包括石核、石片、断块和工具等，原料以石英砂岩为主。

## 15. 船仓峪东岭地点

船仓峪东岭地点位于下营镇船仓峪村附近沟河右侧Ⅲ级阶地上，北距船仓峪黄土梁子地点约1.6千米，东南距道古峪北岭地点约1.3千米，2015年调查发现。共采集石制品46件，包括石核、石片、断块和工具。原料以石英砂岩及燧石为主。

## 16. 杨庄西山地点

杨庄西山地点位于罗庄子镇北部，与杨庄水库相依，2015年调查发现。共获得石制品17件，其中采集16件、1件采自地层剖面中。

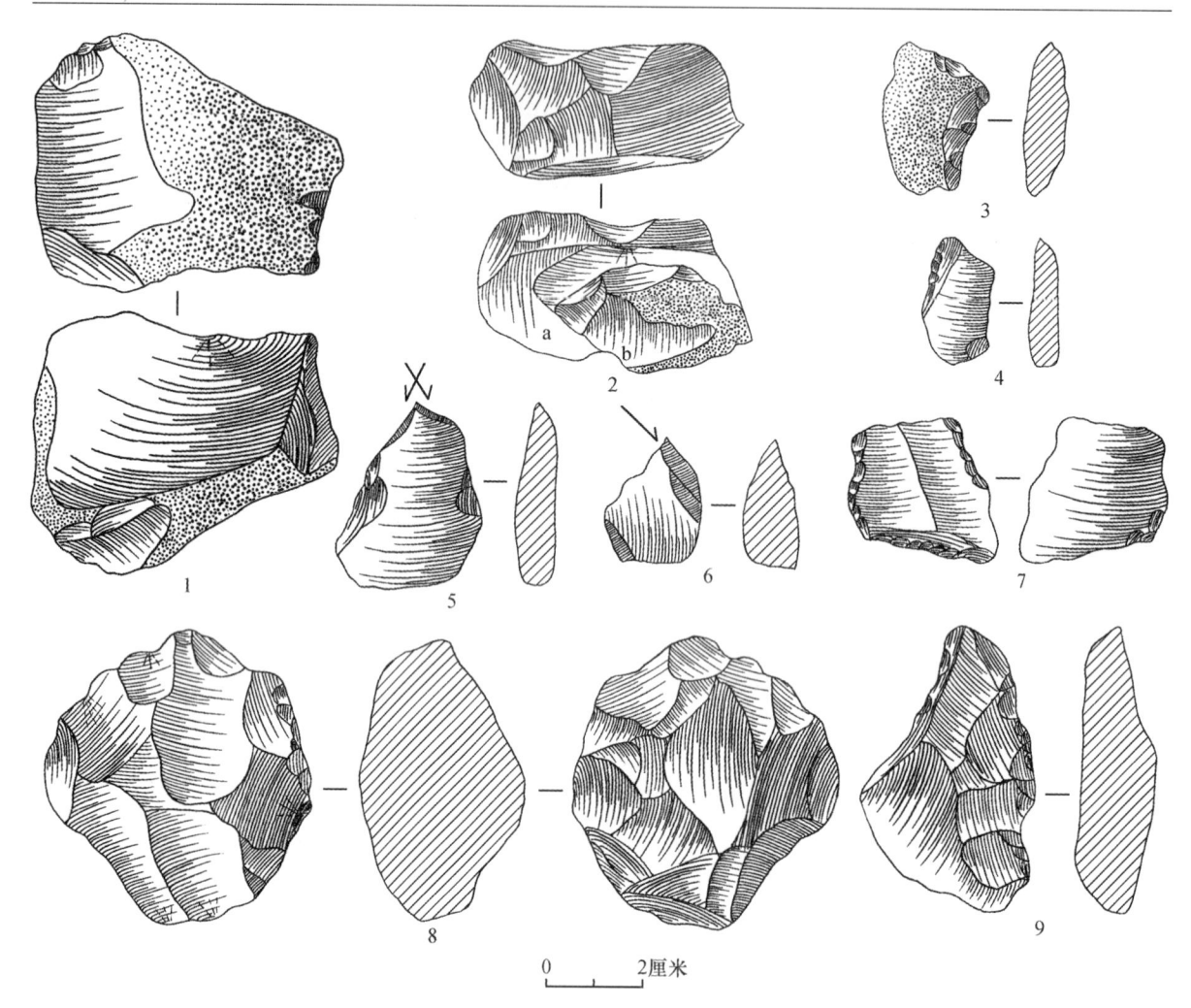

图四　天津部分旧石器地点发现的石制品
1. 单台面石核　2、7、9. 单直刃刮削器　3、4. 雕刻器　5. 复刃刮削器　6、8. 双台面石核

### 17. 杨庄西山北地点

杨庄西山北地点位于罗庄子镇北部的Ⅲ级阶地上，南距杨庄西山地点1.2千米，2015年调查发现。共获石制品10件。

### 18. 道古峪北岭地点

道古峪北岭地点位于Ⅱ级阶地上，2015年调查发现。该地点南抵西铺，西北与船仓峪相邻。共获石制品33件，包括石核、石片、工具和断块等。原料以石英砂岩为主。

### 19. 东井峪骆驼岭地点

东井峪骆驼岭地点位于渔阳镇东北约10千米的东井峪村附近Ⅱ级阶地上，2015年调查发现。共获石制品76件，可分为石核、石片、工具和断块等。工具以各类刮削器为主，尖状器、砍砸器等较少。原料以石英砂岩和角岩为主。

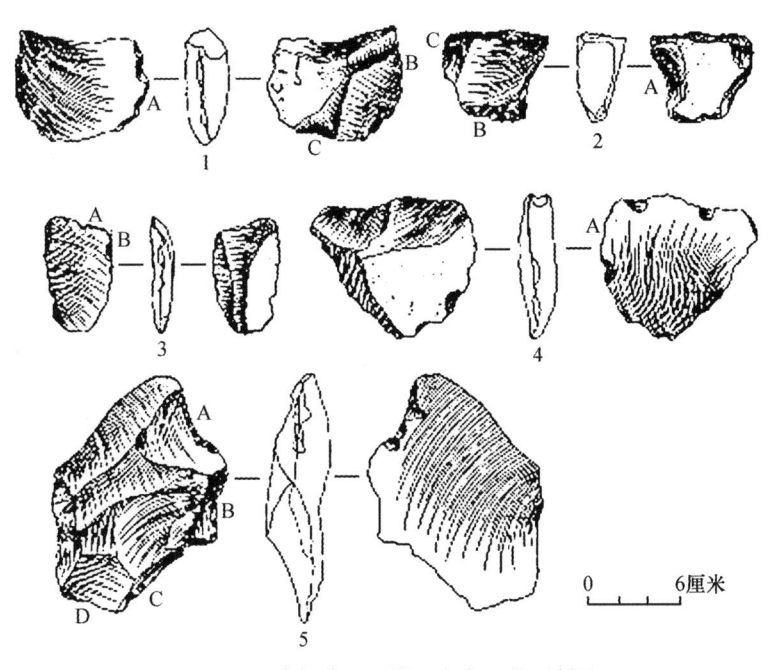

图五 天津部分旧石器地点发现的石制品
1. 单直刃刮削器 2. 单凹刃刮削器 3. 尖状器 4. 单凸刃刮削器 5. 复刃刮削器

**20. 段庄地点**

段庄地点位于下营镇段庄村沟河东岸的Ⅱ、Ⅲ、Ⅳ级阶地上，2015年调查发现。石制品皆出土于Ⅱ、Ⅲ、Ⅳ级阶地上部的耕土层，共发现石制品49件，包括石核、石片、断块和工具等。

**21. 下营南岭地点**

下营南岭地点位于下营镇以北约1.5千米的Ⅳ级阶地上，2015年调查发现，该地点北距段庄村约1.6千米，西距沟河约2.1千米。共发现石制品49件，包括石核、石片、断块、碎屑以及工具等。

**22. 下营梁峪黄土地地点**

下营梁峪黄土地地点位于下营镇以西约2.5千米的Ⅲ级阶地上，2015年调查发现。共发现石制品11件，包括石核、石片、断块、碎屑以及工具等。

**23. 丈烟台东山地点**

丈烟台东山地点位于清太子陵遗址以东，丈烟台村附近的河流阶地上，2015年调查发现。18件采集品即从该区域获得，2件标本出在暴露的地层内。

## 24. 小港村地点

小港村地点位于小港村附近河北岸的Ⅱ级阶地上，2015年调查发现。该地点西北距船仓峪东岭地点约1.6千米，西距道古峪北岭地点约1.2千米。调查共获石制品52件，包括石核、石片、工具和断块等。原料以石英砂岩为主，燧石次之。

## 25. 小穿芳峪地点

小穿芳峪地点位于桥水库以北约6千米处的Ⅱ级阶地上，2015年调查发现。该地点北距英歌寨村约1.3千米。共发现石制品14件，包括石核、石片、断块、碎屑以及工具等。

## 26. 杏花山朝阳洞遗址

杏花山朝阳洞遗址位于穿芳峪镇杏花山近山顶处，2015年调查发现。洞口宽6.3、最高4.4、进深9.8、洞内最宽处达8.4米，洞内有支洞。洞口朝向177°。在近洞口处试掘，出有11件石制品，主要包括石片、石核以及工具等。

## 27. 赤霞峪西岭地点

赤霞峪西岭地点位于赤霞峪西侧的Ⅱ级阶地上，2015年调查发现。调查共获石制品60件，可分为石核、石片、工具和断块等。原料以石英砂岩、石英岩为主。

## 28. 东营坊遗址

东营坊遗址位于蓟县城关镇东营坊村附近，2007年5月，因基本建设工程进行了发掘。发掘区分为A、B两个区域。A区包括2米×10米探沟1个，5米×5米探方4个；B区布5米×5米探方2个，7.5米×4米探沟1个。发掘共出土石制品90件，其中A区56件、B区34件。在该遗址第3层褐红色黏土层底部发现一件哺乳动物碎骨片，经美国Beta实验室进行AMS$^{14}$C测年，获得了一组年代数据为43500 BP，初步推测遗址时代为旧石器时代中晚期过渡阶段或旧石器时代晚期早段。

# 三、初步认识

## 1. 基本特征

总体观察天津地区旧石器文化遗存，呈现出如下特征。

1）旧石器遗存的埋藏类型主要为旷野遗址，洞穴遗址较少。旷野遗址基本分布在山前台地和河流的阶地上，第Ⅱ阶地最多，高阶地相对较少。

2）石制品质料较为丰富，主要以燧石为主，石英、石英岩、安山岩、流纹岩、脉石英、角页岩次之。Ⅱ级阶地石制品质料以燧石为主，而Ⅲ、Ⅳ级阶地石制品质料中石英、石英岩、角页岩等占比明显突出，有的占绝对数量。

3）石制品小型、中型、大型俱见。Ⅱ级阶地石制品以微、小型为主，Ⅲ、Ⅳ级阶地石制品大型化趋势明显。如杨庄西山地点获取的27件石制品，有21件为中、大型。

4）石核除锤击、砸击石核外，也见有细石叶和石叶石核。细石叶石核主要有楔形、锥形、船底形等，从细石核使用程序和程度上可以观察出其预制、剥片、中止、废弃的流程；细石叶、石叶多保留中段，推测可能用来作为复合工具的镶嵌刃部。

5）剥片方法以锤击法为主，砸击法其次，有的地点存在间接剥片法。石核在剥片前存在修理台面技术；使用石片在地点（遗址）中的工具类中占比较高。有些边缘锋利的剥片可以直接使用；工具毛坯种类较多，以片状毛坯为主，块状毛坯其次。

6）工具种类主要为刮削器、尖状器、砍砸器等，其中刮削器数量最多，类型丰富，尖状器其次；工具的修理方法主要为锤击法，也见有压制法、指垫法及间接法修整。

7）工具加工方式以单向加工为主，少数为双向加工；单向加工以正向加工为主，双向加工存在交互、复向、对向和错向加工方式。

**2. 工业特征**

通过对2005年、2007年和2015年的工作获取的材料分析，天津地区旧石器时代石器工业主要分为以下三种（表二）。

表二 天津地区不同工业类型对比

| 地点名称 | 埋藏地点 | 数量和尺寸 | 石器原料 | 剥片技术 | 主要石器组合 | 工业类型 |
|---|---|---|---|---|---|---|
| 杨庄西山 | Ⅲ级阶地 | 27件。大型为主 | 石英砂岩为主 | 锤击法，不见砸击法 | 锤击石核、石片、砍砸器、刮削器 | 大石器工业 |
| 小平安 | Ⅱ级阶地 | 31件。中、小型为主 | 石英砂岩为主，燧石较少 | 锤击法为主，存在砸击法 | 砸击、锤击石核、石片、刮削器 | 小石器工业 |
| 丈烟台 | Ⅱ级阶地 | 62件。微、小型为主 | 燧石为主，石英较少 | 锤击法为主，存在砸击法 | 细石叶石核、石片、刮削器、雕刻器等 | 细石器工业 |

一是以石片石器为代表的小石器工业类型。主要以2005年调查发现的小平安、七区、大星峪等地点（遗址）为代表。该类型的文化特征是剥片以锤击法为主，偶见砸击法。工具以刮削器为主，其次为尖状器，砍砸器等器形较少。工具修理较精致，并以小型为主。

二是以细石叶加工为特征的细石器工业类型。主要以2005年调查发现的丈烟台、太子陵等地点为代表。剥片技术除锤击法外，还使用了间接剥片技术。工具修理上采用了压制法、指垫法及间接法。工具类型以刮削器和尖状器为主，雕刻器、琢背小刀、石钻等较少，还出现了复合工具，整个器形加工规整，大多数工具小而精致。

三是以砾石石器为主的大石器工业类型。主要以2015年调查发现的杨庄西山、下营南岭等地点为代表，这些地点多分布在Ⅳ、Ⅲ级阶地上，以大型砾石为原料，生产大石片工具为特色，这在华北旧石器文化体系中比较鲜见。

2015年调查时发现的东井峪骆驼岭第Ⅱ阶地地点的石制品，与下营南岭、杨庄西山等Ⅳ、Ⅲ级阶地的石制品相比较，石片石器的小型化趋势明显，对照鲜明。上述地点又与东营坊遗址以燧石为主的小石器工业呈现出完全不同的文化面貌，代表天津旧石器文化发展的不同阶段，为建立区域旧石器文化序列奠定了基础。

## 3. 相关问题

根据泥河湾盆地、东北地区等天津周邻地区发现的旧石器地点文化面貌来看，以砾石石器为主的大石器工业类型和以石片石器为主的小石器工业传统，至少从旧石器时代中期开始就是同时存在并行发展的，天津新发现的具有大石器工业类型特征的遗存需要进一步整理分析和深入研究。

天津地区的旧石器遗存材料显示出，细石叶工业自旧石器时代晚期出现，它很可能是从小石器工业传统中派生出来的一种新的"变体类型"，但并没有完全取代原有的小石器工业传统，而是与其并行发展。通过对天津地区太子陵、丈烟台等以细石叶加工为特征的旧石器地点的剥片、石器加工技术及原料利用情况，可以看出其属于华北地区以细石叶、石叶石核及其制品为主要特征的细石叶工业类型。该文化面貌可能受到了以油坊[4]、虎头梁[5]及下川[6]为代表的旧石器时代晚期华北地区典型细石叶工业传统的影响，天津地区应是华北地区细石器工业发展和传播的地区之一。此外，天津地区细石器工业还与晋西南的一些细石器遗址如薛关[7]、吉县柿子滩[8]上文化层等呈现相似性，显示出天津旧石器晚期文化的复杂多样性。

## 4. 后续工作

目前，天津的旧石器工作通过努力取得了一定突破和进展，但在时空框架和文化序列构建方面还存在较大缺环，材料支撑还显薄弱，具有明确测年数据的地点（遗址）还较少，还有大量工作要做。持续进行有针对性的野外调查、开展典型遗址（地点）试掘、组织多学科合作整理研究是推进天津旧石器工作向纵深发展的必要手段，从而为探讨、阐释晚更新世以来古人类在环渤海地区、中国北方乃至东北亚地区的迁徙交流演化提供不可或缺的材料。

致谢：本文得到国家社会科学基金青年项目（14CKG004）以及吉林大学2015年度青年学术骨干支持计划（2015FRGG02）的资助。

执笔：盛立双　王春雪

## 注　释

[1]　盛立双、王春雪：《天津蓟县东营坊旧石器遗址发掘》，《2007中国重要考古发现》，文物出版社，2008年，第2~5页。

[2]　王春雪、盛立双、周振宇等：《天津蓟县东营坊遗址出土的石制品》，《人类学报》2015年第1期，第

14～20页。

[ 3 ] 盛立双、王春雪、甘才超等：《天津蓟县旧石器考古调查又获重大突破》，《中国文物报》2015年12月18日第2版。

[ 4 ] 谢飞、成胜泉：《河北阳原油坊细石器发掘报告》，《人类学学报》1989年第1期，第59～68页。

[ 5 ] 盖培、卫奇：《虎头梁旧石器时代晚期遗址的发现》，《古脊椎动物与古人类》1977年第4期，第287～300页。

[ 6 ] 王建、王向前、陈哲英等：《下川文化——山西下川遗址调查报告》，《考古学报》1978年第3期，第259～288页。

[ 7 ] 王向前、丁建平、陶富海等：《山西蒲县薛关细石器》，《人类学学报》1983年第2期，第162～171页。

[ 8 ] 山西省临汾行署文化局：《山西吉县柿子滩中石器文化遗址》，《考古学报》1989年第3期，第305～323页。

（原载于故宫博物院：《纪念张忠培先生文集·学术卷》，故宫出版社，2018年）

# 第二部分

## 考古报告类

# 天津蓟县东营坊旧石器遗址发掘简报

中国科学院古脊椎动物与古人类研究所　中国科学院大学
中国科学院脊椎动物演化与人类起源重点实验室　吉林大学边疆考古研究中心
天津市文化遗产保护中心　中国社会科学院考古研究所

## 一、引　　言

东营坊遗址位于天津市蓟县东北部东营坊村附近的一处建筑工地内。遗址附近为蓟县环城公路，地理坐标为北纬40°03′32.6″，东经117°26′8.4″，海拔60米。2007年5～7月，中国科学院古脊椎动物与古人类研究所和天津市文化遗产保护中心组成联合发掘队对其进行了抢救性发掘[1]。发掘区分为A、B两个区域。A区包括2米×10米探沟一个，5米×5米探方4个；B区布5米×5米探方2个，7.5米×4米探沟一个；共揭露面积200平方米，出土石制品90件。本文对此次发掘情况和初步研究成果进行简要报道。

## 二、地貌和地层

### （一）地貌

该遗址位于蓟县地区东北部，这一地区在大地构造上属于天山—阴山—燕山纬向构造带。经历了长期的海陆变迁过程，至中生代燕山运动，该地区发生了强烈的断裂、褶皱、隆起和岩浆活动，北部地区褶皱隆起成东西走向的燕山山脉，南部断裂下沉堆积为平原，主断裂线方向也呈东西走向。新生代第三纪末期的喜马拉雅运动和以后的新构造运动，在该地区表现为继承性活动，使北部地区继续隆起上升，南部地区继续下沉，造成遗址所在地区北高南低的地势。蓟县地区地貌可分为剥蚀中山、剥蚀低山、剥蚀丘陵、堆积盆地、洪积冲积平原、扇缘洼地等。东营坊遗址正处在蓟县地区的东西向断裂带（许家台—蓟县—马伸桥断裂带）的北部，在重力和磁法测定成果上均有明显的密集特征，沿断裂带两侧地貌上也有很大差异，北部为燕山山区，南部为平原区。地势北高南低。北起长城，南至蓟运河，地势逐渐下降，呈阶梯分布。北缘最高点为九山顶，海拔1078.5米，南部最低处在马槽洼，海拔1.8米。南北高差1076.7米[2]。

## （二）地层

地层剖面由上到下依次为（图一）。

1）现代扰乱层，含近现代砖瓦。厚0～90厘米。
2）灰黄色粉砂质亚黏土层，夹杂零星小颗粒。厚10～60厘米。
3）褐红色黏土层，局部夹钙质结核和细小角砾，胶结坚硬。含石制品。厚10～30厘米。
4）基岩，主要以灰白色白云岩为主，夹杂灰黑色燧石角砾，分选较差，砾径在5～20厘米，未见底。

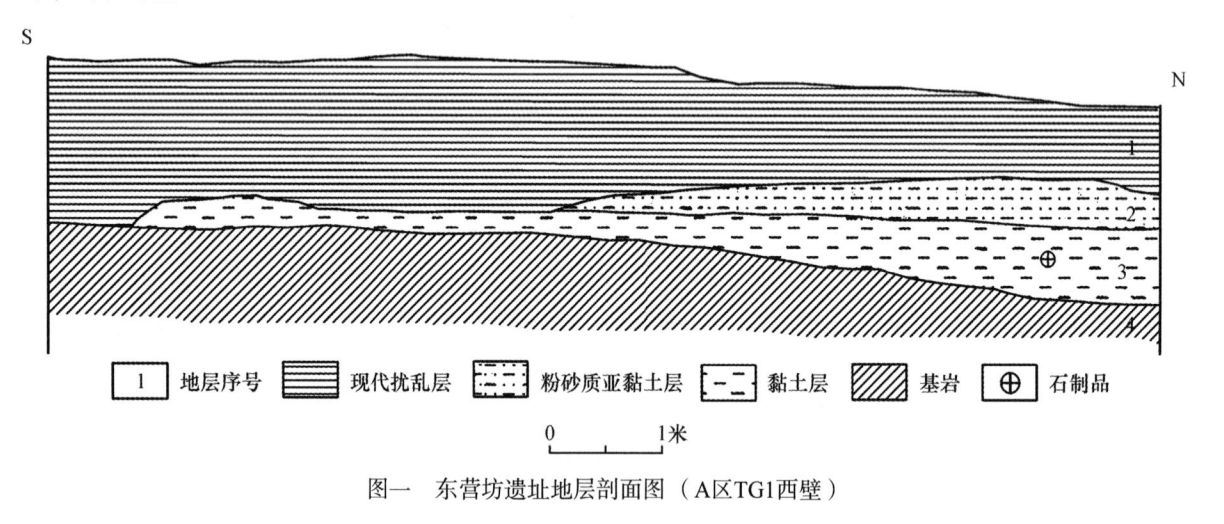

图一　东营坊遗址地层剖面图（A区TG1西壁）

# 三、石　制　品

此次发掘共出土石制品90件，其中A区56件、B区34件。标本在平、剖面分布上无明显规律。

**1. 原料**

通过对遗址周围地区进行小规模区域地质调查和石制品原料统计，原料应采自附近河床和基岩，绝大多数为黑色或灰黑色燧石，占石制品总数的96.7%，硅质白云岩、石英岩等其他岩类所占比例很小。

**2. 石制品大小**

根据最大直径（$L$）将石制品划分为微型（$L<20$毫米）、小型（20毫米$\leq L<50$毫米）、中型（50毫米$\leq L<100$毫米）、大型（100毫米$\leq L<200$毫米）和巨型（$L\geq 200$毫米）[3]。石核、完整石片和工具的统计表明，石制品以小型为主，占61%；微型次之，占30%；中型较

少，不见大型及巨型标本。

重量的统计表明，石制品总体以小于10克的为主（$n=60$，66.6%），其次为10~20克的标本（$n=14$，15.6%），20~50克的标本较少（$n=8$，8.9%），50~100克的5件及大于100克的标本3件。

石制品形态的分类依据标本的长宽指数和宽厚指数，应用黄金分割点（0.618）划分为四种类型：宽厚型、宽薄型、窄薄型和窄厚型[3]。遗址出土的石核以宽薄型和宽厚型为主，完整石片和工具均以宽薄型占绝大多数。

### 3. 石核

共11件，占石制品总数的12.2%。依照台面数量分为单台面、双台面两种类型。

单台面石核　8件。除硅质白云岩、石英岩各1件外，其余均为燧石。从大小上来看，最小的标本（07DYF012）长宽厚为27.2毫米×21.7毫米×17.5毫米，重10.3克；最大者（07DYF007）长宽厚为97.2毫米×67.2毫米×35.3毫米，重261.4克。除一件为自然台面外，其余均为人工台面，其中有疤台面6件、素台面1件。

07DYF065，形状呈梯形，长宽厚为64.3毫米×55.2毫米×31毫米，重103.4克。有疤台面长62.2、宽54.2毫米，台面角65°，工作面最大长55.2、最大宽64.2毫米，其上可见1个剥片阴痕，片疤长43.6、宽54.9毫米（图二，1）。07DYF335，形状呈梯形，长宽厚为51.1毫米×25毫米×25.8毫米，重47.3克。有疤台面长44.3、宽23.7毫米，台面角为105°，工作面最大长20.4、最大宽41.6毫米，其上可见1个剥片阴痕，片疤长20.4、宽37.3毫米（图二，2a）。此外，发现了一个拼合组（石片07DYF333与石核07DYF335）这两件标本均出自T5同一水平层内（图二，2），相距仅23厘米，推测应为剥片过程中产生的。

双台面石核　3件。原料均为燧石。最小者（07DYF031）长宽厚为42.7毫米×34.7毫米×23.2毫米，重34.2克；最大者（07DYF009）长宽厚为57毫米×56.1毫米×31.8毫米，重101.4克。台面均为人工台面。07DYF009即为尺寸最大者，为盘状石核。台面分别为有疤台面和素台面，采取锤击法对向剥片。剥片面上可见8次剥落石片后留下的痕迹，其中最大片疤长35.9、宽23.1毫米，最小片疤长13.9、宽11.2毫米（图二，8）。

### 4. 石片

共45件，占石制品总数的50%。其中完整石片29件，不完整石片16件。原料均为黑色燧石。

完整石片根据台面和背面的特点分为六型：Ⅰ型（自然台面、自然背面）石片1件，Ⅱ型（自然台面、部分人工背面）石片3件，Ⅲ型（自然台面、人工背面）石片2件，Ⅳ型（人工台面，自然背面）石片1件，Ⅴ型（人工台面，部分人工背面）石片16件，Ⅵ型（人工台面，人工背面）石片6件。人工台面石片以素台面（$n=9$）为主，有疤、有脊、点状、线台面较少。石片背面以非自然面占绝对优势，自然面者很少，从石片边缘形态来分析，以边缘平行或近似平行以及三角形的石片为主，而边缘不甚规则者较少，表明多数石片形状较为规整。绝大多数石片远端为羽状尖灭，个别为内卷，未见外翻的现象。石片角多集中在75°~100°，最小值73°，

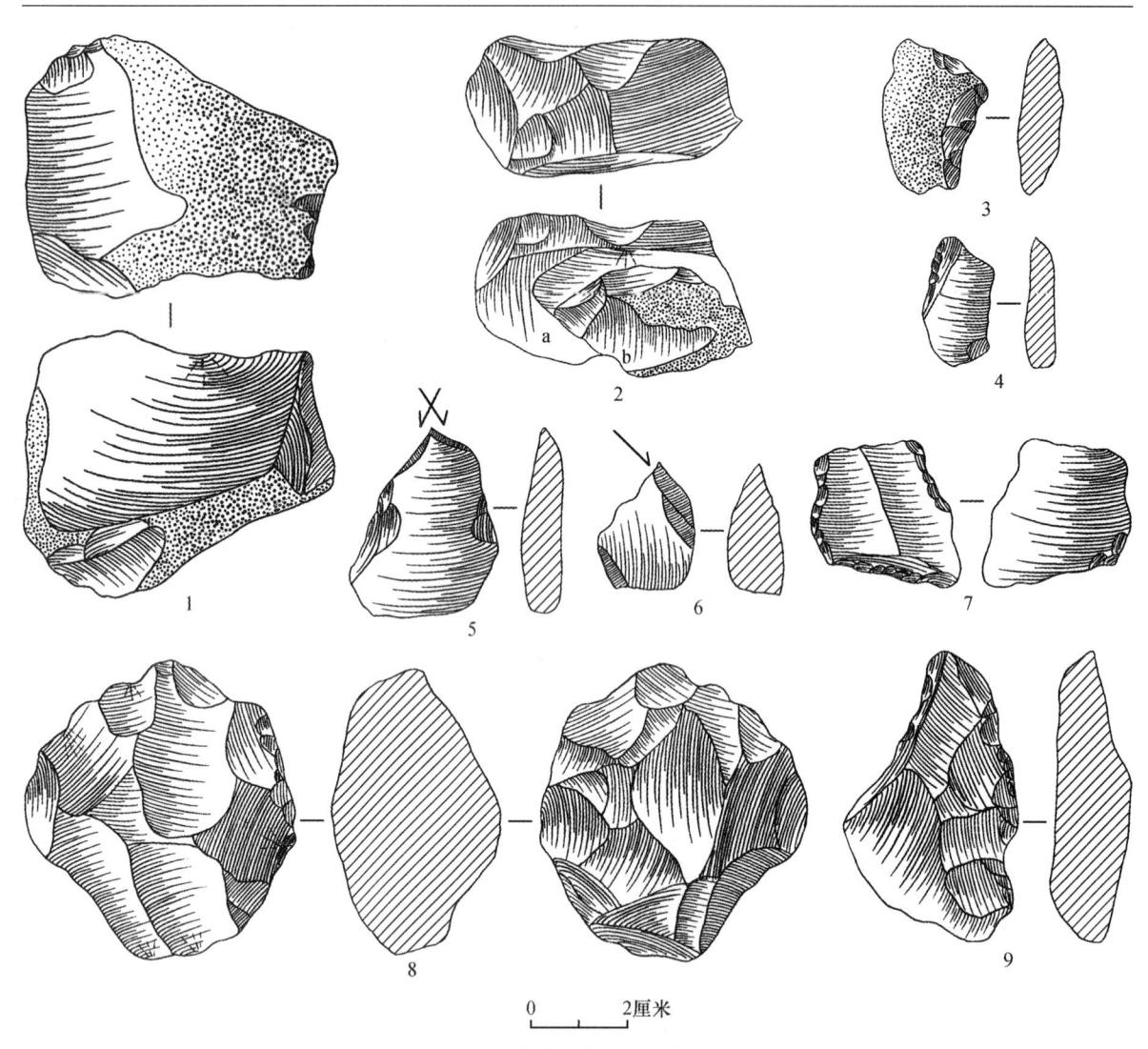

图二　东营坊遗址出土的部分石制品

1. 单台面石核（07DYF065）　2. 单台面石核（a）石片（b）拼对组（07DYF335、07DYF333）　3. 单凹刃刮削器（07DYF129）
4、9. 单直刃刮削器（07DYF136、07DYF004）　5、6. 雕刻器（07DYF054、07DYF060）　7. 复刃刮削器（07DYF085）
8. 双台面石核（07DYF009）

最大值117°，平均值94.2°（表一）。

不完整石片占石片总数的35.6%。其中左裂片2件，近端断片5件（其中素台面3件，自然、有疤台面各1件），中间断片1件，远端断片8件。

表一　完整石片的大小及重量测量统计

| 测量统计项目 | 长/毫米 | 宽/毫米 | 厚/毫米 | 重/克 |
| --- | --- | --- | --- | --- |
| 最小值 | 12.3 | 7.6 | 3.8 | 0.5 |
| 最大值 | 49.9 | 47 | 28.3 | 53.3 |
| 平均值 | 24.72 | 22.23 | 9.58 | 7.65 |
| 标准偏差值 | 9.39 | 9.19 | 5.2 | 10.83 |

## 5. 断块

共24件，占石制品总数的26.7%。原料除1件为玛瑙外，其余均为燧石。断块是指剥片时沿自然节理断裂的石块或破碎的石制品小块，尺寸变异较大，在统计分析时很难将其归入某种特定的石制品类型[4]。出土断块个体变异较大，最小者（07DYF001）长宽厚为8.3毫米×7.4毫米×6.7毫米，重1.4克；最大者（07DYF011）长宽厚为36.5毫米×27.7毫米×23毫米，重25.4克。

## 6. 工具

共10件，占石制品总数的11.1%，包括刮削器和雕刻器两类，原料均为黑色燧石。

**刮削器** 共8件。标本尺寸中等，以小型为主，微型和中型较少。毛坯均为片状。修理方法均为锤击法，刃缘以正向加工为主，复向加工次之，对向加工较少。刮削器刃角范围在35°~61°，平均为46°，较为锋利。

**单直刃** 6件。07DYF004，长宽厚为58毫米×37.9毫米×17.5毫米，重29.7克。刃口位于石片较为薄锐的一侧，采用锤击法复向加工而成，修疤连续、浅平，刃缘薄锐，刃长46.8毫米，刃角48°（图二，9）。07DYF136，片状毛坯，长宽厚为27.5毫米×14.5毫米×6.1毫米，重3.7克。刃口位于石片较为薄锐的一侧，采用锤击法反向加工而成，修疤连续、浅平，刃缘薄锐，刃长16毫米，刃角69°（图二，4）。

**单凹刃** 1件。07DYF129，片状毛坯，长宽厚为30.1毫米×21.9毫米×9毫米，重6.7克。刃缘采用锤击法正向加工。修疤浅平，每块大疤上又叠压着小疤，刃长20.5毫米，刃角53°（图二，3）。

**复刃** 1件。07DYF085，长宽厚为23.3毫米×21.3毫米×8毫米，重4.1克。腹面微凹，背部有一条纵脊。截面近似三角形。三刃均为正向加工，修疤连续、浅平，排列规整。边刃长分别为12.3、13.2、21.7毫米，刃角分别为39°、35°、62°（图二，7）。

**雕刻器** 共2件。修理方法均为锤击法，毛坯均为片状。07DYF054，长27.3、宽23.4、厚7.4毫米，重5.1克。片状毛坯加工而成，在毛坯一端交互打击，形成屋脊形刃口，刃角为57°（图二，5）。07DYF060，长18.9、宽14.6、厚8.6毫米，重4.3克。利用石片近段加工而成。腹面微凸，背部有一弯曲纵脊，截面呈三角形。在毛坯远端左侧有一纵向打击痕迹，形成一雕刻刃口（图二，6）。

# 四、结语与讨论

## 1. 石器工业特点

根据以上对石制品的分析，现将东营坊遗址的石器工业特点简单归纳如下。

1）石制品原料以黑色或灰黑色燧石为主，白云岩、石英岩、玛瑙等原料较少。

2）石制品以小型及微型为主，中型次之。类型简单，包括石核、石片、石器及断块。

3）剥片主要采用锤击法。石核以单台面居多，双台面较少。石核多为人工台面，自然台面较少。

4）石片中完整石片多于不完整石片。绝大多数石片为人工台面，其中以素台面为主，且石片背面多为非自然面，应为次级剥片的产品。

5）石器以小型为主，微型和中型较少。类型简单，刮削器是主要类型，雕刻器较少。石器毛坯均为片状。

6）石器由锤击法加工而成，以单向加工为主，多为正向加工。毛坯加工部位多集中在侧边。

**2. 遗址年代与性质**

为探明遗址的年代，在东营坊遗址发掘区A区剖面上取了一些光释光样品，已送往北京大学城市环境学院进行测年，目前尚未获得结果。出土遗物整理过程中，在第3层褐红色黏土层底部发现一件哺乳动物碎骨片，将其送往美国Beta实验室进行AMS $^{14}$C测年，获得了一组年代数据为43500 BP，这一年代数据未来还需与光释光测年结果相互印证，故目前推测该遗址时代大致为旧石器时代中晚期过渡阶段或旧石器时代晚期早段。

东营坊遗址相当数量标本上存在明显的、大小不一的、无规律的疤痕，根据石制品表面痕迹和地层情况来看，推测这些标本是经过后期短距离搬运，其表面风化磨蚀程度不高，且存在一个拼合组，由此初步判断遗址应为微异地埋藏。东营坊遗址属旷野遗址，发掘出土石制品数量相对较少，没有集中分布的现象，而是零星分布，说明该遗址并非古人类的集中活动区，可能是临时活动区，在此区域内活动的时间不长。石制品中石核、石片和断块较多，工具较少，类型较为单一，可能与古人类活动的性质有关。因而，推测该遗址为一处古人类临时活动场所，古人类在该遗址进行过简单的石器加工。

综上所述，蓟县东营坊是首次在天津进行旧石器考古发掘的遗址，不但确定了天津旧石器文化的存在，更可以以此为契机，带动天津旧石器时代考古工作的全面开展。该遗址的发现与发掘为中国北方旧石器主工业增加了新的材料，扩大了其分布范围，说明该区域在晚更新世存在人类活动，对于揭示晚更新世古人类在该地区的行为特点及环境动因具有重要的学术意义。

致谢：中国科学院古脊椎动物与古人类研究所的张森水研究员、裴树文、罗志刚、张乐、张晓凌、曹明明，天津市文化遗产保护中心的甘才超参加了野外发掘，中国科学院古脊椎动物与古人类研究所刘德成博士鉴定了石料，特致谢意。

执笔：王春雪　盛立双　周振宇　李　锋
　　　陈　雍　高　星

## 注 释

[1] 盛立双、王春雪：《天津蓟县东营坊旧石器遗址考古发掘》，《2007中国重要考古发现》，文物出版社，2008年。

[2] 蓟县志编修委员会：《蓟县志》，南开大学出版社、天津社会科学院出版社，1991年，第122~133页。

[3] 卫奇：《〈西侯度〉石制品之浅见》，《人类学学报》2000年第2期，第85~96页。

[4] 卫奇：《石制品观察格式探讨》，《第八届中国古脊椎动物学学术年会论文集》，海洋出版社，第209~218页。

（原载于《人类学学报》2014年第2期）

# 天津蓟县青池遗址发掘报告

天津博物馆　天津市文化遗产保护中心

1997年10月《天津文物地图集》编辑组赴蓟县文物复查，在五百户乡青池村北1.5千米发现一处古文化遗址，位于于桥水库南岸（图一）。原是州河（又称漆河，《汉书·地理志》称洇水，《水经注》作庚水[1]）的一曲河湾，水面较宽，蓟县八景之一的青池春涨即在此。遗址为突入河湾的丘陵，三面环水，当地称马头山，海拔22米。1990年修建水库防浪护坡，鉴于水库工程对遗址的威胁，1997年对防浪护坡以上的坡下遗存进行试掘，确定是一处埋藏在山坡沟壑内的新石器时代文化遗存。1998年在山顶处试掘，发现新石器时代和青铜时代文化遗存。1999年水库水位下降，防浪护坡以下部分滩地露出水面，于是清理1997年试掘的沟壑向下延伸部分，发现文化堆积继续向水下延伸，沟壑以外未见文化堆积（图二）。三次发掘总面积约500平方米。由于坡下和山顶的文化堆积不相连，年代不同，故本文分别叙述。

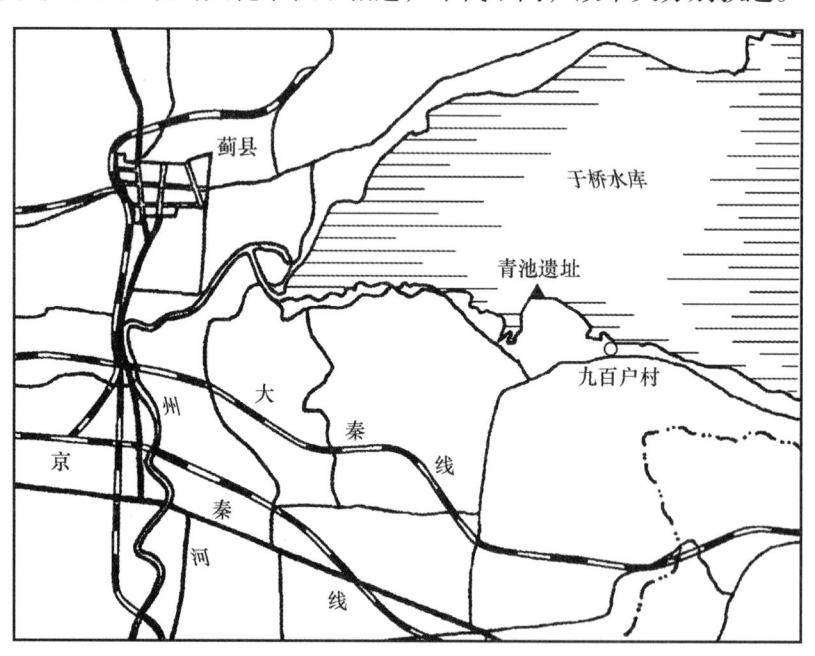

图一　青池遗址地理位置示意图

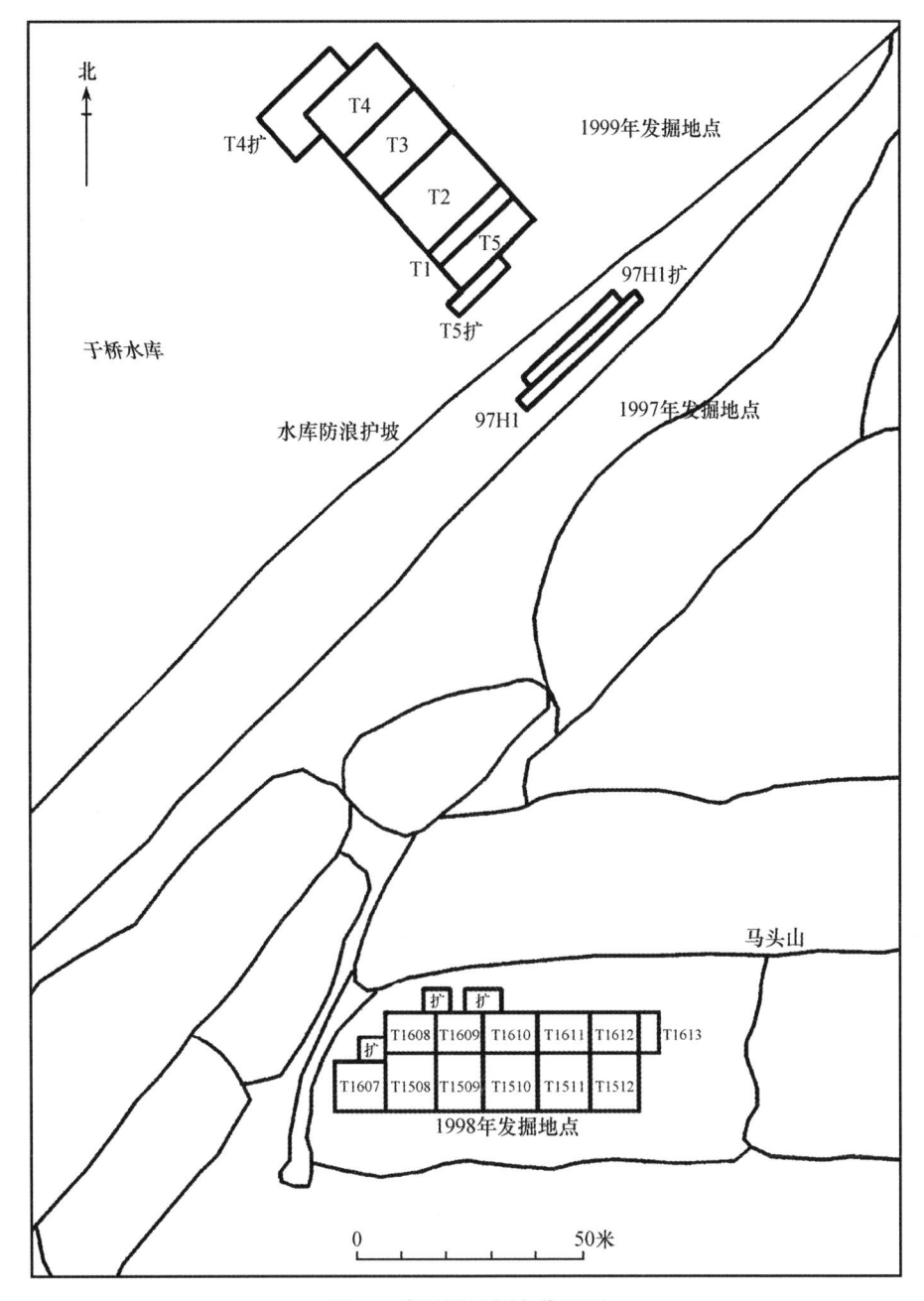

图二 青池遗址探方位置图

# 一、坡下遗存

1997年试掘位置在堆积塌落处的上坡，距护坡边缘3.5米，与护坡平行，方向北偏东47°，开1米×5米探沟两条，1米×4米探沟一条，试掘面积14平方米，发现新石器时代文化遗存9.6平方米，皆分布在一条天然沟内，G1开口于表土层下，沟宽9.6、深约2米，文化堆积丰富。1999年在滩地上进行抢救性发掘，沿着1997年发现的G1方向，离水库防浪护坡底线2.5米，向水面依次开探方5个，依沟的宽窄，面积8米×3米、7米×6米、9米×5米不等，发掘面积260

平方米。发掘中暴露出长23米的天然沟堆积，宽5~9米。两次发掘，坡下沟壑总长34.7、宽5~9、深1~2米，中部被宽6.7米的防浪护坡破坏，形成上下两段，下端伸入水中，两端高差2.8米。沟壑底部不平，边缘亦凹凸不齐，属自然形成（图三；图版八）。

以97TJQT1~97TJQT3东北壁剖面和99TJQT4西南壁剖面地层堆积为例说明。

97TJQT1、97TJQT2和97TJQT3东北壁地层剖面（图四）。

第1层：表土。厚10~50厘米。为水库防浪护坡上铺垫的黄土和碎石子，夯筑。出土陶筒形罐、敛口钵等残片。

第2层：灰黄色砂土。厚0~30厘米。出土陶筒形罐、圈足钵和盆、鸟首形支脚等残片和石磨盘、斧、球等。

第3层：灰色土。厚0~45厘米。土质松散，含炭灰、红烧土碎块，底部有一条带状炭灰。出土陶盆、筒形罐、圈足钵、豆、鸟首形支脚残片和石斧、燧石片等。

第4层：灰黄色土。厚0~50厘米。土质较纯净，含少量炭渣，出土陶圈足钵、筒形罐、盆、豆、鸟首形支脚残片和石球、斧、磨盘、磨棒等。

第5层：黑灰色黏土。厚10~50厘米。土质松软，含大量炭灰，出土陶筒形罐、圈足钵、盆、豆、兽首形支脚残片和石球、斧、磨棒等。

第6层：浅黄色土。厚5~25厘米。土质带水锈点，含较多的钙柱和钙板，出土遗物除第1~4层常见的外，另有一种黄褐色夹粗砂厚胎陶，饰菱形网格状纹、斜线纹、弦纹等，可辨器形有陶筒形罐、平底钵、支脚等。石器以打制为主，有大小不等的球、网坠等。

第7层：含碎石块红色砂土。厚30厘米。出土陶筒形罐、钵等残片和石斧。

第8层：黄褐色土。宽85、厚约20厘米。土质紧密且硬，堆积于北部，出土陶筒形罐残片。

第9层：黄灰色砂土。宽60、厚约10厘米。含碎石块，出土陶筒形罐残片和石器残片。

第10层：浅黄色土。厚10厘米。土质软且纯净，出土陶筒形罐等。

第10层以下为红色生土。

99TJQT4西南壁地层剖面（图五）。

第1层：淤砂层。厚20~30厘米。出土"之"字纹、戳印纹陶片和石器。

第2层：黑褐色土。厚0~30厘米。土质紧密，出土较多的夹砂陶片，器形有陶筒形罐、钵、豆和石网坠、磨棒、斧、球等。

第3层：暗红色砂土。厚10~40厘米。出土少量稀疏的"之"字纹陶片，器形有陶罐、钵和少量石器。

第4层：黄褐色土。厚约20厘米。土质紧密并夹有零星炭灰，出土少量残陶片和石器。

第5层：黄灰色砂土。厚0~35厘米。出土夹砂陶片及少量的云母屑红陶，器形有陶筒形罐，偶见"之"字纹陶片，另有石磨盘等。

第6层：浅黄色土。厚0~65厘米。土质黏软且纯净，出土陶筒形罐和划纹、弦纹、附加堆纹陶片等，另有石斧、球等。

第6层以下为生土。

图三 沟壑平、剖面图

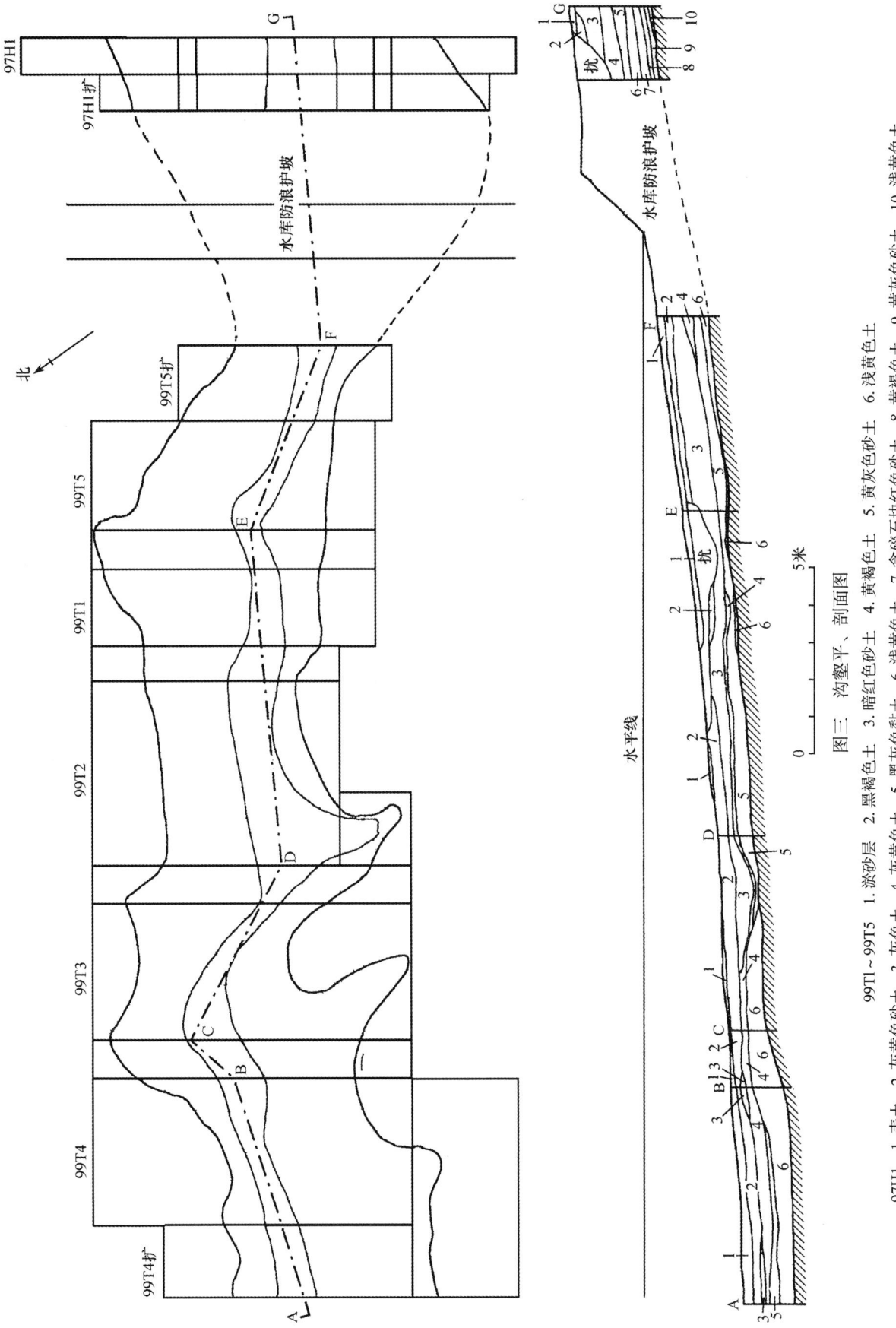

99T1~99T5 1.淤砂层 2.暗红色砂土 3.灰色土 4.灰黄色土 5.黑灰色黏土 6.浅黄色土 7.含碎石块红色砂土 8.黄褐色土 9.黄灰色砂土 10.浅黄色土

97H1 1.表土 2.灰黄色砂土 3.黑褐色土 4.黄褐色土 5.黄灰色砂土 6.浅黄色土

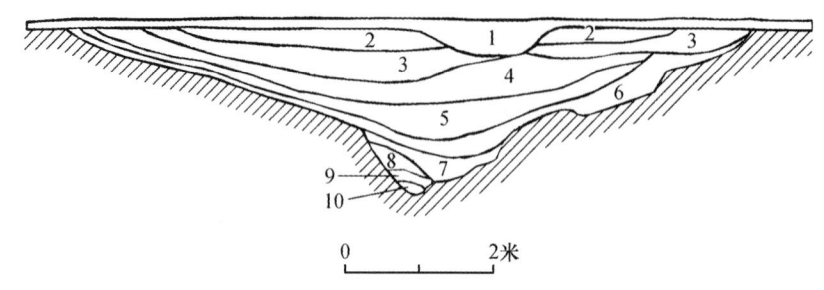

图四　97TJQT1～97TJQT3东北壁地层剖面图

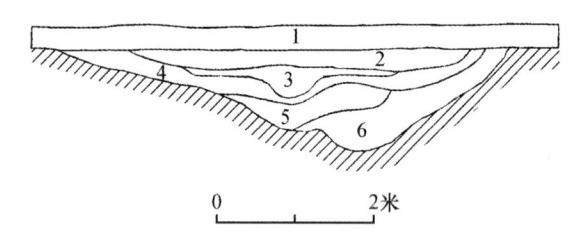

图五　99TJQT4西南壁地层剖面图

由于1997年和1999年两次发掘属同一条灰沟，虽然高度不同，中间被防浪护坡破坏，但根据地层和出土遗物仍可确定两次发掘之间的地层关系。除表土层外，1997年发掘的第2～5层在1999年发掘的探方中皆不见，1999年发掘的99TJQT3～99TJQT5第2～6层分别和1997年发掘的97TJQT1～97TJQT3的第6～10层相当，99TJQT1、99TJQT2只发现相当1997年发掘的第6～9层遗存，不见第10层，因此G1文化堆积编为九个文化层，即G1第1～9层。

灰沟出土遗物，下部的第6～9层与上部的第1～4层有明显差别，可划分两个不同时期的文化遗存。居中第5层多数器物具有第二期文化的基本特征，部分器物为第一期文化延续但有明显变化，少数器物表现出第一期文化和第二期文化之间承上启下的特点。为便于更好地了解遗存的前后变化，故将第6～9层定为新石器时代第一期文化遗存，第5层定为新石器时代第二期文化早段遗存，第1～4层定为新石器时代第二期文化晚段遗存。

## （一）新石器时代第一期文化（灰沟第6～9层）遗存

出土遗物有陶器、石器、葎草种子。

**1. 陶器**

41件。外表多呈红褐色，少量灰褐色，内壁多呈黑灰色。陶胎较厚，火候不高，色泽不匀，有夹砂和夹云母屑两类，手制。器形有筒形罐、钵、碗、盆、网坠、铛等。

筒形罐　21件。深腹，平底。依口部不同，可分五型。

A型　9件。厚圆唇，敞口。夹砂红陶。器表红褐色。T2G1⑦：1，口沿外侧加厚出棱。三段式纹饰，即在口沿下饰数周弦纹和一周凸起的附加堆纹带饰，压印密集短线纹，腹部饰斜线网格纹。残高11、口径27厘米（图六，1）。T3G1⑦：1，附加堆纹带饰，压印密集锥刺纹。残高11.4、口径24厘米（图六，2）。T4G1⑧：1，带饰不凸起，压印密集锥刺纹。残高10.2、口径24厘米（图六，3）。T1G1⑧：1，口沿下抹光，带饰凸起，压印麻花状斜线纹，下饰网格纹。残高18.6、口径26厘米（图六，5）。T4G1⑧：2，饰三段式纹，带饰不凸起，饰直线划纹或剔刺纹构成的三角纹。带饰处压印一周双斜线组成的三角纹，腹部饰划纹。残高15厘米（图六，6）。T5G1⑨：2，带饰凸起上压印密集的短线纹。残高12.6、口径26厘米（图六，4）。T4G1⑨：1，口沿下抹光，匝饰压印纹的泥条附加堆纹，腹部饰凌乱短线划纹。残高10厘米（图六，7）。T3G1⑨：1，腹部饰网格纹。残高约28.8、底径10厘米（图六，8）。

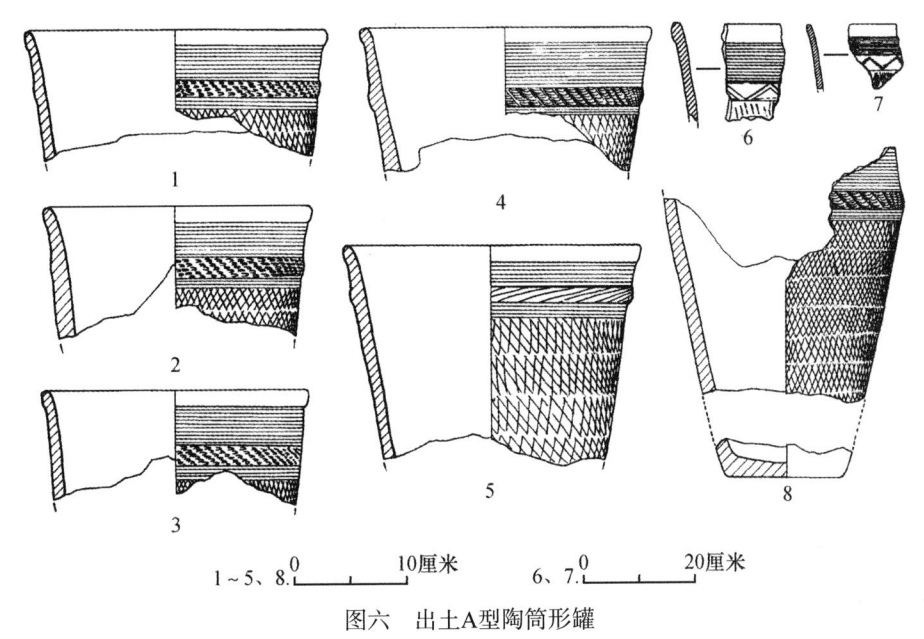

图六 出土A型陶筒形罐
1. T2G1⑦：1  2. T3G1⑦：1  3. T4G1⑧：1  4. T5G1⑨：2  5. T1G1⑧：1  6. T4G1⑧：2  7. T4G1⑨：1  8. T3G1⑨：1

B型　3件。尖圆唇，敞口。夹砂红陶。T5G1⑥：1，附加堆纹压印成麻花形，堆纹下饰横排双线短划纹。残高10、口径26厘米（图七，1）。T3G1⑦：2，堆纹下饰横排双线交叉划纹。残高12、口径24厘米（图七，2）。97G1⑦：1，口沿下抹光，饰附加堆纹，堆纹上压印窝点纹，堆纹下通体饰横排双线短划纹。残高18、口径26厘米（图七，3）。

C型　2件。厚圆唇，侈口。夹砂红陶。T5G1⑨：2，沿下饰数周弦纹，腹部饰不规则双线短划纹。残高8.6、口径14厘米（图七，4）。T4G1⑧：3，沿下饰数周弦纹，腹部饰横排双线划纹间双线斜划纹。残高13.5、口径21厘米（图七，5）。

D型　4件。尖圆唇，直口，微弧腹。T2G1⑧：2，夹砂红陶，器表黄褐色。沿下抹光，其下饰一周附加堆纹，堆纹上压印斜线，腹部饰排列整齐宽疏的竖压横排"之"字纹。残高12、口径21厘米（图七，6）。97G1⑥：1，夹砂红褐陶。口沿下抹光，饰一匝剔刺纹，腹部饰竖压横排"之"字纹。残高13厘米（图七，7）。T4G1⑥：1，夹砂红褐陶，红黄色。唇部磨光。沿下饰横压竖排"之"字纹，腹部饰横排双线竖划纹。残高11厘米（图七，8）。

E型　3件。微圆唇，侈口，弧腹。T2G1⑧：3，夹砂红陶，器表红褐色。口沿下一段

图七 出土陶筒形罐

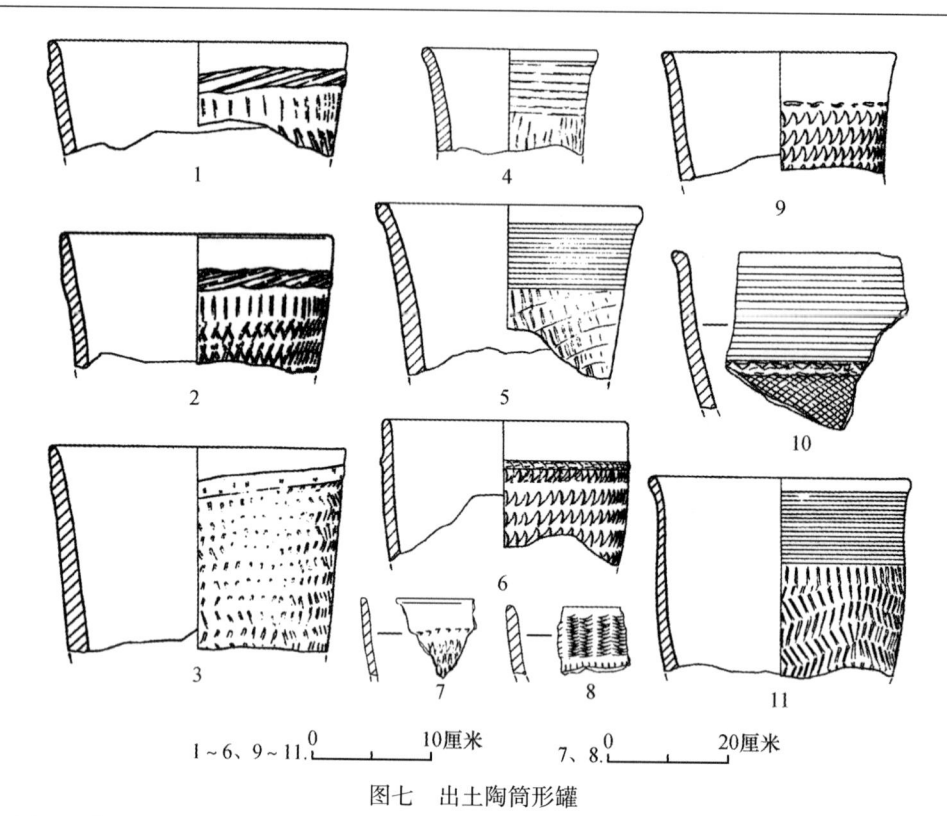

1~3. B型（T5G1⑥：1、T3G1⑦：2、97G1⑦：1） 4、5. C型（T5G1⑨：2、T4G1⑧：3） 6~8. D型（T2G1⑧：2、97G1⑥：1、T4G1⑥：1） 9~11. E型（T2G1⑧：3、T5G1⑥：2、T2G1⑧：1）

抹平，饰一匝剔刺纹，腹部饰竖压横排"之"字纹。残高10、口径18厘米（图七，9）。T5G1⑥：2，夹砂灰陶，器表灰白色。内壁磨光，胎较薄。口沿下饰数周弦纹，压印连续小三角纹，腹部饰密集的压印网格纹。残高13厘米（图七，10）。T2G1⑧：1，夹砂红陶，器表红褐色。圆唇。口沿下饰弦纹，腹部饰横排双线竖划纹。残高15.5、口径21厘米（图七，11）。

钵 3件。夹细砂红陶，表皮红褐或黑褐。敞口，斜腹。依据口部的不同，可分二式。

Ⅰ式：2件。微圆唇。T1G1⑥：1，器表横压竖排"之"字纹。残高2.5厘米（图八，1）。T3G1⑦：3，器表饰竖压横排"之"字纹。残高4厘米（图八，3）。

Ⅱ式：1件（T2G1⑥：1）。圆唇。表皮红褐色，内壁黑色磨光。器表竖压横排"之"字纹。残高6.5、口径24厘米（图八，2）。

碗 1件（T5G1⑥：5）。夹细砂红陶。方圆唇，敞口，斜腹。磨光。残高4.4厘米（图八，4）。

盆 13件。夹云母屑红陶。大口，平底。按腹部不同，可分三式。

Ⅰ式：3件。敞口，直腹。T2G1⑧：8，方唇。沿下饰一周虾节形纹，腹部饰松散横排斜线划纹。残高3.9厘米（图九，1）。T5G1⑧：1，圆唇。沿下饰一周叶脉状划纹。磨光。残高6.5厘米（图九，2）。T3G1⑦：5，方唇，口沿微撇。饰一周斜线划纹，腹部饰斜排斜线划纹。残高5厘米（图九，5）。

Ⅱ式：7件。敞口，弧腹。T2G1⑧：4，方唇。沿下饰一周斜线划纹。残高6.4厘米（图

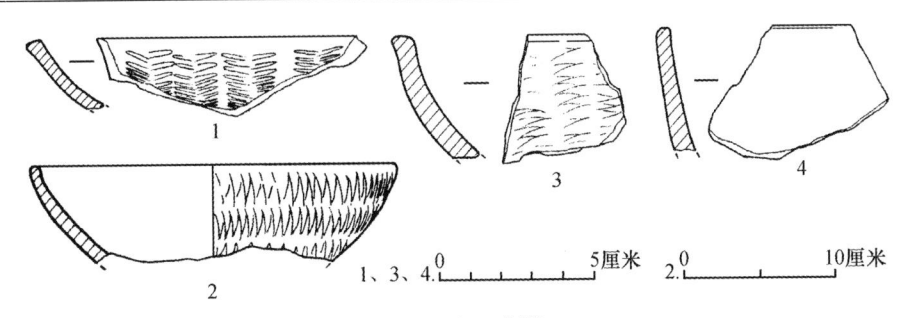

图八 出土陶器
1、3.Ⅰ式钵（T1G1⑥∶1、T3G1⑦∶3） 2.Ⅱ式钵（T2G1⑥∶1） 4.碗（T5G1⑥∶5）

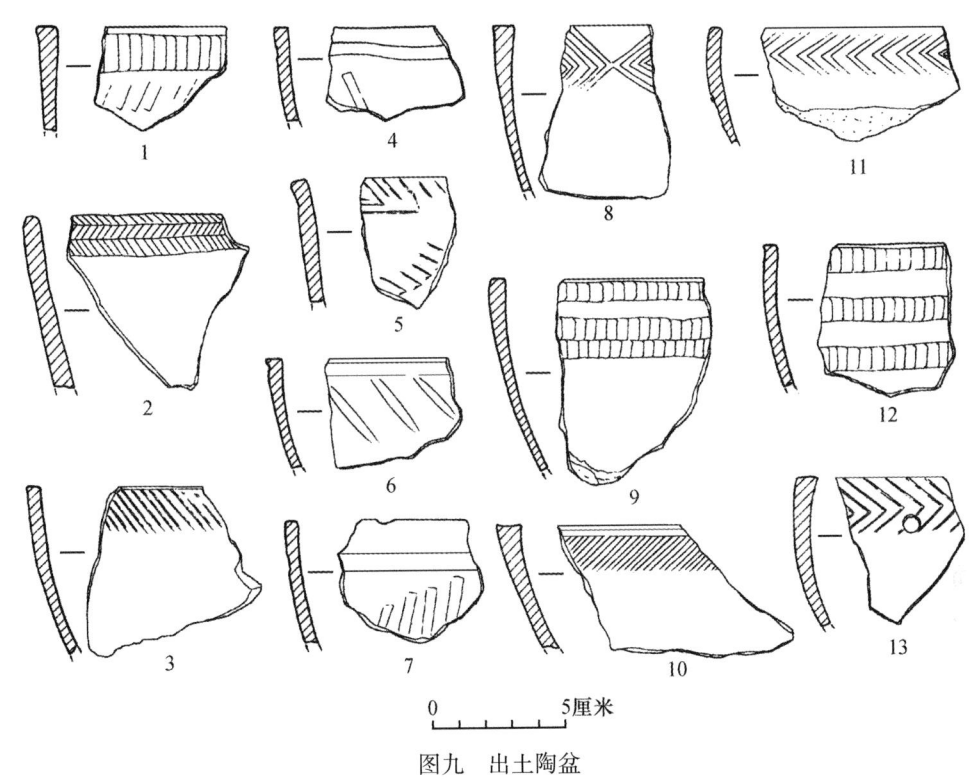

图九 出土陶盆
1、2、5.Ⅰ式（T2G1⑧∶8、T5G1⑧∶1、T3G1⑦∶5） 3、4、6~10.Ⅱ式（T2G1⑧∶4、T3G1⑦∶4、T1G1⑥∶2、T5G1⑦∶3、T2G1⑧∶5、T2G1⑧∶6、T5G1⑥∶4） 11~13.Ⅲ式（T5G1⑦∶4、T2G1⑧∶7、T5G1⑥∶6）

九，3）。T3G1⑦∶4，口沿外饰一周凹弦纹，腹部饰二周斜线划纹。残高3.5厘米（图九，4）。T1G1⑥∶2，方唇。口沿下饰一周凹弦纹，腹部饰斜双线划纹。残高4.1厘米（图九，6）。T5G1⑦∶3，方唇。沿外偏下饰一周凹弦纹，腹部饰斜排双线划纹。残高4.6厘米（图九，7）。T2G1⑧∶5，沿下饰一周菱形对角划纹。残高6.5厘米（图九，8）。T2G1⑧∶6，圆唇。沿下饰三周虾节纹。残高7.7厘米（图九，9）。T5G1⑥∶4，微凹唇。外壁沿下饰二周弦纹和一匝斜线划纹。残高5.2厘米（图九，10）。

Ⅲ式：3件。方唇，敛口，微鼓腹。T5G1⑦∶4，沿下饰一周"人"字形双线划纹。残高4.1厘米（图九，11）。T2G1⑧∶7，沿下饰三周虾节形划纹。残高5.6厘米（图九，12）。T5G1⑥∶6，沿下饰一周"人"字形双线划纹。残高5.5厘米。腹部有一钻孔，孔径0.7厘米

（图九，13）。

网坠　1件（T1G1⑥∶3）。夹云母屑红陶。利用盆的腹部残片磨成椭圆形，两端各打出缺口。长12、宽6.7、厚0.6厘米（图一〇，2）。

铛　2件。夹云母屑红陶。T4G1⑦∶1，平面椭圆形，内凹面粗糙，有黑色炭迹。凸面磨光饰二条双浅划纹组成的波浪纹。长19.5、宽18、厚1.2、中部凹2.3厘米（图一〇，1）。97G1⑥∶2，残长8.3、宽4.5厘米（图一〇，3）。

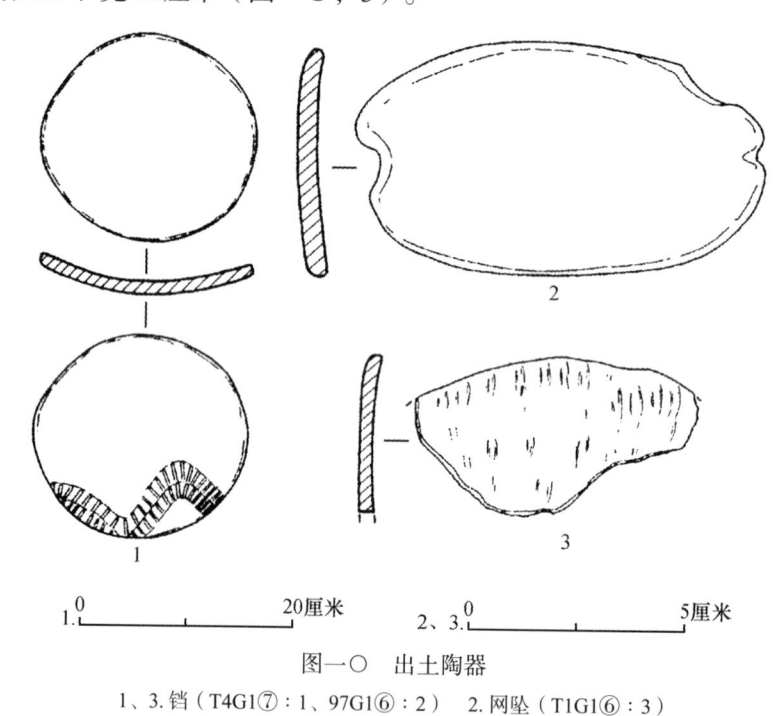

图一〇　出土陶器
1、3.铛（T4G1⑦∶1、97G1⑥∶2）　2.网坠（T1G1⑥∶3）

## 2. 石器

69件。有容器、工具、装饰品和细石器。

（1）容器

11件。有罐、钵。琢磨兼制。

罐　4件。按沿部变化，可分二型。

A型　2件。尖唇，弧腹。T4G1⑥∶4，口沿下有宽1厘米的带状磨边，下通体布满琢痕，内壁磨光。微敛口。残高19.5、口径16.8厘米（图一一，1）。97G1⑥∶3，腹部琢制粗磨。侈口。残高8、口径16.5厘米（图一一，2）。

B型　2件。方唇，直口，微弧腹。口沿下饰一周凸线纹带。T2G1⑧∶10，腹部布满琢痕，内壁磨光。残高6.9、壁厚0.8~0.9厘米（图一一，3）。T3G1⑥∶1，腹部磨光，内壁有炭灰。残高5.8、壁厚0.8厘米（图一一，4）。

钵　2件。圆唇，斜腹。T1G1⑥∶4，残高6厘米（图一一，5）。T3G1⑥∶2，残高约3厘米（图一一，6）。

筒形罐底　4件。平底。T3G1⑦∶6，残高10.8、底径12厘米（图一一，8）。

图一一 出土石器

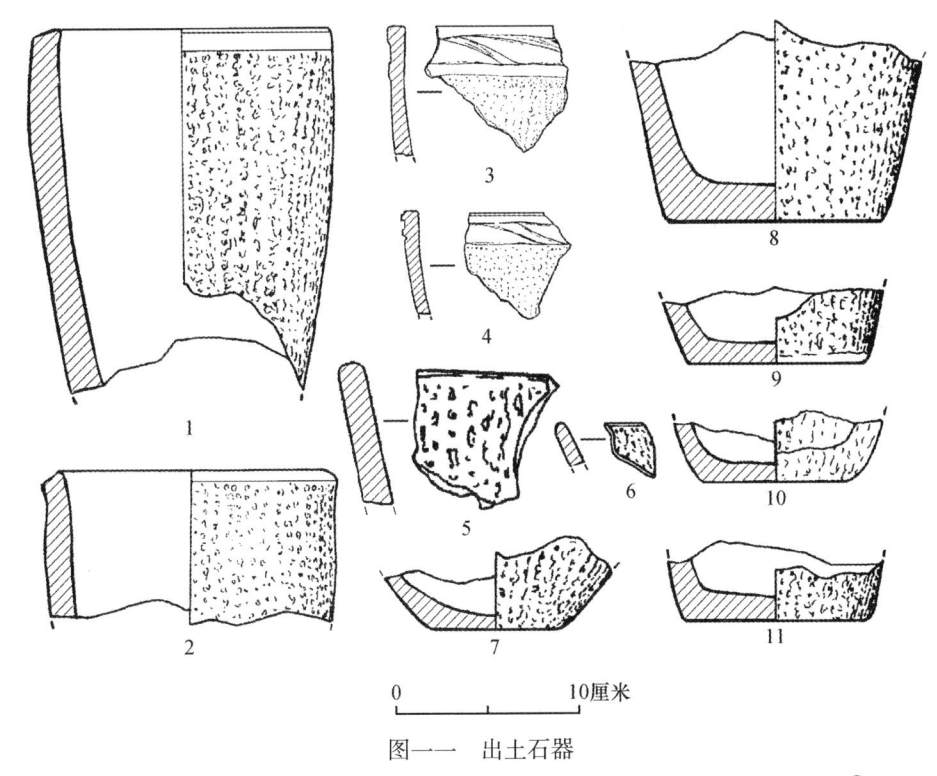

1、2. A型罐（T4G1⑥：4、97G1⑥：3） 3、4. B型罐（T2G1⑧：10、T3G1⑥：1） 5、6. 钵（T1G1⑥：4、T3G1⑥：2）
7. 钵底（T3G1⑦：7） 8～11. 筒形罐底（T3G1⑦：6、97G1⑥：4、T3G1⑧：2、T5G1⑦：5）

97G1⑥：4，残高3.9、底径10厘米（图一一，9）。T3G1⑧：2，有琢痕。弧腹。残高4.3、底径8厘米（图一一，10）。T5G1⑦：5，残高3、底径10.5厘米（图一一，11）。

钵底 1件（T3G1⑦：7）。平底。残高5、底径6.9厘米（图一一，7）。

（2）工具

34件。有斧、磨盘、磨棒、磨石、球、砧石等。

斧 9件。磨制。两侧出棱。按平面形状，可分三型。

A型 5件。呈梯形，横断面椭圆形，两侧磨平出棱。T2G1⑧：11，脉岩。首端圆有砸痕，刃部锋利。高13.5、刃宽7.5厘米（图一二，1）。T4G1⑧：7，脉岩。直刃，一面略扁平，顶部有砸痕。高10、刃宽5.8厘米（图一二，2；图版九，1）。T1G1⑥：5，脉岩。顶部弧圆，首端和刃部都有砸痕。高9.8厘米（图一二，3；图版九，2）。T2G1⑧：12，次火山岩。顶部、刃部均有砸痕。高14、刃宽7厘米（图一二，4）。T4G1⑨：2，脉岩。两侧磨棱不明显，斜刃。高11、刃宽5.8厘米（图一二，5）。

B型 2件。近方形。T2G1⑥：3，火成岩，黑灰色。刃部锋利。残高8、刃宽7厘米（图一二，6）。T5G1⑧：2，基性火成岩。磨制。顶部琢平。高10、刃宽9厘米（图一二，7；图版九，3）。

C型 2件。长方形，圆刃。T4G1⑥：5，刃锋利。残高6厘米（图一二，8）。T3G1⑧：3，首端有砸痕。高6.7厘米（图一二，9）。

图一二 出土石斧

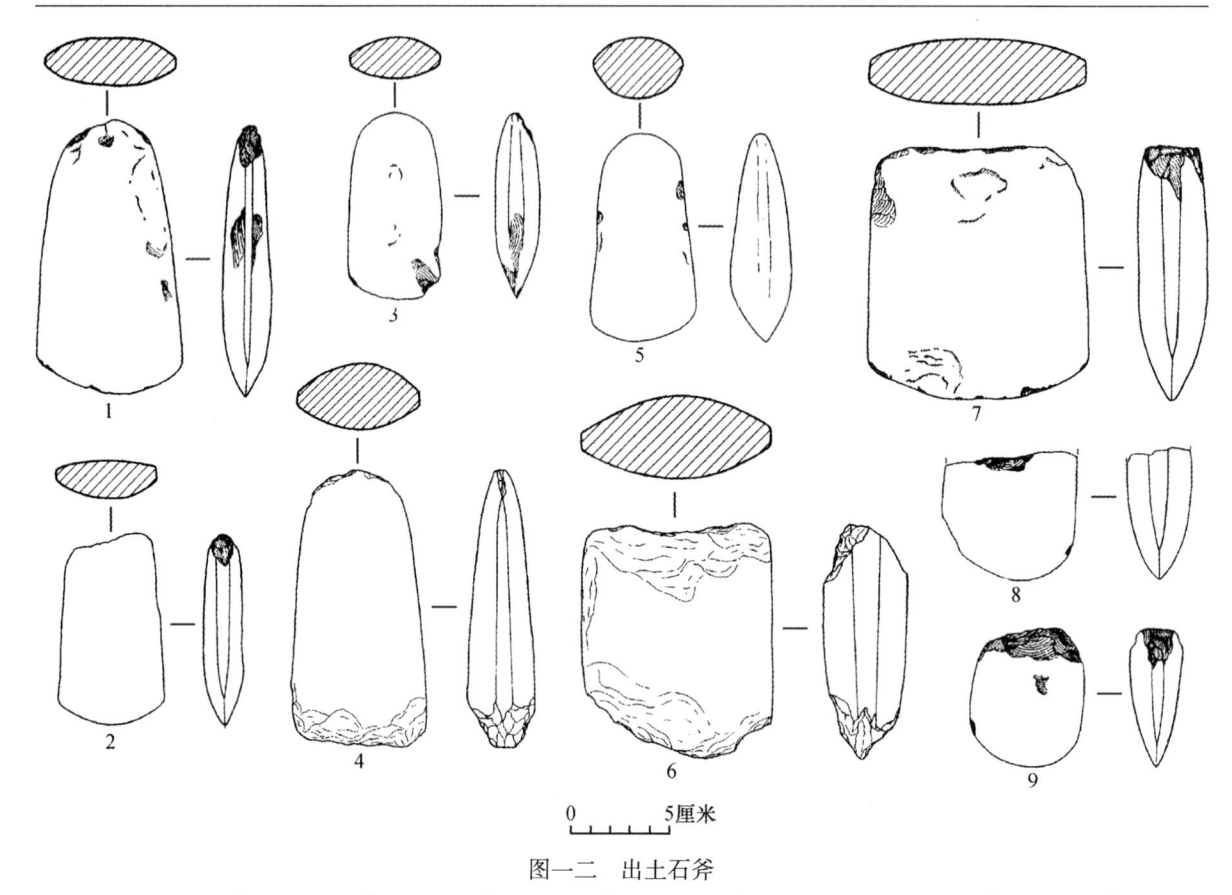

1~5. A型（T2G1⑧：11、T4G1⑧：7、T1G1⑥：5、T2G1⑧：12、T4G1⑨：2） 6、7. B型（T2G1⑥：3、T5G1⑧：2）
8、9. C型（T4G1⑥：5、T3G1⑧：3）

磨盘　1件（T3G1⑦：8）。黄色砂岩。琢磨，平面略呈长方形，一端为圆角方形，另一端为圆形，两端上翘，盘面中部平整。长49、宽约24、中部厚3厘米（图一三，1；图版九，4）。

磨棒　14件。砂岩。T2G1⑥：2，圆柱形。残长17.5、最大直径7.5厘米（图一三，2）。T3G1⑦：2，残长19、最大直径5.7厘米（图一三，3）。T1G1⑨：1，黄色。磨制。长30.5、最大直径6.6厘米（图一三，4；图版九，4）。T4G1⑧：6，残长22、最大直径7厘米（图一三，5）。

磨石　3件。脉岩，灰白色。磨制。T5G1⑥：6，圆饼状，面平整。残高6、底长轴10.8、短轴10厘米（图一四，1）。T2G1⑥：4，长方形，一面中部有两道沟槽。长5、宽4.2、厚1.3、沟槽宽1、深0.4厘米（图一四，2；图版九，5）。T2G1⑥：5，长方形，一面有沟槽。残长7、宽6、厚2、沟槽宽1.1、深0.8厘米（图一四，3）。

球　3件。燧石。打制。周身布满打击疤痕。不规则球形。T1G1⑦：2，长径6、短径4.5厘米（图一四，4）。

砧石　4件。砂岩。不规则形，有砧痕。T5G1⑥：7，磨盘残块的一角，磨面上有大小不等的圆窝砧痕十个，最大直径1.8、深0.8厘米。长13.5、宽10.5、厚7.8厘米（图一五，1；图版九，6）。T4G1⑧：8，利用扁圆形的砾石，一面砸击物体留下疤痕。长轴11.5、短轴9.6、厚4.5厘米（图一五，2）。

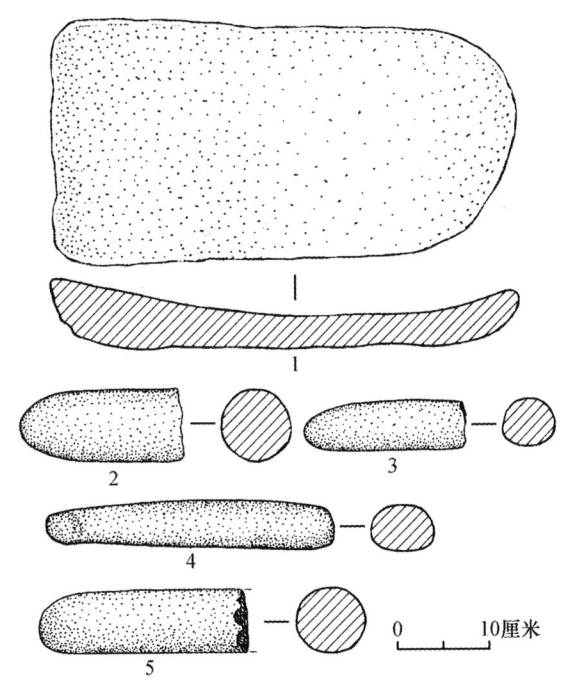

图一三 出土石器

1. 磨盘（T3G1⑦：8） 2~5. 磨棒（T2G1⑥：2、T3G1⑦：2、T1G1⑨：1、T4G1⑧：6）

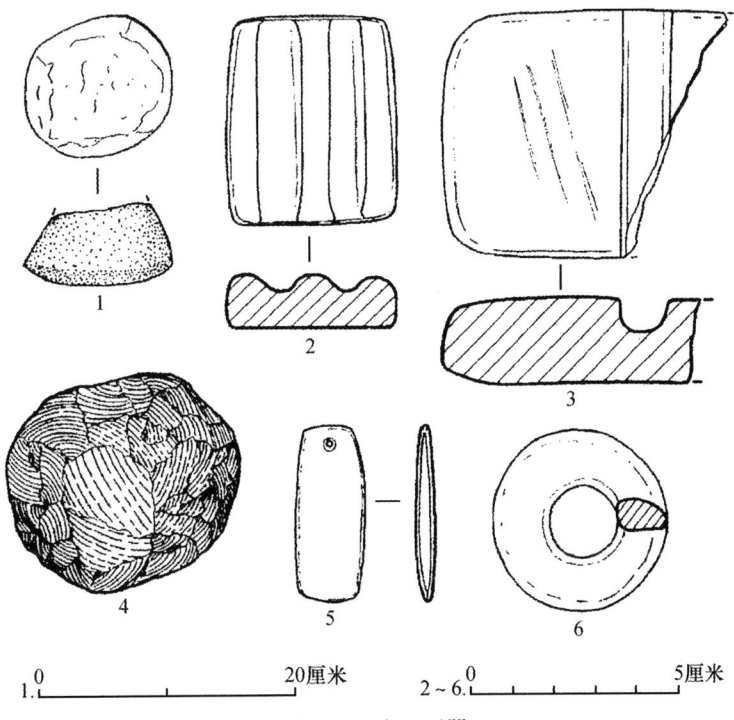

图一四 出土石器

1~3. 磨石（T5G1⑥：6、T2G1⑥：4、T2G1⑥：5） 4. 球（T1G1⑦：2） 5. 穿孔佩饰（T3G1⑦：10）
6. 环（T1G1⑥：6）

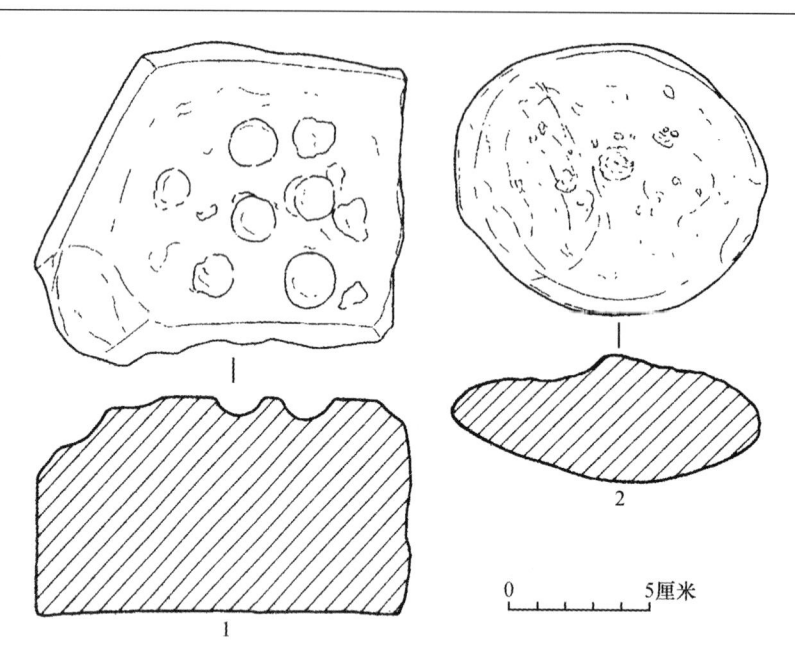

图一五　出土砥石
1. T5G1⑥∶7　2. T4G1⑧∶8

（3）装饰品

2件。有环、佩饰。磨制。

环　1件（T1G1⑥∶6）。蚀变火山岩，墨黑色。平面呈圆环形，圆孔是双面对钻。直径4.3、厚0.8、孔径1.7厘米（图一四，6）。

穿孔佩饰　1件（T3G1⑦∶10）。凝灰岩，湖蓝色。长方形，中间略宽，两侧面有磨棱，一端钻孔，双面钻。长4.2、孔径0.2厘米（图一四，5）。

（4）细石器

22件。燧石，打制。有刮削器、尖状器和石片、石核等。

刮削器　8件。多由石片经二次加工。T5G1⑥∶8，薄片，下端开直刃。长3.2、宽2.3、厚0.5厘米（图一六，1）。T2G1⑧∶13，槐叶形，一侧开刃。长4.8、宽2.3、脊厚0.5厘米（图一六，2）。T5G1⑥∶10，椭圆形，顶端弧形，双面加工刃部。长3.8、宽2.6、厚0.5厘米（图一六，3）。T5G1⑥∶9，椭圆形，一侧开刃。长4.1、宽3、脊厚0.6~0.8厘米（图一六，4）。T5G1⑧∶3，圆形，双面加工刃部。长3.6、宽3.3、厚1.1厘米（图一六，5）。T5G1⑥∶11，圭形，尖角两侧开刃。长4.6、宽3.3、脊厚0.6厘米（图一六，6）。T1G1⑧∶2，椭圆形，顶端开刃。长5.3、宽4.5、厚1厘米（图一六，7）。T3G1⑥∶4，椭圆亚腰形，三面开刃，顶端弧刃，两腰凹刃。长4.3、宽3、厚1厘米（图一六，8）。

尖状器　1件（T1G1⑦∶3）。尖锋锐利，一面正中起脊，另一面正中平，两侧起两道小脊，截面三角形。长3、宽1.7、厚0.6厘米（图一六，10）。

石片　11件。T5G1⑥∶12，梯形，有打击点。长5、宽3.2、脊厚1.3厘米（图一六，9）。

石核　2件。T5G1⑥∶13，长方体，有两处打击台面和半锥体阴痕。长2.8、宽2.3、厚1.5厘米（图一六，11）。

图一六　出土细石器

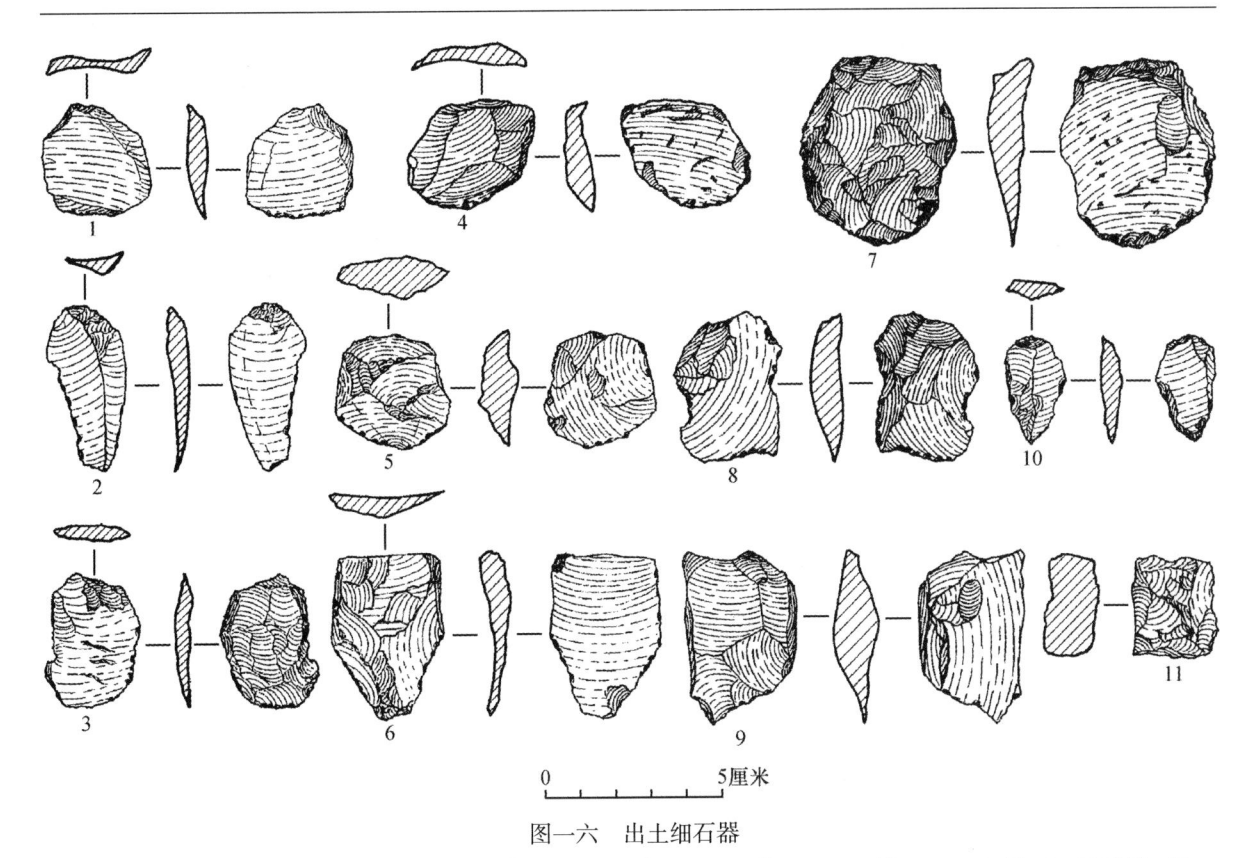

1~8. 刮削器（T5G1⑥：8、T2G1⑧：13、T5G1⑥：10、T5G1⑥：9、T5G1⑧：3、T5G1⑥：11、T1G1⑧：2、T3G1⑥：4）
9. 石片（T5G1⑥：12）　10. 尖状器（T1G1⑦：3）　11. 石核（T5G1⑥：13）

### 3. 葎草种子

70余颗。攀援草本。97G1⑥：6，黑褐色。扁球体，表皮粗糙，有淡黄色芽，脱皮后可见浅黄色颗粒，保存完好。瘦果扁球形，双凸镜状，长3.3、宽3.1、厚2.2~2.3毫米。果边缘稍薄，表面粗糙，黑褐色，在果的一侧边缘有一心脏形白色略凸起的斑，内物已空。新鲜葎草瘦果外包膜质片，但青池遗址出土的葎草瘦果的膜质片已腐蚀脱落[2]。

## （二）新石器时代第二期文化早段（灰沟第5层）遗存

出土遗物有陶器和石器。

### 1. 陶器

33件。有夹砂和夹云母屑两大类，以夹砂陶为主，多手制。夹砂陶器有筒形罐、碗、盆、钵、豆、小杯、研磨盘、支脚和圆陶片，夹云母屑陶主要是盆和少量支脚。纹饰以"之"字纹为主，筒形罐多为沿下一匝横压竖排"之"字纹，然后是通体竖压横排"之"字纹。

筒形罐　8件。夹砂红陶。按口沿和腹部变化，可分三型。

A型　3件。敞口，圆唇，斜腹。T4G1⑤：1，颈部饰麻花状附加堆纹泥条。残高5.7厘米

（图一七，1）。97G1⑤：1，似三段式纹饰布局，沿下饰数周弦纹和网格划纹。残高5.3厘米（图一七，2）。T3G1⑤：1，似三段式纹饰布局，沿下饰数周弦纹、压印窝点的附加堆纹。残高5.7厘米（图一七，3）。

B型　4件。厚圆唇，微弧度，平底。纹饰皆为沿下一周横压竖排"之"字纹，腹部饰竖压横排"之"字纹。97G1⑤：3，内壁黑色抹光。残高12.5、口径21厘米（图一七，4）。T4G1⑤：2，黑褐色。残高9、口径24厘米（图一七，5）。T5G1⑤：1，内壁抹光。残高9、口径12厘米（图一七，7）。T4G1⑤：3，腹底残片。残高10.5、底径10厘米（图一七，8）。

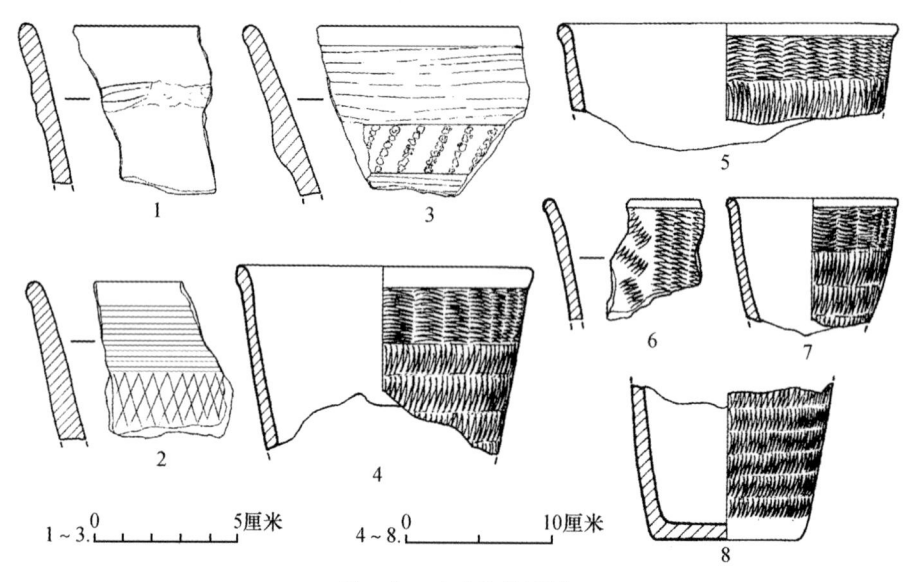

图一七　出土陶筒形罐
1~3.A型（T4G1⑤：1、97G1⑤：1、T3G1⑤：1）　4、5、7、8.B型（97G1⑤：3、T4G1⑤：2、T5G1⑤：1、T4G1⑤：3）
6.C型（T3G1⑤：2）

C型　1件（T3G1⑤：2）。圆唇。饰横压竖排稀疏"之"字纹。残高8厘米（图七，6）。

碗　2件。夹砂红陶。圆唇，弧腹。T5G1⑤：2，敞口，假圈足平底。素面磨光。高4、口径7.4、底径4.5厘米（图一八，1）。T3G1⑤：3，红褐色。微敛口。通身拍印方格纹。高12、口径16、底径8厘米（图一八，2；图版一〇，1）。

盆　7件。有夹砂和夹云母屑二类。

夹砂盆　2件。宽方唇，敞口，直腹。T5G1⑤：5，红色。口沿下饰数周弦纹。残高5.4厘米（图一八，3）。T5G1⑤：4，黄色。口沿下压印一周横压竖排"之"字纹。残高4.4厘米（图一八，4）。

夹云母屑盆　5件。红褐或黑褐色，内壁红色。浅腹，平底。口沿下饰弦纹，腹部磨光。按口腹部不同，可分三型。

A型　2件。方唇，直腹。T3G1⑤：5，口沿下压印斜排双线条纹。残高4.5厘米（图一八，5）。97G1⑤：8，口沿下压印数周弦纹，腹饰斜排双线压印纹。残高3.7厘米（图一八，9）。

B型　1件（T4G1⑤：15）。尖唇，敛口，弧腹。磨光。残高5.5、口径24厘米（图一八，7）。

C型　1件（T4G1⑤：16）。厚圆唇，敛口，微弧腹。沿下压印三周弦纹。残高4.5厘米（图一八，8）。

盆底　1件（T2G1⑤：2）。黑褐色。弧腹，平底。磨光。残高7、底径19厘米（图一八，6）。

钵　4件。夹砂红陶或黄陶。曲腹。依器底的不同，可分二型。

A型　2件。平底。T2G1⑤：1，腹饰压印"之"字纹。残高3、底径8.5厘米（图一八，10）。97G1⑤：4，磨光。残高4.5、底径7.8厘米（图一八，11）。

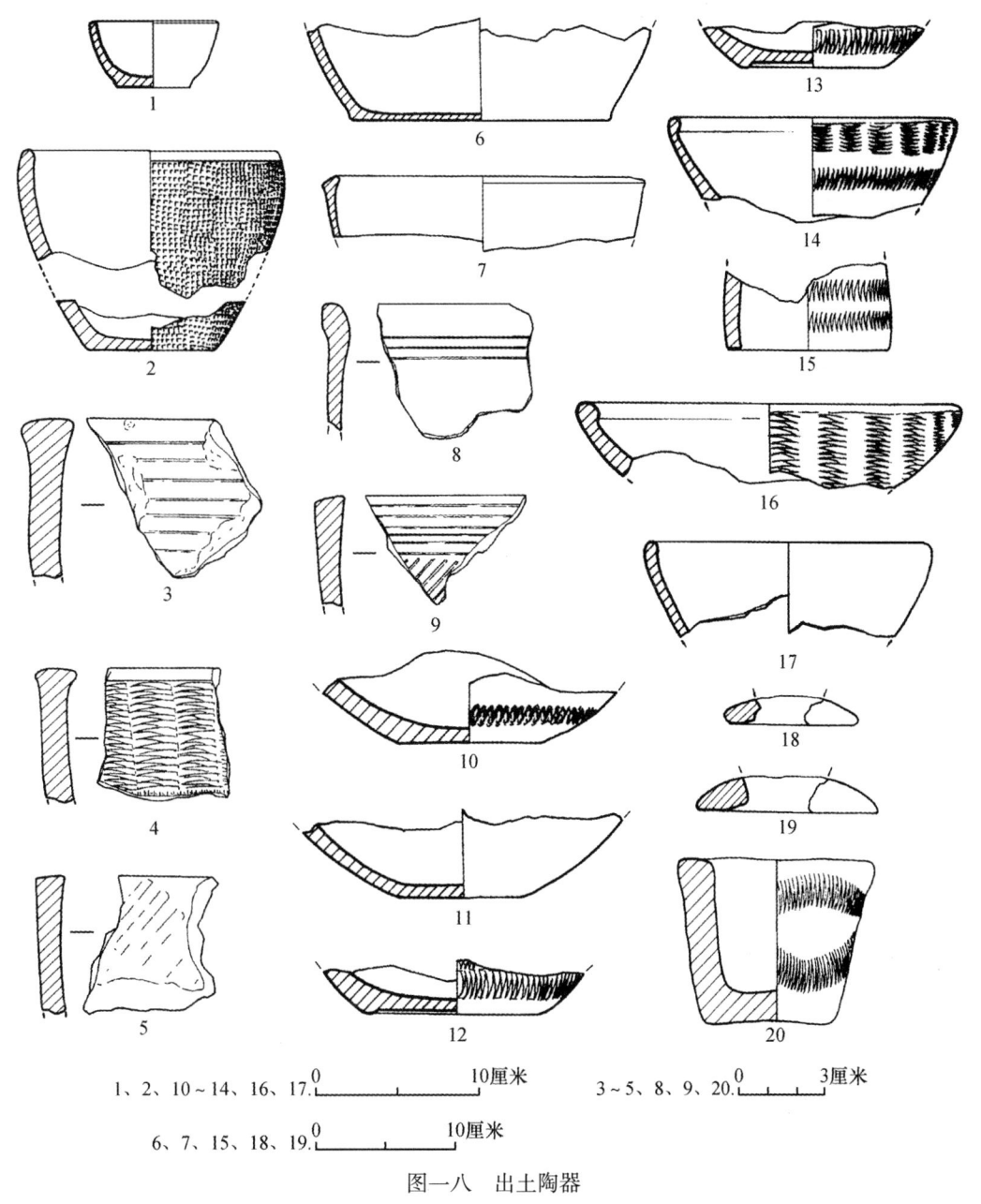

图一八　出土陶器

1、2.碗（T5G1⑤：2、T3G1⑤：3）　3、4.夹砂盆（T5G1⑤：5、T5G1⑤：4）　5、9.A型夹云母屑盆（T3G1⑤：5、97G1⑤：8）　6.盆底（T2G1⑤：2）　7.B型夹云母屑盆（T4G1⑤：15）　8.C型夹云母屑盆（T4G1⑤：16）　10、11.A型钵（T2G1⑤：1、97G1⑤：4）　12、13.B型钵（T4G1⑤：7、T4G1⑤：6）　14、16、17.钵口腹残片（T4G1⑤：8、T5G1⑤：3、T4G1⑤：5）　15、18、19.豆（97G1⑤：6、T4G1⑤：9、T4G1⑤：10）　20.小杯（T4G1⑤：4）

B型　2件。平底内凹。腹底压印"之"字纹。T4G1⑤：7，残高3.3、底径10、足底内凹0.3厘米（图一八，12）。T4G1⑤：6，残高3.3、底径9、足底内凹0.3厘米（图一八，13）。

钵口腹残片　3件。圆唇，敛口，沿内侧有凸棱。T4G1⑤：8，夹砂红陶。口沿下饰一周横压竖排"之"字纹，腹部饰竖压横排"之"字纹。残高5、口径18厘米（图一八，14）。T5G1⑤：3，夹砂黄陶。器表饰横压竖排"之"字纹。残高5、口径24厘米（图一八，16）。T4G1⑤：5，夹砂红陶。磨光。残高5.7、口径18厘米（图一八，17）。

豆　3件。夹砂红陶。圈足残片。97G1⑤：6，圆筒形，微敛口。饰竖压横排"之"字纹。残高6.5、圈足径12.3厘米（图一八，15）。T4G1⑤：9，外展边沿。磨光。残高1.8、圈足径10.2厘米（图一八，18）。T4G1⑤：10，残高2.4、圈足径13.8厘米（图一八，19）。

小杯　1件（T4G1⑤：4）。夹砂红褐陶。圆唇，敞口，斜腹，平底微凹，捏制。压印"之"字纹组成的绞云纹。高5.6、口径7、底径4.5厘米（图一八，20；图版一〇，2）。

研磨盘　1件（T4G1⑤：11）。夹粗砂黄陶。用筒形罐的底做成，椭圆形，中部有明显研磨痕迹。长轴21、短轴18.6、厚2.4厘米。

支脚　3件。夹粗砂和云母屑红陶。倒靴形，顶部呈兽首形，椭圆平顶，下部圆筒体，开四分长条豁口。磨光。T3G1⑤：4，椭圆形平顶饰锥刺纹。残高6厘米（图一九，1）。T4G1⑤：13，兽首形平顶呈椭圆形，顶部被烧后留黑色炭灰。中部下部为粗壮的四分圆筒体，残留压印纹和黑色炭灰。复原高13.2、直径9厘米（图一九，2）。97G1⑤：7，圆筒体。残高7、底径10厘米（图一九，3）。

圆陶片　1件（T4G1⑤：14）。磨制。直径3.4厘米（图一九，4）。

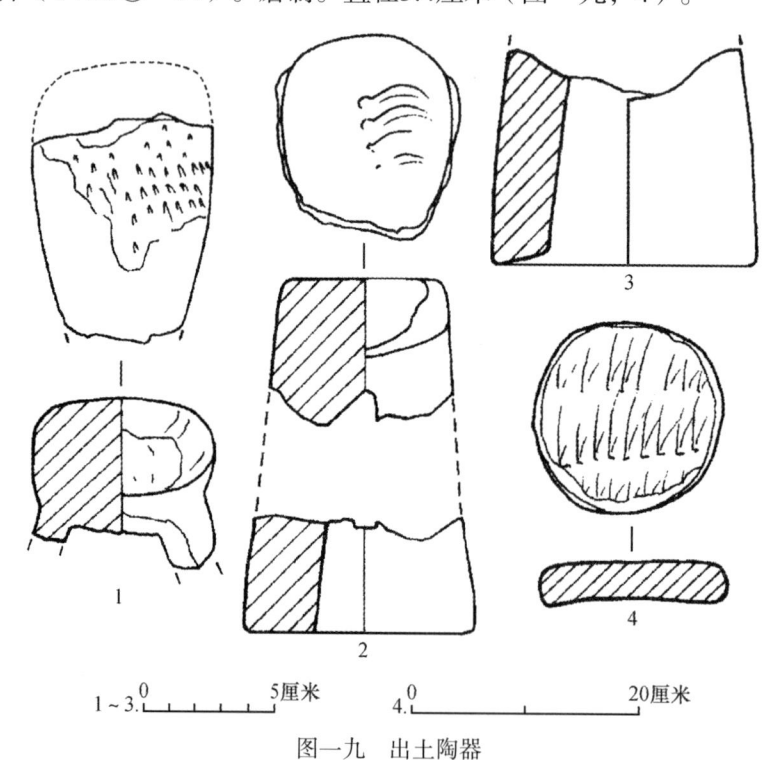

图一九　出土陶器

1～3.支脚（T3G1⑤：4、T4G1⑤：13、97G1⑤：7）　4.圆陶片（T4G1⑤：14）

## 2. 石器

43件。有容器、工具、装饰品、细石器。

（1）容器

3件。

罐　微弧腹。有琢痕。T5G1⑤：6，平底。残高4.6、底径7.2厘米（图二〇，1）。T4G1⑤：17，方唇，微敛口。残高5、口径15厘米（图二〇，2）。T4G1⑤：18，尖圆唇，微直口。残高6.9、口径16.8厘米（图二〇，3）。

（2）工具

33件。有斧、刀、耜、锛、砧石、磨盘、磨棒、磨石、球、网坠等。

斧　5件。长方形，两侧皆磨平出棱。按形状不同，可分二型。

A型　2件。横断面呈腰鼓形。凝灰岩。磨制。97G1⑤：13，黄花斑点。斜弧刃。残高5.5、刃宽6.2、厚2厘米（图二〇，5）。97G1⑤：12，灰色。残高5、宽6.5、厚2.1厘米（图二〇，6）。

B型　3件。扁体，横断面呈长条形。T5G1⑤：7，砂岩。磨制。弧刃。残高10.4、宽10、厚1.4厘米（图二〇，7）。97G1⑤：21，白云岩。形体较小，弧刃。残高4、宽3厘米（图二〇，8）。97G1⑤：11，白云岩，有黄色斑点。磨制。斜刃。残高7、宽5.4、厚1.3厘米（图二〇，11）。

刀　2件。凝灰岩。琢磨。梯形。T3G1⑤：6，弧刃。长6.6、宽4.5、厚1.3厘米（图二〇，14）。

耜　1件（97G1⑤：14）。火山岩。琢磨。犁铧式。残长6.3、宽3、厚0.7厘米（图二〇，4）。

锛　1件（T5G1⑤：8）。黑色凝灰岩。磨光。梯形，横断面呈矩形，直刃，偏锋。高4.8、刃宽3.8、厚1.6厘米（图二〇，12）。

砧石　1件（T5G1⑤：9）。砂岩。长方形，两面砸击有椭圆形疤痕。长13、宽4.3、厚3厘米（图二一）。

磨盘　1件（97G1⑤：9）。砂岩。磨制。圆角。残长14.5、宽14、角厚4厘米（图二〇，13）。

磨棒　2件。砂岩。琢磨。横断面呈扁圆形。T4G1⑤：19，残长11、宽6、厚4.5厘米（图二〇，9）。T4G1⑤：20，残长19、长轴8.5、短轴8厘米（图二〇，10）。

磨石　3件。磨制。T5G1⑤：10，凝灰岩。长方形，一面做有圆沟槽并满布锥刺纹。长4.6、宽3.7、高1.9、沟槽宽0.9厘米（图二二，1）。97G1⑤：17，砂岩。不规则形。长8、宽4~6.8、厚2、槽宽1.3厘米（图二二，5）。T4G1⑤：21，红色砂岩。长条形。长7、宽4、厚1.5厘米（图二二，6）。

球　8件。燧石。打磨。近椭圆形。97G1⑤：16，长径7.5、短径6.5厘米（图二二，3）。97G1⑤：15，长径8.5、短径6.5厘米（图二二，4）。97G1⑤：17，长径6.5、短径6厘米（图二二，7）。97G1⑤：18，长径6.5、短径6、厚2.5厘米（图二二，8）。

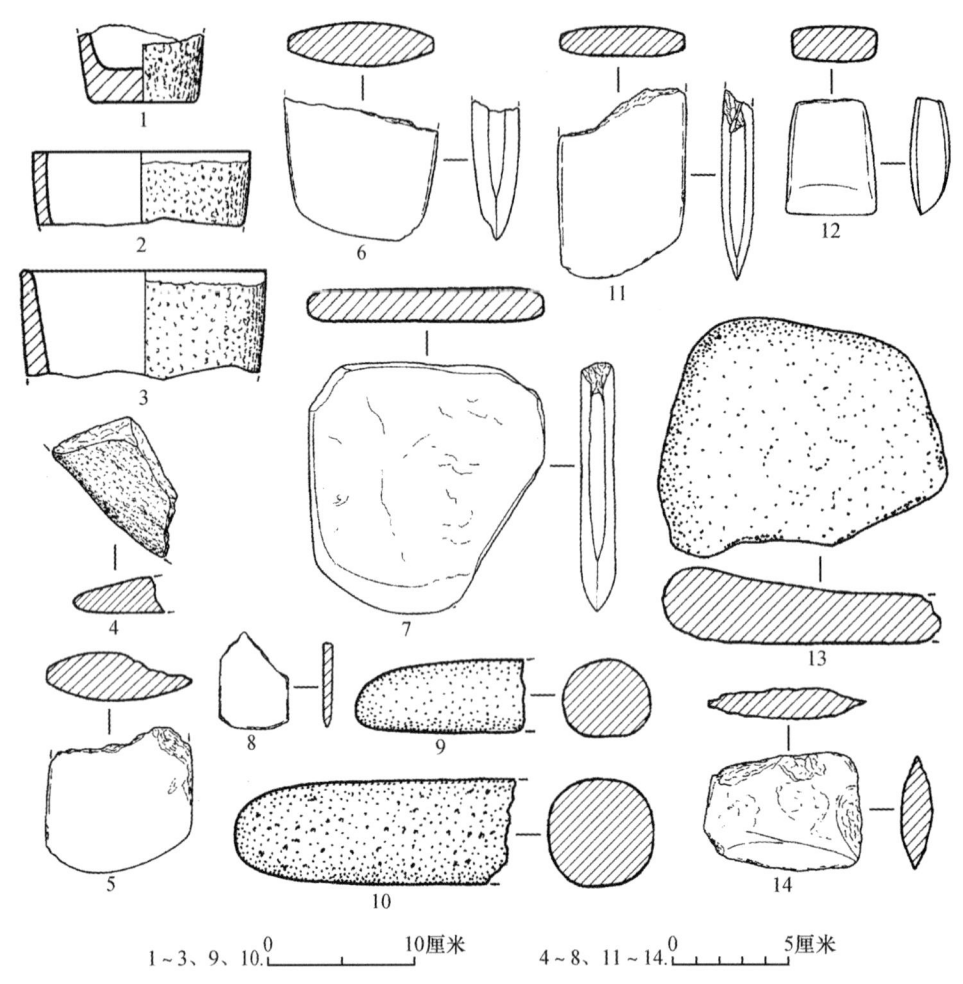

1~3、9、10. 0 ⎯⎯⎯ 10厘米    4~8、11~14. 0 ⎯⎯⎯ 5厘米

图二〇 出土石器
1~3.罐（T5G1⑤:6、T4G1⑤:17、T4G1⑤:18） 4.耜（97G1⑤:14） 5、6.A型斧（97G1⑤:13、97G1⑤:12）
7、8、11.B型斧（T5G1⑤:7、97G1⑤:21、97G1⑤:11） 9、10.磨棒（T4G1⑤:19、T4G1⑤:20） 12.锛（T5G1⑤:8）
13.磨盘（97G1⑤:9） 14.刀（T3G1⑤:6）

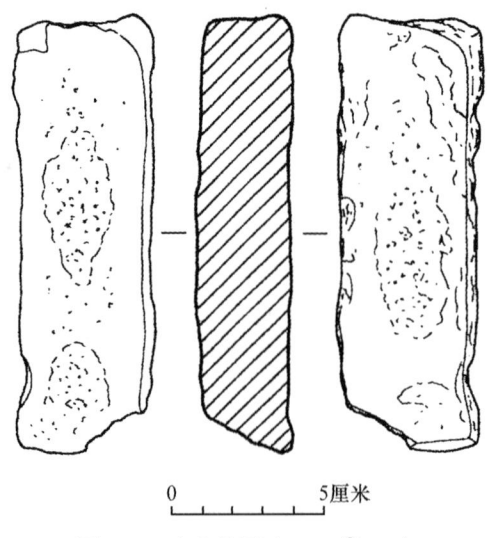

0 ⎯⎯⎯ 5厘米

图二一 出土砥石（T5G1⑤:9）

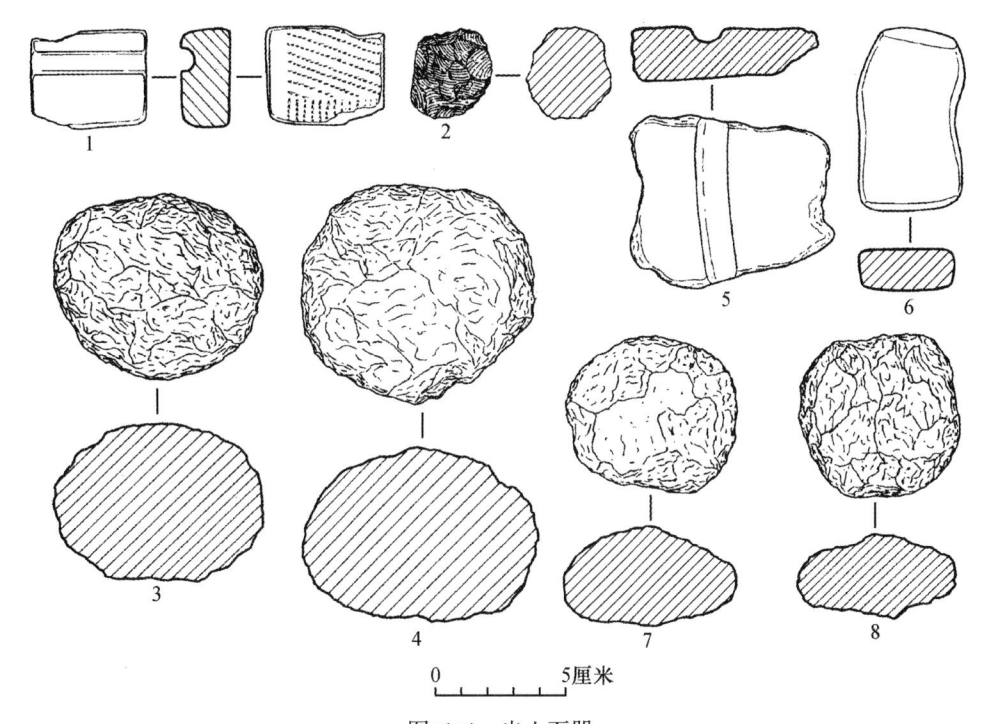

图二二　出土石器

1、5、6.磨石（T5G1⑤：10、97G1⑤：17、T4G1⑤：21）　2.石核（T1G1⑤：5）　3、4、7、8.球（97G1⑤：16、97G1⑤：15、97G1⑤：17、97G1⑤：18）

网坠　9件。用天然石块加工而成，打制。依形状和制作方法的不同，可分二型。

A型　8件。用扁石片两侧打出缺口。97G1⑤：18，平面呈椭圆形。长轴7.8、短轴6.5、厚0.9厘米（图二三，1）。T1G1⑤：1，平面呈圆形。直径5、厚1厘米（图二三，2）。T4G1⑤：22，平面呈菱形。长10.6、宽7.9、厚1.4厘米（图二三，4）。97G1⑤：20，平面呈长方形。残长6.5、宽7、厚1厘米（图二三，5）。

B型　1件（97G1⑤：19）。椭圆形。砾石。长轴8.4、短轴7.2厘米，中间磨一道沟槽宽1.5、深0.5厘米（图二三，3）。

（3）装饰品

2件。玦、柱形饰。

玦　1件（97G1⑤：22）。黑色。琢磨。呈环状，断面呈扁圆形，缺口从两侧磨成斜面。残长4厘米（图二三，6）。

柱形饰　1件（T1G1⑤：2）。蚀变脉岩，黑灰色。磨制。两端磨圆。长1.9、直径约0.8厘米（图二三，7）。

（4）细石器

5件。燧石。打制。有刮削器、石片和石核。

刮削器　2件。T5G1⑤：11，长条形，单侧开直刃。长4.2、宽2、厚0.5厘米（图二四，1）。T1G1⑤：3，柳叶形。长2.6、宽1.1厘米（图二四，2）。

石片　2件。T2G1⑤：3，略呈三角形。长3.5、宽2.3、脊厚0.7厘米（图二四，3）。

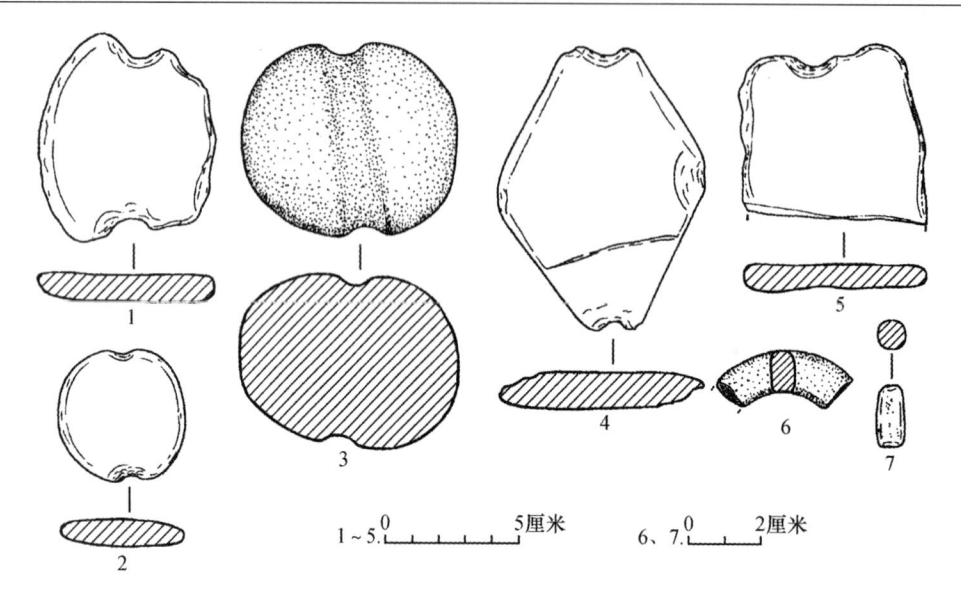

图二三　出土石器

1、2、4、5.A型网坠（97G1⑤：18、T1G1⑤：1、T4G1⑤：22、97G1⑤：20）　3.B型网坠（97G1⑤：19）
6.玦（97G1⑤：22）　7.柱形饰（T1G1⑤：2）

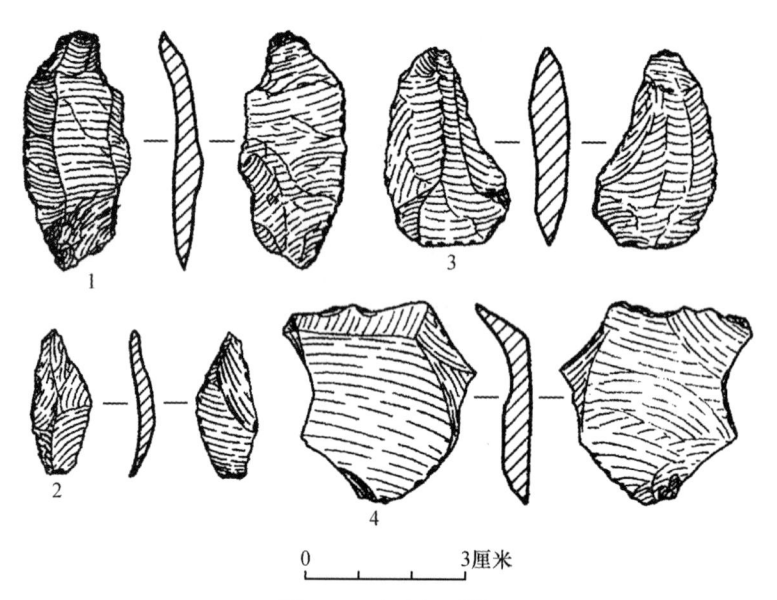

图二四　出土细石器

1、2.刮削器（T5G1⑤：11、T1G1⑤：3）　3、4.石片（T2G1⑤：3、T1G1⑤：4）

T1G1⑤：4，多边形。长3.6、宽3.5、厚0.5厘米（图二四，4）。

石核　1件（T1G1⑤：5）。方圆形，有两个打击台面和多处半锥体阴痕。高3.3厘米（图二二，2）。

（三）新石器时代第二期文化晚段（灰沟第1～4层）遗存

出土遗物有陶器和石器。

**1. 陶器**

39件。有夹砂和夹云母屑两种，以夹砂陶为主，有粗砂、细砂之别。粗砂陶用于制作胎厚器形较大的筒形罐，细砂陶用于制作碗、钵、盆、豆。夹云母屑陶用于制作盆和支脚。色泽不均，以红褐为主，少量黄色。大部分器物有纹饰，少数钵和碗素面磨光。豆、盘等都有明显的接碴痕迹。器形有筒形罐、盆、钵、豆、支脚等。

筒形罐　9件。夹砂红褐陶。平底。沿下横压竖排一匝"之"字纹，以下饰竖压横排"之"字纹，造型和纹饰皆规整严谨。按腹部不同，可分三式。

Ⅰ式：4件。厚圆唇，微弧腹。97G1②：1，残高7.5、口径21厘米（图二五，1）。97G1②：5，器身上半部黑褐色，下半部红黄色。高26.4、口径23.4、底径13.6厘米（图二五，2；图版一〇，3）。97G1④：4，内壁黑色，磨光。高18.3、口径18、底径10.5厘米（图二五，3；图版一〇，4）。97G1①：1，残高10.5、口径36厘米（图二五，4）。

Ⅱ式：4件。尖圆唇，弧腹。97G1③：2，残高21.9、口径36厘米（图二五，5）。97G1③：1，残高33.5、口径36厘米（图二五，6）。97G1④：1，器身上半部黑褐色，下半部红褐色，内壁黑色。磨光。高41、口径36、底径16厘米（图二五，7；图版一〇，5）。97G1④：2，口沿下有钻孔一个。残高15.6、口径24厘米（图二五，9）。

Ⅲ式：1件（97G1③：3）。圆唇，微鼓腹。残高15、口径16.8厘米（图二五，8）。

罐底　3件。夹砂红陶。平底。腹饰竖压横排"之"字纹。97G1②：2，残高15、底径14厘米（图二五，10）。97G1④：5，残高10、底径10厘米（图二五，11）。97G1③：6，残高11、底径16厘米（图二五，12；图版一〇，6）。

盆　9件。有夹砂盆和夹云母屑盆。

夹砂盆　5件。依据口、腹不同，可分二式。

Ⅰ式：2件。方唇，弧腹内收。夹砂红褐陶。97G1③：5，平底。口沿下横压竖排一周"之"字纹，腹部竖压横排二周"之"字纹，口沿下有缀合裂纹的钻孔一对。高19、口径39.5、底径26厘米（图二六，1；图版一一，1）。97G1④：3，口沿下横压竖排"之"字纹。残高5.6厘米（图二七，1）。

Ⅱ式：3件。厚圆唇，敞口，斜腹。夹细砂红陶。97G1③：10，残高6.6厘米（图二七，2）。97G1④：7，残高5.2厘米（图二七，3）。97G1①：3，口沿下横压竖排一周"之"字纹，腹压印"之"字纹组成的弧形带纹。残高7.2厘米（图二七，4）。

夹云母屑盆　4件。红色或红褐色。沿下饰数周弦纹。按形制不同，可分二式。

Ⅰ式：2件。尖唇，敞口，弧腹。沿下饰数周弦纹。97G1④：15，残高9.5厘米（图二七，6）。97G1③：13，口沿和内壁饰红色陶衣。残高9.5厘米（图二七，5）。

Ⅱ式：2件。敛口，弧腹，平底。外皮红褐色，口沿和内壁饰红色陶衣。97G1②：9，口沿下饰数周弦纹。高14.8、口径44、底径29.6厘米（图二六，2；图版一一，2）。T4G1①：6，尖唇，微鼓腹。残高10.8、口径36厘米（图二六，3）。

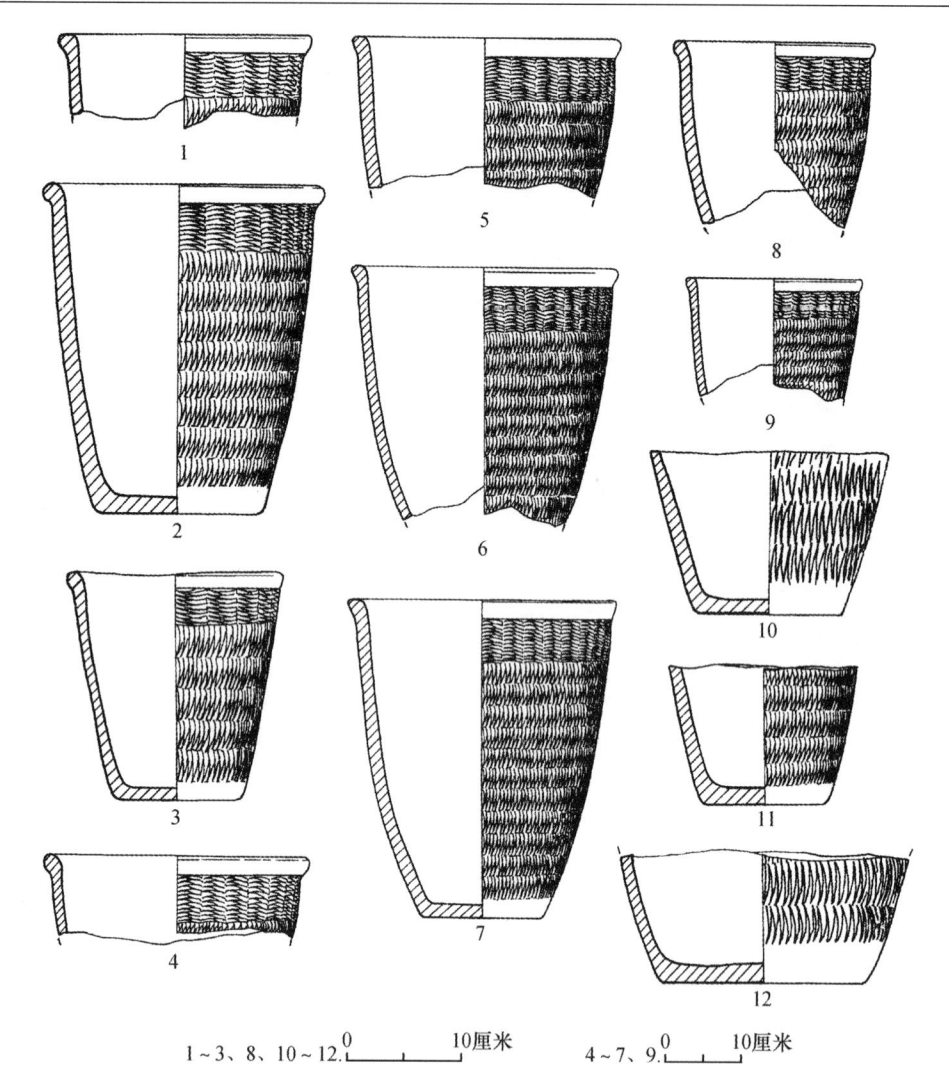

1~3、8、10~12. 0　　10厘米　　4~7、9. 0　　10厘米

图二五　出土陶器

1~4.Ⅰ式筒形罐（97G1②∶1、97G1②∶5、97G1④∶4、97G1①∶1）　5~7、9.Ⅱ式筒形罐（97G1③∶2、97G1③∶1、97G1④∶1、97G1④∶2）　8.Ⅲ式筒形罐（97G1③∶3）　10~12.罐底（97G1②∶2、97G1④∶5、97G1③∶6）

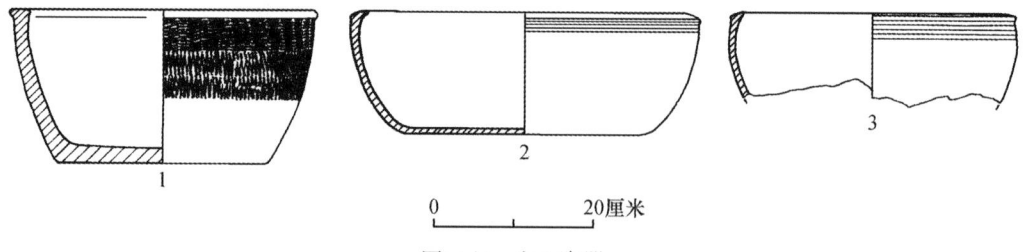

0　　20厘米

图二六　出土陶器

1.Ⅰ式夹砂盆（97G1③∶5）　2、3.Ⅱ式夹云母屑盆（97G1②∶9、T4G1①∶6）

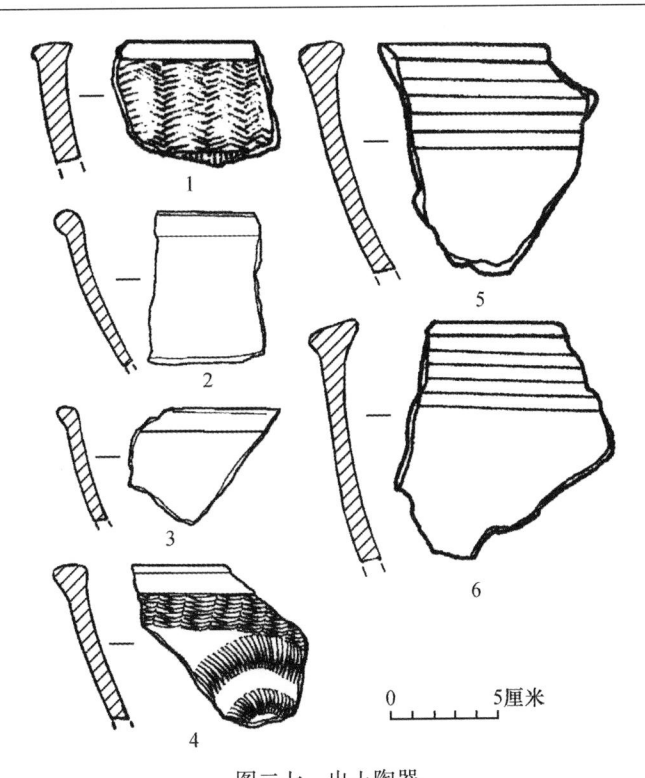

图二七　出土陶器

1. Ⅰ式夹砂盆（97G1④：3）　2～4.Ⅱ式夹砂盆（97G1③：10、97G1④：7、97G1①：3）　5、6.Ⅰ式夹云母屑盆（97G1③：13、97G1④：15）

钵　5件。夹细砂红褐陶，内壁黑色。按形制不同，可分二式。

Ⅰ式：3件。圆唇，敞口，斜腹。磨光。97G1②：3，残高8.5、口径21厘米（图二八，1）。97G1④：6，圈足，圜底。口沿下横压竖排一周"之"字纹，腹部压印绞云纹。高10、口径28、圈足径10厘米（图二八，2）。97G1③：7，圈足，底平。口沿下横压竖排一周"之"字纹，腹部饰竖压横排"之"字带纹。高11.5、口径26.5、圈足径7.5厘米（图二八，3；图版一一，4）。

Ⅱ式：2件。厚圆唇，敛口，斜弧腹。97G1③：8，口沿下竖压横排一周"之"字纹，腹部饰绞云纹。残高9、口径33厘米（图二八，4）。97G1①：2，夹细砂黄陶，口沿下横压竖排一周"之"字纹，腹部饰竖压横排"之"字纹。残高6、口径29.6厘米（图二八，5）。

钵底　2件。97G1②：4，红褐色陶。假圈足，平底。残高5.6、底径10.8厘米（图二八，6）。97G1③：9，褐色陶。高圈足呈喇叭状。腹部饰绞云纹。残高8.5、圈足径9厘米（图二八，7）。

豆　4件。夹砂红褐陶。浅盘，高圈足，底部外展出宽边。97G1③：11，圆唇，敞口，斜腹，腰鼓形豆把。沿下横压竖排一周"之"字纹，腹部及豆把皆压印绞云纹。高15、盘径21厘米（图二八，8；图版一一，3）。97G1②：6，圈足。压印弧形"之"字带纹。残高3厘米（图二九，1）。97G1④：9，圈足。器表压印间断"之"字带纹。残高8厘米（图二九，2）。97G1③：12，圈足，有为缀合的两对钻孔。器表压印数周间断"之"字带纹。残高10.8、底径

图二八　出土陶器

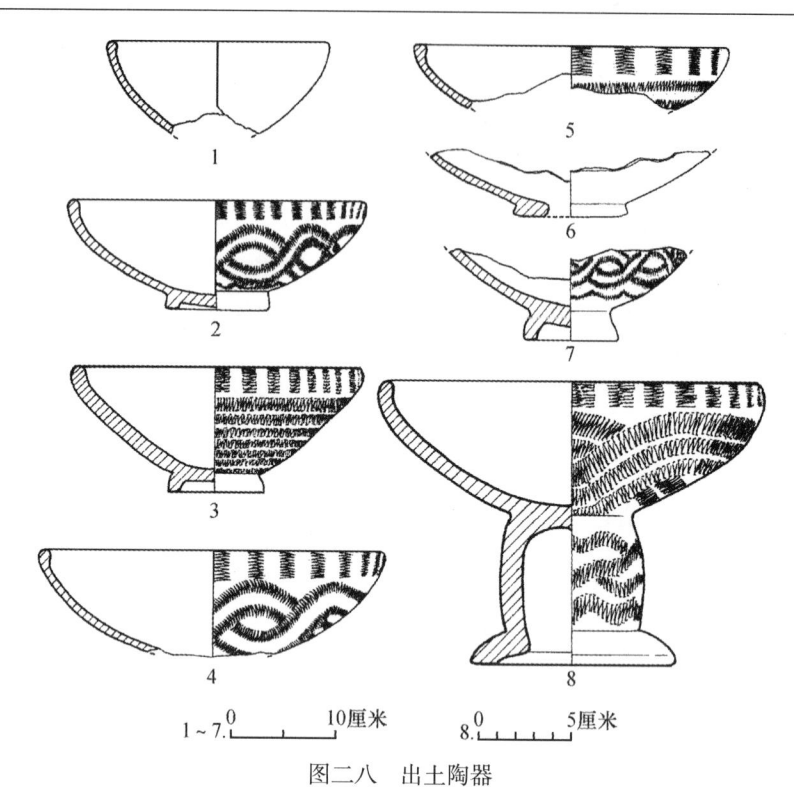

1~3. Ⅰ式钵（97G1②：3、97G1④：6、97G1③：7）　4、5. Ⅱ式钵（97G1③：8、97G1①：2）　6、7. 钵底（97G1②：4、97G1③：9）　8. 豆（97G1③：11）

10.8厘米（图二九，3）。

支脚　7件。前端出扁嘴，两侧雕出双眼，侧视近似鸟首，有的眼后有耳痕，下部圆筒状，四面各开一长方形镂孔。97G1②：8，夹云母屑灰陶。弧顶窄长，尖嘴前伸，双眼较小。前部饰锥刺纹，后部饰辐射状弧线纹，中央有锥刺纹。长15、顶宽9.6厘米（图二九，4）。97G1②：7，夹砂红陶。平顶，尖嘴前伸，两侧有眼，下部残。前部饰双分羽纹，后部饰席纹。顶长13.5、宽8.6厘米（图二九，5）。97G1④：12，夹砂红陶。顶部有"十"字沟槽，沿纵沟槽向两侧分出羽状弧线纹，前部雕出细长眼睛，嘴残去吻部，筒形体下部饰弦纹。残高14.8、宽11.2厘米（图二九，6）。97G1④：10，夹粗砂红陶。器形小且厚重，椭圆形首，嘴部略凸，嘴残，双眼雕于嘴的两侧。顶部划简单的线条纹，颈部饰弦纹。残高10、宽6.3~6.6、头顶厚3、颈部壁厚1.3厘米（图二九，7）。97G1④：11，夹砂红陶，灰白色。两侧雕椭圆形双眼，眼后有耳痕，下部圆筒体，四面各开长方形镂孔。饰弦纹，顶有"十"字沟槽，横沟前部饰羽状纹，后部饰席纹。高17、底径12厘米（图二九，8；图版一一，5）。97G1④：13，红灰色陶。筒形，镂空，圈足。残高8.4、底径15.5、器壁厚1.4~2.2厘米（图二九，10）。97G1①：5，夹细砂红陶。筒形，镂孔，圈足。残高13.6、底径12、腹厚0.7~0.9厘米（图二九，9）。

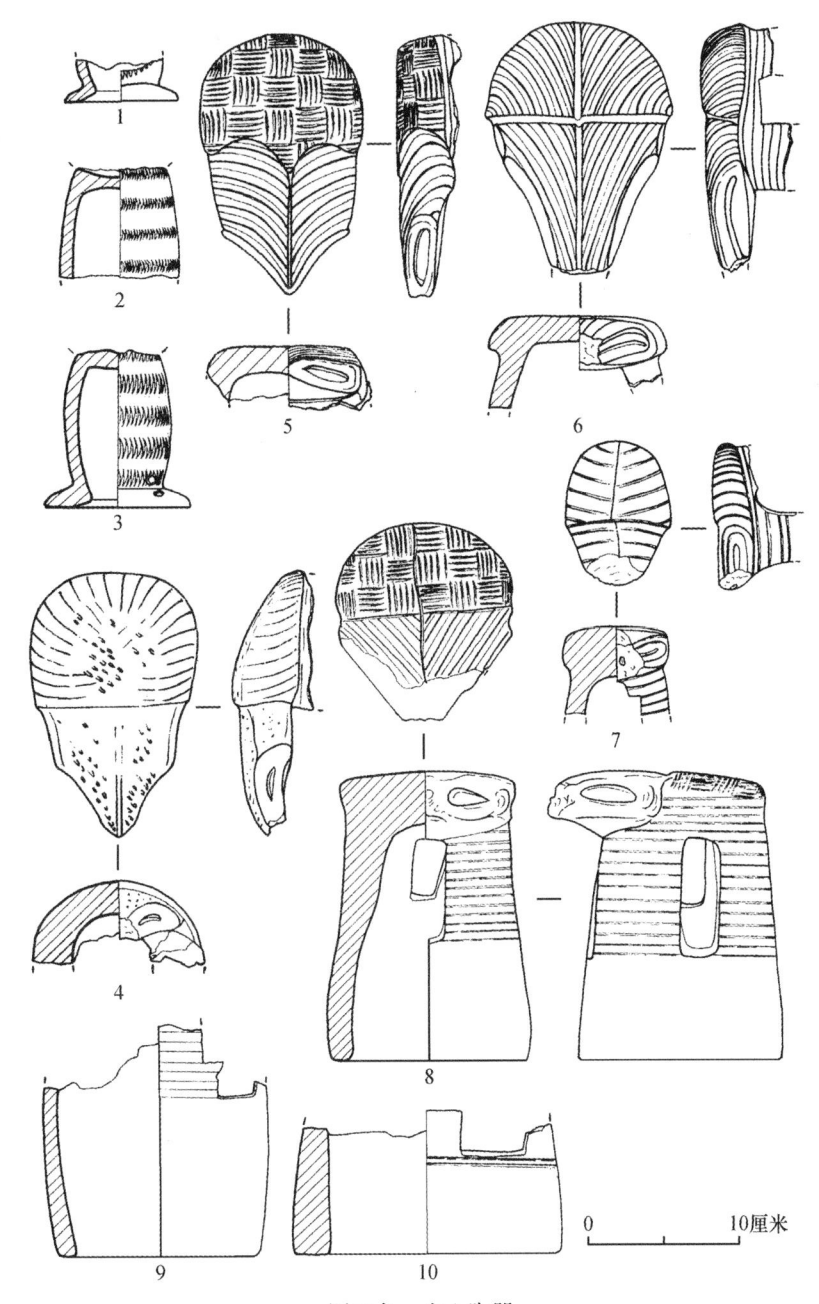

图二九　出土陶器

1～3.豆（97G1②：6、97G1④：9、97G1③：12）　4～10.支脚（97G1②：8、97G1②：7、97G1④：12、97G1④：10、97G1④：11、97G1①：5、97G1④：13）

## 2. 石器

35件。有斧、凿、刀、锛、耜、磨盘、磨棒、磨石、砧石、球等。

斧　7件。凝灰岩。磨制。两侧磨平出棱。按器形不同，可分二型。

A型　2件。平面呈梯形。97G1④：23，黑色。高13.4、顶部宽5.2、刃宽约6.6、棱宽1～1.2厘米（图三〇，1）。97G1②：10，灰色。顶端和刃部有砸痕。长10.4、刃宽6.3、顶宽4.3厘米（图三〇，2）。

图三〇 出土石斧

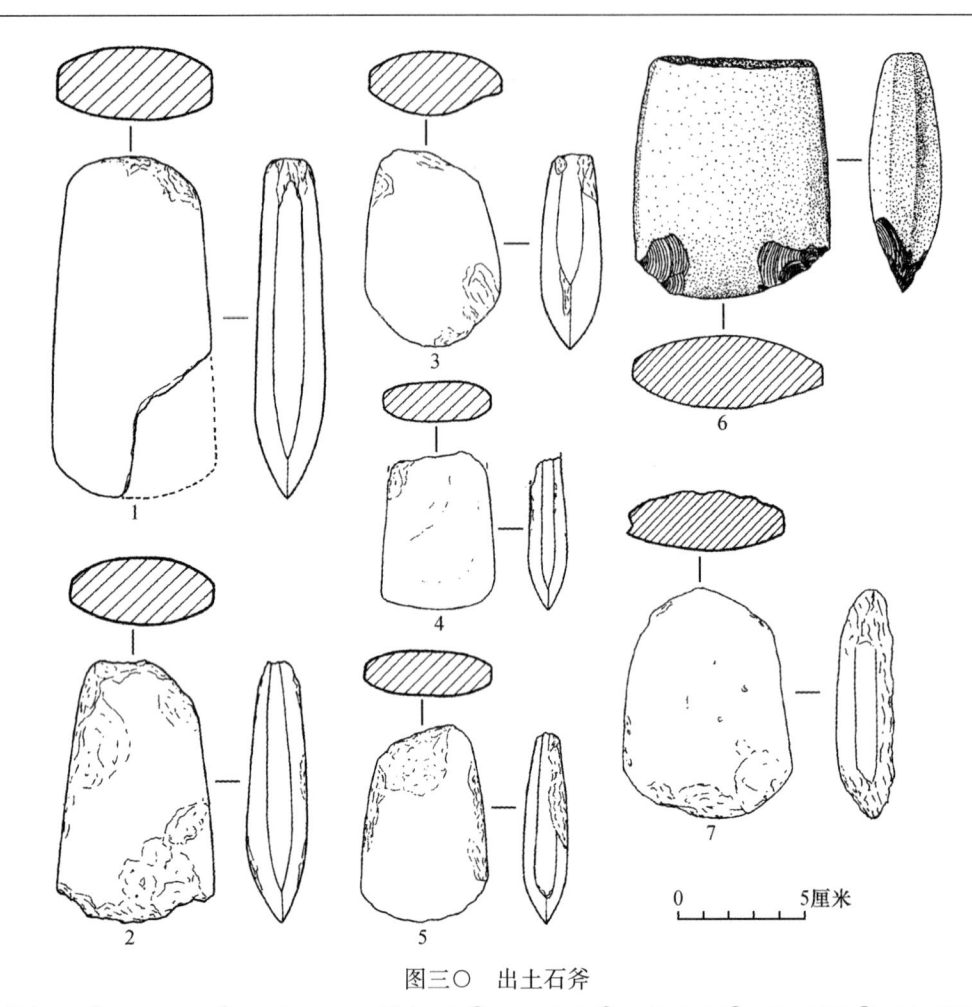

1、2. A型（97G1④：23、97G1②：10） 3~7. B型（97G1③：17、97G1③：16、97G1④：22、97G1④：24、97G1②：11）

B型　5件。平面近方形。97G1③：17，黑灰色。顶端略残。高9、刃宽6.4厘米（图三〇，3）。97G1③：16，高7.2、刃宽5.3、顶宽4.2厘米（图三〇，4）。97G1④：22，高9、刃宽6、顶残宽4.6厘米（图三〇，5）。97G1④：24，顶部布满琢痕。高11、刃宽9、顶宽7.8厘米（图三〇，6）。97G1②：11，黑色。高10.1、刃宽7.8厘米（图三〇，7）。

凿　2件。磨制。97G1④：25，长方形，顶圆体厚，一侧磨平出棱，斜刃，顶部有砸痕。长6.1、宽3.4、厚2.3、刃宽2.5厘米（图三一，1）。97G1①：8，白云岩。厚体长条形，刃部近锥形，双面磨平。高14、宽4.4、厚2~2.6厘米（图三一，7）。

刀　1件（97G1③：18）。细砂岩，黄灰色。半月形扁平体，两面磨光，背有压制痕迹。刃长11.3、宽7.8厘米（图三一，2）。

锛　1件（T4G1①：2）。磨光。扁体长方形，斜刃，制作精致。长3.3、宽2、厚0.5厘米（图三一，5）。

耜　3件。按刃部和器形不同，可分二型。

A型　1件（97G1④：26）。窄扁体，弧刃。白云岩，紫红色含粉砂。打磨。上窄下宽，平顶，弧圆刃，两侧磨平出棱。长23.4、顶宽4.2、刃宽7.8、厚1.9~2.8厘米（图三二，2；图

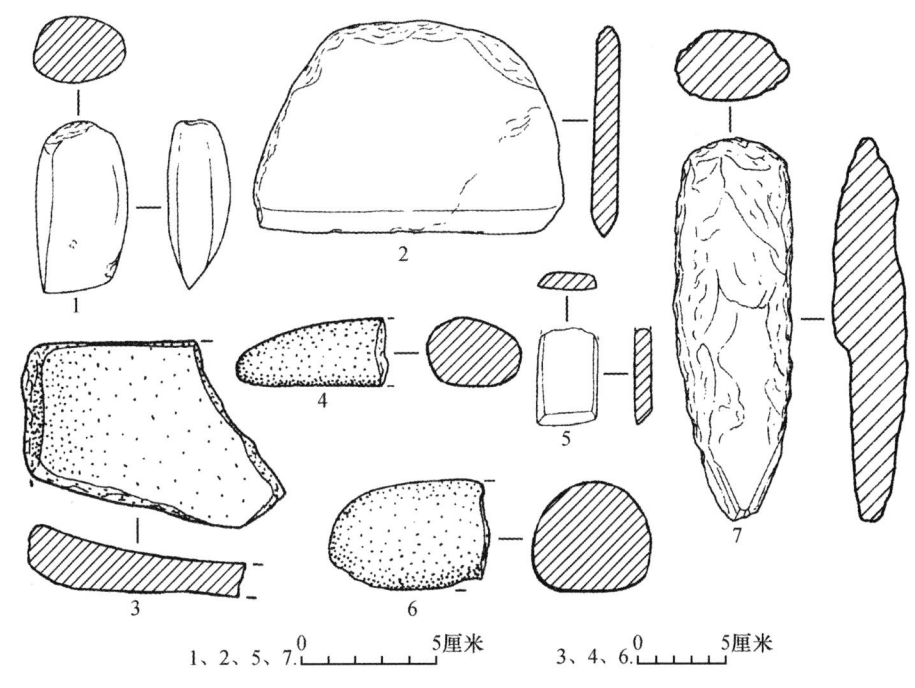

图三一 出土石器
1、7. 凿（97G1④：25、97G1①：8） 2. 刀（97G1③：18） 3. 磨盘（97G1①：7） 4、6. 磨棒（97G1④：19、97G1④：21）
5. 锛（T4G1①：2）

版一一，6）。

B型 2件。宽扁体，尖刃。97G1①：10，火山岩。磨制。残高11.8、残宽16.6、厚2.4厘米（图三二，1）。97G1①：9，砂岩。磨制。残高9、宽9.5、厚2.3厘米（图三二，5）。

磨盘 3件。97G1①：7，砂岩。琢磨。方角，面略凹，平底。残长15、宽10.5、边角厚3、凹面厚1.5厘米（图三一，3）。

磨棒 5件。砂岩。琢磨。97G1④：19，棒端略尖，断面扁圆形。残长10.4、长轴6.9、短轴4.2厘米（图三一，4）。97G1④：21，棒端圆头，断面馒头形。残长9、径6.6厘米（图三一，6）。

磨石 2件。97G1④：32，玉燧，白色半透明体。椭圆形，一端残，一面有两道沟槽。残长6.5、宽5.2、厚3、沟槽分别宽约0.5、深0.5和0.2厘米（图三二，3）。97G1④：33，燧石。精心磨制。长方形。长5.8、宽3.4、厚2、沟槽宽0.8厘米（图三二，4）。

砧石 6件。砾石。砸击时留有疤痕。97G1④：29，扁平形，平面呈三角形，两面都留有不规则的砸击疤痕。长14、宽5～9、厚3厘米（图三二，8）。97G1①：11，椭圆形，双面砸击，呈片状疤痕。长15.3、宽5～7.5、厚2.8厘米（图三二，9）。

球 5件。燧石。打制成形后略加磨制。呈不规则球形，大小不一。97G1④：27，长径9、短径7.5厘米（图三二，6）。97G1④：28，长径8、短径7厘米（图三二，7）。

图三二　出土石器

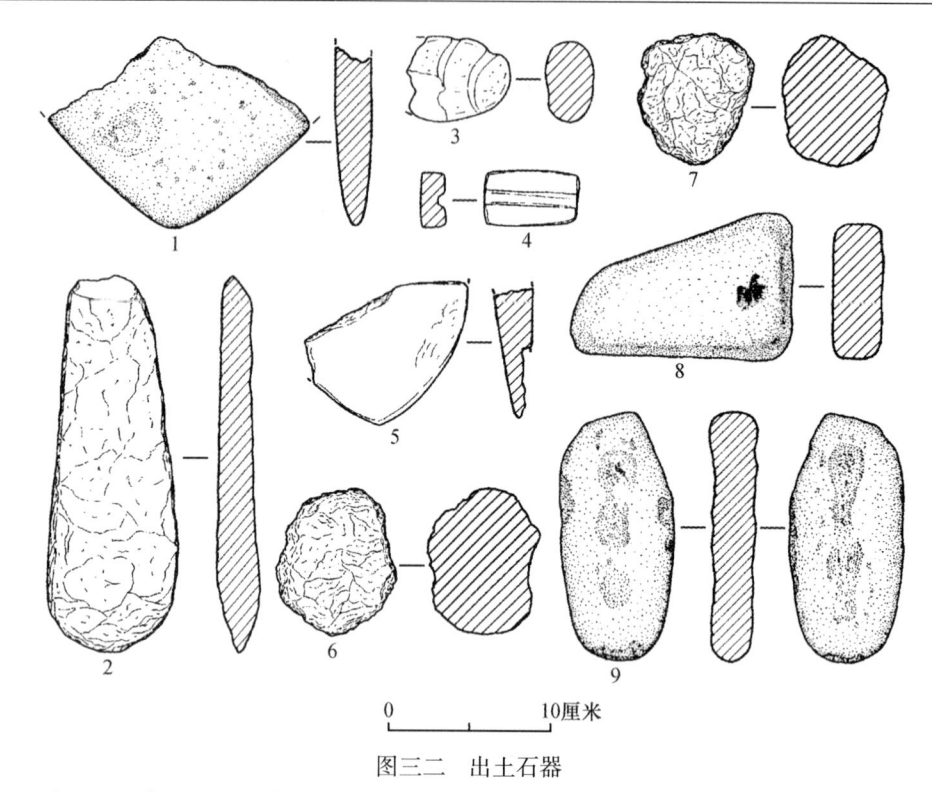

1、5. B型耜（97G1①：10、97G1①：9）　2. A型耜（97G1④：26）　3、4. 磨石（97G1④：32、97G1④：33）
6、7. 球（97G1④：27、97G1④：28）　8、9. 砥石（97G1④：29、97G1①：11）

## （四）采集遗物

G1遭水库防浪护坡工程破坏，在马头山坡下采集到的文化遗物较多，兹选择一部分报道。出土遗物有陶器和石器。

### 1. 陶器

11件。有筒形罐、盆、碗、钵和支脚。

筒形罐　2件。夹砂红陶。97G1采：28，圆唇，弧腹。饰竖压横排"之"字纹。高7.6、口径6、底径3.6厘米（图三三，1）。97G1采：27，圆唇，器身上有缀合孔三个。口沿下横压竖排一周"之"字纹，腹部竖压横排"之"字纹。高12.8、口径13、底径8.5厘米（图三三，2；图版一二，1）。

盆　1件（97G1采：39）。夹云母红陶。宽平沿，浅弧腹，大平底。口沿下饰数周弦纹。高13.6、口径40、底径30厘米（图三三，6）。

碗　3件。夹砂红陶。97采：30，圆唇，敞口，弧腹。高8.4、口径16厘米（图三三，3；图版一二，2）。97采：31，圆唇，敞口，器身有缀合孔四个。高6、口径13.5、底径6厘米（图三三，4）。97G1采：32，捏制，圆唇，浅斜腹，器表凹凸不平。高3.3、口径6.8、底径3.5厘米（图三三，5）。

钵　4件。97G1采：36，夹砂黄褐陶。厚圆唇，敛口，弧腹，圈足磨平。平沿下横压竖排

图三三 出土陶器

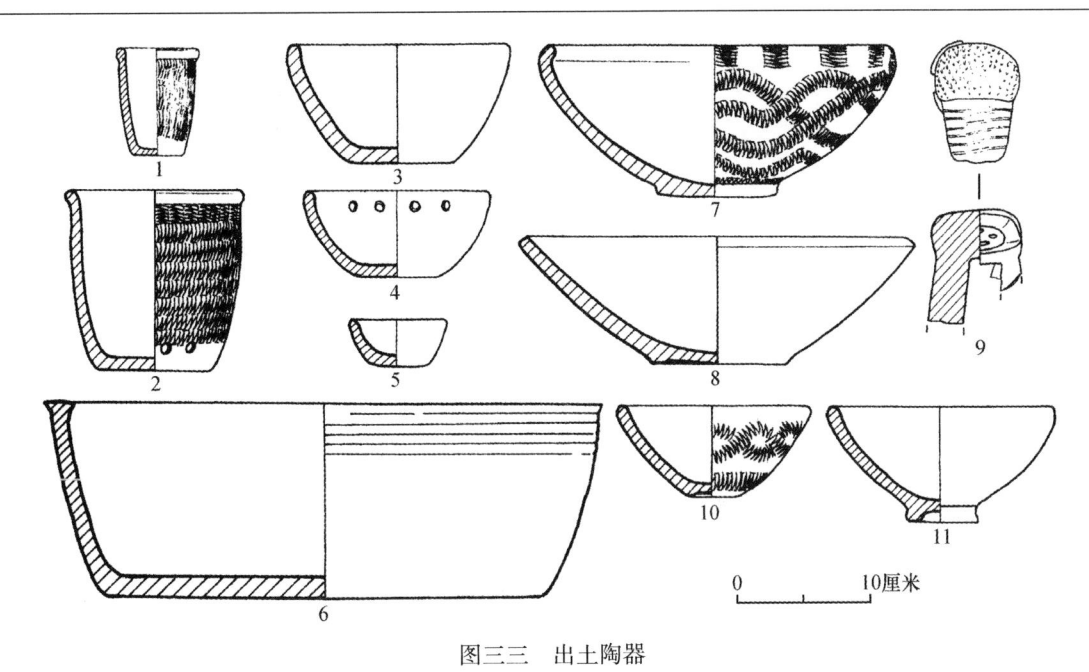

1、2.筒形罐（97G1采：28、97G1采：27） 3～5.碗（97采：30、97采：31、97G1采：32） 6.盆（97G1采：39）
7、8、10、11.钵（97G1采：36、97采：14、97采：13、97G1采：33） 9.支脚（97采：15）

一周"之"字纹，腹压印绞云纹。内壁黑色抹光。高10.8、口径24.3、底径8.7厘米（图三三，7）。97采：14，夹砂红陶。方唇，敞口，斜腹，凹底。高9、口径28.8、底径9.5、足底内凹0.1厘米（图三三，8）。97采：13，夹砂红陶。圆唇，敞口，弧腹，凹底。腹部压印绞云纹，近底饰竖压横排一周"之"字纹。口径14.5、底径3、高6.5、足底内凹0.3厘米（图三三，10）。97G1采：33，夹砂红陶。圆唇，弧腹，圈足。高8、口径16.5、圈足径5.4厘米（图三三，11）。

支脚 1件（97采：15）。夹砂红灰色陶。顶后半部半圆形，前半部长方形，正前面雕出嘴、眼。顶部饰锥刺纹和划纹。残高8.6、长8.2、宽6厘米（图三三，9）。

## 2. 石器

5件。有人面雕像、玦形佩饰、雕饰、穿孔佩饰等。

人面雕像 1件（99采：1）。叶蜡石化岩石。磨光。长圆形，面部略凸起，雕出眉骨、眼、鼻、嘴，背部磨平，横钻一长孔。长3.8、宽2、厚1.1、孔径0.2厘米（图三四，1；图版一二，3）。

玦形佩饰 1件（97采：56）。叶蜡石化岩石。磨制。圆环形，中间穿孔，一侧有相连的沟槽，两面都钻一圆窝为眼睛，蜷曲近似龙形。长3.2、宽3.1、厚0.9、孔径0.6、窝长径0.3、短径0.15厘米（图三四，2；图版一二，4）。

雕饰 1件（97采：20）。扁锥形，尖部两侧有不通的钻孔，近似双眼。长2.2、宽1、厚0.5厘米（图三四，3）。

穿孔佩饰 2件。椭圆形，一端有孔，双面钻。97采：24，残长1.2、宽1.7、厚0.6厘米（图三四，4）。97采：23，长2.4、宽1.5、厚0.6、孔径0.3厘米（图三四，5）。

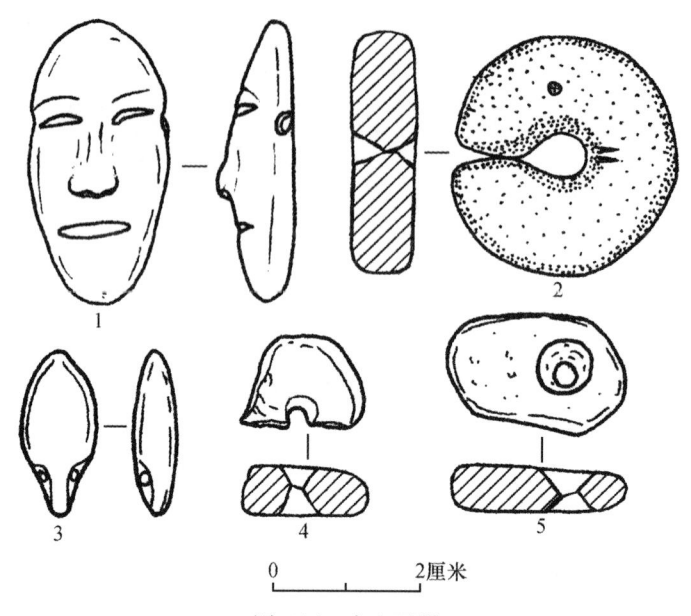

图三四　出土石器
1. 人面雕像（99采：1）　2. 玦形佩饰（97采：56）　3. 雕饰（97采：20）　4、5. 穿孔佩饰（97采：24、97采：23）

## 二、山顶遗存

山顶遗存分布在马头山顶西部边缘，与坡下沟顶端高差1.3～2.6米，面积约2000平方米。发掘时开5米×5米探方10个，4米×4米探方1个，2米×4米探方1个，发掘总面积263平方米，清理灰坑25个。发现新石器文化、夏商时期青铜文化、西周燕国文化遗存。

现以T1609北壁和东壁剖面，介绍地层堆积情况（图三五）。

第1层：耕土。黄褐色土。厚10～25厘米。出土少量张家园上层文化交叉绳纹陶片。

第2层：灰褐色土。厚20～33厘米。土质松软，出土夹砂褐陶交叉绳纹鬲、罐残片、叠唇口沿、平跟大鬲足等张家园上层文化遗物。H5在本层下开口。

第3层：黄褐色土。厚15～35厘米。出土交叉绳纹鬲片、弦断绳纹罐片等，属张家园上层文化遗物。H7于本层下开口。

第4层：黄灰色土。厚0～30厘米。土质疏松，分布于探方的东半部。包含烧土块、燧石片和陶片，器形有罐、钵、鬲等，属张家园上层文化遗物。

H20、H11于第4层下开口，出土陶鼓腹鬲、罐，石磨棒、斧等，属大坨头文化遗物。H11下叠压的H17出土陶筒形罐、钵和石磨棒等，属红山文化晚期遗存。

第5层：黄色土。厚0～32厘米。土质纯净，含少量烧土粒，仅分布于探方西北角。出土少量陶片和筒形罐等。

第5层出土遗物和坡下G1新石器时代第二期文化既相联系又有区别，按出土遗物特征，为新石器时代第三期文化遗存。第4层下H20、H11为夏商时期青铜文化遗存。第2～4层为西周时期青铜文化遗存。兹分别介绍于后。

图三五 T1609平、剖面图

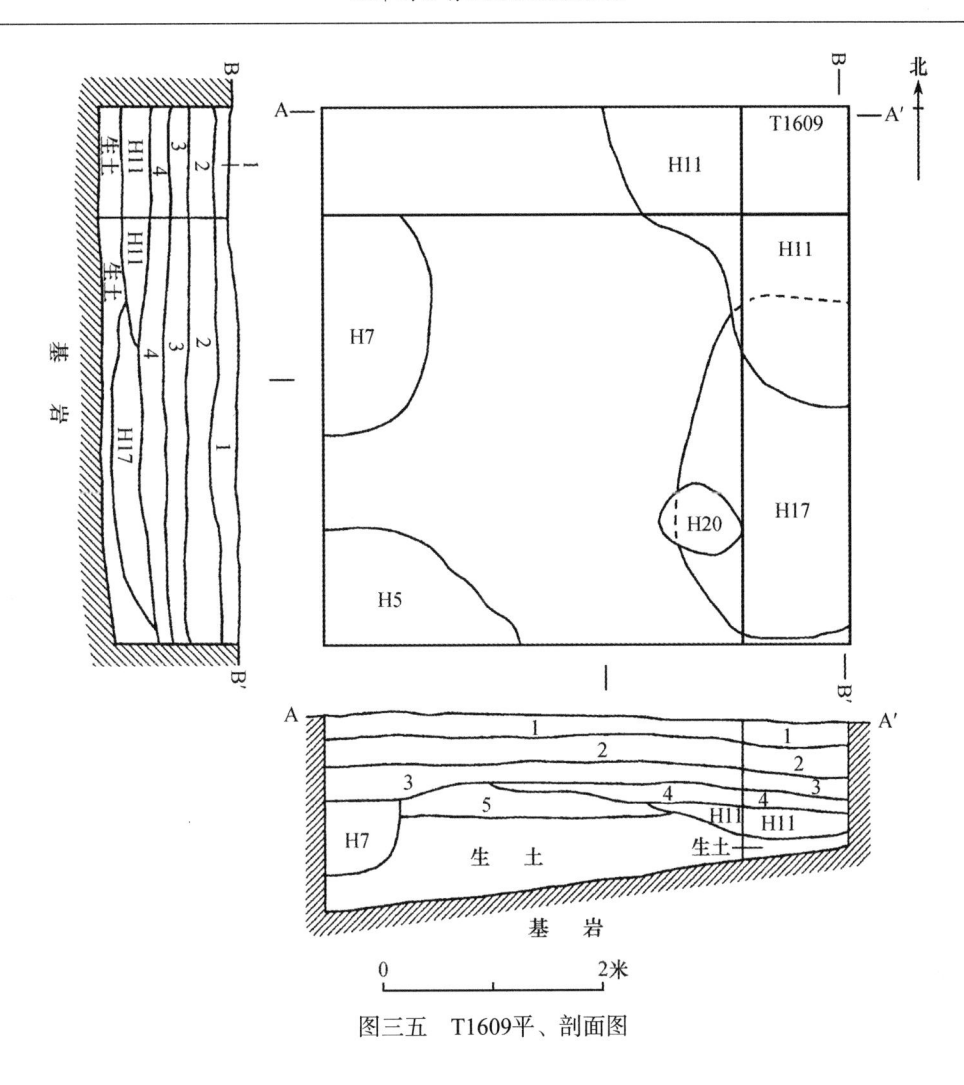

## （一）新石器时代第三期文化遗存

**1. 遗迹**

灰坑5个（H13、H17、H18、H22、H23）。平面多呈不规则椭圆形和圆形，填土较纯净且硬，出土遗物较少。

H18　位于T1508东南角，开口于第4层下，平面近椭圆形，纵剖面呈筒形，直径1.5~2.3、深0.62米。坑内填土灰黄色，较松软，出土陶筒形罐口沿和红顶钵残片等。

H17　位于T1609内，开口于第4层下，被青铜时代灰坑H11打破。平面呈不规则椭圆形，直径3~3.5米。四壁缓坡，底部有一平底圆坑，直径1~1.2、深0.3、深0.55米。坑内填灰黄色土，较硬，出土陶筒形罐、钵口沿，石磨棒等。

H22　位于T1611内，开口于第4层下，坑口近椭圆形，斜壁，平底。直径2.24、深0.4米。坑内填黑灰色土，较松软，出土陶筒形罐口沿、钵残片、戳印纹陶片等。

## 2. 陶器

15件。陶片残碎且少，以夹砂陶为主，有少量泥质陶。夹砂陶质地粗糙，多红褐色，内壁黑色，纹饰以刮条纹为主，有少量弦纹和"之"字纹（图三六）。泥质红或灰色陶，质地坚硬，器腹较薄且磨光。器形有陶筒形罐、盆、钵等。

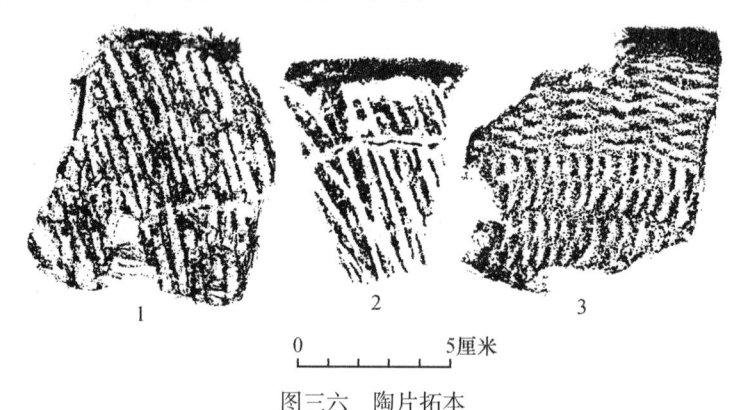

图三六　陶片拓本
1、2.刮条纹（T1508④、T1609⑤）　3."之"字纹（T1508④）

筒形罐　5件。夹砂陶。弧腹。按口沿不同，可分三型。

A型　1件（T1608⑤:1）。厚圆唇，敞口。沿下饰数周弦纹。残高4.5厘米（图三七，1）。

B型　1件（T1508④:4）。圆唇，敞口。口沿下饰横压竖排"之"字纹，腹部饰竖压横印"之"字纹。残高9.2厘米（图三七，2）。

C型　3件。尖圆唇。饰刮条纹。T1508④:1，残高9、口径25.5厘米（图三七，3）。T1609⑤:1，残高8.3厘米（图三七，4）。H17:2，口沿下一周磨光，下饰斜向刮条纹。残高5.5厘米（图三七，5）。

盆　3件。T1508④:6，泥质红陶。敞口，厚圆唇。残高2.2厘米（图三七，6）。T1609⑤:4，泥质红陶，灰胎红皮。盆底，斜腹，小平底。磨光。底径4.5厘米（图三七，10）。

钵　5件。泥质红陶和夹砂红陶。口沿下饰一周红带，腹部灰色，俗称"红顶钵"。依据唇部不同，可分二型。

A型　2件。尖圆唇，敞口，弧腹。T1510④:5，高4.4、口径13、底径4.4厘米（图三七，11）。T1609⑤:3，残高3.6厘米（图三七，12）。

B型　2件。尖唇，沿外侈。T1510④:3，浅腹。残高1.8厘米（图三七，9）。T1510④:5，腹略深。残高3.2厘米（图三七，13）。

钵残片　1件（T1508④:2）。夹细砂红褐陶。圆唇，敛口。器表饰刮条纹。残高6.9厘米（图三七，8）。

器耳　1件（T1510④:4）。红褐陶。鸡冠形。器耳边缘有压印纹。残高4.2厘米（图三七，7）。

环　1件（T1510④:6）。灰陶。残长3.4、复原直径约6厘米。

图三七  出土陶器

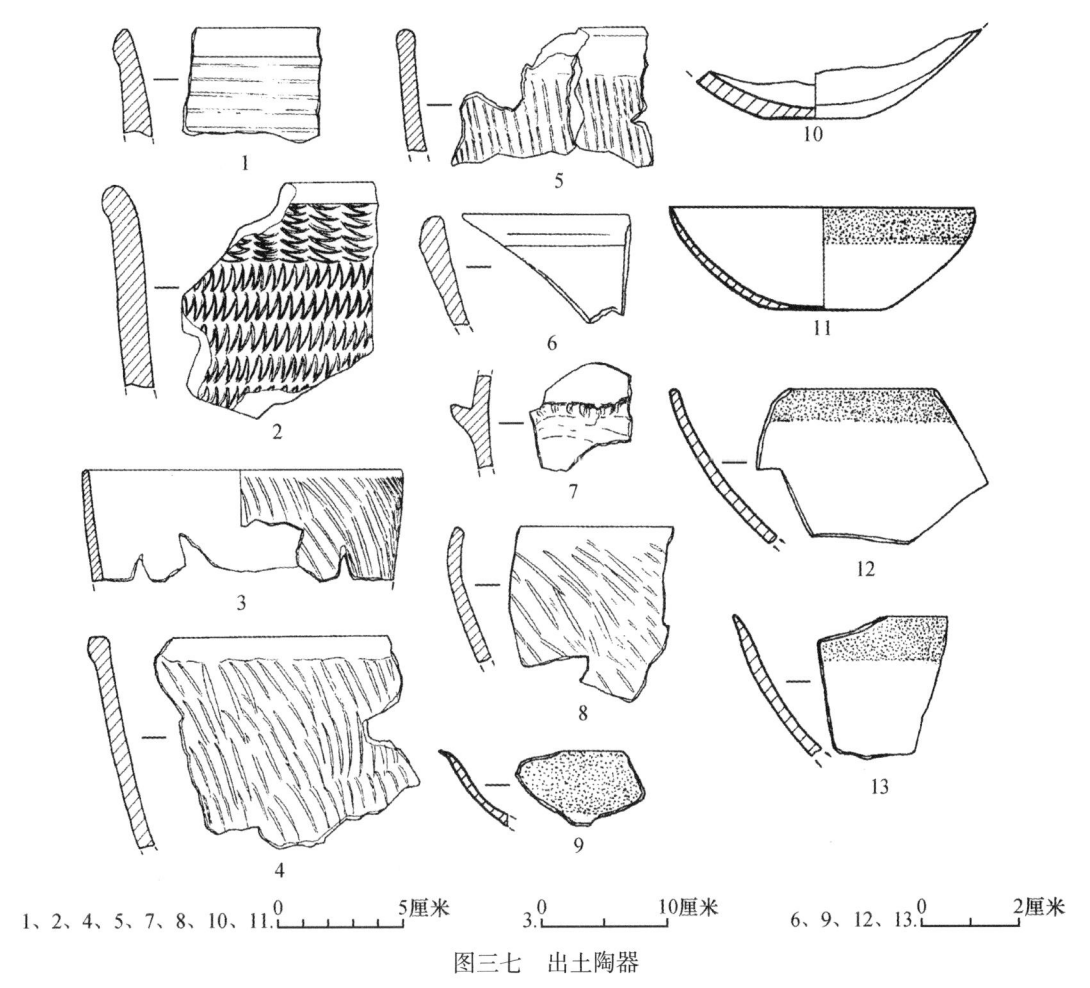

1.A型筒形罐（T1608⑤∶1）  2.B型筒形罐（T1508④∶4）  3~5.C型筒形罐（T1508④∶1、T1609⑤∶1、H17∶2）
6、10.盆（T1508④∶6、T1609⑤∶4）  7.器耳（T1510④∶4）  8.钵残片（T1508④∶2）  9、13.B型钵（T1510④∶3、T1510④∶5）  11、12.A型钵（T1510④∶5、T1609⑤∶3）

## 3. 石器

3件。有磨棒、磨石和杵，琢磨兼制。

磨棒　1件（H17∶3）。砂岩。横断面扁圆。高6、残长11.5、宽11厘米（图三八，1）。

杵　1件（T1508④∶7）。利用天然石块略加磨制。长圆形，下部平整，有砸击痕迹。长11.3、宽6厘米（图三八，3）。

磨石　1件（H17∶1）。不规则形，一侧有磨棱。长7.8、宽4.1厘米（图三八，2）。

## （二）夏商时期青铜文化遗存

### 1. 遗迹

灰坑2个（H11、H20）。

H11　位于T1610西北部，开口于第4层下，打破新石器时代H17。坑形状不规则，略呈锅

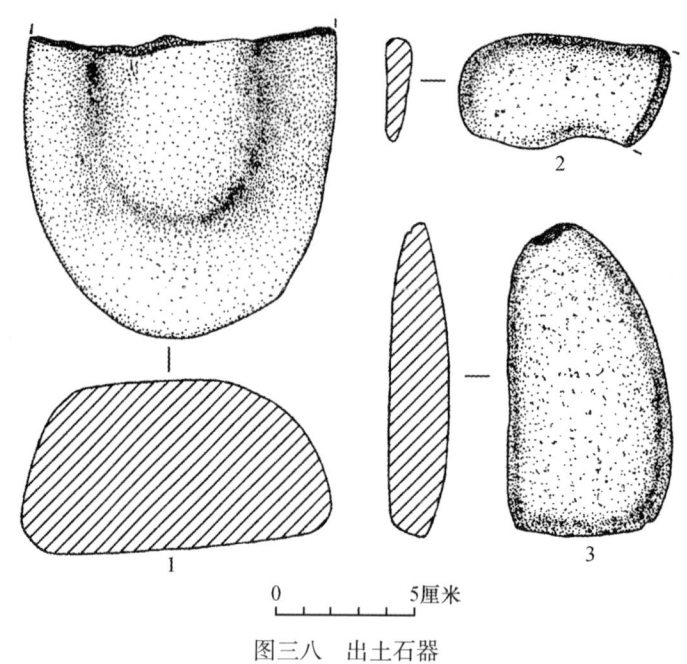

图三八 出土石器
1. 磨棒（H17∶3） 2. 磨石（H17∶1） 3. 杵（T1508④∶7）

底形，长4.25、宽3.2、深0.35米。坑内填土黑灰色，较松软，含较多炭灰和红烧土块，出土陶鬲、陶罐、石磨棒、石斧等。

H20 位于T1609东北部，开口于第4层下。坑口略呈圆形，直径0.61米，坑壁垂直，平底，深0.9米。坑内填土黄灰色，较松软，出土陶盆、罐和石磨盘等。

## 2. 陶器

14件。多夹砂红褐或灰褐陶，少数泥质红陶，器表细绳纹抹光。器形有鬲、罐、甗、盆等。

罐 2件。厚圆唇微卷，短颈，鼓腹。磨光。H11∶12，泥质红陶。残高10、口径28厘米（图三九，1）。H11∶13，夹细砂红陶。残高6.2、口径28厘米（图三九，2）。

罐腹残片 1件（H11∶18）。泥质黑陶。饰三角划纹。残高5厘米（图三九，3）。

罐底残片 1件（H11∶15）。夹砂红陶。平底，斜腹。饰细绳纹后抹平。残高7.5、底径18厘米（图三九，4）。

盆 1件（H11∶17）。夹砂红陶。厚圆唇，卷沿，敞口。腹部细绳纹抹平。残高6厘米（图三九，5）。

鬲 4件。夹砂红褐陶。圆唇，敛口，侈沿，束颈，鼓腹。H11∶8，饰细绳纹后抹光。残高7.4厘米（图三九，6）。H11∶3，饰细绳纹后抹光。残高18、口径27厘米（图三九，7）。H11∶5，腹部饰细绳纹。残高12厘米（图三九，8）。H11∶14，口沿有一对乳凸纽。残高6厘米（图三九，10）。

鬲足 2件。夹砂红陶。H11∶9，呈圆锥形。残高6厘米。H11∶10，实足呈子弹头形。残高11厘米（图三九，9）。

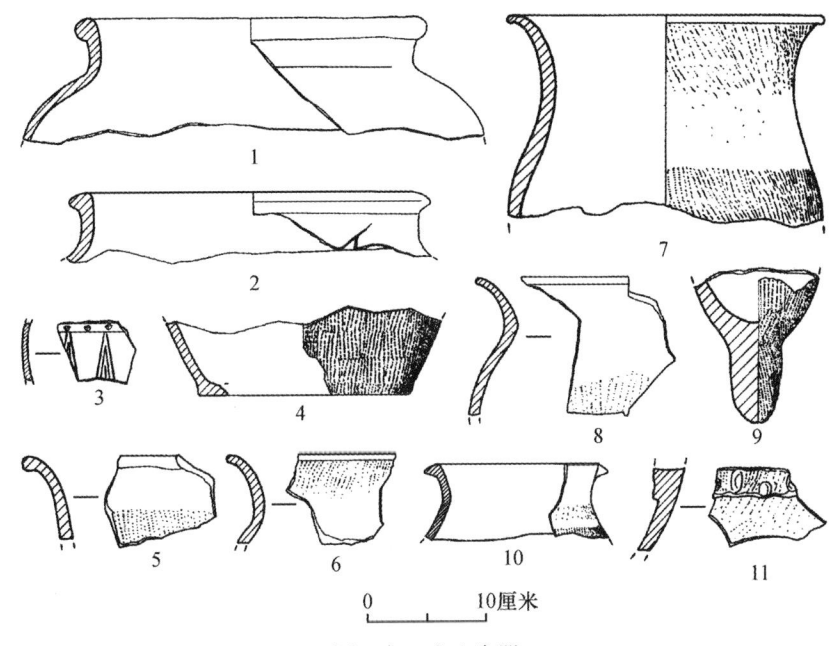

图三九　出土陶器

1、2.罐（H11∶12、H11∶13）　3.罐腹残片（H11∶18）　4.罐底残片（H11∶15）　5.盆（H11∶17）　6~8、10.鬲（H11∶8、H11∶3、H11∶5、H11∶14）　9.鬲足（H11∶10）　11.甗（H11∶16）

甗　1件（H11∶16）。夹砂红陶。束腰，鼓腹。腰部附加一周宽2厘米的泥条，上压印窝纹，腹饰细绳纹后抹平。残高5.6厘米（图三九，11）。

铛　1件（H20∶2）。夹砂红陶。圆饼状，一面平整磨光。残长19.5、厚2.5厘米。

网坠　1件（H11∶7）。泥质红陶。捏制。棱形，中间穿孔。长9、直径4、孔径0.8厘米。

## 3. 石器

7件。有斧、镞、砧石、磨盘、磨棒等。

斧　2件。长方形，两侧磨出棱，横断面呈腰鼓形。H11∶19，白云岩。正锋，斜刃。残高9.8、刃宽7厘米（图四〇，1）。H11∶20，砂岩。刃残，顶端有砸痕。长12、宽5.7、厚3.8厘米（图四〇，2）。

镞　1件（H11∶21）。燧石。柳叶形。长4.5、宽0.9、厚0.15厘米（图四〇，5）。

砧石　1件（H11∶2）。砂岩。椭圆形，两面都有砸击窝痕。长轴11.6、短轴8.8、厚4厘米（图四〇，4）。

磨盘　1件（H20∶1）。砂岩。磨面有琢痕。残长34厘米（图四〇，6）。

磨棒　2件。砂岩。柱状。H11∶4，断面圆形。长10.5、直径约5.4厘米（图四〇，3）。H11∶1，两端残。长径4.6、短径3.8厘米（图四〇，7）。

图四〇　出土石器

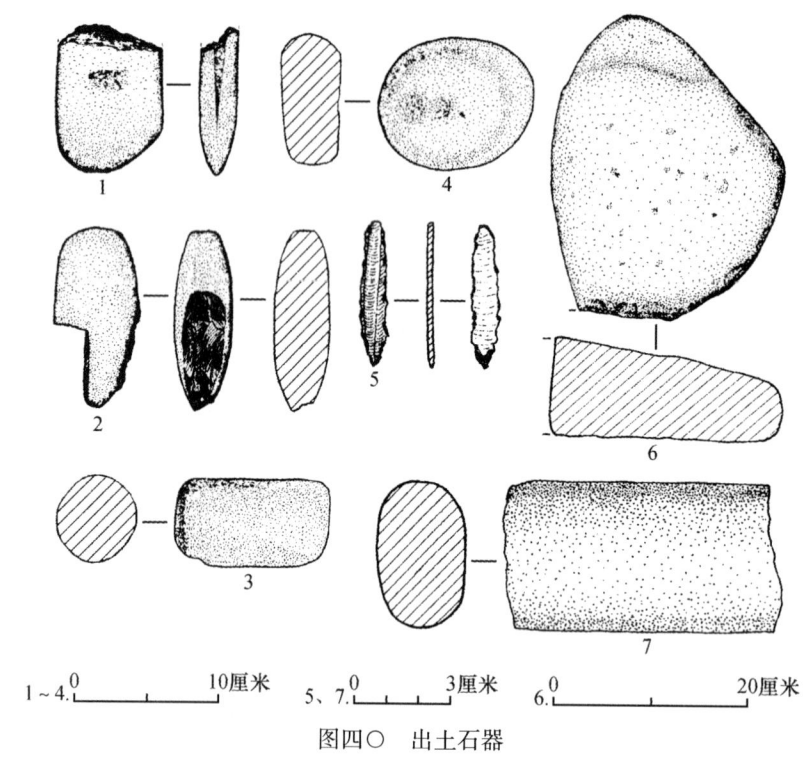

1、2.斧（H11：19、H11：20）　3、7.磨棒（H11：4、H11：1）　4.砧石（H11：2）　5.镞（H11：21）　6.磨盘（H20：1）

## （三）西周时期青铜文化遗存

### 1. 遗迹

灰坑5个（H2、H4、H5、H7、H16）。

H2　位于T1510东部，开口于第1层下，平面呈椭圆形，斜壁，平底。长径5.5、短径3.8、深0.45米。坑内填土疏松，为较纯净灰黄色土。出土器形有陶鼓腹鬲、深腹盆、罐等残片及人面石雕饰。

H7　位于T1609，开口于第3层下，平面呈椭圆形，直坑，坑底平坦。直径2.64、深0.68米。坑内填土松软，灰褐色土。出土器形有陶叠唇鬲、深腹盆、桥形耳和铜镞。

### 2. 陶器

74件。器形有罐、盆、鬲、钵、簋、甗等。

罐　7件。有小口罐、大口罐、中口罐三种。

大口罐　2件。方唇，侈口，矮领，斜腹，小平底。T1611②：1，夹砂红陶。肩部压印一周三角纹，腹部饰中粗交叉绳纹。高31、口径34、底径12.3厘米（图四一，1；图版一三，1）。T1609④：2，泥质红陶。肩部拍印一周三角纹，腹部饰横弦纹间断交叉绳纹。口径24厘米（图四一，2）。

中口罐　1件（T1510②：1）。夹砂红陶，器表灰褐色。方唇，折沿。肩部压印一周曲折线纹。残高7.6、口径22厘米（图四一，3）。

小口罐 4件。卷沿，束颈，广肩，鼓腹，小平底。H2：11，泥质红陶。圆唇。肩腹部饰横弦纹间断细绳纹，下腹部拍打交叉绳纹。高29、口径19、底径18厘米（图四一，4；图版一三，2）。T1508③B：6，泥质红陶，灰褐色。器身饰交叉绳纹。残高10厘米（图四一，5）。H2：12，泥质红陶。沿面有一周凹弦纹。残高6厘米（图四一，6）。T1609④：1，泥质黄陶。肩部饰一周三角纹，腹部饰横弦纹间断绳纹。残高10.5厘米（图四一，7）。

盆 11件。有深腹盆和直腹盆二种。

深腹盆 5件。大口，平底。按口不同，可分二型。

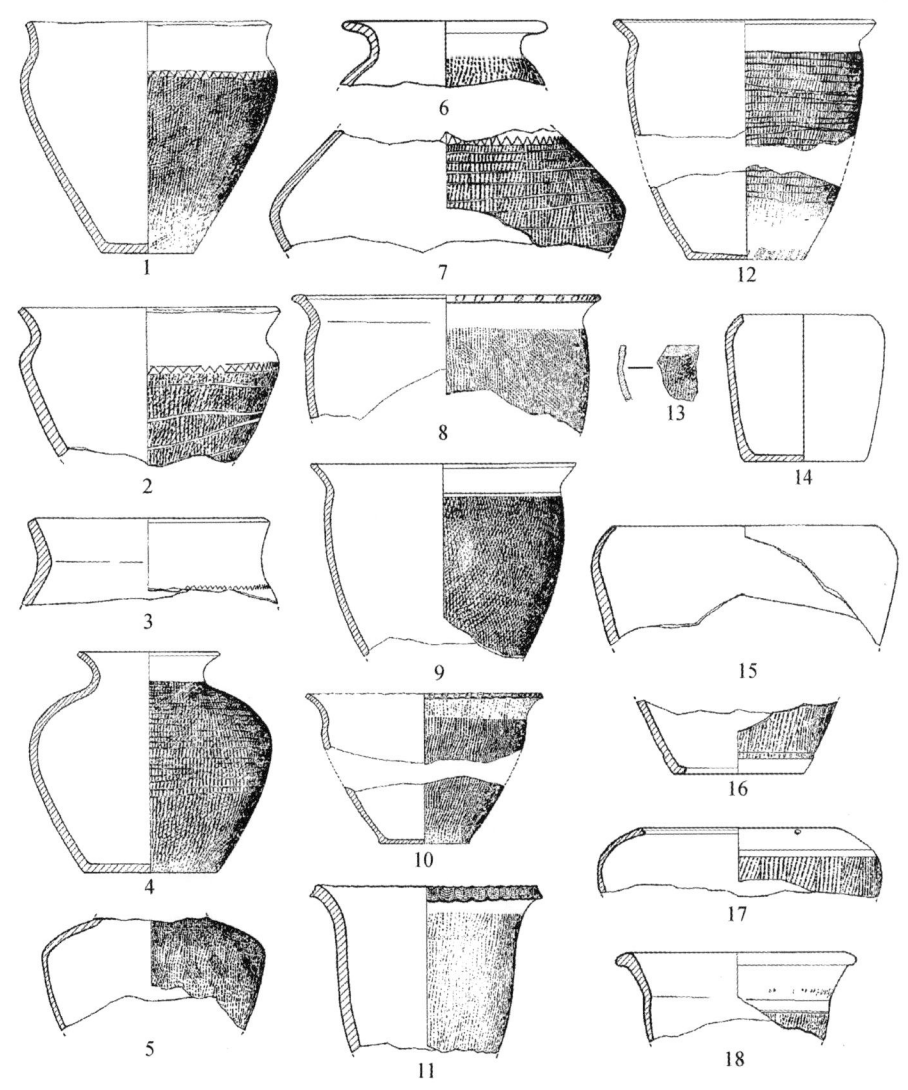

图四一 出土陶器
1、2.大口罐（T1611②：1、T1609④：2） 3.中口罐（T1510②：1） 4～7.小口罐（H2：11、T1508③B：6、H2：12、T1609④：1） 8～10、12.A型深腹盆（H7：8、H2：10、T1608③A：2、H7：7） 11.B型深腹盆（T1608③A：4） 13.Ⅱ式直腹盆（T1608③A：5） 14、15、17.钵（T1507③B：3、T1509②：1、T1507③A：5） 16.甑（T1508③B：9） 18.簋（T1508③B：8）

A型  4件。微敛口，折沿，尖唇，沿缘有凸棱。H7：8，泥质红褐陶。唇面有一周压印绳纹，肩部以下饰细绳纹。残高26、口径42厘米（图四一，8）。H2：10，泥质灰黄陶。沿面有倒钩，肩部以下饰交叉绳纹。残高26、口径36厘米（图四一，9）。T1608③A：2，泥质灰陶。唇上压印绳纹花边后抹平，腹部饰中粗绳纹，底拍印交叉绳纹。高约20、口径32厘米（图四一，10）。H7：7，夹砂红褐陶。周身饰横断细绳纹。高约32、口径36厘米（图四一，12）。

B型  1件（T1608③A：4）。敞口，方唇。夹砂红褐陶。沿缘压印绳纹花边一周，腹部饰竖行细绳纹。残高7.5、口径10厘米（图四一，11）。

直腹盆  6件。按口部和腹部变化，可分二式。

Ⅰ式：5件。直口，叠唇。T1511③：2，黑褐色陶。叠唇带边压印方块绳纹，腹部饰交叉绳纹。残高7厘米（图四二，1）。T1609③：1，泥质红陶。唇部压印绳纹和叶脉纹，腹部饰横弦纹间断绳纹。残高6厘米（图四二，2）。T1508③B：7，夹砂红陶。叠唇。腹部饰交叉绳纹。残高5.2厘米（图四二，3）。T1609②：1，黄色陶。唇部压印绳纹和叶脉纹，腹部饰交叉绳纹。残高5.5厘米（图四二，4）。T1610②：2，黄色陶。带边压印竖压横排绳纹，腹部饰横弦纹间断交叉绳纹。残高12.5厘米（图四二，5）。

Ⅱ式：1件（T1608③A：5）。敛口。夹砂红陶。窄叠唇。叠唇带边压印细绳纹，腹部饰交叉绳纹。残高7.5厘米（图四一，13）。

钵  3件。泥质灰陶。敛口，深斜腹，平底。T1507③B：3，尖唇。高13、口径11.5、底径11.2厘米（图四一，14）。T1509②：1，圆唇。残高10、口径24厘米（图四一，15）。T1507③A：5，唇边一穿孔。沿缘有一周凹弦纹，肩部以下饰细绳纹。残高6.2、口径18厘米（图四一，17）。

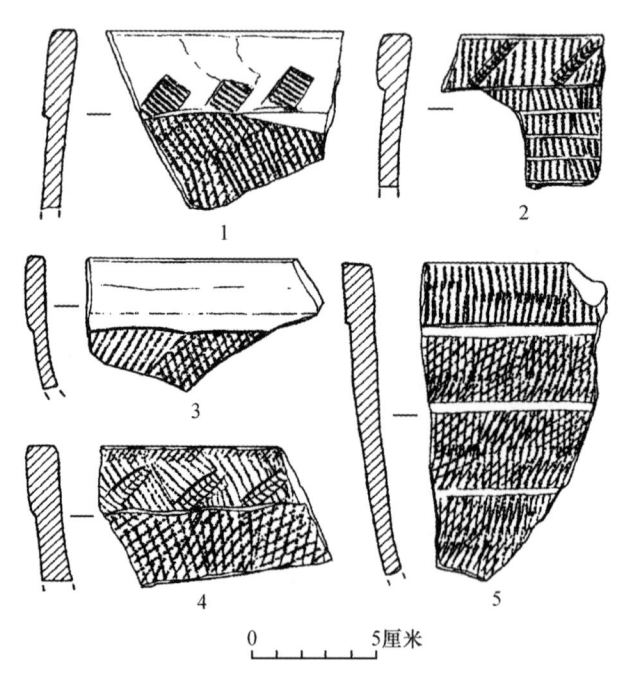

图四二  出土Ⅰ式陶直腹盆
1. T1511③：2  2. T1609③：1  3. T1508③B：7  4. T1609②：1  5. T1610②：2

深腹鬲　7件。叠唇，实足。按口沿不同，可分二型。

A型　3件。侈口。T1507③B：1，夹砂红褐陶。饰竖行细绳纹。高54、口径27、最大腹径41厘米（图四三，1；图版一三，3）。T1608③B：1，夹砂灰陶。残高12.5、口径28厘米（图四三，2）。H7：5，夹砂红褐陶。薄唇。残高38、口径28、最大腹径33厘米（图四三，3）。

B型　4件。微侈口，高领。T1510③：1，夹砂红褐陶。饰交叉粗绳纹。高47、口径30、腹径37厘米（图四三，5；图版一三，4）。T1510③：2，夹砂红褐陶。高44、口径30、腹径34厘米（图四三，4）。H16：1，夹砂灰陶。残高9.5、口径20厘米（图四三，6）。T1511③：1，夹砂红陶。窄叠唇。压印交叉绳纹。高7、口径39厘米（图四三，9）。

深腹鬲足　3件。夹砂红褐陶。H7：6，锥形。残高34.5厘米（图四三，8）。H2：5，平根，实足。器表和足底拍印绳纹。高11厘米（图四三，7）。

鼓腹鬲　6件。敛口，联裆。按口沿变化不同，可分四型。

A型　2件。卷沿，束颈。T1508③B：1，夹砂红褐陶。连裆足。通身饰竖压绳纹。残高19.5、口径21厘米（图四三，12，图版一三，7）。T1508③A：1，夹砂灰陶。饰细绳纹。残高14.5、口径16厘米（图四三，11）。

B型　1件（H2：6）。折沿。夹砂灰陶。饰细绳纹。口径20厘米（图四三，13）。

C型　2件。卷沿出肩。夹砂红陶。T1508③B：2，沿较窄，有肩棱。饰不规则细绳纹后抹光。残高8、口径12厘米（图四三，14）。H2：7，圆唇。饰粗绳纹。残高13、口径20厘米（图四三，15）。

D型　1件（T1608③A：1）。折沿，夹砂红褐陶。方唇，柱足，缘有倒钩。残高12、口径15厘米（图四三，16）。

鬲足　3件。T1508③A：2，夹砂红陶。瘪裆，锥形，内侧横断面呈锐角。拍印交叉绳纹。高13厘米。T1507③A：4，夹砂红陶。锥形联裆。饰细绳纹。残高11、足高6厘米。

矮足鬲　4件。折沿，扁腹。T1507③A：3，夹砂黄褐陶。沿缘起棱，联裆。粗绳纹竖向整齐排列。高15.5、口径24厘米（图四三，18）。H2：8，夹云母屑夹砂灰陶。沿缘一周弦纹，器表饰交叉绳纹。残高7、口径20厘米（图四三，17）。T1510①：1，夹云母屑红陶。沿面微凹，沿缘起棱。饰粗绳纹。残高11、口径28厘米（图四三，10）。

簋　6件。泥质灰陶。侈沿，弧腹。T1508③B：8，厚圆唇。腹部二周弦纹。残高8、口径22厘米（图四一，18）。T1610②：3，方唇。残高11厘米。H2：13，有明显节棱。残高4.2、圈足径12厘米（图四四，1）。T1508③A：3，节棱不明显。残高4.5、圈足径13.4厘米（图四四，2）。T1609③：2，无节棱。残高5、圈足径13.2厘米（图四四，4）。H2：14，残高3.8、圈足径14厘米（图四四，3）。

甑　1件（T1508③B：9）。泥质灰陶。底置箅平边。孔径4.6厘米（图四一，16）。

豆　1件（H2：15）。泥质灰陶。残高6厘米（图四五，1）。

纺轮　14件。按器形不同，可分三式。

Ⅰ式：5件。两侧圆弧，呈算盘珠形。T1608③A：7，夹砂红陶。高1.6、直径2.8、孔径0.5厘米（图四五，4）。

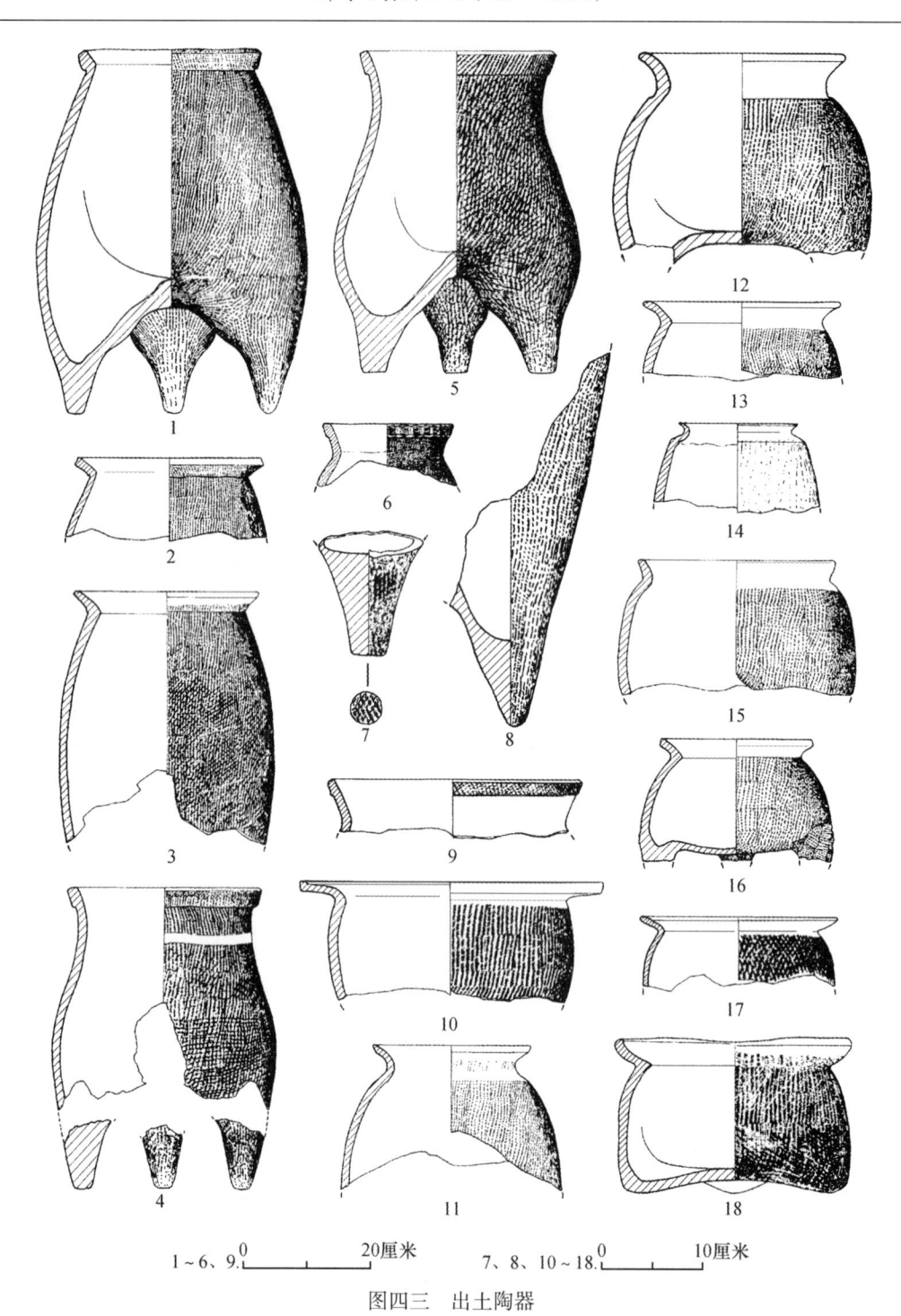

1~6、9. 0 ————— 20厘米    7、8、10~18. 0 ————— 10厘米

图四三 出土陶器

1~3.A型深腹鬲（T1507③B：1、T1608③B：1、H7：5） 4~6、9.B型深腹鬲（T1510③：2、T1510③：1、H16：1、T1511③：1） 7、8.深腹鬲足（H2：5、H7：6） 10、17、18.矮足鬲（T1510①：1、H2：8、T1507③A：3）
11、12.A型鼓腹鬲（T1508③A：1、T1508③B：1） 13.B型鼓腹鬲（H2：6） 14、15.C型鼓腹鬲（T1508③B：2、H2：7）
16.D型鼓腹鬲（T1608③A：1）

图四四　出土陶簋

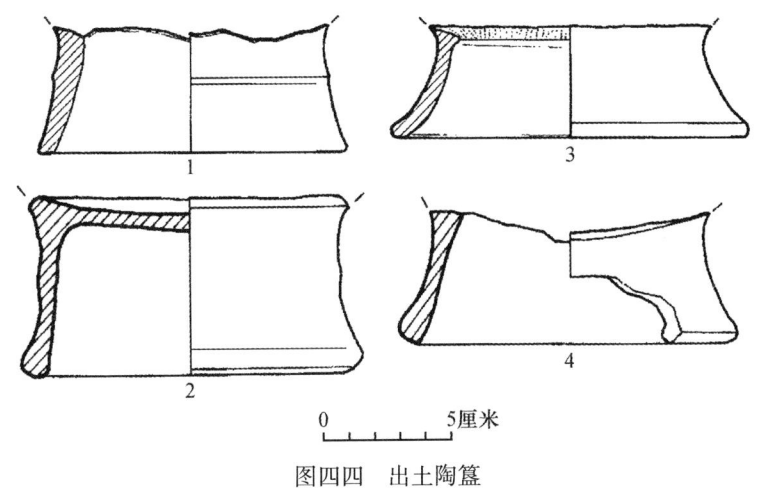

1. H2∶13　2. T1508③A∶3　3. H2∶14　4. T1609③∶2

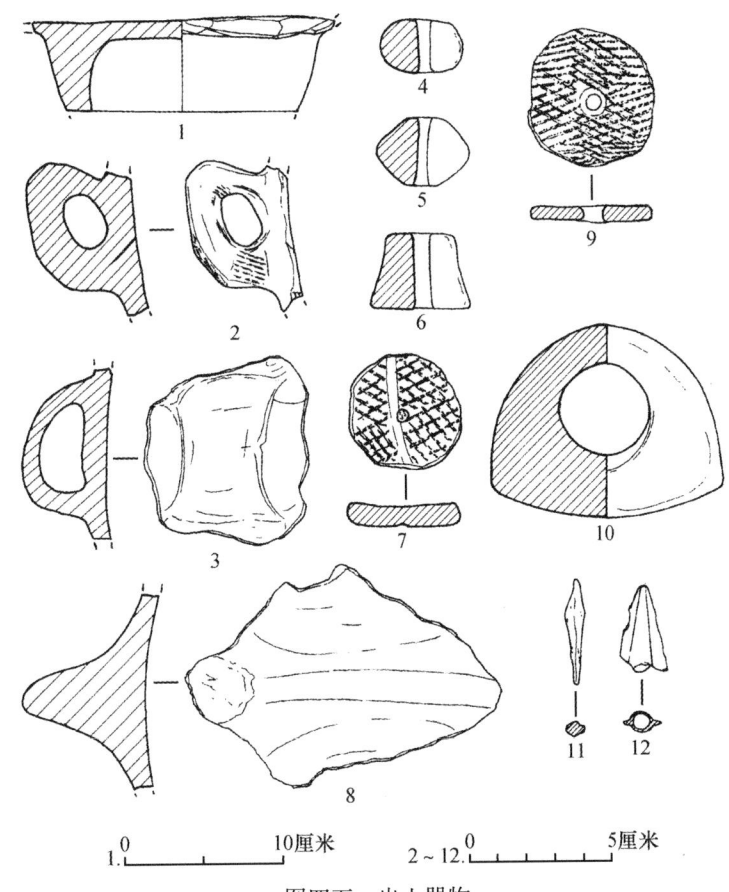

图四五　出土器物

1. 陶豆（H2∶15）　2、3、8. 陶器耳（H7∶9、T1509③∶2、T1508③B∶10）　4. Ⅰ式陶纺轮（T1608③A∶7）　5. Ⅱ式陶纺轮（T1508③B∶11）　6. Ⅲ式陶纺轮（H7∶3）　7、9. 圆陶片（T1509②∶3、T1511③∶3）　10. 陶拍（T1508③A∶5）　11、12. 铜镞（H7∶10、T1611②∶3）

Ⅱ式：5件。侧视呈枣核形。T1508③B：11，泥质红陶。高2.4、直径3.4、孔径0.6厘米（图四五，5）。

Ⅲ式：4件。侧视呈梯形。H7：3，泥质红陶。高2.4、上径2.2、下径3.8、孔径0.7厘米（图四五，6）。

圆陶片　2件。T1511③：3，泥质红陶。穿孔。直径5、孔径0.7、厚1.2厘米（图四五，9）。T1509②：3，穿孔未透。直径4厘米（图四五，7）。

拍　2件。泥质红陶。呈馒头形。T1508③A：5，弧底。高6.6、直径8.6、孔径2.8厘米（图四五，10）。

器耳　3件。H7：9，泥质红陶。器表满布细绳纹。高6厘米（图四五，2）。T1509③：2，夹砂红陶。竖桥形耳。高6.6厘米（图四五，3）。T1508③B：10，泥质灰陶。半月形耳。高7厘米（图四五，8）。

球　1件（T1608③A：8）。泥质红陶。直径3.1厘米。

**3. 铜镞**

2件。H7：10，横断面四棱形，圆锥状铤。残长3.5厘米（图四五，11）。T1611②：3，中为圆銎，两翼聚成尖锋。残长3厘米（图四五，12）。

**4. 石器**

46件。有人面雕饰、斧、刀、杵、网坠、球形器、饼形器、砧石、磨棒、磨石、环和刮削器等。

人面雕饰　1件（H2：1）。叶蜡石化岩石。磨光。扁平长方形石板，一面阴刻人物头像，头顶发箍，长发披肩，圆目龇牙，肩部以下残缺。残高4、宽4.4、厚0.5厘米（图四六，1；图版一三，8）。

斧　20件。依器形不同，可分三型。

A型　10件。磨制。长条形，两侧磨平出棱。T1610④：1，刃部残缺。高10.2、厚2.5厘米（图四六，3）。H3：1，高14.3、厚2.7厘米（图四六，4）。

B型　7件。琢磨兼施。长条形，横断面椭圆形。T1612②：1，近刃部磨面光滑。高10、刃宽5.5、厚3厘米（图四六，5）。T1608③B：3，器形较小，制作精细，首端有明显的砸击痕。高6.7、首宽2.3、刃宽3.7厘米（图四六，6）。

C型　3件。琢磨兼施。扁平体，平面略呈梯形。T1611②：5，两侧面磨平。高6、首宽3.5、刃宽5厘米（图四六，2）。T1608③B：6，首端穿孔，双面对钻。高11.2、首宽5、刃宽6.4、孔径0.8厘米（图四六，7；图版一三，5）。T1609③：2，刃部锋利。高7、首宽2.6、刃宽4.4厘米（图四六，8；图版一三，6）。

穿孔斧　2件。首端穿孔。T1608③A：9，高5.7、首宽3.2、刃宽4.5厘米（图四六，9）。T1611②：2，刃部残。高5.7、首宽2.3厘米（图四六，10）。

刀　2件。H5：1，长方形，中部有穿孔，双面刃。高4.5、残长6厘米（图四六，11）。

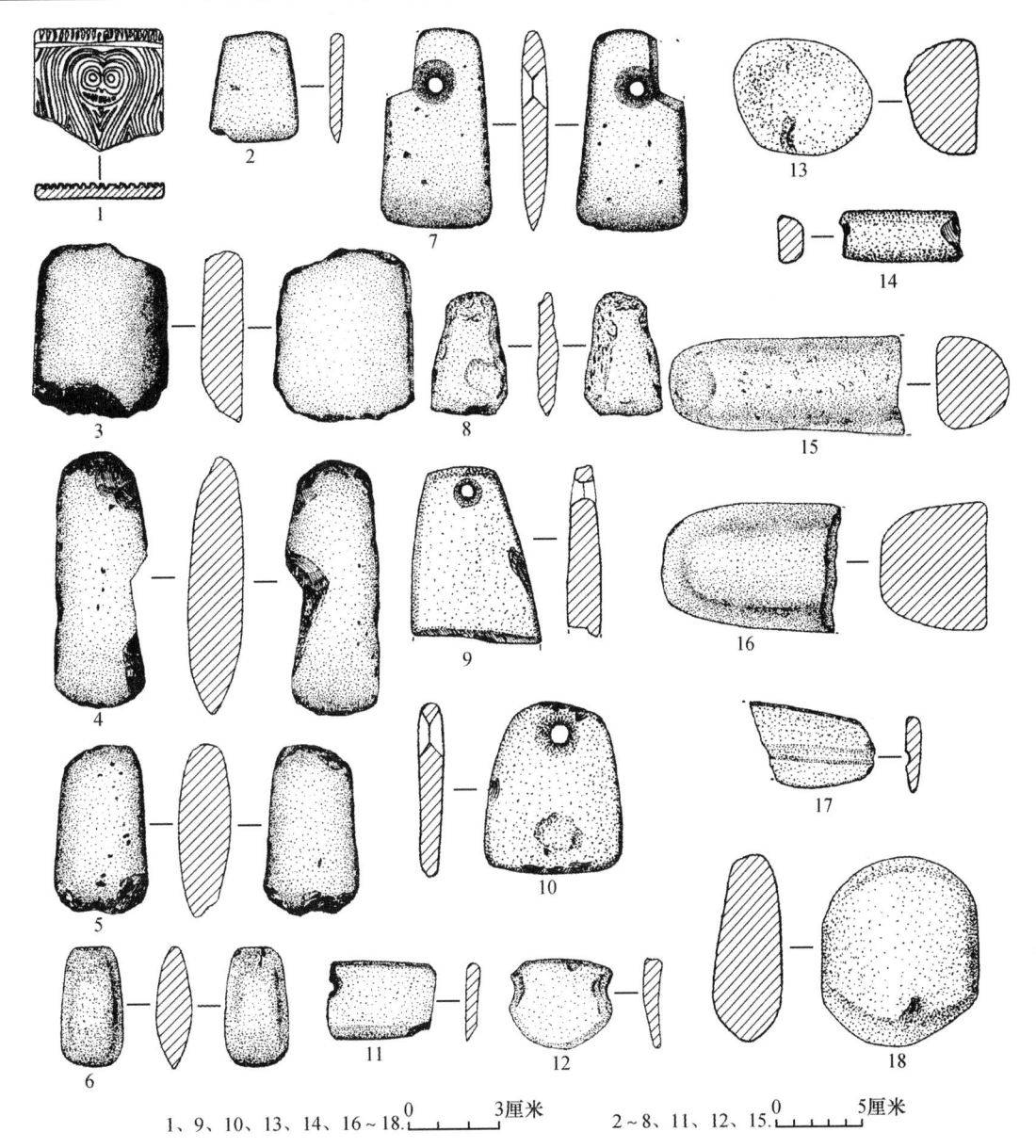

图四六 出土石器

1. 人面雕饰（H2:1） 2、7、8. C型斧（T1611②:5、T1608③B:6、T1609③:2） 3、4. A型斧（T1610④:1、H3:1）
5、6. B型斧（T1612②:1、T1608③B:3） 9、10. 穿孔斧（T1608③A:9、T1611②:2） 11、12. 刀（H5:1、T1507②:3）
13、14. 磨石（T1608③A:12、T1608③A:13） 15、16. 磨棒（T1610④:2、H4:2） 17. 沟槽磨石（T1512②:1）
18. 饼形器（T1608③A:10）

T1507②:3，平面呈不规则椭圆形，一侧磨出刃，两端打出缺口。高5、长5.8厘米（图四六，12）。

杵　2件。打磨。略呈长条形，上窄下宽，横断面椭圆形，两侧有磨棱，砸击面和首端有多处疤痕。T1608③B:5，高12、宽3.5厘米（图四七，1）。

网坠　2件。H4:1，两长端中部打出缺口。长9、宽9.5厘米。T1610②:4，呈橄榄形，两端磨出沟槽。残长6.5、宽2.6厘米（图四七，2）。

球形器　1件（T1507③A:6）。卵石。磨制。直径5厘米（图四七，4）。

饼形器　1件（T1608③A:10）。残石斧磨制。长径6.3、短径5.5厘米（图四六，18）。

砧石　2件。卵石。双面都有垫击痕。T1612③：1，椭圆形。长径9、短径7.5厘米（图四七，3）。

磨棒　6件。磨制。两端圆，横断面呈馒头形。T1610④：2，残长13、直径5.6厘米（图四六，15）。H4：2，残长7、宽5.5厘米（图四六，16）。

磨石　2件。T1608③A：12，绿色，半透明。磨光。不规则半圆形。长径5、短径4厘米（图四六，13）。T1608③A：13，浅灰色。磨光。长方形。残长4.3厘米（图四六，14）。

沟槽磨石　1件（T1512②：1）。扁长方体，一面有一道沟槽。长4.5、宽2.6、槽宽0.3、深0.2厘米（图四六，17）。

环　1件（T1608③A：11）。黑色。磨制。直径1.8、孔径0.9厘米。

刮削器　3件。燧石。打制。长条形。T1610④：3，长2.5、宽0.9厘米（图四七，6）。T1609③：3，长3、宽0.8厘米（图四七，5）。T1609④：4，长2.5、宽0.9厘米（图四七，7）。

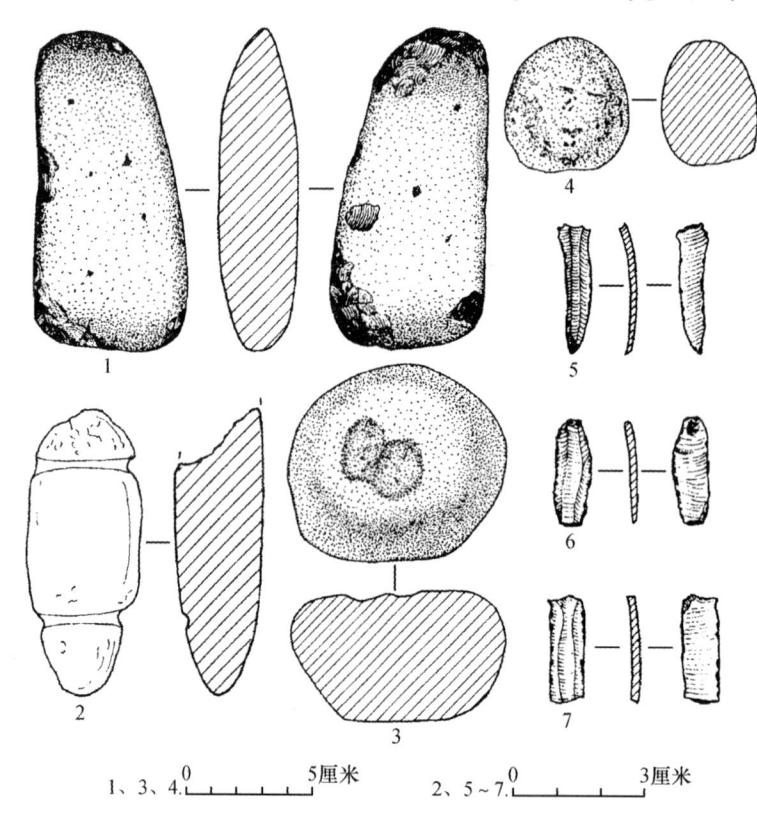

图四七　出土石器
1. 杵（T1608③B：5）　2. 网坠（T1610②：4）　3. 砧石（T1612③：1）　4. 球形器（T1507③A：6）
5～7. 刮削器（T1609③：3、T1610④：3、T1609④：4）

### 5. 动物骨骼

14件。有鹿、羚羊、犬、狐。

鹿　9件。残骸骨。T2⑧，残小鹿牙。97G1④，残鹿的下颌骨和梅氏四不像鹿（斑鹿）角顶端。97G1③，残鹿的左侧头盖骨。残小鹿左侧下颌骨。97G1②，小鹿左侧下颌骨前端。

羚羊　3件。残骸骨。T5⑥，残羚羊角。97G1③，残左前部下颌骨。97G1②，残右下颌骨。

犬　1件（T3③）。残右侧下颌骨。

狐　1件（97G1④）。残左下颌骨。

# 三、结　语

青池遗址的新石器时代文化遗存是近年天津考古的重要收获。坡下G1的出土遗物，下部第6～9层和上部第1～4层区别明显，尽管二者在器类和器物造型上有着不可分割的联系，如陶筒形罐、夹云母屑陶盆、两侧磨平出棱的石斧等，都表现出一脉相承的特点，但灰沟第6～9层的陶器群器类明显简单，陶筒形罐以"三段式"布局为主体的纹饰、夹云母屑陶盆的造型和纹饰，以及数量较多的石容器等，皆不见于灰沟第1～4层。后者的器类和纹饰要复杂得多，细密工整的"之"字纹筒形罐、圈足体、豆及所饰细密"之"字纹带、由"S"形"之"字纹带组成的绞云纹，以及弦纹夹云母屑盆、"之"字纹夹砂盆、鸟首形支脚、石耜等，均不见于第6～9层。居中的第5层表现出若干承前启后的特征，筒形罐的"三段式"纹饰至此变得散乱，细密工整的"之"字纹筒形罐成为代表性器物，钵、碗具有由平底钵向圈足钵、豆转变的中介特点。兽首形支脚接近北福地一期文化造型，而弦纹加双线压印纹的夹云母屑盆则兼含早晚期陶盆纹饰因素。晚期流行的绞云纹最早例子也见于小杯（T4G1⑤：4）。只是多数器类和纹饰已和G1第1～4层一致，因此应归为同一文化期。据此将G1遗存划分为二期3段，即第6～9层为新石器时代第一期文化遗存，第5层为新石器时代第二期文化早段遗存，第1～4层为新石器时代第二期文化晚段遗存。

青池新石器时代第一期文化遗存具有多元特征。A、B型筒形罐见于敖汉兴隆洼、林西白音长汗、迁西东寨等遗址[3]，口沿厚圆的特征与平谷上宅一期、三河孟各庄一期的同类器物相同[4]，Ⅰ式钵和碗见于东寨、白音长汗，石筒形罐见于东寨、滦平石佛梁、药王庙和白音长汗[5]，这些遗存被认为属于兴隆洼文化或其地方类型。夹云母屑盆的造型和纹饰见于易县北福地、安新县梁庄、容城县上坡和廊坊北旺[6]，此种盆和支脚构成复合饮器，是北福地一期文化的标志性器物[7]。因此青池第一期兼含兴隆洼文化和北福地第一期文化两种因素，并且都居突出地位。三河孟各庄第一期也有兴隆洼文化的"三段式"纹饰筒形罐和北福地一期文化的盆和支脚（报告分别称作"硬胎罐"和"异形器"）共存，表明此类遗存在泃河流域并非孤例，应是这两支文化在前沿地带形成的混合型文化遗存。

青池第二期是青池第一期混合型文化的承袭和发展。属于兴隆洼文化因素的筒形罐、厚唇厚胎的特点到第二期时未变，但纹饰由三段式变成横压竖排、竖压横排的细密工整"之"字纹，钵、豆类器从平底经凹底再到圈足的变化过程清晰可见。源自北福地第一期文化的盆和支脚得到进一步发展，只是夹云母屑盆火候高，胎壁较薄，纹饰为简单数周凹弦纹，同时出现"之"字纹夹砂盆，表现出融合趋势。和青池第二期相似的遗存亦见于平谷北埝头F5、F9等单位[8]，孟各庄第一期陶器中也含有与此相同的器类和纹饰，构成承袭青池第一期但又有变化的又一文化类型。和青池第二期相似的筒形罐和圈足钵在迁西西寨第一期也有发现[9]，显示出青池第二期文化的影响，但二者基本文化面貌不同。

马头山顶新石器文化第三期遗存陶器仍以夹砂为主，以红顶碗钵为代表的红陶系大量出现，使文化面貌发生较大改观，此种因素应与相邻的镇江营文化有关[10]。核心器物依然是筒形罐，其中A型和B型是第一、二期遗物，代表器物是C型筒形罐，基本面貌和上宅第二期[11]、孟各庄第二期、北埝头F6等遗存相似，后者都出土有"之"字纹或绞云纹圈足钵、深腹碗、鸟首支脚形器等，表现出和青池第二期文化的承袭关系。

青池第一期、二期和三期是同一支文化的独立发展过程，具有独特的文化内场和面貌特征，以洵河流域为分布腹地，存在千年以上，可称作青池文化或青池遗存。

马头山顶的夏商青铜文化遗存，文化面貌和蓟县张家园下层、围坊第二期、大厂大坨头等遗存相同[12]。石斧和青池石斧形制相同，都两侧磨平出棱，工艺传统至此已延续了三四千年。西周青铜文化遗存出土的深腹、鼓腹、矮足三种陶鬲以及敞口盆、小口罐、簋、甗、豆等器，见于房山琉璃河遗址西周早期文化[13]，是早期燕国文化的常见器物。但数量较多的敛口钵、大口罐、盆等器多见于蓟县张家园上层、唐山古冶等张家园上层文化遗存[14]，表现出浓郁的地方特征。长发披肩、头戴发箍的人面石雕像，提供了当时居民形象，弥足珍贵。

附记：发掘领队为纪烈敏，队员有张俊生、刘健、盛立双、姜佰国。资料整理和报告编写由纪烈敏、刘健、张俊生完成。陶器由张俊生修复，插图由刘健绘制，照片由张一玲、邸明、刘健拍摄，拓片由马士军负责。出土的植物种子由中国科学院植物研究所刘长江先生鉴定，石料由天津地矿所黄学义鉴定，动物骨骼由天津自然博物馆黄为龙鉴定。报告编写得到天津博物馆韩嘉谷帮助，在此一并致谢。

执笔：纪烈敏　刘　健　张俊生

## 注　释

[1]　韩嘉谷：《〈水经注〉和天津地理》，《历史地理（第二十一辑）》，上海人民出版社，2006年。

[2]　中国科学院中国植物志编辑委员会：《中国植物志》第二十三卷第一分册，科学出版社，1998年，第220、221页；中国科学院植物研究所：《中国高等植物图鉴》第一册，科学出版社，1987年，第502页；李扬汉：《中国杂草志》，中国农业出版社，1998年，第157、158页。

[3]　中国社会科学院考古研究所内蒙古工作队：《内蒙古敖汉旗兴隆洼遗址发掘简报》，《考古》1985年第10期；内蒙古自治区文物考古研究所：《内蒙古林西县白音长汗新石器时代遗址发掘简报》，《考古》1993年第7期；河北省文物研究所：《河北省迁西县东寨遗址发掘简报》，《文物春秋》1992年增刊。

[4]　郁金城、郭京宁：《上宅遗址的发掘及上宅文化的若干问题》，《北京平谷与华夏文明国际学术研讨会论文集（2005）》，社会科学文献出版社，2006年；河北省文物研究所、唐山市文物管理处、迁西县文物管理所、河北省文物管理处、廊坊地区文化局：《河北三河县孟各庄遗址》，《考古》1983年第5期。孟各

庄遗址的一期陶器包含两个不同时期遗存，直口深腹罐（T12③：23）和兴隆洼文化筒形罐相似，Ⅱ式硬胎罐（F1②：27）、异形器（F1②：28）和北福地一期文化同类器物相似，年代应相当，同于青池一期；碗（T13③：9）、陶片纹饰同于青池二期器物。

[ 5 ] 拒马河考古队：《河北易县涞水古遗址试掘报告》，《考古学报》1988年第4期；河北省文物研究所、保定市文物管理处、易县文物保护所：《河北易县北福地新石器时代遗址发掘简报》，《文物》2006年第9期；段宏振：《北福地——易水流域史前遗址》，文物出版社，2007年；保定地区文物管理所、安新县文化局、河北大学历史系：《河北安新县梁庄、留村新石器时代遗址试掘简报》，《考古》1990年第6期。

[ 6 ] 河北省文物研究所、保定市文物管理处、容城县文物保管所：《河北容城上坡遗址发掘简报》，《考古》1999年第7期；廊坊市文物管理处：《廊坊北旺遗址发掘报告》，《文物春秋》2010年第1期；段宏振、张渭莲：《北福地与磁山》，《文物》2006年第9期；承德市文物局文物科、滦平县文物管理所：《河北滦平县石佛梁遗址调查》，《文物春秋》2004年第4期。

[ 7 ] 河北滦平县博物馆：《河北滦平县药王庙遗址调查》，《考古》1998年第2期。

[ 8 ] 北京市文物研究所、北京市平谷县文物管理所（北埝头考古队）：《北京平谷北埝头新石器时代遗址调查与发掘》，《文物》1989年第8期。

[ 9 ] 河北省文物研究所、唐山市文物管理处、迁西县文物管理所：《迁西西寨遗址1988年发掘报告》，《文物春秋》1992年增刊。

[10] 北京市文物研究所：《镇江营与塔照》，中国大百科全书出版社，1999年；梁宝玲：《蓟县弥勒院遗址发掘》，《天津市历史博物馆馆刊（第4期）》，天津古籍出版社，1994年。

[11] 北京市文物研究所（上宅考古队）：《北京平谷上宅新石器时代遗址发掘简报》，《文物》1989年第8期。

[12] 天津市文物管理处：《天津蓟县张家园遗址试掘简报》，《文物资料丛刊》1977年第1期；天津市历史博物馆考古部：《天津蓟县张家园遗址第二次发掘》，《考古》1984年第8期；《天津蓟县张家园遗址第三次发掘》，《考古》1993年第4期；天津市文物管理处考古队：《天津蓟县围坊遗址发掘报告》，《考古》1983年第10期；天津市文化局考古发掘队：《河北大厂回族自治县大坨头遗址试掘简报》，《考古》1966年第1期。

[13] 北京市文物工作队：《北京房山县考古调查简报》，《考古》1963年第3期；北京大学考古学系、北京市文物研究所：《1995年琉璃河周代居址发掘简报》，《文物》1996年第6期。

[14] 河北省文物研究所：《唐山市古冶商代遗址》，《考古》1984年第9期。

（原载于《考古学报》2014年第2期）

# 宝坻秦城遗址试掘报告

天津市历史博物馆考古部　宝坻县文化馆

秦城遗址位于天津宝坻县石桥乡辛务屯村南1华里，潮白新河从西北来，流经城南（图一、图二）。古城尚存东、北城墙和南城墙东段。西南城角已在潮白河河床内，地上部分在修筑河堤时被挖平，成为河滩地。西城墙在修县火葬场时被夷平。城内地面散布较多战国、汉代遗物，曾采集到燕国明刀币、秦印范、汉半两钱、铜矛、铜镞等，并在城墙坡上发现数座儿童瓮棺葬。

此城于县志称秦城。《读史方舆纪要》记"相传秦始皇并燕，筑城置戍"。唐人李益在诗中也提到秦城的名字，说明"秦城"之称由来已久。近年对秦城遗址的性质颇多争论[1]。为划定保护范围，1977年进行了钻探，参加人员有敖承龙、邸明、邢捷等，重点钻探四面城垣外50米的范围，发现尚存的北、东、南三面城垣中段都有缺口，缺口外有近似方形的夯土遗迹，与城垣相连。城内主要有战国时期和汉代以后的遗存，文化堆积较薄。1989年秋和1990年又对该城进行试掘，共开4米×4米探方45个，2米×4米或2米×24米探沟53个，加上扩方，共发掘面积约1200平方米，解剖了四面城墙断面、两个城门口，了解了城内文化堆积状况，并发现夯土台基2座、灰坑1个、不同时期的儿童瓮棺葬47座、土坑木椁墓8座。基本摸清了该城址的年代和性质。

图一　秦城遗址位置示意图

图二　秦城遗址

# 一、地层堆积和文化内涵

城内地面北高南低，平均高差1.6米。文化堆积主要分布在城内北半部略高的地方，南半部地表分布有少量陶片，基本无文化堆积层，故探方多开在北部。各探方由于所在位置的地势不同，堆积层次不完全相同。现以T79和T67、T59和T60、T66为例，举例说明城址的地层堆积。

T79、T67北壁剖面位于东门口里侧，堆积介绍如下（图三）。

第1层：耕土层。厚0.15～0.3米。W11开口于第1层下，打破第3层。

第2层：黑土层。黏性，呈密集的颗粒状，厚0.2～0.4米。内含战国夹砂红陶釜残片，汉代灰陶盆残片和绳纹砖等。属池沼相堆积。W43、W34开口于第2层下，打破第3层。

第3层：路土层。位于探方的北半部。宽1.5米，贯穿两个探方。从城门口向城内呈斜坡状。厚0.25～0.45米。土质坚硬。含有大量的碎瓦片，可辨器形有夹砂红陶釜、灰陶瓮、豆盘、绳纹筒板瓦等。并于T79出土一件山云纹瓦当。属战国时期。

第4层：黄花土层。软硬适中。含少量与第3层相同的碎瓦片，应为堆积土。属战国时期。

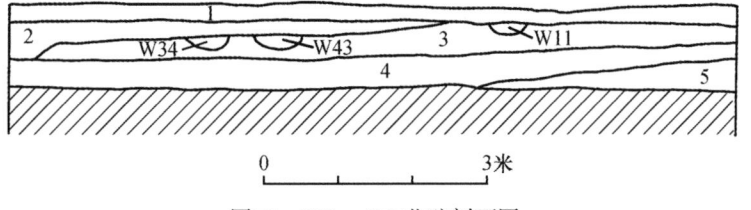

图三　T79、T67北壁剖面图
1.耕土层　2.黑土层　3.路土层　4.堆积土　5.城墙垫土层

第5层：城墙垫土层。只见于T67。厚0.1～0.4米。分上下两层。上层灰色土，土质细腻，有少量夯窝；下层黄花色土，土质坚硬，夯窝密集。属战国时期。

第5层以下为灰色生土。

T59、T60北壁剖面位于城北部偏西高地，堆积介绍如下（图四）。

第1层：耕土层。厚0.2米。西汉早期土坑墓M9在T59西北部第1层下开口，打破第3层。

第2层：黑土层。只见于T60东半部。黏性，呈密集的颗粒状。出土遗物同T79和T67的第2层黑土层，属池沼相堆积。

第3层：灰土层。松软。厚0.3～0.75米。内含大量绳纹筒、板瓦片，并有红陶釜、灰陶折腹盆、瓮、豆等残片及陶纺轮等。属战国时期。

第3层以下为黄灰色生土。

T66北壁剖面位于城内中心偏东，堆积介绍如下。

第1层：耕土层。厚0.2～0.3米。

第2层：路土层。坚硬。深褐色。厚0.1～0.15米。内含辽代白瓷片、泥质灰陶残片等。

第3层：黑土层。黏性，呈颗粒状。厚0.3米。内含红陶釜、灰陶盆、罐残片及绳纹砖等汉代遗物，属池沼相堆积。

第4层：灰土层。松软。是一不规则的灰坑堆积，遍布探方东北大半部。深0.8米。出土红陶釜、泥质灰陶盆、罐、瓮残片、陶纺轮、网坠、井圈、筒板瓦及兽骨等西汉遗物。

第4层以下为黄色生土。

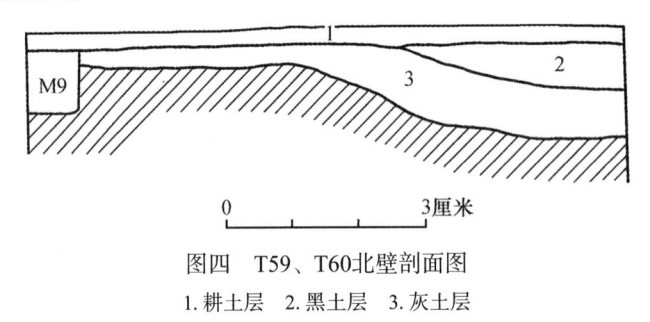

图四 T59、T60北壁剖面图
1.耕土层 2.黑土层 3.灰土层

此外，在城内东北部T2④出土战国早期的灰陶瓮、红陶釜等器物。

比较各探方的包含物，可归纳城址的整个地层堆积顺序如下：最早的是T2④，其次为T6T③和⑤、T79③、T59③、T60③，再次为T66④，再晚的是T66③、T79②、T67②、T60②，最晚的为T66②。

筑城以前有战国早期和商周遗存。战国早期遗存有T2④，商周遗存和汉代遗物共存，未见原生地层。古城及其使用时期的堆积包括城墙、建筑基址和相关堆积，如T88②和③、T82②、T87②、T59③、T63②、F1、F2、T67③和⑤、T79③等，年代为战国晚期至秦。城址之上有西汉文化遗存，如T66④，另有墓葬、瓮棺等。墓葬和瓮棺破坏了建筑基址和战国时期的道路，表明此时城址已经废弃。西汉以后该古城被水淹没，形成池沼相地层，如T59②、T66③、T79②等。叠压在池沼相地层上的还有辽代遗存，如T66②。兹就古城及其使用时期堆积，以及城废弃后的汉、辽遗存分别报告于后。

# 二、战国至秦文化遗存

## （一）遗迹

### 1. 城墙

平面呈不规则的四边形，北墙长910米，中间呈磬折状，东段长462、西段长448米；东墙长658米，保存最好，高5米余，顶部有土埂一道，高0.5、宽0.5米，亦经夯筑，近似女墙；南墙全长820米，残存东段335米，西段地面部分已不存；西墙全长474米，保存部分墙基。北墙东段和南墙平行，皆261°，东墙和西墙平行，皆4°。四面城墙皆夯筑，结构基本一致。城址总面积近50万平方米（图五）。四面城墙结构解剖如下。

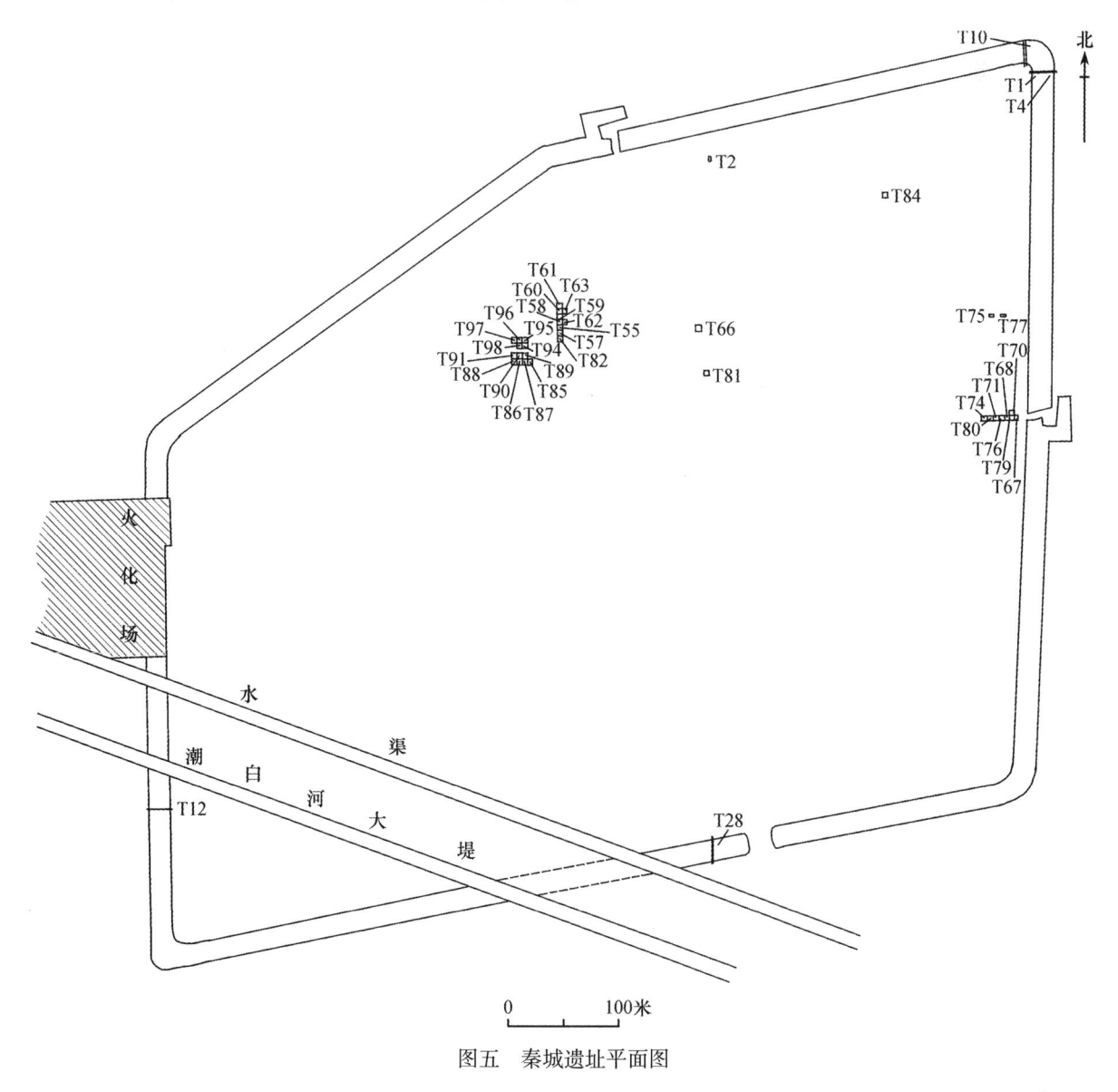

图五 秦城遗址平面图

南城墙　在南门口西，开一南北向探沟（T28），横切城墙断面。地层情况如下（图六）。

第1层：耕土和扰土层。土色黄灰。厚0.1~0.4米。

第2层：黄花土层。内夹黑灰、灰色土块。直接叠压在城墙坡上。厚0.2~1.2米。出土一件残夹蚌红陶釜和泥质陶器盖纽，属汉代遗物。

第3层：浅黄砂土层。只见于城墙内坡。厚0.5~1米。

第4层：夯土城墙。残高1.3、底宽20米。分两次夯筑而成，先夯筑的底宽15.5米，系用黑灰色黏土和黄土分层夯筑而成，夯层厚0.1~0.2米，圆形夯窝，直径1~1.2厘米，密集分布于每层夯层上，土质坚硬，夯层清晰。在这块夯土的外缘有一块黄色花夯土压在这块夯土上，基宽4.5米，夯层清晰坚实，每层厚15厘米左右，圆夯较小，直径6厘米，均匀分布，不如先夯筑的密集，夯土中未发现遗物。

第5层：垫土层。灰黑色土。厚5~15厘米。有稀疏的夯窝痕迹。主墙与外坡夯土墙在同一垫土层上筑起。

第5层以下为生土。

西城墙　在西墙南段，潮白河河滩地上开东西向探沟（T12）。地层情况介绍如下（图七）。

第1层：淤沙土层。由潮白河水淤积而成。厚0.65~2.25米。

第2层：灰黄土层。城内外皆有堆积。厚0~0.85米。出土泥质灰陶和红陶釜残片及1件石璜残块等汉代遗物。

第3层：黄褐土层。直接叠压在城墙内外坡的夯土层上。厚1.1~2.15米。出土红陶釜残片等汉代遗物。

第4层：夯土城墙。残高2.8、底宽19.3米。为一次夯筑而成，外坡陡直，至底时略有收分，内坡斜坡状，系用黑色黏性土并夹杂灰土与黄土分层夯筑而成，两种土层的厚度比例为3∶1或4∶1，夯层清晰坚硬，每层夯面上皆密布圆形夯窝，夯窝直径6~8厘米。夯土层中出土少量灰陶细绳纹残片，红陶釜片及炭渣、红烧土块等。在距地表2.7米的黑黏土中，出土明刀币残段，皆为战国遗物。

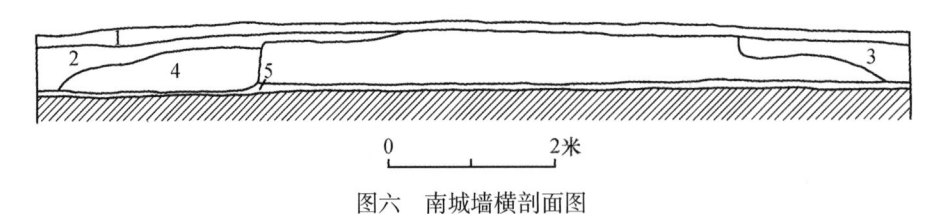

图六　南城墙横剖面图
1.耕土和扰土层　2.黄花土层　3.浅黄砂土层　4.夯土城墙　5.垫土层

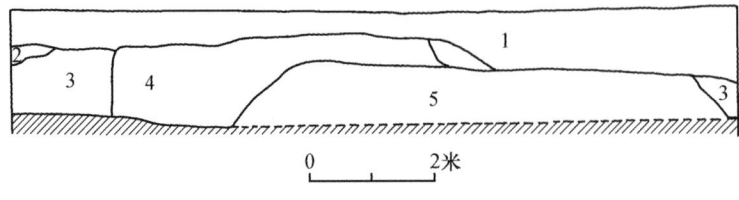

图七　西城墙横剖面图
1.淤沙土层　2.灰黄土层　3.黄褐土层　4.夯土城墙　5.夯土城墙未发掘部分

第4层以下为生土层。

东城墙　在现有的东城墙北端豁口处，即东北墙角拐弯处开一条探沟（T1和T4），横切城墙，发现城墙多次加宽的痕迹。地层情况介绍如下（图八、图九）。

第1层：表土和扰土层。厚5～30厘米。

第2层：灰土层。只见于城外坡。直接压在夯土城墙上。厚10～85厘米。土质松软，出土沟纹砖、白瓷片、龙泉窑瓷片、绳纹灰陶片等辽代至元代遗物。

第3层：黄土层。只见于城内坡，直接压在夯土城墙上。厚0.95～1.4米。土质松软，夹有红烧土碎块和炭渣，出土灰陶豆把和灰陶绳纹残片等汉代遗物。M1于这层下开口，打破第4层。

第4层：灰白土层。只见于城墙内坡。厚10～20厘米。土质较硬。M3开口于此层，打破第5层。

第5层：黄灰土层。只见于城墙内坡。厚15～95厘米。

第6层：夯土城墙。残高2.35、底宽12.8米。分四次夯筑而成，A层为主城墙，残高1.85米，呈梯形，上宽3.05、下宽4.2米，系用黄土和灰黄黏土分层夯筑而成，夯层厚30厘米，每层之间有密集的圆形夯窝，夯窝直径6厘米，平地起夯，无探槽。B层为在A层外坡加出宽1～1.1

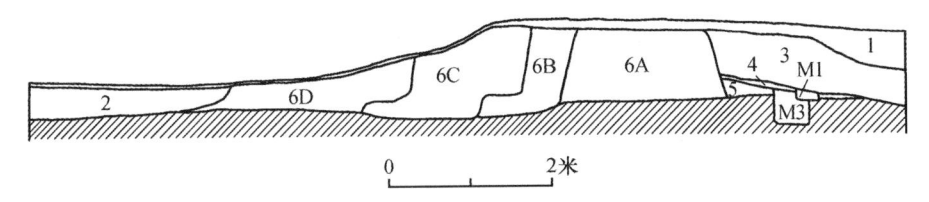

图八　T1、T4东城墙横剖面图
1.表土和扰土层　2.灰土层　3.黄土层　4.灰白土层　5.黄灰土层　6.夯土城墙

图九　东城墙剖面

米的夯土墙，外侧倾斜度同A层，残存高度1.85米。加筑的方法是先在外坡脚下低洼处垫土（T1⑨，灰黄色土，不夯），与主城墙底部平，然后再层层铺土、夯筑，夯土层薄厚不均，10~35厘米一层，但夯层十分坚实，并于夯层中发现铺垫植物茎（现存为酱紫色的一条条植物茎梗，似为荆条），与灰黄色黏土分层铺垫，夯筑方法和主城墙无明显区别，圆形夯窝，直径7~8厘米。C层是在B层外坡上又加筑的夯土墙，宽3、残高2.35米，用黑土和黄土分层夯筑。筑造方法是在B层外坡先铺一层厚15厘米的黄灰色土，粗夯，圆形大夯窝，直径15厘米，夯实后再铺垫一层厚40厘米的黄色土，以达到与A、B两层墙根同一平面，然后再铺土逐层夯筑，黑、黄色黏土交替，黑灰土层胶性较强，厚15~20厘米，黄黏土干硬、坚实，厚35~40厘米。圆形夯窝，直径7~8厘米，夯土中出土灰色绳纹陶片一块。D层又在C层外坡上加筑宽4.5米的夯土墙，残高1.1米，用黄土、黑黏土、黑灰土交替夯筑而成。夯筑方法也是先在C层外坡铺垫一层厚5~20厘米的黄灰土，与C层底部取平后，布土夯筑，夯层厚15~20厘米，圆形夯窝，直径12厘米，夯窝排列稀疏，间距6~12.5厘米。夯层中出土细绳纹灰陶片一块。

第6层以下为生黄土。

北城墙　在现有的北城墙东端豁口处，开一条探沟（T10），横切城墙。地层堆积情况介绍如下（图一〇）。

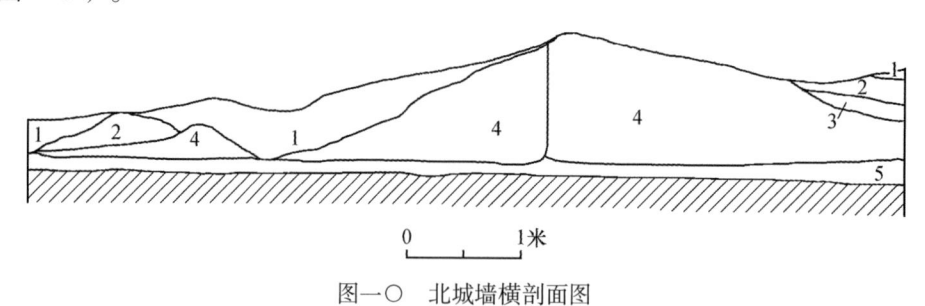

图一〇　北城墙横剖面图
1.表土层　2.黄花土层　3.灰白土层　4.夯土城墙　5.垫土层

第1层：表土层。厚0~80厘米。城墙内坡大部分直接覆盖在夯土城墙上。

第2层：黄花土层。见于城墙内外坡。厚0~60厘米。土质较硬。部分为城墙塌落堆积。出土泥质灰陶残片和两枚汉半两钱。

第3层：灰白土层。只见于城墙外坡，直接压在夯土城墙上。厚40厘米。土质较硬且含有沙，并有水纹线，无遗物。

第4层：夯土城墙。残高2.25、残长15.8米。北端被公路切断。城墙系用黄土和灰黄黏土分层夯筑而成，夯层厚30厘米，每层之间有密集的圆形夯窝，夯窝直径6~7厘米。分两次夯筑而成，夯层内出土绳纹陶片、鬲足等遗物。

第5层：垫土层。浅灰色土。厚10~25厘米。有稀疏的夯窝痕迹。

第5层以下为生黄土。

在保存较好的东城墙南段和东门口南侧墙分别测得现存夯土城墙横断面外轮廓图。东城墙南段夯土城墙现存底宽17、高5.1米，在城墙顶部有一条高0.5、宽0.5米的土埝，经夯筑（图一一），在东城墙南段和南城墙东段均保存较好，类似后世的女墙。

东门口南侧墙现存底宽22.1、残高5.25米，外坡陡直倾斜度73°，内坡较缓，倾斜度约15°。在城墙顶端靠近外墙的边缘亦有一宽0.9、残高0.2米且经夯筑的土埂（图一二）。东门口南侧墙、东城墙南段的土埂在东南城角上不见，辟为长9.6、宽6.7米的平台，可能原城角上亦有建筑。

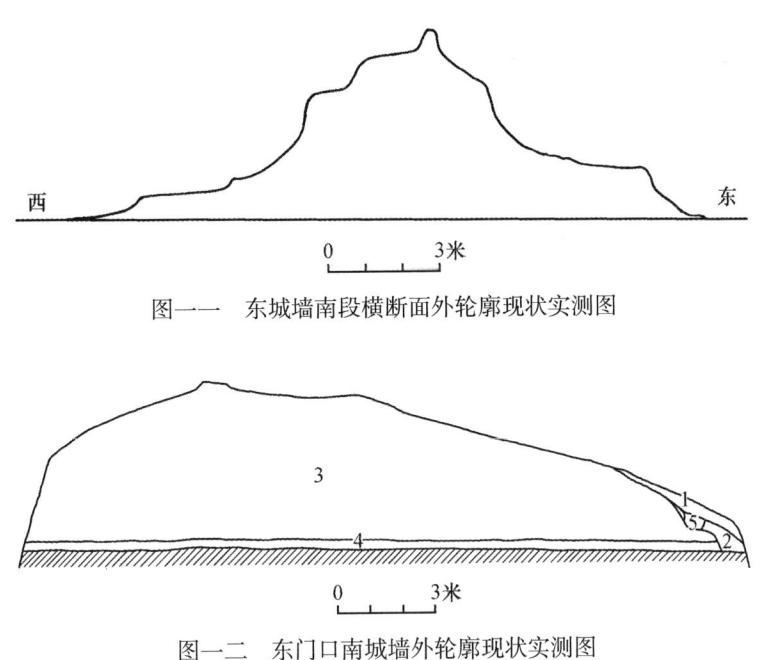

图一一 东城墙南段横断面外轮廓现状实测图

图一二 东门口南城墙外轮廓现状实测图
1.耕土层 2.堆积土 3.夯土层 4.垫土层 5.M56

## 2. 城门和瓮城

城垣四面开门，皆位于城墙中部。今成为豁口，试掘中清理东门、北门两处。

东门 现为一豁口，中间有一条宽3米左右的土路。经发掘得知，原城门口宽3米，门口路面下亦为夯土，口外建有瓮城（图五）。瓮城墙是从东门口南侧的东城墙接出，呈曲尺形。东西长26米，然后折向北42米，北端和主城墙之间为出口，宽7米。瓮城墙叠压在主城墙外侧，外坡倾斜度70°，夯层与夯窝略同主城墙，现残存墙基，宽12～14、残高3米。瓮城内部平面略呈正方形，东西长14、南北宽15米，地面亦经夯筑，夯窝较疏散（图一三）。瓮城内和门口两侧城墙坡上出土大量筒板瓦片和双龙纹半瓦当残块等，表明当时城门口墙上应有建筑。

北门 现无明显豁口，经探掘得知，门口宽3.4米，两侧夯土城墙残高4米，其上为辽以后的堆积土。夯土瓮城结构和东门略同。

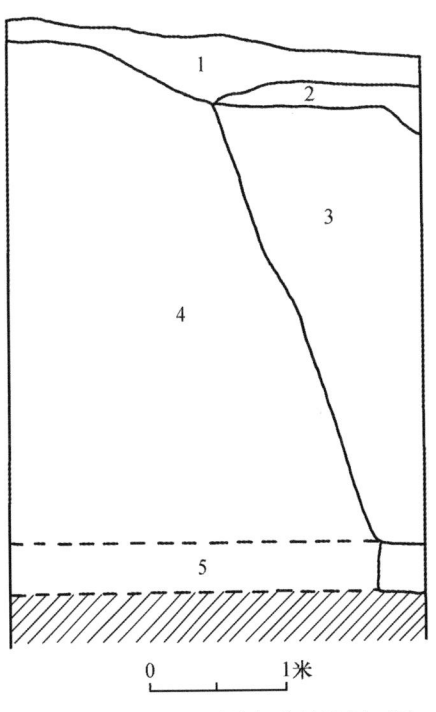

图一三 东门口主城墙与瓮城墙剖面图
1.表土层 2.战国文化层 3.瓮城墙 4.主城墙 5.垫土层

### 3. 夯土建筑基址

发现两处，皆在城内中部偏西北高地。

F1（T85~T91） 位于表土层下，长方形。东西长16.1、南北宽7米。黄花土，有夯窝，土质并不紧密。残高8~20厘米。其下为黑色垫土，含少许夯窝，土质较细密。厚15~70厘米。台基上有一层厚0.5~1米的灰土层，土质较密，内含大量筒板瓦片及少量陶器残片，陶器有豆、盆、罐等。瓦当有虎纹、双兽纹、山字纹三种，皆半瓦当，并出土铜印一枚。筒板瓦皆为灰陶细绳纹。基址内发现汉墓4座（M51~M54），皆于表土层下开口，打破台基。

F2（T93~T97） 位于F1正北9米处，表土层下即为建筑基址。残存东西长12、南北宽10.5米，呈不规则的长方形。夯土亦为黄花土，残存厚仅5~15厘米，破坏较甚，夯土下为生黄土。基址上的灰土层中出土与F1相同的筒板瓦和双兽纹半瓦当。

F1、F2两座建筑基址南北相邻，出土同时期的遗物，夯筑方法相同，应为同时期的一组建筑基址。打破建筑基址的墓，个别深仅存0.2~0.3米，可见原基址较高，大部已被削去。故未见其他与建筑有关的遗迹。

### 4. 灰坑

发现1个。编号H1，位于城中北部高地上。开口于T82③下，打破生土。筒形，口径约1米，四壁垂直，深0.7米，平底，填土松软，浅灰色，出土许多瓦片，其中有两件烧翘的完整板瓦。

## （二）遗物

### 1. 陶器

以泥质灰陶为主，次为夹云母红陶、夹砂灰陶。多轮制。绳纹发达，亦有一定数量的弦纹。器形有罐、盆、豆、釜、甑等，筒板瓦和瓦当出土数量较多。

罐 3件。分二式。

Ⅰ式：2件。圆唇，卷沿，短领，鼓腹。颈部有弦纹。F1：3，口径15.3厘米（图一四，10）。F1：10，口径25.5厘米（图一四，4）。

Ⅱ式：1件（T59②：5）。敞口，束颈，鼓腹。素面。口径24、残高8.5厘米（图一四，2）。

盆 5件。分折腹、深腹、浅腹三类。

折腹盆 1件（T59②：2）。敞口外侈，折腹，底残。沿面有两道弦纹，腹部饰弦纹，下腹部饰中粗绳纹。口径48、残高13厘米（图一五，4）。

深腹盆 2件。敞口外侈，唇部略呈三角形，唇内有一圈凸棱，深腹斜直或微鼓。口沿下有数道弦纹，腹部饰粗绳纹。T59②：3，口径39.5厘米（图一五，2）。T59②：4，口径40厘米（图一五，3）。

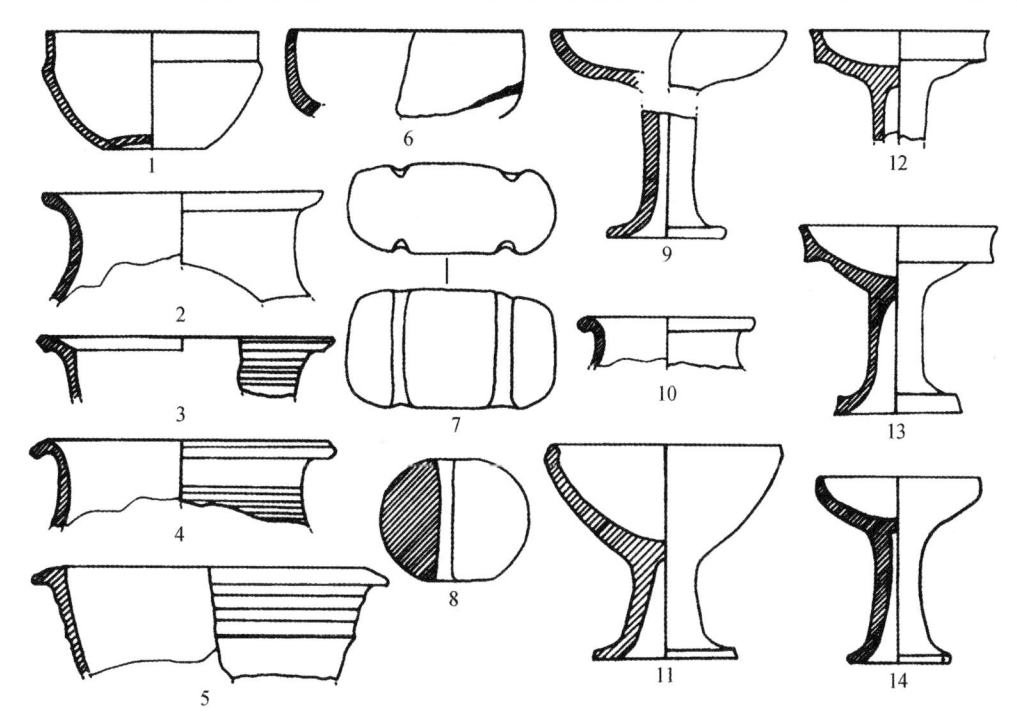

图一四 出土陶器

1.Ⅱ式钵（T54③：9） 2.Ⅱ式罐（T59②：5） 3.浅腹盆（T59②：6） 4、10.Ⅰ式罐（F1：10、F1：3） 5.簋（T54③B：1）
6.Ⅰ式钵（T23③：2） 7.Ⅰ式网坠（T2④：5） 8.Ⅱ式纺轮（T2④：6） 9、14.Ⅲ式豆（T59②：8、T70③：9）
11.Ⅱ式豆（T63②：10） 12、13.Ⅰ式豆（F1：8、T1③：1）

浅腹盆　2件。敞口外侈，唇内有一圈凸棱，斜直腹内收。有弦纹数道。T59②：6，口径50厘米（图一四，3）。F1：4，口径36、残高6.5厘米（图一五，11）。

豆　6件。分三式。

Ⅰ式：3件。浅盘，敞口，腹底部有一圈折棱，分界明显。底盘亦有明显的折棱。T1③：1，盘口径13.2、底径8.6、高12.5厘米（图一四，13）。F1：8，口径12厘米（图一四，12）。

Ⅱ式：1件（T63②：10）。口沿内卷，深腹盘，底盘呈喇叭形。口径16、盘深6.5、高14.2厘米（图一四，11）。

Ⅲ式：2件。浅盘，腹部呈曲线。高圆柱把，小圆形底座。T70③：9，口径11、高12.5、底径7.2厘米（图一四，14）。T59②：8，口径16厘米（图一四，9）。

釜　7件，夹云母红陶。分三式。

Ⅰ式：1件（T2④：1）。口沿外出呈弧线形上翘，尖唇，沿面有两圈凸弦纹。筒形腹微鼓，圜底。口沿下拍印横竖绳纹，腹和底部拍印横向绳纹。口径27、高29厘米（图一五，10）。

Ⅱ式：2件。皆出土于夯土层。尖唇，口沿外出呈弧线形上翘，斜直腹。通身饰细绳纹。T23③：1，口径36厘米（图一五，5）。T29⑤：1，口径36厘米（图一五，7）。

Ⅲ式：4件。口沿平出上折，尖唇，腹壁斜收。饰规整的细绳纹，印痕深。T59②：1，口径36厘米（图一五，1）。T59②：9，口径32厘米（图一五，8）。F1：11，口径35厘米（图

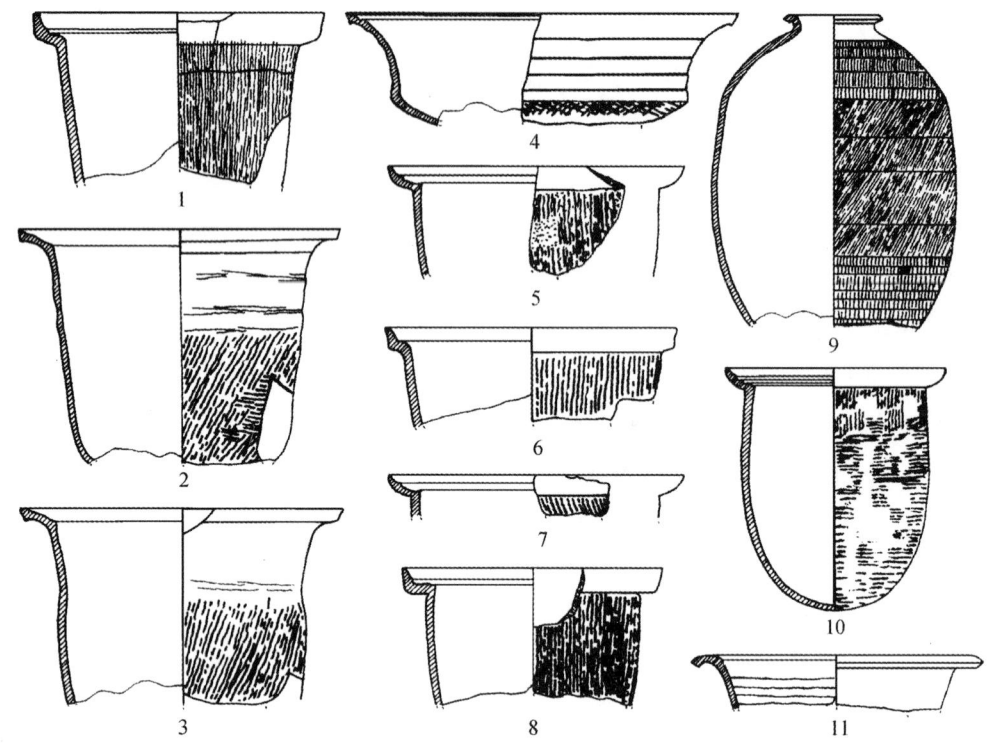

图一五　出土陶器

1、6、8.Ⅲ式釜（T59②：1、F1：11、T59②：9）　2、3.深腹盆（T59②：3、T59②：4）　4.折腹盆（T59②：2）
5、7.Ⅱ式釜（T23③：1、T29⑤：1）　9.瓮（T2④：2）　10.Ⅰ式釜（T2④：1）　11.浅腹盆（F1：4）

一五，6）。

**瓮**　1件（T2④：2）。夹砂灰陶。器表略泛黄色。小口外翻，束颈，深腹。器表饰断续绳纹和弦纹。口径24、残高74厘米（图一五，9）。

**簋**　2件。敞口，口沿外折，斜直腹。腹饰弦纹。T54③B：1，口径24厘米（图一四，5）。

**钵**　2件。分二式。

Ⅰ式：1件（T23③：2）。出土于夯土层中。方唇，直口微敛。素面磨光，内壁有明显的轮制痕迹。口径16、残高5.5厘米（图一四，6）。

Ⅱ式：1件（T54③：9）。方唇，直口，领下有一圈凸起，斜直腹，平底内凹。素面。口径13、底径7、高7.6厘米（图一四，1）。

**纺轮**　2件。分二式。

Ⅰ式：1件（T34④：1）。出土于夯土层中。夹云母红陶，利用废陶片磨制而成。椭圆形。中间穿孔，对钻。直径4.5厘米。

Ⅱ式：1件（T2④：6）。精心磨制成圆球状，中心穿孔，对钻。直径2.5厘米（图一四，8）。

**网坠**　3件。分二式。

Ⅰ式：1件（T2④：5）。略呈长方体，四角磨圆，两端有沟槽，制作精细。长7、宽4、高3厘米（图一四，7）。

Ⅱ式：2件。泥质红陶。略呈扁长方体。接近两端有沟槽，制作粗糙。长7.5～8.6、宽

2.5～3.2厘米。

瓦当　21件。较完整者7件。皆为半瓦当，分泥质灰陶和夹砂灰陶两类。有虎纹、双夔饕餮纹、重山纹、山云纹、卷云纹、柳编纹、双龙纹、双鹿纹、双兽纹等九种图案。

虎纹半瓦当　1件（F1∶13）。泥质灰陶。当面为一只虎，伏身回首，做张口吼状，身后有一串圆泡。瓦面饰细绳纹。当面宽16、高7.8、边框高1.3厘米（图一六，4）。

双夔饕餮纹半瓦当　3件，其中2件完好。当面饰双夔，自正中头向下垂，双首相背，口张开。夔身盘于瓦当两侧，以卷云纹组成类似饕餮状的额和口。T59②∶7，当面宽16.5、高8.8厘米（图一六，1）。T59②∶8，当面宽15、高8.8厘米（图一六，3；图一七，1）。与燕下都出土双夔饕餮纹半瓦当相同。T61④∶1为残块。

重山纹半瓦当　4件。皆泥质灰陶。F1∶18，当面以五道凸线组成重山形式（图一六，6）。

山云纹半瓦当　2件。泥质灰陶。当面以几何形两道凸线组成重山形式，山峰两边饰小卷云纹。T55③∶1，宽12、高7.5、边框宽2厘米（图一七，2；图一九，4）。

卷云纹半瓦当　2件。泥质灰陶。当面正中以一道横线连接两侧两朵卷云纹，底角填两朵小卷云纹，底边一排锯齿纹。瓦面饰细绳纹。T58②∶1，当面宽16、高8厘米（图一六，2；图一七，3）。

柳编纹半瓦当　1件（T62②∶1）。无边框，当面压印柳编纹，瓦面饰细绳纹。直径16、高8厘米（图一八，1；图一九，1）。

双龙纹半瓦当　3件。皆泥质灰陶。窄边。T61④∶3，龙做飞舞状，首尾摆动，前爪昂

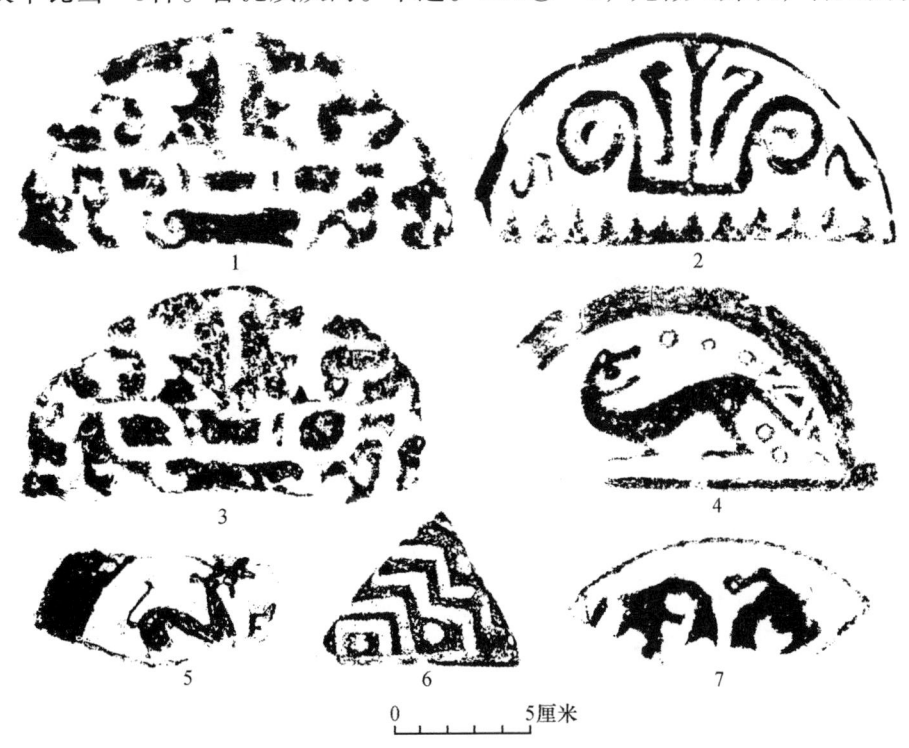

图一六　出土瓦当拓本
1、3.双夔饕餮纹半瓦当（T59②∶7、T59②∶8）　2.卷云纹半瓦当（T58②∶1）　4.虎纹半瓦当（F1∶13）
5.双兽纹半瓦当（F1∶9）　6.重山纹半瓦当（F1∶18）　7.双龙纹半瓦当（T61④∶3）

起，后爪伏地，姿态生动（图一六，7）。F2∶1，龙低首伏爪，取卧状。当面宽15.5、高8.3厘米（图一八，2；图一九，2）。

双鹿纹半瓦当　1件（F1∶1）。泥质灰陶。窄边。当面正中一棵树，树两旁各有一奔鹿，头顶各有一椭圆形凸饰。宽14厘米（图一九，3）。

双兽纹半瓦当　4件。皆残块。泥质灰陶。T59②∶10，窄边。F1∶9，宽边，图案仅存一翘尾奔跑的神兽（图一六，5）。

板瓦　出土数量最多，多为残片，复原6件。以泥质灰陶为主，次为泥质黄陶，少数夹砂灰陶和红陶。瓦面以竖向细绳纹、断续绳纹、斜向细绳纹为主，瓦的两端也有的饰数道弦纹，背多素面，亦有少数菱形纹、方格纹。分二式。

Ⅰ式：完整的4件。皆为长方形。长43～45、宽34～37厘米，背面饰斜绳纹或断续绳纹，两端有数道弦纹。H1∶1、H1∶2、T39②∶1，皆被烧翘，形状不规整（图二〇，1～3；图二一，1）。

Ⅱ式：复原2件。近方形，尺寸略小于Ⅰ式。T57③∶1，首尾两端略有翘起，背面满饰密集细绳纹。长40、宽33.5厘米（图二〇，5）。T55②B∶1，泥质黄陶。两端饰数道弦纹，中间可见稀疏的粗绳纹，背面饰菱形纹。长33.5、宽33厘米（图二〇，4；图二一，2）。T59②∶12，长28厘米（图二二，6）。

筒瓦　出土数量多。以泥质灰陶为主，亦有少量泥质黄陶。绳纹为主，亦有弦纹，背面多素面，有少量饰不规则的方格纹或菱形纹。分四式。

Ⅰ式：6件。其中4件（F1∶2、F1∶14、T59②∶13、T59②∶14）为常见形式。前端饰数道弦纹，略起翘，后端作子口，口呈折角状，明显起棱。通身饰绳纹或断续绳纹。通长

图一七　出土瓦当

1. 双夔饕餮纹半瓦当（T59②∶8）　2. 山云纹半瓦当（T55③∶1）　3. 卷云纹半瓦当（T58②∶1）

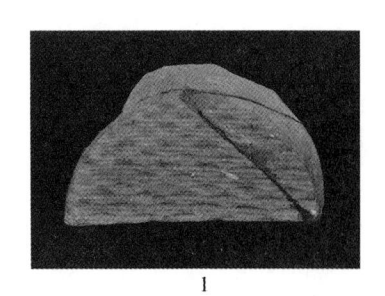

图一八　出土瓦当

1. 柳编纹半瓦当（T62②∶1）　2. 双龙纹半瓦当（F2∶1）

图一九 出土瓦当拓本

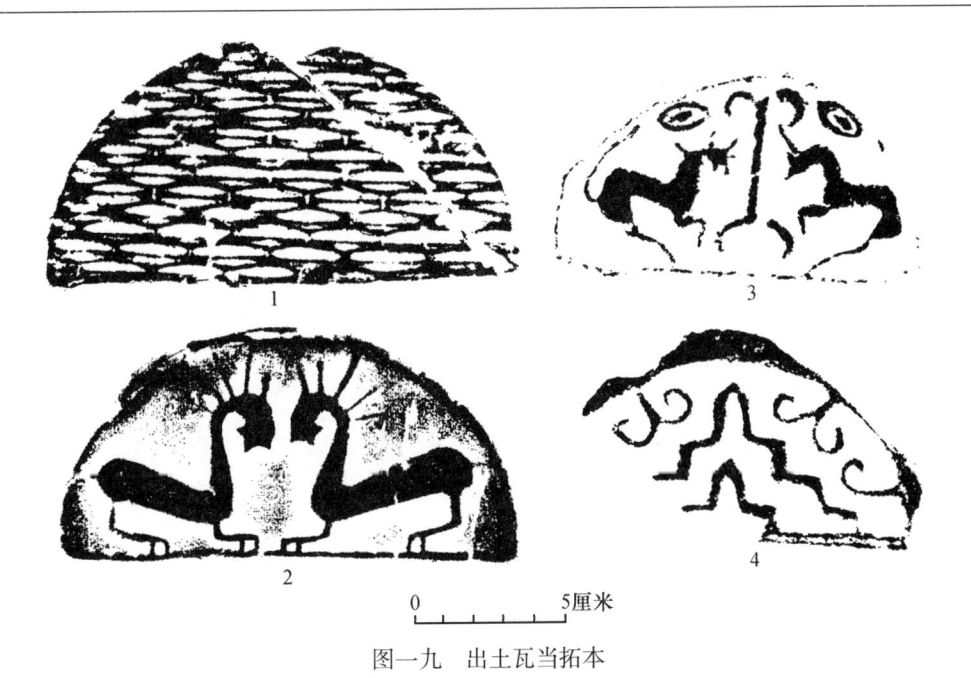

1. 柳编纹半瓦当（T62②:1） 2. 双龙纹半瓦当（F2:1） 3. 双鹿纹半瓦当（F1:1） 4. 山云纹半瓦当（T55③:1）

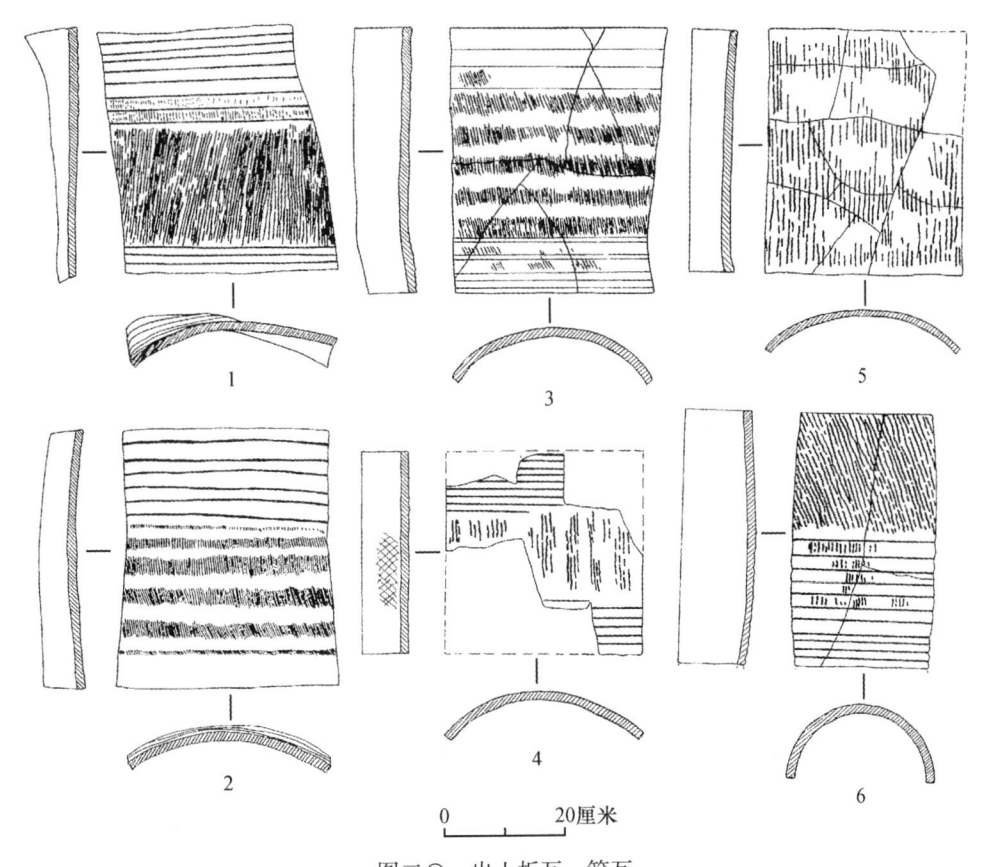

图二〇 出土板瓦、筒瓦

1~3. Ⅰ式板瓦（H1:1、T39②:1、H1:2） 4、5. Ⅱ式板瓦（T55②B:1、T57③:1） 6. Ⅲ式筒瓦（F1:15）

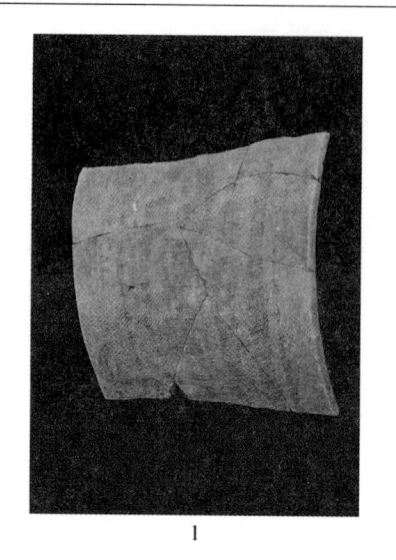

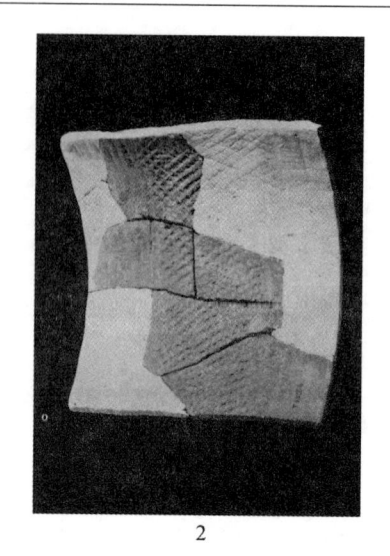

图二一 出土板瓦
1. Ⅰ式（H1:2） 2. Ⅱ式（T55②B:1）

40～41、宽15～16、高8、子口长3厘米（图二二，1～4；图二三）。T88F1:14，前端有虎纹半瓦当。T79④:1，与其形制相同，唯子口顶端呈斜坡状（图二二，5）。

Ⅱ式：1件（F1:6）。残。瓦身饰中粗绳纹，前端饰十道凹凸明显的弦纹。后端作子口，有钉孔。孔径2厘米（图二二，7）。

Ⅲ式：1件（F1:15）。泥质黄陶。残。形状短粗。背饰绳纹。宽18、高10厘米（图二〇，6）。

Ⅳ式：1件（F1:16）。仅见子口一段，瓦形略大。子口长4、宽20、高9.5厘米（图二二，8）。

## 2. 石器

石斧　1件（采:01）。黑灰色岩石制成。横断面椭圆形。双面刃，首端一侧有砍砸痕迹。高18、刃宽7厘米。

刮削器　1件（T8⑤:1）。城墙夯土层中出土。燧石制成，暗灰色半透明体。两面皆有拨痕，打击点明显，有弧心波。长6.8厘米。

燧石片　1件（T10⑦:1）。城墙夯土层中出土。呈不规则状。打击点明显，有弧心波，边缘单面有修整痕迹。长3.9、宽3.3厘米。

印母范　1件（采:02）。石质双面印。扁方形。边长2、高1.5厘米。双面印，印文阴文反书，有田字格，一面刻"泉州丞印"，一面刻"范阳丞印"（图二四，3、4）。具有秦印特征[2]。

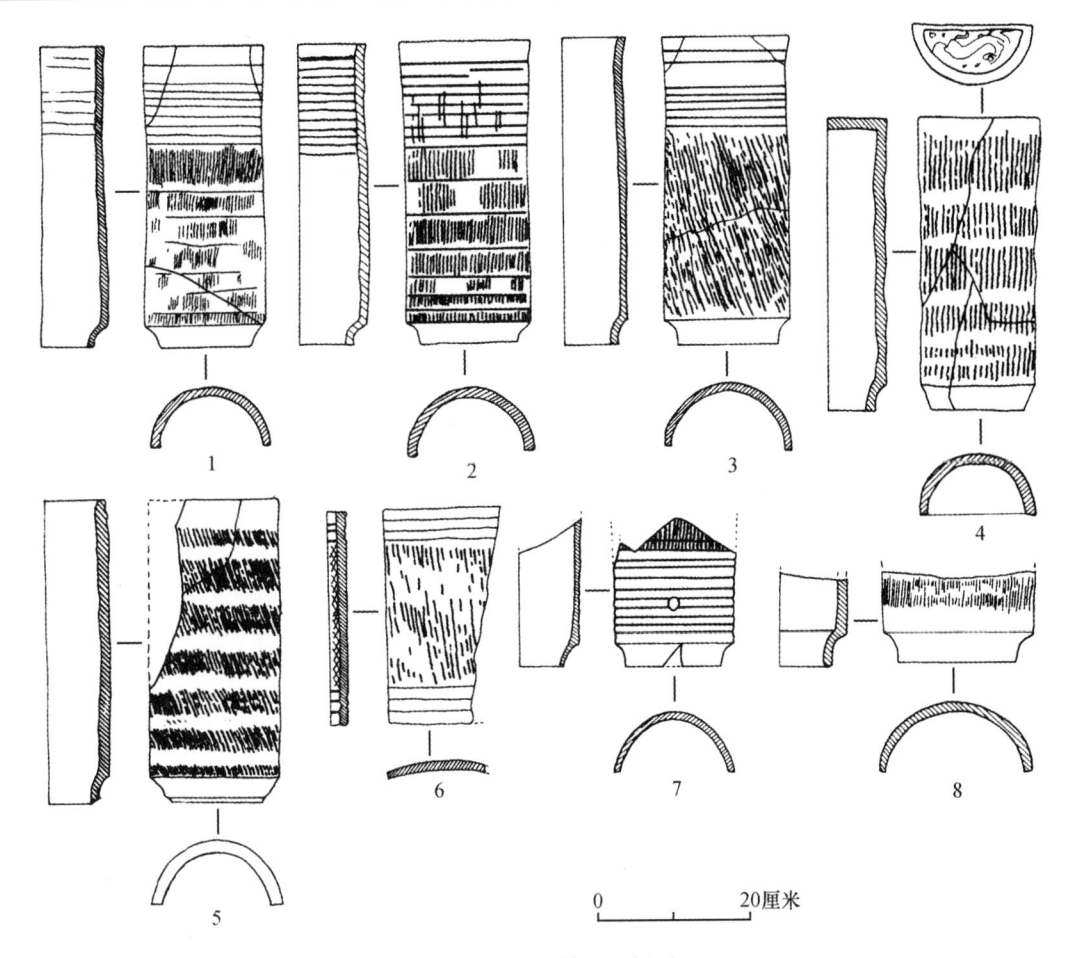

图二二　出土筒瓦、板瓦

1~5. Ⅰ式筒瓦（T59②∶13、F1∶2、T59②∶14、F1∶14、T79④∶1）　6. Ⅱ式板瓦（T59②∶12）　7. Ⅱ式筒瓦（F1∶6）
8. Ⅳ式筒瓦（F1∶16）

## 3. 其他

铜印章　2枚。

"长启"印　1件（F1∶7）。方形。鼻纽。边长1.2、高0.8、纽高0.4、孔径0.2厘米。阳文篆书"长启"两字（图二四，2）。

"善"印　1件（采∶03）。方形。塔形纽。高2.4、边长1厘米。阳文篆书（图二四，1）。

刀币　13枚。其中2枚（T29④∶1、T34④∶2）出土于东门口路土层，余为采集品，皆为燕明刀，形制同，直背，刀身有明显的磬折，"明"字做眼睛状。刀柄中间两纵纹及刀柄内轮廓线均伸入刀身。长13.7厘米（图二五）。

图二三　出土Ⅰ式筒瓦（T59②∶13）

图二四　出土遗物
1. "善"印及钤本（采∶03）　2. "长启"印钤本（F1∶7）
3、4. 印母范（采∶02）

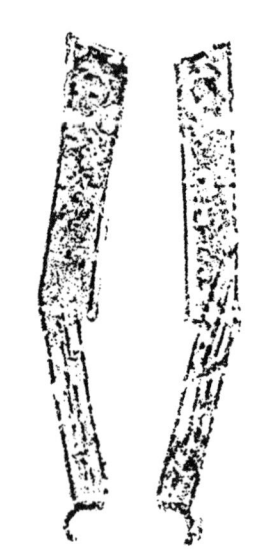

图二五　出土刀币拓本（T34④∶2）

## （三）瓮棺墓

共清理3座，编号W5、W6、W56，分别位于东北城角和东门口南墙的城墙内坡上，并打破夯土城墙。葬具有红陶釜、灰陶瓮，形制和城址地层内出土的相同。

W5　位于东北城角城墙内坡，T8④西汉层下开口，打破夯土城墙。墓口距地表深0.25米，墓坑椭圆形。长1.03、宽0.53米。葬具用两个红陶釜套合，方向2°，瓮馆内残存头骨、肢骨和上颌骨。上颌骨上有门牙两颗。随葬陶纺轮1枚（图二六，1）。

W6　位于东北城角城墙内坡，T8④西汉层下开口。打破夯土城墙。墓口距地表深0.55米，椭圆形墓坑。长1.6、宽0.82米。葬具由两个灰陶大瓮相对套合组成。方向328°。釜内残存头骨、肢骨等，年龄2～3岁（图二六，3）。

W56　位于东门口南侧城墙内坡上，耕土层下开口，打破夯土城墙。墓口距地表深0.35米，椭圆形墓坑。长1.32、宽0.75米。葬具由一灰陶大瓮和两个红陶釜相接套合。方向正北。瓮棺内幼儿骨骼一具，3～4岁，无随葬品（图二六，2）。

葬具　有瓮、釜两种。

瓮　3件。分二式。

Ⅰ式∶2件。皆泥质灰陶。短领微侈，直腹，圜底。通身饰密集弦纹和断续细绳纹。W6∶1，口径31、高73厘米（图二七，7）。W6∶2，器口被打掉，器身为椭圆形。腹径42、残高47厘米（图二七，5）。

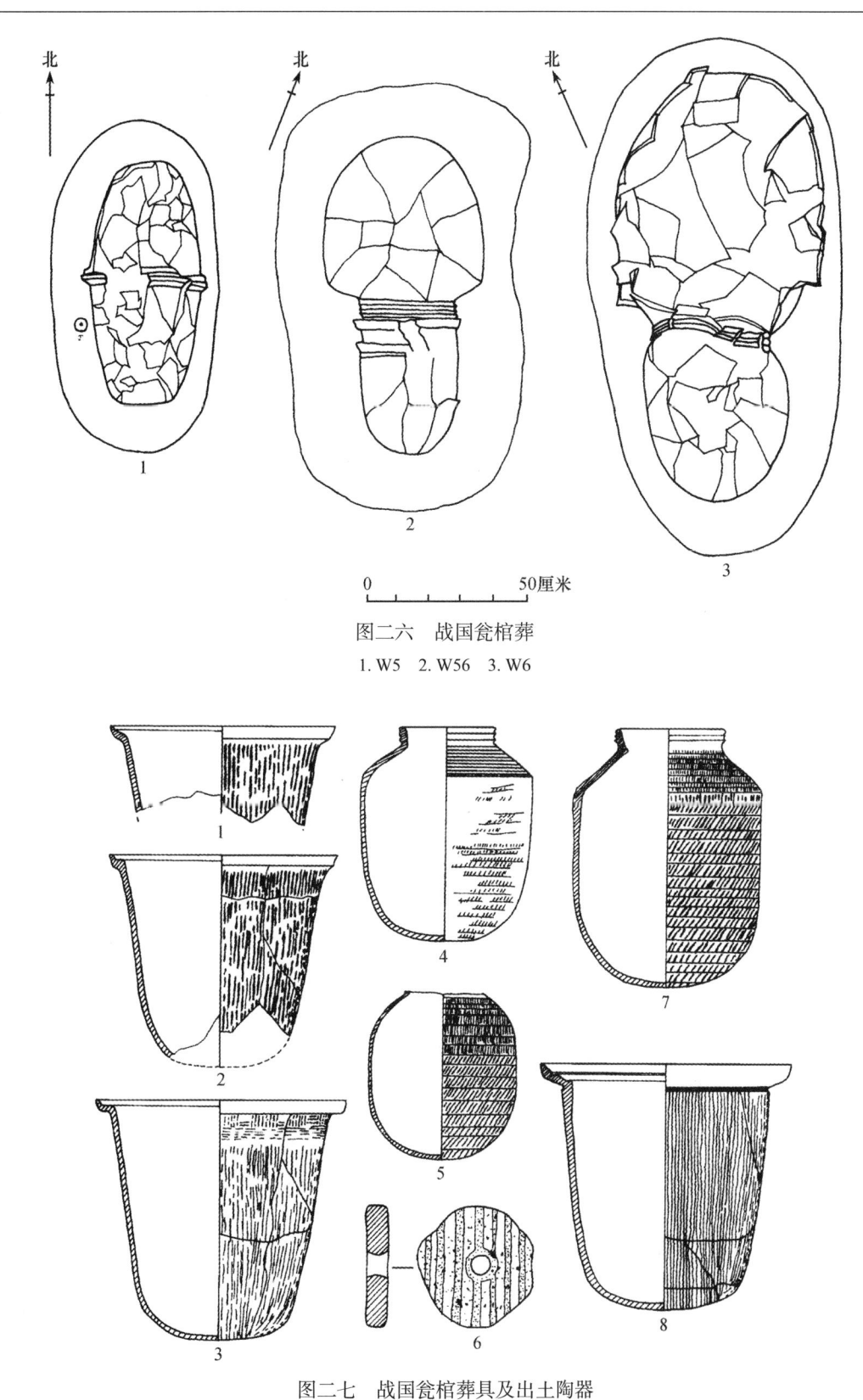

图二六 战国瓮棺葬
1. W5  2. W56  3. W6

图二七 战国瓮棺葬具及出土陶器
1、2.Ⅱ式釜（W56：2、W56：3） 3、8.Ⅰ式釜（W5：2、W5：1） 4.Ⅱ式瓮（W56：1） 5、7.Ⅰ式瓮（W6：2、W6：1）
6.纺轮（W5：3）

Ⅱ式：1件（W56：1）。泥质灰陶。短直领，斜折肩，深直腹，圜底。领有二道凸弦纹，肩部饰弦纹数道，肩以下饰断续绳纹。口径27、高61厘米（图二七，4）。

釜　4件。皆夹云母红陶。分二式。

Ⅰ式：2件。敞口，口沿平出上折，尖圆唇，深直腹，圜底。沿面有二道弦纹，腹饰密集的细绳纹，印痕深。W5：1，口径36.5、高35厘米（图二七，8）。W5：2，口沿下饰一排不规则的横竖向绳纹。口径36、高34厘米（图二七，3）。

Ⅱ式：2件。敞口，口沿立折，尖唇，筒形深腹，圜底。通身饰密集的中粗绳纹，印痕浅，局部抹光。W56：3，口径33、高30厘米（图二七，2）。W56：2，口径32.5厘米（图二七，1）。

纺轮　1件（W5：3）。夹云母红陶。陶片磨制。椭圆形，中心对钻一孔。直径3.3、孔径0.6厘米（图二七，6）。

# 三、汉代文化遗存

## （一）遗物

以T66④为代表。陶器以泥质灰陶为主，次为夹砂灰陶、夹云母红陶。多绳纹，亦有一定数量的素面和弦纹。主要器形有罐、盆、碗、釜、瓮、壶、甑等。另见铁工具。

陶罐　2件。分二式。

Ⅰ式：1件（T66④：17）。方唇外折。小短领，斜肩。颈部有轮制痕迹，器表磨光。口径22、领高3、残高5.8厘米（图二八，1）。

Ⅱ式：1件（T66④：15）。圆唇，侈口，鼓腹。素面，里外壁均有轮制痕迹。口径12、残高8.5厘米（图二八，13）。

陶盆　2件。分二式。

Ⅰ式：1件（T66④：26）。唇部有一凹槽，口沿外翻，腹壁较薄，仅0.5厘米。壁上有轮制痕迹。口径42、残高8.4厘米（图二八，4）。

Ⅱ式：1件（T66④：28）。方唇敞口，唇面有一道凹槽，斜直腹。器表有断续绳纹和轮制痕迹。口径44、残高7.6厘米（图二八，8）。

陶碗　1件（T66④：13）。方唇敞口，小平底。器壁内有轮制痕迹。口径14.6、底径5、高5.6厘米（图二八，12）。

陶壶　1件（T66④：27）。口沿外侈，唇部断面为三角形，颈部较直。口径14、残高4.7厘米（图二八，11）。

陶瓮　3件。分三式。

Ⅰ式：1件（T66④：16）。器表灰黄色。圆唇直领，斜肩。领下有一道凸弦纹，饰粗直线纹。口径24、残高9.1厘米（图二八，2）。

Ⅱ式：1件（T66④：20）。夹砂灰陶。圆唇外折，立领，斜肩。领面有二道凸弦纹。口径64、领高7厘米（图二八，3）。

Ⅲ式：1件（T66④：19）。内叠唇，高直领。领下凸起一道弦纹。口径40厘米（图二八，9）。

陶釜　3件。夹云母红陶。分二式。

Ⅰ式：2件。敞口斜平出，小短沿，腹壁较直。口沿下有数道凸弦纹，腹饰中粗绳纹。T66④：22，口径30厘米（图二八，6）。

Ⅱ式：1件（T66④：23）。敞口斜平出，小短沿，短颈有肩。素面。口径32厘米（图二八，7）。

陶甑底　1件（T66④：31）。残。可见长形孔数个。近底部有绳纹。

陶豆　2件。仅见腰部。分二式。

Ⅰ式：1件（T66④：30）。细高，中间有孔。残高8.2、腰径4.2厘米（图二八，15）。

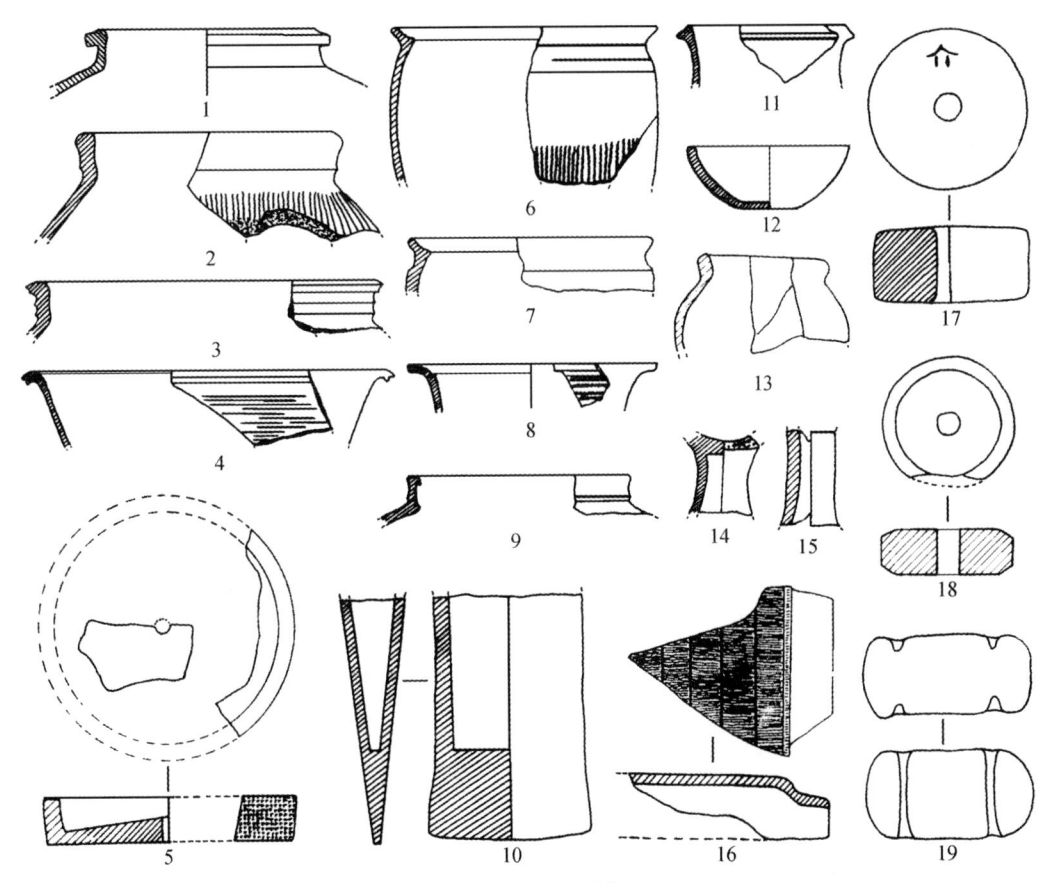

图二八　出土器物

1. Ⅰ式陶罐（T66④：17）　2. Ⅰ式陶瓮（T66④：16）　3. Ⅱ式陶瓮（T66④：20）　4. Ⅰ式陶盆（T66④：26）　5. 陶磨（T66④：24）　6. Ⅰ式陶釜（T66④：22）　7. Ⅱ式陶釜（T66④：23）　8. Ⅱ式陶盆（T66④：28）　9. Ⅲ式陶瓮（T66④：19）　10. 铁镢（T66④：12）　11. 陶壶（T66④：27）　12. 陶碗（T66④：13）　13. Ⅱ式陶罐（T66④：15）　14. Ⅱ式陶豆（T66④：29）　15. Ⅰ式陶豆（T66④：30）　16. 筒瓦（T66④：25）　17. Ⅰ式陶纺轮（T66④：1）　18. Ⅱ式陶纺轮（T66④：14）　19. 陶网坠（T66④：6）

Ⅱ式：1件（T66④∶29）。短粗，中间有孔，豆盘内底凹。残高6.5、腰径4.6厘米（图二八，14）。

陶磨　1件（T66④∶24）。夹砂灰陶。圆盘状，四周起墙，中心有一穿孔。直径46、墙高8、孔径2.4厘米（图二八，5）。

陶纺轮　6件。分二式。

Ⅰ式：5件。扁圆形。其中T66④∶4、T66④∶5两件是利用夹云母红陶片略加磨制而成，中心对钻孔。直径3.5、孔径1厘米。T66④∶1，精心制作而成。泥质灰陶。形状略大。直径7、孔径1.2厘米。一面刻"六"字（图二八，17）。

Ⅱ式：1件（T66④∶14）。泥质灰陶。扁圆形，周边抹角，中心钻孔。直径5.8、高2.1、孔径1.1厘米（图二八，18）。

陶网坠　6件。T66④∶6，泥质红陶或灰陶制成。长方体，接近两端有沟槽。长7.6、宽4厘米（图二八，19）。

筒瓦　1件（T66④∶25）。长瓦头。背饰断续绳纹和弦纹（图二八，16）。

铁镢　3件。长方形，两面刃，顶部作长方形銎，通身长满铁锈。T66④∶12，宽7.6、残高10.7厘米（图二八，10）。

## （二）土坑墓

共发掘8座，分别位于城墙内坡和城内高地、F1建筑基址上。

### 1. 位于城墙内坡墓葬

3座。编号M1、M3、M7。皆位于夯土城墙内坡，打破城墙堆积土。M1在T1③下开口，打破T1④；M3在T1④下开口，打破T1⑤。故M3早于M1。M7在T15④下开口，从墓葬形制看应为同一时期（图二九，1）。

### 2. 位于城内高地和F1建筑基址上的墓葬

5座。编号M51、M52、M53、M54、M9。单人葬4座，表土层下开口，打破F1夯土台基。方向350°~10°。墓葬平面为长方形。棺最大2.8米×0.9米、最小2.2米×0.85米。头部上方设有头箱或生土二层台，以放置随葬器物。以M54头箱保存较好，长方形，长1.3、宽0.85米（图二九，2）。皆为仰身直肢。头向北。M53、M54为二次葬。器物组合为壶盒、罐盆和瓮壶盒三种。双人葬仅M9一座墓，位于城北高地上，表土层下开口，打破T58②战国文化层，平面为长方形，两椁两棺，东西并列放置，方向正北，头箱内放置随葬器物，仅见陶罐，肢骨保存完好（图二九，3）。

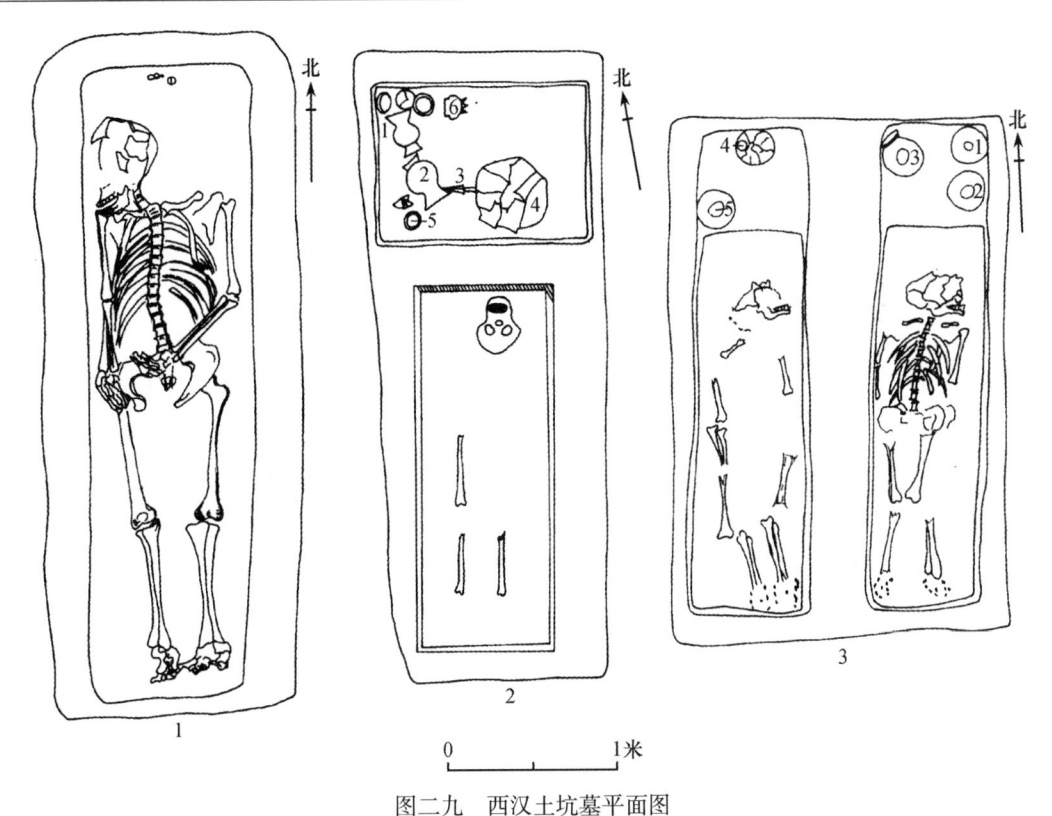

图二九　西汉土坑墓平面图
1. M3　2. M54（1、2. 陶壶　3. 铜矛　4. 陶瓮　5、6. 三足陶盒）　3. M9（1~5. 陶罐）

## 3. 随葬器物

8座墓葬中6座有随葬品。以陶器为主，亦有铜矛、铁带钩等。陶器皆轮制。泥质灰陶，极少夹砂灰陶。器形有罐、壶、盒、瓮、盆等，基本组合有壶盒、罐盆、瓮壶盒以及仅见罐四种。多为素面，局部有绳纹、弦纹，个别器物上饰红黑彩绘。

陶罐　6件。分二式。

Ⅰ式：4件。唇外折，高直领，鼓腹，平底内凹。肩腹部饰弦纹数道，下部拍打绳纹。M9∶4，唇部外折，伸出略长，高领，圆鼓腹。口径16、高24.8厘米（图三一，6）。M9∶1，唇部宽厚，外折出短小，略出肩，器形偏瘦。口径12.8、高24.8厘米（图三一，5）。

Ⅱ式：2件。圆唇，大口外折，圆鼓腹，平底或微凹。腹部以上饰弦纹。M52∶1，弦纹稀疏，下腹部和底部拍打断续绳纹。口径20.5、底径15.5、高22.5厘米（图三一，1）。M9∶3，弦纹密集，近底部和器底饰中粗绳纹。口径16.5、底径12、高23.5厘米（图三一，2）。

陶壶　6件。分三式。

Ⅰ式：2件。口微外侈，粗短颈，圆鼓腹，圈足下端外撇，钵形盖。M53∶2，口径14、高30厘米（图三一，11）。

Ⅱ式：2件。口微外侈，粗短颈，鼓腹，圈足，钵形盖。M54∶2，口径13.6、高33厘米（图三一，12；图三六，2）。

Ⅲ式：2件。口外侈，呈喇叭形，长颈，鼓腹微扁，小圈足，钵形盖。腹部有三道弦纹。M51：1，口颈14.8、高29、最大腹径20厘米（图三一，7）。

三足陶盒　6件。分三式。

Ⅰ式：2件。子母口，腹壁较直，圜底凹凸不平，三足均呈不规则的六面体，盘形盖。素面。M53：4，口径16、高13厘米（图三一，15）。

Ⅱ式：2件。子母口，腹作盆形，平底，用手捏出三足，呈不规则的五六边形，盘形盖。M54：6，口径15.6、高11.7厘米（图三一，16；图三〇，1）。

Ⅲ式：2件。子母口，腹作半圆形，圜底，足作不规则的五六边形，半圆形盖。素面。M51：3，口径14.4、高13.5厘米（图三一，13）。

陶瓮　2件。分二式。

Ⅰ式：1件（M53：1）。外折唇，短颈，圆鼓腹，平底。肩部有弦纹，下腹部饰绳纹。口径16.5、底径14.5、高29厘米（图三一，3）。

Ⅱ式：1件（M54：4）。夹砂灰陶。直口短领，圆鼓腹，小平底微凹。素面，器表可见粗砂粒。口径20.5、底径10、高36、最大腹径40.5厘米（图三一，4；图三〇，2）。

陶盆　1件（M52：2）。口外翻，深腹，平底。口沿下有数道弦纹，近底部拍印绳纹。口径47、底径17、高26厘米（图三一，17）。

铁刀　2件。皆环首直柄，刀身平直，单面刃。M51：5，长25.5厘米（图三一，8）。M52：3，残长29厘米（图三一，9）。

铜矛　1件（M54：3）。矛身两侧刃部锋利，中脊明显，脊旁有血槽，甬为圆形，直筒状，有一纽。通长17.5厘米（图三一，14）。

铜镞　2件。出土于M53填土中。皆三棱式、铁铤。M53填：1，有翼（图三一，10）。

图三〇　出土陶器
1. Ⅱ式三足陶盒（M54：6）　2. Ⅱ式陶瓮（M54：4）

## （三）瓮棺葬

共43座。其中W10打破W35，W38打破W37（图三二）。仅1座（W2）葬于城东北角城墙内坡，耕土层下开口，打破T1④西汉地层。墓坑椭圆形。长1.16、宽0.82米。葬具为一灰陶釜和灰陶盆套合。方向6°。棺内葬婴儿残骨架一具，头向北，无随葬品（图三四，4）。余42座

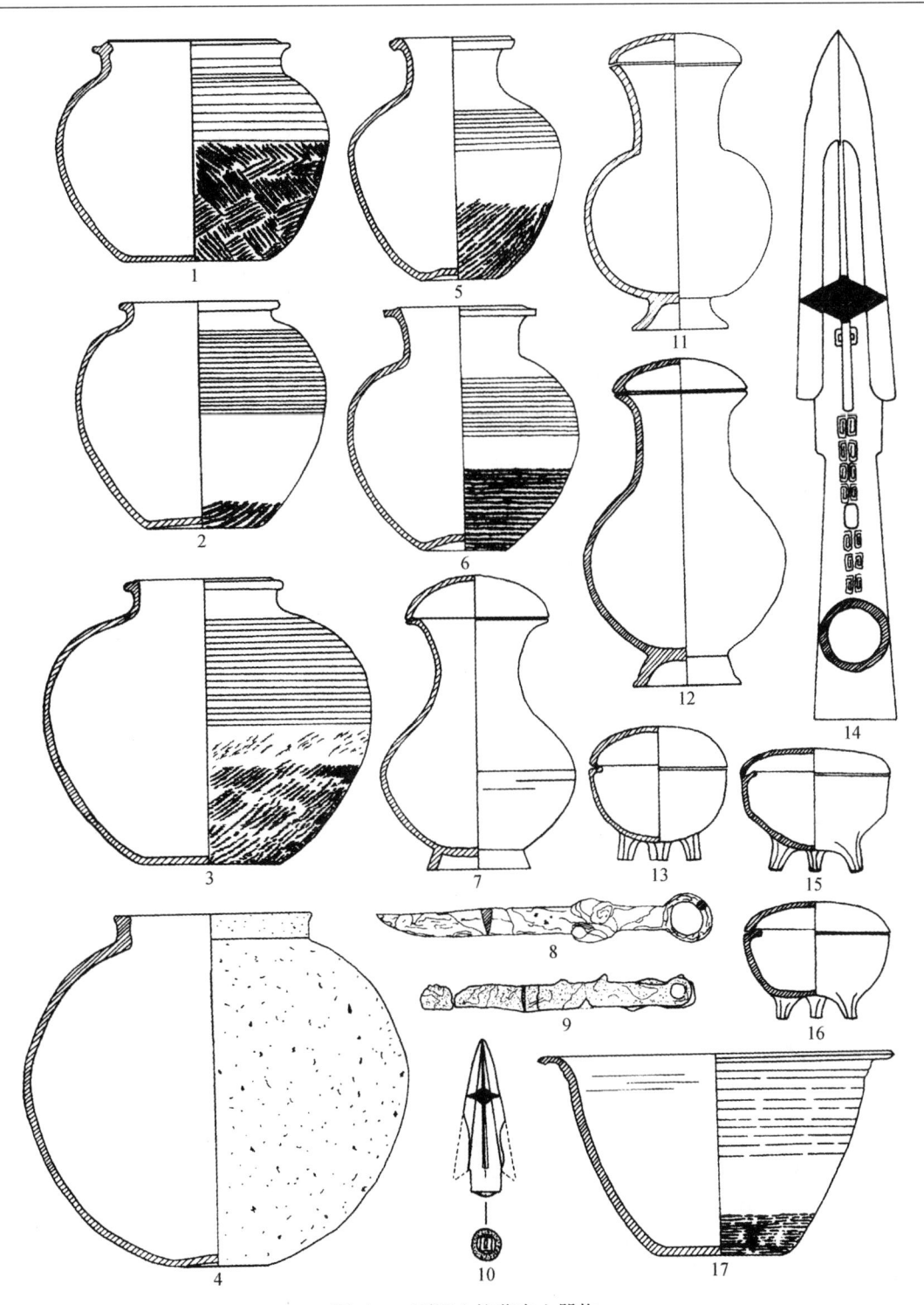

图三一 西汉土坑墓出土器物

1、2. Ⅱ式陶罐（M52:1、M9:3） 3. Ⅰ式陶瓮（M53:1） 4. Ⅱ式陶瓮（M54:4） 5、6. Ⅰ式陶罐（M9:1、M9:4） 7. Ⅲ式陶壶（M51:1） 8、9. 铁刀（M51:5、M52:3） 10. 铜镞（M53填:1） 11. Ⅰ式陶壶（M53:2） 12. Ⅱ式陶壶（M54:2） 13. Ⅲ式陶盒（M51:3） 14. 铜矛（M54:3） 15. Ⅰ式陶盒（M53:4） 16. Ⅱ式陶盒（M54:6） 17. 陶盆（M52:2）

图三二　西汉瓮棺葬分布图

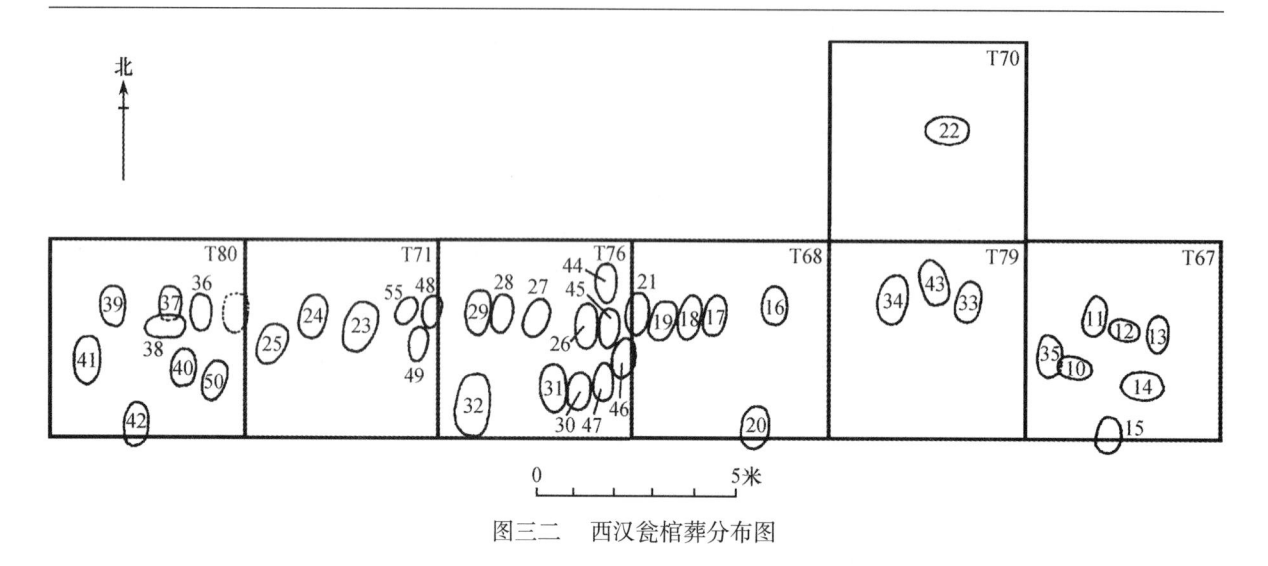

皆在东门口内的一条狭长道路上，路东西向，东高西低，由碎瓦片铺成，宽4~5米，略高于两侧平地，现存路土长28米，西部被沼泽相黑土覆盖。瓮棺皆打破路土，其中有35座叠压在黑土层下面，只有东部高处的7座不在黑土层分布范围内。墓口距地表深25~80厘米，南北向37座，东西向5座。墓坑椭圆形。绝大多数用红陶釜套接做棺，亦有用灰陶盆、钵等，有五种不同组合的套接方式：2釜，18座（图三四，5、6）；2釜1盆，2座（图三四，2）；2釜1钵、1座（图三四，1）；3釜，20座（图三四，3）；4釜，1座。绝大多数瓮棺内无随葬品，只两座棺（W34、W19）内各随葬陶纺轮1件。尸骨多已朽。个别保留牙齿和肢骨，为幼童（图三三）。葬具及随葬品介绍如下。

图三三　西汉瓮棺葬

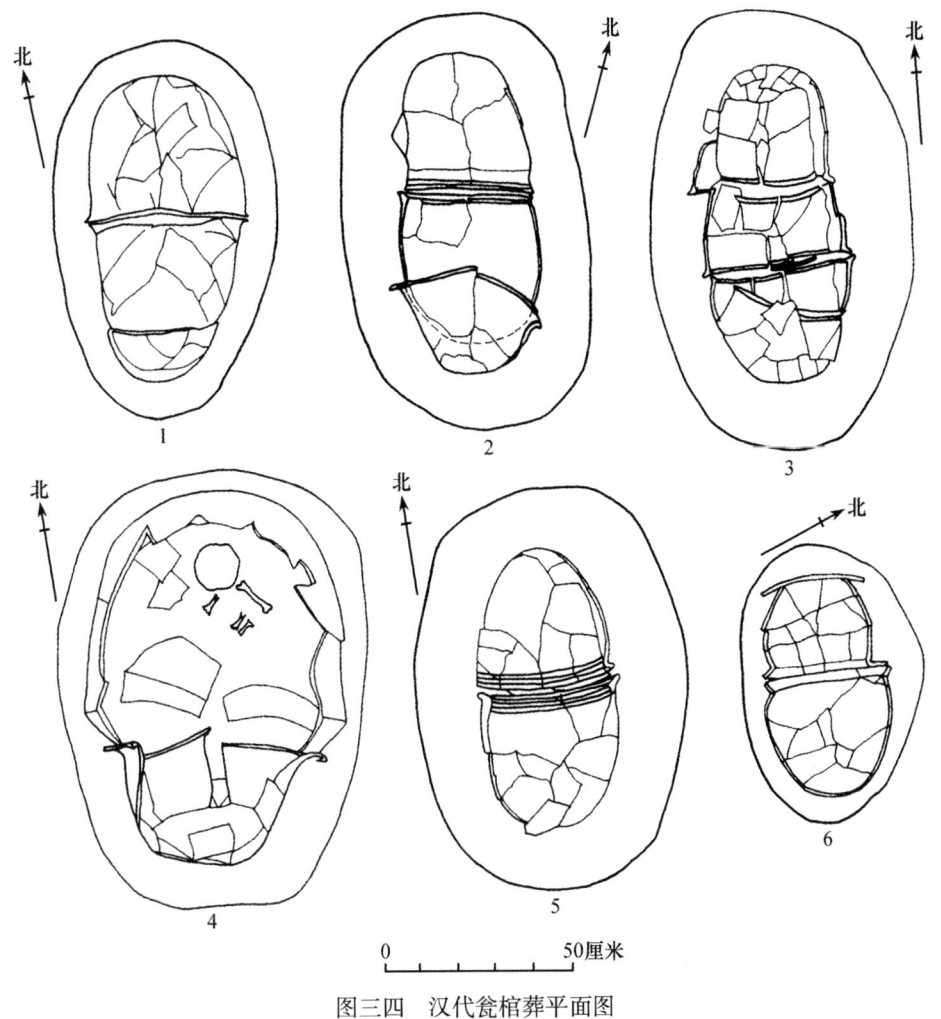

图三四　汉代瓮棺葬平面图
1. W46　2. W43　3. W29　4. W2　5. W24　6. W12

夹云母红陶釜　6件。分三式。

Ⅰ式：2件。通高大于口径，腹径与口径基本相等。敞口，圆唇，颈微束，腹壁斜收，圜底。腹饰中粗绳纹，颈下饰数道弦纹。W23：1，口径30.5、高35厘米（图三五，1）。W29：1，口径29、高30.5厘米（图三五，2）。

Ⅱ式：2件。通高大于口径，腹径大于口径。敞口，圆唇，束颈，腹壁较鼓，圜底。腹饰稀疏中粗绳纹，颈下饰弦纹数道。W24：1，口径31、高34厘米（图三五，4）。W35：1，口径29.5、高34.5厘米（图三五，5；图三六，1）。

Ⅲ式：2件。通高小于口径，腹径基本小于口径。唇有方、圆两种，敞口，短颈出肩，鼓腹，圜底。素面，肩部饰弦纹数道。W10：1，口径34、高31厘米（图三五，3）。W12：1，口径28厘米（图三五，6）。

盆　3件。皆泥质灰陶。敞口，斜腹，平底。素面。W2：2，口沿外翻有倒沟，内壁可见清晰的弦纹痕迹。口径51、底径21、高30厘米（图三五，8）。W43：3，方唇外折。口径32、高15.2、底径14.4厘米（图三五，7）。

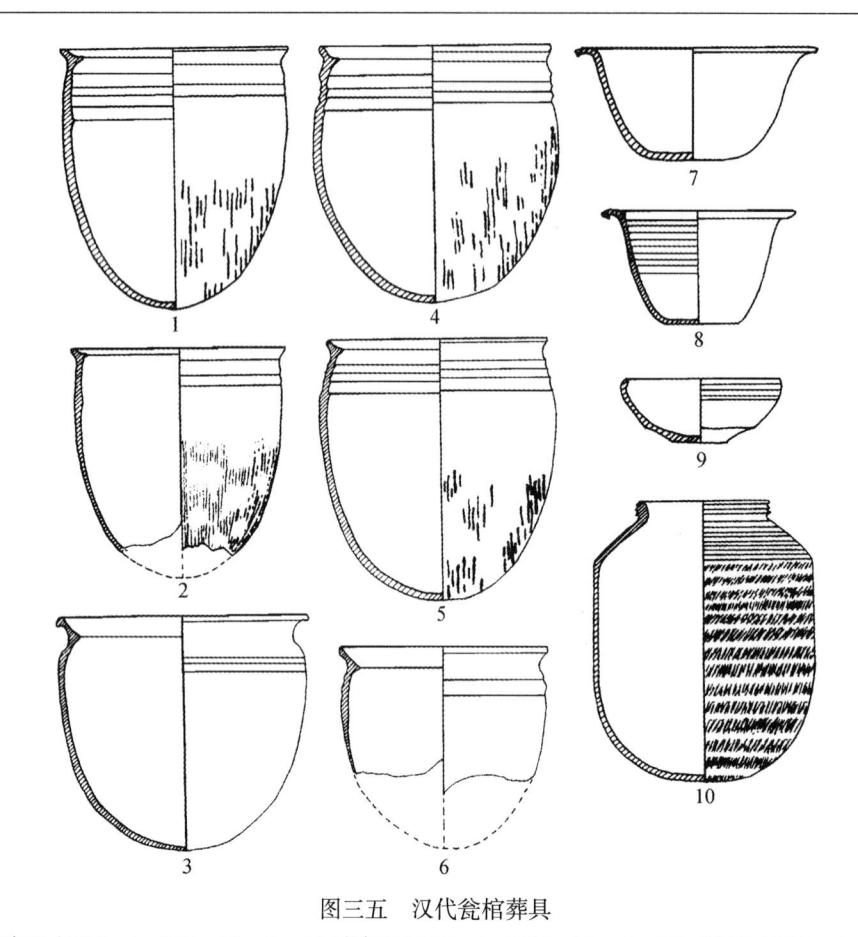

图三五　汉代瓮棺葬具
1、2.Ⅰ式陶釜（W23∶1、W29∶1）　3、6.Ⅲ式陶釜（W10∶1、W12∶1）　4、5.Ⅱ式陶釜（W24∶1、W35∶1）
7、8.陶盆（W43∶3、W2∶2）　9.陶钵（W46∶3）　10.陶瓮（W2∶1）

钵　1件（W46∶3）。泥质灰陶。圆唇，敛口，浅腹，下腹部微折，平底。素面，口沿下有几道弦纹。口径21、通高8、底径8厘米（图三五，9）。

瓮　1件（W2∶1）。夹云母灰陶。短直领，斜折肩，深腹，圜底。领上有两道凸弦纹，肩部饰弦纹数道。口径36、高74厘米（图三五，10）。

纺轮　2件。泥质灰陶，圆形，剖面呈梯形，中间钻孔。素面。直径6.5、厚2、孔径1.3厘米。

瓮棺葬具红陶釜的形制组合可分为三种。第一种11座，皆为Ⅰ式釜，南北向。第二种24座，为Ⅱ式或Ⅰ、Ⅱ式釜组合，其中21座南北向、3座东西向。第二种组合与第一种组合的瓮棺交叉分布，虽排列密集，却无叠压，其年代应当相近。第三种组合都是Ⅲ式釜，共2座，皆东西向，位于黑土层分布范围之外。属于第三种组合的W10打破第二种组合的W35，表明第一、二种组合应早于第三种组合。

这片儿童瓮棺埋葬于城东门口内废弃的道路上，打破战国晚期地层，因此其年代上限早不过汉代初年，Ⅰ、Ⅱ式红陶釜与T66④西汉地层中出土的红陶釜相似，第一、二种组合的瓮棺以及T66④西汉地层，皆被汉代沼泽相地层叠压。此沼泽相地层的形成应与汉代发生的海平面波动有关[3]，所以其下限不晚于东汉早期。第三种组合的瓮棺，器形明显有别于Ⅰ、Ⅱ式

图三六 汉代墓葬出土陶器
1. Ⅱ式釜（W35：1） 2. Ⅱ式壶（M54：2）

釜，而与天津武清兰城遗址晚期地层中出土的红陶釜相同，在该地层中，此种釜与董卓小五铢，以及瓦头压有波浪纹花边的板瓦、东汉晚期常见的红陶炭炉、小盆等器物共出。因此年代已在东汉晚期。

# 四、汉代地层中的商周遗物

古城内西北角西汉以后的沼泽相地层中出土零星的商周时期陶片，内含两种不同时期的文化遗物，主要见于T3②，T69②、③，T54③等地层。

## （一）商时期遗物

以夹砂褐陶为主，次为泥质红陶、灰陶，多细绳纹，局部抹光。主要器形有鬲、罐、盆、甗等。

鬲 仅见口沿、腹片和足。分二型。

A型 1件（T69③：1）。夹砂褐陶。器表灰褐色。圆唇方角，敞口外侈，鼓腹。唇下和腹部饰细绳纹，肩部抹光。口径22、残高14.2厘米（图三七，1）。

B型 1件（T54③A：1）。夹砂褐陶。器表红褐色。圆唇，敞领束颈，腹微鼓。口沿饰乳钉纹一个，腹部饰细绳纹。口径16、残高13厘米（图三七，2）。

鬲足 锥状。T54③B：2，足尖较直，实足。饰绳纹（图三七，10）。T3②：3，足尖外撇，空心。拍印绳纹（图三七，9）。

甗 仅见口沿和腰部。T69③：2，泥质红陶。器表呈橘红色。圆唇，敞口束颈，腹壁较直。器表饰密集的细绳纹。口径36、残高12.3厘米（图三七，4）。T69②：2，泥质红陶。束腰。腰间饰一圈压印圆涡纹，腰下部饰规整的细绳纹。腰径12厘米（图三七，6）。

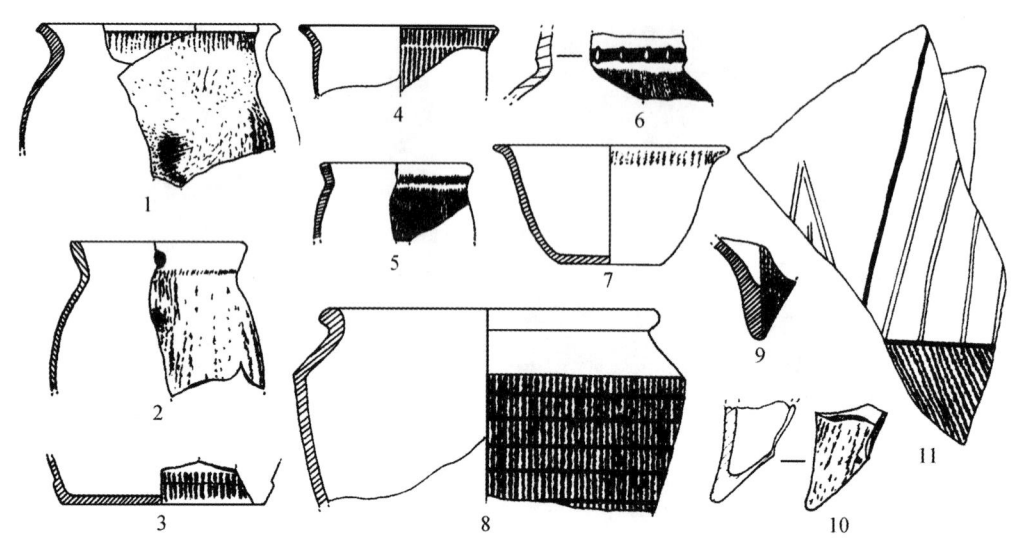

图三七 商时期陶器

1. A型鬲（T69③：1） 2. B型鬲（T54③A：1） 3. 罐底（T56③B：1） 4. 甗口沿（T69③：2） 5. B型罐（T3②：4） 6. 甗腰（T69②：2） 7. 碗（T3②：1） 8. A型罐（T3②：2） 9、10. 鬲足（T3②：3、T54③B：2） 11. 三角划纹片（T3②：5）

罐 3件。分二型。

A型 1件（T3②：2）。泥质灰陶。圆唇，敛口，折肩，斜腹。肩部以下饰断续绳纹和弦纹，肩部磨光。口径30.5、肩宽35厘米（图三七，8）。

B型 1件（T3②：4）。泥质褐陶。方唇圆角，口微侈，束颈，腹壁较直。饰细绳纹。口径14厘米（图三七，5）。

另见一底部（T56③B：1）。夹砂褐陶。平底，斜腹。下腹部有细绳纹。底径18厘米（图三七，3）。

碗 1件（T3②：1）。泥质黄陶。敞口外侈，斜直腹，平底。口沿下尚存有绳纹痕迹，器底部有拍打绳纹。口径15.8、底径7.1、高7.8厘米（图三七，7）。

三角划纹陶片 1件（T3②：5）。泥质红陶。饰平行线划纹及细绳纹。长9.2、宽6.5厘米（图三七，11）。

（二）西周时期遗物

以夹蚌红陶和夹蚌灰陶为主，亦有泥质灰陶，夹蚌陶皆饰大粗绳纹，泥质陶多为素面。主要器形有鬲、鼎等。

鬲 4件。分三型。

A型 2件。皆宽沿平出，方唇，鼓腹。腹部饰大粗绳纹。T54③B：3，夹蚌灰陶。沿面有一道凹弦纹。口径32厘米（图三八，1）。T72③：1，口径20.6厘米（图三八，6）。

B型 1件（T72③：2）。夹蚌红陶。口沿外翻。沿面有三道弦纹，腹部饰大粗绳纹。口径30厘米（图三八，2）。

C型　1件（采：04）。泥质灰陶。瘪裆。素面（图三八，5）。

另见两种鬲足。T72③：3，夹蚌灰陶。足跟不明显，圆形（图三八，4）。T56③A：1，夹蚌红陶。柱形实足跟，足饰粗绳纹（图三八，3）。

鼎　1件。仅见足部。T3②：6，夹蚌红陶。马蹄形。高8.2厘米。

纺轮　2件。皆利用废陶片磨制而成。夹蚌红陶。一面饰粗绳纹。T3②：7，椭圆形。对钻孔。直径5.5厘米（图三八，7）。

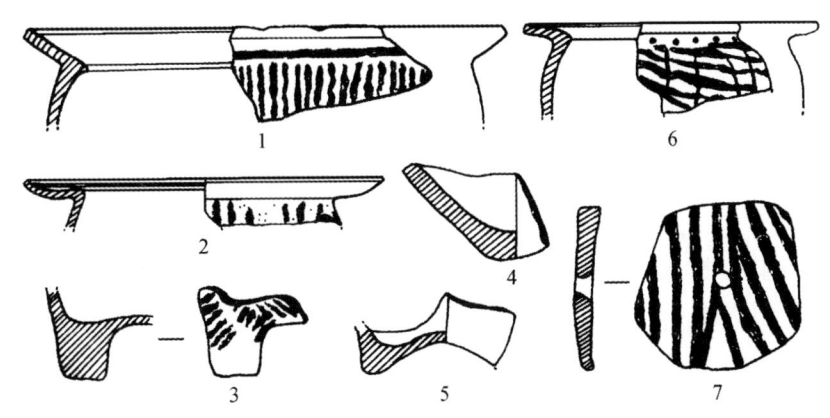

图三八　西周时期陶器
1、6. A型鬲（T54③B：3、T72③：1）　2. B型鬲（T72③：2）　3、4. 鬲足（T56③A：1、T72③：3）　5. C型鬲（采：04）
7. 纺轮（T3②：7）

# 五、辽代文化遗存

主要分布于城内北部靠近北城墙下的高地上。以T15③、T16②为代表。黄褐色土，土质松软，夹有红烧土块和炭渣。深1米余。出土白瓷片、沟纹砖等辽代遗物。

## （一）遗迹

清理残窑址1座。位于北门口东城墙内坡，挖破夯土而建。平面呈椭圆形，直径4.8米。南面建火膛，用沟纹砖砌成梭形，长4.2、宽1.5米。火膛门开在正南，为长方形孔状，长0.4、宽0.15米。北部和中部为窑炕，窑炕有两层，下层用黄土砌成，高出火膛0.5米，上层用沟纹砖垒砌，呈"炕"形，只砌出沿部，其余部分填土，整座窑残高2.25米。

## （二）遗物

灰陶盆　1件（T15③：11）。泥质灰陶。敞口外翻，腹壁斜直，平底。有弦纹。口径47.5、高24、底径23厘米。

滴水残块　1件（T16②：3）。泥质灰陶。瓦当中心似凤头，周围为圆点。直径15厘米。

"绍圣元宝"铜钱　1枚（T16②：1）。

## （三）墓葬

在城外东北约50米处清理一座长方形小型砖室墓，长1.3、首宽0.55、尾宽0.37米。沟纹砖平铺交错垒砌，方向282°。采集泥质灰陶双耳罐1件、白瓷碗2件、"开元通宝"钱1枚。双耳罐圆唇，鼓腹，小平底，肩部出桥形双耳。口径20、底径12、高29.5厘米。白瓷碗皆乳白色，挂半釉，敞口，小圈足。口径21.5、底径8.5厘米，其一高5.6厘米，另一高8厘米。

## 六、结　语

试掘得知，此城址建成时间在战国晚期。根据是城墙夯土中常见有灰陶绳纹罐残片和红陶釜口沿等战国遗物，其中年代最明确的是南城墙夯土中和西城墙夯土中出土的残明刀币，直背，刀背磬折，是燕国地区最常见的刀币形式。燕下都第44号墓出土刀币67枚，其中66枚属此类，同出铁器等皆为战国晚期[4]。灵寿中山国古城内出土多种尖首刀和明刀币，独不见此类刀币[5]，因此被认为其铸造年代应在公元前296年赵灭中山以后[6]。沧县肖家楼一次出土刀币一万多枚，也不见这类刀币[7]，又被认为此种刀币的铸造在乐毅伐齐（公元前284年）以后[8]，由此可知，宝坻秦城的建造应在赵灭中山和乐毅伐齐以后至燕国灭亡以前这段时间，即公元前284～前221年。

城内出土遗物也表现出战国晚期特点。两个建筑台基上出土的大量筒、板瓦，饰九种不同纹饰的半瓦当，以及Ⅱ、Ⅲ式红陶釜，深腹盆，折腹盆，灰陶豆等，多见于燕下都13号遗址战国晚期文化遗存[9]。F1建筑基址出土的"长启"印的鼻钮、穿孔和钮都较细小，也是战国晚期私印的典型做法[10]。

此城兴建于战国晚期，面积50多万平方米，形状不规则，规模和形制都有别于一般汉代县治，与郡治级城址接近。据《水经注》记载，这个地区确曾先后有过两座右北平郡故城，一座为秦王政二十二年建造的右北平郡郡治。《水经注·鲍丘水》：灅水又东南迳石门峡，又东南流，"蓝水注之，水出北山，东流屈而南，迳无终县故城东。故城，无终子国也。……故燕地矣。秦始皇二十二年灭燕，置右北平郡，治此"。根据灅水、蓝水等的地望，此城应在今蓟县境内。另一座为古鲍邱河北岸的右北平郡故城，《水经注》记："鲍丘水自雍奴县故城西北，旧分笥沟水东出，……又东于沟河合，……又东合泉州渠口，……又东迳右北平郡故城南。"按《水经注》所记的鲍邱水，大体在今潮白新河一线，沿线所经沟口、泉州渠口、盐关口等古地名皆可在这一线寻到踪迹。《魏土地记》记右北平城北百三十里有无终城。无终县是今蓟县，按汉里计算，正相当蓟县城至秦城的距离。今潮白新河由秦城南侧流过，位置符合。

在城门口外修建的曲尺形城墙，见于甘肃居延甲渠候官等遗址[11]，无疑具有早期瓮城的性质。城墙顶上和城墙一体的土埂，可视为早期女墙的雏形。所有这些都为战国时期城垣防御设施的研究提供了重要资料。

城内出土具有秦印特征的石印范一枚。遗物中的深腹盆、山形纹半瓦当等，与赤峰蜘蛛山遗址出土的同类器物相同，后者与秦始皇廿六年诏书陶量共出[12]。这些遗物透露出此城与"秦始皇所筑"的传说具有某种联系。虽然具有明确特征的秦代文物不多，但反映了和秦密切的关系。

燕国设置右北平郡在秦开袭破东胡以后，大体于公元前270年前后，和城内堆积多属战国晚期的年代相符合。秦于秦王政二十一年（公元前226年）攻下燕的蓟都，二十二年设右北平郡，但直至二十五年（公元前222年）才完全灭燕，极可能在此段尚未灭燕的战争时期，秦沿用此城作为右北平郡郡治，因此才有秦印范出土。所出印范分别为范阳和泉州二县的官印，也表明这里是铸颁县丞印信的机构所在地。至秦灭六国，分天下为三十六郡，全面推行郡县制时，才将右北平郡郡治迁至无终，并正式建造新的郡治[13]。

此城至西汉时期已经废弃，因为城内发现多座打破战国文化层的西汉墓葬。如随葬品以高领罐和矮领罐为组合的情况在津京地区常见，此类墓在昌平雪山伴出西汉半两钱[14]，在昌平史家桥墓被定为西汉初期[15]。打破F1的M51~M54，组合为瓮、壶、盒或罐、盆，亦见于北京地区，墓葬年代不晚于西汉中期[16]，可明这些建筑基址的年代下限。城东门内发现的西汉儿童瓮棺葬破坏了战国时期的路土，表明此进入东门的道路到西汉时期亦已废弃不用。

城内北高南低，地势低洼，除北部几块高地外，在辽代地层之下，战国和汉代地层之上，存有一层黑色黏土，厚20~150厘米，经天津地矿所鉴定，为静水池沼环境，当是汉代后期一度被水浸淹所致。

附记：本次发掘领队为韩嘉谷，参加发掘者有纪烈敏、张俊生、宋国、梅鹏云、李寿祥、韩素冬同志，绘图由纪烈敏、张俊生同志完成，摄影由邱明同志负责，拓片由纪烈敏同志负责。

执笔：纪烈敏　张俊生

## 注　释

[1] 尹钧科：《雍奴故城及其附近河道变迁管见》，《环境变迁研究（第一辑）》，海洋出版社，1984年；天津市历史博物馆考古部：《1979—1989年天津文物考古新收获》，《文物考古工作十年（1979—1989）》，文物出版社，1990年。
[2] 罗福颐：《秦汉南北朝官印征存》，文物出版社，1987年。
[3] 韩嘉谷：《再谈渤海湾西岸的汉代海侵》，《考古》1997年第2期。
[4] 河北省文物管理处：《河北易县燕下都44号墓发掘报告》，《考古》1975年第4期。
[5] 陈应祺：《战国中山国"成帛"刀币考》，《中国钱币》1984年第3期。
[6][8] 韩嘉谷：《天津地区出土的刀币》，《中国考古学会第五次年会论文集》，文物出版社，1988年。
[7] 天津市文物管理处：《河北沧县肖家楼出土的刀币》，《考古》1973年第1期。
[9] 河北省文物研究所：《河北易县燕下都第13号遗址第一次发掘》，《考古》1987年第5期。

[10] 罗福顾：《古玺印概论》，文物出版社，1981年。
[11] 甘肃居延考古队：《居延汉代遗址的发掘和新出土的简册文物》，《文物》1978年第1期。
[12] 中国社会科学院考古研究所内蒙古工作队：《赤峰蜘蛛山遗址的发掘》，《考古学报》1979年第2期。
[13] 韩嘉谷：《宝坻县秦城为战国右北平郡故城的调查和考证》，《天津市历史博物馆馆刊》1994年第4期。
[14][15] 北京市文物工作队：《北京昌平史家桥汉墓发掘》，《考古》1963年第3期。
[16] 北京市文物工作队：《北京怀柔城北东周两汉墓葬》，《考古》1962年第5期。

### 附表一 土坑墓一览表

| 墓号 | 探方位置 | 地层 | 方向/(°) | 葬式 | 骨架 | 木椁 | 木棺 | 随葬品 | 其他 |
|---|---|---|---|---|---|---|---|---|---|
| 1 | T1 | ③下开口，打破④ | 15 | 仰身直肢 | 1 | 2×0.45 | 1.9×0.5 | | |
| 3 | T1 | ④下开口，打破⑤ | 0 | 仰身直肢 | 1 | 2×0.8 | 1.85×0.5 | 铁带钩1 | 有二层台 |
| 7 | T15 | ④下开口 | 0 | 仰身直肢 | 1 | 2.35×1.12 | 1.95×0.68 | | |
| 9 | T58、T59 | 表土层下开口 | 0 | 仰身直肢 | 2 | 3×2.4 | 2.8×0.7 | 罐Ⅰ4、罐Ⅱ1 | 有头箱 |
| 51 | T89、T90 | 表土层下开口，打破夯土 | 341 | 仰身直肢 | 1 | 2.8×1.6 | 2.8×0.9 | 壶Ⅲ2、盒Ⅲ2、铁刀1 | 有头箱 |
| 52 | T88 | 表土层下开口，打破F1夯土 | 10 | 仰身直肢 | 1 | 2.8×1 | 2.8×1 | 罐Ⅱ1、盆1、铁刀1 | 有头箱 |
| 53 | T89 | 表土层下开口，打破F1夯土 | 350 | 仰身直肢 | 1 | 3.8×1.9 | 2.4×0.5 | 瓮Ⅰ1、壶Ⅰ1、盒Ⅰ1 | 有头箱 |
| 54 | T89 | 表土层下开口，打破F1夯土 | 350 | 仰身直肢 | 2 | 3.8×1.9 | 2.2×0.85 | 瓮Ⅱ1、壶Ⅱ1、盒Ⅱ1、铜矛1 | 有头箱 |

### 附表二 东门口瓮棺葬一览表

| 瓮棺号 | 所在探方 | 地层上 | 地层下 | 方向 | 葬具组合形制 | 随葬品 | 备注 |
|---|---|---|---|---|---|---|---|
| W10 | T67 | ① | W35 | 东西 | 釜Ⅲ2 | | |
| W11 | T67 | ① | ③ | 南北 | 釜Ⅱ3 | | |
| W12 | T67 | ① | ③ | 东西 | 釜Ⅲ2 | | |
| W13 | T67 | ① | ③ | 南北 | 釜Ⅰ1、Ⅱ1 | | |
| W14 | T67 | ① | ③ | 东西 | 釜Ⅰ1、Ⅱ1 | | |
| W15 | T67 | ① | ③ | 南北 | 釜Ⅰ2 | | |
| W35 | T67 | W10 | ③ | 南北 | 釜Ⅱ3 | | |
| W33 | T79 | ② | ③ | 南北 | 釜Ⅰ2 | | |
| W34 | T79 | ② | ③ | 南北 | 釜Ⅰ2 | 陶纺轮1 | |
| W43 | T79 | ② | ③ | 南北 | 釜Ⅱ2、盆1 | | |
| W16 | T68 | ② | ③ | 南北 | 釜Ⅱ3 | | 残存头骨，6~7岁 |
| W17 | T68 | ② | ③ | 南北 | 釜Ⅱ3 | | |
| W18 | T68 | ② | ③ | 南北 | 釜Ⅰ1、Ⅱ2 | | |
| W19 | T68 | ② | ③ | 南北 | 釜Ⅱ2、盆1 | 陶纺轮1 | |
| W20 | T68 | ② | ③ | 南北 | 釜 | | 残 |
| W21 | T68 | ② | ③ | 南北 | 釜Ⅰ1、Ⅱ1 | | |
| W44 | T76 | ② | ③ | 南北 | 釜Ⅱ2 | | |
| W45 | T76 | ② | ③ | 南北 | 釜Ⅱ2 | | |
| W46 | T76 | ② | ③ | 南北 | 釜Ⅱ2、钵1 | | |
| W47 | T76 | ② | ③ | 南北 | 釜Ⅱ3 | | |
| W26 | T76 | ② | ③ | 南北 | 釜Ⅱ3 | | |

续表

| 瓮棺号 | 所在探方 | 地层 上 | 地层 下 | 方向 | 葬具组合形制 | 随葬品 | 备注 |
|---|---|---|---|---|---|---|---|
| W27 | T76 | ② | ③ | 南北 | 釜Ⅰ2 | | |
| W28 | T76 | ② | ③ | 南北 | 釜Ⅰ2 | | |
| W29 | T76 | ② | ③ | 南北 | 釜Ⅰ3 | | |
| W30 | T76 | ② | ③ | 南北 | 釜Ⅱ2 | | |
| W31 | T76 | ② | ③ | 南北 | 釜Ⅱ3 | | |
| W32 | T76 | ② | ③ | 南北 | 釜Ⅰ4 | | |
| W48 | T71 | ② | ③ | 南北 | 釜 | | 残 |
| W49 | T71 | ② | ③ | 南北 | 釜 | | 残 |
| W55 | T71 | ② | ③ | 南北 | 釜 | | 残 |
| W23 | T71 | ② | ③ | 南北 | 釜Ⅰ3 | | |
| W24 | T71 | ② | ③ | 南北 | 釜Ⅱ2 | | |
| W25 | T71 | ② | ③ | 南北 | 釜Ⅰ2 | | |
| W50 | T80 | ② | ③ | 南北 | 釜Ⅰ2、Ⅱ1 | | |
| W36 | T80 | ② | ③ | 南北 | 釜Ⅰ3 | | |
| W37 | T80 | W38 | ③ | 南北 | 釜Ⅱ2 | | |
| W38 | T80 | ② | W37 | 东西 | 釜Ⅱ2 | | |
| W39 | T80 | ② | ③ | 南北 | 釜Ⅰ3 | | |
| W40 | T80 | ② | ③ | 南北 | 釜Ⅰ2、Ⅱ1 | | |
| W41 | T80 | ② | ③ | 南北 | 釜Ⅰ1、Ⅱ2 | | |
| W42 | T80 | ② | ③ | 南北 | 釜 | | 残 |
| W22 | T70 | ② | ③ | 东西 | 釜Ⅱ2 | | |

（原载于《考古学报》2001年第1期）

# 天津蓟县西关汉墓2006年发掘简报

天津市文化遗产保护中心　蓟县文物管理所

西关汉墓群位于蓟县城关镇西关村南，铁路货运专线东，人民西路北，是蓟县县级文物保护单位。其东北距辽代的独乐寺约0.6千米，距明清蓟州城的中心鼓楼约1千米（图一）。2002年天津市文化遗产保护中心因建设工程曾在其北侧的吉华住宅小区发掘了一批汉代墓葬。2006年10～11月，为配合蓟县第三人民医院工程建设，天津市文化遗产保护中心在工程建设范围内又清理了6座汉代砖室墓（M1～M3、M5～M7）和2座明清时期的土坑墓（M4、M8）（图二）。现将2006年发掘的6座汉代墓葬简报如下。

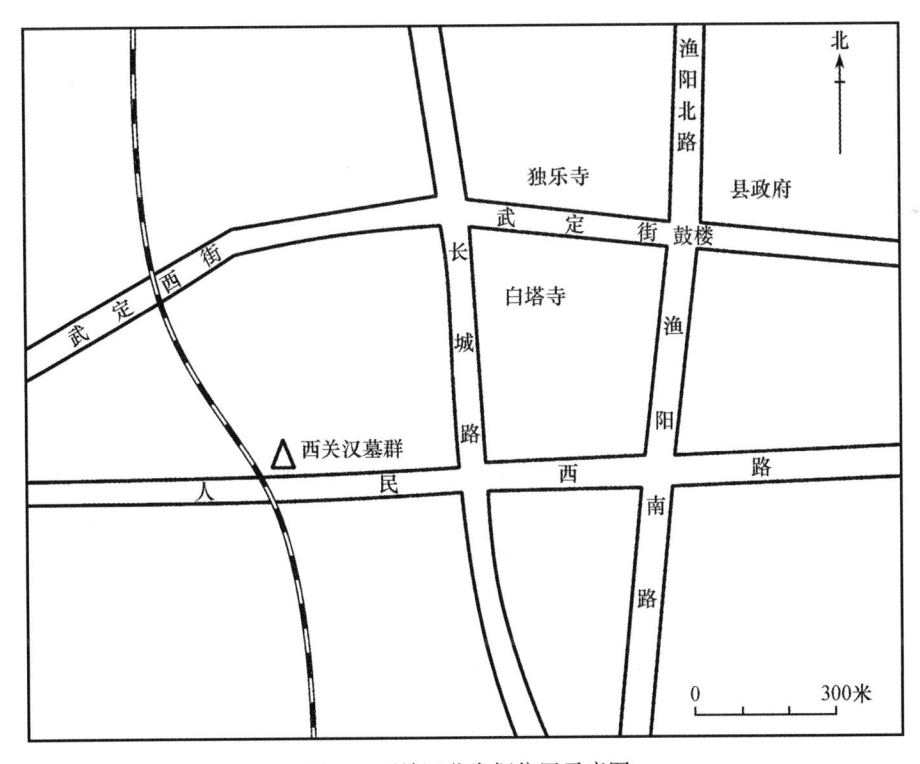

图一　西关汉墓发掘位置示意图

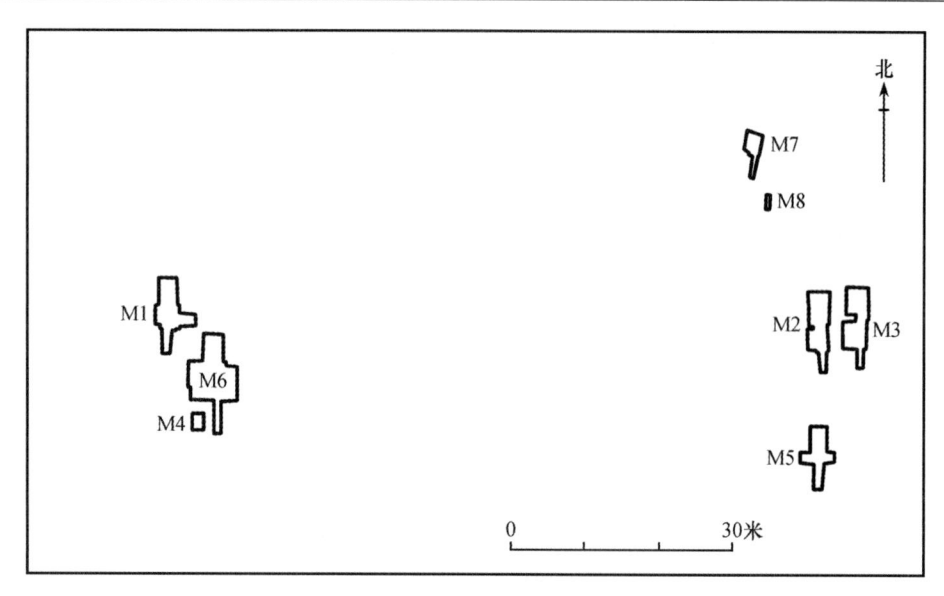

图二　西关汉墓发掘平面图

# 一、墓葬形制

6座汉代墓均为砖室结构，南北向，墓葬破坏较为严重，顶部基本无存。其中M7因遭到毁坏，只剩下部分前室，具体形制不明，其余5座墓葬根据墓室结构的不同，分为四种形制。

A型　1座。一主室两耳室墓。此类型墓只有M5，位于发掘区东南部。由墓道、甬道、主室、两耳室组成，方向170°。墓道为长方形斜坡状，长3.12、宽1.4米，主室略呈方形，长3.88、宽2.76米，东耳室长1.45、宽1.36米，西耳室长1.5、宽1.36米。墓壁由青砖以二平一竖的方式砌成，主室底部由一平、一竖、一平，三层砖铺成，甬道和耳室底部只用一层青砖平铺（图三）。

B型　2座。前、后双室墓，无耳室或侧室。这种类型的墓葬有M2和M3。以M2为例，M2位于发掘区东部，由墓道、前室、后室组成，方向160°。墓道为长方形斜坡状，长2.58、宽0.9、深0.38~1米。墓室全长10.4米。前室宽2.7、残高1米。后室宽3、残高1米。墓壁均由两排青砖二平一竖砌成。墓底由人字形单层青砖平铺（图四）。

C型　1座。前、后双室结构，墓室一侧有耳室。M1为此类型。M1位于发掘区西部，由墓道、前室、后室和一个耳室组成，方向160°。墓道位于墓室南端，呈长方形斜坡状，长3.24、宽1.04米。墓室全长6.9米。前室宽3、残高1.2米。后室宽2.1~2.4、残高1.2米。墓壁用两排青砖，以二平一竖的组合砌筑法砌成；墓底由人字形码放的一层青砖平铺；封门砖由两排平码的砖砌成。

D型　1座。前、中、后三室墓，并有耳室和侧室，此型墓葬只有M6一座。位于发掘区西南部，由墓道、前室、中室、后室、两耳室、两侧室组成，方向175°，顶部已残，残高1.3米。墓道为长方形斜坡状，长3.4、宽1.1米。前室长3.04、宽3.26米，后室长3.7、宽2.7米。东耳室长1.4、宽1.1米。东侧室南北长2.24、东西宽1.2米。西耳室长3、宽0.9米。西侧室南北长3.04、

图三　M5平、剖面图

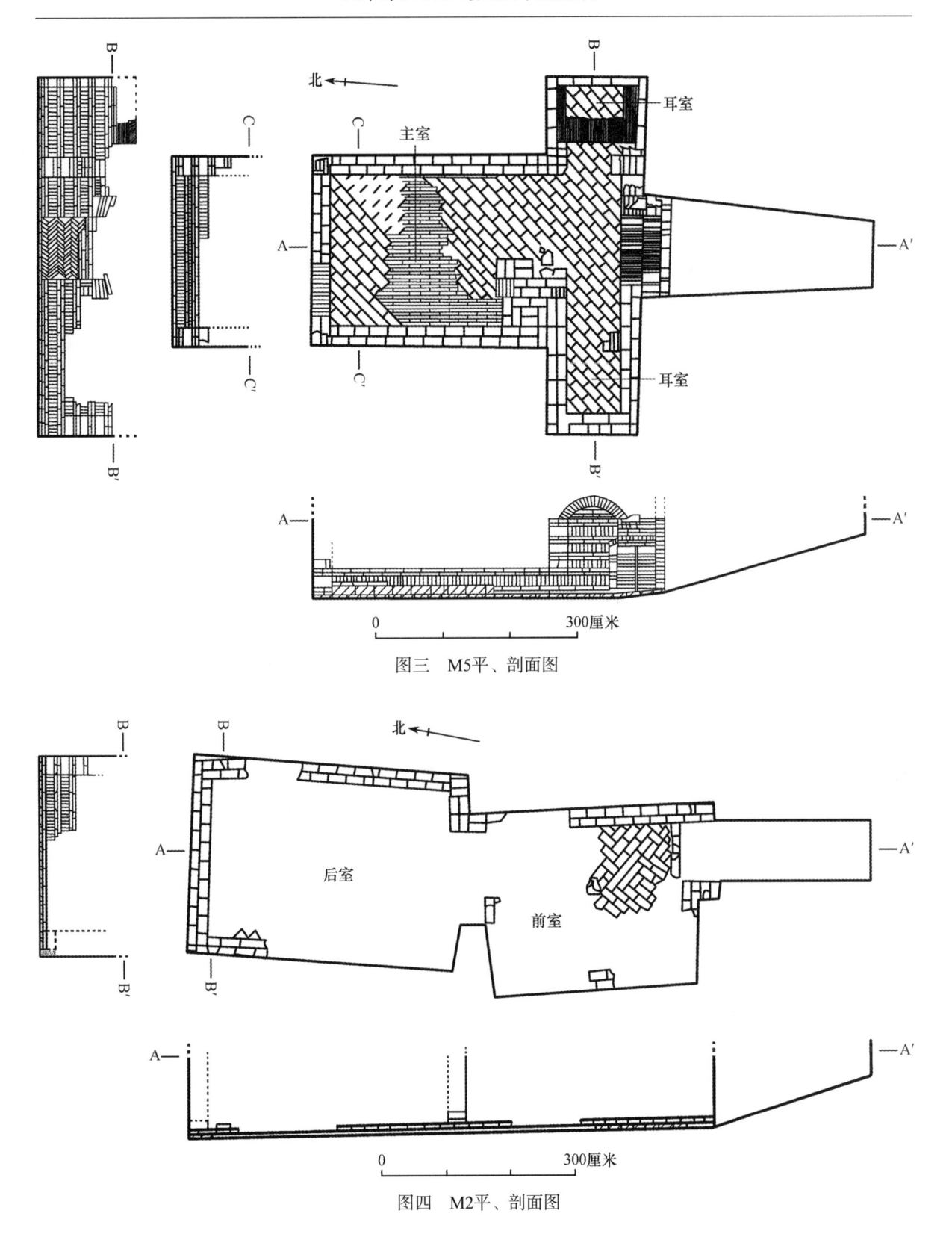

图四　M2平、剖面图

东西宽1.2米。墓壁由二平一竖的青砖砌成。墓底为两层青砖平铺，上面一层为一横一竖错缝铺成，下面一层为人字形砌法。墓壁略呈弧形（图五）。

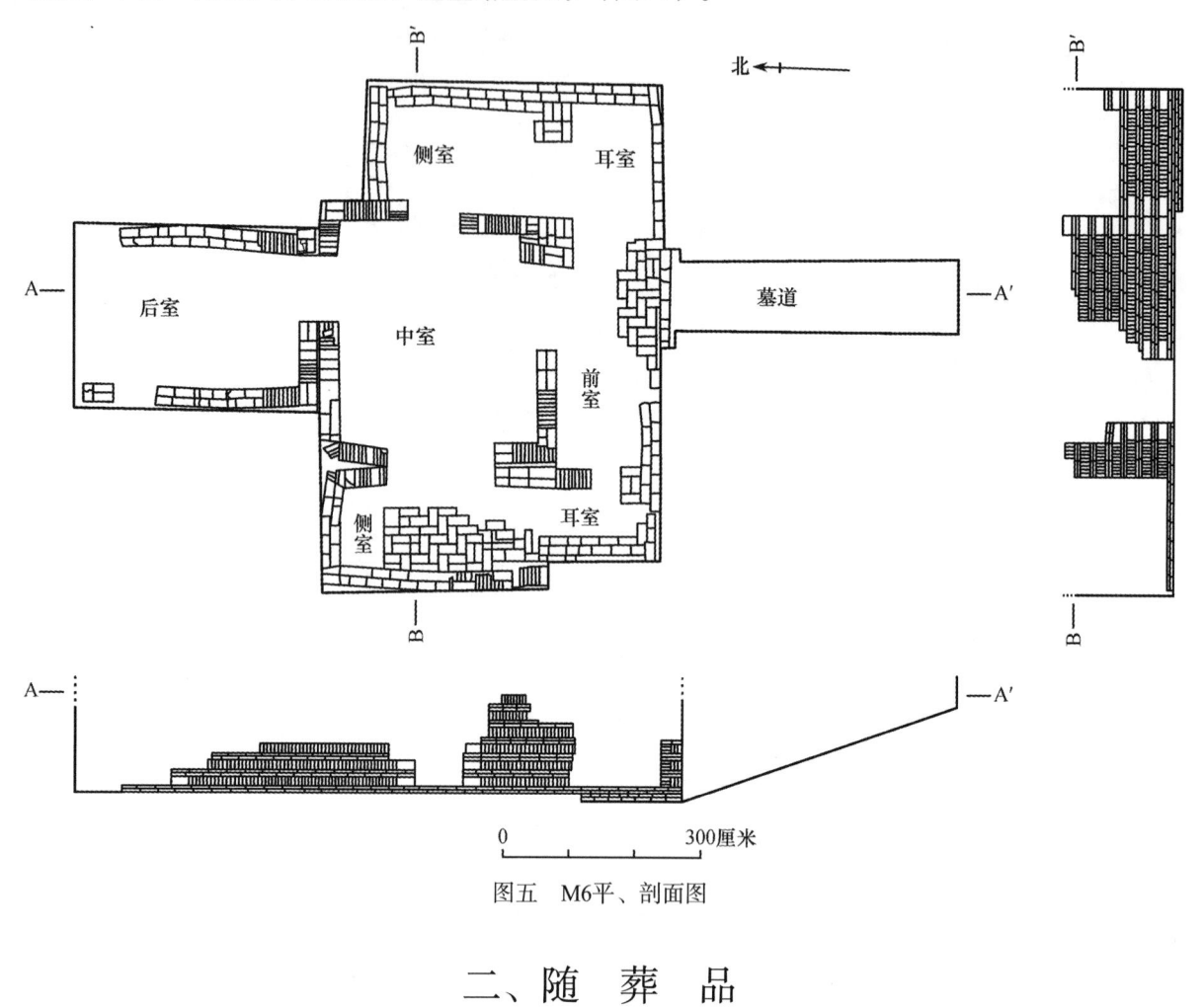

图五　M6平、剖面图

## 二、随葬品

出土随葬品有陶器、铜器、银器和钱币。6座墓葬均遭到严重破坏，器物多残破，种类较少，数量不多，器物组合不全。

**1. 陶器**

58件（套）。泥质灰陶占绝对多数，其他为褐陶。器形有鼎、盆、盘、案、魁、壶、碗、耳杯、罐、井、奁、盒、灯、灶、瓮等。

三足鼎　1件。M1∶1，泥质褐陶。敞口，圆腹，腹部有对称的铺首衔环并饰有凸弦纹，蹄形足。口径26.2、高14.1厘米（图六，1）。

盆　3件。泥质灰陶。分为二型。

A型　2件。折腹盆。敞口，折腹，平底。分为二式。

Ⅰ式：1件。M1∶2，敞口，方唇，平沿，折腹，底部有实足。口径32、高7.8厘米（图六，2）。

Ⅱ式：1件。M7∶15，敞口，圆唇，平沿，折腹，平底。口径22.1、高5.2厘米（图六，3）。

B型　1件。斜腹盆。M7∶16，敞口，圆唇，平沿，斜直腹，平底。口径28.8、高7.9厘米（图六，5）。

盘　2件。泥质灰陶。根据腹部不同分为二型。

A型　1件。斜腹盘。M2∶2，敞口，圆唇，弧腹，平底，内腹与底相交处有一周凸起。口径23、高5厘米（图六，4）。

B型　1件。折腹盘。M5∶3，敞口，圆唇，平沿，折腹，外底略内凹。口径25.6、高3.6厘米（图六，6）。

案　4件。均为泥质灰陶，有圆案和方案两种。

圆案　1件。M1∶3，平沿，直壁。直径37.5、厚1.8厘米（图六，7）。

方案　3件。M1∶11，平沿，斜壁。长66、宽46、厚1.9厘米（图六，8）。M6∶9，平沿，直壁，平底，在近角处有4个直径相同的孔。长51、宽36.6、厚2.8厘米。M6∶10，残。长34、厚2.4厘米。

魁　1件。M1∶4，泥质褐陶。敞口，尖圆唇，平底。长21.5、高12.2厘米（图六，9）。

壶　4件。泥质灰陶。1件口部残缺，其余3件根据颈部不同分为二型。

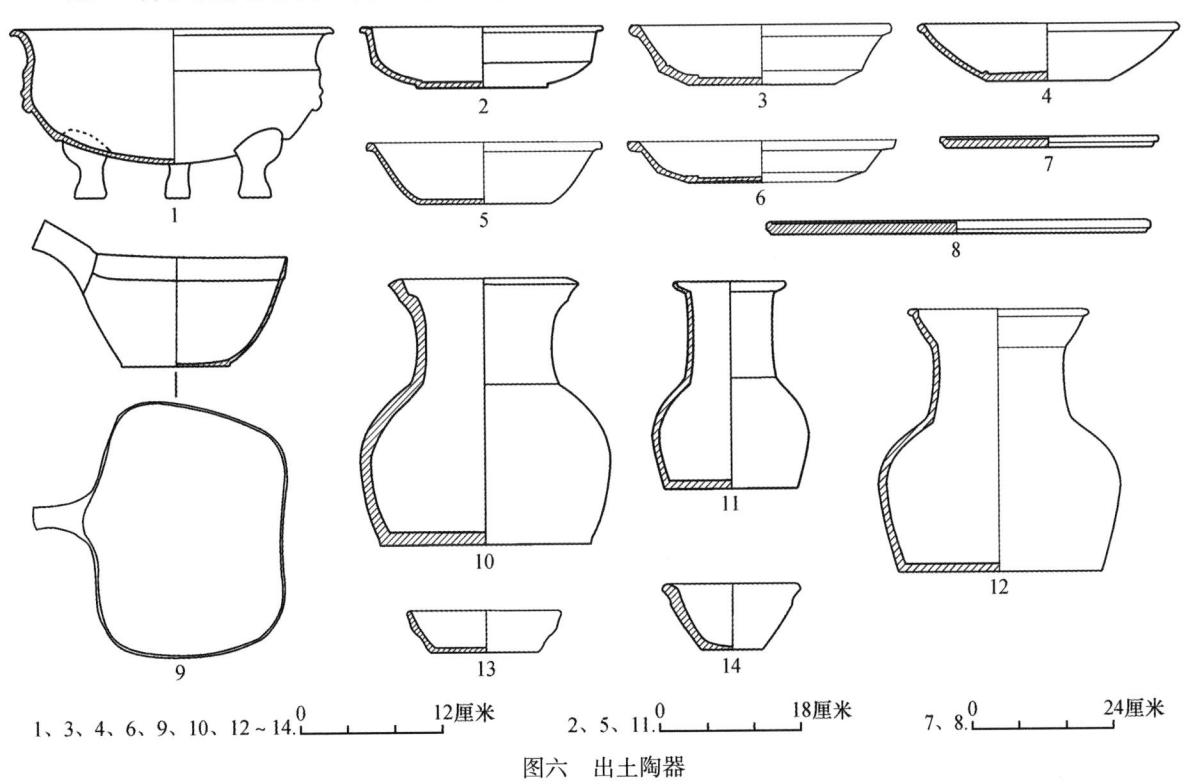

图六　出土陶器

1. 三足鼎（M1∶1）　2. A型Ⅰ式盆（M1∶2）　3. A型Ⅱ式盆（M7∶15）　4. A型盘（M2∶2）　5. B型盆（M7∶16）　6. B型盘（M5∶3）　7. 圆案（M1∶3）　8. 方案（M1∶11）　9. 魁（M1∶4）　10. B型Ⅰ式壶（M2∶1）　11. A型壶（M5∶4）　12. B型Ⅱ式壶（M7∶1）　13. A型碗（M6∶4）　14. B型碗（M6∶5）

A型　1件。M5：4，长颈。敞口，圆唇，弧腹，平底。口径14.3、高25.7厘米（图六，11）。
　　B型　2件。短颈。分为二式。
　　Ⅰ式：1件。M2：1，敞口，口沿较斜，弧腹，平底。口径16.6、高22.2厘米（图六，10）。
　　Ⅱ式：1件。M7：1，直口，圆唇，平沿，弧腹，平底。口径14.8、高21.8厘米（图六，12）。
　　碗　2件。泥质灰陶。分为二型。
　　A型　1件。M6：4，器形矮胖，圆唇，斜腹，平底，腹外部有凸起。口径15.4、高3.6厘米（图六，13）。
　　B型　1件。M6：5，器形较高，圆唇，斜腹，平底，口沿下内凹。口径12、高5.6厘米（图六，14）。
　　耳杯　12件。分为二型，皆为泥质灰陶，器身椭圆，两侧有耳，平底。
　　A型　7件。耳较厚。分为二式。
　　Ⅰ式：3件。两耳较平。M1：8，内涂朱漆。长17.1、高4.2厘米。M1：9，内涂朱漆。长12.7、高3.2厘米（图七，1）。M1：10，长13.1、高3.5厘米。
　　Ⅱ式：4件。两耳上翘。M2：3，长11.8、高3.9厘米（图七，2）。M3：3，长13.3、高4.6厘米。M7：12，长13.7、高4.6厘米。M7：11，长13.6、高4.6厘米。
　　B型　5件。耳较尖。分为二式。
　　Ⅰ式：2件。两耳较平。M3：1，长11.3、高3.7厘米（图七，3）。M3：2，长11.7、高4厘米。
　　Ⅱ式：3件。两耳上翘。M6：6，长11.7、高3.9厘米（图七，4）。M6：7，长11.1、高4厘米。M6：8，长11.6、高3.6厘米。
　　三鋬罐　1件。M1：18，泥质灰陶。圆唇较尖，弧腹，平底。肩腹结合处均匀分布3个把。口径8.1、高9.4厘米（图七，5）。
　　扁棱罐　1件。M1：12，泥质灰陶。敛口，溜肩，斜直腹，上腹部有一周扁棱，平底。口径18.4、高8.8厘米（图七，8）。
　　罐　10件。分为三型。
　　A型　7件。弧腹，平底罐。泥质灰陶，形体较瘦，直口，圆唇，弧腹，平底。M1：21，口径10.8、高11厘米（图七，6）。
　　B型　2件。圆腹罐。分为二式。
　　Ⅰ式：1件。M7：13，直口，圆唇，短直颈，圆腹，平底。口径9.1、高9.4厘米（图七，7）。
　　Ⅱ式：1件。M5：5，敞口，圆唇，短斜颈，圆腹，平底。口径8.5、高7.4厘米（图七，9）。
　　C型　1件。圜底罐。M3：4，泥质褐陶。口沿缺失，圆腹，圜底。腹径24.5、残高18.4厘米（图七，11）。
　　井　3件。泥质灰陶。分为二型。
　　A型　1件。有底。M1：7，敞口，宽斜沿，斜壁，平底。口径15.8、高10.5厘米（图七，12）。
　　B型　2件。无底。分为二式。
　　Ⅰ式：1件。M5：7，圆唇，平沿下折，斜壁，无底。口径13.9、高8.8厘米（图七，13）。

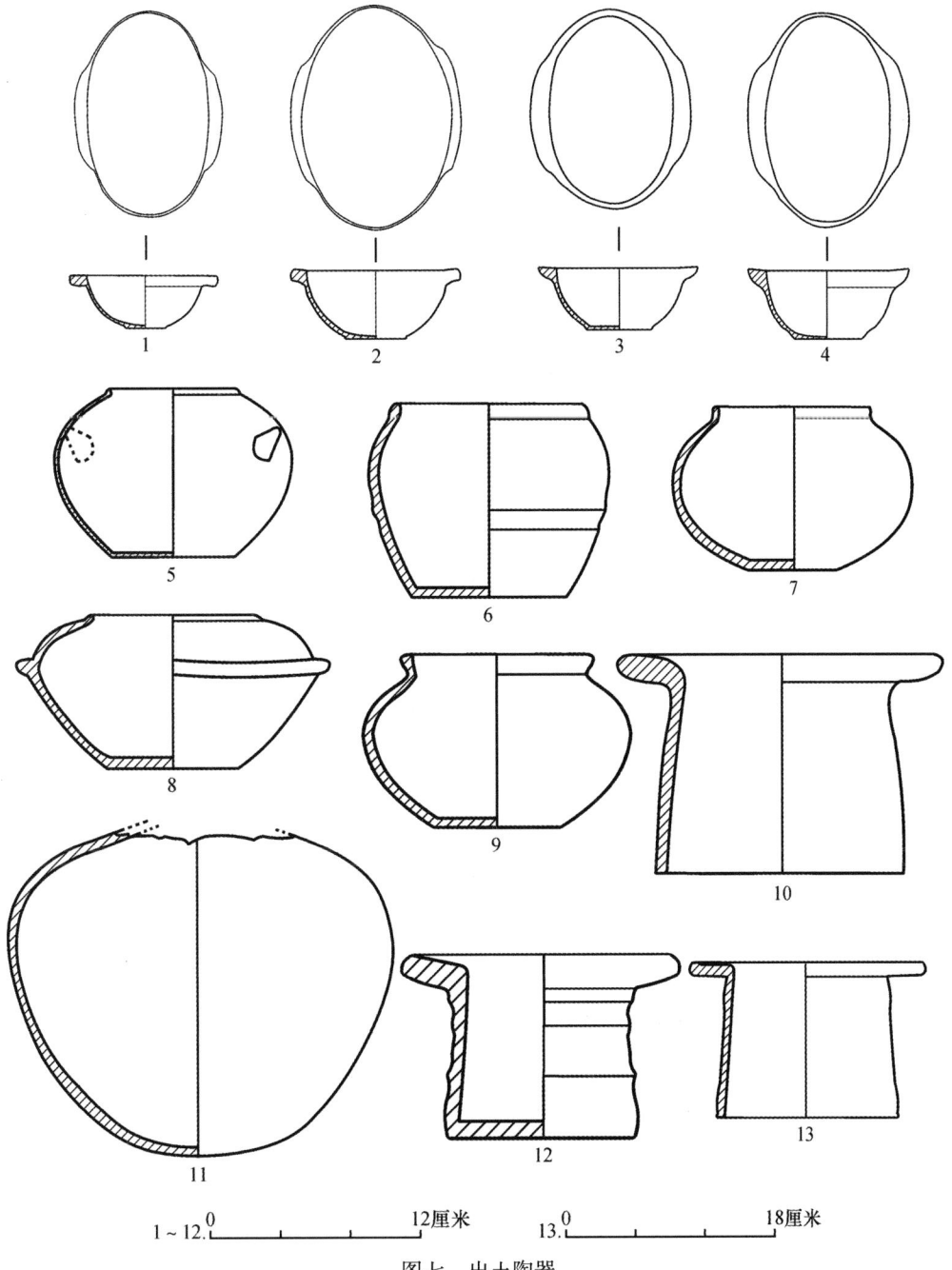

图七 出土陶器

1. A型Ⅰ式耳杯（M1：9） 2. A型Ⅱ式耳杯（M2：3） 3. B型Ⅰ式耳杯（M3：1） 4. B型Ⅱ式耳杯（M6：6） 5. 三鋬罐（M1：18） 6. A型罐（M1：21） 7. B型Ⅰ式罐（M7：13） 8. 扁棱罐（M1：12） 9. B型Ⅱ式罐（M5：5） 10. B型Ⅱ式井（M7：2） 11. C型罐（M3：4） 12. A型井（M1：7） 13. B型Ⅰ式井（M5：7）

Ⅱ式：1件。M7：2，圆唇，斜沿，壁斜略带弧度，无底。口径14.5、高9.3厘米（图七，10）。

奁 7件（套）。泥质灰陶。分为二型。

A型 6套。直腹奁。方唇，腹较直，平底。M1：19，口径21.7、高18厘米；有盖一件，坡顶，顶有三锥状纽。口径24.5、高21厘米（图八，1）。M1：13，口径20.1、高18厘米；有盖一件，口径24.5、高21厘米。

B型　1件。斜腹奁。M6：2，敛口，平沿，斜腹，平底。口径17.2、高13.7厘米（图八，2）。

方盒　1套。M5：2，泥质灰陶。方唇，直壁，平底。长31.3、高9.7厘米。另有盖一件，壁略斜，顶斜且平收，顶部有4个锥状纽。长34.4、高13厘米（图八，3）。

灯　2件。分为二型。

A型　1件。M6：1，泥质灰陶。共有5个灯盘，中间1个、周围4个。中间灯盘口径13.9、通高29.8厘米（图八，4）。

B型　1件。M6：3，泥质灰陶。残。豆形柄，灯盘无存。足径13.2、残高21厘米（图八，5）。

灶　2套。泥质灰陶。分为二型。

A型　1套。圆角梯形灶。M5：6，灶面呈圆角梯状，直壁。灶面有三个火眼，前面两个，后面一个，火眼大小相近。灶门呈方形。火眼上装2个碗和1个甑。宽19.5、通高9.2厘米（图九，1）。

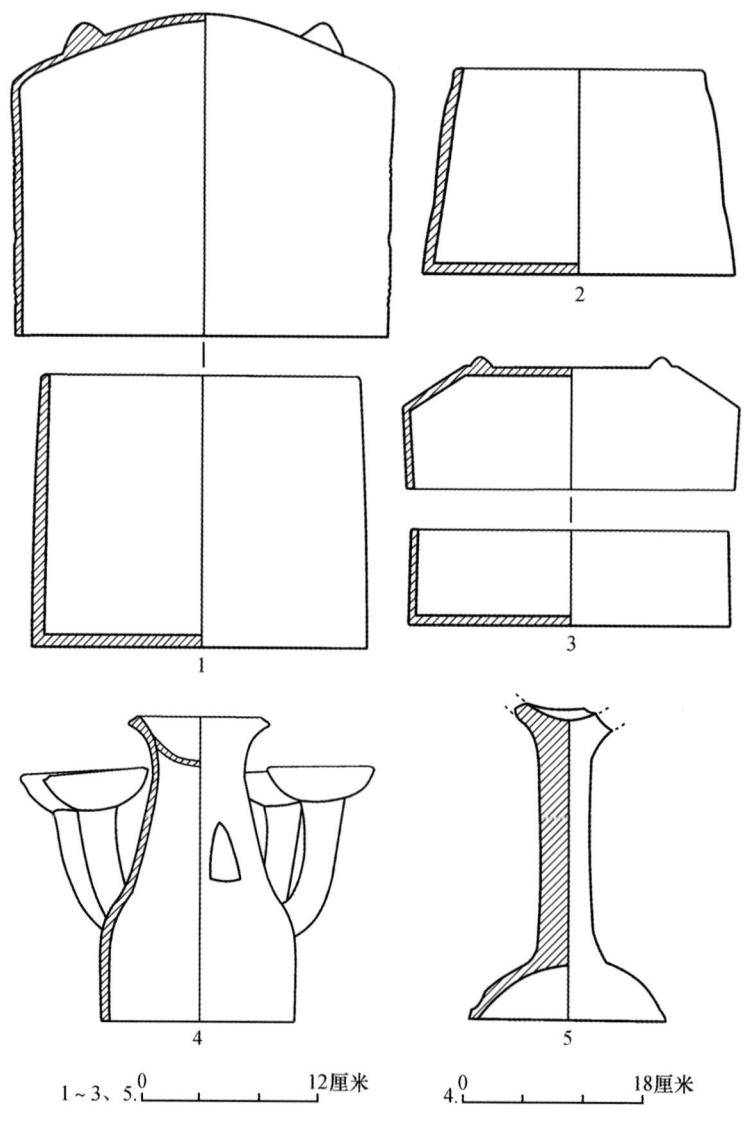

图八　出土陶器
1. A型奁（M1：19）　2. B型奁（M6：2）　3. 方盒（M5：2）　4. A型灯（M6：1）　5. B型灯（M6：3）

B型　1套。圆形灶。M7∶9，灶面近圆形，有三个火眼，前面两个，后面一个，火眼大小相近，火眼上装3个碗。灶门呈方形，灶门上端有凸出的灶额。灶后端有一个孔，象征烟道。宽23、通高8.6厘米（图九，4）。

瓮　2件。分为二型。

A型　1件。圜底瓮。M1∶20，泥质灰陶。方唇，直颈，折肩，圆腹，圜底。口径23.4、高41厘米（图九，2）。

B型　1件。平底瓮。M7∶17，泥质灰陶。侈口，圆唇，斜沿，直颈，弧腹，平底。肩部饰有一周方格纹，腹部饰有斜绳纹。口径22.1、高33厘米（图九，3）。

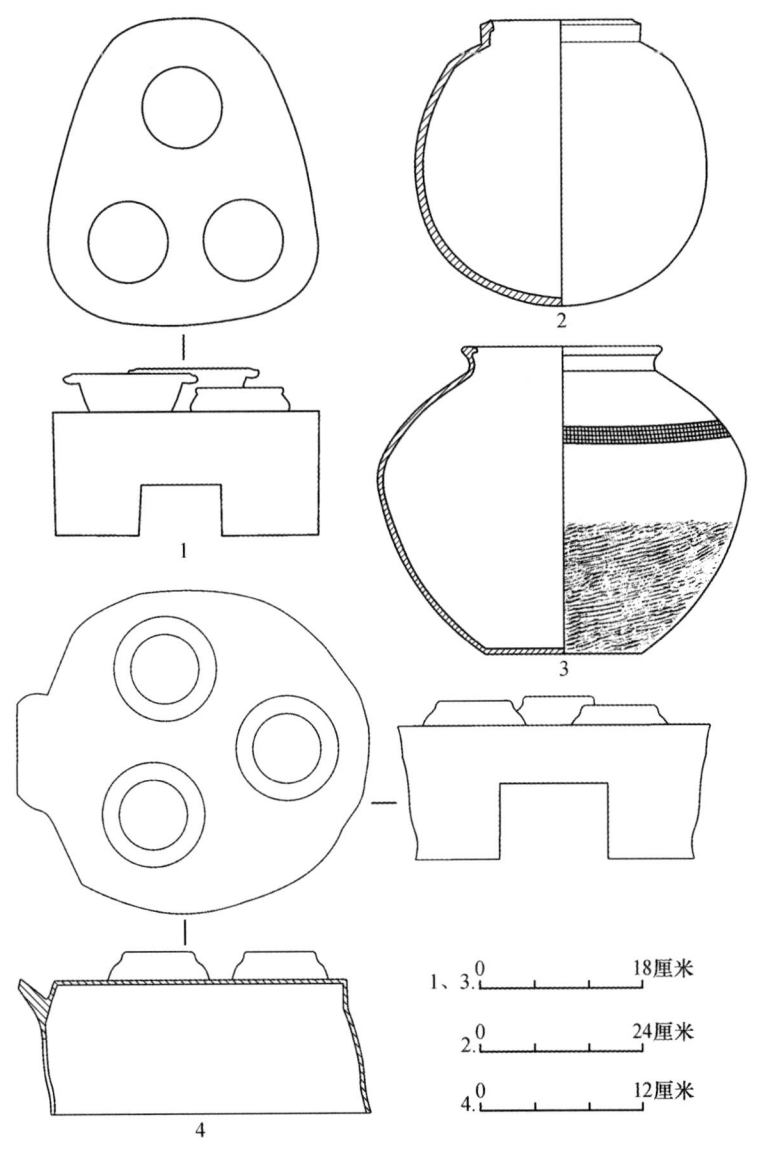

图九　出土陶器
1.A型灶（M5∶6）　2.A型瓮（M1∶20）　3.D型瓮（M7∶17）　4.B型灶（M7∶9）

## 2. 铜器

4件。器形有带钩、盖弓帽、镞和构件。

带钩　1件。M1:22，器身细长，钩首呈蛇头形，弧背，腹部有一圆纽。长9.8、宽1.6厘米（图一〇，1）。

盖弓帽　1件。M1:24，圆球形帽，圆柱形身，中空，器身上有一尖钩。残长3.1、宽1.7厘米（图一〇，2）。

镞　1件。M4:1，三棱状，后端残。残长3.3、宽1厘米（图一〇，3）。

构件　1件。M1:23，器身细长，器首呈龙头形。长10.5、宽2厘米（图一〇，4）。

## 3. 银环

4件。形制和尺寸相同。M1:25，直径2.15、环径0.15厘米（图一〇，5）。

## 4. 铜钱

共出86枚。均为五铢，方穿圆钱，尺寸基本相同。直径约2.6、边郭约0.1、穿径0.9～1厘米。根据字体不同，可分为四式。

Ⅰ式："五"字两笔交叉弯曲，"金"字头呈三角形，"朱"字头方折（图一〇，6）。

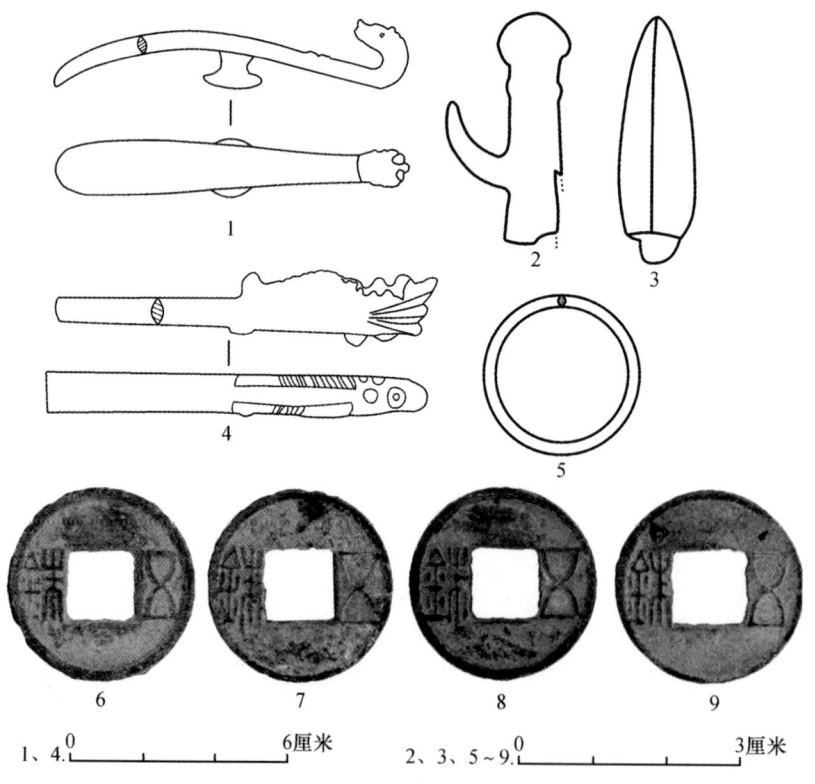

图一〇　出土铜器、银环、铜钱

1.铜带钩（M1:22）　2.铜盖弓帽（M1:24）　3.铜镞（M4:1）　4.铜构件（M1:23）　5.银环（M1:25）
6.Ⅰ式五铢　7.Ⅱ式五铢　8.Ⅲ式五铢　9.Ⅳ式五铢

Ⅱ式："五"字两笔交叉弯曲，"金"字头呈三角形，"朱"字头方折外敞（图一〇，7）。

Ⅲ式："五"字两笔交叉弯曲，"金"字头呈三角形，"朱"字头弧折（图一〇，8）。

Ⅳ式："五"字两笔交叉弯曲，"金"字头下面一笔呈弧形，"朱"字头弧折外敞（图一〇，9）。

## 三、结　语

从6座墓的形制看，有单室墓、双室墓和三室墓。有关汉代单室墓、双室墓和三室墓存在的年代，有学者把京津冀地区带甬道单室墓的使用年代推定为东汉中期，双室墓的使用年代推定为东汉中期至曹魏时期，三室墓的使用年代推定为东汉早期到曹魏时期[1]。又有学者认为河北地区的双室墓存在年代较长，东汉早期就已出现，一直到晚期仍在使用；三室墓则出现于东汉中期，沿用到东汉晚期[2]。从出土器物分析，M5出土的陶盒与东汉中期定县北庄汉墓[3]出土的同类器相似；M1和M7出土的圆形陶奁与东汉晚期的武邑中角M4∶19形制相近[4]；陶灶则与东汉晚期的河北沙河兴固汉墓出土的同类器形制相似[5]。而墓葬中不见东汉晚期出现动物俑的情况，表明6座墓的年代下限应定为东汉晚期以前。结合以上分析对比，这6座墓葬的年代应为东汉中晚期。

领队：盛立双

发掘：盛立双　相　军　甘才超　郗志坚

执笔：相　军

## 注　释

[1] 姜佰国：《京津冀地区汉代墓葬研究》，《边疆考古研究（第6辑）》，科学出版社，2007年。

[2] 穆朝娜：《河北汉墓形制初论》，《河北省考古文集（二）》，燕山出版社，2001年。

[3] 河北省文化局文物工作队：《河北定县北庄汉墓发掘报告》，《考古学报》1964年第2期。

[4] 河北省文物研究所、衡水地区文物管理所：《武邑中角汉墓群4号墓发掘报告》，《河北省考古文集》，东方出版社，1998年。

[5] 河北省文物研究所、邢台地区文物管理所：《河北沙河兴固汉墓》，《文物》1992年第9期。

（原载于《内蒙古文物考古》2010年第1期）

# 天津蓟县邦均两座古墓的清理

天津市文物管理处考古队

1975年11月，蓟县邦均镇北平整耕地发现古墓两座。市文物管理处闻讯后，即派考古队同蓟县文物保管所人员前往清理。现将这两座古墓情况介绍如下。

蓟县邦均镇西北距县城15千米，镇北近盘山南麓脚下，地势为沙丘高坡地带。据1956年调查发现，这里汉代墓葬分布较多。此后，该处"邦均汉墓群"，被公布为天津市文物保护单位之一。这次发现的两座古墓，均坐落于墓群以内偏西地段，两墓南北间距约20米（图一）。

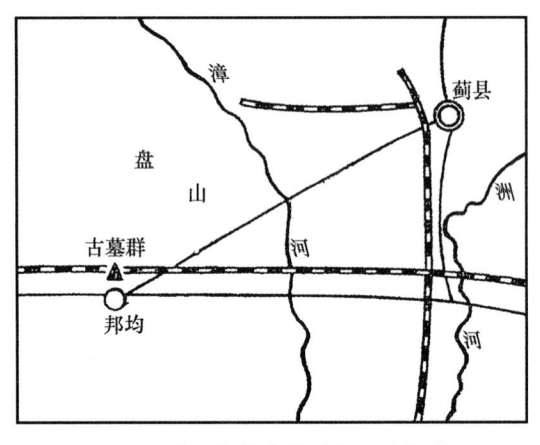

图一 蓟县邦均古墓群位置示意图

1号墓 墓形的构造，为长方形单室小砖墓。墓室南北长3.82、东西宽1.18、高1.61米。墓道为斜坡式，居于墓室南端，方位偏西15°。墓顶砖砌纵排并列双层拱券式，墓壁为两横一竖砌法，墓底铺砖一层作纵列"人"字形。墓门砖筑单层拱券式，通高1.2米。墓内淤土厚20厘米，人骨架已朽，葬式不明。墓内东侧放置随葬陶器共10件（图二）。

陶壶 2件。器形相同。通高48厘米。壶口近似盘状，领矮，颈粗，腹壁斜直呈筒状。腹部浑圆，颈与腹分界明显。底圜微凸，上面加印绳纹少而不匀。壶盖顶部隆起，做覆碗状。此壶附有喇叭式空圈足，但足与底却不相连（图三，5）。

陶瓮 1件。器形较大。高45.5、腹径48厘米。此瓮为敛口，圆唇微侈，圆肩，鼓腹，平底。器身饰细绳纹，其上下间隔有意抹平，故绳纹形成带状数周（图三，3）。

陶盒 5件。皆为长方形。通高17.5、长35.8、宽20厘米。盒盖顶平无纽。盒内发现鸡骨少许。此盒部分火候较低，呈棕褐色（图三，4）。

陶井 1件。器形制作很简单。井身为筒状，上口出沿，外折较平。高6.7厘米（图三，1）。

陶灶 1件。平面呈等边三角形。通高16.2、长24厘米。灶面分设三个火眼，上置釜、盆或甑（图三，2）。

2号墓 以砖筑成单室，构造极为简陋狭窄，方位为正南北。该墓平面呈梯形，四面砖壁平铺相错，逐高砌起内收封顶，墓壁与顶部的区分很不明显。墓室长2.47、南宽0.56、北宽0.36米，室顶距墓底高40厘米。人骨架已朽，葬式仰身直肢葬，无棺痕迹（图四）。墓内随葬

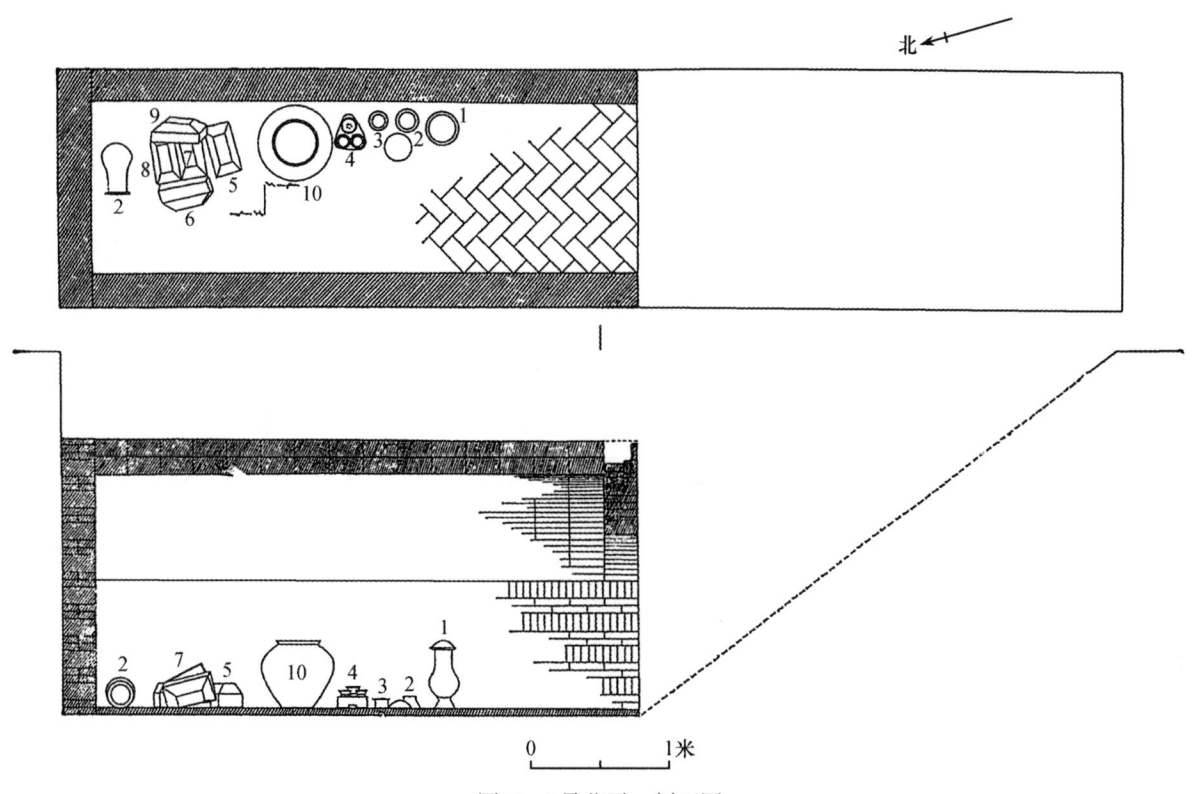

图二　1号墓平、剖面图
1、2.陶壶　3.陶井　4.陶灶　5~9.陶盒　10.陶瓮

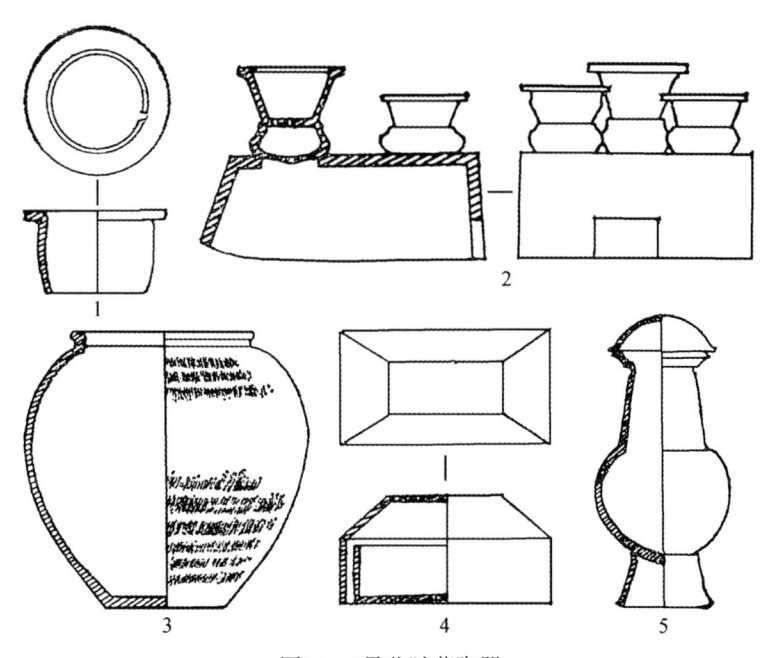

图三　1号墓随葬陶器
1.井　2.灶　3.瓮　4.盒　5.壶

器物极少。

陶盘　1件。敞口，圆唇，浅腹，平底。口沿外缘作弦纹一周（图五，1）。

陶罐残片　夹砂灰陶。敛口外侈，口沿微圆折，其外缘有凹弦纹一周（图五，2）。

对以上两座古墓的情况，主要有以下几点认识。

1号墓的墓室以小砖筑造，墓形结构比较简单，则属于汉代弧顶砖券类型。该墓券顶"纵排并列"的砌法，要比相错起券的形式较为原始[1]。墓壁"两横一竖"和墓底铺作纵"人"字形，河南地区东汉早期墓已有应用[2]。在随葬器物的组合方面，如陶壶、盒、罐、灶、井等；而无奠器以及家禽家畜之类模型，其葬俗特征显然要早于东汉晚期。从所出土的陶器形制来看，如陶壶口部似盘、颈粗呈筒状，此式与《洛阳烧沟汉墓》第五期（东汉中期）很为相近[3]。然而有所不同的一点，就是该墓陶壶圈足的"器座"制法比较特殊，目前尚属汉墓中仅见的一

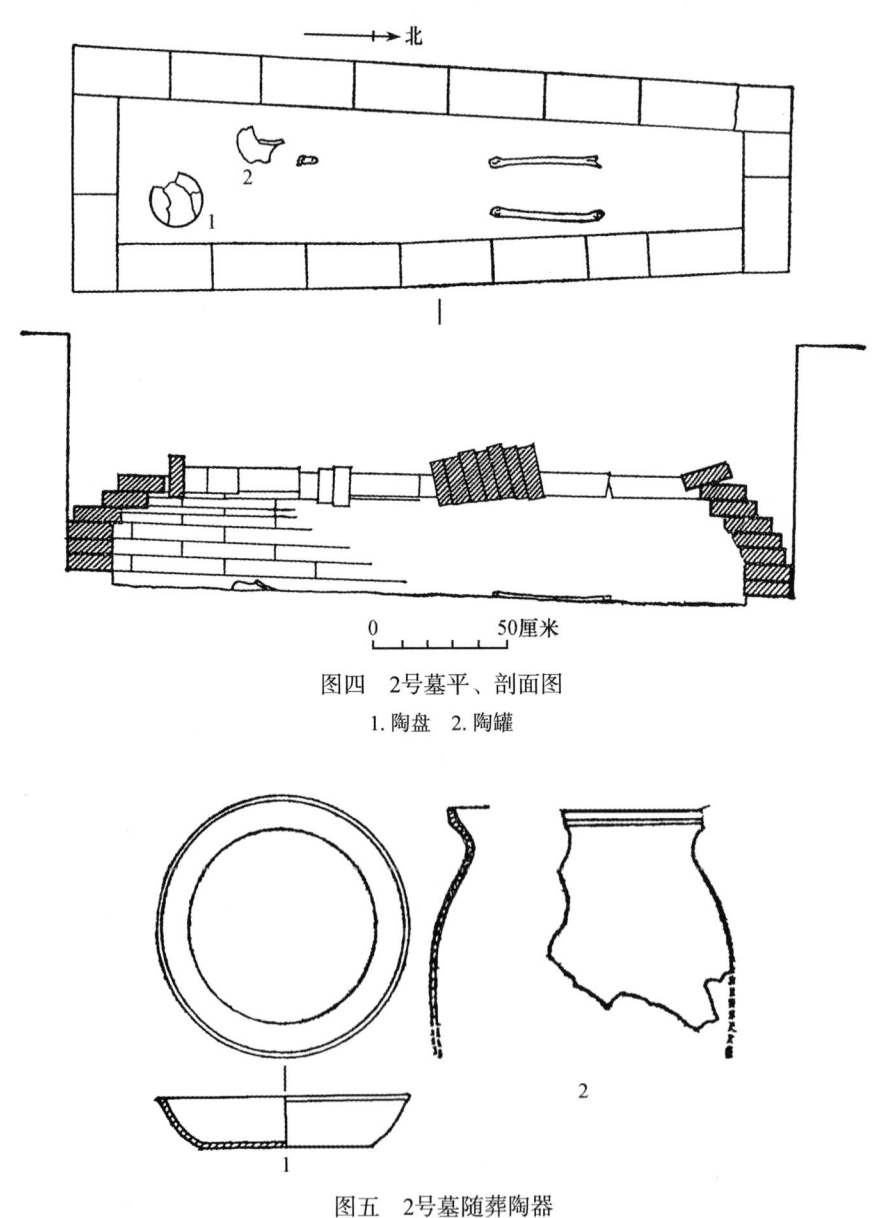

图四　2号墓平、剖面图
1.陶盘　2.陶罐

图五　2号墓随葬陶器
1.盘（M2∶1）　2.罐（M2∶2）

例。再如长方形陶盒、前方后圆陶灶，其形制与北京怀柔城北东汉中期墓很为近似[4]。依上所述，该墓年代约为东汉中期。

关于2号墓的年代，由于该墓构造甚为简陋，而随葬器物且少又残，因此，从该墓砖绳纹比较粗深的特点来看，其年代可能相当于隋唐之际。

鉴于1956年的调查发现[5]，1973年在配合基建工程中又发掘了中小型汉墓27座（这批资料尚未整理）。可见，蓟县邦均汉墓群则属于东汉时期一般平民的墓地。

附记：发掘工作由考古队邢捷、邸明、敖承隆及蓟县文物保管所魏仲明同志参加，绘图敖承隆。

执笔：敖承隆

## 注　释

[1]　黄河水库考古工作队：《河南陕县刘家渠汉墓》，《考古学报》1965年第1期。
[2]　a.洛阳区考古发掘队：《洛阳烧沟汉墓》，科学出版社，1959年；b.同[1]。
[3]　同[2]a，第103、237页。
[4]　北京市文物工作队：《北京怀柔城北东周两汉墓葬》，《考古》1962年第5期。
[5]　郑绍宗：《蓟县发现了几处汉墓群》，《文物参考资料》1956年第9期。

（原载于《考古》1985年第6期）

# 天津市武清县兰城遗址的钻探与试掘

天津市历史博物馆考古部

兰城遗址位于天津市武清县高村乡兰城村南（图一）。永定河故道凤河自西北来，从遗址西南面流过。遗址西部因长年受河水冲刷，已成为黄沙土堆积，东部和南部为新开挖的东干渠和四支渠，北部压在兰城村下，整个遗址近似一规整的方台，东西宽500余米，南北长600米，面积约30万平方米。地面暴露较多战国、汉代砖瓦碎片。遗址东侧与东干渠相隔，是汉代墓地，面积约10万平方米，曾发现数百座中小型砖室墓。1973年出土东汉雁门太守鲜于璜墓碑一通[1]，1977年天津市考古队发掘了此墓[2]。

20世纪70年代市考古队曾踏查该遗址，根据地理位置和地面采集遗物，推测其与东汉雍奴县治相当[3]。20世纪80年代《天津市历史地图集》编绘组的同志们曾两次现场考察此城，提出"兰城是西汉雍奴县故城"的观点[4]。上述几次调查，都局限于地面考察，对该遗址的范围、全貌、年代和文化性质都缺少确切的资料。1991年10月4日至11月26日、1992年10月15～25日，市考古队对该遗址进行了全面钻探和试掘，试掘1.5米×5米探沟18个、4米×4米探方13个，总面积349平方米。这些试掘的探沟、探方根据钻探情况分布于遗址的不同方位，因此基本是空白探方（沟）的有11个，遗物少，地层单纯的探方（沟）有13个，实际重点探方仅有7个，面积共计100余平方米。

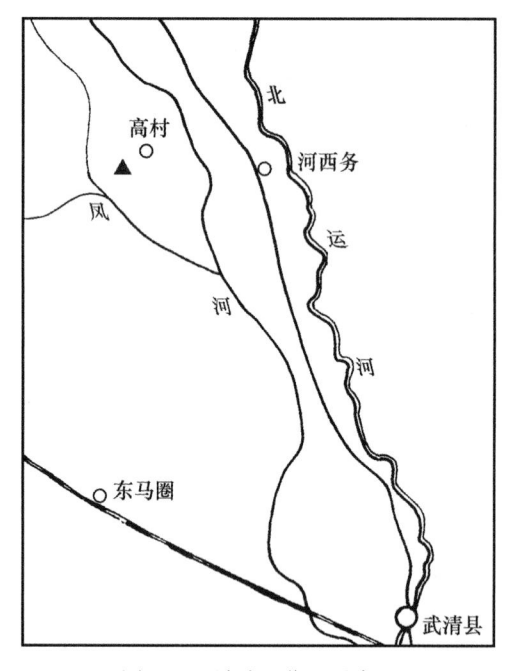

图一　兰城遗址位置示意图

## 一、勘　　探

为查明是否为城址，首先在遗址的中心部位十字交叉、每隔10米铲探一孔，得知遗址的中心部位在村中和村南，文化层厚1.5～2.5米，四周文化层渐薄，没有发现夯土痕迹。又在四周边缘部分横切四边并排布数十道钻孔，每道钻孔间距10或20米，经铲探及对遗址内外一些高坡进行补探，结果得知该遗址四周边缘分布不匀，东过东干渠并与汉代墓地接壤。西部被古河道泥沙冲刷，个别没被冲刷干净的汉代文化层被压在1.5米以下的泥沙下，泥沙之上可见零星辽金遗存。南部在四支渠北100～200米处，亦为泥沙覆盖，略次于西部，不见文化堆积。遗址内外皆未发现夯筑城墙遗迹，故可断定不是雍奴县故城。

## 二、地层堆积

以T30、T20、T31的剖面为例说明遗址的地层堆积情况。

T30西壁剖面，位于遗址中心部位（图二）。

第1层：表土层。厚15～20厘米。

第2层：黑灰色黏性土。厚20～25厘米。无遗物。

第3层：灰黄色土，土质较硬。厚70厘米。出土较多汉代灰陶绳纹板瓦片。

第4层：灰土，土质较松软。厚20～40厘米。出土灰陶罐、盆、豆，红陶釜等残片及圆瓦当等汉代遗物。在此层下开口有G1，打破第5层。

第5层：黄色砂土，土质较硬。厚30厘米。出土较少陶片，可辨器形有红陶釜、灰陶豆、饕餮纹半瓦当等。文化遗物与G1内出土遗物无明显区别，亦属战国晚期。

图二 T30西壁剖面图

T20北壁剖面，位于遗址东部，临近东干渠（图三）。

第1层：耕土层。厚20～30厘米。地表散布泥质灰陶残片、碎瓦片及卷云纹圆瓦当等残块。

第2层：灰土。厚50～80厘米。出土大量筒板瓦残片和卷云纹圆瓦当、五铢钱等。

第3层：灰黄土，夹白灰面、黑炭、烧土块等。厚40～70厘米。出土平沿红陶釜、灰陶盆罐、筒板瓦、五铢钱等汉代遗物。

T31北壁剖面，位于遗址中心部位，西临T30（图四）。

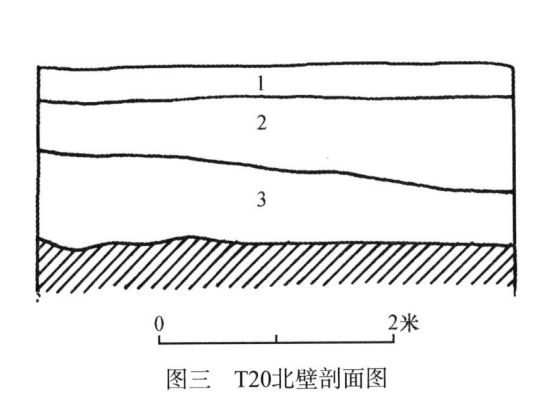

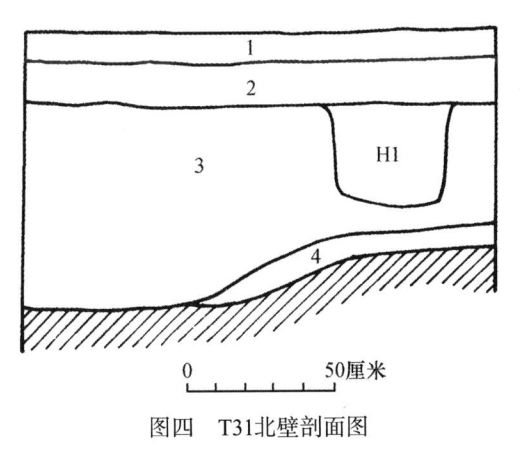

图三 T20北壁剖面图

图四 T31北壁剖面图

第1层：表土层。厚15~20厘米。

第2层：黑灰色黏性土（沼泽环境形成）。厚30~35厘米。无遗物。在此层下开口有H1，打破第3层。

第3层：灰黄色土，土质较硬。厚100~160厘米。出土较多汉代灰陶绳纹板瓦片。

第4层：灰土，土质较松软。厚10~25厘米。出土灰陶罐、豆、釜、盆和红陶釜等残片及圆瓦当等汉代遗物。

第4层以下为生黄土。

上述地层表明，此遗址主要为战国晚期至汉代的文化堆积。根据地层叠压关系和出土遗物特征，可归纳为四个阶段。

第一阶段，战国文化层，包括T30⑤、G1，属此组合的还有T23⑤。

第二阶段，汉代文化层，包括T30④、T31④，属此组合的还有T23④、T24④。

第三阶段，汉代文化层，但在地层上晚于第二阶段，器物特征亦有区别，包括T30③、T31③、T20③，属此组合的还有T23③、T24③。

第四阶段，东汉末年文化层，包括T20②、H1，属此组合的还有T12②、T16②。

四个阶段的文化堆积在遗址中分布位置不均，中部主要是第一阶段遗存，文化层厚1~1.5米，出土遗物相当丰富，也存在第二、三阶段遗存，第四阶段遗存偶见。但在东部却以第四阶段遗存为主，文化层厚0.5~0.8米，存在少量第三阶段遗存，不见一、二阶段遗存。西部和南部被古河道泥沙冲刷，覆盖层厚0.5~1.5米，其下断续可见残留的遗存。

## 三、遗　　迹

清理出灰沟1条（G1）、灰坑1个（H1）、水井2口（J1、J2）。

G1　第一阶段遗存，位于T23、T30内。第4层下开口，打破第5层，沟口距地表深0.6米。平面为长条形，东西向，中间略宽，全长11、宽2~4米，底呈锅底状，深1.5米。沟内填土为黑灰色，松软，含大量草木灰，出土陶缸、盆、釜、豆、甑、筒板瓦、半瓦当及刀币等大量战国晚期遗物。

H1　第四阶段遗存，位于T31内。开口于第2层下，打破第3层汉代文化层。平面呈长条形，南北向，长约4、宽1.2、深1.4米，壁较直，平底。灰坑内填满碎瓦片和零星陶器残片，并出土"大乐昌富"圆瓦当和董卓小五铢钱等东汉晚期遗物。

J1　第三阶段遗存，位于T18东南部。开口于第3层下，距地表深0.75米，打破生土层。J1是由陶井圈节节叠置而成，上两节井圈已被挤碎，第三节保存尚好。井圈圆形，直径0.93、高0.35米，壁厚2~2.5厘米。泥质灰陶，粗绳纹。至第四节已出水，深度不明。未发现遗物。

J2　第三阶段遗存，位于T19南部。开口于第2层下，打破第3层生土，距地表深0.9米。J2是由板瓦片磨成楔形，一块块平铺交错砌成，黄土填缝。瓦片为泥质灰陶，外饰绳纹。井口圆形，井筒状。外径1、内径0.62、深2.6、底径0.9米（图五）。未发现遗物。

# 四、遗　物

出土遗物以陶器为主，亦有石、骨、铜、铁等。

## （一）陶器

分红陶和灰陶两大系。

### 1. 红陶

陶质皆夹云母屑。一种厚胎，火候不均，用于制作釜、炉、双耳罐等。另一种薄胎且多经磨光，夹细小云母屑，色暗红，主要用来制作钵、小口罐等。

釜　俗称"鱼骨盆"，分四型。

A型　敞口，口沿外侈，呈弧线形或折线形上翘，深腹。通体饰绳纹。分四式。

Ⅰ式：T30⑤：1，圆唇微尖有倒钩，沿面有两道凸弦纹，筒形腹微鼓。口沿下拍打横竖交叉绳纹，腹部饰横向细绳纹，印痕深。残高15厘米（图六，4）。

Ⅱ式：G1：1，圆唇微尖，口沿上折，沿面有一道沟槽，深腹，腹壁斜直。通体饰规整的细绳纹，印痕浅，局部抹光。口径34、残高2.8厘米（图六，1）。

Ⅲ式：T23④：1，口沿上折，深腹，腹壁斜直。外表饰细绳纹，印痕浅，局部抹光。口径36、残高10.5厘米（图六，9）。

Ⅳ式：T24③：1，陶质、火候较上述三式高，夹云母细颗粒。方唇，口沿外折并上翘，折棱明显，斜直腹。口沿下有一圈断续点纹，腹部饰中粗绳纹，印痕稀疏。口径34、残高18厘米（图六，12）。

A型釜的发展变化，口沿由弧线形向方折形过渡，唇部由尖圆到方厚，口微敛到敞开，绳纹由细变粗，陶质、火候也渐高。

B型　平沿，腹壁微鼓，圜底，沿下有稀疏的横弦纹数道。分二式。

Ⅰ式：T24③：2，口沿下有四道横弦纹，腹部磨光，隐约可见浅中粗绳纹。口径30、残高22厘米（图六，2）。

Ⅱ式：T20②：1，颈微束，口沿下有三至四道不明显的横弦纹。口径24、残高10厘米（图七，1）。

C型　短沿，深腹，肩部有凸棱。分二式。

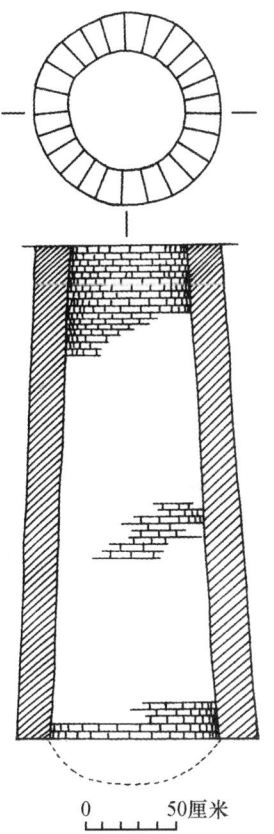

图五　J2平、剖面图

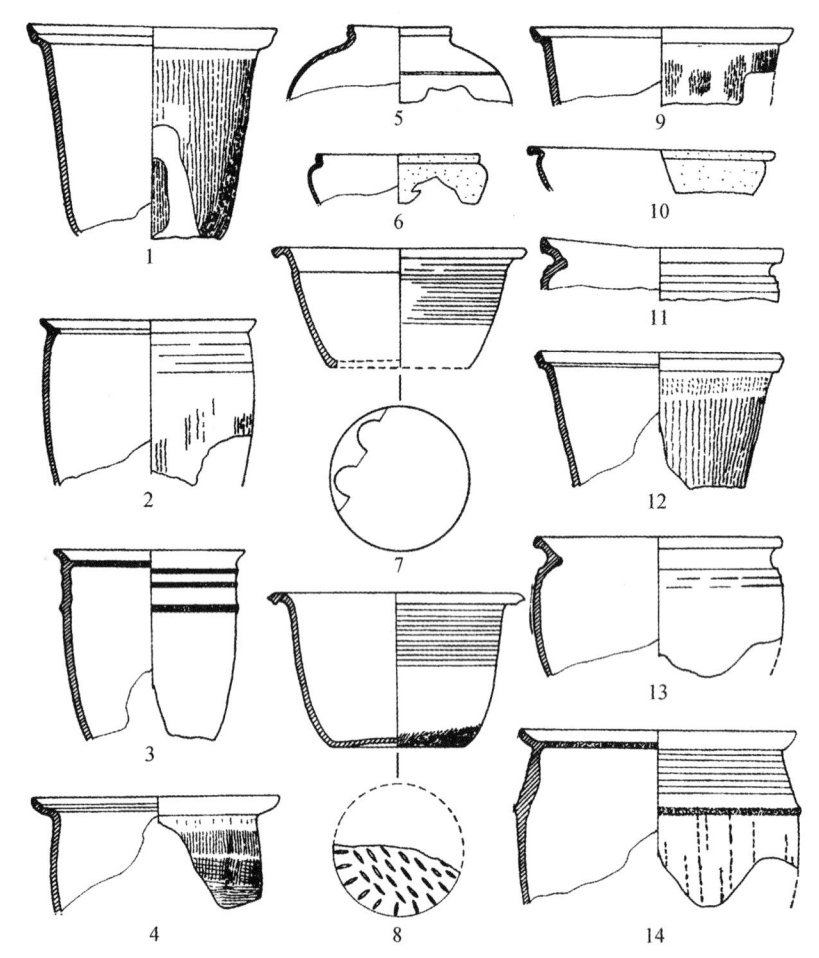

图六 出土陶器

1. A型Ⅱ式釜（G1∶1） 2. B型Ⅰ式釜（T24③∶2） 3. C型Ⅱ式釜（H1∶2） 4. A型Ⅰ式釜（T30⑤∶1） 5. B型罐（T20②∶2） 6. A型钵（T20②∶3） 7. Ⅰ式甑（G1∶13） 8. Ⅱ式甑（T27②∶2） 9. A型Ⅲ式釜（T23④∶1） 10. B型钵（T23③∶2） 11、13. D型釜（H1∶1、T14③∶1） 12. A型Ⅳ式釜（T24③∶1） 14. C型Ⅰ式釜（T23③∶1）

Ⅰ式：T23③∶1，颈微束，肩部有凸棱一圈。沿下饰横弦纹七道，腹部饰断续锥刺纹。口径38、残高23厘米（图六，14）。

Ⅱ式：H1∶2，沿下有粗横弦纹二道，近肩部有凸棱一圈，壁较直。口径26、残高25.5厘米（图六，3）。

D型 敞口，束颈出肩，鼓腹。除肩部有横弦纹数道外，通体磨光。H1∶1，仅见口沿部分，圆唇微尖，肩部有三道横弦纹。口径24、残高7厘米（图六，11）。T14③∶1，圆唇，肩部有二道横弦纹。口径34、残高18.6厘米（图六，13）。

小釜 敞口，平沿外折，斜直腹，圜底。通体饰细绳纹。G1∶2，沿下有沟槽一圈。口径19、高17.4厘米（图七，6）。T24④∶1，仅存上半部分，沿下无沟槽。口径20、残高10.5厘米（图七，7）。

炭炉 H1∶3，圆形，敞口，平沿，口沿内壁伸出三个马蹄形支脚，斜收腹，底残。口径28、残高10.5厘米（图七，3）。

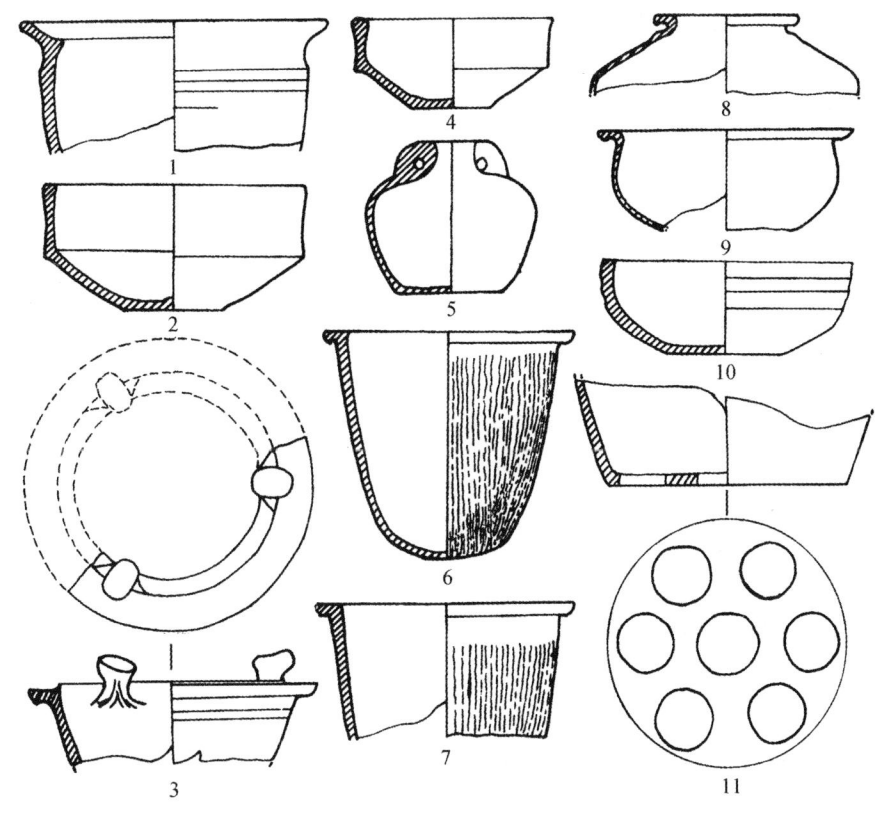

图七 出土陶器

1. B型Ⅱ式釜（T20②：1） 2、4. Ⅰ式钵（G1：14、G1：15） 3. 炭炉（H1：3） 5. A型罐（T23④下：3） 6、7. 小釜（G1：2、T24④：1） 8. B型罐（H1：4） 9. B型钵（T27②：1） 10. Ⅱ式钵（T24④：2） 11. Ⅱ式甑（T16②：1）

罐 分二型。

A型 1件（T23④下：3）。小口，鼓腹，平底。口沿下出桥形双耳。素面。口径4.3、底径8.5、高11.5厘米（图七，5）。

B型 H1：4，方唇，平折沿，折肩。素面。壁厚仅0.2厘米。口径11、肩宽21厘米（图七，8）。T20②：2，圆唇，小立领，领上有一圈凸棱，圆肩。肩部有两道凹弦纹。口径14、残高10.1厘米（图六，5）。

钵 器表磨光，壁薄。分二型。

A型 T20②：3，圆角，方唇。口径22、残高6.5厘米（图六，6）。

B型 T27②：1，口沿外平折，微敛，弧形腹。素面。口径20、残高7.6厘米（图七，9）。T23③：2，口沿外折，敞口，斜收腹。素面。口径34、残高5.6厘米（图六，10）。

陶饼 4件。利用夹蚌红陶残片磨制成圆饼状，直径2.4～7.5厘米。G1：28，一面仍保留有绳纹痕迹。直径2.4、厚0.8厘米（图九，30）。T23③：7，素面。精心磨制。直径7.5、厚1.2厘米。

穿孔圆陶片 1件（T16②：4）。夹云母红陶。利用废陶片稍加磨制成椭圆形，中间有三孔。素面。直径7～7.6、孔径0.4～0.8厘米（图九，31）。

## 2. 灰陶

分泥质和夹云母夹砂两类。泥质陶有罐、豆、甑、钵、盘、盆和筒板瓦等建筑材料，夹云母夹砂陶仅见于大型器瓮和盆。纹饰以绳纹为主，亦有弦纹。

罐　分五型。

A型　圆角，方唇，高领，直口，斜肩。领部饰一道弦纹和锥刺纹，肩部饰凸弦纹。G1∶4，口径28、领高7厘米（图八，7）。

B型　方唇，宽折沿，高领，敞口，鼓腹，平底。G1∶5，肩、腹部饰断续细绳纹，近底部拍打交叉细绳纹。肩部压印长条形戳记两方，一方释为"廿五年陶□"，另一方字迹不清。戳记右上方压印圆圈印记两排，每排五个。口径29、底径13、高37厘米（图八，19）。G1∶6，器形同上。肩、腹部饰弦纹，肩部压印长条形戳记一方，释为"□怒"两字，圆圈印记一个，底残。口径22.5、残高28.7厘米（图八，18）。

C型　方唇，矮领，鼓腹。分二式。

Ⅰ式：G1∶7，小口外翻，圆鼓腹。腹部以上饰密集的弦纹，近底部饰绳纹。口径14.5、残高20.3厘米（图八，17）。T23④∶2，口沿外翻。素面。口径22、残高9厘米（图八，10）。

Ⅱ式：T24③∶3，口沿外折。肩部饰断续细绳纹，腹部有弦纹。口径20、残高10厘米（图八，9）。

D型　平沿，小立领，领部有一或二道凸弦纹。分二式。

Ⅰ式：G1∶8，领外壁有一道凸弦纹。口径17、残高5.3厘米（图九，22）。

Ⅱ式：T24③∶4，领外壁有两道凸弦纹，肩部饰密集的细绳纹和弦纹。口径24、残高7厘米（图八，8）。

E型　圆唇，小口内收，沿下有一圈凸棱，溜肩，鼓腹。器表饰密集的细弦纹，器壁较薄。H1∶5，口径12、残高10厘米（图九，23）。Tl6②∶2，口径10、残高8.5厘米（图九，24）。

豆　分三型。

A型　T30⑤∶2，方圆唇，豆盘较深，内、外壁皆呈弧形，圆柱形豆把。外壁饰两道凹弦纹。口径17、底径10、高15.3厘米（图九，4）。

B型　豆盘呈钵状，外壁为折腹，内壁呈弧形，圆柱形豆把。盘深4～4.5厘米。分二式。

Ⅰ式：G1∶9，方唇，豆盘折线在腹中部。口径13、底径7.8、高13.5厘米（图九，2）。G1∶10，方圆唇，豆盘腹部有双折线。口径12、底径8、高12厘米（图九，12）。

Ⅱ式：T19②∶1，方唇，腹部折线接近盘底。口径13.5厘米（图九，10）。

C型　豆盘浅平，外壁为垂线，底接近于平面，内壁有一圈折线。分二式。

Ⅰ式：G1∶11，尖唇，盘外底近平，内底微凹。口径14厘米（图九，11）。

Ⅱ式：T23④∶3，尖唇，盘外底平，内底近平。口径14、深2.4厘米（图九，9）。T23③∶3，口径15厘米（图九，8）。

另有竹节形豆把（G1∶12），仅存豆把和座。把圆柱状，中段有两圈凸起，圆底座。残高10、底径9.2厘米（图九，18）。T12③∶1，仅存豆把，器形同上。残长8厘米（图九，16）。

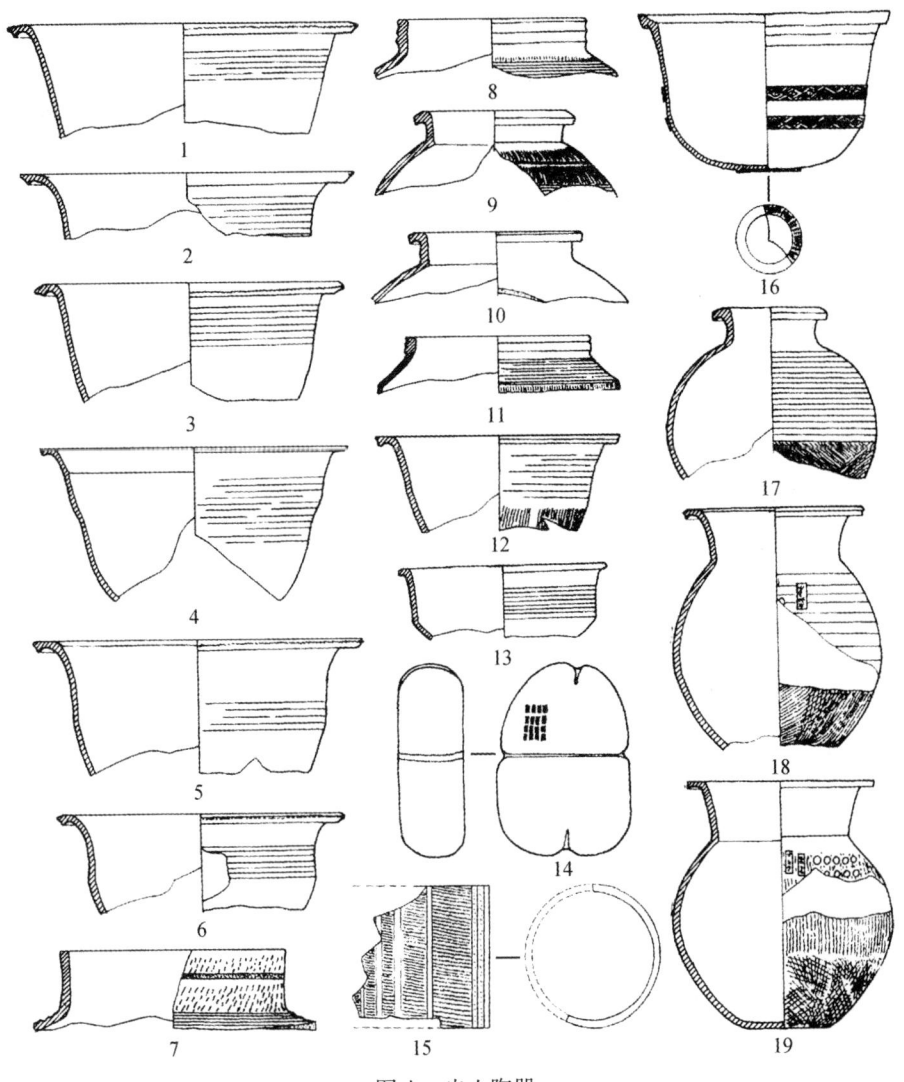

图八 出土陶器

1、3、6. C型Ⅰ式盆（T24④：3、G1：20、G1：21） 2. B型Ⅱ式盆（T30④：3） 4. C型Ⅲ式盆（H1：7） 5. B型Ⅰ式盆（G1：19） 7. A型罐（G1：4） 8. D型Ⅱ式罐（T24③：4） 9. C型Ⅱ式罐（T24③：3） 10、17. C型Ⅰ式罐（T23④：2、G1：7） 11. Ⅰ式瓮（G1：23） 12. C型Ⅱ式盆（T30③：1） 13. D型Ⅱ式盆（T24③：5） 14. 网坠（T12②：17） 15. 水管（G1：24） 16. A型Ⅰ式盆（G1：18） 18、19. B型罐（G1：6、G1：5）

甑 分二式。

Ⅰ式：G1：13，尖唇，卷沿，敞口，深腹，底微凹。口沿下饰数道弦纹，近底部拍印绳纹。口径44、高25.5厘米。底部钻排列有序的小孔数十个，孔长2、宽0.5厘米（图六，7）。

Ⅱ式：T27②：2，圆唇，卷沿，敞口，浅腹，有颈，平底。沿下与腹部饰弦纹。口径44、底径24、高20厘米（图六，8）。T16②：1，仅存底部，圆形。直径2.35厘米。共有七个圆孔，孔径5~5.5厘米（图七，11）。

钵 直口，平底，素面。分二式。

Ⅰ式：G1：14，圆唇，高直口，折腹，小平底。口径20.5、底径7.5、高9.6厘米（图七，2）。G1：15，形制同上，器形略小。口径15.5、底径6.2、高6.7厘米（图七，4）。

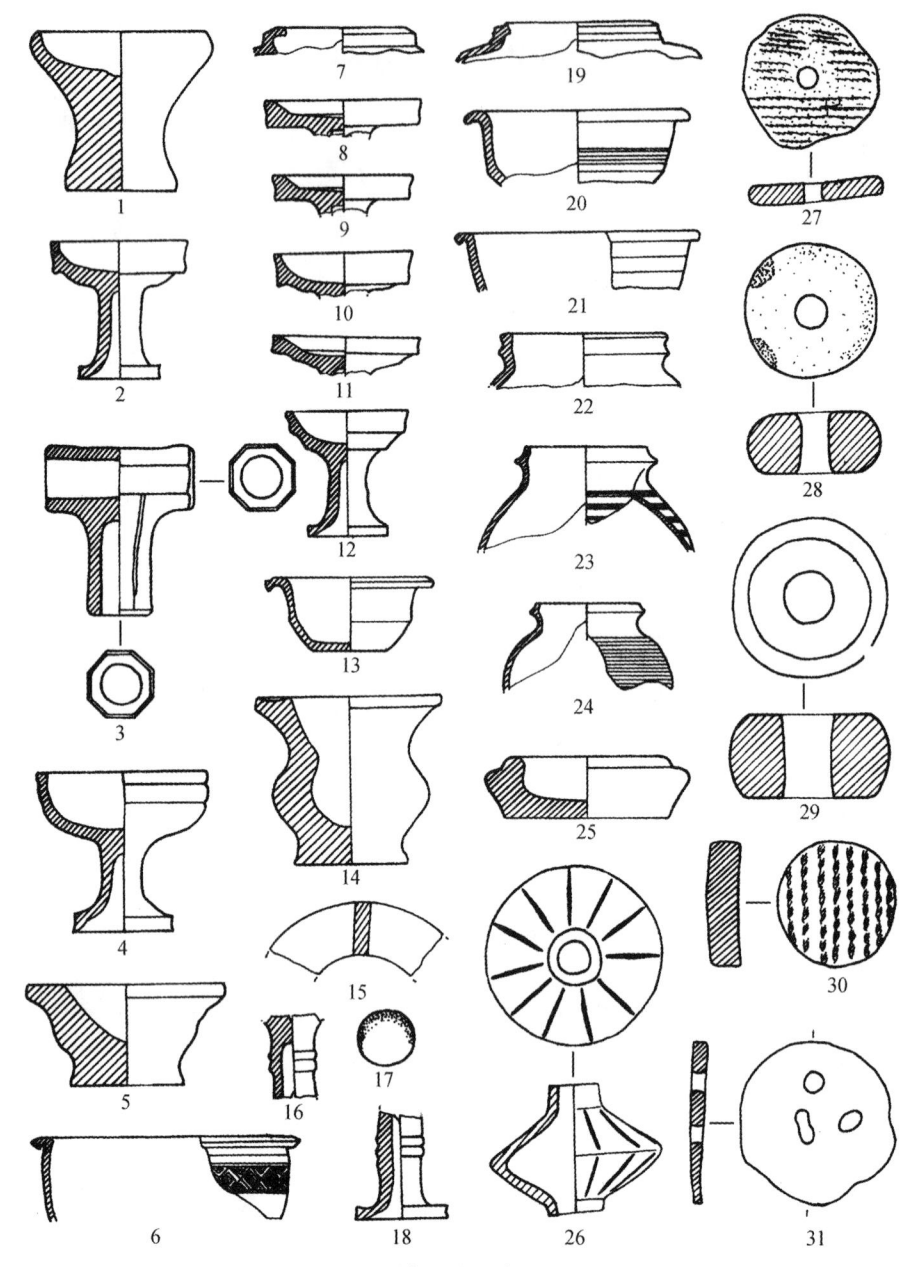

图九　出土陶器

1. 小豆（T20③：3）　2、12. B型Ⅰ式豆（G1：9、G1：10）　3. 节约（T24④：4）　4. A型豆（T30⑤：2）　5. 小碗（T20③：1）
6、21. A型Ⅱ式盆（T30④：2、T23③：4）　7、19. Ⅱ式盆（T23③：6、T23③：5）　8、9. C型Ⅱ式豆（T23③：3、T24④：3）
10. B型Ⅱ式豆（T19②：1）　11. C型Ⅰ式豆（G1：11）　13. D型Ⅰ式盆（G1：22）　14. 小盂（T20③：4）　15. 璧（T20②：6）
16、18. 竹节形豆把（T12③：1、G1：12）　17. 球（T16②：3）　20. D型Ⅱ式盆（T30④：4）　22. D型Ⅰ式罐（G1：8）
23、24. E型罐（H1：5、T16②：2）　25. 小钵（T20③：2）　26. Ⅱ式纺轮（T20②：7）　27. Ⅲ式纺轮（G1：27）
28、29. Ⅰ式纺轮（G1：26、G1：25）　30. 饼（G1：28）　31. 穿孔圆陶片（T16②：4）

Ⅱ式：T24④：2，方唇，小直口，弧形腹，平底。口沿下有三道弦纹。口径20、底径9、高7厘米（图七，10）。

盘　分三式。

Ⅰ式：为刻花鱼龙纹大盘。G1：16，尖唇，平沿外折，直壁，折腹，小圈足。器表磨光，外壁有断续弦纹和零星绳纹，内壁阴刻纹饰，平沿上有四圈连续三角划纹，壁和底阴刻鱼、龙纹和卷云纹，龙做昂首飞舞状。口径47.5、底径15.5、高12厘米（图一〇，4）。G1∶17，尖唇，平折沿微卷，敞口，折腹，小圈足。口径60、底径16、高16.5厘米。器表面磨光，内壁平沿上阴刻四圈连续三角形划纹，内壁上为卷云纹，内底为鱼龙纹（图一〇，1）。

Ⅱ式：T30④∶1，平折沿，敞口，壁向外倾斜。器物表面磨光，在下腹部折处压印一圈点纹。口径52、残高10.5厘米（图一〇，2）。

Ⅲ式：T20②∶4，平折沿，短小，敞口，斜直壁，折腹。器表磨光。在下腹部有一圈压印纹和中粗绳纹。口径40、残高9.6厘米（图一〇，3）。

盆　分四型。

A型　深腹盆。分二式。

Ⅰ式：G1∶18，尖唇，口沿外折，敞口，深腹，壁形足。口沿下有凸弦纹两道，腹部附加两条带状菱形花纹，带宽4厘米，足底圈拍印一周绳纹。口径78、底径20、高48厘米（图八，16）。

Ⅱ式：T30④∶2，平折沿，敞口微敛，深腹。口沿下压印一圈菱形花带。口径66、残高20厘米（图九，6）。T23③∶4，平折沿，敞口，斜直腹。沿下有两道凹线纹。口径60、残高14厘米（图九，21）。

B型　平沿盆。沿内有一圈凸棱，敞口，深腹内收，饰弦纹。分三式。

Ⅰ式：G1∶19，尖唇，平折沿，腹部微鼓。唇部压印一周绳纹，腹部有弦纹。口径52、残高20厘米（图八，5）。

Ⅱ式：T30④∶3，尖唇，口外侈。沿下有密集弦纹，唇边压印一周绳纹。口径52、残高9.8厘米（图八，2）。

Ⅲ式：H1∶6，尖唇，沿外折。沿内凸棱长及颈部，颈下有不规则的弦纹数道。口径62、残高8厘米。

C型　卷沿盆。敞口，深腹，饰弦纹。分三式。

Ⅰ式：G1∶20，腹壁斜直内收，沿下有弦纹数道。口径48、残高17.5厘米（图八，3）。G1∶21，腹壁微鼓，近底内收。腹部饰弦纹数道。口径46、残高14厘米（图八，6）。T24④∶3，器形略小，腹壁微鼓。近底部拍打密集的细绳纹（图八，1）。

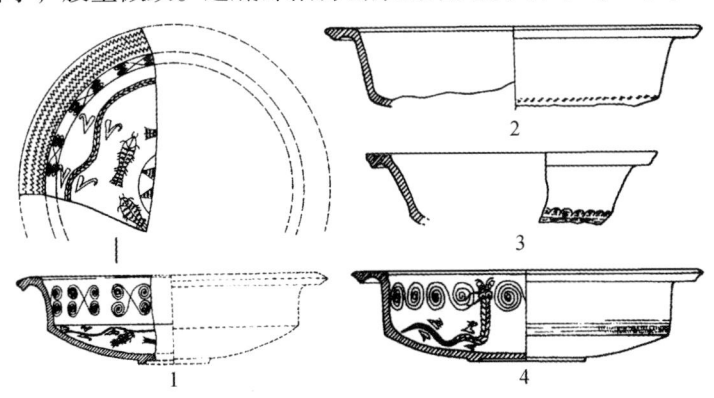

图一〇　出土陶盘

1、4. Ⅰ式（G1∶17、G1∶16）　2. Ⅱ式（T30④∶1）　3. Ⅲ式（T20②∶4）

Ⅱ式：T30③：1，口沿边上有一道凹线，斜直壁。口径44、残高13.5厘米（图八，12）。

Ⅲ式：H1：7，口沿边上有一道凹线纹，口沿外卷，短小，腹壁内收。口径48、残高23厘米（图八，4）。

D型　小盆。敞口，折腹，平底。分二式。

Ⅰ式：G1：22，口沿外翻，腹部折线在中腰。素面。口径17、底径7.5、高7厘米（图九，13）。

Ⅱ式：T30④：4，口沿外折，腹壁较直，腹部折线在下腰，腹壁有弦纹数道。口径22、残高7.2厘米（图九，20）。T24③：5，器形同上，仅口沿短小，弦纹密集。口径26、残高8.6厘米（图八，13）。

瓮　分二式。

Ⅰ式：方圆唇，短直领，折肩。肩部有密集的弦纹数十道。G1：23，口径56、残高17厘米（图八，11）。

Ⅱ式：方唇，敛口内收。T23③：5，器表磨光，呈黑灰色。口径34、残高9厘米（图九，19）。T23③：6，口径32厘米（图九，7）。

磨　T30③：2，残块，陶质中夹谷壳。平面为圆形，四周起墙。表面有方格纹。高7.5厘米。

水管　G1：24，圆筒状，仅存一段。饰断续绳纹和弦纹。直径29、壁厚1.5厘米（图八，15）。

小碗　6件。皆轮制。宽平沿，敞口，平底。T20③：1，口径4.9、底径2.8、高2.4厘米（图九，5）。

小钵　7件。子口，浅盘，平底。T20③：2，口径3.6、底径4.1、高1.5厘米（图九，25）。

小豆　3件。敛口，浅盘，豆把粗壮，实心，束腰，平底。T20③：3，口径4.4、高3.8厘米（图九，1）。

小盂　2件。平唇微凹，敞口，深鼓腹，平底。T20③：4，口径4.6、底径2.8、高4厘米（图九，14）。

节约　1件（T24④：4）。手制。T字形，横竖皆作八面形，中孔为圆形，横向左右相通，竖向与横向不通。长8.2、宽7.2、孔径4厘米（图九，3）。

球　2件。T16②：3，手制。圆形。直径1.4厘米（图九，17）。

璧　1件（T20②：6）。扁圆形。直径9厘米（图九，15）。

网坠　1件（T12②：17）。利用麻纹砖残块磨制而成。长圆形，横竖皆有系绳的沟槽。长11.6、宽8.3、厚4厘米（图八，14）。

纺轮　8件。分三式。

Ⅰ式：4件。扁圆形，中心钻孔，精心磨制而成。G1：28，直径2.2～4.7、高1.5～2厘米。G1：25，直径3.8、孔径1.3、高2厘米（图九，29）。G1：26，夹砂灰陶。直径2.2、孔径0.8厘米（图九，28）。

Ⅱ式：1件（T20②：7）。轮毂形，中空。器表刻出几条沟槽。直径8.8、孔径2.6、高6.2厘米（图九，26）。

Ⅲ式：3件。利用夹云母红陶片磨制而成。椭圆形，中间穿孔，一面饰绳纹。G1：27，直径6.5、孔径1、厚1厘米（图九，27）。

## 3. 戳记陶片

共出土9片，采集1片。出土物皆位于G1内，皆为陶罐肩部残片。陶片上所印戳记内容有纪年、陶工姓名和其他。纪年铭文有"廿一年将军甸□□""廿七年"，陶工铭有"甸攻□"等，其他铭有独字"行""□怒""□生仓"等，尚有不识之字。其他铭中有3片和2片分别同铭，文字多阴文，只"□怒"铭为阳文。所印戳记有长方形和长条形两种，尺寸分别是1.8厘米×5.5厘米、1.2厘米×3厘米、8.4厘米×1.4厘米、4.5厘米×0.9厘米，仅见一个扁方形独字印记，为1.4厘米×1.5厘米。紧靠戳记的两侧压印有双排圆圈符号（图一一，1~10）。

图一一 出土戳记陶片及释文

1. 甸攻（工）□（G1：48） 2. □昌（G1：49） 3. 攻（工）□（G1：45） 4. 攻（工）□（G1：47） 5. 甸攻（工）□（G1：46） 6. □怒（G1：44） 7. 廿七年□生仓（G1：42） 8. □怒（G1：43） 9. 廿一年□左甸尹徒□王氏□行（G1：40） 10. □□廿五年廿五年□作（G1：41）

## （二）建筑材料

### 1. 瓦当

多为残块，较完整者8件。皆泥质灰陶，分半瓦当和圆瓦当。

双夔饕餮纹半瓦当　3件。T30⑤:3，完好。当面饰双夔自正中头向下垂，双首相背，口张开，夔身盘于瓦当两侧，以卷云纹组成类似饕餮状的额和口。当面宽16厘米（图一二，7）。

卷云纹半瓦当　2件。T23⑤:1，完好。当面正中以一道横线连接两侧两朵卷云纹，横线之上立一三叉树木，树木两侧两朵变形卷云纹，横线两端两朵小卷云纹，底边一排锯齿纹，瓦面饰细绳纹。当面宽16.5、高8.5厘米（图一二，4）。

双龙纹半瓦当　2件。G1:29，完整。双龙对首，皆做飞舞状，首尾摆动，屈身低首，前爪昂起，后爪伏地，姿态生动。当面宽19.8、高10厘米（图一二，5；图一三，1）。

山云纹半瓦当　1件（G1:30）。当面以两道几何形凸线组成重叠高山形式，山峰两边各填两条小卷云纹。宽16、高7.5厘米（图一二，10；图一三，2）。

另有素面半瓦当残块（G1:31）。

卷云纹圆瓦当　分二式。

图一二　出土瓦当拓本

1.大乐昌富圆瓦当（T8采:1）　2. I式卷云纹圆瓦当（T18①:1）　3、6. II式卷云纹圆瓦当（T12②:2、T20②:8）　4.卷云纹半瓦当（T23⑤:1）　5.双龙纹半瓦当（G1:29）　7.双夔饕餮纹半瓦当（T30⑤:3）　8.树木卷云纹瓦当（T23③:9）　9."千"字瓦当（T16③:6）　10.山云纹半瓦当（G1:30）

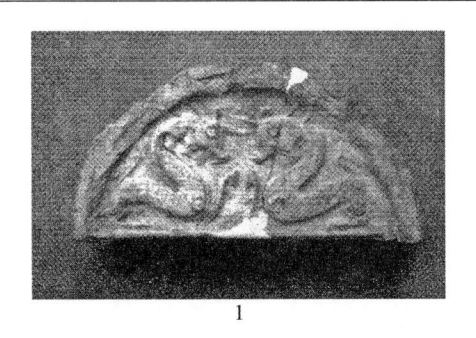

图一三 出土半瓦当
1. 双龙纹半瓦当（G1∶29） 2. 山云纹半瓦当（G1∶30）

Ⅰ式：3件。当面中心为一圆泡，双道界格线十字分，每一界格内填双线卷云纹或单线卷云纹。T18①∶1，当面直径15.5厘米（图一二，2）。

Ⅱ式：6件。当面中心为一大圆泡，以界格线十字平分当面，界格线四个顶端为四个小圆泡，四个界格内各填一单线卷云纹。T20②∶8，当面直径17厘米（图一二，6）。T12②∶2，当面直径18厘米（图一二，3）。

大乐昌富圆瓦当 4件。78采∶1，完好。当面正中有一圆泡，围绕圆泡画圆，四条弧线相切于圆上的四点，每两弧线相接于四角画小卷云纹一朵，并将当面均等分成四个界格，分别隶书"大乐昌富"四字。当面直径17厘米（图一二，1）。其余3件残，皆出土于H1内。

树木卷云纹瓦当 1件（T23③∶9）。残，可见一三叉树和半个卷云纹（图一二，8）。

"千"字瓦当 1件（T16③∶6）。残块当面上书"千"字，一边上有圆泡一个（图一二，9）。

**2. 板瓦**

出土数量较多，多为残片。分三型。

A型 可分二式。

Ⅰ式：G1∶32，长方形。瓦面饰断续细绳纹和弦纹，绳纹细密，瓦背为素面。长45、两端分别宽36和33、高9～10厘米（图一四，3）。

Ⅱ式：T30④∶5，形制与A型Ⅰ式相同。一端略起翘，瓦面饰断续中粗绳纹，瓦背为素面。长41厘米（图一四，7）。

B型 T23④∶8，残。瓦一端呈手捏波浪纹，并略起翘，一端拍打中粗交叉绳纹，中间饰弦纹，瓦背面抹平，无纹饰。宽33、残长25厘米（图一四，4）。

C型 一端有明显的压印花边，瓦面饰密集的弦纹和篮纹，背面为布纹和菱形方格纹。T20②∶9，有花边的一端略高，弦纹上有划断。长46厘米（图一四，8）。T20②∶10，花边上压印绳纹。

**3. 筒瓦**

出土数量较多，多为残片。分三型。

图一四 出土陶瓦

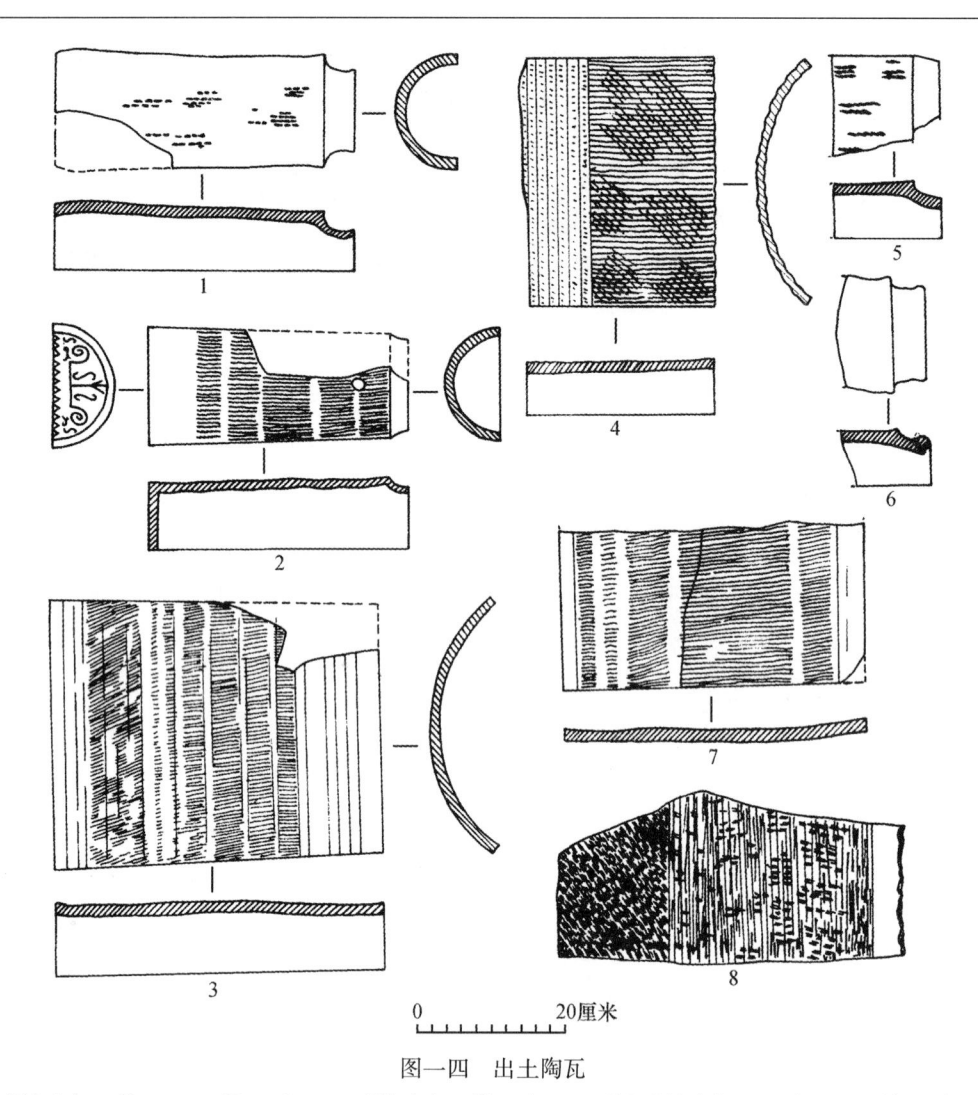

1、6. C型筒瓦（T12②：3、T20②：10）　2. A型筒瓦（T23⑤：2）　3. A型Ⅰ式板瓦（G1：32）　4. B型板瓦（T23④：8）
5. B型筒瓦（T23③：10）　7. A型Ⅱ式板瓦（T30④：5）　8. C型板瓦（T20②：9）

A型　T23⑤：2，完好。瓦面通体饰竖向断续细绳纹，有钉孔，背面为菱形方格纹。长35.5、宽14～16厘米。前端是卷云纹半瓦当，后端作子口，口呈折角状，明显起棱。子口长2.5厘米，顶端为平面（图一四，2）。

B型　T23③：10，残瓦头。瓦头子口偏长斜出，长3.5厘米。瓦面有稀疏粗绳纹，并有抹光的痕迹，背面饰粗布纹（图一四，5）。

C型　T12②：3，瓦身前宽后窄，前端略收，后端作子口，子口顶端为圆唇，瓦面隐约可见被抹去的绳纹，胎厚重。通长41、宽14.5～16厘米（图一四，1）。亦有瓦面上通体饰大粗绳纹的。T20②：10，残块，子口顶端为翘起的圆唇，唇厚2.5厘米。素面，厚胎（图一四，6）。

## （三）石器

砚板　2件。T23③：8，完整。长方形石板，制作规整，一面磨光。长11.3、宽5.5、厚0.4厘米（图一五，1）。T23④：4，残。长方形石板，一面磨光。残长6.5、宽6.2、厚0.8厘米。

璧　2件。皆残，形制相同。页岩制成。扁圆形，中间钻孔，极薄。G1：33，直径9.2、孔径1.2、厚0.2厘米（图一五，12）。G1：34，直径8.8、孔径1.21、厚0.3厘米（图一五，3）。

石核　1件（T30③：3）。燧石，暗灰色半透明体，打制成多棱形。长3.4、宽1.1厘米（图一五，6）。

坠　1件（T23④：5）。砂岩，灰白色。长条形，上端略窄，钻小孔，下端稍宽，正反内面磨光，纵剖面为梭形，似小石斧状。长7.1、最宽处3.3、孔径0.4厘米（图一五，4）。

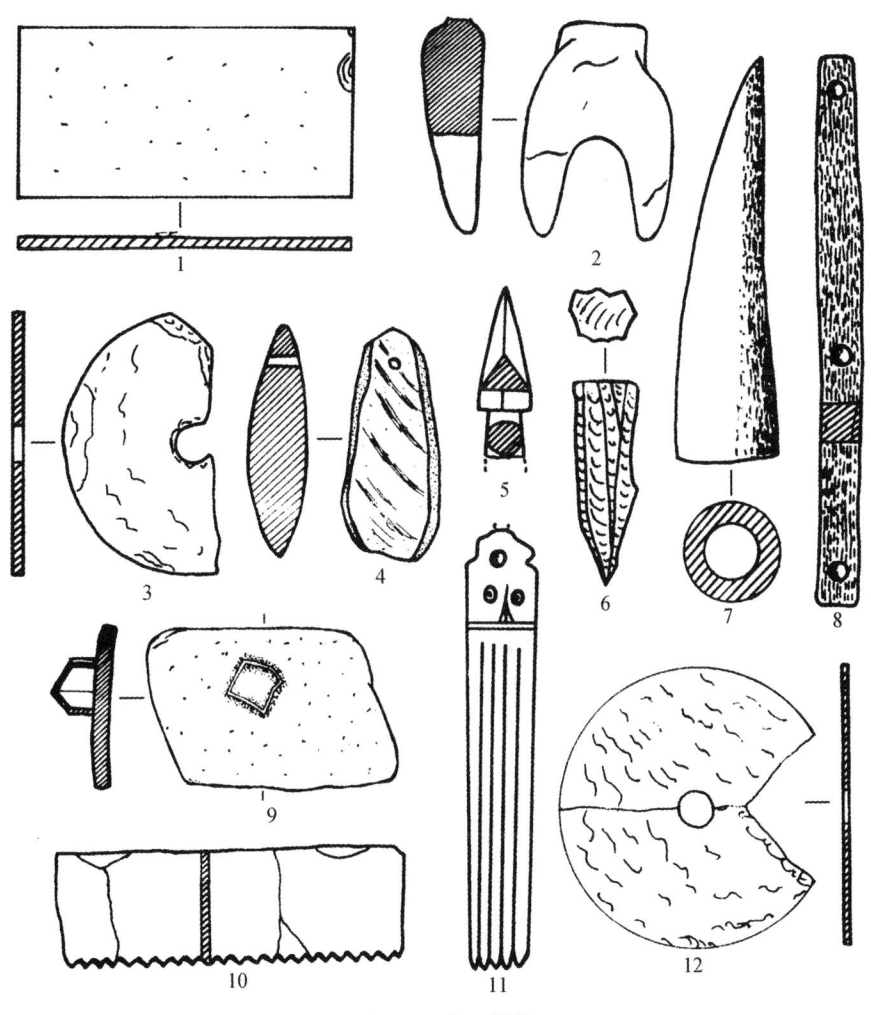

图一五　出土器物

1. 石砚板（T23③：8）　2. 双齿铁镐（T16②：20）　3、12. 石璧（G1：34、G1：33）　4. 石坠（T23④：5）
5. 铜镞（T31③：1）　6. 石核（T30③：3）　7. 骨锥形器（G1：35）　8. 穿孔骨器（G1：37）　9. 铁锄（T20②：20）
10. 铜锯（G1：38）　11. 骨钗（G1：36）

## （四）骨器

锥形器　1件（G1：35）。利用兽角的尖端部分制成。通体磨光，尖端锋利。长6.7厘米（图一五，7）。

钗　1件（G1：36）。一端有五齿，一端为柄，柄上端残，尚留有一圆孔和两个圆点纹。残长7.2、宽1.1、厚0.2厘米（图一五，11）。

穿孔器　1件（G1：37）。利用骨头加工成长方体状，两端和中间各穿一圆孔，用途不明。长9、宽0.7~0.8、孔径0.2~0.3厘米（图一五，8）。

## （五）铜器

锯　1件（G1：38）。仅存锯身一段。长条形，扁片状，有锯齿23个。长11.8、厚0.15厘米（图一五，10）。

镞　1件（T31③：1）。三棱形，铤为圆柱状。镞长2.1厘米（图一五，5）。

环　1件（G1：39）。圆形，一边残破。外径1.9、内径0.8、厚0.6厘米。

## （六）铜钱

出土刀币残块，仅复原1枚（G1：40）。直背，刀身有明显的磬折。刀身锈蚀严重，面、背文不清，刀柄中间两条纵向直线纹伸入刀身，环首残半。全长13.7厘米。另外，出土半两钱（图一六，3）和五铢钱各1枚（图一六，1）、董卓小五铢2枚（图一六，2）。

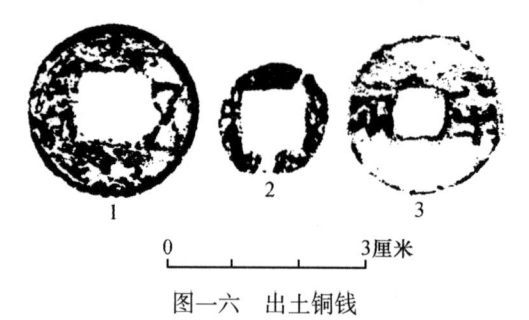

图一六　出土铜钱
1. 五铢钱（T23④：6）　2. 小五铢钱（T16②：5）　3. 半两钱（T23④：7）

## （七）铁器

锄　1件（T20②：20）。锈蚀严重。锄板边缘已变形，原来可能为长方形。宽15、残高11厘米。锄板一侧有方形銎，深2.5、边长2.5厘米（图一五，9）。

双齿镐　1件（T16②：20）。锈蚀严重。上端残，圆肩，两齿竖长。宽10、残高14.5、齿长7厘米（图一五，2）。

## 五、结　语

遗址出土物在早晚不同的地层中有明显区别，仅见于第一阶段地层的器物有A型罐，A型豆，Ⅰ式盘，A型Ⅰ式、B型Ⅰ式盆，A型筒瓦，A型Ⅰ式红陶釜，双龙纹、山字纹、饕餮纹等半瓦当，以及明刀币。

第二阶段器物多沿袭第一阶段，包括B型、C型Ⅰ式、D型Ⅰ式罐，B型Ⅰ式、C型Ⅰ式豆，Ⅰ式甑，Ⅰ式钵，C型Ⅰ式盆，A型Ⅰ式板瓦，A型Ⅱ式红陶釜等。此段新出现的器物有A型Ⅱ式、B型Ⅱ式、D型Ⅱ式盆，A型Ⅱ式、B型板瓦，卷云纹圆瓦当，A型Ⅲ式、B型Ⅰ式红陶釜和半两、五铢钱等。

第三阶段器物多沿袭第二阶段，主要有B型Ⅱ式罐，C型Ⅱ式豆，A型Ⅱ式、B型Ⅱ式、D型Ⅱ式盆，B型筒瓦，B型板瓦，Ⅰ式卷云纹瓦当，A型Ⅲ式、B型Ⅰ式红陶釜等。新出现的器物有C型Ⅱ式、D型Ⅱ式罐，B型Ⅱ式豆，C型Ⅱ式盆，C型筒瓦，C型Ⅰ式红陶釜等。

第四阶段器物少数沿袭第三阶段，多数是新出现的器物。沿袭第三阶段的器物有C型Ⅱ式盆、C型筒瓦、B型Ⅰ式红陶釜。新出现的器物有E型罐、C型板瓦、D型红陶釜、炭炉、B型红陶小罐、Ⅱ式卷云纹瓦当和董卓小五铢等。

上述以地层叠压关系为基础的四组器物群，代表了遗址发展的四个阶段，其中以第一、二阶段器物的年代特征最为明确。

第一阶段的器物群，包括罐、盆、豆、釜、瓮、甑等生活器皿，筒瓦、板瓦、半瓦当等建筑材料，以及磐折形明刀币等，形制都属战国晚期，尤其和燕下都21号、9号遗址出土物最为接近，最能说明问题的是"廿一年""廿五年""廿七年"等纪年陶文。燕国执政廿七年以上的燕王共有五人，除时间过早的孝公、简公、文公外，与遗址年代直接相关的是昭王和燕王喜二人。燕王喜廿七年至燕国灭亡前六年，国家处于风雨飘摇之中，不可能有此发展。昭王廿七年（公元前285年），为燕乐毅伐齐前一年，正是燕国强盛之时，花纹繁多的瓦当、陶文中"行""仓"等内容，皆符合当时经济繁荣的时代背景。

第四阶段独有的器物亦较多，红陶炭炉与怀柔城北东汉晚期M31出土同类器物相似，板瓦头上波浪纹的做法，近似邺城东汉晚期至曹魏时期的板瓦，中心饰高大圆泡的Ⅱ式卷云纹圆瓦当和"大乐昌富"文字瓦当也属东汉晚期特征。尤其是此段出土有"董卓小五铢"铜钱，史载铸于东汉初平元年（190年），其上限不过此时，下限或已进入三国时期。

四段之间的二、三段相当于汉代，其分界约在两汉之际。

与遗址紧邻的是兰城墓地，出土鲜于璜碑记。鲜于璜世系上溯至西汉晚期，下延至东汉末年，世代为官，当为一大家族，与遗址的规模相称，故此遗址可能就是鲜于璜家族居地，渔阳雍奴县为鲜于璜故里。遗址的上限可至战国晚期，而鲜于璜的四代祖鲜于弘是通过举孝廉进入仕途的，表明此家族已有较大影响，因此战国晚期已居位于此殆属可能。《三国志》记，东汉末年，渔阳鲜于辅、鲜于银等曾聚兵在潞县（今通县）雍奴一带与公孙瓒作战，可能即此家族人氏，与遗址年代下限接近。

附记：参加工作的人员有天津市历史博物馆考古部韩嘉谷（考古发掘队领队）、纪烈敏、张俊生和武清县图书馆贾民。

执笔：纪烈敏

## 注　释

[1]　天津市文物管理处、武清县文化馆：《武清县发现东汉鲜于璜墓碑》，《文物》1974年第8期。
[2]　天津市文物管理处考古队：《武清东汉鲜于璜墓》，《考古学报》1982年第3期。
[3]　天津市历史博物馆考古部：《1979—1989年天津文物考古新收获》，《文物考古工作十年（1979—1989）》，文物出版社，1991年。
[4]　张传玺：《从鲜于璜籍贯说到两汉雍奴故城》，《环境变迁研究（第一辑）》，海洋出版社，1984年。

（原载于《考古》2001年第9期）

# 天津市西辛庄唐代遗址发掘简报

天津市文化遗产保护中心　天津市宝坻区文化馆

为配合津蓟高速公路工程建设，天津市文化遗产保护中心于2001年5月对宝坻区口东乡西辛庄遗址进行了考古勘探，并于2001年6~9月进行了抢救性考古发掘。

西辛庄遗址位于天津市宝坻区口东乡西辛庄村西北0.5千米处，当地俗称"薄家坟"（图一）。从现地表看，整个遗址微微隆起约0.5米，平面呈长椭圆形，面积约15000平方米，津蓟高速公路从遗址南部穿过，本次发掘共布探方20个，编号为01BKXT1~01BKXT20，发掘面积500平方米。

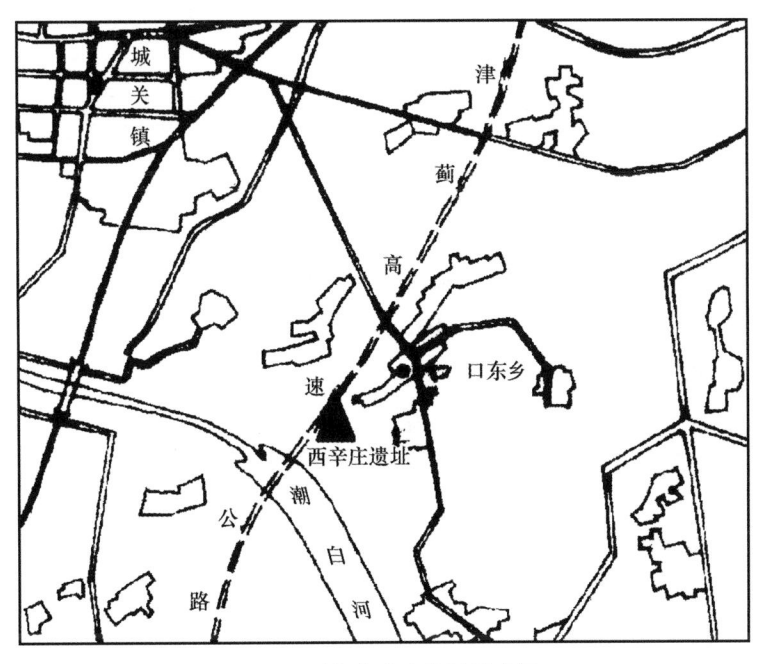

图一　西辛庄遗址位置示意图

## 一、地 层 堆 积

西辛庄遗址地层堆积较简单，除表土层外，其余均为唐代文化层。以01BKXT1西壁为例（图二）。

文化层堆积共分三层。

图二　01BKXT1西壁剖面图

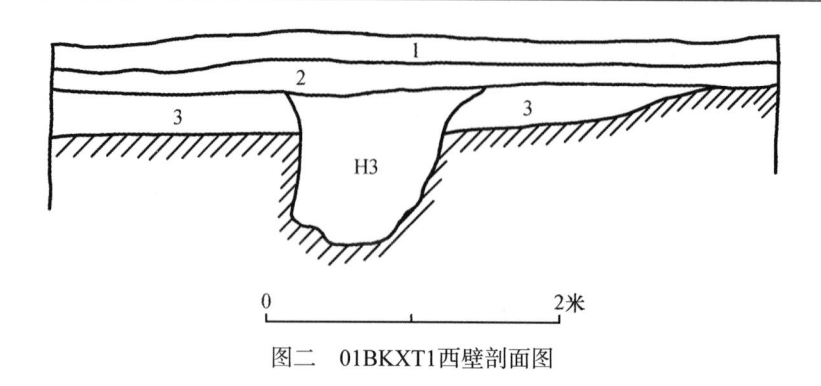

第1层：耕土层。厚0.15~0.2米。

第2层：黑褐土。厚0.1~0.2米。含白色沙状斑块，土质较硬，出有唐代绳纹砖、布纹瓦、白瓷片等。本层遍布全方，H3开口于此层下。

第3层：黑灰土。厚0~0.4米。土质松软，含大量炭灰及红烧土颗粒，出土遗物有唐代绳纹砖、布纹瓦、陶罐、陶盆、白瓷片、贝壳等。本层仅分布于探方的南半部。

## 二、遗　　迹

本次发掘发现遗迹有灰坑和灰沟两种。

### 1. 灰坑

共发现15座。坑口形状多样，主要有圆形、长方形、圆角长方形、圭形和不规则形五类。

以01BKXH3（图三）为例：开口于01BKXT1②下，圆角长方形，直壁，平底，长3.4、宽2.5、深2.65米，坑内堆积共分四层。

第1层：灰褐土。厚0.4米。

第2层：黑灰土。厚0.15~0.75米。

第3层：烧土。厚0.2米。

第4层：黄褐土。厚0.16~0.6米。出土遗物丰富，主要有泥质红陶片、白瓷片、釉陶片、铜发笄、贝壳、鱼骨和兽骨等。

### 2. 灰沟

共发现2条。从沟口形状看，有长椭圆形和不规则形两类。

01BKXG1，开口于01BKXT12②下，弧壁，圜底，长椭圆形，长3、宽1.16、深0.5米，沟内堆积一层，为黑褐土，土质较硬，夹有红烧土，出土绳纹砖、贝壳、陶瓷片、兽骨等（图四）。

01BKXG2，开口于01BKXT14②下，沟壁形状不规则，沟底亦高低不平，长11、宽9、深0.7米，沟内堆积为黑灰土，土质松软，含有大量炭灰及红烧土颗粒，出土遗物丰富，有铜钱、陶瓷片、绳纹砖、贝壳、兽鱼骨等。

图三　01BKXH3平、剖面图

图四　01BKXG1平、剖面图

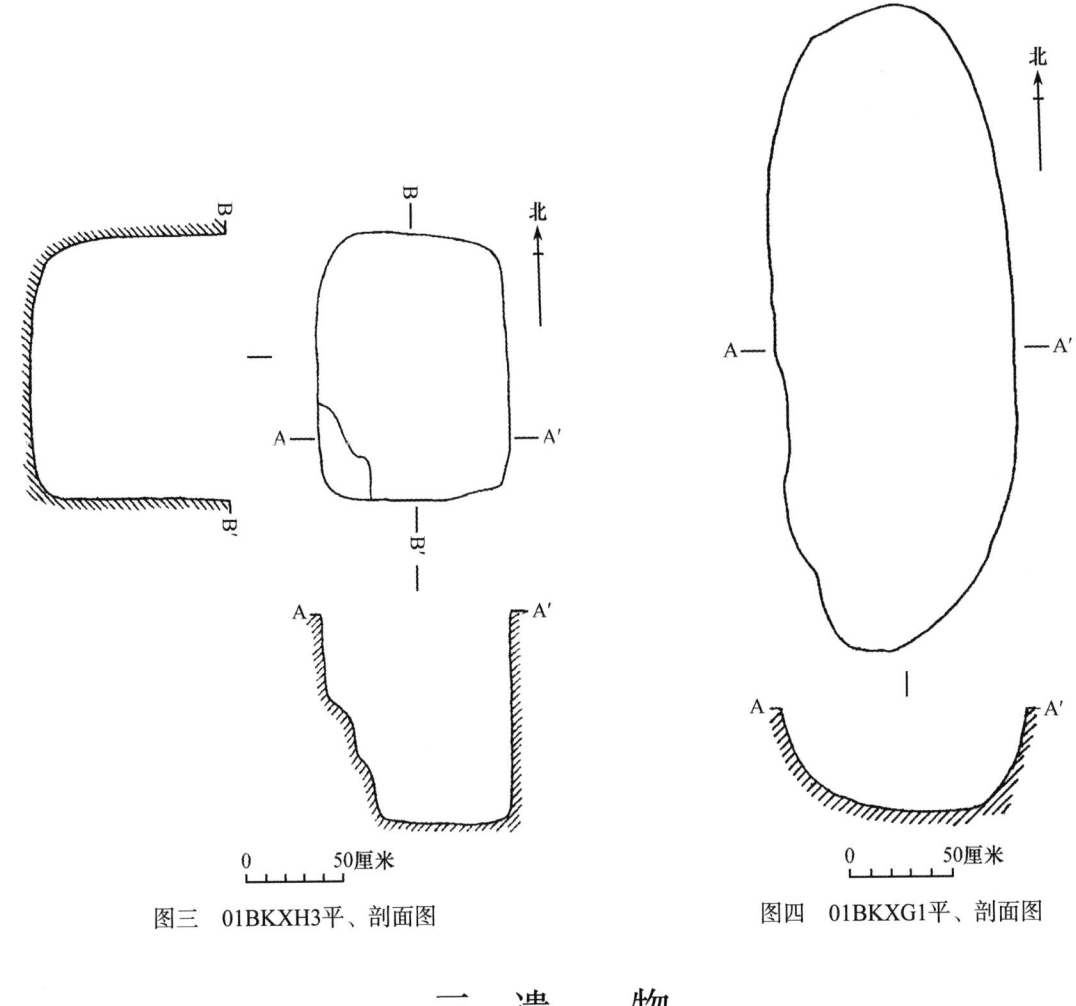

## 三、遗　物

本次发掘的遗物比较丰富，主要以瓷器为主，釉陶器、陶器次之，铜器、银器极少。瓷器器形有碗、钵两类，釉色均为白色，按釉质可分粗白瓷和细白瓷两种，粗白瓷釉面粗糙，灰白粗胎质；而细白瓷釉面细腻、莹润，似白玉一般，胎质亦洁白细腻。釉陶器胎质均为泥质红陶，器形有盆和钵，釉色有绿、黄、蓝三种颜色。陶器主要以泥质灰陶为主，泥质黑陶次之，器形有盆、研磨器等。铜、银器仅见于小件的笄、耳环等。

**1. 瓷器**

多为较碎的残片，以粗白瓷为最多，细白瓷少见。

碗　4件。均为敞口。依唇、腹不同，可分为三型。

A型　2件。圆唇，弧腹。01BKXG2：6，假圈足，白釉，施半釉，饰有白陶衣，灰白胎。口径14.5、底径8、高4厘米（图五，5）。01BKXH3：2，矮假圈足，灰白胎。口径13.4、底径7.4、高4厘米（图五，7）。

B型　1件。叠唇，直腹。01BKXG2：7，青白釉，釉色莹润，白胎，胎质细腻，矮足，玉壁底。口径15、底径6、高4.5厘米（图五，12）。

C型　1件。尖唇，鼓腹。01BKXH4：1，圈足，白釉，灰白胎。口径12.6、底径5、高4.6厘米（图五，8）。

钵　2件。均圆唇，假圈足。依口沿变化可分二型。

A型　1件。直口。01BKXT8②：1，深腹下垂，白釉，施有化妆土，红白胎，胎质较粗。口径17.2、底径10.5、高5.4厘米（图五，4）。

B型　1件。敞口。01BKXH3：6，浅腹微垂，施半釉，施有白陶衣，黄白胎。口径12.4、底径6.6、高3.8厘米（图五，6）。

## 2. 釉陶器

釉陶釉色以绿釉为主，蓝釉、黄釉次之。

盆　3件。均直口，叠沿，束颈，折肩，平底，绿釉。依口腹变化，可分为二型。

A型　2件。方唇，弧腹。01BKXG2：7，釉多剥落。细泥红陶质。口径28.2、底径11、高11厘米（图五，2）。

B型　1件。尖唇，直腹。01BKXH3：5，沿部以下未施釉，内壁施全釉。细泥红陶质。口

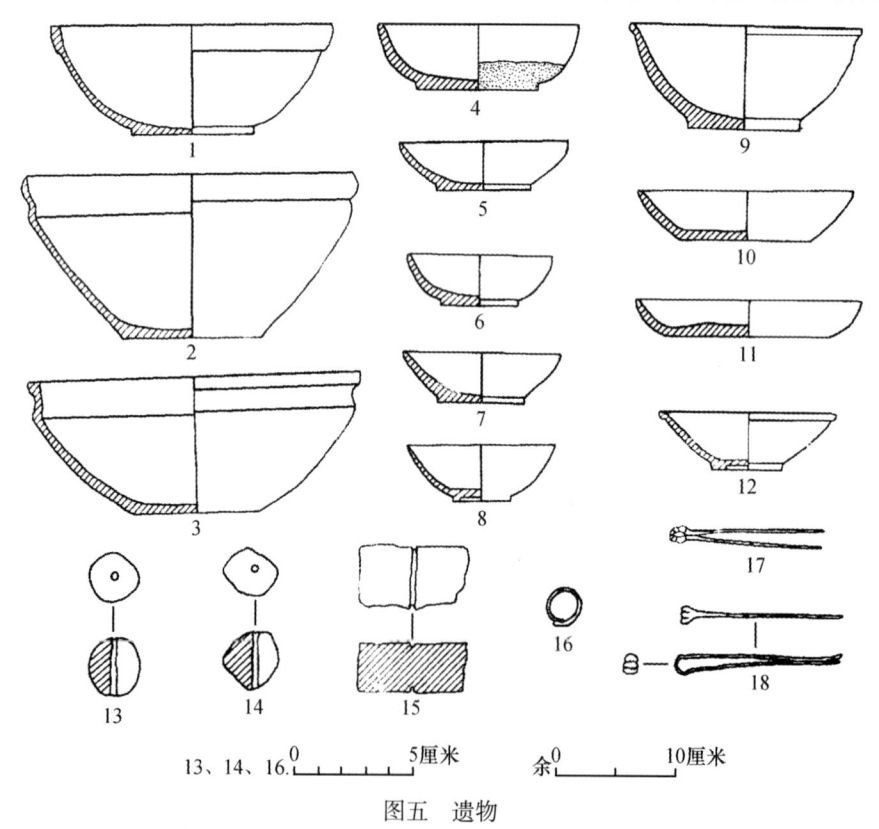

图五　遗物

1. 陶研磨器（01BKXH3：4）　2. A型釉陶盆（01BKXG2：7）　3. B型釉陶盆（01BKXH3：5）　4. A型瓷钵（01BKXT8②：1）　5、7. A型瓷碗（01BKXG2：6、01BKXH3：2）　6. B型瓷钵（01BKXH3：6）　8. C型瓷碗（01BKXH4：1）　9. 釉陶钵（01BKXT5②：1）　10、11. 陶盘（01BKXH3：3、01BKXH5：1）　12. B型瓷碗（01BKXG2：7）　13、14. 陶纺轮（01BKXG2：3、01BKXG2：2）　15. 陶网坠（01BKXH3：1）　16. 银耳环（01BKXG2：1）　17. B型铜笄（01BKXH8：2）　18. A型铜笄（01BKXH8：1）

径27.6、高13.3、底径11.5厘米（图五，3）。

钵　2件。01BKXT5②：1，圆唇，敞口，卷沿，深腹略弧，假圈足。黄釉，外壁釉面多剥落。口径19.6、底径9.6、高8.4厘米（图五，9）。

### 3. 陶器

盘　1件。01BKXH5：1，泥质黑陶质。圆唇，敞口，浅腹微弧垂，平底。口径19.2、底径13.8、高3厘米（图五，11）。01BKXH3：3，泥质黑陶质。形制与01BKXH5：1基本相同。口径18.4、底径11.2、高3.8厘米（图五，10）。

研磨器　1件。01BKXH3：4，泥质灰陶质。方唇，直口，叠沿，深腹，假圈足，平底。内壁饰有整齐的正方形戳印纹。口径23.8、底径10.4、高8.8厘米（图五，1）。

网坠　1件。01BKXH3：1，青砖磨制而成，加工粗糙，长方形，中间有一磨制的凹弦纹。长9.2、宽5、厚4厘米（图五，15）。

纺轮　2件。01BKXG2：3，泥质黄褐陶质。圆球形。直径2.3、孔径0.5厘米（图五，13）。01BKXG2：2，泥质黄褐陶质。不规则形。最大径2.3、孔径0.4厘米（图五，14）。

### 4. 铜器

笄　2件。分为二型。

A型　1件。01BKXH8：1，整体呈"U"形，笄头扁宽，似印有花纹。长14.2厘米（图五，18）。

B型　1件。01BKXH8：2，整体呈"V"形，笄头被砸成封闭的圆环，且残留有压印的花纹。长12.8厘米（图五，17）。

铜钱　4枚。均为"开元通宝"。

### 5. 银器

银耳环　1件。01BKXG2：1，呈螺旋形，一端较粗。直径1.5厘米（图五，16）。

# 四、结　语

西辛庄遗址出土遗物以粗白瓷为主，胎质粗糙，釉面较厚，一般施釉不及底，釉色较暗，不光洁，施有化妆土，器形以小型器物碗、钵为主；釉陶器均为泥质红陶胎质，釉色为蓝、黄、绿三色，器形多为较大的盆、钵；陶器以泥质黑陶为主，泥质灰陶次之，器形见有盘、研磨器。

关于西辛庄遗址的年代，我们通过与邻近地区墓葬资料中出土的同类器相比较得知：遗址中出土的黄釉陶钵（01BKXT5②：1）与河北怀来县寺湾晚唐墓出土的Ⅱ式碗形制相同[1]，A型铜笄与河北蔚县九宫口唐墓Ⅱ式钗相近[2]，陶盘（01BKXH3：3）与北京昌平旧县唐墓出土的陶盘[3]及河北涞水张佑明墓出土的Ⅱ式盘形制相近[4]，C型瓷碗（01BKXH4∶1）与北京昌平旧县唐墓出土的Ⅰ式碗相同[5]，而B型瓷钵（01BKXH3∶6）、A型瓷碗（01BKXG2∶6）与河北文安M2出土的同类器相似[6]，北京昌平旧县唐墓、河北涞水张佑明墓和河北文安M2的年代均为晚唐时期，从以上的对比，可以推断天津市宝坻区西辛庄遗址的年代应为唐代晚期。

西辛庄遗址中出土了大量的贝壳，从统计种类看比较单一，仅有两三种，且均为海生贝类，说明天津地区在唐代已经有了捕食海洋生物的饮食习惯。

西辛庄遗址的发掘，是天津地区首次对唐代遗址进行的考古发掘，遗址中出土了一批具有典型特征的陶瓷器，为天津地区考古学文化编年提供了重要的标尺，对研究天津地区唐代考古学文化具有十分重要的意义。

领队：梅鹏云
发掘：梅鹏云　姜佰国　盛立双
执笔：姜佰国　盛立双　梅鹏云
绘图：姜佰国

## 注　释

[1]　张家口地区文管所：《河北怀来县寺湾唐墓》，《考古》1993年第7期。
[2]　蔚县博物馆：《河北蔚县九宫口唐墓》，《考古》1993年第8期。
[3][5]　北京市文物工作队：《北京市发现的几座唐墓》，《考古》1980年第6期。
[4]　朱学武：《河北涞水唐墓清理简报》，《文物春秋》1997年第2期。
[6]　廊坊市文物管理所：《河北文安县西关唐墓清理简报》，《文物春秋》1997年第3期。

（原载于《内蒙古文物考古》2005年第1期）

# 天津蓟县白马泉晚唐墓

天津历史博物馆考古队　蓟县文物保管所

白马泉村位于蓟县城关镇西北，1992年3月该村因烧砖取土，在村东南挖出一些绳纹砖。闻讯后天津历史博物馆考古队会同蓟县文物保管所前往调查，发现地面尽是散乱的汉、唐绳纹砖，并清理2座残存的晚唐墓葬，编号分别为92JCBM1、92JCBM2。此地北距府君山约1.8千米，处于山前的二级台地上。从现场观察，应为一处汉、唐墓地（图一）。清理情况简报如下。

## 一、墓葬形制

两墓均为单砖室墓，由墓室、墓门、甬道、墓道四部分组成，皆采用二平一竖的方法砌成。因破坏，两墓仅剩墓底部分，墓道已毁。

92JCBM1　方向北偏西20°。墓室呈圆角方形，四边略向外弧，边长2.88米，墓底距地表2米。墓室内壁影作仿木结构，其四角用三块砖侧立砌成圆形转角柱，柱下两砖平叠作为柱础。西壁、北壁用单砖分别影作两根小立柱，西壁南侧还残留灯檠，灯碗作桃形，系半砖雕成，塌落于墓室西南角。东壁南部残存二立柱，类似转角柱大小。两柱之间为一对开假门，宽0.7米，两扇门上残留两排乳状圆凸，每排四个，以示门钉。南壁开墓门，宽1米，高不详，封门采用"人"字形堆砌法。墓门外接甬道，与墓门等宽，长1米。墓道形制不详（图二）。

墓室内西、北部为棺床，高0.32米，其建筑顺序是先挖生土二层台，再砌边框，棺床上不铺砖。棺床前脸砌有壶门，其中北边四个、西面三个。北部棺床宽1.54米，西部棺床宽0.96米。棺床两边框交会处残存一方形砖垛，宽0.64、残高0.68米，高出棺床0.2米。墓室东南部墓底为生土，不见铺地砖。

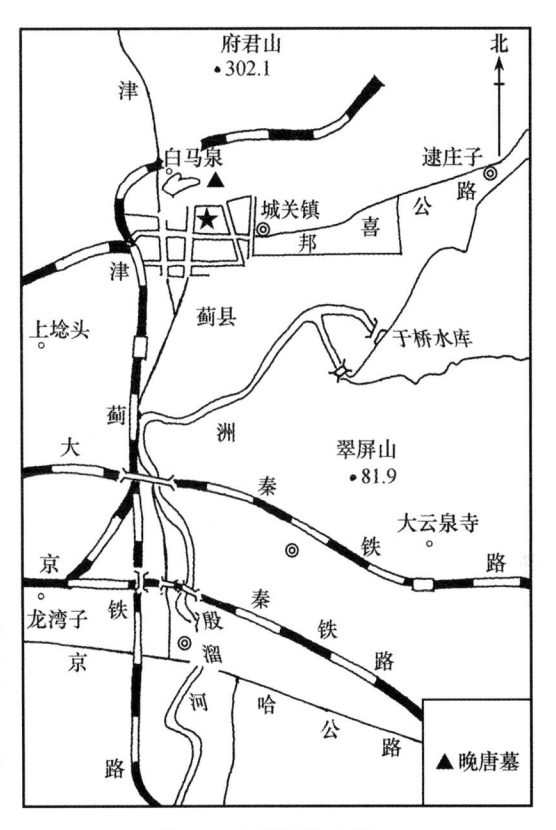

图一　墓葬位置示意图

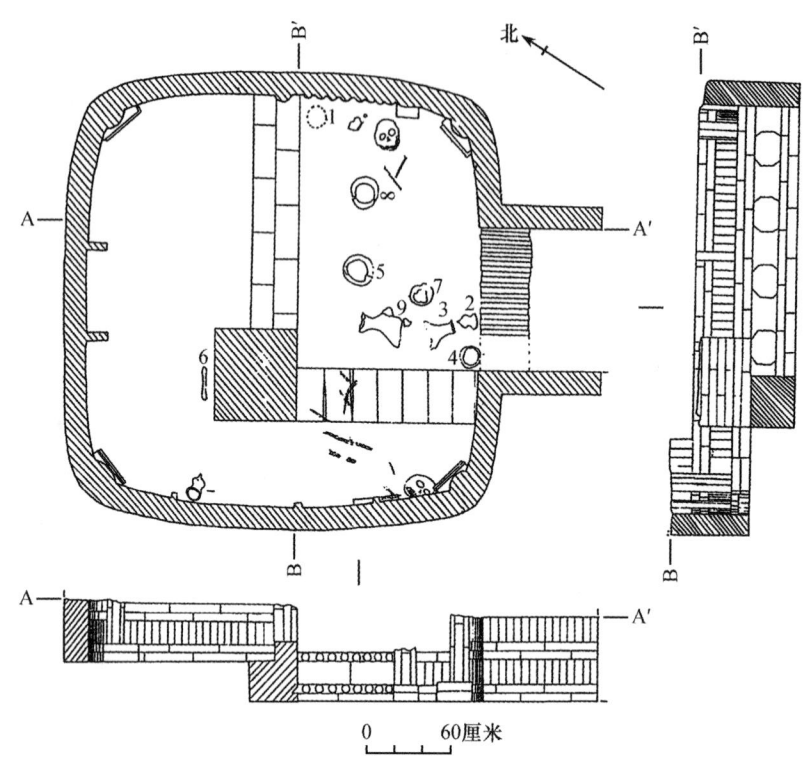

图二　92JCBM1平、剖面图
1、2.陶器盖　3、4、7.陶器座　5、8.陶鼎　6.陶杵　9.陶罐

此墓建筑用砖长0.38、宽0.16、厚0.06米，系单面粗绳纹砖，所饰绳纹一般12～14条。

墓内不见完整骨架，仅在西南角棺床上及东南部墓底发现人头骨各一个，并见零星肢骨。随葬品多为残片，散落在棺床上下。此墓应被扰乱过。

92JCBM2　位于92JCBM1北8米处，方向正北。墓室为长方形，南北长2.38、东西宽2.18米，皆用长0.36、宽0.18、厚0.06米的单面粗绳纹砖砌成。残存墓壁上未见影作结构，但在墓室内东南角发现一残断的砖雕桃形灯碗，应是从墓壁上塌下来的，由此推测，墓内壁应有影作灯檠。墓门位于南壁，宽1米，与甬道相连，未见封门砖。甬道宽与门等同。墓道不详（图三）。

墓室西部为棺床，长与墓室长度相同，宽0.56米，边框用砖纵向平铺叠砌而成，高0.16米。棺床上铺有地砖，采用侧向错缝铺法。墓室北部为一平台，与棺床相接，长1.6、宽1.3米，高与棺床同。其上不铺砖，边框用四块单砖侧砌而成。东南部墓地部分无铺地砖。

西部棺床上残存人骨一具，头骨尚好，部分肢骨已朽，为仰身直肢，头向南。

## 二、随葬器物

两墓随葬器物均残，92JCBM1有陶器、漆器、瓷器、铁饰件、铜饰件等，散乱于墓内，看不出摆放规律。92JCBM2有漆器、陶器、铜钱等，铜钱散落于西部棺床上下，漆器、陶器置于

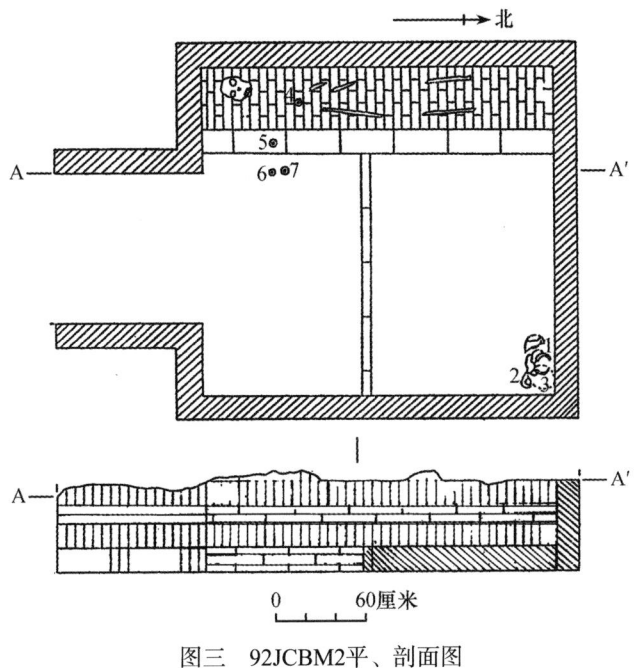

图三 92JCBM2平、剖面图
1、2.陶罐 3.漆器 4.铁钱 5~7.铜钱

北部平台东北角。两墓漆器均朽，经复原的其他器物有：

陶器 11件。其中92JCBM2的2件全部复原。器形有器盖、器座、杵、鼎、罐等。

器盖 2件。泥质灰陶。两件形制相同，上部呈桃形，下部做喇叭状，顶尖均残。92JCBM1：1，残高15.6厘米（图四，1）。92JCBM1：2，残高14.8厘米（图四，2）。

器座 3件。泥质灰陶。上口做圆盘状，中间为圆筒状，下口呈喇叭状。分二式。

Ⅰ式：1件。下口斜直外张。92JCBM1：3，上口径14.4、下口径20.4、通高24.2厘米（图四，3）。

Ⅱ式：2件。下口斜弧外张。92JCBM1：4，上口径13.2、下口径22.8、通高38厘米（图四，4）。

杵 1件。夹砂灰陶。92JCBM1：6，两头粗，中间细，长17.6厘米（图四，5）。

鼎 2件。夹砂灰陶。敞口，宽折沿，沿面对饰双立耳。腹作盆形，斜直腹，平底。三足，为扁状楔形。92JCBM1：5，方唇，耳作扁方形。通高15.2厘米（图四，7）。92JCBM1：8，圆唇，圆形桥耳。通高12厘米（图四，8）。

罐 3件。分二型。

A型 2件。泥质灰陶。侈口，束颈，鼓腹，平底。分二式。

Ⅰ式：1件。尖唇，溜肩。92JCBM2：1，口径14、底径11.6、高20厘米（图四，11）。

Ⅱ式：1件。92JCBM1：9，圆唇，鼓肩，下腹斜直内收。腹壁隐见宽浅凹弦纹。口径14、底径11、高22.8厘米（图四，9）。

B型 1件。92JCBM2：2，夹砂灰陶。小敞口，叠唇，深腹略鼓。平底。颈部饰二周波折纹。口径13.6、底径10、高23.8厘米（图四，10）。

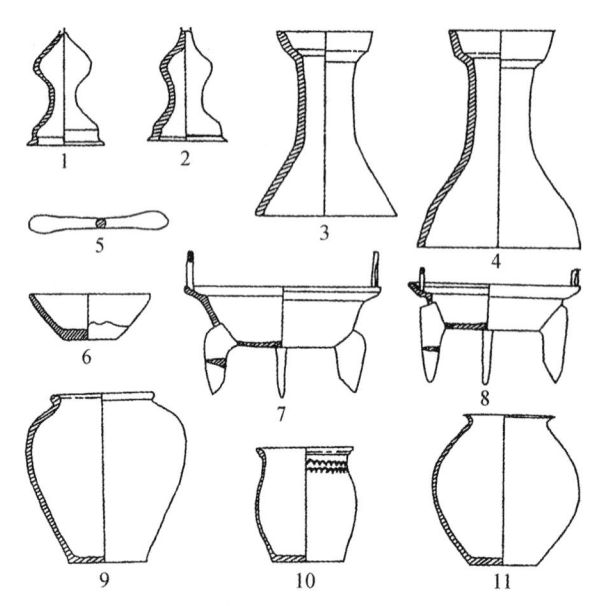

图四　白马泉唐墓出土器物

1、2.陶器盖（92JCBM1：1、92JCBM1：2）　3.Ⅰ式陶器座（92JCBM1：3）　4.Ⅱ式陶器座（92JCBM1：4）
5.陶杵（92JCBM1：6）　6.瓷碗（92JCBM1：10）　7、8.陶鼎（92JCBM1：5、92JCBM1：8）　9.A型Ⅱ式陶罐
（92JCBM1：9）　10.B型陶罐（92JCBM2：2）　11.A型Ⅰ式陶罐（92JCBM2：1）

瓷器　仅存残碗1件。92JCBM1：10，敞口，圆唇，腹斜直，平底。碗内侧及外侧上半部挂酱釉，下半部露黄白色胎，底不挂釉，胎质粗。口径14.6、底径6、高5厘米（图四，6）。

铁饰件　仅见带扣1件，92JCBM1：13，方形，5厘米见方。四角各有一小孔，孔内残留铜丝痕迹。

铜饰件　有发卡及带扣两种。

发卡　1件。92JCBM1：11，呈回形针状。

带扣　1件。92JCBM1：12，方形。3.2厘米见方。

钱币　4枚。分铁、铜二种。

铁钱　1枚。92JCBM2：4，为"开元通宝"，背面有"▲"纹（图五，2）。

铜钱　3枚。2枚"开元通宝"，1枚"乾元重宝"。92JCBM2：5，"开元通宝"，背有"⌒"纹（图五，1）。92JCBM2：6，"乾元重宝"，背面有"⌒"纹（图五，3）。

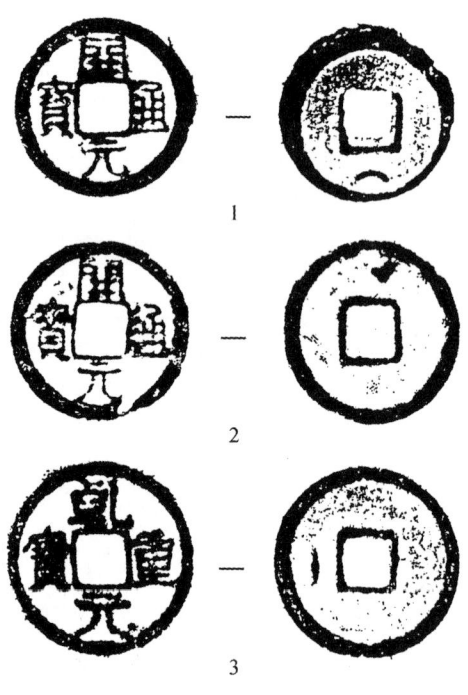

图五　92JCBM2出土钱币
1、3.铜钱（92JCBM2：5、92JCBM2：6）
2.铁钱（92JCBM2：4）

## 三、小　结

　　这两座墓葬，墓室破坏严重，随葬品多为残片，且无纪年文字出土，给我们判断其年代带来一定难度。通过与天津周围地区墓葬比较，仍可推知二墓年代应为晚唐时期。

　　从墓葬形制比较，92JCBM1平面作圆角方形，墓室内西、北部设棺床的形制结构与室内布局形式同唐山刘庄第17号晚唐墓[1]、北京昌平旧县大队晚唐墓[2]形制相同；墓壁影作门窗、灯座、柱子的做法也见于北京海淀区太平路847年的唐墓[3]。从器物组合看，92JCBM1的器座、器盖、杵、鼎这种组合形式也见于河北沧县前营村唐墓M1[4]，且两墓的器座、器盖、杵、的形制相同。在蔚县榆涧唐墓[5]及唐山刘庄17号唐墓中也能见到相同形制的器盖及器座。鼎与酱釉碗分别与河北曲阳涧磁村唐墓[6]、昌平旧县大队晚唐墓的三足炉或鼎、酱釉碗形制相同。因此，92JCBM1的年代应为晚唐时期。

　　92JCBM2为长方形砖墓，这种形制的墓葬也见于中唐时期的朝阳南大沟M2[7]，但室内布局类似于92JCBM1，且墓内出土的A型I式罐也见于唐山刘庄17号墓，随葬的钱币中有"乾元重宝"，因此，92JCBM2的年代也应为晚唐。从墓葬形制看，92JCBM2应略早于92JCBM1，上限不过乾元元年。值得注意的是，该墓出土的B型罐与内蒙古巴林右旗敖包石砌墓[8]M1出土的敞口罐（M1：3）相似，敖包石砌墓M1为早期契丹墓，年代下限为中唐，这种敞口罐是早期契丹人使用的典型器物，却出现于92JCBM2中，说明在唐代中晚期，燕山南麓的津蓟地区已受到了早期契丹文化的影响。

　　天津地区唐墓发现不多，目前仅在军粮城发现一座[9]，为唐代早期墓葬。白马泉晚唐墓的发现，为天津地区唐墓分期提供了素材。

修复：张俊生<br>
执笔：梅鹏云

## 注　释

[1]　河北省文物管理委员会：《唐山市陡河水库汉、唐、金、元、明墓发掘简报》，《考古通讯》1958年第3期。
[2]　北京市文物工作队：《北京市发现的几座唐墓》，《考古》1980年第6期。
[3]　《海淀区太平路唐代墓葬》，《中国考古学年鉴（1986）》，文物出版社，1988年。
[4]　沧州市文物保护管理所、沧县文化馆：《河北沧县前营村唐墓》，《考古》1991年第5期。
[5]　蔚县博物馆：《河北蔚县榆涧唐墓》，《考古》1987年第9期。
[6]　河北省文化局文物工作队：《河北曲阳涧磁村发掘的唐宋墓葬》，《考古》1965年第10期。
[7]　朝阳市博物馆：《朝阳市郊唐墓清理简报》，《辽海文物学刊》1987年第1期。
[8]　齐晓光：《巴林右旗塔布敖包石砌墓及相关问题》，《内蒙古文物考古文集（第一辑）》，中国大百科全书出版社，1994年。
[9]　天津市文化局考古发掘队：《天津市军粮城发现的唐代墓葬》，《考古》1963年第3期。

（原载于《文物春秋》1996年第4期）

# 天津蓟县弥勒院村辽墓

天津历史博物馆考古队  蓟县文物保护管理所

弥勒院村位于蓟县东南，距县城约8.4千米，大秦铁路从村南东西向穿过（图一）。1992年上半年，天津历史博物馆考古队在发掘弥勒院新石器时代遗址时，在村北清理辽墓一座。此墓因村民取土遭破坏，墓门被毁，并挖出陶罐一件，现场可见到被挖碎的白瓷盏残片等。现将清理情况报告如下。

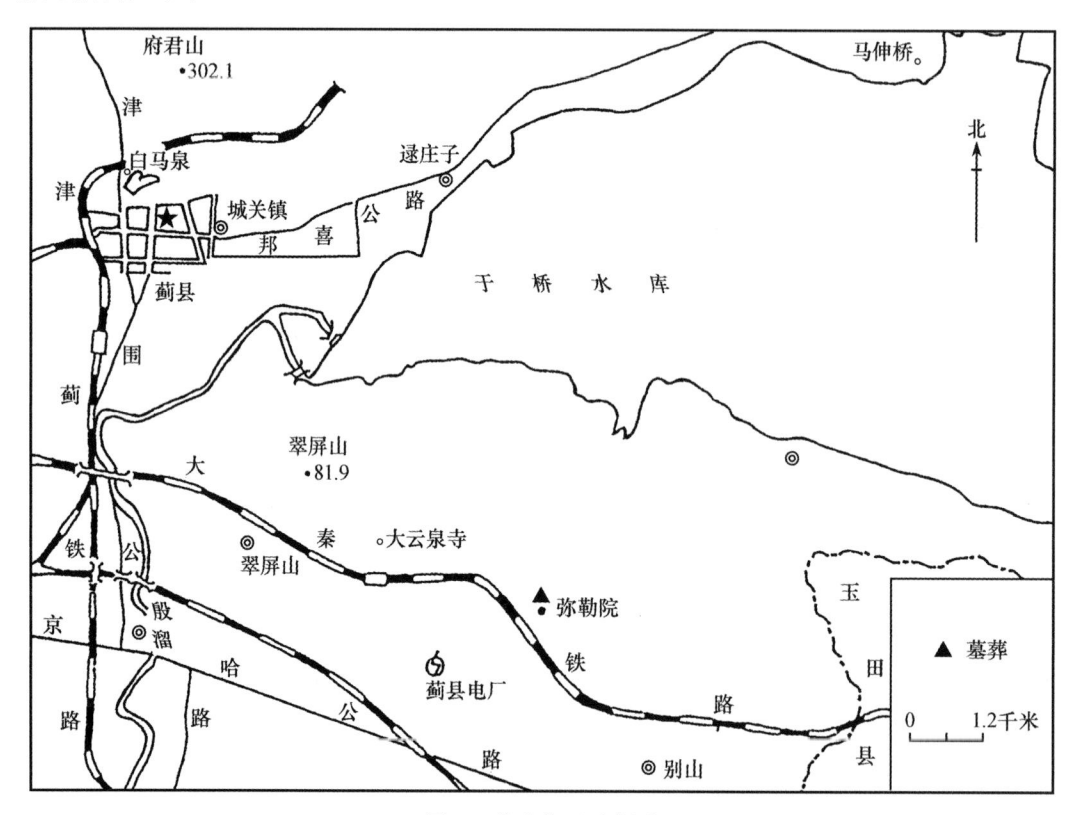

图一 墓葬位置示意图

## 一、墓葬形制

此墓为仿木砖结构墓，由墓道、甬道、墓门、墓室组成，墓向北偏西6°，墓室平面呈圆形，直径3.6米。墓顶已塌，仅北部残留部分墓顶，残高0.8米。墓底距地表2.85米。墓室用长0.36、宽0.16、厚0.06米的单面深沟纹灰砖砌成，砖一般饰6道或7道沟纹。墓室的修建是先用砖采取一立一卧的方式砌4层作为墓壁，其上再采用二卧一立的方法开始起顶，共砌3层，在此之上再平行叠涩作为墓顶，从残存部分墓顶推测，应为穹隆顶。在墓内填土中，离墓底约1米处发现两块莲瓣状石块，和墓顶塌下来的砖块混在一起。从现场情况分析，这两块石头不属于墓室内，应是随墓顶一起坍塌跌入墓中的，推测可能是用作封顶的。据村民介绍，在邻近的辽墓中曾出过这种石头。在以往发掘的内蒙古、辽宁等地的辽墓中，于墓顶正中放一块石头封顶的现象比较常见。墓门位于南部，被毁，甬道仅存一层铺地砖，长1.04、宽0.9米，墓道未做清理（图二）。

墓壁皆影作木结构，有立柱、斗拱、直棂窗、桌、椅等。立柱共3根，分别位于墓门两侧及墓室北部。墓门东侧立柱用4块砖侧立影作而成，已残，宽0.28、残高0.62米，另两根立柱是用3砖侧立影作而成，分别位于墓门西侧及墓北壁。墓门西侧立柱宽0.36、高0.82米，柱头上承大栌斗一个，为交互斗，斗高0.18、宽0.36米，栌斗上挑华拱一架，上部残。墓北壁的立柱位于棺床之上，柱宽0.16、高0.44米，柱头上承平斗一个，其上部也残。墓室西北部残存的顶部位于西侧立柱与北部立柱之间，残存一补间铺作，补间大斗为平斗，长0.46、高0.42米，上挑普柏枋，其上坐一斗三升华拱，小斗上承檐椽，椽头用砖磨成，做乳状，现残存六个椽头（图三，1）。墓室西壁下部为一影作直棂窗，长0.62、宽0.46米，作长方形（图三，2）。东壁上影作椅、桌等，椅高0.4米，桌长0.62、高0.34米，桌、椅均凸出墓壁2厘米。

墓室北部为棺床，约占整个墓室的一半，其砌筑方法是先一卧一立砌一层砖，其上错缝平砌3层作为棺床边框，框内再垫土成台状，台上错缝平铺一层铺地砖。棺床高0.4米。棺床下为墓底，无铺地砖，为黄褐生土地面。

墓室结构特点为立柱、斗拱、直棂窗均不凸出墓壁，而桌、椅凸出墓壁，棺床位于墓室内，这应是代表住所和室内陈设两个空间层次。

## 二、随葬器物

墓内葬二人。棺床上出人骨架一具，男性，50～60岁，保存较差，仅剩头骨及部分肢骨，头向西，不见葬具痕迹。骨架周围放置瓷碗、陶罐、骨梳、骨坠等。棺床前墓底西侧发现头骨一个，女性，年龄不详。墓底东南部见有零碎的人肋骨、肢骨及陶罐、陶盆、陶炉、陶鏊、瓷碗等。

墓内共出土随葬品22件，有陶器、瓷器、骨器等。

陶器　19件。有罐、缸、盆、蒸锅、釜、鼎、镳斗、熨斗、鏊、剪刀等。

罐　5件。泥质灰陶，侈口，方圆唇，束颈，溜肩，鼓腹，平底。分二型。

A型　2件。饰复式桥状双耳，系用双泥条合并捏成。92JBMM：5，口径12.6、底径7.6、高15.4厘米（图四，1）。92JBMM：2，口径10.6、底径6.4、高15厘米（图四，2）。

B型　3件。无耳。92JBMM：18，口径8.4、底径5.6、高13厘米（图四，3）。92JBMM：16，口径7.8、底径5.8、高11.2厘米（图四，4）。

图二　墓葬平、剖面图

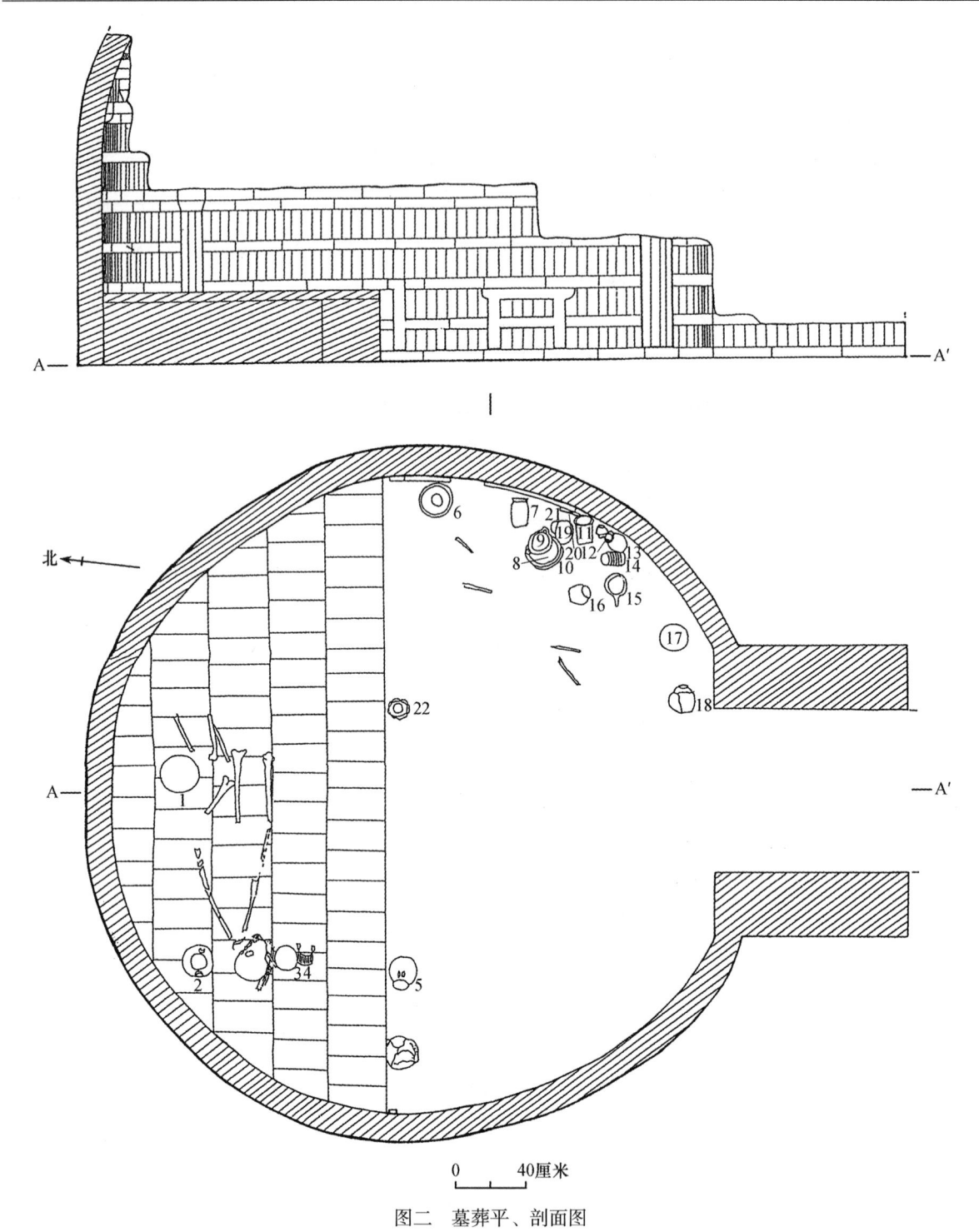

1、3.白瓷碗　2、5、13、16、18.陶罐　4.骨坠　6.陶蒸锅　7、11、14.陶缸　8、10、19.陶盆　9.陶鼎　12、22.陶釜　15.陶鐎斗　17.陶鍪　20.陶剪刀　21.陶熨斗

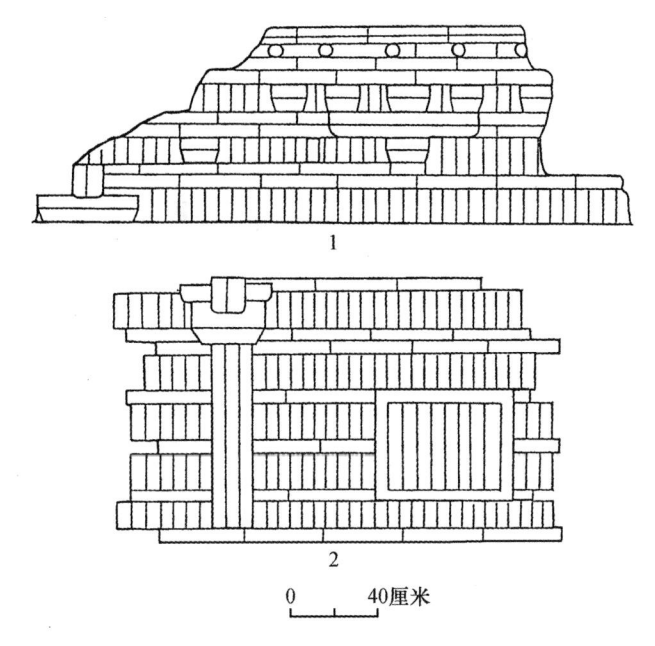

图三　墓壁影作结构局部

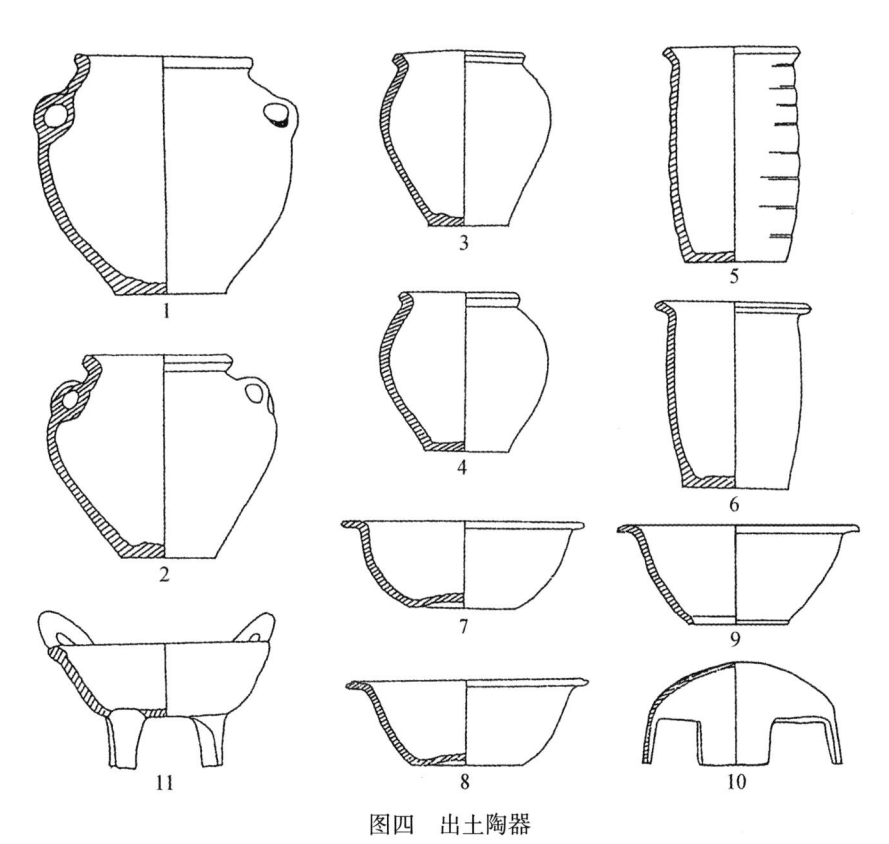

图四　出土陶器
1、2.A型罐（92JBMM：5、92JBMM：2）　3、4.B型罐（92JBMM：18、92JBMM：16）　5、6.缸（92JBMM：7、92JBMM：11）
7、8.盆（92JBMM：10、92JBMM：19）　9.蒸锅（92JBMM：6）　10.鏊（92JBMM：17）　11.鼎（92JBMM：9）

缸　3件。筒腹，平底。两件为泥质灰陶，侈口，折沿，斜方唇。92JBMM：7，腹部有浅凹弦纹。口径10、底径7.6、高15.6厘米（图四，5）。92JBMM：11，口径11.4、底径7.8、高13.2厘米（图四，6）。另一件为褐皮红胎泥质陶，92JBMM：14，直口，圆唇，腹壁呈曲波状，已残。口径8.6、底径6厘米，高不详。

盆　3件。泥质灰陶。形制相同，均敞口，圆唇，宽沿外折，斜弧腹，平底微内凹。92JBMM：19，沿面有一周浅凸棱。口径17.8、底径8.2、高6.2厘米（图四，8）。92JBMM：10，口径15.6、底径7.6、高6.2厘米（图四，7）。

蒸锅　1件。92JBMM：6，泥质灰陶。盆状，无底。上口径15.8、下口径7.6、高7厘米（图四，9）。

鏊　1件。92JBMM：17，泥质灰陶。顶圆弧，四瓦足。高7厘米（图四，10）。

鼎　1件。92JBMM：9，双环耳，器身为盆形，敞口，圆唇，斜腹，平底，三足，足截面作三棱形。通高11.2厘米（图四，11）。

鐎斗　1件。92JBMM：15，泥质灰陶。单柄，钵状器身。圆唇，斜弧腹，平底。唇部一侧压一凹痕，作流用。三足，圆柱状。口径13.2、高8.4厘米（图五，1）。

釜　2件。泥质灰陶。敛口，折腹，腹部加鋬，平底。92JBMM：22，圆唇，腹有7个鋬耳。口径8.8、底径7、高7.3厘米（图五，6）。92JBMM：12，方唇，腹部饰一周宽扁凸棱，作鋬用。口径7.6、底径5、高6.6厘米（图五，2）。

熨斗　1件。92JBMM：21，泥质灰陶。做盘状，底略平，单柄。口径12、高1.8厘米（图五，4）。

剪刀　1件。92JBMM：20，环首，两股顺直。长18.4、宽4.4厘米（图五，3）。

瓷器　2件。均为圈足碗。92JBMM：1，为大口花式碗，侈口，口沿做五出花瓣状，器壁薄，胎内弧外撇，平底。器身饰黄白釉，釉面光滑，微有冰裂纹。口径21.6、底径8、高7.6厘米（图五，7）。92JBMM：3，器形较小，敞口微内敛，胎薄，腹壁斜直略内敛，并可见轮制暗旋纹。纯白釉，圈足，足底不施釉。底内侧有"×"划纹。口径13.6、底径4.6、高4.4厘米（图五，5）。

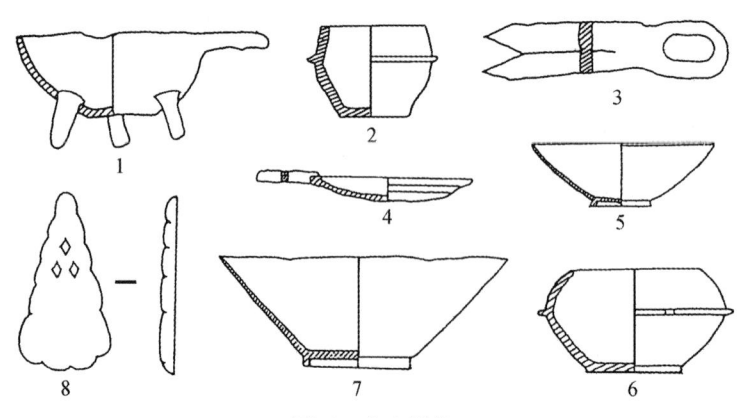

图五　出土器物
1. 陶鐎斗（92JBMM：15）　2、6. 陶釜（92JBMM：12、92JBMM：22）　3. 陶剪刀（92JBMM：20）　4. 陶熨斗（92JBMM：21）
5、7. 白瓷碗（92JBMM：3、92JBMM：1）　8. 骨坠（92JBMM：4）

骨器　仅见梳一把，已朽。为半月形，上饰镂孔状卷云纹。梳两端悬二骨坠，呈三角花边状，上饰三菱形孔，一朽，另一坠（92JBMM∶4）长6.4、厚0.6厘米（图五，8）。

## 三、结　语

此墓形制作圆形砖结构，北置棺床，与北京辽韩佚[1]、先农坛辽墓[2]形制相同。于墓壁雕砖影作桌椅的做法，显示出辽代晚期汉人墓葬特点[3]。墓内随葬的瓷器为实用器，其中大口花式碗与辽宁建平硃碌科辽墓[4]出土的白瓷花口大碗形制相同。陶器全部为明器，其陶盆与吉林同发辽墓[5]、大同卧虎湾五号辽墓[6]、北京先农坛辽墓陶盆形制相同。这些墓均为辽晚期墓葬。A型罐见于抚顺市光明街辽墓[7]，在辽宁康平海州还发现了用这种罐作火葬骨灰罐[8]。在内蒙古和林格尔县前瓦窑沟遗址辽代晚期遗存中，也能见到此墓所出的A型罐和陶盆[9]。所以此墓的年代当为辽晚期无疑。

天津地区发现的辽墓不多，材料零碎。从随葬品看，有两种情况：一种出有鸡冠壶、执壶、盂、碗等瓷器和熨斗、镰、剪刀、铎、削等铁器，全部为实用器；另一种多为陶明器，有罐、盆、锅、缸等。前者如蓟县营房村辽墓[10]，为典型的契丹人墓葬。后者如弥勒院辽墓、抬头村辽墓[11]，为典型的汉人墓葬。两种不同族属的墓葬在此地出现，说明此地辽代为汉、契丹人杂居地。

附记：参加清理者有梁宝玲、梅鹏云、刘健、王玉平、赵文刚。

执笔：梅鹏云

## 注　释

[1]　北京市文物工作队：《辽韩佚墓发掘报告》，《考古学报》1984年第3期。
[2]　北京市文物管理处：《北京先农坛辽墓》，《文物》1977年第11期。
[3]　中国大百科全书出版社编辑部：《中国大百科全书·考古学·辽代墓葬》，中国大百科全书出版社，1988年。
[4]　冯永谦：《辽宁建平、新民的三座辽墓》，《考古》1960年第2期。
[5]　吉林省文物工作队：《吉林同发辽墓》，《考古》1985年第7期。
[6]　大同市文物陈列馆：《山西大同卧虎湾四座辽代壁画墓》，《考古》1963年第8期。
[7]　抚顺市博物馆：《抚顺市光明街辽墓发掘简报》，《辽海文物学刊》1987年第2期。
[8]　武家昌：《康平海州辽墓清理简报》，《辽海文物学刊》1988年第1期。
[9]　乌兰察布博物馆：《和林格尔县前瓦窑沟辽、金时代遗址》，《内蒙古文物考古文集（第一辑）》，中国大百科全书出版社，1994年。
[10]　赵文刚：《天津市蓟县营房村辽墓》，《北方文物》1992年第3期。
[11]　魏仲明等：《蓟县抬头村早期辽墓》，《中国考古学年鉴（1985）》，文物出版社，1985年。

（原载于《文物春秋》2001年第6期）

# 蓟县鼓楼遗址发掘简报

天津市文化遗产保护中心

鼓楼遗址位于天津市蓟县城关镇渔阳鼓楼南侧，处于城区中心区域，东邻县影剧院，西南邻县中医院，西距独乐寺约200米（图一）。2004年2～4月，为配合蓟县鼓楼广场建设工程，天津市文化遗产保护中心对工程建设范围内的区域进行了考古勘探和发掘，发掘面积近4000平方米。根据现场条件，将发掘区域分为三个区，统一编号，从T0101～T1515，由于遗址不甚规则，所以编号并不连续，中间有缺号。大多数探方布为5米×5米，少数靠边的探方为5米×3米。现将此次考古发掘的主要收获简报如下。

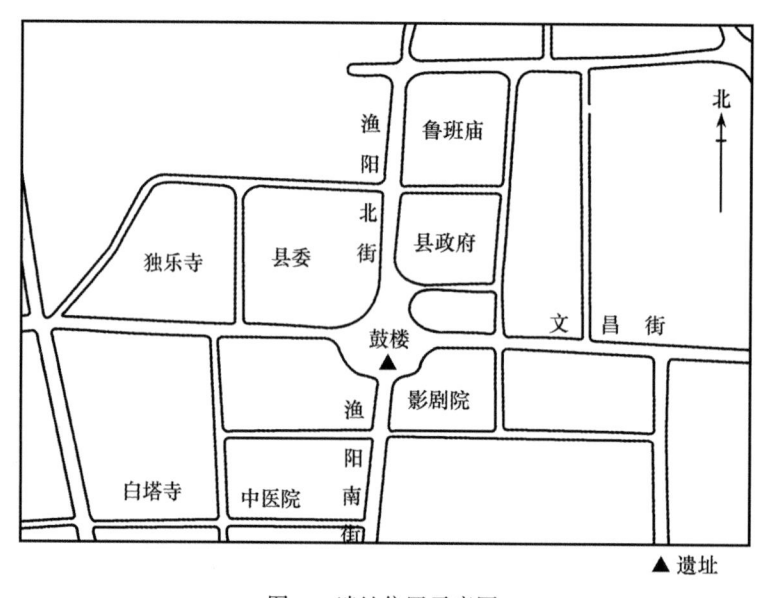

图一 遗址位置示意图

## 一、地层堆积

遗址位于蓟县旧城区中心区域，各种遗迹相互打破，层位堆积复杂，现代建筑和地下管网对遗址造成的破坏也较为严重。受到现场作业条件及地下水位影响，各探方的发掘深度并不一致，且均未发掘到生土。下面选取层位关系较为清楚、发掘最深的T1312南壁为例进行介绍（图二）。

第1层：表土层。土质较杂，包含物有现代的红砖、玻璃、水泥块及晚清、民国时期的瓷片等。厚0.45~0.75米。H1开口于此层下。

第2层：浅灰土，质松软，内含青砖块、灰陶片、青花瓷片、灰烬、炭屑等。厚0.5~0.75米。

第3层：灰褐土，质松软，内含灰陶片、白瓷片、青瓷片、白地褐花瓷片等。厚0.35~0.5米。

第4层：深灰土，质松散，内含大量灰瓦片、灰陶片和少量白瓷片。由于水位限制，未清理完毕，仅向下清理约0.8米。此层下有一道墙基。

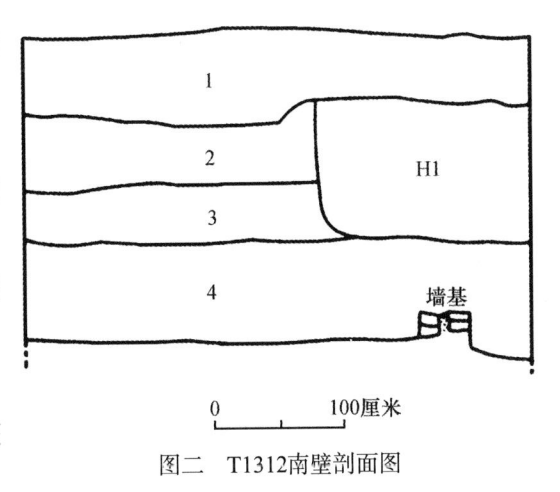

图二 T1312南壁剖面图

## 二、遗　迹

清理出的遗迹有墙基、水道、灰坑、房屋、道路及灶、水井等，其中以清代晚期的居多，早期的较少，且不完整。发现于遗址中部的道路，是整个遗址东西向的中轴线，其他遗迹如灰坑、房址、灶、水井基本分布于道路两侧。下面选择部分遗迹予以介绍。

L1　把现代的路面揭掉后，在对位于遗址中部的T0606、T0706和T0806进行清理时，在这三个探方第1层下发现尚有路面存在，编号为L1。此路面北偏东约20°，穿越遗址中部，基本对准鼓楼。自上而下共有5层依次叠压，分别为不同时期所使用。第1层为浅灰色路土，土质坚硬，厚0.3~0.35米，含有沙子、石子、青瓦片、砖块和青花瓷片等遗物。第2层为黄褐色路土，土质坚硬，厚0.5~0.8米，在最上面有两道车辙痕迹，呈上宽下窄状，两道车辙间隔约1.75米。本层包含物有青砖块、瓦片、绿釉瓷片等。第3层为深灰色路土，厚0.12~0.17米，含青砖块、瓦片、石子、青花瓷片等。第4层为青灰色路土，厚0.25~0.5米，含有碎砖块、瓦片、青花瓷片等。第5层为红褐色路土，厚0.1~0.35米，包含青瓦片、陶片和青花瓷片等遗物。由于两侧遭到破坏，路面上下宽度并不一致，宽12~13.4米（图三）。经过勘探，第5层路面下无任何遗迹。根据出土的遗物判断，第5层路面的年代为明代早期，说明此路始修于明早期，是明蓟州城初建时期修建的重要道路。

F5　位于T0916、T0917、T1016、T1017内，第1层堆积之下。平面呈长方形，南北长10.3、东西宽6.5米。房内布局分为三间，南北并列，中间宽2.7、北间宽2.5、南间宽1.95米。南北两侧的山墙和东西两侧的檐墙基础较厚，屋内的夹墙基础较薄。基础的建造方法是先挖基槽，再在槽中填土夯打，夯完后用石块垒砌基础。从整个布局上看，房屋南北宽、东西窄，为东西向布局。虽未发现门道迹象，但其东侧紧邻道路，所以其门道应在东面。此房屋临街，或为商铺。根据层位关系判断，房屋的年代为清代晚期（图四）。

墙基　位于T1312和T1313两探方第4层下，距地表约2.7米。实际是一段残存的墙，自南向北由四段构成，总长约13.52、宽约0.34米。保存最高的一部分存5层青砖，错缝平砌；一部分则横竖搭配，不甚规则。从走向、结构和规模看，此应为一段院墙。根据层位关系判断，墙基的年代为金代或更早（图五）。

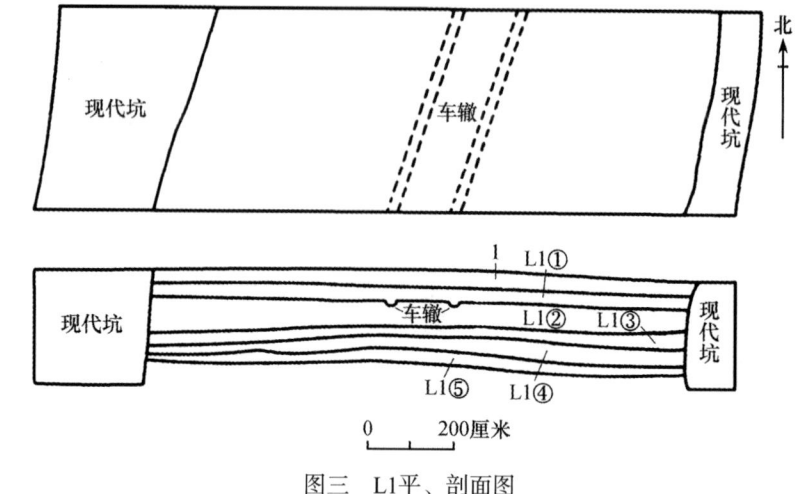

图三　L1平、剖面图

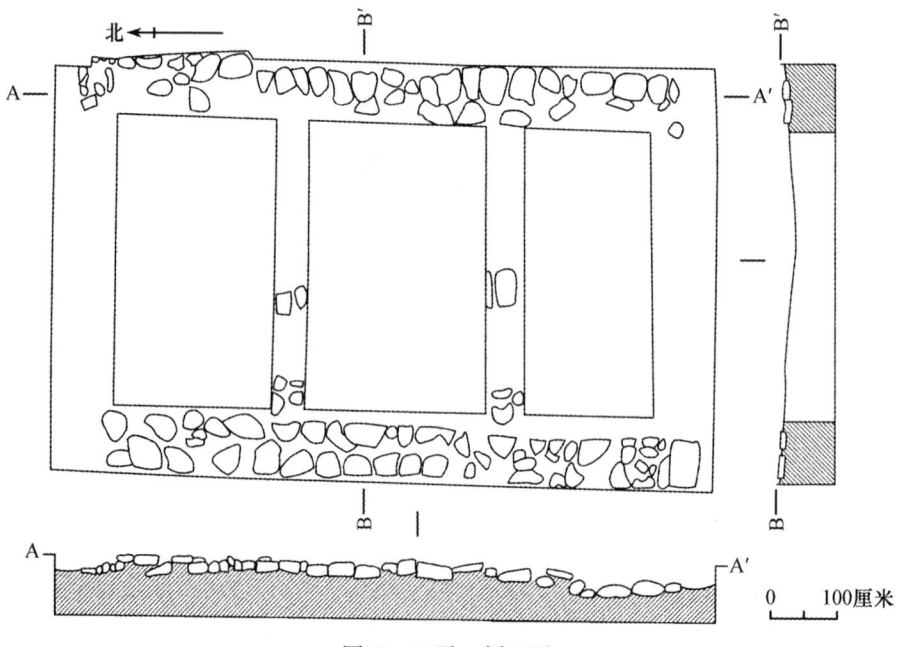

图四　F5平、剖面图

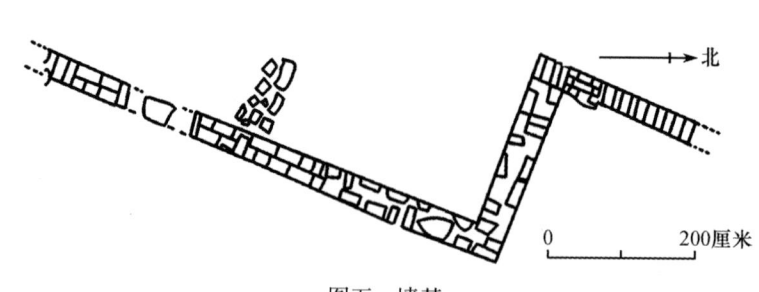

图五　墙基

## 三、遗　　物

出土器物以瓷器和陶器为主，且数量较多，还有少量石质建筑构件、铜器、铁器、玉器、骨器及一定数量的货币。下面根据分期，仅选择瓷器、陶器予以介绍。

### （一）第一期

第一期陶器多为泥质灰陶，器形有盆、罐等，也有少量釉陶鸡腿瓶残片。瓷器绝大部分是白釉瓷，根据釉色、胎质、装烧等特点看，当属定窑系。下面选择有代表性的3种器物介绍如下。

瓷碗　3件。标本T1313④：1，侈口，圆唇，口沿外撇，弧腹较深，圈足较高。施白色化妆土，釉色白中泛青，外腹施釉不到底，露圈足。内腹有一道凹弦纹，内底刻划篦纹，并有5个支钉痕。口径20.4、足径6.6、高8.1厘米（图六，1）。

瓷盘　1件。T1313④：2，侈口，圆唇，口沿略外撇，弧腹。施白色化妆土，外腹施釉不到底，露圈足，釉色白中泛黄。内腹有一道浅细凹槽，内底有7个支钉痕。口径21.2、足径9.1、高4.8厘米（图六，3）。

瓷碟　3件。T1313④：5，敞口，圆唇，弧腹，口沿外有一道折痕，小圈足。施白色化妆土，白釉，外腹施釉不到底，露圈足，内底残留一个支钉痕。口径13.8、足径5.4、高3厘米（图六，2）。T1313④：6，盘口，弧腹，通体施白釉，内底残留一个砂钉。口径15.2、足径6.4、高4厘米（图六，4）。

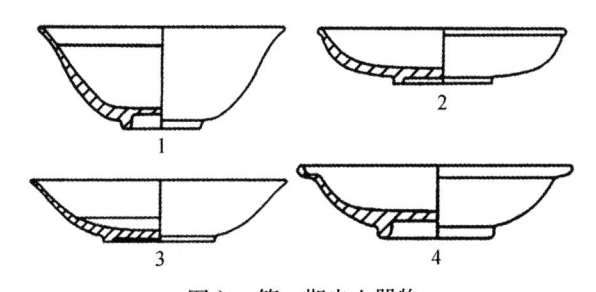

图六　第一期出土器物
1. 瓷碗（T1313④：1）　2、4. 瓷碟（T1313④：5、T1313④：6）　3. 瓷盘（T1313④：2）

### （二）第二期

第二期遗物有瓷器、陶器、铁器、钱币等。

**1. 瓷器**

白瓷、白地褐花瓷较多，根据釉色、胎质、纹饰和装烧等特点看，当属磁州窑系，也有少量钧窑的蓝釉瓷。

钵　1件。T1107③：2，直口，尖唇，弧腹，圈足略外撇。施蓝釉，但圈足及内外底无釉。口径11、足径5.6、高5.5厘米（图七，1）。

碗　7件。T1313③：3，敞口，圆唇，深弧腹。蓝釉，圈足不施釉。口径17.5、足径6、高7.6厘米（图七，2）。标本T1306③：4，侈口，圆唇，口沿外撇，弧腹，圈足，釉色白中泛灰，内壁与底交接处饰一道凹弦纹。口径11.2、足径3.8、高4.5厘米（图七，3）。

碟　1件。T1312③：2，敞口，方唇，腹较直，平底。外腹近底部有一道旋削痕，通体施釉，釉色白中泛青。内底较平，刻莲瓣纹。口径12.2、底径8.2、高2.2厘米（图七，4）。

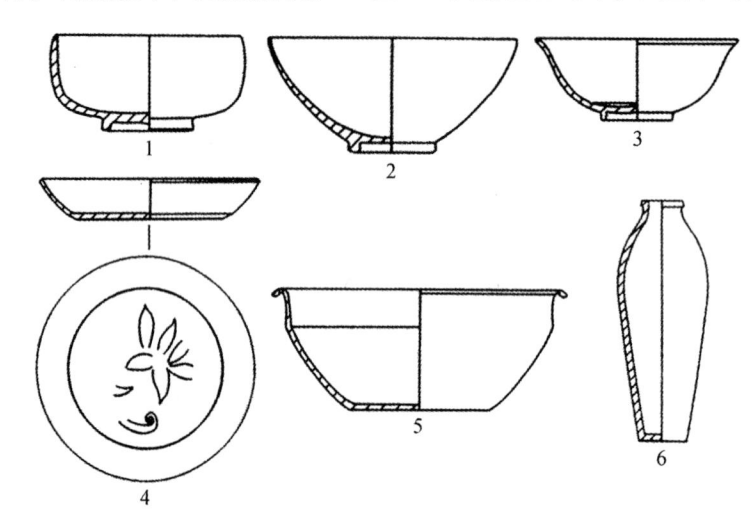

图七　第二期出土器物
1.瓷钵（T1107③：2）　2、3.瓷碗（T1313③：3、T1306③：4）　4.瓷碟（T1312③：2）　5.陶盆（T1306③：9）
6.陶鸡腿瓶（T1104③：7）

## 2. 陶器

包括泥质灰陶和釉陶，前者较多，后者较少。

盆　2件。均为泥质灰陶。T1306③：9，直口，圆唇，卷沿，折肩，斜直腹，平底。腹较深，腹内有一道凹弦纹。口径40、底径21、高17.5厘米（图七，5）。

鸡腿瓶　1件。T1104③：7，褐色釉。直口，平沿，方唇，平底。除口沿和底部无釉外，其余皆施釉，器身有12处挂烧疤痕。口径5.7、最大腹径12、底径6.3、高32.7厘米（图七，6）。

## （三）第三期

第三期遗物中瓷器和陶器数量较多，也有少量铁器、骨器、钱币等。

### 1. 瓷器

有白瓷、青瓷和青花瓷。

碗 10件。T1313②H2：1，敞口，圆唇，斜直腹，圈足。施白色化妆土，白釉，外腹施釉不到底，露圈足。外腹近底部有一道旋削痕，内腹和底交接处有一道凹弦纹，内底残留3个砂钉痕迹。口径16.2、足径6.4、高4.1厘米（图八，1）。T1312②H2：3，青花瓷。敞口，圆唇，弧腹，圈足，内底凸起。内底和外腹饰螭虎纹。口径14、足径5.6、高6厘米（图八，5）。

碟 3件。标本T1313②H2：2，侈口，圆唇，口沿略外撇，弧腹，圈足。施白色化妆土，白釉，外腹施釉不到底，露圈足。内腹和底交接处有一道细棱，外腹近底部有一道旋削痕。口径12.4、足径5.6、高2.4厘米（图八，2）。

高柄杯 1件。T1207②H7：1，侈口，圆唇，圈足内折。胎质细密，除圈足末端外皆施釉，釉色绿中泛白。口径13、足径3.8、高11.8厘米（图八，4）。

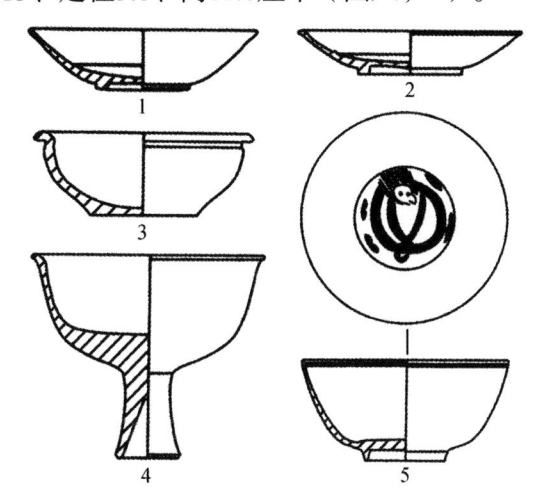

图八 第三期出土器物
1、5. 瓷碗（T1313②H2：1、T1312②H2：3） 2. 瓷碟（T1313②H2：2） 3. 陶盆（T1412②H1：1）
4. 瓷高柄杯（T1207②H7：1）

**2. 陶器**

有盆、瓮和罐，下面以盆为例简要介绍。

盆 6件。T1412②H1：1，敛口，圆唇，卷沿，折肩，弧腹，平底。口径21、底宽10.5、高8厘米（图八，3）。

## （四）第四期

第四期遗物有瓷器、陶器、铜钱、兽骨以及大量青砖、灰瓦等。

**1. 瓷器**

比较多的是青花瓷，也有少量黑釉瓷和青釉瓷。

碗 11件。T1414②：3，青花瓷。侈口，尖唇，弧腹，圈足外撇。内底饰鱼纹和水草纹。

口径10.4、足径5.2、高5.6厘米（图九，1）。T1414②：4，青花瓷。侈口，圆唇，弧腹，圈足，口沿外撇，圈足较高。外腹及内底饰花草纹。口径15、足径6.6、高7.6厘米（图九，2）。T1306②：2，黑釉。敞口，圆唇，斜直腹，圈足外撇。芒口，圈足和外底也不施釉。口径12.2、足径5.6、高5.7厘米（图九，5）。

碟　2件。T1311②：4，侈口，圆唇，弧腹，圈足，口沿外撇。釉色青白，外底有落款。口径14.6、足径7.8、高2.8厘米（图九，3）。

盅　2件。标本T1413②：5，敞口，圆唇，弧腹，高圈足略外撇，内底凹。内腹饰枝叶纹。口径7.4、足径3、高4.8厘米（图九，4）。

**2. 釉陶**

仅出土韩瓶1件。

韩瓶　1件。T1310②：12，侈口，宽肩，腹下收，圈足。酱釉，釉质较差。口径4.5、底径9、高33.6厘米（图九，6）。

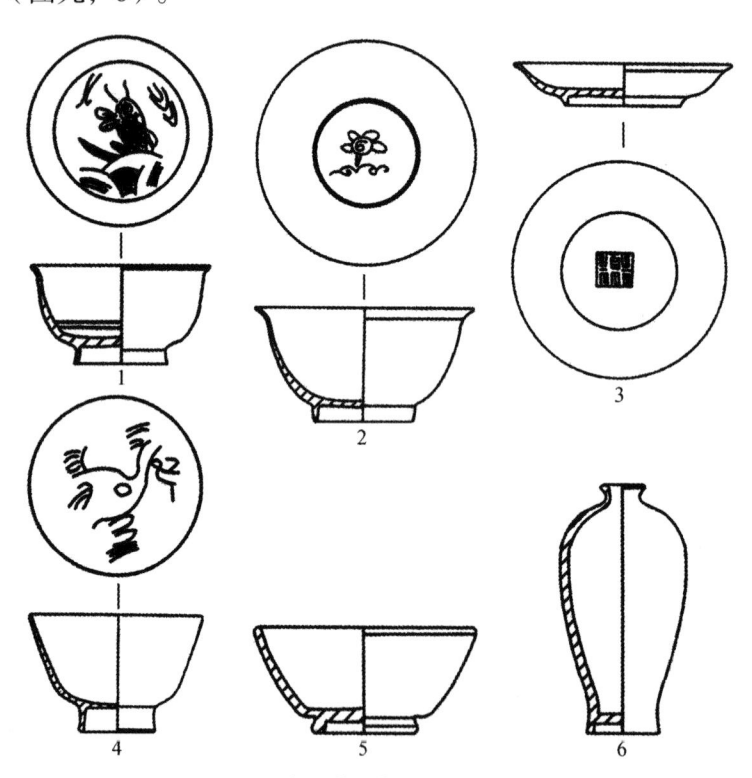

图九　第四期出土器物

1、2、5. 瓷碗（T1414②：3、T1414②：4、T1306②：2）　3. 瓷碟（T1311②：4）　4. 瓷盅（T1413②：5）
6. 釉陶韩瓶（T1310②：12）

## （五）第五期

第五期遗物中瓷器和陶器较多，还出土少量钱币和残破的小铜件、料器等。

**1. 瓷器**

有青花瓷和青釉瓷两类，青花瓷数量占绝大多数，青釉瓷数量较少。器形有碗、碟和盅。

碗　5件。T1310①H2∶5，青花瓷。敞口，尖唇，弧腹，圈足。内底饰人物纹。口径8、足径2.9、高3.8厘米（图一〇，1）。T1005①Z1∶1，侈口，圆唇，弧腹，圈足。圈足露胎，其余部分皆施青釉。口径14.6、足径6、高7.2厘米（图一〇，4）。

**2. 陶器**

主要是泥质灰陶，器类中盆较多，还有罐、瓮、烛台等。

盆　2件。T1107①J1①∶5，敞口，卷沿，圆唇，折肩，弧腹，平底。口径28.2、底径16.5、高7.9厘米（图一〇，3）。T1107①J1②∶1，直口，口沿中部内凹，弧腹，平底。口径31.2、底径18、高11.4厘米（图一〇，5）。

烛台　1件。T1107①J1③∶2，宽圈足，腹部有三道棱。盘径14.5、足径16、通高18厘米（图一〇，2）。

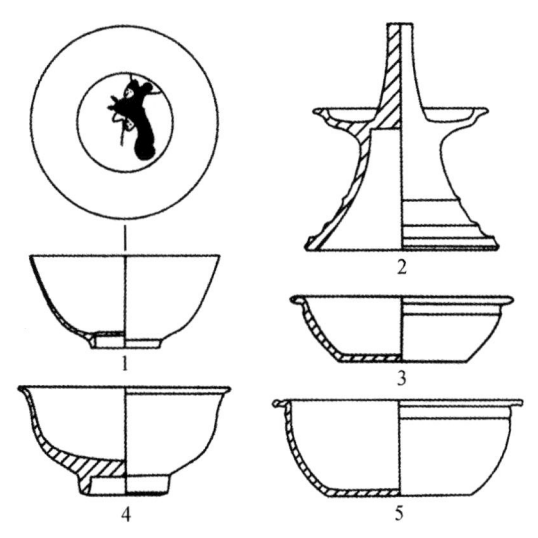

图一〇　第五期出土器物

1、4. 瓷碗（T1310①H2∶5、T1005①Z1∶1）　2. 陶烛台（T1107①J1③∶2）　3、5. 陶盆（T1107①J1①∶5、T1107①J1②∶1）

## 四、结　语

　　结合各探方层位关系和各层出土物的特征，可以把遗址划分为五个大的时期。第一期以T1312④为代表，年代上相当于金代；第二期以T1312③为代表，年代上相当于元代；第三期以T1312②H2为代表，年代上相当于明代早期到明代中期；第四期以T1312②为代表，年代上相当于明代晚期到清代中期；第五期以T1312①H1为代表，年代上相当于清代晚期。

　　鼓楼遗址位于县城中心区域，地理位置显要。此次发掘是一次典型的城市考古，发掘出了大量的遗迹和遗物，收获丰富。通过发掘，一定程度上揭示了金到清时期此地的历史面貌。金代遗迹和遗物的出土，说明这个地方在金代已有相当数量的人口居住，考虑到独乐寺距此仅有100多米，此地在当时应是一处繁华之所。穿越遗址中部的道路始建于明初。据《蓟县志》记载："洪武四年（1371年），将州城土墙甃以砖石，周长九里十三步，城垣呈北圆南方状；同时建钟鼓楼。"[1]"洪武年间，州城街道以鼓楼为中心，形成文化街、武定街、太平街、拱星街四条大街。"[2]考古发掘的结果印证了县志的记载。L1正好穿越明清时期蓟州城的中心——鼓楼，应是当时东西向的中轴线，不仅具有通行的功能，更具有城市规划的功能和地位，大量建筑是以它为基线在两侧修建。以鼓楼一带为中心的规划格局，确实形成于明代洪武年间。

领队：陈　雍
发掘：盛立双　相　军　张　瑞　赵　简
　　　郗志坚
执笔：相　军

## 注　释

[1][2]　蓟县志编修委员会：《蓟县志》，天津社会科学院出版社，1991年。

（原载于《文物春秋》2010年第3期）

# 天津市宝坻区哈喇庄遗址的发掘

天津市文化遗产保护中心　宝坻区文化馆

哈喇庄遗址位于天津市宝坻区霍各庄乡哈喇庄村东南约500米处，距宝坻区城关镇4千米，地势低平，中部略微隆起，津蓟铁路由东北向西南经过遗址北部边缘，南部边缘为引滦进津明渠，西北为哈喇庄，西南为高八庄。其地处海河冲积平原，附近有鲍丘河、蓟运河等海河支流。遗址南北长350、东西宽500米，总面积为17万余平方米（图一）。1997年5月18日至7月24日，为配合京沈高速公路（天津段）修建工程，原天津市历史博物馆考古部对该遗址进行了发掘。发掘由北向南分A、B、C三个区进行，共发掘探方26个，面积663.5平方米（图二），清理出灰沟6条、灰坑60个、墓葬4座、房址1座。

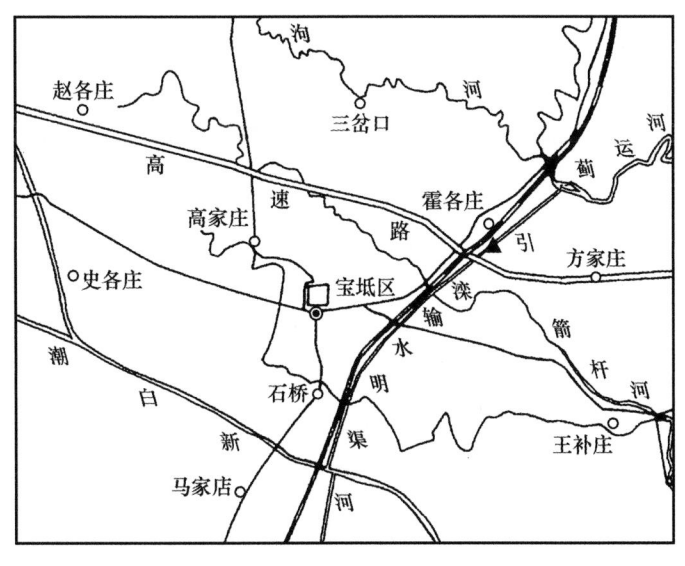

图一　遗址位置示意图

## 一、地层堆积及遗址分期

为了较好地反映该遗址的堆积情况，选用A、B二区的两个纵、横剖面进行介绍。

图二 遗址平面图

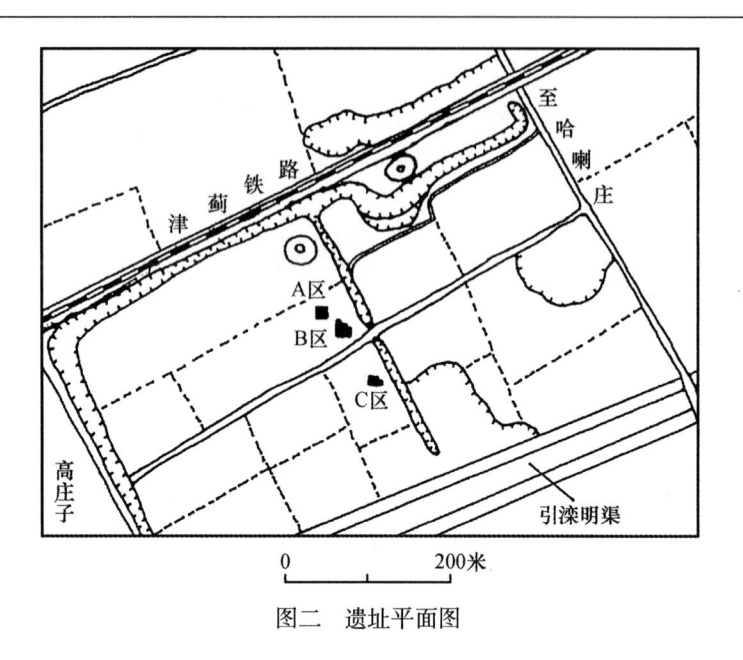

## （一）A区

以T4158～T4058南壁为例（图三）。

第1层：表土层。厚15～20厘米。H53等灰坑开口于此层下。

第2层：黑灰土层，土质较松软，多含草木灰。厚10～15厘米。基本上覆盖了整个A区。出土泥质灰陶、红衣陶残片，白釉、酱釉、黑釉瓷片及铜钱、动物骨骼等。H24等开口于此层下。

第3层：红烧土层，内含大量红烧土块。厚50厘米。分布于T4057、T4058、T4059、T4159中。出土白釉、黑釉瓷片及盆、罐等灰陶残片等，以及少量乾元重宝、祥符元宝等钱币和兽骨、贝壳等。

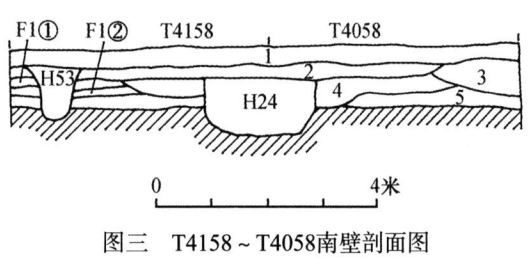

图三 T4158～T4058南壁剖面图
1.表土层 2.黑灰土层 3.红烧土层 4.黄褐土层 5.黑胶土层

第4层：黄褐土层，含零星红烧土星及炭星，分布于整个A区。厚60厘米。出土白釉、酱釉、黑釉、青釉瓷片及陶片等。陶片多为泥质灰陶，也有少量夹砂灰陶等。还出土元符通宝、太平通宝等钱币及兽骨等。F1等开口于此层下。

第5层：黑胶土层。厚10～20厘米。分布于整个A区，出土遗物较少。

## （二）B区

以T4554～T4555西壁为例（图四）。

第1层：表土层。厚25～35厘米。M3等开口于此层下。

第2层：褐土层。土质较细，分布于发掘区南部。厚10～20厘米。出土遗物有白瓷、青花瓷片等。H58开口于此层下。

第3层：灰褐土层。土质较黏，含有红烧土星，各方均有分布。厚15~25厘米。出土白瓷碗、盘、酱釉碗、盆等残瓷片，泥质灰陶、红衣陶等残片，并出有大定通宝等铜钱及兽骨、贝壳等。H12、H13开口于此层下。

第4层：黑灰土层。分布于整个B区。厚20~40厘米。遗物较少，偶见货泉、剪轮五铢等铜钱及夹砂红陶釜残片、绳纹小砖等。

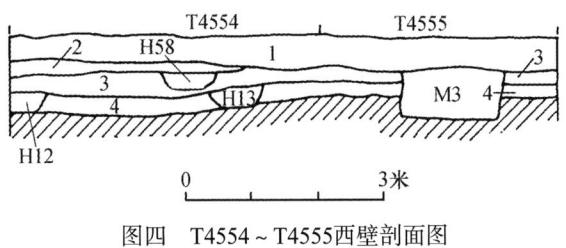

图四 T4554~T4555西壁剖面图
1.表土层 2.褐土层 3.灰褐土层 4.黑灰土层

通过对出土遗物的比较分析，可将整个遗址的地层堆积大致分为三个阶段。

第一阶段，以B区第4层为代表，出土夹蚌红陶釜残片及剪轮五铢铜钱，应为两汉之际的文化遗存。

第二阶段，以A区的第2层、第5层、F1、H24，B区第3层、H58等地层和遗迹为代表，出土白釉、黑釉、酱釉、青釉等瓷片及宋金铜钱，应为晚辽至金末元初的文化遗存。

第三阶段，以B区第2层、M3等地层和遗迹为代表，出土青花瓷片等，为晚明至清的文化遗存。

由于第一阶段及第三阶段出土的遗物较为零碎，本简报只报道第二阶段的文化遗存，此阶段为哈喇庄遗址的主要文化堆积。

# 二、遗　迹

## （一）房址

仅发现1座，分布于A区T4257、T4157、T4258内，被第4层叠压，距地表深35~50厘米，仅残存垫土部分及部分沟槽。垫土的形状呈不规则多边形，东北部、东南角分别被G6、H39打破，东西宽6.8、南北长7.4米。沟槽位于垫土中部，平面呈长方形，从残存的形状看，为东北—西南向长方形建筑。东南边情况不清，东北边在T4157东北角被H53打破，在T4258内未找到沟槽。沟槽宽25、深30厘米，直壁，平底，填土为灰色，较松，内有少量碎砖头、灰瓦片。在西边的沟槽内侧及转角处有5个柱洞，3个为半壁柱、2个为转角柱。另外，在东南边中部及北部各有一柱洞。柱洞直径一般为30厘米，深度均为20厘米。房址的垫土可分两层，下层为黄花土，较硬，厚5~10厘米；上层为纯黄土，硬度较大，厚20~25厘米。两层垫土的分布范围相同，无夯筑遗迹，应为非居室类建筑（图五）。

此外，在B区发现了砖砌的柱基，由半砖砌成，可分两种。一种为先挖土坑，再在土坑内用半砖砌筑，逐渐加高出坑口。另一种为直接在地面上砌筑。

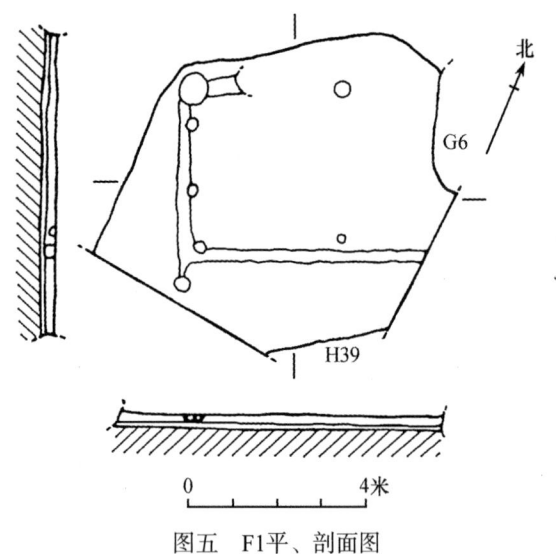

## （二）灰坑

共有60个。平面形状有圆形、椭圆形、长方形、梯形、不规则形，按腔体又可分为直壁、平底，斜直壁、平底，弧壁、圜底，弧壁、平底等。

H7　位于T4657北部，开口于B区第3层下，打破G5。圆形，直壁，平底。坑口直径135、坑深20厘米。坑内堆积为黄褐土，出土白釉瓷碗、灰陶盆各1件（图六）。

H17　位于T4556西部，表土层下开口，被M4打破，并打破B区第3层及生土。长方形，斜直壁，平底。坑口长250、宽225厘米，坑底长240、宽200厘米，坑深130厘米（图七）。坑内堆积为黑褐土，多为草木灰及红烧土。出土遗物较多，主要有灰陶盆、灰陶罐、瓷碗等残片，以及少量兽骨、贝壳和铜簪等。

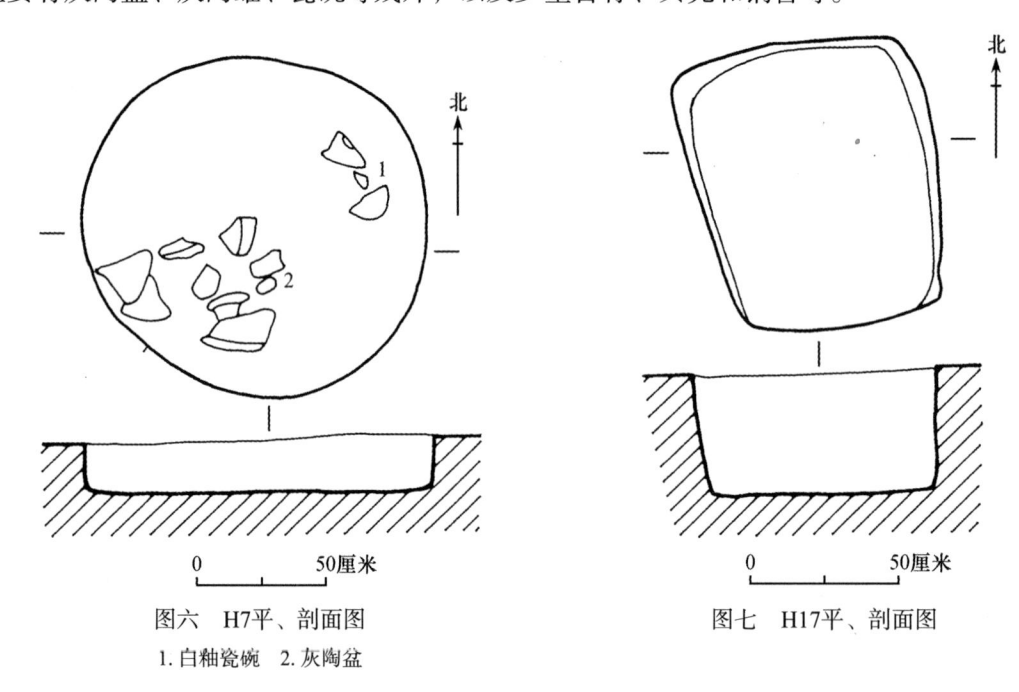

图五　F1平、剖面图

图六　H7平、剖面图
1.白釉瓷碗　2.灰陶盆

图七　H17平、剖面图

## （三）灰沟

有6条，分长条状和不规则形两种，其中长条状灰沟2条。

G4　开口于B区第3层下，打破生土。平面呈长条状，弧壁，平底略圜。沟长690、宽136、深58厘米。沟内堆积为灰褐土，含红烧土块。出土灰陶盆、灰陶罐、白瓷碗等陶瓷器和"景德元宝""熙宁元宝"等铜钱。

## 三、遗 物

### （一）瓷器

大部分为粗胎器，也有少量细胎瓷。多数为白瓷，釉色又可分为黄白、乳白、灰白、青灰（白中泛淡绿色）、红白（白中泛淡红色）等颜色。也有少量黑釉及酱釉瓷，偶见零星青瓷、钧瓷及彩瓷。黄白釉多为粗胎，釉面无光泽。乳白釉、红白釉的胎质多为细白胎，釉面光亮。瓷器多为素面，少量刻划缠枝纹、篦划纹、剔划纹，还有仰莲、团菊、缠枝等印花纹，以及釉下褐彩、铁锈花、出筋纹等，偶见零星红绿彩瓷。制法多为盘筑加快轮修制。细白胎瓷因质地细腻，不施化妆土；粗白瓷均施化妆土，施半釉。除乳白釉和红白釉外，一般都有开片。碗内壁及近口沿部为白釉，下半部为黑釉和酱釉，两种釉色交接处为青褐色。器物多采用支烧方法，在器物内外底部均可见到支钉痕迹，数目多少不一，以三、四、五个居多。个别器物如罐、瓶等在器壁及口沿也有支钉痕，有的支钉痕为双排。有些细白胎器物为芒口，如杯、盘等，应为覆烧；还有些器物为砂圈叠烧，这类器物内底均有涩圈，有些内底、外底粘有细砂粒。黑釉器中有裹足挂釉的做法。无论白釉还是其他釉，釉面多不洁净，有落灰或落砂现象，说明烧造的燃料有柴或煤等。

主要器类为碗、盘，还有少量的罐、圈足钵、盆、盏、鸡腿瓶、壶及饰件等。

**1. 白釉瓷**

有碗、盘、圈足钵、盏、罐、壶等。

碗 依据腹壁差异，可分为三型。

A型 曲腹壁。敞口，圈足，内外底均见支钉痕。又可分二亚型。

Aa型 腹壁向上逐渐内收，外折沿，尖唇，足较宽，内底均为平折底。施白色化妆土，内满釉外半釉。又可分三式。

Ⅰ式：大敞口，底残。H39：4，白胎，釉面有光泽。口径20.4、圈足径36、高7.4厘米（图八，22）。

Ⅱ式：口较敞，足外撇，内底有椭圆形支钉痕，外底心凸起，有旋削痕。G4：4，灰白胎。口径24、圈足径48、高7.4厘米（图八，6）。

Ⅲ式：近口沿处外凸。G4：5，白胎。内底残存三个长方形支钉痕，外底鸡心，有旋削痕。口径20.8、圈足径5.2、高6.4厘米（图八，19）。

Ab型 近口部腹壁外撇，小圆唇。H51：1，粗白胎，有孔隙，胎有刮削痕，乳白釉，有玻璃光泽，细开片。内底残留两个细支钉痕，圈足外撇。口径22、圈足径7.6、高6.8厘米（图八，3）。

B型 腹壁较直。可分二式。

Ⅰ式：宽叠沿，口外敞。T4158③：6，粗浅灰胎，白釉偏灰，不施化妆土。底内凹，中心凸起，内底有三个椭圆形支钉痕，足外斜，外底鸡心。口径21.6、圈足径8、高6.2厘米（图八，18）。

Ⅱ式：窄折沿，近口处略折向内收，平底。T4159②：1，黄褐胎，釉发涩，无光泽。口沿略内收，足外撇，内底残存六个小圆形支钉痕。口径19.6、圈足径7.6、高6.2厘米（图八，21）。

C型　弧腹。可分二亚型。

Ca型　浅腹，圈足。皆为黄白釉。又可分二式。

Ⅰ式：口外侈，弧腹内收。T4058③：1，粗黄白胎，釉色暗淡，半釉。足内底残留一个椭圆形支钉痕。口径16、圈足径6.8、高4.8厘米（图八，10）。

Ⅱ式：口微侈，腹壁较外敞。H18：1，粗灰白胎，半透明釉，细开片。足内底残留二个椭圆形支钉痕。口径18.4、圈足径8、高5.2厘米（图八，11）。

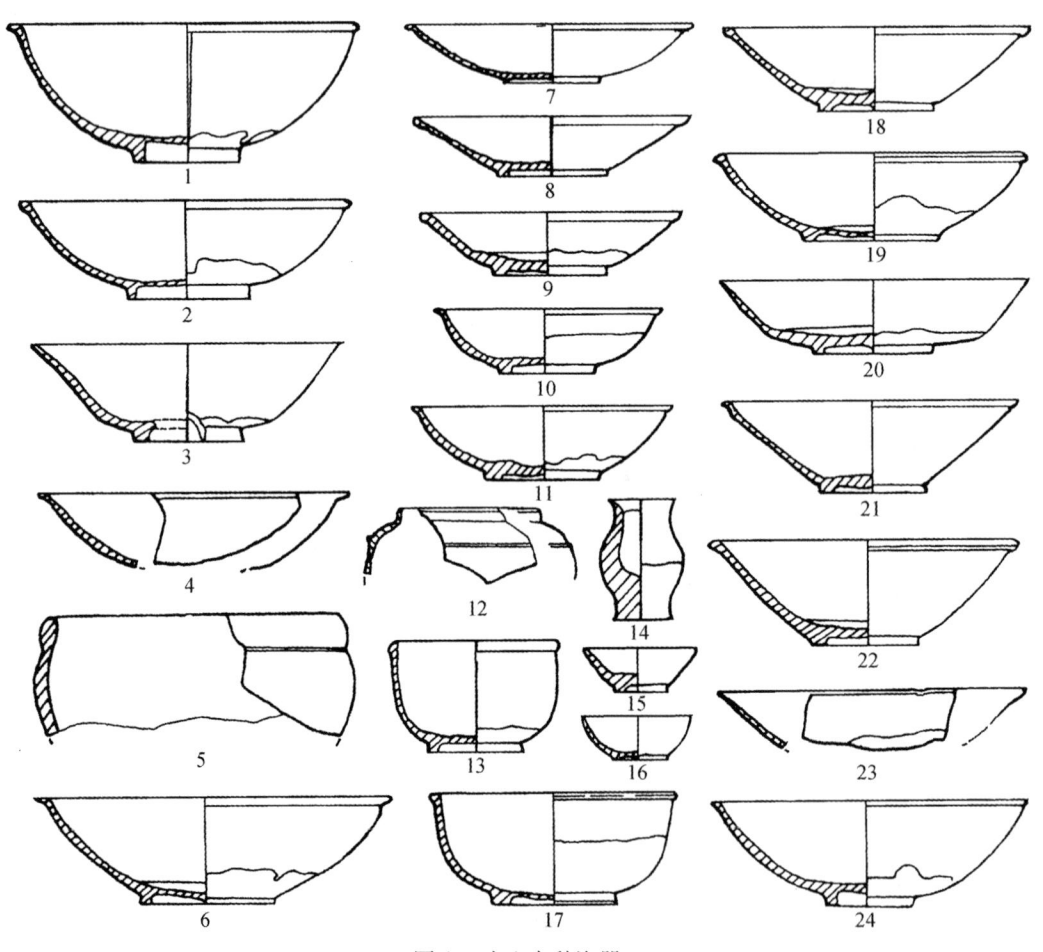

图八　出土白釉瓷器

1. Cb型Ⅲ式碗（G2：1）　2. Cb型Ⅰ式碗（H43：1）　3. Ab型碗（H51：1）　4. A型Ⅰ式盘（T4058③：3）　5. B型罐（H51：4）　6. Aa型Ⅱ式碗（G4：4）　7. C型盘（H28：2）　8. B型Ⅱ式盘（T4058④：1）　9. B型Ⅰ式盘（T4059④：1）　10. Ca型Ⅰ式碗（T4058③：1）　11. Ca型Ⅱ式碗（H18：1）　12. A型罐（T4058②：2）　13. B型钵（T4555扩③：1）　14. 壶（T4159③：3）　15. A型Ⅰ式小盏（H39：1）　16. A型Ⅱ式小盏（H24：1）　17. A型钵（T4157②：11）　18. B型Ⅰ式碗（T4158③：6）　19. Aa型Ⅲ式碗（G4：5）　20. D型盘（T4058③：2）　21. B型Ⅱ式碗（T4159②：1）　22. Aa型Ⅰ式碗（H39：4）　23. A型Ⅱ式盘（T4158②：7）　24. Cb型Ⅱ式碗（H7：1）

Cb型 深腹，叠沿，圈足。胎质较细，施白化妆土，足无釉。又可分三式。

Ⅰ式：敞口。H43∶1，细灰白胎。碗内及外大半部饰釉，口部无釉。内底有1.5厘米涩圈，器身有一圈细凹弦纹。口径24、圈足径4.8、高7厘米（图八，2）。

Ⅱ式：口较敞。H7∶1，细黄白胎。内底有五个细长支钉痕。口径22、圈足径6.4、高7.6厘米（图八，24）。

Ⅲ式：口微敞。G2∶1，细黄白胎，白釉细开片。内底有五个细长支钉痕，圈足上有五个椭圆形支钉痕。口径24、圈足径7.6、高10厘米（图八，1）。

盘 依据腹壁差异，可分为四型。

A型 曲腹。敞口，腹壁上部外翻，下部内收。又可分二式。

Ⅰ式：圆唇，卷沿。T4058③∶3，粗灰胎，色杂。施白化妆土，细白釉开片。口径22厘米（图八，4）。

Ⅱ式：花式口，尖唇，沿略外卷。T4158②∶7，细白灰胎，化妆土不匀，内厚外薄，白釉泛灰，有泪痕。口径22厘米（图八，23）。

B型 斜直壁，叠沿。又可分二式。

Ⅰ式：口较敞，弧状内底，足外撇。T4059④∶1，粗浅灰胎，黄白釉，细开片。内底残留四个支钉痕，底心有旋削痕。口径8、圈足径8、高4.4厘米（图八，9）。

Ⅱ式：敞口。T4058④∶1，粗黄褐胎，黄白釉，釉施及口沿外侧。内底有六细小椭圆形支钉痕。口径19.2、圈足径7.6、高4.4厘米（图八，8）。

C型 弧腹。H28∶2，细白胎，质紧密，无化妆土。白釉泛灰，无开片。芒口。窄叠沿，足内底略凸。口径20.4、圈足径4.6、高4厘米（图八，7）。

D型 折腹。T4058③∶2，浅灰胎，质细，黄白釉，白化妆土。花式口较敞，平底，内底有十个小圆形支钉痕。腹中部施釉，釉面光亮。口径22、圈足径8、高5.2厘米（图八，20）。

钵 依据口沿差异，可分二型。

A型 折沿，直口，圈足。T4157②∶11，细浅灰胎，火候较高，无化妆土。白釉泛灰，有光泽，外施半釉。口径17.2、圈足径8.8、高8厘米（图八，17）。

B型 叠沿，直口，圈足。T4555扩③∶1，细灰胎，有细孔隙。青白釉，大半釉。上腹直，近底部弧内收，圜底。内底有1.8厘米宽的涩圈（图八，13）。

小盏 敞口，圈足。可分二型。

A型 弧腹，无沿。又可分二式。

Ⅰ式：H39∶1，细白胎，有孔隙，含黑色微粒，半釉。内底有三个椭圆形支钉痕，足外撇。口径8.4、圈足径3.6、高3.2厘米（图八，15）。

Ⅱ式：芒口，圆唇，口较敞。H24∶1，细白胎，白釉略泛黄。内外施半釉。口径8、圈足径3.6、高3厘米（图八，16）。

B型 斜腹，叠沿。T4157④∶2，细白胎，满白釉，釉略泛黄，内含黑褐色微粒。方唇，敞口，内底中心凸出，足外侧旋削，外底鸡心。口径11、圈足径4、高3.1厘米。

罐 依据肩部差异，可分二型。

A型　鼓肩。T4058②：2，细白胎，青白釉，内含黑褐色细微粒，有细开片。斜方唇，直口。肩部有一周凸棱。口径10厘米（图八，12）。

B型　溜肩。H51：4，细白胎，色纯正，乳白釉，内含细小黑色微粒。敛口，圆唇。沿下饰一周凹弦纹。口径20厘米（图八，5）。

壶　T4159③：3，细白胎，施白釉。侈口，圆唇，鼓腹，平底。口径2.2、腹径3、底径2、高4.2厘米（图八，14）。

## 2. 黑釉瓷

有碗、钵、罐等。

碗　均为半黑釉。碗内壁及外壁上部施白釉，外壁下部施黑釉，黑白釉交接处施酱褐色釉。除圈足外，均施釉。T4157②：3，细白胎，质松。青白釉，细开片。敞口，圆唇，底近平，内底有1.3厘米宽的涩圈，粘有砂粒。口沿饰一周凹弦纹。口径24、圈足径9.6、高6.8厘米（图九，11）。

钵　T4157②：11，粗黄白胎，有孔隙。碗内外上腹部施黑釉，下腹部为素面，釉面光亮。直口，圆唇，外折沿，圈足外撇，底有1.6厘米的涩圈。口径18.4、圈足径8.4、高7.6厘米（图九，7）。

罐　T4059②：2，粗白灰胎，釉面光亮。侈口，圆唇，折肩，直腹。领部有一周凸棱。口径8厘米（图九，5）。

## 3. 酱釉瓷

器类有罐等。

罐　H50：5，子母口，筒形腹。细黄白胎，有气孔，胎中含杂质。内外皆施酱黑釉。口径13.6厘米（图九，2）。

小罐　T4059②：1，细黄白胎，施半釉，有光泽。圈足外撇。口径4、腹径9、圈足径5.2、高4.2厘米（图九，9）。

## 4. 青釉瓷

有盘、小壶、鸡腿瓶等。

盘　H39：3，粗灰胎，施白化妆土。足无釉。盘底近平，内底残留1个长方形支钉痕。口径15.6、圈足径3.2、高3.6厘米（图九，1）。

小壶　H39：5，粗白胎。透明青釉，施半釉，有光泽。捏制。器身粘有砂粒。口径1.6、底径2.4、高4.8厘米（图九，8）。

鸡腿瓶　仅存口沿。敛口，内折沿。可分二式。

Ⅰ式：敛口。H39：6，粗褐胎。口径6厘米（图九，10）。

Ⅱ式：口部微敛。T4159②：2，粗灰胎，孔隙大，内外皆施釉。溜肩。口径4厘米（图九，3）。

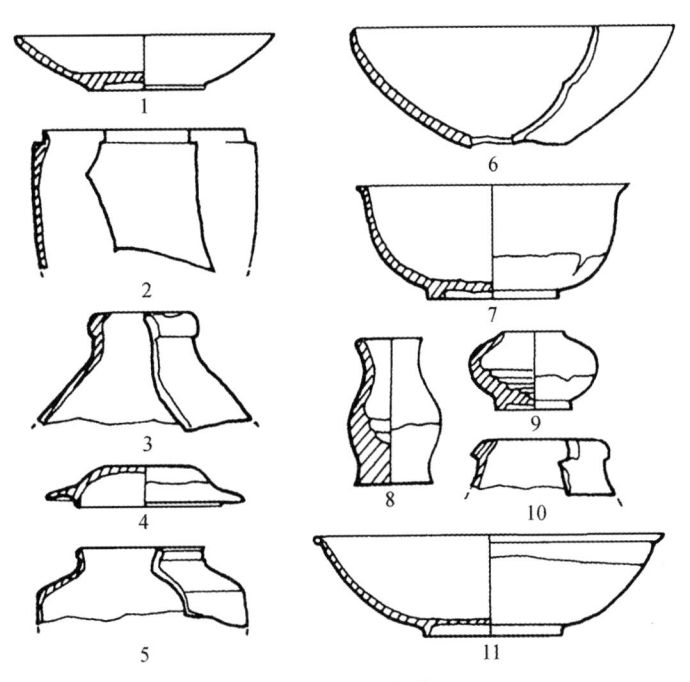

图九　出土瓷器

1.青釉瓷盘（H39：3）　2.酱釉瓷罐（H50：5）　3.Ⅱ式青釉瓷鸡腿瓶（T4159②：2）　4.素胎器盖（T4775③：3）　5.黑釉瓷罐（T4059②：2）　6.钧瓷碗（H50：6）　7.黑釉瓷钵（T4157②：11）　8.青釉瓷小壶（H39：5）　9.酱釉瓷小罐（T4059②：1）　10.Ⅰ式青釉瓷鸡腿瓶（H39：6）　11.黑釉瓷碗（T4157②：3）

**5. 钧瓷**

仅见碗。H50：6，灰胎，有孔隙。釉色为天蓝略泛红，含小气泡。釉厚重，有开片。直口，圆唇，弧腹。口径22厘米（图九，6）。

**6. 素胎器**

仅存1件器盖。T4755③：3，子母口，盖顶近平。粗黄白胎，顶部有酱彩，无釉。口径9.6、高2.8厘米（图九，4）。

## （二）陶器

陶器绝大部分为泥质灰陶，也有少量夹砂黑、灰陶，泥质红陶仅有1件盆，还有2件夹砂釜等。泥质红陶外饰红衣。大部分器物内外均打磨，并抹有滑石粉，泛银光。纹饰有线纹、凸弦纹、模印方格纹、附加按压条纹、凹弦纹等。有的条纹上按压波浪、鱼纹等。主要器类有盆、罐、釜、瓮、碗等。

盆　均为泥质陶。根据腹部差异，可分四型。

A型　弧腹。可分二式。

Ⅰ式：敞口，浅腹。H38：1，圆唇。内外饰弦纹（图一〇，8）。

Ⅱ式：口近直，深腹。H5：9，方唇，平底。口沿内外各饰一周凹弦纹，腹内壁上部及下部饰暗弦纹，中部饰"X"纹。口径41.6、底径18.4、高20.6厘米（图一〇，13）。

B型　斜腹。可分二式。

Ⅰ式：口较敞，腹较浅。H28：1，口径67.2、底径26、高10.5厘米（图一〇，18）。

Ⅱ式：敞口，腹较深。H17：2，方唇。口沿内饰二道凹弦纹，口沿外饰数周弦纹。口径61.8厘米（图一〇，7）。

C型　曲腹。可分二式。

Ⅰ式：口微敞。H24：5，方唇，平底。内壁饰凹弦纹。口径36.5、底径16、高14厘米（图一〇，6）。

Ⅱ式：敞口。H16：6，卷沿，圆唇，平底。内饰暗弦纹及"X"纹，腹部钻孔。口径41、底径20、高15厘米（图一〇，19）。

D型　有肩。可分二式。

Ⅰ式：敞口，斜直腹。H7：2，方唇，平底。沿面和肩部各饰二周凹弦纹。口径51.2、底径26.4、高18厘米（图一〇，5）。

Ⅱ式：口近直，斜弧腹。H14：1，方唇。内饰一周浅凹弦纹。口径34厘米（图一〇，2）。

另外，还有些盆口沿残片，火候较高，均为泥质陶，外施红衣，有的内壁也施红衣，个别施黑衣。G6：1，宽卷折沿，沿面饰二周弦纹，口沿及内壁施红衣（图一〇，17）。

瓮　均为口沿残片，一种为泥质陶。H16：8，尖唇，外卷沿，鼓肩，鼓腹。腹饰数周弦纹。口径48厘米（图一〇，14）。另一种为泥质陶，外施红衣，有的内壁施红衣，个别施黑衣。H50：2，卷沿，溜肩。外施红衣，口沿饰二周弦纹（图一〇，12）。

碗　泥质陶。敞口，圆唇，弧腹，平底。H24：6，口径10、底径5、高25厘米（图一〇，4）。

罐　有泥质灰陶和夹砂灰陶两种。依据口部不同，可分为二型。

A型　泥质灰陶。敛口。G4：10，圆唇，沿外凸，叠沿，溜肩，双桥形耳。口径22厘米（图一〇，10）。

B型　均为夹砂灰陶，砂粒较粗。子母口，溜肩。T4554③：4，方唇。外沿有数周凸棱，肩部饰凹弦纹。口径17厘米（图一〇，3）。

釜　有泥质、夹砂陶。依据口部不同，可分为二型。

A型　敛口，方唇。肩部饰凹弦纹。又可分二式。

Ⅰ式：G4：9，夹砂陶。鸡冠状錾耳。肩部饰二周凹弦纹。口径30厘米（图一〇，1）。

Ⅱ式：T4157②：9，泥质陶。肩部饰二周凹弦纹。口径35厘米（图一〇，15）。

B型　侈口，子母口。H23：1，外沿内凹，弧壁，鼓腹，扁状耳。外壁有烟炱痕。口径27.5厘米（图一〇，11）。

另外，还有夹砂陶片，仅见釜。器内有黑釉，胎及外表均呈黑色，为烟熏所致。皆为錾耳宽沿，器身饰凹弦纹。可分二式。

Ⅰ式：H5：10，沿面内凹。口径21.5厘米（图一〇，9）。

Ⅱ式：H16：7，口微敛，沿面外斜。口径32厘米（图一〇，16）。

图一〇 出土陶器

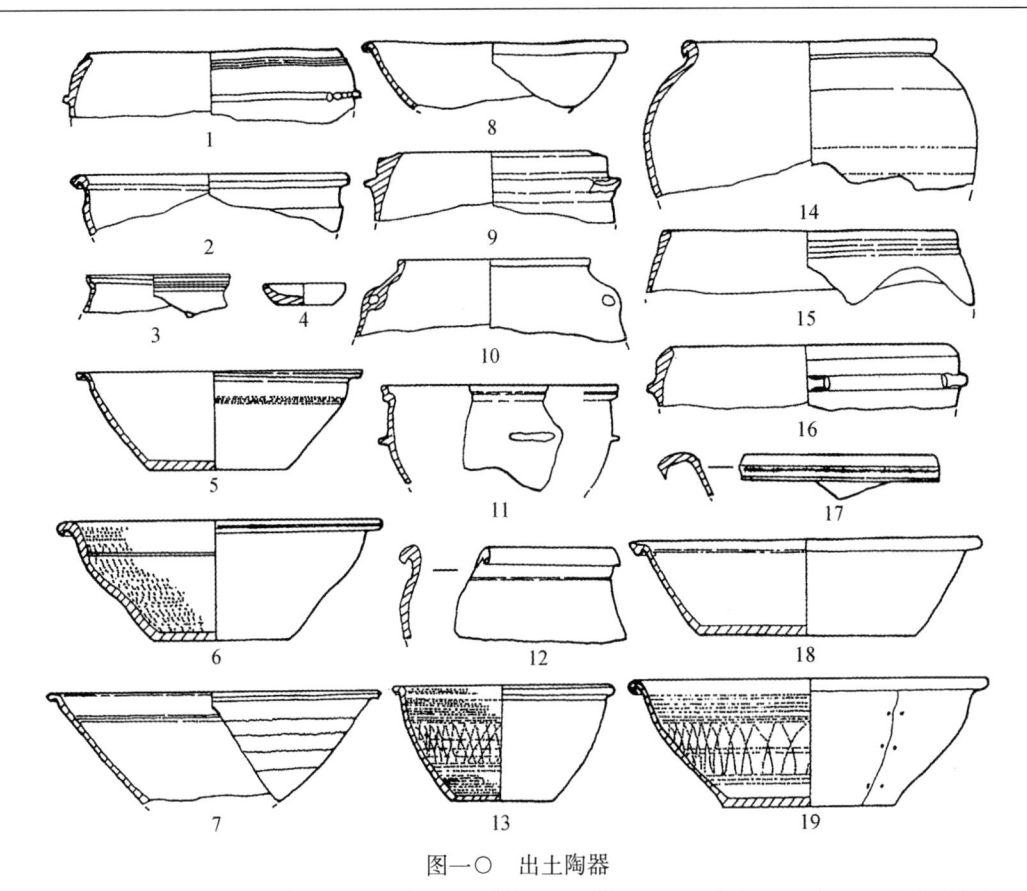

1. A型Ⅰ式釜（G4：9） 2. D型Ⅱ式盆（H14：1） 3. B型罐（T4554③：4） 4. 碗（H24：6） 5. D型Ⅰ式盆（H7：2）
6. C型Ⅰ式盆（H24：5） 7. B型Ⅱ式盆（H17：2） 8. A型Ⅰ式盆（H38：1） 9. Ⅰ式夹砂釜（H5：10） 10. A型罐（G4：10） 11. B型釜（H23：1） 12、14. 瓮（H50：2、H16：8） 13. A型Ⅱ式盆（H5：9） 15. A型Ⅱ式釜（T4157②：9）
16. Ⅱ式夹砂釜（H16：7） 17. 盆（G6：1） 18. B型Ⅰ式盆（H28：1） 19. C型Ⅱ式盆（H16：6）

纺轮　4件。圆饼状。T4158③：3，直径2.3厘米（图一一，6）。T4556②：1，泥质红陶。直径2.4厘米（图一一，7）。

网坠　2件。H2：2，长椭圆形，中部有一周凹槽。长7厘米（图一一，19）。H17：6，长方体，两端有凹槽。长7厘米（图一一，20）。

弹丸　12件。H5：15，圆形。直径3.5厘米（图一一，16）。T4157②：5，椭圆形。直径4～4.5厘米（图一一，17）。T4653③：3，球形。直径2.5厘米（图一一，18）。

## （三）铜钱

共计有42枚。除1枚金代大定通宝和1枚乾元重宝外，余皆为宋钱。主要有至和通宝、元祐元宝、景德元宝、元丰通宝、祥符元宝、绍圣元宝、景祐元宝、淳化元宝、元符元宝、皇宋通宝、天圣元宝、熙宁元宝、太平通宝、咸平元宝、宋元通宝、天禧通宝、圣宋元宝等（图一二）。

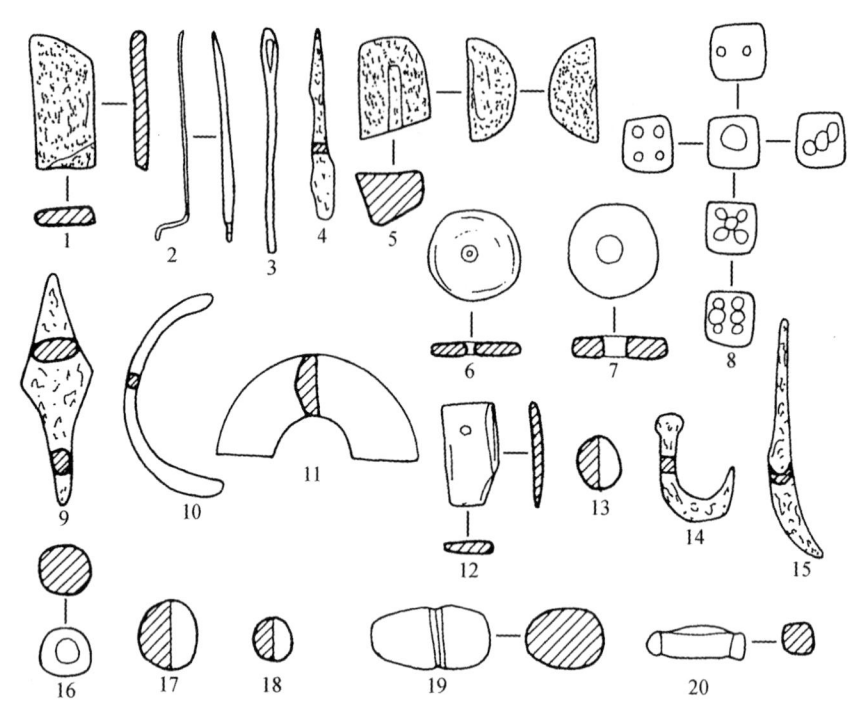

图一一　出土器物

1、5、12.砺石（T4059③：2、H20：1、H57：5）　2、3.铜簪（T4059②：1、H17：1）　4、9.铁镞（H16：3、H16：10）　6、7.陶纺轮（H4158③：3、T4556②：1）　8.骨骰子（H24：3）　10.铜环（T4158③：2）　11.玉璜（H5：3）　13.石球（H53：1）　14.铁钩（H16：2）　15.铁齿耙（H5：2）　16～18.陶弹丸（H5：15、T4157②：5、T4653③：3）　19、20.陶网坠（H2：2、H17：6）

## （四）其他

有铁器、铜饰件、石器、骨制品等。铁器多已锈蚀，器形有镞、钩、耙齿。铜饰件有簪、环。石制品有砺石、狮。骨制品仅为1件骰子。玉器仅有玉璜等。

铁镞　2件。H16：3，扁状，尖残。残长12.4厘米（图一一，4）。H16：10，圆铤，双翼。长6厘米（图一一，9）。

铁钩　1件（H16：2）。弯钩状（图一一，14）。

铁齿耙　1件（H5：2）。长15厘米（图一一，15）。

铜簪　2件。T4059②：1，长11.2厘米（图一一，2）。H17：1，由铜丝弯成，一端有扁环。长12厘米（图一一，3）。

铜环　1件（T4158③：2）。截面呈圆形（图一一，10）。

石狮　1件（T4059②：2）。用红褐滑石雕刻而成。高5.4厘米（图一三）。

砺石　4件。一种为扁平状。T4059③：2，青石含云母。扁长方形。残长9、宽8.5、厚2厘米（图一一，1）。H57：5，残，一端有小圆系孔。另一种为长方形（图一一，12）。H20：1，上有钻孔，平的一面有磨槽，应是磨制锥状工具所致（图一一，5）。

石球　1件（H53：1）。用白色大理石磨成，球面光滑。直径3.5厘米（图一一，13）。

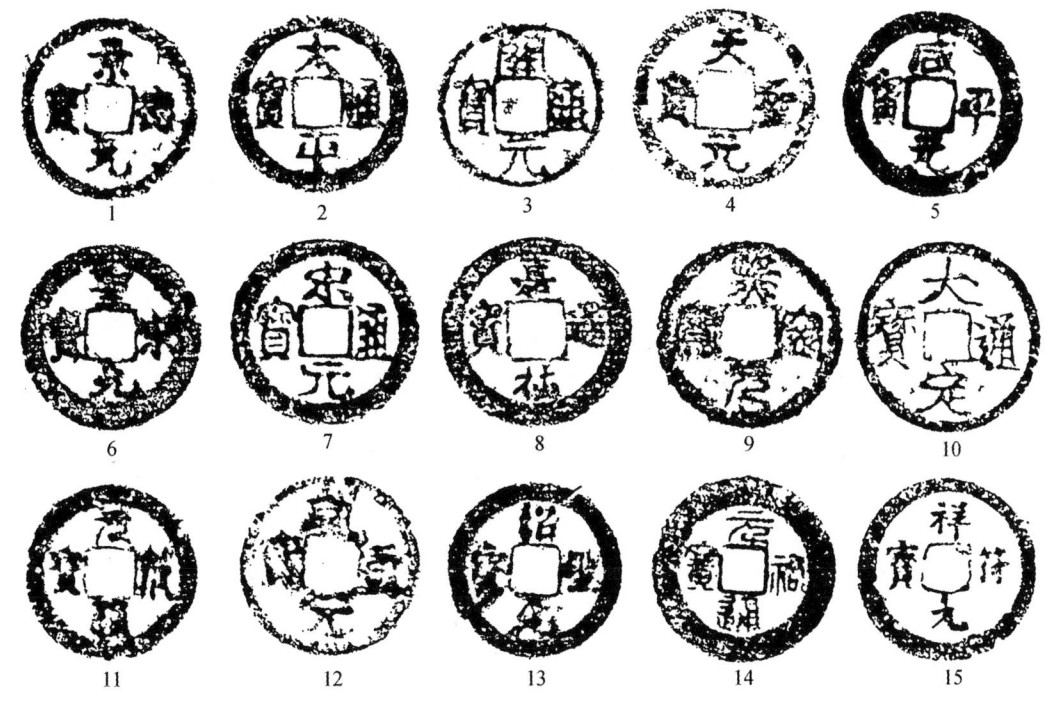

图一二 出土铜钱拓本

1. 景德元宝（G4∶1） 2. 太平通宝（T4755②∶1） 3. 开元通宝（T4259③∶2） 4. 天圣元宝（T4755③∶1）
5. 咸平元宝（T4554③∶4） 6. 圣宋元宝（T4258②∶4） 7. 宋元通宝（T4554③∶3） 8. 嘉祐通宝（T4158①∶1）
9. 熙宁元宝（G4∶2） 10. 大定通宝（T4755③∶1） 11. 元符通宝（T4157③∶1） 12. 乾元重宝（T4059③∶1）
13. 绍圣元宝（T4258②∶1） 14. 元祐通宝（T4259①∶1） 15. 祥符元宝（T4158②∶1）

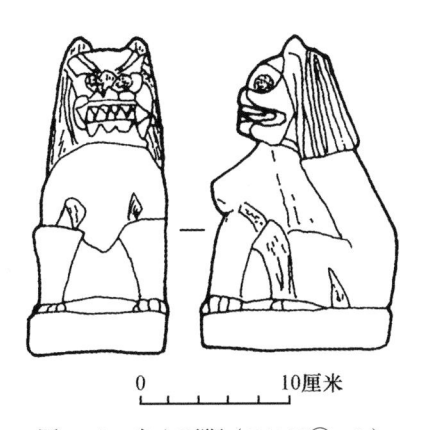

图一三 出土石狮（T4059②∶2）

玉璜 1件（H5∶3）。牙白色，磨光，有光泽（图一一，11）。

骨骰子 H24∶3，正方体，六面分别刻有一至六的点数。边长1.5厘米（图一一，8）。

# 四、结　语

通过上述器物的类型学分析，结合典型的地层关系，可将第二阶段文化遗存大致分为三期。

第一期：以H45、H39、H41等单位为代表。灰坑有圆形和椭圆形两种，形状规整。陶器以盆、罐、釜为主，大部分为泥质灰陶，也有少量夹砂灰陶。典型器物有A型Ⅰ式灰陶釜、A型灰陶罐等。罐、盆内外多打磨，有些盆内壁被打磨成黑皮。纹饰有凹弦纹、线纹、凸弦纹，大部分为素面。瓷器以白瓷为主，也有少部分酱釉瓷、黑釉瓷、青釉瓷等。典型器物有Aa型Ⅰ式、B型Ⅰ式白瓷碗，B型Ⅰ式白瓷盘等。大部分白瓷釉色黄白，胎质粗，有少量乳白釉。碗、盘内底多为平折底，内外底均有支钉痕，一般为4~6个。纹饰有模印缠枝牡丹花及剔划花纹等。

第二期：以H38、F1、H24、H18为代表。灰坑以圆形为主，另有椭圆形、长方形、梯形等。陶器仍以泥质灰陶为主，也有少量夹砂灰陶及黑皮灰陶。典型器物有A型Ⅰ式、B型Ⅰ式、D型Ⅰ式灰陶盆，灰陶罐，A型Ⅱ式灰陶釜，Ⅰ式黑砂釜等。盆内及罐外仍打磨。陶器多为素面，少量饰线纹、附加按压条纹、凹弦纹及暗花纹。线纹见于罐、盆腹部及盆口沿唇部，唇部线纹由一期的一道变为二至三道。暗花纹多见于盆内壁，为平行弦纹，少量见于罐外壁。盆口沿出现唇部按压凹槽呈花式口的做法。此期瓷器仍以粗胎黄白釉为主，出现了青白釉，釉面较光亮，胎质细密。代表性器物有Aa型Ⅱ式、Aa型Ⅲ式、Cb型Ⅰ式白釉碗，A型圈足钵，D型、A型Ⅱ式、B型Ⅰ式、B型Ⅱ式白釉盘。新出现黑釉碗、钵等。碗多作半黑釉，内白外黑，足圈不施釉。黑釉钵内外皆黑釉，外下部及足无釉。酱釉器的做法亦如此。还有零星乳白釉及红白釉等。青瓷仅有瓶一种。此期除碗、盘继续流行平折底外，出现了圜底器。瓷器纹饰有少量的模印花纹、刻划纹和零星的篦划纹，部分盘的口沿呈花式口。较大器物为盘筑，小型器物一般采用捏塑法。器物内外底大部分有支钉痕，碗、盘类一般有四至五个，个别的有八个。另有部分芒口器，个别碗的底部有涩圈，说明烧造方法不同。

第三期：以H5、H16、G6、H17、H50等单位为代表。灰坑形状有圆形、椭圆形、长方形、梯形等。陶器仍以泥质灰陶为主，代表性器物有A型Ⅱ式、B型Ⅱ式、D型Ⅱ式灰陶盆，Ⅱ式黑砂釜等，A型罐消失。新出现了泥质红陶器，有罐、瓮、盆等。盆内、罐外均有一层红色陶衣，盆内有的还饰黑色平行弦纹。陶器纹饰有线纹、弦纹、水波鱼纹、按压条纹及模印方格纹、菱格纹等。盆口沿唇部的线纹多达四至五道。盆内壁的暗花纹由原来的单纯按压平行弦纹变成口部近底部按压平行弦纹，腹中部按压"X"纹，有的盆底部按压团花状暗纹等。瓷器种类较上期有所变化，基本不见黄白釉粗瓷。新出现Cb型Ⅱ式、Cb型Ⅲ式白釉碗。白瓷以青白釉为主，新见灰白釉，多因化妆土不匀呈暗灰色。除白瓷外，还有少量酱釉瓷、黑瓷、青瓷、钧瓷及红绿彩瓷。釉施及圈足以外的全身。黑瓷碗等仍为内白外黑，圈足钵内、外上部施黑釉，外下半部为素面，器口唇部一般无釉。纹饰中篦划纹数量大增，除继续有少量刻划花及模印花纹外，出现了釉下梅花褐点彩，釉上酱褐彩绘（铁锈花）及出筋纹。模印花纹多作团状菊花及缠枝花纹、仰莲纹等。瓷器的烧造仍采用多支钉仰烧法。此期的支钉数目有四、五、六、八、十、十一个，新出现了竖向细长支钉痕，多为五个。碗底涩圈的数量较前期大为增加，足圈及涩圈上常粘有砂粒。碗、盘类器物由原来的平折内底变为圜底，外底常有鸡心，碗足较前期变高变小。

遗址中还出土数十枚铜钱。参照相关遗址和墓葬考古材料，可推定上述三期的年代。

第一期，出土宋"祥符元宝"铜钱，因此其上限不会早于祥符年间（1008～1017年）。此间宝坻属辽，宋祥符年间相当于辽统和、开泰年间，为辽中期。且Aa型Ⅰ式白釉碗的形制与内蒙古阿鲁科尔沁旗乌兰哈达辽墓[1]出土的白釉碗相同，Ⅰ式鸡腿瓶口沿与辽宁建平西窑村辽墓[2]出土的鸡腿坛口沿相同，因此，此期年代上限不会超过辽代中期，定为辽代晚期较为适宜。

第二期，出土铜钱较多，均为北宋钱，年代最晚的为宋"元符通宝"，相当于辽最后一个皇帝天祚帝时期。据此可以推定此段上限应在辽末。但从遗物分析，许多器物与磁州窑二期后段、三期相当。如B型白釉小盏与磁州窑Ⅳ型2式白釉碗相似，Ab型、Cb型Ⅱ式白釉碗与磁州窑第三期Ⅳ型、Ⅹ1、Ⅹ2式白釉碗相似，因此，可推断第二期应大致相当于磁州窑二期后段及第三期这一时期，为金代早期的文化遗存。

第三期，出土的铜钱中，最晚的一枚是"大定通宝"钱，出土于T4755③中，为此次发掘的唯一一枚金代钱币。由此我们可将第三期的年代上限定为不早于大定年间。此期出土的瓷器大多见于观台磁州窑遗址第三期中，如A型Ⅱ式白瓷盘与观台磁州窑遗址Ⅱ型3式白釉盘相似[3]，陶瓮、B型陶罐与吉林德惠后城子[4]出土的陶瓮口沿、陶罐口沿相似，C型白瓷盘与大葆台金代遗址出土的白釉印花盘[5]相似，A型白釉圈足钵与内蒙古察右后旗石门口金代遗址[6]H16：3碗相似，子母口酱褐釉罐（H50：5）及Cb型Ⅲ式白釉碗分别与磁州窑Ⅴ型绿釉罐、ⅩⅧA型2式白釉碗相似，且出有钧窑碗。因此将此期的年代定为金代晚期较为适宜，下限到元代初期。

综上所述，哈喇庄遗址的三期主要文化遗存包含了辽代晚期、金早期、金代晚期至元代初期三个时间段。第一期所代表的晚辽时期的文化遗存较为单纯；第二期、第三期的金代文化遗存的遗迹现象较为复杂，相互间频繁叠压打破，说明当时人们的活动加剧。从发现的房址、灰坑等遗迹看，此地自晚辽至元初一直是一个大的村落居址，至迟明代初期已废弃为墓地。遗址中出土的瓷器绝大部分为磁州窑系的粗胎瓷，少部分为定窑系产品。其来源应当与周边的河北观台磁州窑、山西介休窑、内蒙古缸瓦窑等窑址有关。同时大量宋钱的出土，表明此地与周边地区经济交往频繁。遗址中还出有骰子，这在吉林德惠后城子等地也有出土，说明金人赌博之风盛行。

附记：参加发掘的人员有陈雍、梅鹏云、纪烈敏、张俊生、刘健，照片由邱明拍摄。

执笔：梅鹏云

## 注 释

[ 1 ] 王建国、马俊山：《阿鲁科尔沁旗乌兰哈达辽墓》，《内蒙古文物考古》1986年总第4期。
[ 2 ] 李庆发：《建平西窑村辽墓》，《辽海文物学刊》1991年第1期。
[ 3 ] 北京大学考古学系、河北省文物研究所、邯郸地区文物保管所：《观台磁州窑址》，文物出版社，1997年。
[ 4 ] 吉林省文物考古研究所、长春市文物管理委员会办公室：《吉林省德惠县后城子金代古城发掘》，《考古》1993年第8期。
[ 5 ] 北京市文物工作队：《北京大葆台金代遗址发掘简报》，《考古》1980年第5期。
[ 6 ] 乌兰察布博物馆：《察右后旗石门口金代遗址发掘简报》，《内蒙古文物考古文集（第一辑）》，中国大百科全书出版社，1994年。

（原载于《考古》2005年第5期）

# 天津市蓟州区下闸村辽代水井的发掘

天津市文化遗产保护中心　蓟州区文物保护管理所

2017年4月，天津市蓟州区渔阳镇下闸村附近"棕榈名邸"房地产项目建筑工地（N40°01′58″，E117°22′59″）发现一处水井遗迹（编号2017TJZJ1，简称J1）（图一）。天津市文化遗产保护中心接到报告后立即前往调查，水井上部已在施工中被破坏，为保护文物，避免施工对水井产生进一步破坏，遂联合蓟州区文物保护管理所对该水井进行抢救性考古发掘，现将J1发掘情况简报如下。

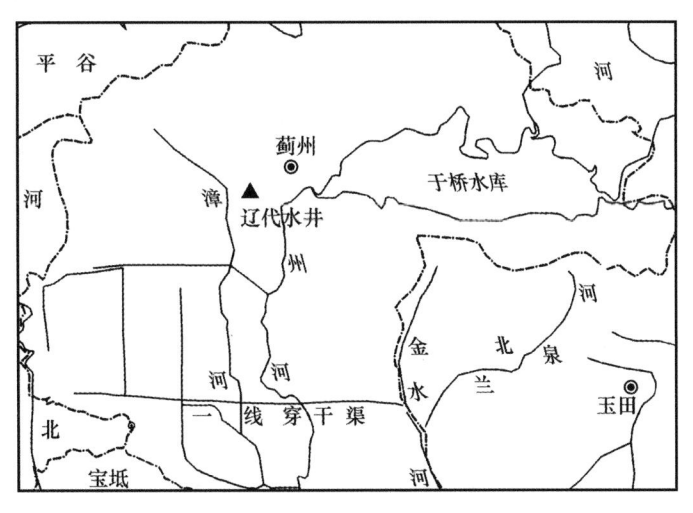

图一　辽代水井位置示意图

## 一、J1堆积与形制结构

J1位于建筑工地已开掘的建筑基槽内，残存水井开口现距地表堆积深4.5米左右，从水井西侧暴露的建筑基槽铲取剖面显示：第1层为表土层，土质浅黄，厚1.2米左右，含有少量碎砖等现代建筑垃圾；第2层为黄砂土，土质纯净细腻呈砂性，具淤积特征，厚1.3米左右，J1应叠压在此层之下；第3层为灰黑色土，亦略呈砂性，土质纯净，在此层中的壁上仍残留高1米左右少量用于砌筑J1的河卵石，说明J1上部被破坏高度最少在1米左右（图二；图版一四，1），因现场考古作业条件所限，只能在J1周围有限区域进行抢救性清理。本次发掘布探方1个（T1），先对井内堆积进行清理，然后再对井圹进行发掘。鉴于木井圈材质保存状况较好，全部考古清

图二　J1平、剖视图

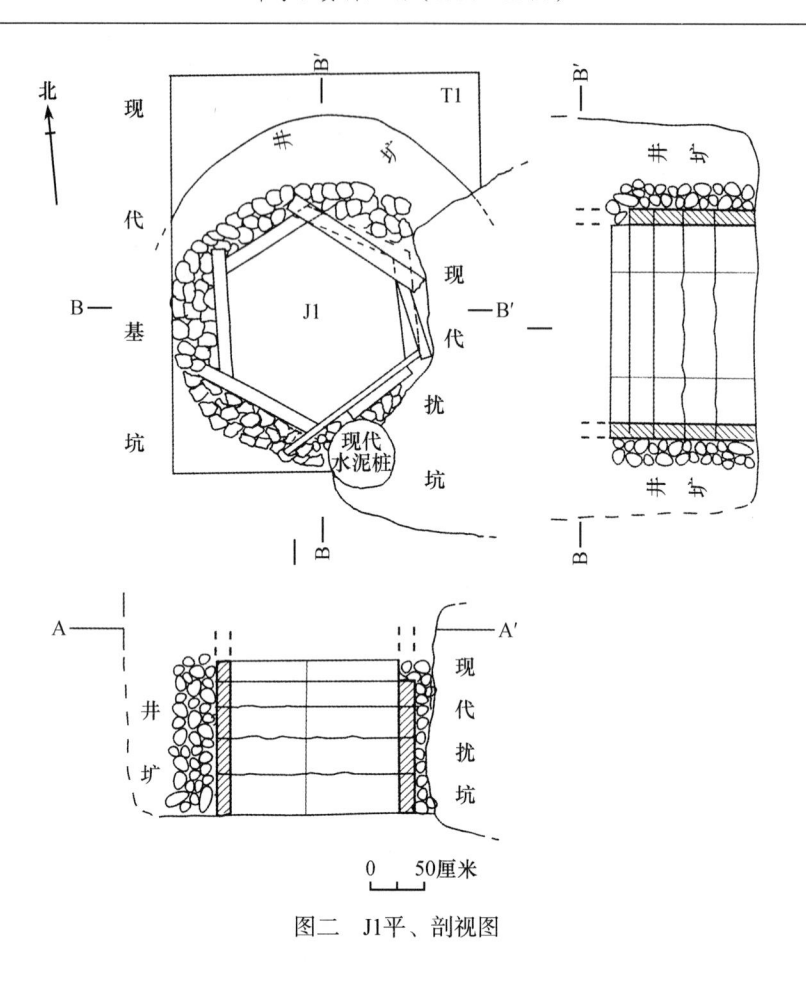

理结束后，在现场对木井圈进行系统编号、初步处理后，逐层拆解包装运至室内进行进一步保护性处理。

J1为木石结构，应系先开凿井圹，然后将预制好的木井圈在井圹中逐层扣合搭建，再用河卵石紧邻木井圈堆砌加固，河卵石虽大小不一，但均较浑圆应有筛选，推测取自附近的河道之中；最后将井圹与卵石之间空隙填土而成。现场井圹大部分已遭破坏，其平面呈椭圆形，残深1.6米左右，木井圈置于井圹中间位置，井圈外围河卵石宽26～40厘米。井圈平面呈规则正六边形，每层井圈由6根木井圈按顺时针或逆时针方向依次扣合而成，呈榫卯结构，井圈之间咬合紧密，结构坚固。木井圈现残存5层，每根木井圈加工规整，井圈长118～145、宽12～37、高16～53厘米，两端均锯有凹槽结构便于咬合（图版一四，4）。为便于了解井圈结构与搭建次序，将其复原成示意图（图三）：由上至下共五层井圈：第一层井圈（已遭破坏）搭建次序为1A→1B，第二层搭建次序为2A→2B→2C→2D→2E（缺）→2F，第三层搭建次序为3A→3B→3C→3D→3E→3F，第四层搭建次序为4B→4A→4F→4E→4D→4C，第五层搭建次序为5E→5F→5A→5B→5C→5D。

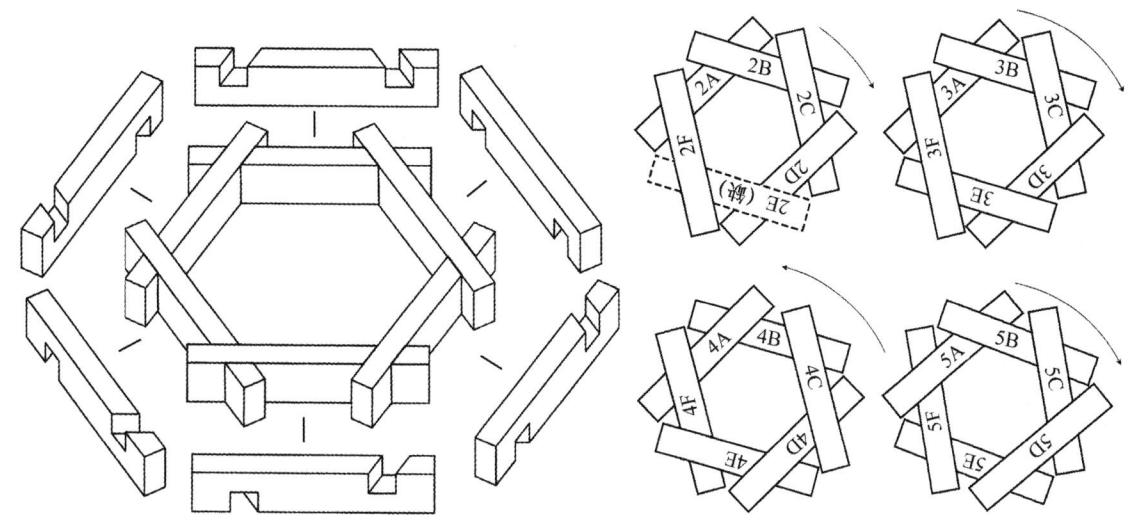

图三　木井圈结构及分层叠砌顺序示意图

# 二、堆积及出土遗物

## （一）井内堆积及出土遗物

J1上部已被破坏，残存井口堆积较多施工渣土，清理完渣土后，以残断木井圈为界将井内堆积分为两部分：上部堆积深约12厘米，为黄褐色土夹杂少量黑土，土质松软，内含陶片、瓷片、卵石及残断的木井圈等；下部堆积深约90厘米，为黑灰土，一直到井底，被地下水浸泡，出土大量陶罐残片及少量铁钉、麻绳、瓷片、骨簪等遗物。

**1. 上部堆积出土遗物**

木井圈　3根。均残。3根井圈均保存较差，仅存凹槽以内的部分，应为水井被破坏后落入井内。

白釉印花瓷盘　1件。J1∶24，尖唇，有芒，斜弧腹，圈足。外为素面，内壁为模印莲瓣纹饰。口径12.5、底径5.5、高2厘米（图四，9；图版一四，3）。

酱釉碗底　1件。J1∶27，仅存碗底部，酱釉，大圈足。下腹内外饰弦纹，内底微凹，有支砂痕迹。底径10.2、残高7厘米（图四，12）。

**2. 下部堆积出土遗物**

该层出土遗物主要为大量破碎的泥质灰陶罐残片，经拼对复原4件（图版一四，2），还有较多罐底及口沿标本，统计灰陶罐个体数量应在50件左右，按其器表纹饰分素面罐和网格纹罐两种。此外，还见有少量铁钉、骨簪、青砖、草绳等遗物。

素面罐　数量最多，复原3件。泥质灰陶。烧制火候较高，轮制痕迹明显，均圆唇，敛口，鼓腹，平底，肩部有对称耳。J1∶1，口径21、底径12.6、通高29厘米（图四，1）。

图四　J1出土陶、瓷器

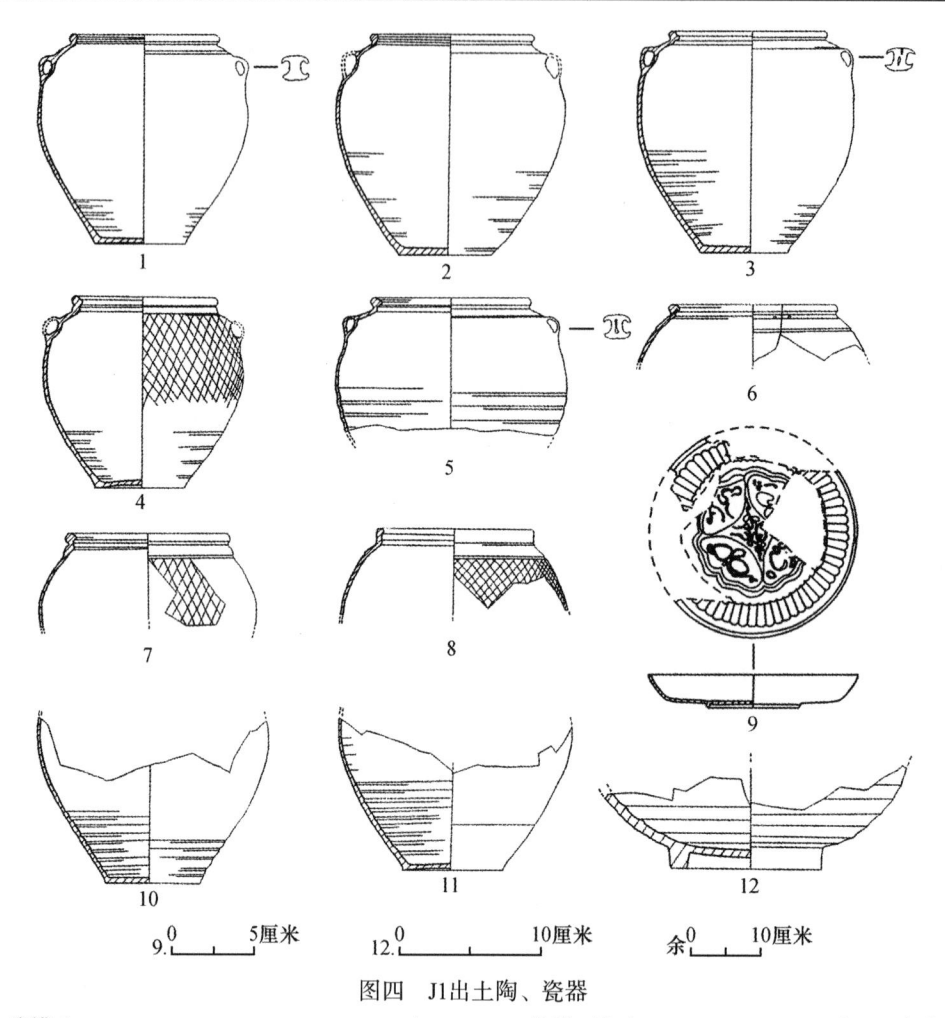

1~4、7.陶罐（J1:1、J1:3、J1:2、J1:4、J1:11）　5、6、8.陶罐口沿（J1:7、J1:10、J1:9）　9.白釉印花瓷盘（J1:24）　10、11.陶罐底（J1:6、J1:5）　12.酱釉碗底（J1:27）

J1:2，口径22.3、底径12、通高30.6厘米（图四，3）。J1:3，口径23.2、底径13、通高30.5厘米（图四，2）。J1:7，口径22.5、残高19厘米（图四，5）。J1:10，仅存口沿，肩部有两个缀合孔。口径23.4、残高8厘米（图四，6）。J1:6，仅存下部。底径13.3、残高23厘米（图四，10）。J1:5，仅存下部，外壁磨光。底径14、残高21厘米（图四，11）。

网格纹罐　数量相对较少，复原1件。烧制火候较高，轮制痕迹明显。肩部及上腹部饰极浅菱形网格纹，应为器物烧制之前刮制而成，线条浅细发亮。J1:4，敛口。口径20.4、底径12.5、通高26.5厘米（图四，4）。J1:11，敛口。口径23.2、残高13厘米（图四，7）。J1:9，直口。口径22、残高7厘米（图四，8）。

青砖　素面较多，也有少量绳纹砖和沟纹砖。

绳纹砖　J1:21，细绳纹。长28.5、宽13.3、厚4.6厘米（图五，1）。J1:22，粗绳纹。残长14、宽13、厚5.4厘米（图五，4）。J1:23，粗绳纹。残长11.5、宽12.7、厚5.2厘米（图五，5）。

沟纹砖　J1:20，深沟纹。残长16.7、宽17.2、厚6.2厘米（图五，2）。

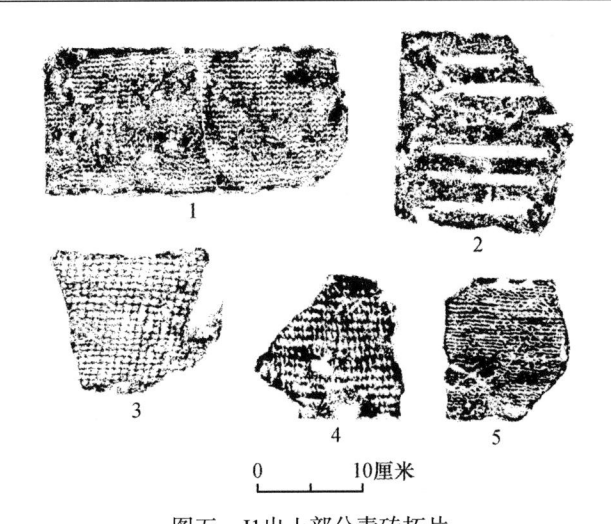

图五　J1出土部分青砖拓片

1、3~5.绳纹砖（J1：21、J1：25、J1：22、J1：23）　2.沟纹砖（J1：20）

铁钉　5件。分钩钉、方钉和扁头钉三种。

钩钉　3件。J1：15，长15.6厘米（图六，2）。J1：16，长9.4厘米（图六，4）。J1：17，长5.8厘米（图六，5）。

方钉　1件。J1：18，长13.3厘米（图六，1）。

扁头钉　1件。J1：19，长10.2厘米（图六，3）。

铁片　1件。J1：28，残长15.9、宽3.5、厚0.2厘米（图六，7）。

骨簪　1件。J1：14，表面光滑。残长11、宽0.8、厚0.2厘米（图六，6）。

麻绳　直径1厘米左右，为两股粗麻丝拧在一起而成，糟朽严重。

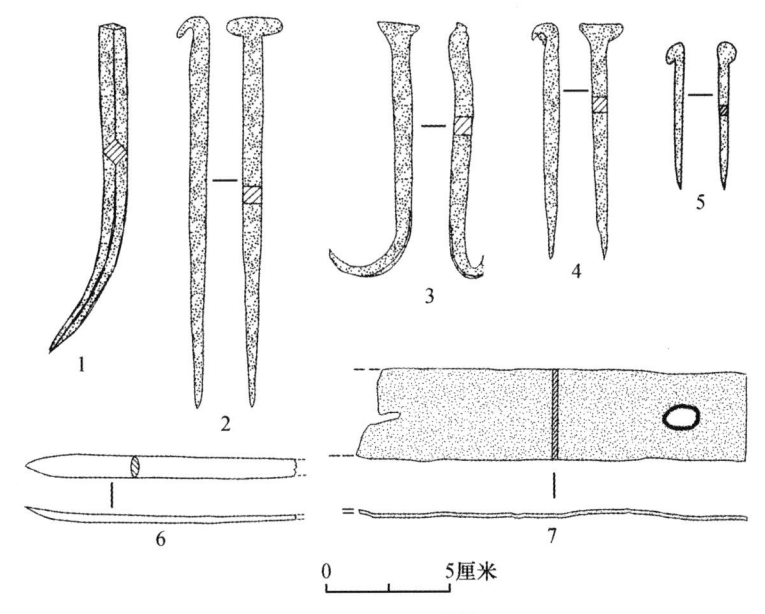

图六　J1出土器物

1.铁方钉（J1：18）　2、4、5.铁钩钉（J1：15、J1：16、J1：17）　3.铁扁头钉（J1：19）　6.骨簪（J1：14）
7.铁片（J1：28）

## （二）井圹出土遗物

井圹内堆积为黑褐土，仅出土少量砖块、陶片等遗物。

青砖　有素面和绳纹两种。

素面砖　1块。J1∶26，残长20、宽16.5、厚5.7厘米。

绳纹砖　1块。J1∶25，表面为粗绳纹。残长14.8、宽13、厚5.1厘米（图五，3）。

# 三、结　　语

关于水井的年代。水井内下部堆积中灰陶罐出土数量最多、多带耳、器类单一，整理中发现，井内残存罐底的个体数量明显多于口沿个体的数量。井内出土了少量麻绳，说明当时居民使用麻绳系在陶罐器耳上从井中取水，陶罐偶尔碰壁破碎，下部沉落井底，系绳的上部多被取水人拉出井口，这符合汲水使用过程中器物残损规律，因此推断其用途应为当时使用的主要汲水器，是推定水井年代的重要依据。该类型的陶罐与天津静海东滩头宋墓[1]、蓟县弥勒院村辽墓[2]出土的同类陶罐形制相似，由此推断该井的主要使用年代为辽代。井内上部堆积中出土的木井圈仅残存凹槽以内的部分，应是水井废弃后落入，出土的白釉印花瓷盘（J1∶24）位于废弃井圈之上，该类型瓷盘也见于北京海淀区南辛庄金墓出土的同类器[3]，由此推断该井在金代已经废弃。

关于J1的结构形制与堆积层位。蓟州区渔阳镇下闸村附件发现的六角形木石结构水井形制较为少见，其构筑方式、构筑材质以及木井圈的加工与扣合方式都具有重要研究价值。水井整体结构考究，井壁规整结构紧密，显示出较高的造井技术和木工技艺。该发掘区域位于蓟州城区西南部，以往这一时期遗存发现寥寥。此次虽然因现场建筑施工条件所限，未能找到与水井年代相关的其他遗存，但是通过水井开口层位和地层堆积情况，可以推知该区域同时期遗存有可能分布在第2层，即黄砂土之下，具有明显淤积特点，这为该区域今后开展考古工作提供了参考。

发　　掘：盛立双　尹承龙　刘福宁
绘图、拓片：尹承龙　雷金夫
执　　笔：尹承龙

## 注 释

[1] 邸明：《河北静海东滩头发现宋金墓》，《考古》1995年第1期。

[2] 天津历史博物馆考古队、蓟县文物保护管理所：《天津蓟县弥勒院村辽墓》，《文物春秋》2001年第6期。

[3] 秦大树：《北京市海淀区南辛庄金墓清理简报》，《文物》1988年第7期；刘淼：《北方辽金遗址出土定窑平底碟初探》，《北方文物》2007年第4期。

（原载于《北方文物》2018年第2期）

# 天津市宝坻区茶棚村发现金代石椁墓

天津市文化遗产保护中心　宝坻区文化馆

2018年4月，宝坻区大口屯镇茶棚村村民在机械平整土地时发现石椁墓一座（图一），墓葬编号为2018TBDCM1（以下简称M1），该墓位于茶棚村西南，石椁西南角GPS坐标为39°35′55.18″N，117°14′17.58″E。宝坻区文化馆接到报告后立即赶赴现场，经勘查发现，石椁顶盖已被机械破坏，在椁室东南角和西南两角各斜立一件鸡腿瓶，石椁底为淤土堆积。为避免墓葬遭到进一步破坏，区文化馆工作人员对该墓进行了抢救性清理，并在清理过程中进行了文字和拍照记录。

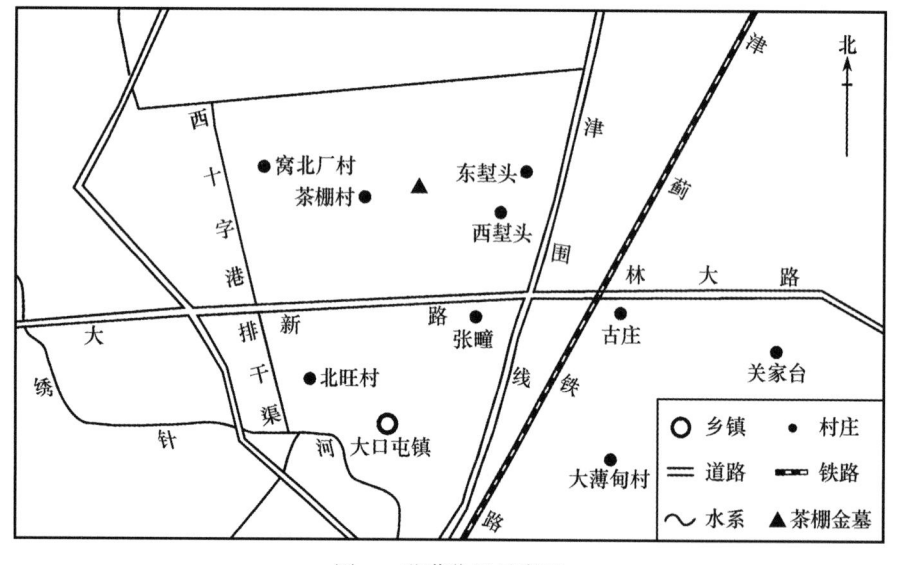

图一　墓葬位置示意图

该墓葬出土随葬品较为丰富，考古现场信息提取相对完整，天津市文化遗产保护中心联合宝坻区文化馆对该墓的考古资料进行了整理，对出土文物进行了保护修复，并在墓葬周围1000平方米范围内进行了考古勘探，未发现其他墓葬遗迹。现将茶棚村石椁墓的具体情况介绍如下。

## 一、墓葬形制

该墓在抢救性清理后，出土的随葬品和拆解后的石椁板均存放在宝坻区文化馆库房。根据现场文字记录、影像资料以及石椁板的形状，基本弄清了石椁的形制、构筑情况以及随葬器物在石椁内的摆放位置。

墓葬为土坑石椁墓，石椁呈东西向埋葬，整体为长方形，石椁外长1.7、宽1.12、高0.98米，由6块青石板合成，石板厚度在0.1米左右，外部略经凿平，内侧加工成线性装饰。石椁建造结构为先在墓底平放椁底板，其上由四块带榫卯的石板合成，然后在四壁之上放置椁盖板，合缝处均用白灰勾抹，椁室底部堆积较厚的淤土，有水冲痕迹（图二）。

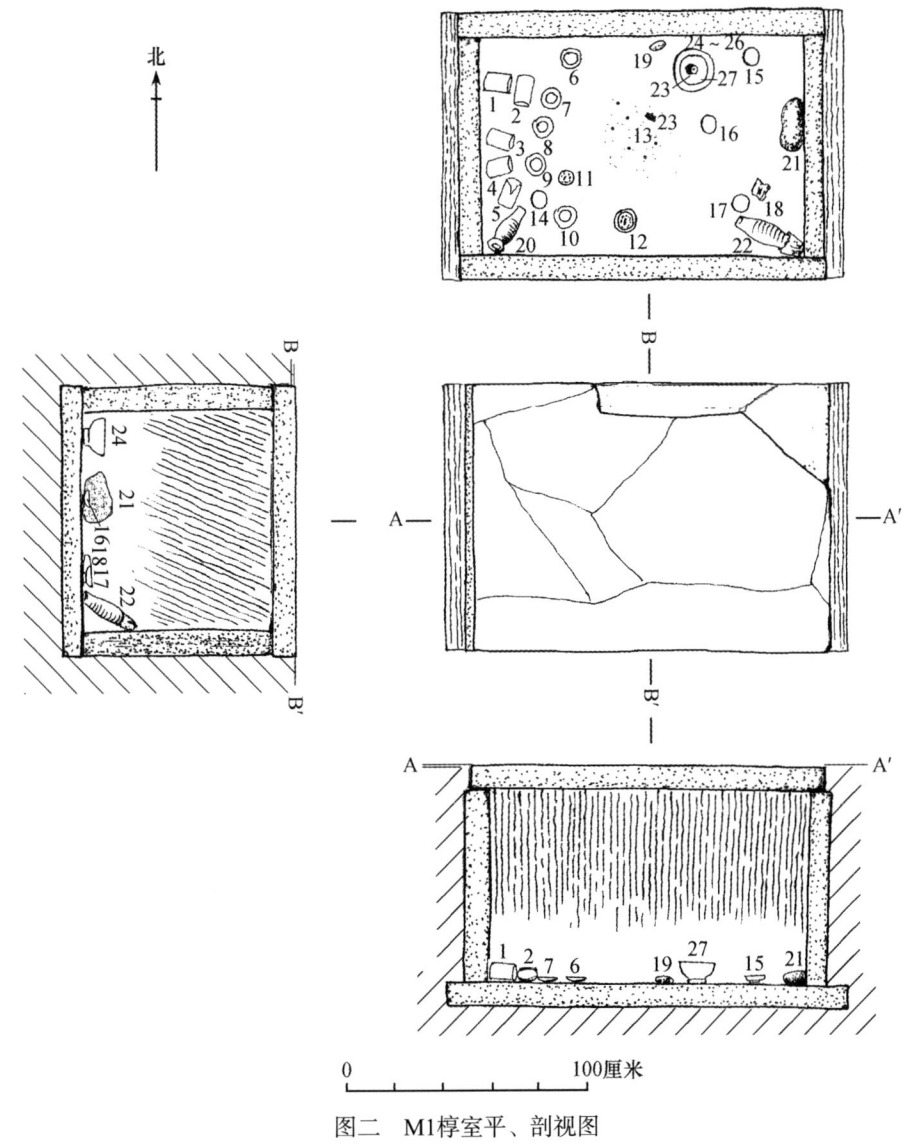

图二 M1椁室平、剖视图

1~5.瓷筒形罐　6~10.瓷器盖　11、12.铜镜　13.有烧痕碎骨及残铁钉　14~17、25、26.瓷碟　18、19、21.卵石　20、22.瓷鸡腿瓶　23.铜钱　24.瓷盘　27.瓷碗

## 二、出土器物

　　M1共清理出26件随葬器物,包括5件瓷筒形罐、5件瓷器盖、1件瓷碗、1件瓷盘、6件瓷碟、2件瓷鸡腿瓶、3件卵石、2件铜镜、33枚铜钱。此外,在石椁底部中心位置内还发现一些残铁钉和有火烧痕迹的人骨碎块。具体情况简介如下。

　　瓷筒形罐　5件。形制基本相同,尺寸略有差别。白地黑花,圆唇,直口,直筒形长腹,隐圈足,内口沿下有一台棱,内饰弦纹,外壁施釉,釉不及底,在外腹中间绘主体纹饰带,上下各加绘一组宽弦纹,胎体厚重粗糙,应为磁州窑系。M1:1,外腹中间主体纹饰较为复杂的花草纹。口径8、底径7、通高10.4厘米(图三,2;图版一五,1)。M1:2~M1:5,外腹中间主体纹饰为简单草叶纹。M1:2,口径8.9、底径8.1、通高10.4厘米(图三,4;图版一五,2)。M1:3,腹部微鼓。口径8.1、腹径8.3、底径7、通高10.6厘米(图三,6)。M1:4,口径8.2、底径7.3、通高10.6厘米(图三,8)。M1:5,外壁圈足处无釉。口径7.8、底径7.3、通高10.6厘米(图三,10;图版一五,3)。

　　瓷器盖　5件。形制相同,尺寸略有差别,器表施青白釉,应为定窑系,子口,盖沿较窄,微翘,盖面微隆,饼状纽,胎壁较薄。M1:6,沿径8.9、通高2.2厘米(图三,1;图版一五,1)。M1:7,沿径8.9、通高2.4厘米(图三,3;图版一五,2)。M1:8,沿径9、通高1.8厘米(图三,5)。M1:9,沿径9.2、通高2.1厘米(图三,7)。M1:10,沿径9、通高2

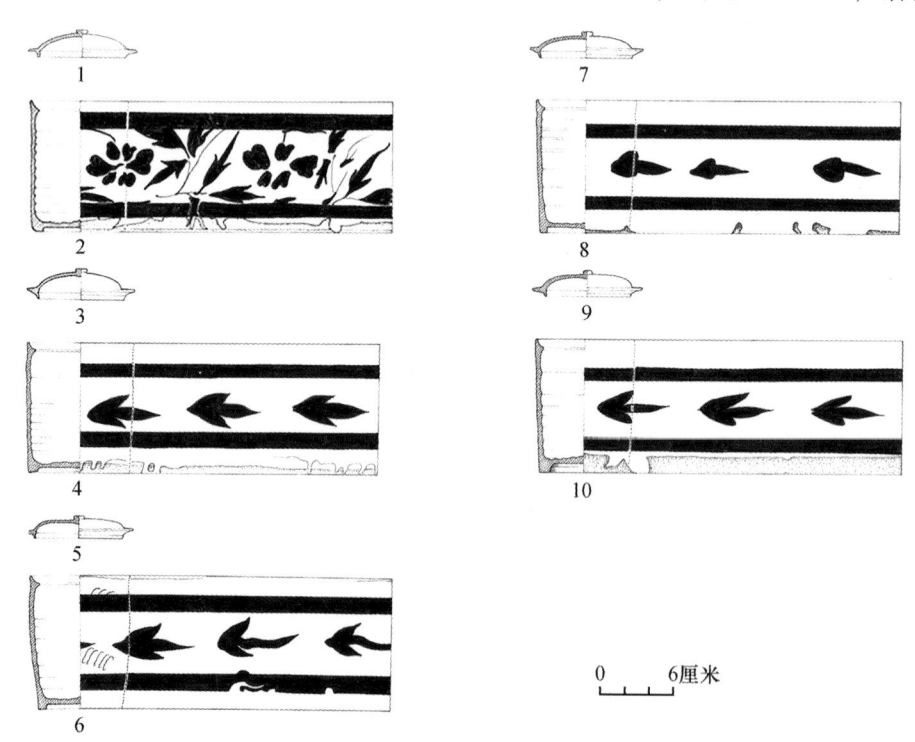

图三　出土瓷器

1、3、5、7、9.器盖(M1:6、M1:7、M1:8、M1:9、M1:10)　2、4、6、8、10.筒形罐(M1:1、M1:2、M1:3、M1:4、M1:5)

厘米（图三，9；图版一五，3）。

瓷碟　6件（M1:14、M1:15、M1:16、M1:17、M1:25、M1:26）。形制相同，尺寸略有差别。M1:14，尖唇，有芒，斜弧腹，小圈足，胎壁很薄，器身内外通施青白色釉，应为定窑系。口径8.1、底径3.9、通高1.5厘米（图四，2；图版一五，4）。

瓷鸡腿瓶　2件。M1:20，小口，短颈，器身细长，最大径在腹部，肩部以下饰弦纹，灰绿釉，平底，底部未施釉。口径6.8、腹径12.7、底径7.2、通高37.5厘米（图四，7；图版一五，5）。M1:22，形制基本与M1:20相同，此瓶出土时口部以石灰状封泥封口，封泥上有手抓痕迹，经医用CT扫描发现瓶内仍残存有小半瓶液体。腹径12.7、底径7.5、通高（含封泥）41厘米（图四，8；图版一五，6）。

瓷盘　1件。M1:24，尖唇，有芒，斜弧腹，小圈足，胎体洁白致密，除口沿无釉外，器身内外通施青白色釉，应为定窑系。口径15、底径6.2、通高2.8厘米（图四，1；图版一六，1）。

瓷碗　1件。M1:27，敞口，鼓腹，小圈足，胎体洁白致密，除口沿为芒口无釉外，器身内外通施青白色釉，釉色晶莹纯正，应为定窑系。口径15.7、底径5.8、通高6.8厘米（图四，3；图版一六，2）。

铜镜　2件。M1:11，圆形，体薄，伏兽形纽，铸造较为粗糙，镜以环轮分为内外两区，内区镜纽外为一周四只海兽，围以八串葡萄纹，外区由于铜锈覆盖，不甚清楚，铜镜外缘有

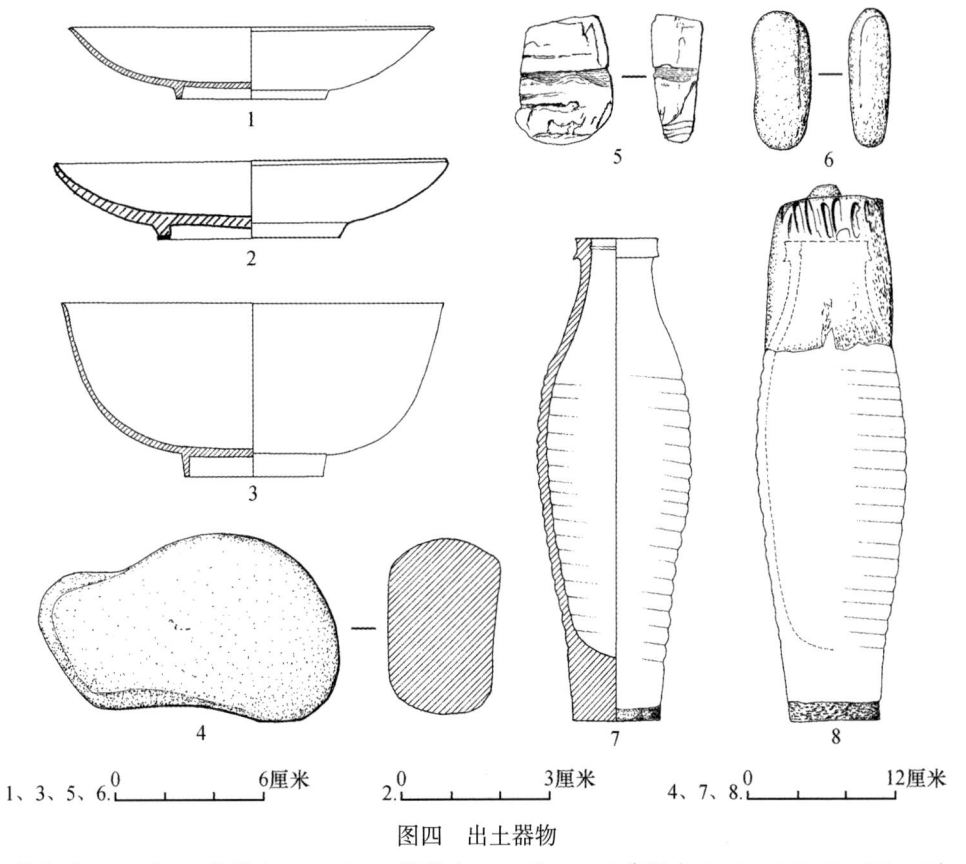

图四　出土器物
1.瓷盘（M1:24）　2.瓷碟（M1:14）　3.瓷碗（M1:27）　4~6.卵石（M1:21、M1:18、M1:19）
7、8.瓷鸡腿瓶（M1:20、M1:22）

阴刻文字"左巡□",字迹布局工整、笔画走向清晰、线条深度均匀。铜镜直径7.5、厚0.9厘米(图五,1;图版一六,3)。M1:12,圆形,较为厚重,伏兽形纽,镜以环轮分为内外两区,内区镜纽外依次为四只海兽和八串葡萄纹,外区饰有海兽和葡萄纹,最外缘装饰着一周流云纹,镜外壁有阴刻文字,因镜缘部分腐蚀,现可识别文字的有"……□吕家□……左巡院验记官(花押)"。铜镜直径9.8、厚1.4厘米(图五,2;图版一六,4)。

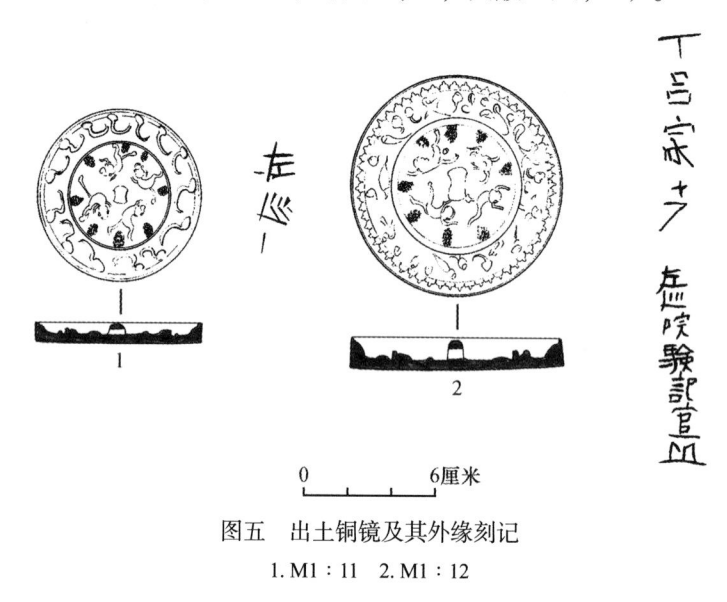

图五 出土铜镜及其外缘刻记
1. M1:11 2. M1:12

**铜钱** 共33枚(M1:23)。均锈蚀,有16枚放置在瓷盘M1:24内,其余散布于石椁底部。钱文可辨识的有淳化元宝、天禧通宝、天圣元宝、皇宋通宝、元祐通宝、元丰通宝和正隆元宝。M1:23-1,淳化元宝。圆郭方穿,钱文真书,旋读,光背。钱径2.4、厚0.1厘米,重2.7克(图六,1)。M1:23-2,天禧通宝。圆郭方穿,钱文楷书,旋读,光背。钱径2.35、厚0.1厘米,重2.8克(图六,2)。M1:23-3,天圣元宝。圆郭方穿,钱文篆书,旋读,光背。钱径2.45、厚0.11厘米,重3.2克(图六,3)。M1:23-4,天圣元宝。圆郭方穿,钱文楷书,旋读,光背。钱径2.45、厚0.1厘米,重3.2克(图六,4)。M1:23-5,皇宋通宝。圆郭方穿,钱文篆书,对读,光背。钱径2.4、厚0.11厘米,重3.2克(图六,5)。M1:23-6,皇宋通宝。圆郭方穿,钱文楷书,对读,光背。钱径2.45、厚0.1厘米,重3克(图六,6)。M1:23-7,元祐通宝。圆郭方穿,钱义篆书,旋读,光背。钱径2.35、厚0.1厘米,重2.9克(图六,7)。M1:23-8,元丰通宝。圆郭方穿,钱文行书,旋读,光背。钱径2.4、厚0.12厘米,重3.1克(图六,8)。M1:23-9,元丰通宝。圆郭方穿,钱文篆书,旋读,光背。钱径2.5、厚0.1厘米,重3.4克(图六,9)。M1:23-10,正隆元宝。圆郭方穿,钱文楷书,旋读,光背。钱径2.5、厚0.11厘米,重3克(图六,10)。

**卵石** 3件。M1:18,黑灰色卵石,不规则,卵石表面有绑扎产生的凹痕。长5、宽4、厚2厘米(图四,5;图版一六,5)。M1:19,白色卵石。长5.5、宽2.3、厚1.6厘米(图四,6;图版一六,6)。M1:21,灰褐色卵石。长25、宽15、厚17厘米(图四,4)。

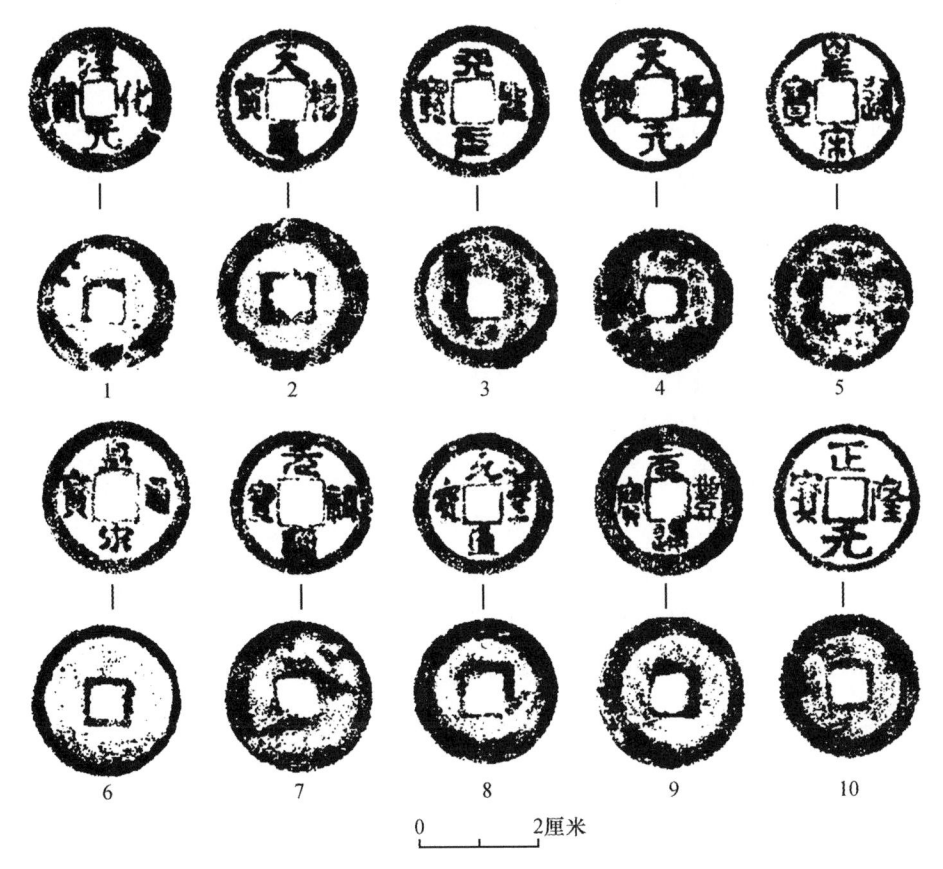

图六　出土铜钱拓片

1. 淳化元宝（M1∶23-1）　2. 天禧通宝（M1∶23-2）　3、4. 天圣元宝（M1∶23-3、M1∶23-4）　5、6. 皇宋通宝（M1∶23-5、M1∶23-6）　7. 元祐通宝（M1∶23-7）　8、9. 元丰通宝（M1∶23-8、M1∶23-9）　10. 正隆元宝（M1∶23-10）

# 三、几点认识

宝坻区在金代隶属中都路，这一地区为东北女真人和契丹人文化因素与中原地区汉人文化因素交汇的地区。海陵王迁都燕京，推行汉化政策后，土坑石椁墓是该地区较为常见的类型[1]，如海淀区南辛庄金墓（贞元至正隆年间）[2]、磁器口金代石椁墓（大定元年至七年）[3]、北京通县三间房一号墓（大定十七年）[4]、鲁谷金代吕氏家族墓（泰和元年）[5]等均属这种类型。此外，M1出土的瓷碗和瓷碟与北京通县三间房一号墓出土的白瓷碗和定窑素小碟形制相近；瓷盘与通州三间房村二号墓出土定窑素小盘形制相似；鸡腿瓶器身细长，腹部饰有规整的凸弦纹，为典型的金代中期形制[6]；筒形罐与观台磁州窑第三期（金代中后期）V型2式筒形罐器物形制相同[7]；此外，墓内随葬的铜钱，年代最晚为"正隆元宝"，可知该墓的上限年代不早于正隆年间。由上可以推定茶棚村石椁墓的年代应为金代中期。

金代铜禁甚严，多次发布禁止私铸铜镜的禁令，因此在不少金代使用的镜子上有官府的检验刻记。该墓出土的海兽葡萄铜镜在镜边缘"左巡□"和"……□吕家□……左巡院验记官（花押）"的字样，应为官府检验刻记。金代官府检验铜镜并刻款，与铜禁密切相关，据现有资料看，金代铜镜刻款应经历了世宗、章宗两个统治时期[8]，这也从另一角度印证了该墓的年代应为金代中期；此外，检验刻记中的"左巡□""左巡院""验记官"应为铜镜的检验机构及官职，这为研究金代的铜禁制度提供了一些实物资料。

茶棚村石椁墓随葬品有鸡腿瓶2件及大小铜镜各1件，且在墓葬周围未发现其他墓葬遗迹，推断该墓有可能为夫妻合葬墓。在石椁内有残钉和零星有火烧痕迹的碎骨，说明该墓应为火葬，且下葬时石椁内放置有用于殓盛骨灰的木质葬具，并随葬了大量瓷器。这种葬式是金中都地区当时一种比较高级的葬式，但该墓石椁尺寸较小，之前的研究认为这类墓主人一般为五品以下的品官及其家属和二品以上高官及皇亲贵族的家属[9]。

该墓采用了女真民族崇尚的东西墓向，这可能与女真族东向拜日的传统习俗有关[10]；在墓内放置卵石或者石块是金中都地区金代石椁墓中存在的一种普遍现象，如北京通县三间房二号墓、丰台区米粮屯M1、鲁谷金代吕氏家族墓等墓葬，这可能与《密葬经》上所说安放金石主"子孙无风疾之患"的葬俗有关[11]；在墓葬清理时发现筒形罐与瓷器盖不仅数量相同，位置分布相近，且两者可以较好地扣合在一起，故推定筒形罐和瓷器盖应为组合，唐宋时期墓中随葬谷物和醴酒为墓中亡灵提供饮食是一种常见的葬俗[12]，墓内出土的5组筒形罐（带盖）和2个鸡腿瓶可能是用于盛放粮食的"五谷仓"及储藏"三浆水"的器物[13]，这些迹象为研究该地区金代葬俗提供了一些有益的参考。

该墓出土的鸡腿瓶M1:22封泥保存完整，且瓶内仍残存一定量的液体，这在天津之前的考古发掘中极为少见。鸡腿瓶是辽金时期重要的盛酒器具，对该鸡腿瓶封泥结构的解剖研究及瓶内液体的检测分析，有望对研究这一时期酒的储藏方式及当时的酿酒工艺提供重要的实物资料。

茶棚村金代石椁墓虽被破坏，但未被盗扰，经过对该墓考古资料的整理，可确认该墓为金中都地区金代中期或稍晚时间典型的石椁墓，并体现出东西墓向、火葬以及随葬卵石、"五谷仓"和鸡腿瓶等器物的葬俗，这为天津及周边地区金代墓葬的分期、形制及葬俗等多方面的研究提供了宝贵的实证资料。

附记：参加清理的有宝坻区文化馆李寿祥、邹万霞、张志鹏；线图由赵芬明绘制；器物图由戴滨、刘健拍摄；钱币拓片由雷金夫制作。

执笔：尹承龙　戴　滨

## 注　释

[1][9]　秦大树：《金墓概述》，《辽海文物学刊》1988年第2期。
[2]　　秦人树：《北京市海淀区南辛庄金墓清理简报》，《文物》1988年第7期。
[3]　　王清林、王策：《磁器口出土的金代石椁墓》，《北京文物与考古（第五辑）》，北京燕山出版社，2002年，第88~91页。
[4]　　刘精义、张先得：《北京市通县金代墓葬发掘简报》，《文物》1977年第11期。

[ 5 ] 北京市文物研究所：《鲁谷金代吕氏家族墓葬发掘报告》，科学出版社，2010年。

[ 6 ] 长谷川道隆、杨晶：《辽、金、元代的长壶》，《北方文物》1997年第2期。

[ 7 ] 北京大学考古学系、河北省文物研究所、邯郸地区文物保管所：《观台磁州窑址》，文物出版社，1997年，第138、139、502页。

[ 8 ] 孔祥星、李雪梅：《关于金代铜镜上的检验刻记》，《考古》1992年第2期。

[ 10 ] 丁利娜：《从考古发现谈金中都的社会等级结构》，《北方文物》2019年第3期。

[ 11 ][ 13 ] 徐苹芳：《唐宋墓葬中的"明器神煞"与"墓仪"制度——读〈大汉原陵秘葬经〉札记》，《考古》1963年第2期。

[ 12 ] 王铭：《唐宋时期的明器五谷仓和粮罂》，《考古》2014年第5期。

（原载于《北方文物》2020年第6期）

# 天津静海谭庄子金元遗址发掘简报

天津市文化遗产保护中心

谭庄子遗址位于天津市静海县城西南12.5千米的东滩头乡谭庄子村东，西南距元蒙口宋代沉船遗址约1千米（图一），现高出周围地表0.5～0.8米。由于当地村民取土，遗址面临破坏。1999年6月，我单位对该遗址进行了抢救性发掘，共布探方7个、探沟3个，实际发掘面积149平方米，出土了丰富的金元时期文化遗物。

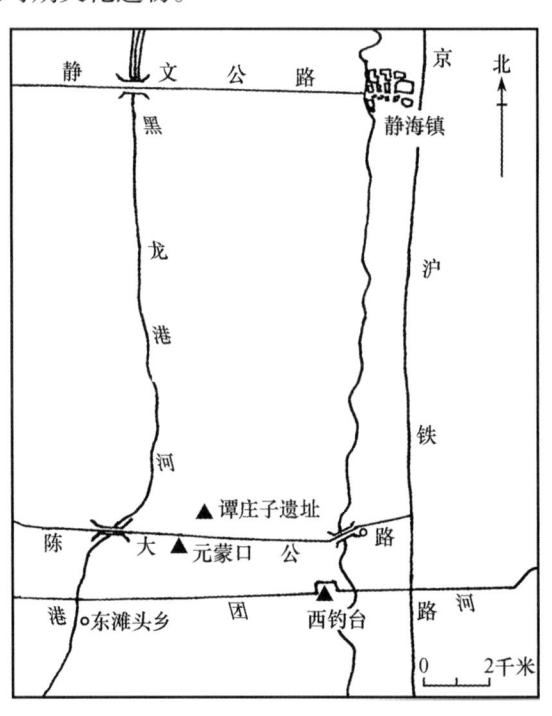

图一　谭庄子遗址位置示意图

## 一、地层堆积

99JDTG1西壁和99JDTT5南壁剖面代表了两种不同的堆积，现加以说明：

99JDTG1西壁剖面。共分六层（图二）。

第1层：表土层。厚14～55厘米。

第2层：黄花土。厚8～40厘米。出有鼓腹陶罐、卷沿浅腹盆、陶瓮、砂釜及白釉褐花碗、浅腹砂釜等。H9开口于此层下。

第3层：灰褐土。厚0～60厘米。出土陶器有泥质灰陶、红陶两种，器类有陶罐、陶盆等。瓷器仍以白瓷碗片为主，兼有少量白釉褐花、篦划纹瓷片。

第4层：红褐土。土质较疏松，厚0～78厘米。出土遗物仅见有少量陶瓷片。

第5层：黄花土。厚0～30厘米。土质纯净，未出遗物。

第6层：浅黄土。厚6～47厘米。遗物较少，有白瓷碗、深腹灰陶盆、陶罐等。

99JDTT5南壁剖面共分四层（图三），表土和部分文化层已被破坏，故第1层即为文化层。

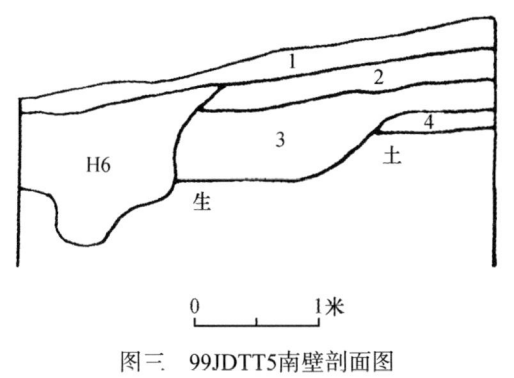

图二 99JDTG1西壁剖面图

第1层：黄褐土。厚11～36厘米。出有较多白釉褐花瓷碗、酱釉瓷碗、陶罐及釉陶缸、韩瓶等。

第2层：黑褐土。厚0～42厘米。出有白釉褐花瓷碗、瓷罐、陶盆、浅腹砂釜等。

第3层：灰黑土。厚0～70厘米。出有白釉瓷片、篦划纹瓷片及陶罐、陶盆等。

第4层：黄沙土。厚0～20厘米。出土遗物很少，器类主要有白釉瓷碗、深腹灰陶盆两类。

图三 99JDTT5南壁剖面图

## 二、遗　　迹

遗迹发现砖井和灰坑两类。

砖井　2座。结构基本一样，均为先挖一圆形井坑，99JDTJ1（图四）井底垫有一层厚约5厘米的圆形木质井圈，其上为素面青砖（29厘米×14.5厘米×4厘米）平砌井壁，共残余29层，每层由17块青砖围成。井底略内凹。井口已遭破坏，呈椭圆形，长径176、短径154、残深260厘米，砖井壁残高124厘米，砖井壁和坑壁之间回填土经过砸夯。井内清理时尚存积水，填土内出土物极少，主要有瓷碗和陶罐等。

灰坑　10座。依其口部形态可分圆形、椭圆形、袋形三种类型，以99JDTH9为例加以说明。99JDTH9（图五），其位于99JDTG1的中部，开口于第2层下，打破第3层，剖面呈袋状，坑底不平。坑口长172、宽96厘米，坑底长212、宽150、深128厘米。坑内为黑灰土堆积，土质疏松，出土了大量泥质灰陶、红陶片及白瓷片等遗物。

图四　99JDTJ1平、剖面图

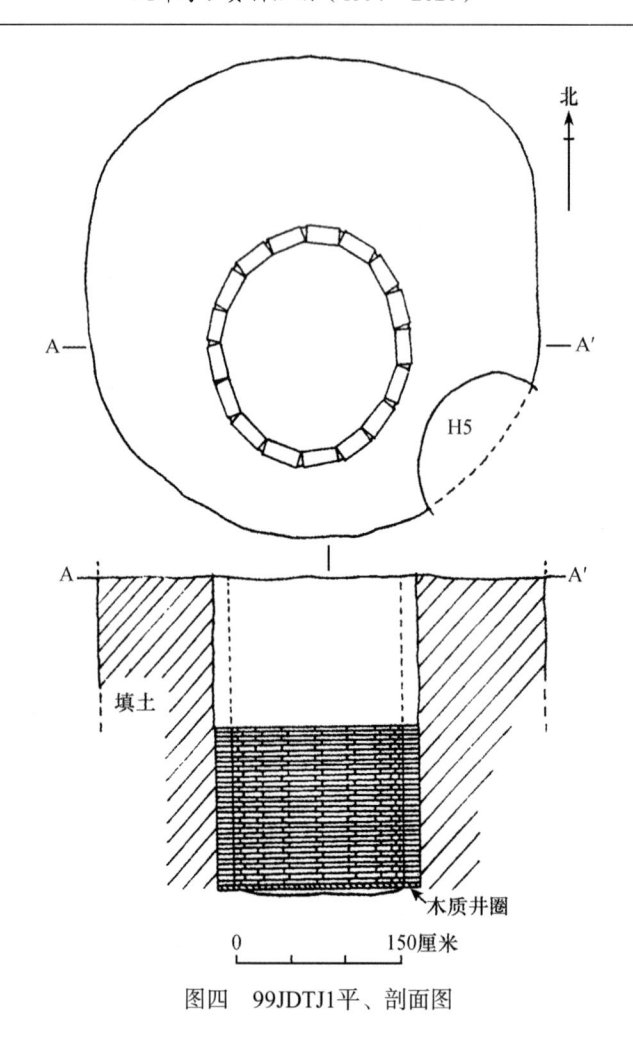

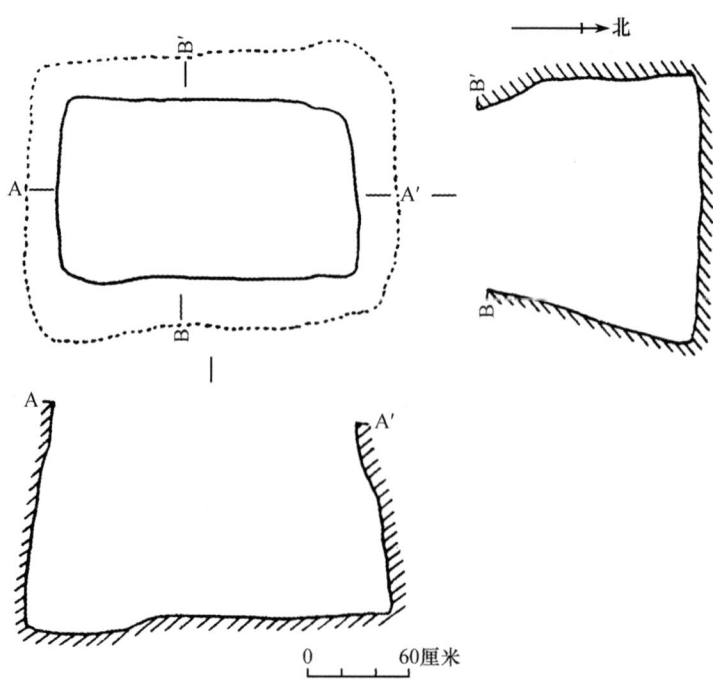

图五　99JDTH9平、剖面图

## 三、遗　　物

此次发掘遗物比较丰富，主要有瓷器、釉陶器、陶器、砂器、建筑构件、钱币等。其中瓷器、陶器数量最多，釉陶器、石器数量较少。

### （一）瓷器

瓷器在整个遗址中占有较大比例，可复原器较多，器类以碗为主，盆、盘、罐、碟、盏较少。瓷器中白釉器居多，釉色乳白，多施有化妆土，白釉碗内底常见有3或5个支烧痕，为长条形和椭圆形两种；纹饰以素面为主，篦划纹、褐花纹饰次之，褐花款识少量。酱釉器数量较少，器类以碗、罐为主。根据白釉瓷器的釉色、胎质、纹饰及装烧等特点看，当属磁州窑系。此外，在遗址中还见有零星龙泉窑系、钧窑系的瓷盏、瓷碗等。

**1. 白釉器**

碗　65件。按腹部形态，分三型。

A型　60件。弧腹碗。按口部形态，又分二亚型。

Aa型　53件。弧腹，无沿。分二式。

Ⅰ式：6件，可复原2件。侈口，圆唇，曲腹。99JDTT5④∶1，胎质灰白，外壁釉不到底，内壁全釉。内壁饰有褐花纹饰，底部残留有椭圆形粉状石英砂堆痕迹。口径20、底径8、高7.5厘米（图六，1）。

Ⅱ式：47件，可复原4件。腹壁变直，其他特征略同Ⅰ式。99JDTT5②∶1，胎质黄白，外壁釉不到底，内底部残留有椭圆形粉状石英砂堆痕迹。圈足外撇，底部下凹。口径15、底径5.8、高5.8厘米（图六，4）。

Ab型　7件。弧腹，沿部外折。分三式。

Ⅰ式：3件。均残。99JDTG3③∶1，胎质灰白，施有化妆土，圆唇，腹壁较深。口径21、残高6.6厘米（图六，2）。

Ⅱ式：3件，复原2件。99JDTT4①∶5，胎质灰白，外壁釉不到底，内壁全釉。有五个长条形支钉痕。圆唇，敞口，弧腹，挖足过肩。口径22、底径7、高7.2厘米（图六，5）。

Ⅲ式：1件，复原。99JDTT4①∶3，胎质黄白，施有化妆土，外壁釉不到底，内壁全釉。圆方唇，外卷沿弧腹斜直，圈足外撇，内底残留一长方形支钉痕。口径22、底径8、高7.5厘米（图六，8）。

B型　3件，复原1件。敞口斜直腹碗。99JDT采∶1，胎质淡黄，内外皆施乳白釉，内底有五个长条形支钉痕。敞口，圆唇，斜直腹，平底略凹，圈足外撇。口径20、底径7、高5.5厘米（图六，11）。

C型　2件。均残。深腹碗。根据口部形态，分二亚型。

Ca型　1件。敛口碗。99JDTG1①B∶1，方圆唇，深弧腹，胎质淡黄，内外壁皆施白釉，外壁饰有瓜条状划纹。口径12.5、残高7厘米（图六，3）。

Cb型　1件。敞口卷沿碗。99JDTG1③∶1，胎质灰白，内外壁施乳白釉，外壁釉不到底。敞口，卷沿，深弧腹。口径18、残高5厘米（图六，6）。

盘　3件。均残。分二型。

A型　2件。弧腹盘。99JDTG2④∶1，胎质灰白，内壁施青白釉，外壁上施乳白釉，下为青釉。敞口，厚圆唇，弧腹。口径23、残高5厘米（图六，15）。

B型　1件。折腹盘。99JDTG1③∶2，胎质灰白，内外壁皆施青釉。葵口外敞，方唇，直壁，折腹。残高4.5厘米（图六，12）。

罐　2件。均残。饰有褐花纹饰。99JDTT4①∶10，淡黄泥质胎，内外壁均施白釉，外壁饰褐花纹饰。直口，方唇，鼓腹。残高4.7厘米（图六，13）。

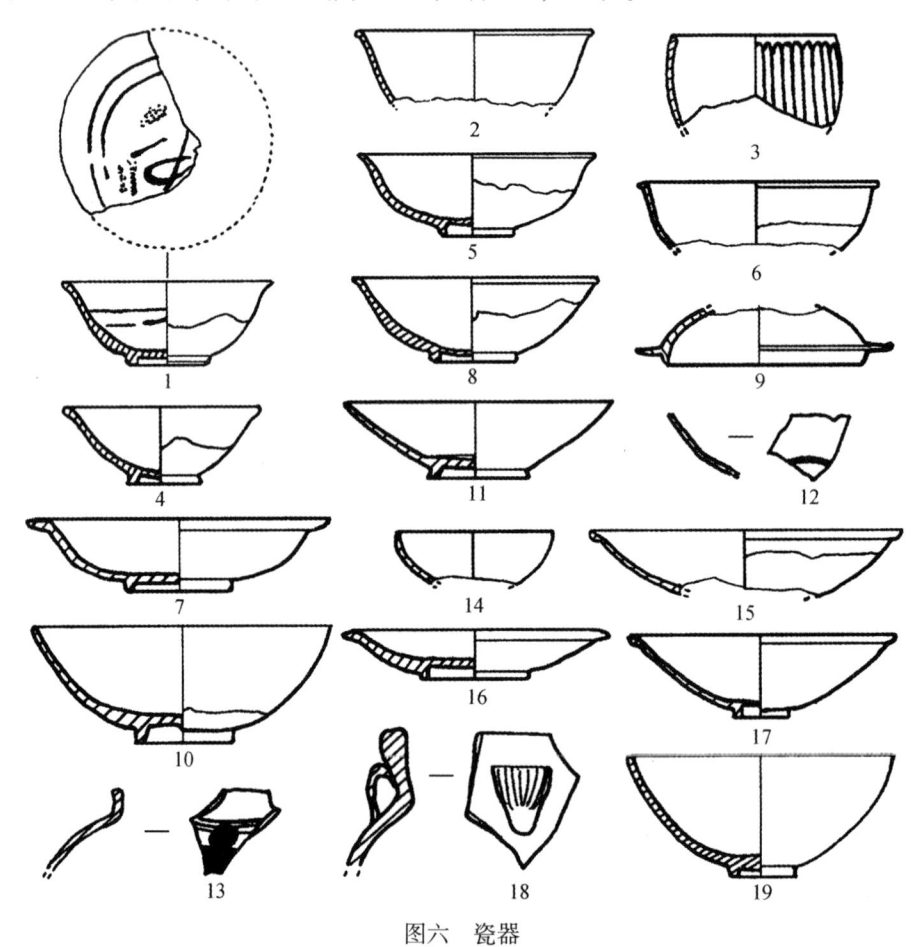

图六　瓷器

1. Aa型Ⅰ式白釉碗（99JDTT5④∶1）　2. Ab型Ⅰ式白釉碗（99JDTG3③∶1）　3. Ca型白釉碗（99JDTG1①B∶1）　4. Aa型Ⅱ式白釉碗（99JDTT5②∶1）　5. Ab型Ⅱ式白釉碗（99JDTT4①∶5）　6. Cb型白釉碗（99JDTG1③∶1）　7. 龙泉窑盏（99JDT采∶5）　8. Ab型Ⅲ式白釉碗（99JDTT4①∶3）　9. 白釉器盖（99JDTH9∶10）　10、17. 酱釉碗（99JDTT6②∶1、99JDT采∶3）　11. B型白釉碗（99JDT采∶1）　12. B型白釉盘（99JDTG1③∶2）　13. 白釉罐（99JDTT4①∶10）　14. 钧窑碗（99JDTH1②∶1）　15. A型白釉盘（99JDTG2④∶1）　16. 钧窑盏（99JDTH9∶2）　18. 酱釉罐（99JDTT5②∶3）　19. 白釉盅（99JDTG1②∶1）

盏　3件，复原2件。釉色较白。99JDTG1②：1，青白胎，外壁施釉及底。圆唇，敞口，弧腹。口径8、底径2、高3.6厘米（图六，19）。

器盖　2件。99JDTH9：10，胎质黄色，外壁施白釉，内壁无釉。小子母口。口径11.6、残高3.2厘米（图六，9）。

白釉瓷器纹饰较丰富，有篦划纹，如99JDTH9：11（图七，1）、99JDTT7③：2（图七，4）；褐花纹饰，如99JDT采：6（图七，3）；文字褐釉款识有"王"字：99JDTH9：12（图七，5），"元"字：99JDTT4①：11（图七，7），"古"字：99JDTT5③：3（图七，6），"朱"字：99JDTH9：1（图七，8），均饰于碗的内底；内外皆施款识的较少，仅见99JDTT6②：3（图七，2）一件，内底为褐釉"人"字，外底款识墨书，似为"壹"字。

## 2. 酱釉器

器类有罐、碗、盆、缸等。

酱釉罐　4件。均残。矮领鼓腹罐。99JDTT5②：3，灰白泥质胎，酱釉。微敞口，宽方唇，短颈，鼓腹，颈部有一对桥状耳，上饰有"出筋"。残高6厘米（图六，18）。

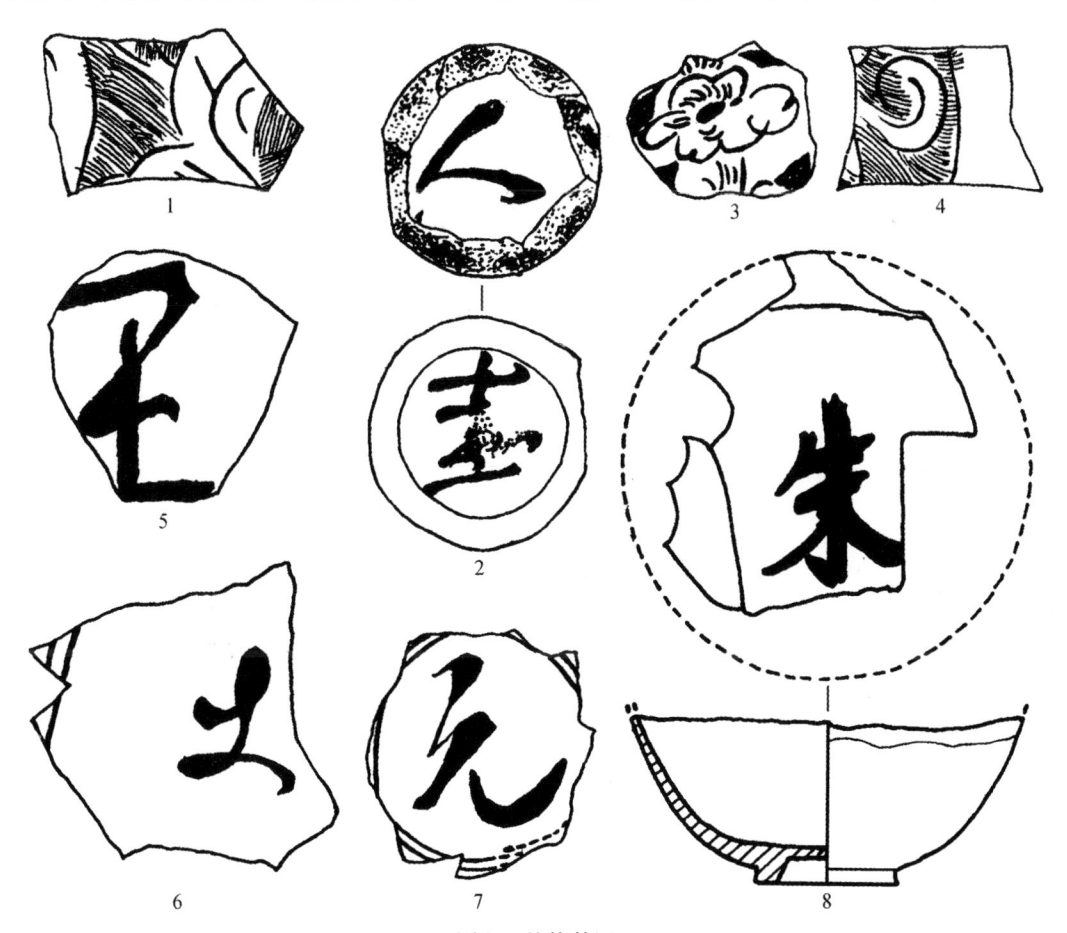

图七　纹饰款识
1、4.篦划纹（99JDTH9：11、99JDTT7③：2）　2."人"字款（99JDTT6②：3）　3.褐花纹（99JDT采：6）　5."王"字款（99JDTH9：12）　6."古"字款（99JDTT5③：3）　7."元"字款（99JDTT4①：11）　8."朱"字款（99JDTH9：1）

酱釉碗　2件，复原1件。99JDTT6②：1，胎质淡黄，较粗糙。敞口，圆唇，深弧腹，挖足过肩，施釉较厚，外壁釉不到底，内底露胎呈桃心状。口径23、底径7.6、高7.2厘米（图六，10）。99JDT采：3，胎质淡黄，内壁施淡青釉，外壁上部施淡青釉，下部施酱釉，内底有涩圈。敞口，圆唇，弧腹，挖足过肩。口径24、底径4.8、高7.2厘米（图六，17）。

### 3. 龙泉窑系瓷器

盏　1件。复原。99JDT采：5，敞口，宽折沿，圆唇，弧腹。胎质莹白，釉色青白，有玻璃光泽，内底有涩圈，外底圈足内无釉。口径14、底径4.8、高3.3厘米（图六，7）。

### 4. 钧窑系瓷器

盏　2件，复原1件。99JDTH9：2，敞口，平折沿，圆唇，浅弧腹，挖足过肩。胎质淡黄，釉色蓝绿，内壁满釉，外壁圈足内无釉。口径12、底径4.8、高2.1厘米（图六，16）。

碗　2件。均残。99JDTH1②：1，胎质淡黄，釉色蓝绿。直口，圆唇，弧腹。口径9、残高3.2厘米（图六，14）。

## （二）陶器

陶器数量较多，仅次于瓷器，其中泥质陶占有绝对数量，器类以盆、罐、瓮、钵等生活器皿为主；陶色有红陶与灰陶两种，泥质红陶数量相对较多；纹饰以素面为主，内壁多施有陶衣，零星见有腹部饰弦纹和口部饰绳纹。此外出有少量的陶质建筑构件。

盆　54件。根据口部形态，可分三型。

A型　29件。折沿盆。分三亚型。

Aa型　12件。宽折沿盆。分三式。

Ⅰ式：6件。均残。99JDTG2④：2，泥质灰陶，内施灰陶衣。敞口，宽折沿，腹较深。残高8厘米（图八，1）。

Ⅱ式：1件。复原。99JDTH9：14，泥质红陶，内施黑陶衣。敞口，斜折沿，勾唇，弧腹，平底，有明显轮制痕迹。口径34、底径14、高15厘米（图八，8）。

Ⅲ式：5件。均残。99JDTG1②：2，泥质红陶。宽折沿，勾唇，浅腹。残高4.8厘米（图八，3）。

Ab型　14件。窄折沿盆。根据腹部变化，分三式。

Ⅰ式：3件。均残。99JDT采：7，泥质灰陶。折沿，方唇略勾，腹较深。残高6厘米（图八，5）。

Ⅱ式：7件。均残。99JDTG1③：3，泥质红陶。折沿，方唇略勾，腹略浅。口径55.2、残高7.8厘米（图八，6）。

Ⅲ式：4件。均残。99JDTG1③：4，泥质红陶。折沿，勾唇，浅腹。口径44、残高5.4厘米（图八，2）。

Ac型　3件。均残。敛口平折沿盆。99JDTG1③：5，泥质灰陶。敛口，折沿，勾唇，颈部内侧有一周轮制凹槽，腹微鼓。口径30、残高5厘米（图八，4）。

B型　18件。卷沿盆。又分二亚型。

Ba型　13件。窄卷沿盆。分三式。

Ⅰ式：1件。99JDTG1⑥：1，泥质灰陶，内施黑陶衣。直口，卷沿，方唇，腹略鼓。口径30、残高6厘米（图八，13）。

Ⅱ式：9件。99JDT采：8，泥质红陶，内施红陶衣。微敞口，卷沿，方唇略勾，深腹。口径56、残高14.4厘米（图八，12）。

Ⅲ式：3件，复原1件。99JDT采：9，泥质红陶，内施红陶衣。敞口，卷沿，勾圆唇，斜直腹，有明显轮制痕迹，残留缀合孔两个。口径46、底径16、高16厘米（图八，10）。

Bb型　5件。均残。宽卷沿盆。99JDTG3⑤：1，泥质砖红陶，内施黑陶衣。敞口，宽卷

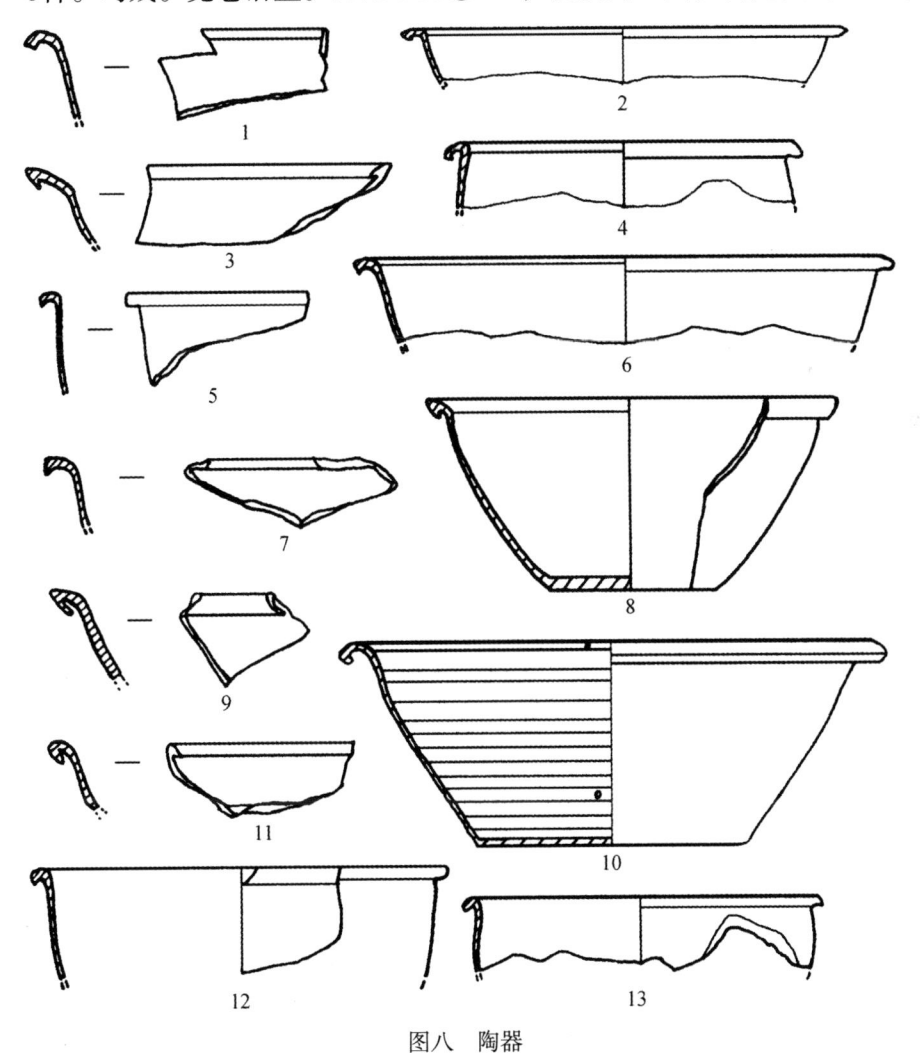

图八　陶器

1. Aa型Ⅰ式盆（99JDTG2④：2）　2. Ab型Ⅲ式盆（99JDTG1③：4）　3. Aa型Ⅲ式盆（99JDTG1②：2）　4. Ac型盆（99JDTG1③：5）　5. Ab型Ⅰ式盆（99JDT采：7）　6. Ab型Ⅱ式盆（99JDTG1③：3）　7. Bb型盆（99JDTG3⑤：1）　8. Aa型Ⅱ式盆（99JDTH9：14）　9. C型Ⅰ式盆（99JDTT7③：3）　10. Ba型Ⅲ式盆（99JDT采：9）　11. C型Ⅱ式盆（99JDTT5②：4）　12. Ba型Ⅱ式盆（99JDT采：8）　13. Ba型Ⅰ式盆（99JDTG1⑥：1）

沿，唇面饰有数道凹旋纹，深弧腹。残高5厘米（图八，7）。

C型　7件。均残。勾沿盆。分二式。

Ⅰ式：2件。99JDTT7③：3，泥质灰陶。沿面较直，勾唇，斜浅腹。残高7.5厘米（图八，9）。

Ⅱ式：5件。99JDTT5②：4，泥质灰陶。勾沿，斜腹微折。残高5.5厘米（图八，11）。

罐　21件。均残。根据口部形态，分二型。

A型　20件。直领罐。又可分成二亚型。

Aa型　12件。方唇罐。分三式。

Ⅰ式：4件。99JDTH10：1，泥质红陶。平沿，溜肩。肩以上施红陶衣，肩以下饰有数道凸弦纹。口径20、残高10.6厘米（图九，1）。

Ⅱ式：5件。99JDTG3③：2，泥质红陶，内施黑陶衣。方唇内勾，腹微鼓。口径26、残高7厘米（图九，3）。

Ⅲ式：3件。99JDTG3①：1，泥质红陶，外施黑陶衣。唇内勾，鼓腹。口径22、残高8厘米（图九，5）。

Ab型　8件。尖圆唇罐。分二式。

Ⅰ式：4件。99JDTG1③：6，泥质红陶，外沿施黑陶衣。领内凸，溜肩。口径20、残高8厘米（图九，2）。

Ⅱ式：4件。99JDTG1②：3，泥质灰陶。领内侧有一周凸弦纹。口径22、残高5.5厘米（图九，4）。

B型　1件。卷沿鼓腹罐。99JDTT6①：1，泥质灰陶，外施黑陶衣。口径20、残高4.5厘米（图九，6）。

瓮　9件。均残。依口部形态，分二型。

A型　7件。勾沿瓮。分二亚型。

Aa型　6件。99JDT采：11，泥质红陶，内外壁皆施红陶衣。圆唇，敛口，弧腹。口沿外饰两道细绳纹。口径44、残高25厘米（图九，8）。

Ab型　1件。99JDTG1②：5，泥质红陶，内施红陶衣，外施黑陶衣。敛口，外折沿，鼓腹。口径56、残高7.5厘米（图九，10）。

B型　2件。无沿瓮。99JDTG1③：7，泥质红褐陶，内施红陶衣。敛口，方唇，鼓腹。口径48、残高12厘米（图九，13）。

钵　5件。均残。数量较少，分三型。

A型　3件。直口钵。99JDTT4①：13，泥质灰陶。平沿，尖圆唇，肩部有一周凸弦纹。口径28、残高4.2厘米（图九，12）。

B型　1件。敞口钵。99JDTG3③：3，泥质黄陶，内施红陶衣。圆唇，浅腹。口径28、残高4.8厘米（图九，11）。

C型　1件。敛口钵。99JDTT6②：2，泥质灰陶。圆唇，浅腹，平底。口径21、底径16、高3.6厘米（图九，14）。

纺轮　2件。泥质红褐陶。圆形，中间略薄。直径2.1、孔径0.6厘米。

图九 陶器

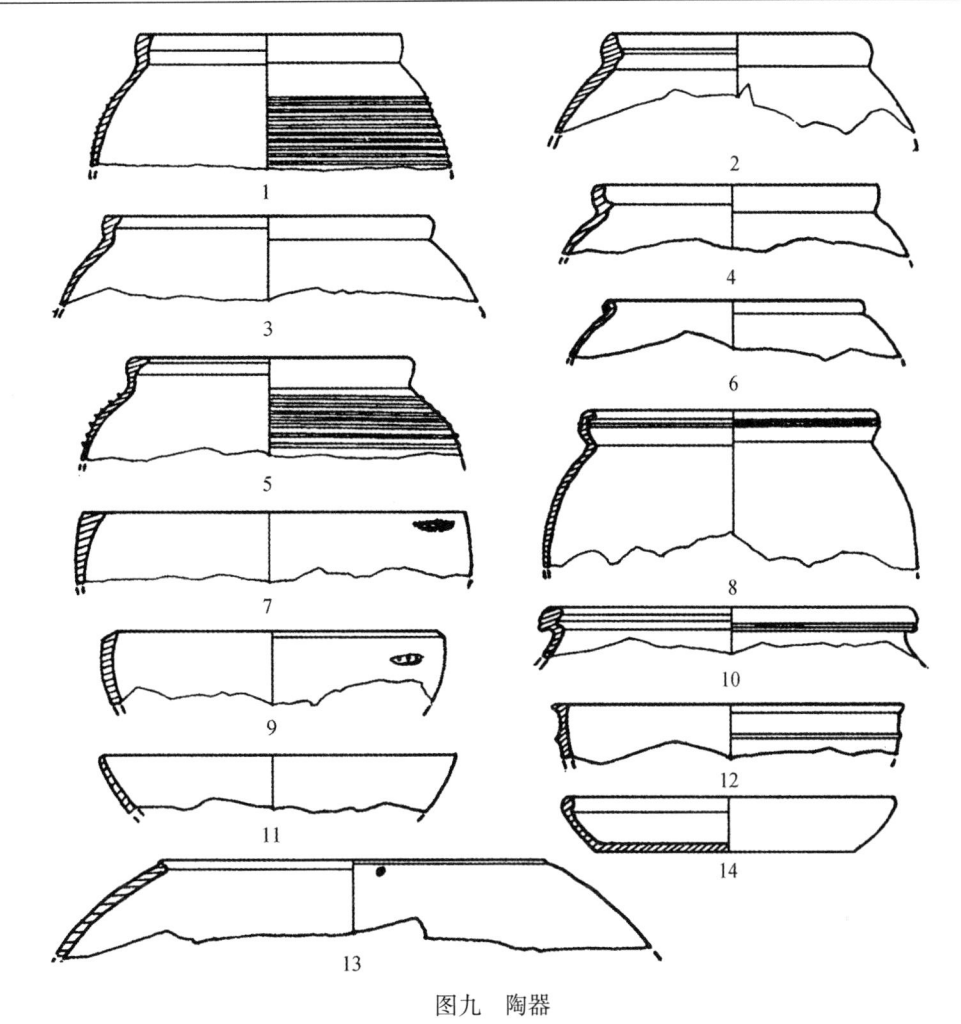

1. Aa型Ⅰ式罐（99JDTH10：1） 2. Ab型Ⅰ式罐（99JDTG1③：6） 3. Aa型Ⅱ式罐（99JDTG3③：2） 4. Ab型Ⅱ式罐（99JDTG1②：3） 5. Aa型Ⅲ式罐（99JDTG3①：1） 6. B型罐（99JDTT6①：1） 7. Ⅰ式釜（99JDT采：10） 8. Aa型瓮（99JDT采：11） 9. Ⅱ式釜（99JDTG1②：4） 10. Ab型瓮（99JDTG1②：5） 11. B型钵（99JDTG3③：3） 12. A型钵（99JDTT4①：13） 13. B型瓮（99JDTG1③：7） 14. C型钵（99JDTT6②：2）

釜 8件。均残。分二式。

Ⅰ式：6件。99JDT采：10，砂质陶。敛口，平沿，腹微鼓，残留一錾耳。口径36、残高6.3厘米（图九，7）。

Ⅱ式：2件。99JDTG1②：4，口微敛，斜直沿，浅腹，残留一錾耳。口径29、残高8厘米（图九，9）。

（三）铜钱

6枚。均为采集，有"宋元通宝""熙宁通宝""皇宋通宝""元丰通宝"等。

## 四、几 点 认 识

谭庄子遗址破坏较为严重，遗迹发现有水井和灰坑两种，井砖的尺寸与天津市区内大直沽天妃宫元代建筑基址灰砖尺寸相符，结合地层关系及井内出土的白釉褐花瓷片、篦划纹瓷片，推断水井的始建年代应为元代。

根据地层关系和器物的变化，可将遗址分成早、晚两期。

早期以99JDTG1⑥、99JDTT5④、99JDTH10为代表，包括99JDTG3⑤、99JDTG3③、99JDTG2④及部分采集的器物。本期遗物相对较少，出土器物比较单调，瓷器以白釉素面为主，纹饰中褐花与篦划纹饰少见。器类以碗为主，弧腹碗的口沿外折，腹壁较深，弧度大，代表器如Aa型Ⅰ式碗；B型碗腹壁较直，圈足外撇，与磁州窑遗址ⅩⅥ型2式碗[1]相似。陶器中，泥质灰陶的数量占绝对多数，泥质红陶数量极少；器类以盆、罐为主，Aa型Ⅰ式罐腹部较瘪，沿部略内勾。盆的口沿外翻较轻或已张开，深腹，以Aa型Ⅰ式、Ab型Ⅰ式、Ba型Ⅰ式、Bb型盆为代表，Aa型Ⅰ式盆与Ⅰ式砂釜的相似因素也见于磁州窑址的Ⅰ型1式盆、Ⅰ型砂釜[2]，故早期的时间当以金代后期为宜。

晚期以99JDTT5③、99JDTT5②、99JDTG1④、99JDTG1③、99JDTG1②、99JDTT4①、99JDTH9为代表，包括99JDTT7③、99JDTT6①、99JDTT6②、99JDTH1及部分采集器物。此期遗物数量增多，器类丰富，除日常生活器皿外，还出现了建筑构件、石器等。瓷器仍以白釉器为主，除白釉褐花碗外，还见有白釉褐花盆、罐等。还有酱釉粗胎瓷器和少量龙泉窑系、钧窑系瓷器。白釉器器类仍以碗为主，以Aa型Ⅱ式、Ab型Ⅱ式、Ab型Ⅲ式为代表，又新出现了C型深腹碗。碗的发展趋势为：碗口趋敞，腹壁变直，碗底下凹。纹饰中褐花纹饰、篦划纹饰的数量激增，并且出现了在碗心内底书褐色草书文字的饰法，酱釉碗内底见有桃心形露胎的饰法。在装烧方法上，出现石英砂堆叠烧法，碗的内底常见有五六块粉状石英砂堆痕迹。白釉器从釉色、施化妆土的风格、纹饰及装烧技法上看，当属定窑系，而晚期的风格与观台磁州窑址的四期前段基本一致，时间应为元代初期。陶器中泥质灰陶急剧减少，泥质红陶占绝对数量，且多施红陶衣。盆腹由深变浅，口沿内勾趋甚，以Aa型Ⅱ式、Aa型Ⅲ式、Ba型Ⅱ式、Ba型Ⅲ式盆，C型盆为代表。罐由直腹趋于鼓腹，沿部内勾趋甚，以Aa型Ⅰ式、Aa型Ⅱ式、Aa型Ⅲ式为代表，B型罐与砧子山M23:1灰陶罐[3]形制相同，时间当为元代。另外，此期中出现的钧窑系碗、盏及龙泉窑系盏，都具有典型的元代特征，为断代提供了依据。

晚期遗物丰富，延续时间较长，遗迹有水井及数量较多的灰坑，应为当时的繁荣时期。遗址附近曾为古河道，在遗址西南约1千米处曾经出土过宋代木船[4]，史料记载黄河曾在北宋时期（1048~1094年）改道，在泥沽海口入海，在99JDTG1⑤地层内未发现出土遗物，土质纯净，其他探方也常见有一层淤沙，推测河道至迟在元代初期已经因黄河泛滥改道废弃，河道干涸，临河凿井应在此之后。

此次发掘为天津地区金元时期遗物断代提供了标尺。

领队：梅鹏云<br>
发掘：梅鹏云　姜佰国　盛立双<br>
绘图：盛立双　姜佰国<br>
执笔：盛立双　姜佰国

## 注　释

［1］［2］　北京大学考古学系、河北省文物研究所、邯郸地区文物保管所：《观台磁州窑址》，文物出版社，1997年。

［3］　内蒙古文物考古研究所、锡林郭勒盟文物管理站、多伦县文物管理所：《元上都城南砧子山南区墓葬发掘报告》，《内蒙古文物考古文集（第一辑）》，中国大百科全书出版社，1994年。

［4］　天津市文物管理处：《天津静海元蒙口宋船的发掘》，《文物》1983年第7期。

（原载于《文物春秋》2003年第3期）

# 天津蓟县城关镇明敦典墓

天津市文化遗产保护中心

2004年4月，因建设工程需要，天津市文化遗产保护中心对位于蓟县城关镇县文化局少年宫建设工程征地范围进行了考古勘探，发现墓葬1座。4月28日至5月2日，对墓葬进行了抢救性发掘，现简报如下。

## 一、墓葬概况与形制结构

墓葬位于蓟县城关镇东北隅村东，西距中昌北路约20米，地表现已夷为平地。墓葬距现地表深约0.5米，长方形土坑竖穴，长3.3、宽1.9米，方向北偏西25°，双木棺，夫妻合葬。

东侧棺葬男性，西侧棺葬女性，棺木及尸骨保存较好（图一）。男性仰身直肢，头枕板瓦；女性尸骨凌乱，应为后来迁葬所致，胸部压有写朱砂符咒的板瓦。在两具木棺北侧各出土双系灰陶罐1件，男性木棺内出土铜钱6枚。在墓室东南角出土墓志1合，墓志正方形，青灰色石质，相对扣合，外用2道铁箍箍住。墓志阴刻，长、宽、厚为64厘米×61厘米×12厘米。志盖篆书，刻有"明故儒官敦公墓志铭"9字（图二，1），志铭楷书，共27行780字（图二，2）。

## 二、墓　志

明故儒官敦公墓志铭

赐进士出身、中顺大夫、知黎平府事、郡人朱昭（替甫）撰

辽东苑马寺监正、乡进士文林郎、郡人家文庆（道亨）书

山东济南府照磨、乡贡生文林郎、郡人李载纯（粹夫）篆

嘉靖壬寅九月十二日，敦公叙之以疾卒。其孤忠等，奉公之行状，介友人齐思诚诣余，泣且告曰：忠不幸，大人不谷，将以次月九日葬崆峒之阳，祖茔之侧，敢求为铭，以光泉壤。余雅与公友最善，弗获辞按状：公讳典，叙之其字也，籍为蓟人。祖讳谦，中洪武癸酉乡试，任山东临清教谕。父讳信，中永乐癸卯乡试，任磁州学

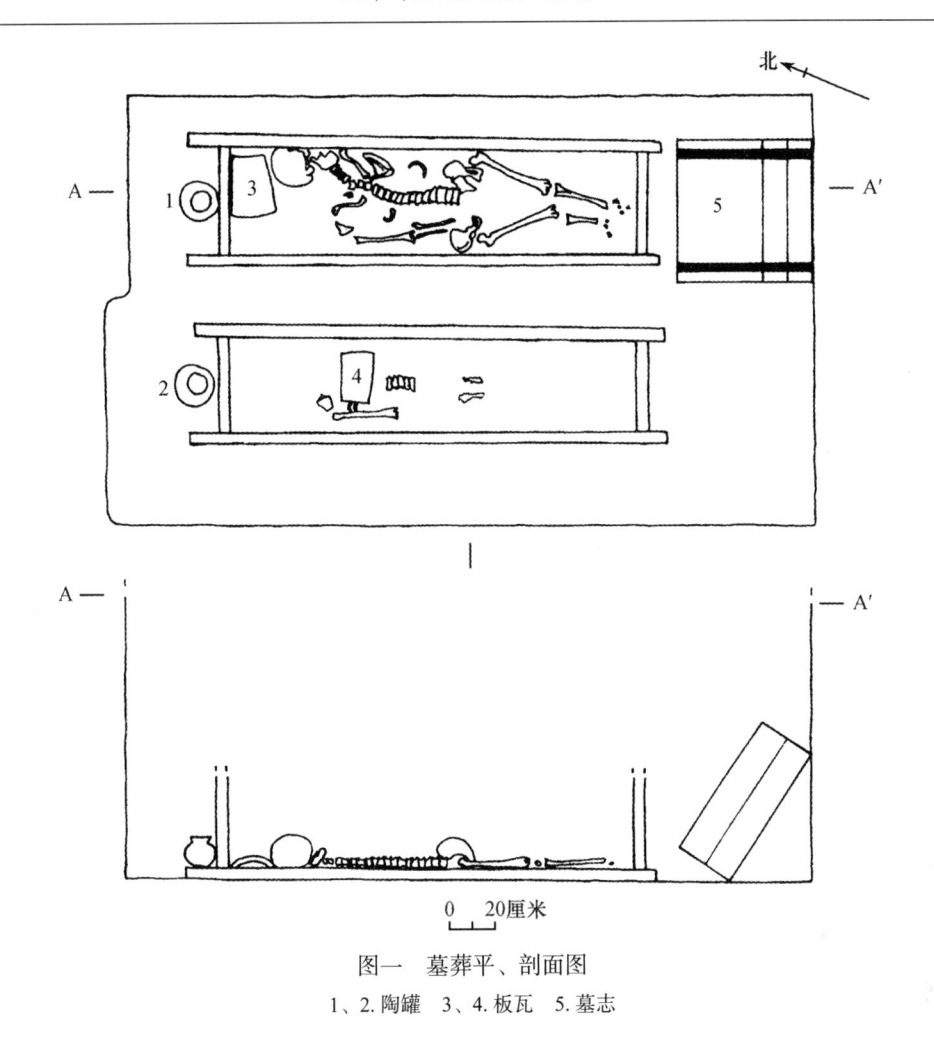

图一　墓葬平、剖面图
1、2.陶罐　3、4.板瓦　5.墓志

正。母王氏，生公兄弟五人。公行五，生而颖敏过人，父母爱之。/方八岁，俾就外傅读书。少长，俾遊郡庠，习诗经。肆举业，屡试不第，乃自叹曰：/嗟乎，命之蹇也，科目非我分矣，盍明农以自适！嘉靖甲午，遂以例援儒官冠/服，卜筑东廓外。常手古诗文子史，及盛植花木以为娱。遇友来访，辄棋酒相/设，竟日不倦，人恒自之为棋仙。门前有溪，夏秋清涟不涸，公时对玩以适，且/因而育养鹅鸭于内，以需宾祭。居左去茔域不数十步，公朝夕拜扫不懈，有/事死如生之诚。田园之余，更无外慕，以此终其身，而乡里咸敬仰。公为人/安静寡言，乐于施济，居闲常修药饵，以应需索。事父母孝，处兄弟和，交友信，/教子义方，抚臧获，有恩戚故。间有急难，常捐所有以济，而婚丧有不举者，亦亦每每，赖公/以举，低昂上下，鲜有所失。其娶牛氏，子男四，长即忠，娶李氏；次质，娶潘氏；次文，娶/王氏；次学，娶李氏，继翟氏。女一，适营州右屯卫百户张玺，/先卒。孙男十一，曰掩全、曰七斤、曰朝相、朝鸣、朝凤、曰贵、曰富、曰仁、曰化、曰仕、/曰侃。女四，一适李时阳，一适步天街，余尚幼。公生于成化丙戌九月三十日，/及卒之年，得寿七十有七。余谓公之无憾而可以瞑目者，有四焉：高年一也，/子孙众多二也，闲而逸三也，考终命四也，爰系以铭。

铭　　曰：

曰富曰贵，人之所嗜，公之所避；曰耕曰芟，/人之所疲，公之所逸；身既闲矣，心亦安矣，/大坤之下，目所瞑矣。/

大明嘉靖二十一年十月初九日孤子忠等泣血立。

## 三、随　葬　品

陶罐　2件。04JDM1∶1，素面泥质灰陶。直口，方唇，短颈，鼓腹，平底，肩部饰有一对环状附耳。口径9.6、底径7.8、通高11厘米（图三，1）。04JDM1∶2，素面泥质灰陶。口微敞，短颈，鼓腹，平底，颈部饰有一对环状附耳。口径9.4、底径5.8、通高8.9厘米（图三，2）。

铜钱　6枚。锈蚀较为严重，可辨有北宋"咸平元宝""皇宋通宝""景祐元宝"，以及明"嘉靖通宝"等。

## 四、志文及墓葬分析

据志文知，墓主人为敦典，字叙之，蓟州人。生于明成化丙戌年（1466年），卒于明嘉靖壬寅年（1542年）。墓志记述了敦典的生平世系。

1987年，天津市历史博物馆考古部曾经在敦典墓西北部发掘明代墓葬1座[1]，也出土墓志1合，墓志风化较甚，字多不清，通过志文知墓主人为明磁州学正敦信。敦信，蓟州人，生于明永乐十八年（1420年），卒于明弘治八年（1495年），正统十年（1445年）中举人，景泰四年（1453年）任山西绛州学正，天顺二年（1458年）因父卒回乡，成化二年（1466年）又出任磁州学正。这次发掘出土的墓主人敦典就是敦信的第五子。

通过释读敦典墓志铭与已知敦信相关墓志铭内容相互参阅，有如下收获。

1）关于敦信中举的年代。敦信墓志铭载敦信于明正统十年乡试中举，但敦典墓志铭记有"父讳信，中永乐癸卯乡试"，两说相左。查明永乐癸卯年份为1423年，距敦信出生（1420年）仅3年，故此说不确。明正统十年为1445年，敦信时年25岁，这个年纪中举合乎情理，因取此说。

2）墓葬反映出的敦信、敦典父子的地位差异。敦信墓葬为砖室墓，尺寸为3.6米×2.56米，且带有长斜坡墓道、壁龛、腰坑，墓志与1方买地券均放置在壁龛内，在腰坑内随葬有鸡骨；敦典墓为土坑竖穴墓，尺寸为3.3米×1.9米，无墓道、壁龛与腰坑，墓志只是斜靠在南侧的墓壁上。敦典祖父敦谦、父亲敦信均科举取第，分别任山东临清教谕与河北磁州学正，这在志铭中与明、清《蓟州志》均可查到。而到了敦典却屡科不第，只好退居田园。墓葬的形制结构、规模、随葬品及其摆放上都体现了父子二人生前身份、地位的差别。

图二 墓志
1. 志盖  2. 墓志

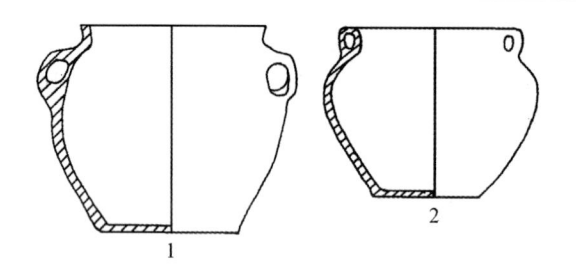

图三　出土陶罐
1. 04JDM1∶1　2. 04JDM1∶2

3）关于敦氏家族的社会地位。敦典墓志盖铭"明故儒官敦公墓志铭"，志铭有"于嘉靖甲午遂以例援儒官冠服"。至明嘉靖甲午年（1534年）时，敦典已近70岁高龄，授予他这样一个荣誉性的官衔应是地方对其家族社会地位的认可，说明敦氏家族在当时蓟州城应有一定的名望，这无疑与其祖父、父亲以科举入仕有关。敦典虽屡试不第，但仍不失为书香门第，这也可以从为敦典墓志撰、书、篆的作者身份体现出来。

4）关于敦氏家族世系及蓟州历史地理。通过敦典墓志铭文，可推导出敦氏家族完整的五代世系。在志铭中"崆峒""东廓"等名称的出现，为研究明代蓟州城市地理历史提供了有益的信息。一个有趣的现象是，敦典得寿77岁，其父敦信得寿76岁，其祖父敦谦若按照25岁中洪武癸酉（1393年）乡试推算，天顺二年（1458年）因病卒，得寿应在83岁左右，说明敦氏家族在明代应该是长寿家族了。

拓片：张俊生
摄影：刘　健
执笔：盛立双

## 注　释

[1]　张俊生、敖承龙、赵文刚：《蓟县城关镇明敦信墓》，《中国考古学年鉴（1988）》，文物出版社，1989年。

（原载于《北方文物》2008年第2期）

# 天津蓟县吴庄明代墓葬考古发掘简报

天津市文化遗产保护中心　蓟县文物保护管理所

2013年3月,蓟县渔阳镇吴庄村附近一座墓葬遭到盗掘,天津市文化遗产保护中心闻讯前往调查。经现场勘察,该墓葬盗扰严重,其中一个墓室已被全部破坏,在墓葬周围散落大量棺木及人骨。为保护文物、避免盗掘行为再次发生,报请市局与国家文物局批准后,于3月25～29日对被盗墓葬进行了抢救性考古发掘,并对墓葬周边区域进行了重点考古勘探,排除了附近区域存在其他墓葬的可能。现将墓葬清理情况简报如下。

## 一、墓葬概况与形制结构

吴庄墓葬(墓葬编号:13TJWM1,简称M1)位于蓟县渔阳镇吴庄村北、大星峪村西南的山前坡地上,南侧紧邻新修建的蓟县至盘山景观大道(图一),墓葬分布处现为吴庄村民果园,墓葬中心处GPS坐标E117°22′26″,N40°03′19″。

经考古发掘可知,墓葬开口距现地表深约0.5米,墓葬下部基本开凿在山岩上以营建墓室。墓葬为长方形竖穴砖石混合结构夫妻合葬墓,东西双室,墓向北偏西10°(图二)。墓壁、墓底以及东西两室之间隔墙均用素面青砖砌筑,墓口一周用长0.7～1、宽约0.3、厚约0.1米单层条石砌筑,墓顶用长约1.4、宽约0.6、厚约0.1米条石板铺就,在墓顶石板上方铺有一层约0.3厘米厚的不规则石块,应为防盗之用。墓室南北长3.9、东西宽3.86、墓底距墓顶高1米,东西两室共用一道隔墙,墓室四壁皆青砖错缝平砌而成,隔墙为两层平砖错缝顺砌,墓底为青砖横、竖隔行墁地,墓室内壁青砖皆白灰勾缝,青砖尺寸一般为30厘米×15厘米×6厘米。在东、西两室的北壁以及东室的东壁、西室的西壁共垒砌4个拱形壁龛,两室之间隔墙靠北部处也砌有一个拱形门相联通(图三;图版一七)。

东室　即此次遭盗掘墓室,墓顶青石盖板已塌落,棺板、人骨大部分已被抛出墓葬之外,墓室内堆积仅有少量扰动过的浮土。墓室南北长2.68、东西宽1.12米,在墓室的北壁中部、东壁偏北部、西壁偏北部(与西室联通)各设置一龛。东、西两龛位置相对,龛底距墓底高0.19、壁龛通高0.48米,面宽、进深均为0.3米;龛壁为单砖平砌,至0.3米高处起券,然后用单立砖叠砌券顶。北壁龛东西面宽0.32、进深0.22米,其余与东、西两龛形制相同。清理东室过程中,在墓室底部北部中间位置发现腰坑一个,腰坑平面呈长方形,长0.3、宽0.22、深0.1米。

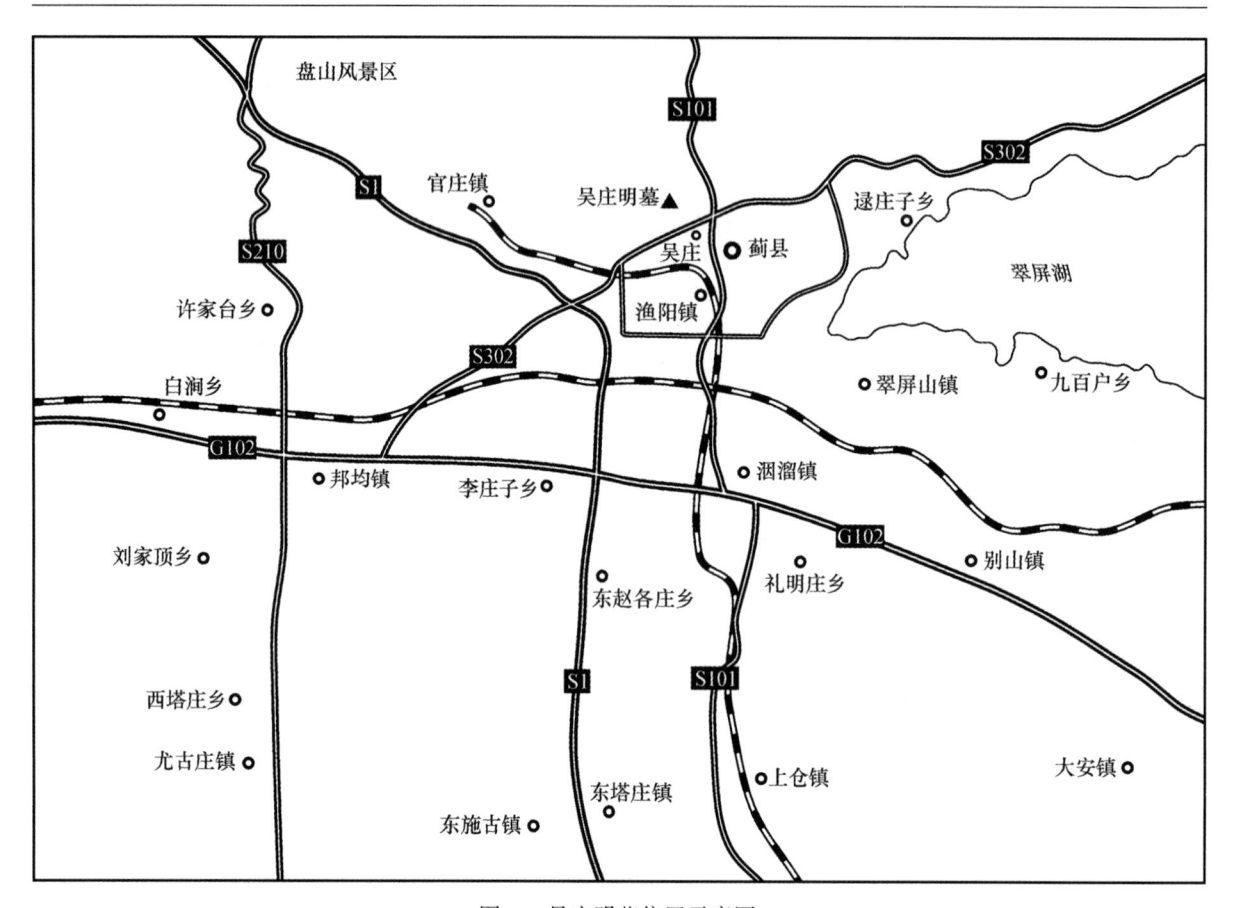

图一　吴庄明墓位置示意图

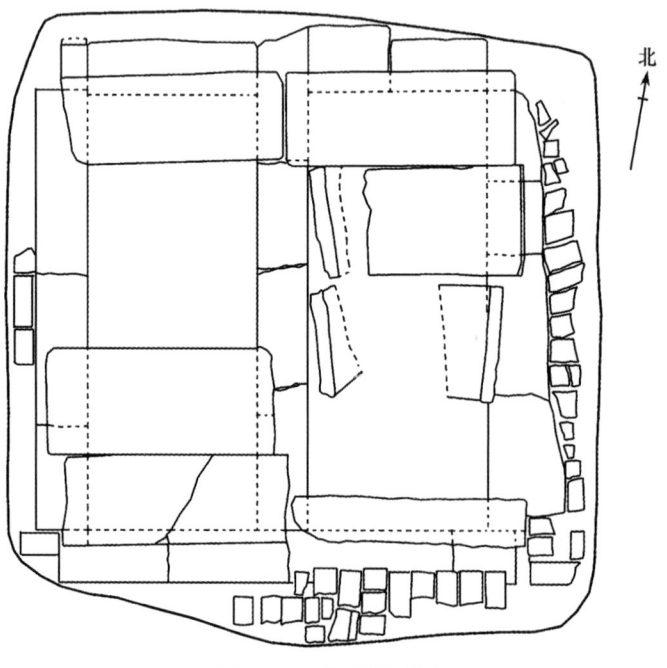

图二　M1墓顶平面图

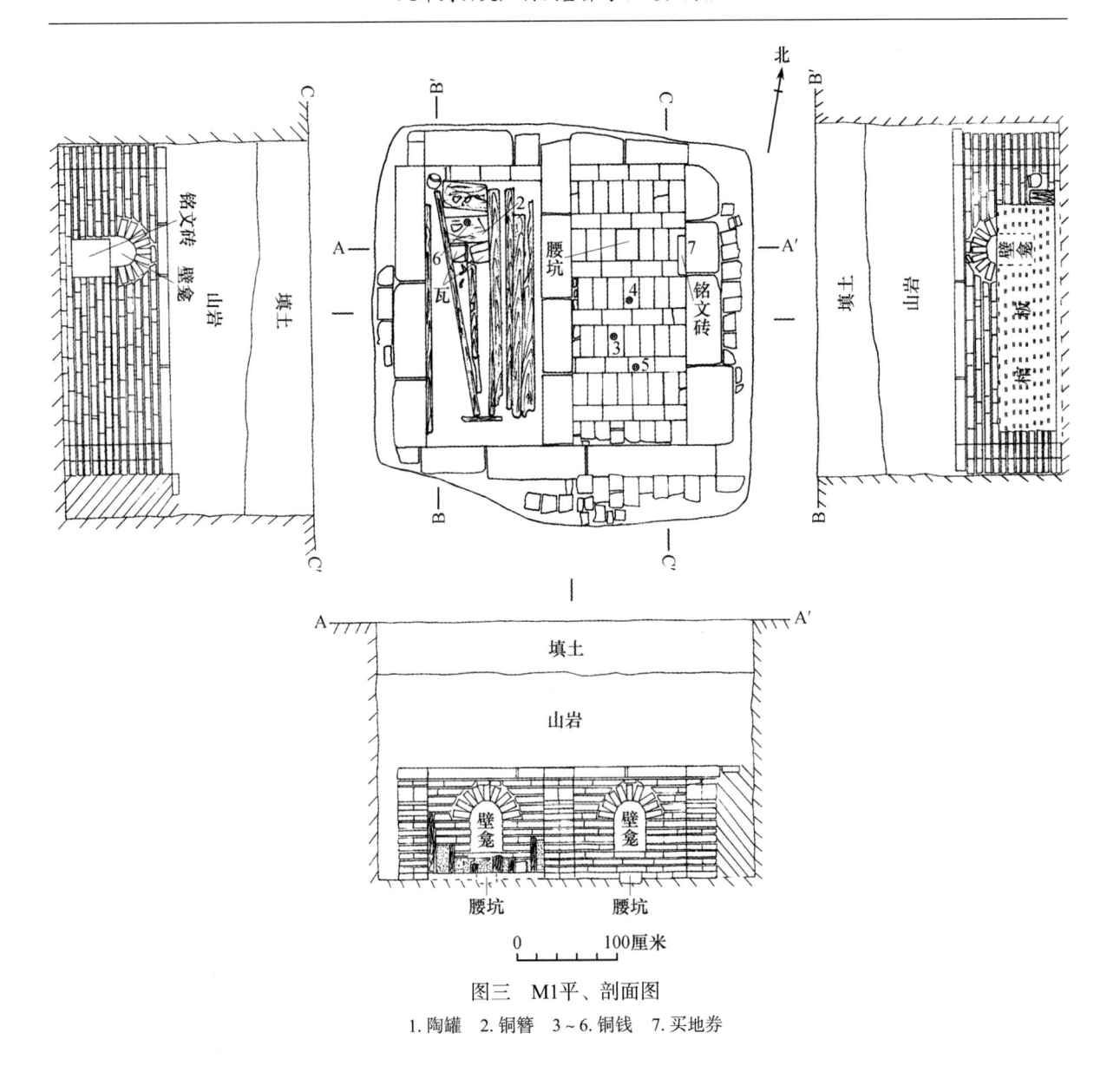

图三 M1平、剖面图
1.陶罐 2.铜簪 3~6.铜钱 7.买地券

由于墓葬盗扰严重，清理时仅在填土中发现零星北宋与明代铜钱、板瓦，少量棺板及零星人骨等遗物，在东壁龛附近发现朱书铭文方砖一块。

西室 西室墓顶石板早期塌落并遭破坏，墓室内填土尚存。墓室南北长2.68、东西宽1.16米，形制与东室相同，也是在墓室的北壁中部、西壁偏北部、东壁（隔墙）偏北部（与西室联通）各设置一龛。在墓室底部北部中间位置发现长方形腰坑一个，长0.3、宽0.2、深0.1米。

西室内发现残木棺一具，棺木残长1.9~2.1、宽0.45~0.65米。棺木保存较差，木棺盖板摆放错位，壁板倾塌严重，棺内残存部分人骨残块，仅存头骨及部分肢骨，摆放凌乱，头北向，腐朽严重，从人骨出土位置推断为后期迁葬。墓主头枕5层板瓦，在胸部位置也覆扣有板瓦，根据头骨特征推断其为女性。

西室属早期被盗，出土遗物有双系灰陶罐、铜簪、铜钱、板瓦等遗物。

全部发掘工作结束后，对该墓葬进行了保护性回填。

## 二、出土遗物

吴庄墓葬共出土陶罐1件、铜簪1件、铜钱4枚、买地券1方，此外还有板瓦等遗物。

陶罐　M1∶1，泥质灰陶。侈口，尖唇，束颈，溜肩，鼓腹，下腹近弧收，平底，肩颈部有对称双耳。器身有条状刮痕。口径9.2、底径8.8、高10.5厘米（图四，1）。

铜簪　M1∶2，顶端部分残缺，簪体呈细锥状。通长7.8厘米。西墓室出土（图四，2）。

买地券　M1∶7，正方形，青灰色方砖。边长37、厚6厘米。上朱书文字，字迹漫漶不清，仅可辨识出首行楷书横题"大明阴券"4字，余皆不可识读。根据残存字迹推断，应为买地券。

此外，还有4枚铜钱，包括北宋元丰通宝、崇宁重宝、明代嘉靖通宝2枚（图四，3~6）。

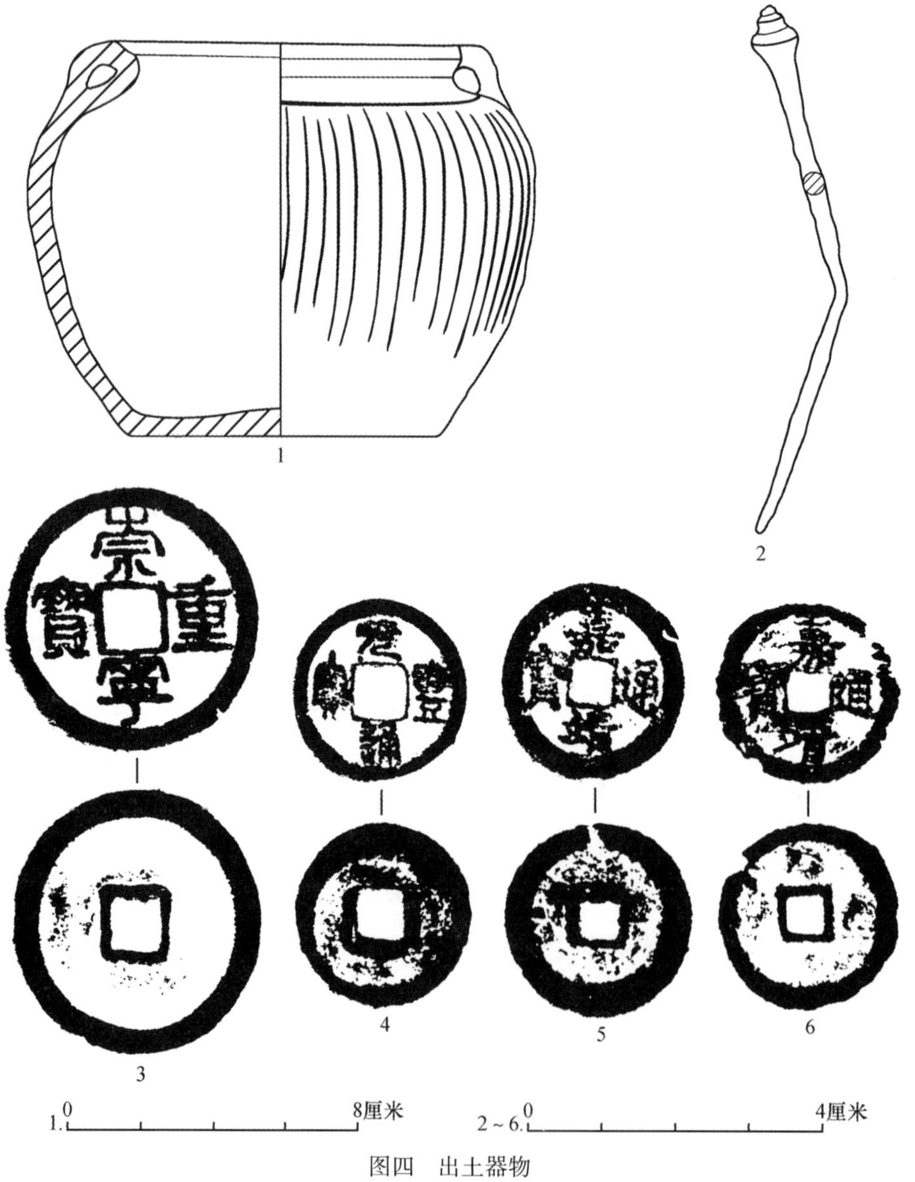

图四　出土器物
1.陶罐（M1∶1）　2.铜簪（M1∶2）　3~6.铜钱（M1∶3、M1∶4、M1∶5、M1∶6）

## 三、结　语

吴庄墓葬虽几经盗扰，出土遗物寥寥，但仍具有较为重要的考古研究价值。

关于吴庄墓葬的年代。该墓没有出土典型的纪年物，陶器也仅出土一件陶罐，但是墓葬中出土的买地券与铜钱为推断墓葬年代提供了参照。墓葬中出土的买地券中"大明"二字说明墓葬下葬于明代，而墓葬中出土的4枚铜钱中年代最晚的是"嘉靖通宝"，因此，该墓葬年代应为明代但不早于嘉靖时期，即明代后期。吴庄明墓的发掘为建立天津地区明清墓葬的考古年代标尺提供了重要参照。

关于吴庄明墓的墓葬形制。吴庄明墓整体体量不是很大，但是营造难度大、修建精致、结构考究，为天津地区同期墓葬所少见。该墓葬基本为凿山岩为墓穴，费工费时；墓室的墓口与墓顶均采用青石条和青石板铺就，青砖砌筑的墓室全部用白灰勾缝，形制规整、施工细腻，体现了墓葬营造者的独特用心；墓葬营建砖、石材料混合使用，墓壁上修建数量较多的壁龛，以及墓底设有腰坑，这在以往考古中少见，因此，吴庄明墓的发现丰富了天津地区明清时期墓葬的构筑类型。

关于买地券。从吴庄明墓东室出土的青砖上朱书"大明阴券"四字推断，属买地券无疑。买地券，又称"冥契"或"幽契"，源于东汉时期，由买地契约演变而来。"买地券"一般置于墓室内，是生者为死者在阴间买下一块栖身之所的证明，即作为死者领有阴间土地的凭据，元以后成为人们料理死者后事的一种常用形式，多记载墓地的地望、面积、四至以及镇魔去邪等吉语。买地券以往在蓟县明敦信墓[1]、桃花园墓地等也有发现，吴庄明墓买地券的发现对于研究当时的社会习俗、宗教信仰具有积极意义。

发掘：盛立双　戴　滨　相　军
照相：刘　健
执笔：戴　滨　盛立双

## 注　释

[1] 张俊生、敖承龙、赵文刚：《蓟县城关镇明敦信墓》，《中国考古学年鉴（1988）》，文物出版社，1989年。

（原载于《北方文物》2014年第2期）

# 第三部分

## 考古发现类

# 天津蓟州朝阳洞发现旧石器遗址

## ——系天津首次发现的有明确原生层位的旧石器时代洞穴遗址

朝阳洞遗址位于天津市蓟州区穿芳峪镇果香峪村西北的小山接近山顶处,为2015年开展天津地区旧石器考古重点调查时发现,经初步探掘,曾在洞口采集到旧石器石制品10余件。朝阳洞遗址海拔270米,洞口朝南,背风向阳,视野开阔,具备适宜古人类生存和活动的自然环境条件。为更全面系统地了解该处旧石器洞穴遗址的文化面貌特征,确认洞穴堆积的文化内涵,经国家文物局批准,2019年7~9月,天津市文化遗产保护中心、吉林大学边疆考古研究中心、蓟州区文物保护管理所联合组队,对朝阳洞2处洞穴遗址进行正式考古发掘,发掘面积50平方米,出土包括旧石器时代石制品在内的各时期文物200余件,取得重要收获。

1号洞穴洞口朝向177°,洞高4.4、宽6.3、进深9.8米,洞内最宽处8.4米。堆积共分为两层:第一层为灰黑色黏土质粉砂层,土质较疏松,堆积较薄,遗物多出自此层,类型包括石制品、陶片、瓷片等,并伴有少量炭屑;第二层为黄褐色砂质亚黏土层,土质致密,胶结严重,遗物包括动物骨骼等;第二层下为基岩。遗物中石制品64件,类型包括完整石片、断片和断块等。1号洞穴第一层堆积既包含石制品,也出土战国、金元等晚期遗物,表明此洞穴在旧石器时代文化堆积层形成以后,受到战国、金元和明清等不同历史时期人类在此长期活动的扰动和破坏。

2号洞穴洞口方向北偏西31°,位于1号洞穴斜下方约20米处,洞高3.3、宽1.88、进深3.9米。洞内文化堆积厚度接近4米,全部为原生堆积。自上至下可分为三层:第一层为灰黑色腐殖土层,土质较疏松,厚0.2~0.7米;第二层为红褐色黏土层,土质坚硬致密,胶结严重,最厚处近2米;第三层为黄色砂土层,土质较为致密,内含少量钙质结核,石制品全部出自该层,厚约1.2米。2号洞穴共出土石制品66件,原料以灰绿色、黄色、黑色燧石为主,石英砂岩、硅质灰岩较少。石制品类型包括石片、断片、断块及包括刮削器、尖状器在内的工具等。剥片均采用锤击法,从石片特征观察,打击点集中,半锥体较凸,工具修理均采用硬锤锤击技术,修理方式有正向、复向等。根据该遗址地层堆积及石制品组合情况,年代初步判断应为旧石器时代中晚期,相关测年与环境分析工作正在进行。

朝阳洞遗址尤其是2号洞穴遗址,是天津考古首次发现的有明确原生层位的旧石器时代洞穴遗址,将天津地区早期人类探源工作向前推进了重要一步。结合天津以往2005年、2007年、2015年进行的旧石器工作成果,初步构建起了天津地区距今10万年以来旧石器文化编年序列。目前天津北部区域旧石器时代存在以大型砾石为原料的大石片工业、石片工业和以燧石为主的小石器工业、细石器工业等几种文化类型，不同的文化类型在不同的阶地和遗址类型上呈现出明显差异，代表了天津北部地区旧石器文化发展的不同阶段。同时，该遗址的发掘也为研究东亚地区人类迁徙、活动与交流和揭示现代人类起源、扩散，恢复古人类的生存环境，探讨古人类在特定环境下的行为特点和适应方式提供了新材料。

下一步，天津市考古部门将以朝阳洞遗址区域为中心的周边洞穴类遗址和高阶地旷野遗址调查和发掘为重点，继续稳步推进考古调查发掘和资料整理分析研究工作，为探索天津地区早期人类与文化起源争取更大突破。

执笔：盛立双　王春雪　李　斌

（原载于《中国文物报》2020年3月20日第8版）

# 宝坻县歇马台出土一批刀币

1974年2月，宝坻县石桥公社路庄子大队社员在歇马台村西发现一批刀币。

歇马台位于宝坻县城南5华里，东邻铁路4华里，南距潮白新河3华里。刀币即出土于村北排干渠的东岸，距地表深约1米。出土时成束排列，叠放整齐。

刀币经整理后，除去残片和面、背文漶漫不清的2枚外，尚得完整及虽然残损但面、背文兼备者729枚。其形制基本相同，皆作弧背，凹刃，刀首斜直，窄柄，圆环。刀柄面、背各有纵纹二道。刀币面、背均有略高出刀面的边郭，部分刀币边郭隆起较高。由于钱范上下扣合不够严紧，故刀币背面出现双重轮廓。刀币长13.6～14.4厘米，重11.7～15.9克，制作较粗糙。刀币正面的铭文为模铸阳文"明"字，"明"字外笔皆为圆折，背面铭文亦为模铸阳文。背文多属合文，少数是单字。背文为合文的按第一个字来分，除少数为"𗀴"外，绝大多数为"左""右"两大体系。

按面文"明"字字形的不同，参照刀身形制的差异，可将刀币分成六式。

一式：1枚。"明"字外笔较短，内笔较长，刀首肉薄而阔。背文为单字。

二式：24枚。"明"字外笔长而下垂，内笔作斜短横，字形稍长，笔画较为工整。形制、质地与一式近。背文为单字。

三式：361枚。"明"字呈圆形，外笔左撇，内笔做横状，肉厚于二式。背文均属合文，第一字为"左""右"。

四式：72枚。"明"字小于一、二、三式，外笔左撇，内笔作斜短横，笔画较粗。形制近磬折，刀身上端较尖，肉厚于三式，刀身略窄，刀柄中二道纵纹刺入刀身。正面边郭隆起较高，刀背的双重轮廓更为明显。制作粗糙。重14.2克左右。背文为合文，第一个字有"左""右""𗀴"。"𗀴"仅见此式。

五式：45枚。"明"字外笔较长，内笔做横状，字形较窄。形制、质地与四式同。背文为"左""右"合文。

六式：226枚。"明"字字形与三式同，形制、质地与四式同。背文除部分为单字外，均为"左""右"合文。

迄今刀币在河北省境内出土很多，但在天津郊县成批出土还是首次。从刀币出土的渠岸断面，可以看到1米以下有明显灰土层，并在附近地带暴露有夹砂红陶"燕国鬲"足、陶釜口沿、陶豆把等战国遗物。这批刀币的形制、面文等与河北省沧县肖家楼出土的战国刀币中的甲型接近[1]。所以，这批刀币年代当属战国。这里的四、五、六式刀币已出现近于磬折的现象，肖家楼出土的刀币则皆为圆折。目前一般认为磬折应晚于圆折刀币[2]。那么，歇马台出土的刀币应晚于肖家楼出土的刀币而早于磬折刀。属于圆折刀向磬折刀的过渡类型。

总之，这批刀币的出土对于研究战国时期天津地区的历史、经济和刀币的发展、演变提供了新资料。

执笔：邢　捷

## 注　释

［1］　天津市文物管理处：《河北沧县肖家楼出土的刀币》，《考古》1973年第1期。
［2］　陈铁卿：《一种常见的古代货币——明刀》，《文物》1959年第1期。

（原载于《天津文物简讯》1977年第5期）

# 静海县西钓台古城址的调查与考证

## 一

西钓台村位于静海县城南30华里，村东紧靠津浦铁路和南运河，城址在村西北约400米。《静海县志》对此城已有记载："钓台村西北……有古城之垣，久废，城址或隐或现宛然可寻……"

由于古城址附近地势较低，城址内过去是常年积水，对城垣破坏很大，近十几年来因水利等工程古城址又受到进一步破坏，现城垣已完全被推平，其中西垣被前进渠严重破坏。1979年4月我们对该城址进行了钻探，现简报如下。

### 1. 城垣

经钻探和实测城垣的长度是：东垣518、南垣510、西垣519、北垣508米，周长合计为2055米，城垣呈正方形，方向是北偏东8°（图一）。

现存墙基夯土多为含少量胶土的黄细砂土，土质纯净，结构松软，夯层不十分明显，从南垣断面观察到的夯层厚度为30~40厘米，多为平夯，部分夯层中有夯窝，窝径7厘米，夯土中极少有包含物，在西垣断壁，距地表1.3~1.5米深处的夯土中，采集到战国晚期陶片，城下夯土墙基深1.7~2.5米，墙基下为黄细砂土层，部分地段有一层胶土，未发现墙基下压着文化层的情况。

城垣的结构可从前进渠东侧的一段南垣剖面可以看出，夯土墙基宽18米，城垣外壁夯筑了一段斜坡，墙基底部总宽度为25.5米，通过对南垣东段和东垣南段城墙的钻探，墙基底部平均宽度为28米。

经钻探可以确定：东垣和西垣均无城门，北垣由于被宋元遗址所扰，已无法确定北门的位置，仅在南垣中部探出城门缺口，东西宽21.5米。缺口中间偏南1.7米以下见路土，厚10厘米。

### 2. 城内地层及文化遗存

城址内的地层情况。

第1层：耕土。平均厚约30厘米。

第2层：黄褐土。厚30~80厘米。土内含极小的水螺壳，很少有陶片等文化遗物，应为后期多次水淹形成的淤土。

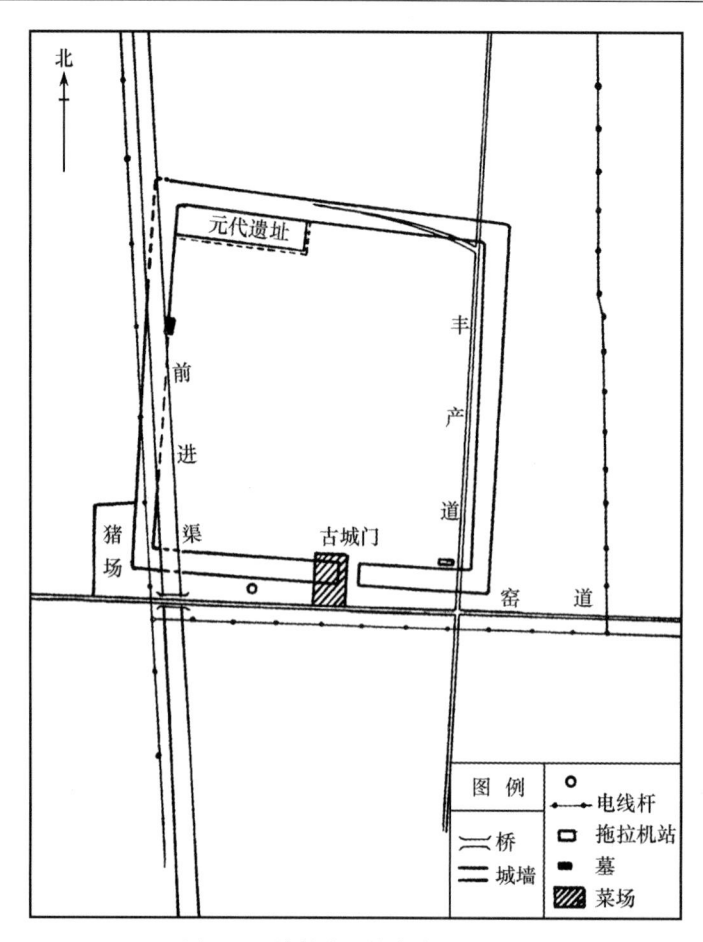

图一　天津静海西钓台古城平面图

第3层：灰褐土（或灰黄土、灰黑土，均为同一时期的文化层）。厚50～110厘米。这一层包含灰渣、红烧土块和泥质灰陶片、夹砂红陶片、绳纹瓦片等文化遗物。

第4层：黄砂土。厚10～90厘米（部分地段还有一层10～40厘米的胶土）。不包含任何文化遗物，由于水位高（约距地表下1米见水），以下未能继续深探。

城内普探没有发现明显的地下夯土遗迹，但通过对地面观察和钻探了解，城址内可以确定有五处台地（编号1～5号），台地高出现地面20～50厘米，其中第五号台地是一处宋元时期遗址，其余几处都包含汉代陶片和布纹筒瓦、绳纹板瓦等建筑材料。这几处台地耕土下即为文化层，其中1、2、3号台地的地面和地下陶片瓦片十分丰富，文化层厚2～2.5米。

城内采集的建筑材料包括绳纹板瓦、素面半瓦当、卷云纹半瓦当、绳纹筒瓦、泄水瓦口等，生活用具主要是陶器，计有罐、豆、盆、釜、瓮等，另外还采集到铜镞1件，在城址西垣附近采集到一块印有"陈和志左敦（廪）"圆形戳记的泥质红陶量器残片，陶文中"陈"作"墜"篆书风格与陈贻簋铭文完全相同，这应是战国齐田氏仓廪所使用的家量。

以上采集的遗物中板瓦、筒瓦都是西汉时期常见的建筑材料，其中卷云纹半瓦当和布纹筒瓦更是这一时期的典型遗物。陶器则包括战国到西汉两个时期，能确定为战国时期的陶器有肩部饰细绳纹的陶罐、夹砂红陶釜和陶豆等，属西汉时期的陶器有泥质灰陶绳纹罐、夹砂粗灰陶瓮和泥质灰陶瓮等。

调查表明，古城址内以西汉文化遗存为主，但也包含少量的战国遗物，这为确定古城址的建筑年代提供了重要依据。

### 3. 城址外的调查

城址外除地表有厚约30厘米的耕土外，普遍存在着一层很厚的纯净胶土，厚0.5~2.1米，有的地段包含一层30~90厘米的黄砂土或胶土与黄细砂土多层叠压，胶土层以西垣和南垣外最厚，这层胶土应是历史上某个时期特大洪水造成的。

另外，在城址西南有一处古遗址，采集有素面半瓦当、筒瓦以及陶罐、陶盆、陶盂、陶瓮、陶釜、陶豆、陶盘等，此外还有战国残铜戈1件，这批陶器从器形和纹饰来观察可确定为战国遗物。

遗址中还采集到几件带文字的陶器残片，计有得（𫝀）远（𫟉）、菓（𣏟）、忌（𢘓）石（后）午（千）、王极（？）（王𨺚）诸字，另外在两件泥质陶罐口沿的沿面上分别印有三个"0"和一个"𠃌"（𠃌）字的戳记。

以上几件陶文从陶器器形和字体来看，均应为战国时期的文字，其中"得"字与山东邹县纪王城出土的陶文"得"字写法完全相同[1]，而"石"字印在陶盆口沿上可能与量器有关，这批陶文的发现为研究古城址的早期历史提供了新资料。遗址范围很大，向西延绵近2华里，说明这处遗址早在战国时期就已形成并具备一定的规模。而西钓台汉城则偏处该遗址的东北边缘。

综上所述，从古城址内采集的陶片，特别是建筑材料如卷云纹半瓦当、布纹筒瓦、绳纹板瓦等可以初步肯定古城是西汉时修筑的，但到西汉末（王莽时期）或东汉初就废弃了，这可从城址西垣内附近前进渠东堤的一座王莽（或东汉初年）的残砖室墓内出土数枚"货泉"得到证明。

## 二

西钓台古城，历来无考。古城所在地望应属西汉东平舒县境。

东平舒，西汉早期设置，属渤海郡，东汉属河间郡，三国魏以后属章武郡（国），北魏以后称平舒，五代唐以后改为大城[2]。关于东平舒，《畿辅通志》等志书均认为历代均在大城县，谭其骧先生也认为西汉东平舒"故城在今大城县治"[3]。

西钓台古城位于大城县县城以东50华里，东距现代海岸100华里。在此范围内除东平舒外，没有任何其他汉县的记载。因此西钓台古城必定与西汉东平舒有关。东平舒，在《汉书》及其后的许多正史中都有记载，有的古籍以东平舒作为叙述华北平原一些河流走向的参照点，因而是古地理研究中的一个重要地点。探明西钓台——东平舒的历史真相，不仅对这一地区历史沿革的研究有益，而且有助于古代华北平原水系变迁，以及历史上渤海西岸海溢等问题的解决。

历代地理志书有关西汉东平舒的记载并不十分一致。确认其在大城的著作年代均较晚，而早期的地理著作《水经注》中提到东平舒时，却指出有一个"东平舒故城"，如"漳水枝渎经东平舒故城南"（《水经注》），这说明北魏郦道元时，西汉的东平舒城已为"故城"，并有一个与之地点不同的"新城"，可见，东平舒自汉以来均在大城县的说法并不是古已有之，恰恰相反，早期文献明确指出有个"故城"，而后世的文献才肯定县治无变动，这只能说明晚期文献值得怀疑。

既然有一个早于北魏的东平舒，那它在哪里呢？《水经注》中是这样记载早期东平舒的，漳水"又东北，过章武县西，又东北，过平舒县南，东入海"，注曰："清漳径章武县故城西，……东北径参户亭，分为二渎……一水径亭北，又径东平舒故城南。"[4] 据我处韩嘉谷同志考证，西汉大河（即黄河）夺漳河河道自章武南入海。《水经注》所记这段河道，是西汉末年大河改迁千乘入海以后，漳水自章武西改道北流至今歧口入海的东汉漳河。从这一流经线路分析，东平舒故城应在章武县西部的西南—东北向漳河故道附近，而不应西偏至今大城县治。西钓台古城恰合这一地望。

另据《汉书·地理志》"滹沱径东昌，河东光后折向北流，径成平、参户随滹沱别由平舒县入海"，代郡、卤城条下"滹沱河东至参合（户）入滹沱别河"，河间，"弓高条下"，"滹沱别河首受滹沱河东至平舒入海"。《汉书》所载是西汉末年滹沱北流汇滹沱别河由平舒东经娘娘河故道至歧口入海的河道。滹沱别河与滹沱河汇合地点应在参户县境（"弓高条"中所指的滹沱别河是在弓高与滹沱河汇合的另一条别河）。参户，西汉置县，《元丰九域志》清池条"今县西北四十六里有参户故城……亦谓之木门城"。今青县西南子牙新河南岸有木门店，东南去沧县距离与此说相符，木门店即西汉参户故城，亦称平房城，即曹魏时所凿平房渠之首所在。按上述滹沱河流经形势是二河经参户后汇合，又东经东平舒入海，因此东平舒应在参户的东北方位。又应劭《地理风俗记》云："平舒县西南五十里有参户亭，故县也。"所记平舒与参户的相对方位与上述分析完全一致。而东平舒的这一地望，又与西钓台位置相符，而大城则偏处西北，这又一次证明西汉时有一东平舒城距大城迤东而存在。

关于这个问题，编纂《畿辅通志》的人已有所察觉："参户故城，据应劭说在平舒县西南五十里，则应在县界。青县与大城虽壤地相接，不得越平舒城而有之。"[5] 他们仅仅怀疑到木门店以大城为准的地望不符，而恰恰没有怀疑到东平舒的位置。

前述西钓台古城钻探和调查证明，此城的年代是西汉，城的建筑规模也应属于汉代县城一级。而在大城县旧城的调查中，并未发现西汉的城址和文化遗存，这就确切地说明，西汉东平舒不在大城，而其东部仅有的西钓台古城恰符《水经注》所指的"东平舒故城"的条件（地望、文化内涵等），也即西钓台古城应是西汉东平舒县治所在。

东平舒县治迁离西钓台，可从西汉后期渤海西岸一次大海溢的历史变迁中找到原因。

早在20世纪60年代前期，天津市考古队即已通过大面积调查发现了天津市东部地区及河北省之邻近地区存在着东汉—北魏时期的考古文化的空白[6]，这就是西汉后期海溢造成的。同时从文献分析，东汉时这一带有较大的行政区划的改变，形成了渤海西岸沿海地区行政建置上的空白。从地层资料分析，天津东部地区的各调查地点，几乎都有一层因海水浸泡而形成的黑淤土层，甚至将下边的西汉层也部分地浸成黑色。其形成年代为西汉后期，如西钓台古城和黄骅县伏漪古城的地层竟完全相同，0.2～0.4米厚的黑土层压在战国—西汉文化层之上，黑土层的分布范围，北可至宁河县北部，南可达黄骅县南部，西至宝坻、静海县，可想而知此次灾害之巨。

这样巨大的灾难，大大恶化了沿海一带的自然条件，这里一度人迹罕至，因而沿海县治西迁或撤销就是必然的结果，北部的泉州县东汉时撤销，直至曹魏时复置；中部的参户并入东平舒，南端的阳信县一度停止活动，至东汉延光元年才复置[7]，此外西迁的县有束州县（故城在今大城县完城村，东汉时西迁至西南14华里的今束州镇），章武县（故城在今黄骅县伏漪城）也有西迁的历史，西迁的章武县应在原参户县县境[8]。

由此可见，西汉以后渤海西岸县治西迁不为孤例，这是海溢的后果。所以东平舒县治在西汉后期西迁与西汉后期渤海西岸大海溢自然灾害的历史现象既相吻合，又互为佐证。

根据史料，西汉时到渤海西岸南段入海的诸河只经过文安、东平舒和章武三县[9]。东平舒的辖界：南与章武接壤，北与文安相接，东至渤海之滨，西抵束州和参户县境，三县共据渤海湾西岸南段海滨，而将距东平舒、章武稍西的参户县封闭在内地。这就是西汉时东平舒县一带行政区划的简单状况。

执笔：刘幼铮　华向荣

## 注　释

[1]　中国科学院考古研究所山东工作队：《山东邹县、滕县古城址调查》，《考古》1965年第12期。
[2]　见《畿辅通志》《读史方舆纪要》。
[3]　谭其骧：《〈山经〉河水下游及其支流考》，《中华文史论丛（第七辑）》，上海古籍出版社，1978年。
[4]　《水经注》卷10。
[5]　《畿辅通志》卷154。
[6]　天津市文化局考古发掘队：《渤海湾西岸考古调查和海岸线变迁研究》，《历史研究》1966年第1期。
[7]　《后汉书》《地理志》。
[8]　天津文化局考古队：《汉章武城、武帝台调查纪要》，未刊稿。
[9]　见《水经注》。

（原载于《天津文物简讯》1977年第13期）

# 天津静海出土陶文选释

2017年6～8月，因基建工程需要，天津市文化遗产保护中心先后对天津市静海区西钓台村遗址和纪庄子遗址进行了大规模考古发掘。两处遗址位于天津西南部的静海区，地处海河以南地区，地形比较平缓但多洼淀，东周时期文化发达。这一地区位于燕国西南和齐国西北地区，是燕国和齐国极力争夺的地区，也是战国燕文化和齐文化交错分布地带。此次发掘的西钓台村西遗址和纪庄子遗址，时代属战国时期，遗迹丰富，出土遗物包括陶釜、鼎、罐、豆、盆、瓮、砖、板瓦、筒瓦以及铁质工具等。本次遗址的发掘及其成果，为探讨战国时期天津南部地区燕文化和齐文化的融合和发展提供了难得的实物资料[1]。

两处遗址出土了一定数量的陶文和刻划符号，从陶文风格看，燕系和齐系风格混杂，揭示了这一地区在战国时期的文化状况。现对这部分陶文资料择要说明如下。

## 一、公孙士恁

标本H44∶1，泥质灰陶。西钓台村遗址出土。陶文作"公孙士恁"，为私名（图一）。

图一　H44∶1

## 二、市　　玺

标本H45∶1，泥质灰陶。西钓台村遗址出土。陶文作"市玺"。"市"指市场，陶文市为官玺印文（图二）。

图二 H45∶1

## 三、奠陽陳得再右廩

标本T0130②∶8，泥质灰陶。西钓台村遗址出土。陶文作"奠陽陳得再右廩"（图三）。其中"奠陽"即郑阳，为地名。《季木藏陶》111·4著录一残陶文作："奠昜陈得三。"《铁云藏陶》69·4著录陶文作："奠昜得叁。"其中的"得"当即"陈得"。这两方陶文均以"郑阳"与"陈得"相联系，可见"郑阳"当是陈得治事的官府所在地[2]。齐文字资料多见"陈得"这一名字，如子禾子釜和陈骍壶铭文。张政烺考证陈得即田齐惠子得，陈得治事之年当在子和子（太公田和）之世[3]。"再"是"再立事"之省。战国齐文字资料常见"立事岁""再立事岁""叁立事岁"的说法，"再立事"是指居官治事的第二年。"右廩"为仓廩机构名称。

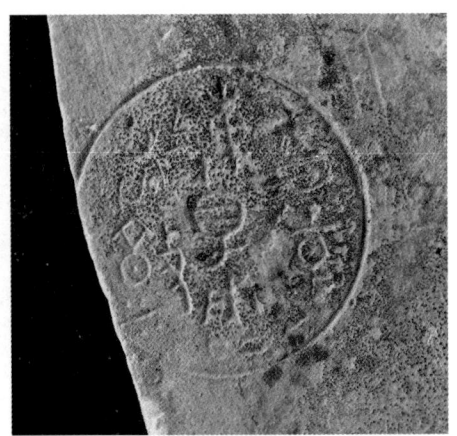

图三 T0130②∶8

## 四、化

　　标本H45∶2，泥质灰陶。西钓台村遗址出土。陶文作"化"（图四）。这个陶文亦出现在T0109②∶1、T0321②∶7、T0421②∶1和T0426②∶1等陶片上。"化"可能是陶工私名。

图四　H45∶2

## 五、□

　　标本G3∶1，泥质红陶。西钓台村遗址出土。陶文字不识（图五）。

图五　G3∶1

## 六、鹿

　　标本H4∶1，泥质灰陶。纪庄子遗址出土。陶文作"鹿"（图六）。齐国陶文"鹿"字常作此形[4]。"鹿"可能为陶工私名。

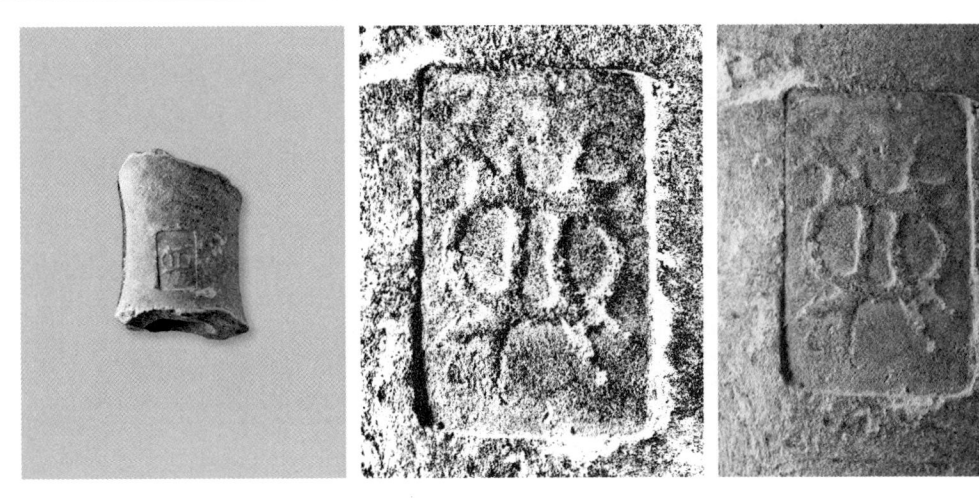

图六　H4∶1

## 七、忐

标本T0302②∶1，泥质灰陶。纪庄子遗址出土。陶文从"上"从"心"，当为"忐"。"忐"可能为陶工私名（图七）。

图七　T0302②∶1

## 八、己

标本T0305③∶1，泥质灰陶。纪庄子遗址出土。陶文作"己"。"己"可能是陶工私名（图八）。

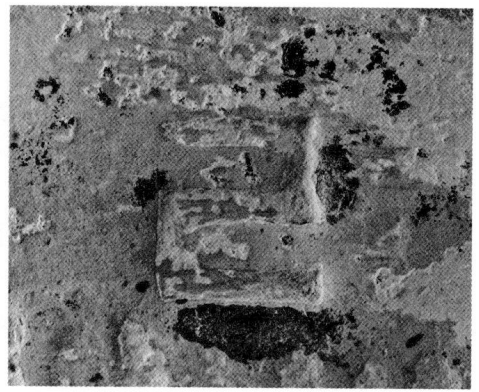

图八　T0305③∶1

## 九、得

标本T0204③∶1，泥质红陶。纪庄子遗址出土。陶文作"得"。"得"可能是陶工私名（图九）。

图九　T0204③∶1

## 十、卑

标本T0203②∶2，泥质灰陶。纪庄子遗址出土。陶文作"卑（？）"。"卑"可能是陶工私名（图一〇）。

图一〇　T0203②：2

## 十一、寺

标本H19：2，纪庄子遗址出土。陶文作"寺"。"寺"可能是陶工私名（图一一）。

图一一　H19：2

## 十二、陈枳忎左廪

此外，20世纪70年代，天津市考古工作者在静海县西钓台遗址中采集到一块泥质红陶[5]，印有"陈枳忎左廪"圆形戳记。其中"陈枳忎"为人名，"左廪"为仓廪机构名称，与"右廪"相对而言。

以上这批陶文资料，从文字风格看，一和八属于燕国陶文，二、三、六、七、九、十、十一、十二等属于齐国陶文。燕、齐两种不同风格的陶文，共同出现于静海地区，正体现了战国时期这一地区文化上的交融。

附记：本文在写作过程中得到徐在国先生、汤志彪先生的帮助，谨致谢忱。

执笔：何景成　盛立双

## 注　释

[1]　参考盛立双等所撰写的遗址发掘报告（未刊）。
[2]　汤余惠：《战国铭文选》，吉林大学出版社，1993年，第96页。
[3]　张政烺：《"平陵陈得立事岁"陶考证》，《张政烺文史论集》，中华书局，2004年，第4657页。
[4]　高明：《古陶文汇编》，中华书局，1990年，编号：3·153、3·523。
[5]　《天津市文物考古工作三十年》编写组：《天津市文物考古工作三十年》，《文物考古工作三十年（1949—1979）》，文物出版社，1979年，第24页。

（原载于《中国文字研究》2019年第2期）

补记：天津考古工作者之前均将陶文"陈枳志"释为"陈和志"，但随着对新发现材料的研究，释为"陈枳志"更为准确，因此编者特请何景成教授对此陶文中"枳"的释读做了补充。

"枳"字作为偏旁，又见于哀成叔卮、蔡太史卮等青铜器中。1981年，《文物》刊布了哀成叔器的资料[1]；1983年，《江汉考古》刊布了蔡太史器的资料[2]。这两件形制相近的青铜器均带有自名，自名之字分别作"▉"和"▉"。该字右部与上引陶文之字相同。1986年，刘翔在《江汉考古》发表《说铫》一文，系统讨论了哀成叔、蔡太史等器，将哀成叔、蔡太史诸器的自名之字分析为从金从和，释为"铫"。此后，"铫"这一名称便被普遍采用了[3]。

约在2003年，李学勤偶然见到一组黄国的流散青铜器[4]，指出其中的伯游父卮形制与"铫"相近，但其自名之字作"▉"，无法释为"铫"。李先生指出该器自名之字左半部分为"角"，其右部所从，根据楚文字中"只"的字形，可推断为"只"，该自名之字应释为"觗觚"。由此重新考虑蔡太史诸器自名之字的释读，指出蔡太史、哀成叔、左关诸器之字应分析为从金从枳；史孔器的自名之字，应释为"枳"。这些自名之字均从"只"或"枳"声，古音都在章母支部，与"卮"字的音完全相同，可以通假。这证明宋人把这种形制的青铜器定名为

---

[1]　洛阳博物馆：《洛阳哀成叔墓清理简报》，《文物》1981年第7期。
[2]　武汉市文物商店：《武汉市收集的几件重要的东周青铜器》，《江汉考古》1983年第2期。
[3]　参看朱凤瀚：《中国青铜器综论》，上海古籍出版社，2009年，第262、263页；李学勤：《释东周器名卮及相关文字》，原载香港中文大学中国语言与文学系：《第四届国际中国古文字学研讨会论文集》，2003年，收入李学勤：《文物中的古文明》，商务印书馆，2008年，第330～334页。
[4]　即后来入藏上海博物馆的伯游父诸器，参看周亚：《伯游父诸器刍议》，《上海博物馆集刊（第十期）》，上海书画出版社，2005年，第114～129页。

"卮"是十分正确的[①]。

李先生对这类自名之字的考释是可信从的。裘锡圭采纳了这一释读意见，并据此考察古文字"只"字形体的来源。裘先生指出，"只"是从树枝之"枳（枝）"的初文 、 、 （在树枝上加"口"形——指事符号——表示"枝"。第三形口下长笔本为连在树上的树枝）一类形体中割裂出来的[②]。这一说法很好地解释了"枳"的造字本意。

根据上述研究成果，上引陶文"陈"下原来释为"和"的字形，应该改释为"枳"。

---

[①] 李学勤：《释东周器名卮及相关文字》，原载香港中文大学中国语言与文学系：《第四届国际中国古文字学研讨会论文集》，2003年，收入李学勤：《文物中的古文明》，商务印书馆，2008年，第330~334页。

[②] 此为2009年7月2日，裘锡圭先生在武汉大学举行的"2009中国简帛学国际论坛"上，作的题为"介绍李家浩先生的《释滤》，兼谈与此文有关的两个问题"的报告。此转引自邬可晶：《上古汉语中本来是否存在语气词"只"的问题的再检讨——以出土文献所见辞例和字形为中心》，《"出土文献的语境"国际学术研讨会暨第三届出土文献青年学者论坛论文集》，（新竹）清华大学中国文学系，2014年8月27~29日，第337、338页。

# 天津蓟县城西发现大规模古墓群

为配合基建工程，天津历史博物馆考古队会同蓟县文保所于2001年4～5月对位于天津蓟县城西的西关遗址五个建筑基槽近7000平方米范围内进行了全面钻探，发现并发掘战国至清代不同时期古墓葬63座，出土了包括陶、瓷、鎏金、银、铁、铜、铅、玉、漆器在内的不同时期文物近千件。

战国墓共清理了3座，已破坏，为长方形土坑竖穴墓，有两座出土了青铜礼器，以鼎、豆、壶组合为主。29号墓保存相对完好，一棺一椁，出土了兽首直刃青铜短剑、鼎、戈、镞，并出有仿铜陶礼器陶壶。带有山戎文化色彩的青铜短剑与中原文化系统的青铜礼器出于一墓，在天津考古还是首次发现，说明战国时期燕山地区中原文化与土著文化相交融，为文献记载的战国时期活动在蓟县山区的无终戎提供了考古线索。

汉代墓葬共清理了15座，多数已破坏，多为东汉时期平民墓。墓葬形制有砖室墓、积石墓、儿童瓮棺葬三种形式。砖室墓占多数，积石墓仅发现3座，儿童瓮棺葬2座。砖室墓有单室、双室和双室带耳室等多种，出土物以汉代常见陶明器为主，包括奁、盒、案、耳杯、灶、厕、井、灯、盘、壶、罐、猪、鸡、小锅、勺等，铜器有五铢钱、簪、带扣等，此外还有漆器、玉器、铅饰出土。积石墓呈长方形，规模较小，由河卵石简单堆砌而成，遗物贫乏，仅出几枚五铢钱和陶奁、盘、罐等。瓮棺葬以夹云母红陶釜两两相扣或三只对扣而成。23号墓出土的陶制烧烤蒸锅，器形少见。33号墓出土的带有文字的陶盆，内壁写有"姦营门下贱……"。47号墓出土的玉龙，长约8厘米，通体青白，雕刻精美，是汉玉中的精品。

唐墓共清理11座，有成人墓与儿童墓两种，均为砖室，分为圆形、弧方形、长方形与船形几种。其中圆形与弧方形规模较大，墓南北向，墓顶起券，墓室内有棺床，棺床均位于北部，床下沿用砖砌出壶门，东西两壁有的用砖砌出仿木构直棂窗、桌子、灯檠等。出土物主要有夹砂筒形罐、泥质灰陶鼓腹罐、青白釉瓷碗、绿釉陶罐。铜钱均为开元通宝。几座墓中均出土了鎏金铜带饰，包括带銙、铊尾等。船形墓与方形墓规模较小，墓壁砖砌到一定高度后，逐渐向内叠涩，直到封顶，出土物较少，以陶罐为主。儿童墓长方形，长0.8、宽0.5米，由绳纹砖简单砌成，内有小孩遗骨。

辽代墓葬共清理3座，破坏严重，砖室，有圆形与八角形两种。八角形辽墓1座，被盗，仅出有钱币和少量陶器残片，长方形墓道，墓门南向，起券。墓顶残，墓壁三顺一丁，内壁涂有白灰，厚约0.4厘米，并且各转角处涂有朱彩，因保存不好，湿度大，白灰、朱彩大部分已脱落，推测该墓有壁画和朱绘仿木构建筑，在该墓东西两壁共发现四组影作结构，西一东三，均由雕砖砌出，西壁为一长方形砖龛，龛内由一块整砖雕出生活器皿图案，龛内出有50余枚钱

汉代积石墓

币，包括开元通宝、祥符通宝、天禧通宝等。东壁并列三组则为影作小桌凳。棺床位于墓室北部，残，床下沿也用雕砖砌出影作结构，并涂朱彩，在棺床上散落有10余枚宋钱。

清代至民国时期的墓葬清理31座，土坑木棺，平民墓、夫妇合葬墓10座。出土物以钱币为主，兼有头饰及陶瓷器。

西关墓群涵盖时间长，墓葬种类丰富，战国青铜短剑墓，汉代积石墓，唐代圆形、船形砖室墓，辽代的八角形墓葬，均属天津地区首次发现。出土遗物丰富，为建立天津地区战国、汉唐时期考古学年代标尺提供了材料。

西关墓群，战国墓中原青铜礼器与山戎文化特点的青铜短剑共出，汉代砖室墓与积石墓并存，唐墓出土较多的带有早期契丹文化色彩的颈部饰波浪纹夹砂筒形罐。墓葬既有自身的文化特点，又反映出战国至汉唐以来中原文化、北方少数民族文化在这一地区的交融从未间断。

执笔：梅鹏云 盛立双 姜佰国 刘 健

（原载于《中国文物报》2001年8月12日）

# 天津蓟县小毛庄汉墓考古发掘新收获

　　小毛庄墓群位于蓟县城关镇小毛庄村北，为配合基建工程，2002年8~10月，天津市文化遗产保护中心对该遗址进行了抢救性发掘，共发掘古墓葬94座（其中汉代墓葬79座，明代墓葬9座，清代至民国时期墓葬6座），古窑址1处，出土了包括陶、铜、木、玉、金、鎏金、漆器等在内的各个时期文物1500余件。是近年来配合基建工程天津市考古工作面积最大、出土文物最丰富的遗址之一。

　　汉代墓葬是此次发掘的重点，汉墓除6座东西土坑墓外，均南北向，在北偏东5°~30°，79座汉墓以长方形土坑竖穴墓居多，共71座；砖室墓占少数，共8座。土坑墓以单室土坑墓占多数，长方形土坑带墓道墓、洞室墓、东西向墓较少。砖室墓中，单室砖椁墓6座，葬具为一木棺，随葬器物放置于木棺北侧，器物组合同土坑墓相似。多室砖墓2座，破坏严重，出有陶耳杯、陶俑等，时代应属于东汉时期。土坑墓中葬具有一棺、一棺一椁、棺外带头箱等几种方式。随葬品多出于头箱的位置，一般以陶器瓮、罐、壶、盒组合为主，腰部多出有一串五铢钱，此外部分墓葬出有漆奁、盒及铜镜、木篦等；埋葬方式多单人仰身直肢，也有少量的夫妻合葬墓，尸骨多保存不好。从墓葬的排列方式上看，多两个（惯称"对子墓"）或三个一组成组分布，对子墓天津地区过去在东关、辛西汉墓考古中常有发现，但是三个墓一组的墓葬埋葬方式却很少发现，对于探讨墓主人之间的亲缘关系，研究汉代的丧葬习俗，都提供了难得的考古材料。从整个墓地的随葬品组合、墓葬形制来看，应是一处两汉时期的平民墓地。这批汉

汉代砖椁墓

汉连弧文铭文铜镜　　　　　　汉日光镜

墓形制整体趋同性强，又不乏个性，随葬品器物又有形式上的年代差异，反映了整个墓地时间的早晚连续性以及墓主之间意识观念的差异。通过初步考古观察认定，6座东西向土坑墓，随葬品出有夹细砂黄褐陶壶、橄榄形长腹罐等，从葬俗、随葬器物等特点都表现出与以瓮、罐、壶、盒为组合的南北向汉墓较大的差异，其族属应与汉代在燕山一带活动的少数民族——乌桓有密切的关系。该墓地陶器组合有序，变化规律性强，对于建立天津地区汉墓考古编年，研究天津地区汉代的丧葬习俗，都有极为重要的意义。

执笔：盛立双　梅鹏云　张俊生
刘　健　姜佰国

（原载于《中国文物报》2003年3月14日）

# 天津蓟县小毛庄东汉列侯家族墓

小毛庄汉墓群位于天津市蓟县城关镇小毛庄村，曾在1991年、2002年、2004年以及2010年进行过四次发掘。2014年3月，为配合蓟县峰景苑住宅项目建设，天津市文化遗产保护中心对其进行了第五次发掘。此次发掘地点位于蓟县城东小毛庄村南100米，共清理28座古墓，包括明清墓葬15座、东汉墓葬7座、西汉墓葬5座、战国时期墓葬1座（图版一八）。其中7座东汉时期墓葬规模较大、排列整齐、年代集中、出土器物丰富，为本次考古发掘的重要成果。东汉时期墓葬分别为M1～M6、M21，其中M2、M6为砖石结构墓葬，其余为砖砌多室墓。

M2　东西宽12.2、南北总长（含墓道）28.8米，方向184°，由主室、前室、侧室、回廊、甬道及墓道组成，回廊包围主室、前室、侧室三室。墓道为斜坡状，宽1.5～1.8米（图版一九，1）。甬道平面呈"凸"字形，内填有大量直径约15厘米的碎石，底为"人"字形青砖铺地；甬道南侧封门为单砖平铺，内侧东西两壁上砌有凹槽，推测南侧砖砌封门内部应有厚木板封门；甬道北侧封门为青砖侧立。回廊位于甬道北端，环绕主室、前室、侧室，平面呈长方形，东、西两侧回廊长14.34米，南、北两侧回廊长12.2米，回廊内宽1～1.2米（图版一九，3）；回廊破坏较严重，廊壁为平砖顺砌，宽28厘米，残存最高70厘米；回廊底部为"人"字形青砖铺地，建筑方式应为先铺地砖再砌壁砖。前室和侧室由双层青砖采用"两顺一丁"的方法砌成，前室墓壁宽70厘米，以石材垫底，侧室墓壁宽35厘米，无石材垫底。前室墓门门框、门楣、门槛采用花岗岩石材；两侧门框雕有佩剑和持彗门吏，门吏头部、面部及衣服上尚可见朱、白、黑色彩绘，门吏之上为朱雀；门楣顶部以绘画手法朱绘有太阳、太阳内绘有黑色三足乌、太阳周围环绕云纹等图案，门为砂岩石质，外侧为剔地三角纹，内侧上为朱雀、下为铺首衔环图案，朱雀及铺首尚保留有彩绘。主室为石室，花岗岩垒砌，四面起券，石材间由白灰勾缝；平面呈长方形，东西宽1.8、南北长3.4米，底距顶高2.5米，1.56米处开始起券；主室墓门门框、门楣、门槛采用花岗岩石材，无图案，门为砂岩石质，对开，门内侧浮雕朱雀、铺首图案，并以白、红、黑彩绘手法衬托，外侧为剔地三角纹（图版二〇，1）。M2盗扰严重，在墓道、回廊及前室发现三个盗洞，墓内青砖也多有残失，随葬品主要放置于侧室与主室，主要有灰陶罐、盘、灶、瓮，铜钱，鎏金铜器扣、鎏金铜盖弓帽，玉衣片等，回廊和前室无任何随葬品出土。

M6　位于发掘区的西北部，东邻M5，方向为183°。该墓葬为不规则形砖石多室墓，南北长22、东西宽14.52米，由墓道、封门、门庭、西耳室、东侧一室、墓门、前室、东侧二室、西侧室、后室组成（图版一九，2）。墓道为土圹竖穴斜坡状，南北长9.5、东西宽1.2～1.7米，坡度20°。封门为两道，青砖"两顺两丁"垒砌。门庭位于封门与前室石门之间，长方形，东侧有一条甬道连接东侧室，西侧与西耳室相接，门庭顶已坍塌，从封门残存的券看，门庭顶部应有单砖券顶，"人"字形砖铺地。东侧一室有一甬道与门庭相连，甬道长方形，形制、大小与西耳室相同，东一侧室长方形，被盗扰严重，仅西壁、南壁较为完整，北壁西部和东二侧室相连处有一盗洞，壁为青砖"两顺一丁"筑砌。西耳室位于门庭西侧，东西长2.84、南北宽0.97米，距地1米高起券，券顶保存完好。墓门位于前室南端，由门楣、门框、门槛、门扉组成，其中门楣、门框、门槛为花岗岩石质，门扉为砂岩石质。门楣外侧雕刻菱形纹图案，门框、门槛无图案，门扉两侧均采用剔地浅浮雕的形式雕刻图案，外侧图案为外围饰有排列三角纹、内为朱雀铺首衔环图案（图版二〇，2），内侧图案两扇门扉下部均为云气纹，上部不同，东侧门扉为羽人，西侧门扉为神兽、树木。门扉内侧、门楣与门槛之间有一立石，砂岩，高120、宽36、厚23厘米，自侧、上、下三个方向分别刻有"仪稚文所造""广阳刘""淑度""上尚""田仲□门""鲁国仪稚文所造作""李□□□造作""鲁国仪稚文所造作"等字样。前室东西长4.76、南北宽3.9米，盗扰严重，四壁残留部分基础砖，采用"两顺一丁"筑砌。铺地砖为上下两层，下层错缝平铺，上层为"人"字形。东二侧室有甬道与前室相连，甬道券顶保存较好，可明显看出二次筑砌痕迹，顶部有一个盗洞。东二侧室为弧长方形，南北长4.8、东西宽2.22米。西侧室位于前室西侧，残存部分基础砖，南北长3.34、东西宽2.74米，铺地砖与前室相同，亦为上下两层，上层为"人"字形、下层为错缝平铺的铺法。后室有甬道与前室相通，甬道两壁采用青砖"两顺一丁"垒砌，石灰填缝，后室亦为弧长方形，四壁较为完整，券顶坍塌。该墓葬从初建到后续使用过程中经过了多次改建。

其他5座东汉墓一般为前、后室或前、中、后室带耳室的砖结构墓葬，长度均在12米以上。

这7座东汉墓葬出土了陶、铜、漆、石、玉等质地器物标本200余件（图版二一），制作较为精良，彩绘陶器、釉陶器、鎏金铜饰占有较大比重。其中M3出土的彩绘陶器均为橘黄色彩，而M4、M5出土的彩绘陶器均为朱红色彩，在M4出土的部分彩绘陶器的底部压印有"石"字。

从M2带回廊的"甲"字形墓葬形制、墓门上画像石的雕刻技法以及出土的鎏金铜缕玉衣片可推断，该墓葬为东汉早期列侯等级的墓葬，为目前天津地区发现规格等级最高的墓葬。7座东汉墓葬排列有序，延续年代由东汉早期至东汉中期，推断应为一处规模较大的列侯等级家族墓地，对于研究东汉墓葬形制的演变、家族观念的变化以及社会意识形态的变迁具有重要价值。

执笔：姜佰国　梅鹏云

（原载于国家文物局：《2014中国重要考古发现》，文物出版社，2015年）

# 天津蓟县小毛庄东汉画像石墓

蓟县小毛庄墓群属县级文物保护单位，1991年和2002年，天津市文物考古部门曾先后两次进行大规模的考古发掘，共发掘汉—明清时期墓葬160余座，出土了大量的文物。

2004年5月下旬，配合基本建设工程，天津市文化遗产保护中心对蓟县小毛庄墓群进行了第三次考古发掘，此次考古发掘地点位于小毛庄墓群的北部，共发现10座古代墓葬，东汉砖石混合结构画像石墓即是其中的1座，为天津地区首次发现。

该墓南北全长22.8米，墓室东西最宽处8.6米，方向正南北。整个墓葬由长斜坡墓道、甬道、前室、中室、后室和4个侧室构成，在后室的东壁还有砖、石搭砌壁龛1个。墓壁用灰砖三横一竖砌成。砖长33厘米、宽16厘米、厚5厘米。在墓室的墓壁上还见有白色涂料。墓底用3层灰砖"人"字形铺砌，据墓顶残存情况，知墓顶起券（图版三，1）。

在前、中、后三室的入口处均有较短的甬道，和甬道相连处有石质墓门连接，前室和后室墓门还有对开的门扉。在门楣、立柱、门扉的内外两侧均发现刻有图案。主要刻有四神、日月、瑞禽、瑞兽、人物内容，图案由线刻和减地浮雕两种手法刻成，并在细部涂有红、黑、黄色颜料。该墓画像石的制作工序是先用墨线起底稿，然后由雕工按照墨线所绘的底稿凿刻，最后在其上用颜料表示出人物的衣领、袖口、眼、口、鼻，以及动物的羽毛、翅膀、花纹等细节。

三座石质墓门上的画像石是这次考古的重要发现。第一道墓门门楣的南北两侧刻有一组瑞禽和瑞兽（图版二四，3），门楣的内顶部刻有展翅飞翔的神鸟，从门楣南北两侧石刻图案一正一反可知，这是当时工匠设计失误所致。对开的门扉上刻有朱雀、铺首衔环和瑞兽图案。两立柱的北侧分别刻有青龙和白虎图案（图版二四，1、2）。两立柱内侧上部分别刻有日轮、月轮图案，其中日轮内刻三足乌、走兽（图版二二，2），月轮内刻蟾蜍、玉兔。

第二道墓门门楣南北两侧也刻有一组仙兽图案，内顶部刻有象征日、月图案，其内也刻有三足乌、瑞兽和蟾蜍、玉兔。墓门立柱内侧刻有反映墓主人家居生活题材的图案：左立柱刻男主人，南向座，仆人跪持酒器侍奉；右立柱刻女主人，北向立，男仆人持茶器进奉，在男女主人的下面分别刻有一匹骏马。两立柱北侧刻有门吏（图版二三，1、2）。

第三道墓门门楣南北两侧刻有瑞禽、瑞兽等动物图案。门扉上刻有朱雀、瑞兽和铺首衔环图案。东立柱南侧刻有玄武，西立柱北侧刻有4个祥瑞动物，在两立柱内侧，东边刻有独角兽、西边刻有高冠神鸟（图版二二，1）。

该墓所有的墓室都遭到不同程度的破坏，墓室内均填满碎砖和土，在前室的墓葬填土中还出土了宋代钱币，说明墓葬很早以来就遭到盗扰。在墓室中未发现棺椁，在前室发现一块随意丢弃的人髋骨，经鉴定为一年龄在45岁左右的中年男性。

墓葬中出土文物绝大部分为陶器残片，残损严重，已修复30余件，包括日用陶器和模型明器两大类，有陶壶、盘、单把罐、双系罐、盘口罐、三足盘、盆、鼎、奁、方案、圆案、斗、魁，以及陶灯、人物俑、鸡、猪、仓、楼、炕等（图版二四，4，5）。此外还出有五铢钱、漆器残片等。据墓葬形制与出土文物判断，该墓葬年代应为东汉中晚期。

天津市文化遗产保护中心的文物保护专业人员对出土的彩绘画像石进行了现场剔除泥土、清洗、封护和加固保护，取得了很好的效果，处理后的画像石及彩绘基本保持了出土时的原貌。

领队：陈　雍

执笔：盛立双

（原载于国家文物局：《2004中国重要考古发现》，文物出版社，2015年）

# 宝坻县北台发现古墓

宝坻县城北约1华里，城关公社北台大队，于1978年3~10月，在村东北高地平整取土中，先后发现唐、辽金和明代墓葬共7座。现将其中两座金墓情况概述如下。

石函　1座。函盖距地表深1米多，长1.34、宽1米。这座石函，以六块素面青石拼构，其内径长1.05、宽0.89、高0.77米。函内出土器物：单耳石洗1件。高3.2、口径10.7厘米，器壁略薄，制作较细。其造型与北京通县金石宗璧墓出土的耀窑瓷洗相似。白釉瓷盂1件。高3、口径11.5厘米，口沿外缘划弦纹一周，饰作环带状，底部满釉，圈足极为矮浅。铜钱共50枚，其中包括唐代的开元，宋代的宋元、太平、天圣、皇宋、至和、嘉祐、治平、熙宁、元丰、元祐、绍圣、元符、圣宋、政和，金代正隆等。

砖室墓　1座。平面为六角形，墓顶已塌。墓壁以沟纹砖平铺错缝砌起，折角处皆以砖砌作仿木倚柱。在北壁下面，有砖砌长方形棺床，长1.1、宽0.71、高0.18米。该墓被盗，随葬器物凌乱。出土计有三彩碗、碟、瓶等共6件（图一~图三），金"大定"铜钱3枚。三彩器物主要特点：胎质淡黄，外挂粉衣，口沿施绿釉，器内划花填色，釉层较薄易脱。三彩碗、碟，内划牡丹花，填黄、绿、白、酱等色釉，外绕不同色釉环纹带。此种三彩器与《辽瓷选集》图85~90三彩器近似。三彩瓶1件，通高21.5、口径6.2、足径8.8厘米。器形侈口、长颈、腹部椭圆，底足作三支圆座式。整个器身绿釉不匀，腹部雕划一飞龙纹，内填黄色，龙躯并以酱色火焰缠绕相衬。此件三彩器，其造型与纹饰极为特殊而少见。

图一　三彩壶

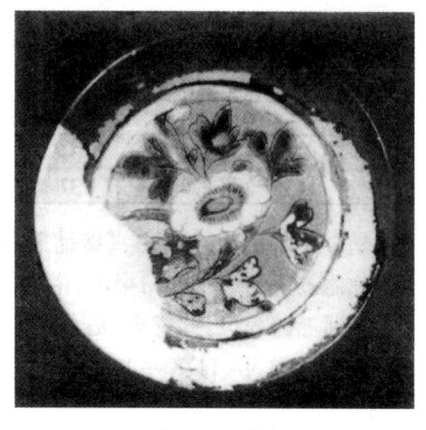

图二　三彩盘

图三　三彩碗

以上出土的这批三彩器，不论在胎质、釉色还是装饰等方面，基本上与辽三彩相同。但是，从其器形和釉色的格调上看，显然还有所差异。该墓三彩器的制法、刻划填色技法显得简练，施釉较之淡薄而平。这种不同的作风，初步分析可能为金三彩主要特征的表现。以本墓同出的"大定"铜钱为据，可见，在当时金代的北方地区，这种富有独特风格的"三彩"釉陶工艺，仍于民间继续烧制和应用。

据《宝坻县志》载，"宝坻在辽为新仓镇，隶香河邑……""宝坻自金大定立县后，即营建城郭……，其规模大备，则自明弘治间始"，从文物调查资料来看，在宝坻县城附近一带，辽金时期的文化遗存分布很密集。北台是临近县城的一处古墓区，此处金代墓葬和出土器物，尤其这批三彩器，目前在天津地区还是首次发现，对地方史沿革和考古研究工作，均有重要参考价值。

执笔：于广坤

（原载于《天津文物简讯》1977年第10期）

# 蓟县贾各庄发现一批古钱币

蓟县文物保管所

1976年10月，蓟县城西贾各庄大队贫下中农在农业学大寨运动中平整土地时发现古钱币一缸，有400多斤。大队负责同志立即报告县文物保管所，并把少量散失在群众手中的古钱收回，使这批古代钱币得以完整地保存下来。县文教局对贾各庄大队干部和群众爱护国家文物、自觉遵守文物政策的模范行动，及时进行了表扬。

古钱出在贾各庄村东百米许。此处地势较高，经常发现辽金时代的砖瓦，是一处古文化遗址。群众反映40多年前此地曾出过一批古钱。此次发现的古钱，放在一个缸中，与古钱同时出土的有铁犁一具，犁的体形较长，两侧微敞，近端部缓收出尖，长0.36、宽0.28米，是典型的金元时期遗物。

古钱以两宋时期为大宗，还有少量汉、唐、辽、金等时期钱币，经初步整理，已分出55种138式。有汉半两1枚、西汉五铢4枚、王莽货泉3枚、东汉五铢1枚、隋五铢2枚、五代汉元通宝1枚、周元通宝3枚、乾德通宝1枚、辽乾统元宝1枚。唐代的开元通宝、乾元重宝、会昌开元，五代的唐国通宝、开元通宝，金代的正隆元宝、大定通宝数量较多。其中唐开元通宝的背文有穿上仰月、穿下斜月、穿上横画、穿左竖画、穿右上角斜月五种。会昌开元的背文仅见"洛""兴"二种。

北宋钱币31种101式，其中有真书宋元通宝、太平通宝、咸平元宝、景德元宝、祥符元宝、祥符通宝、天禧通宝、庆历重宝、至和通宝、崇宁通宝、崇宁重宝、大观通宝。隶书靖康元宝。行书淳化元宝。真篆二体书天圣元宝、明道元宝、景祐元宝、皇宋通宝、嘉祐元宝、景祐通宝、治平通宝、熙宁元宝、熙宁重宝（分大小二式，真书背文为穿左上角月）、政和通宝（分大小二式）、宣和通宝（分大小二式）。行篆二体书元丰通宝、元祐通宝、绍圣元宝、元符通宝、圣宋通宝（均分大小二式）。真行草三体书至道元宝等。

南宋钱币分6种11式，其中有真书绍兴通宝、隆兴元宝。真篆二体书建炎通宝（真书分大小二式）、绍兴元宝（篆书背文为穿上仰月，真书背文穿上为月穿下为星）、乾道元宝（篆书背文穿上为月，穿下和右上角为星。真书背文穿上为柒字）。

发现大批古代钱币并完整地保存下来在蓟县还是第一次。贾各庄遗址出辽金遗物，古钱中有金正隆元宝和大定通宝，估计这批钱币是金代晚期或稍后一些时间埋藏的。

蓟县自唐以后，宋朝统治的时间极为短暂，长时期属辽金元的统治范围，因此在这里发现大批宋钱，对研究地方经济史，以及当时这里与中原地区的经济关系，有一定参考价值。说明当时虽然政治上封建割据，但经济上的联系还是十分密切的。同时这批古钱的发现也为研究货币史提供了新的实物资料。

（原载于《天津文物简讯》1977年第4期）

# 元代河西务漕运遗存

明万历时做过京师西城指挥使的蒋一葵所著《长安客话》一书中，对河西务有过如下一段描写："河西务，漕渠之咽喉也。江南漕艘毕从此入。……滨河建有龙祠，以时祭祷。两岸旅店丛集，居积百货，为京东第一镇。"蒋一葵所说的"漕渠""漕艘"，用今天的话来说，就是在火车、汽车、轮船等近代运输工具出现以前，封建王朝统治者利用水道（河道或海道），把各地征收的粮食用木帆船调运到京城。漕粮运输不言而喻，对每个封建王朝来说都是至关紧要的大事，各级官吏的禄米、军队的兵饷都要仰赖漕粮，从这一角度来说，漕粮运输几乎成了封建王朝的生命线。在宋、金对峙时期，旧时的南北大运河由于连年内战，遭到严重破坏，元世祖忽必烈至元四年（1267年）建都大都（今北京）后，为了把从江南剥削来的财富和搜刮来的粮米运到大都，陆续对大都到杭州的大运河进行了多次开发和整治，其中重点开凿了大都到通州的一段，通州到直沽（后称海津镇，即天津）的一段以及山东境内的运河，是我国劳动人民在隋朝以后第二次兴修的伟大工程，从此，多年淤塞的大运河又恢复了全线通航。元朝除了整治和开凿新运河之外，还开辟了海运航线，至元十九年（1282年）由张瑄、朱清率领海船60艘，载粮四万石，从崇明州（今上海市崇明县）出发，于次年从海路运到直沽。试航成功，以后，每年海运粮食经常在二百万石上下，多时，曾达到三百五十多万石。

元代的漕运不论河运还是海运都要经直沽中转，沿潞水（即今北运河）途经河西务最终运抵大都。据史书记载，河西务在漕粮运输上的地位，一度比直沽还显得重要，它是元政府派出的漕粮管理机构所在地，也是元大都外围最大的漕粮仓库和漕运码头。《元史·百官志》载："至元二十四年，自京畿运司分立都漕运司，于河西务置总司，分司临清。""掌御河（今南运河）上下至直沽、河西务、李二吉、通州等处攒运粮斛。"设置在河西务的都漕运司具体掌管自临清至通州的数百里漕运水道以及河西务、通州、直沽和沿御河设置的共45处漕粮仓库和30纲运输船队（每纲30只，共900只船）[1]，海运航线开通以及海运任务繁忙后，"至元二十五年，内外分置漕司二，其外者河西务置司，领接海道粮事"[2]，河西务又成为最早接运海运漕粮管理机构的所在地。

河西务元时建立的14座漕粮仓库，《元史·百官志》上都有明确记载，它们的名称是永备南仓、永备北仓、广盈南仓、广盈北仓、充溢仓、崇墉仓、大盈仓、大京仓、大稔仓、足用仓、丰储仓、丰积仓、恒足仓、既备仓。从以上记载，可以想见昔日河西务运河两岸仓库林立，粮船往来的繁忙景象。

今天，我们从天津市搭乘汽车沿京津公路赴北京参观游览，中途总要在武清县河西务稍事停留，在我们下车休息的地点沿京津公路再向西北步行约6华里，便到了东西仓大队（原属河西务公社，现属大沙河公社），今天的东西仓大队已经见不到昔日运河码头漕船往来的繁忙情景，但东西仓大队附近低洼地点，当地群众称之为"北海子""前海子""堤头"，还反映在村东南京津公路下覆压着一处沉船遗迹，这一切都说明700年来运河河道虽经变迁，但漕运遗迹仍旧依稀可寻。东西仓大队周围分布着三个高土岗子，近年随着农田基本建设工程的开展，在这些高土岗子上方圆2华里的范围内不断出土元代各类文物，不断发现元代的文化堆积层。直到今天，北岗子上还遗留很多古代砖瓦，西仓村东口大道东侧暴露有古代房屋遗迹，东岗子上暴露的元代碎瓷片相当丰富，南岗子上砖瓦和烧土分布也较多，东西仓大队周围南仓、龚庄等地也有元代遗存零星发现。据京津文物、考古部门的勘察，这里无疑是一处元代聚落遗址，是除元大都以外遗存最丰富的地点之一，并且初步推断东西仓大队至龚庄一带，就是文献记载上的河西务漕运码头和14处漕粮仓库所在位置。

1949年前，国民党和日伪统治时期，反动当局和不法奸商勾结，雇佣民工在这里恣意盗掘，1949年后，党和国家文物保护政策得到日益深入的贯彻，这里已成为县重点文物保护地点，东西仓大队的广大贫下中农发现地下埋藏的文物主动献交文化部门。近年来这里发现各类元代文物包括铜权、铁权、铜镜、瓷器、建筑瓦件等，这些出土文物中以元代度量衡遗物和瓷器最能说明和当时漕粮运输的关系；元代度量衡遗物共出土铜权2件、铁权1件，元代铜权和早期的铜权不大一样，它已经不起砝码作用，而和现代杆秤上的秤砣作用一样，这两件铜权形制略有不同，一个为束腰状六方体（龚庄出土），一个为亚腰圆柱体（东西仓大队出土），上面分别铭刻着"大德七年大都路造"[3]，"南京、皇甫"[4]字样；铁权形体较大，自身重7.5市斤（东西仓大队出土），与江苏扬州市拆城中发现的至元十七年铁权形制相同，为较大的杆秤所使用。这些度量衡遗物对漕粮装卸过秤验收以及其他方面商业交往无疑是不可缺少的工具。

出土瓷器除武清县文化馆、天津市文物管理处征集到的完整标本外，散存在地面的碎瓷片还很多。它们之中包括：

浙江龙泉窑出产的元代青瓷划花碟、青瓷小盘；

河北磁州窑出产的元代白釉褐彩鱼藻纹盆（残）、荷叶口罐盖、白釉褐彩盘；

河南、河北等地钧窑出产的元代瓷碗、盂、炉、小盏等；

江西景德镇或系北方出产的元代影青龙凤纹扁壶、圆壶等。

这些瓷器与元大都、元上都所发现的瓷器类别大体相同，出土时有的成类在一起，因此给人印象不全像当地居民使用的生活用具，很像是商品。明代为鼓励漕运，嘉靖年间曾明文规定，每条漕船准许携带货物二成，自由在沿途贩卖，并允许漕船沿途招揽货源，代为运输货物，往来贸易，元代是否有这方面的明文规定尚未查到，近年在河北省磁县漳河故道沉没的漕船中发现一批元代瓷器，与河西务出土元瓷类别相近，因此可以想见，在元代随漕船附带运输瓷器是合乎情理的事。再者，元代河西务都漕运司所属的船队，纲户们的家乡多在冀南、豫北一带，他们的原籍接近元代北方盛产瓷器的窑地，因此，磁州窑、钧窑以及山西省出产的瓷器，随漕船，顺漳河、滏阳河、滹沱河、南运河运到河西务都是很方便的事，就连浙江龙泉青瓷顺南北大运河或者海路也能运抵河西务。

元代河西务漕运遗址目前还没有进行大规模考古发掘，地下埋藏还没有全面揭露，因此对这些漕粮仓库布局、结构和构筑特点还不十分清晰,但相信在不久的将来,随着祖国工农业建设和文物考古事业的开展,元代河西务漕运仓储遗址的历史原貌一定会呈现在我们面前。

执笔:云希正

## 注 释

[1] 见《元史·百官志》。
[2] 见《元史·食货志·海运》。
[3] "大都路"是元代京畿地区的地方行政管理机构。
[4] "南京、皇甫",前者是地名,元代的南京路治所在今开封;"皇甫"可能是复姓,代表制造权量人的姓氏。

(原载于《天津文物简讯》1978年第9期)

# 北运河张湾明代沉船遗址的发掘

## 一、考古发现概况

张湾沉船遗址位于北辰区双街镇张湾村东南，北运河河道转弯处，在2012年4月北运河河道清淤整治过程中发现。天津市文化遗产保护中心获悉后立即赶赴现场进行调查，根据现场采集的大量韩瓶及残损的木质船板等遗物判断（后编号为1号沉船遗址），此处应为一处明代沉船遗址（图一）。后经考古勘探，在1号沉船点南侧约20米区域又陆续发现2、3号两处沉船遗迹。经上报国家文物局批准，于4月底对该沉船遗址进行了抢救性考古发掘，6月初田野考古工作基本结束，考古发掘面积达550平方米，发现明代沉船3艘，出土与采集金元至明清时期铜、铁、瓷、陶、骨、木、竹等不同质地文物及标本600余件。

三艘木质沉船均埋藏于距现地表深5.5米左右的北运河河道内的沙土层中，根据1号沉船被现北运河河道大堤所压、2号与3号沉船位于现北运河河道内的分布情况，知北运河河道在这一区域历史上曾有过摆动。考古发掘之前，在沉船点附近的运河河堤铲取了地层剖面，获取了从现地表到沉船遗址之间的层位堆积关系；考古发掘过程中，因沉船遗址发掘区域位于运河河道

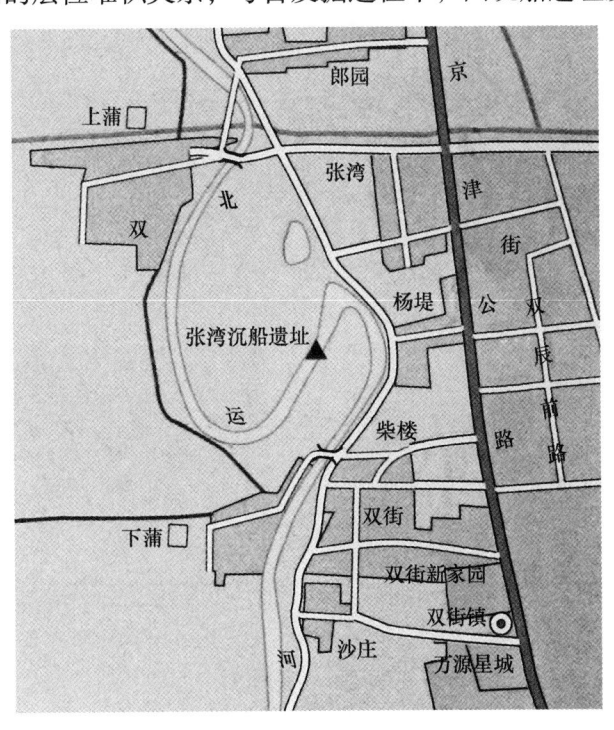

图一　张湾沉船遗址位置示意图

内，地下水位对沉船遗址造成浸泡无法开展工作，采取了先使用挖掘机械在发掘区周围开掘宽1、深1.5～2米的排水沟，然后用大功率水泵向外抽水的措施，保证了遗址考古发掘的正常进行。根据考古勘探确认的沉船分布情况，分成Ⅰ（1号沉船区域）、Ⅱ（2、3号沉船区域）两个独立发掘区进行发掘，两个发掘区之间再开掘探沟，保证两个发掘区之间的层位堆积关系能够衔接（图二～图四）。

1号沉船因施工机械破坏，残损严重，整体结构无存，仅在现场散落有较多不完整的船板，同时在沉船点周围密集散布丰富的遗物，城砖和韩瓶数量最多，还见有青釉瓷碗、盘残片，釉陶罐、棕绳、骨簪、船钉、铜钱等遗物，同时伴出数量较为丰富的动物骨骼。

2号沉船发现于1号沉船南侧约20米处，该船结构保存较好，仅两侧舷板有损坏（图五）。沉船整体木质保存较好，材质坚硬、纹理清晰，呈东西向覆扣在北运河河道上，船体残长

图二　1号沉船区域发掘考古探方T1～T3（含隔梁）

图三　张湾沉船遗址出土八角形青釉印花盏

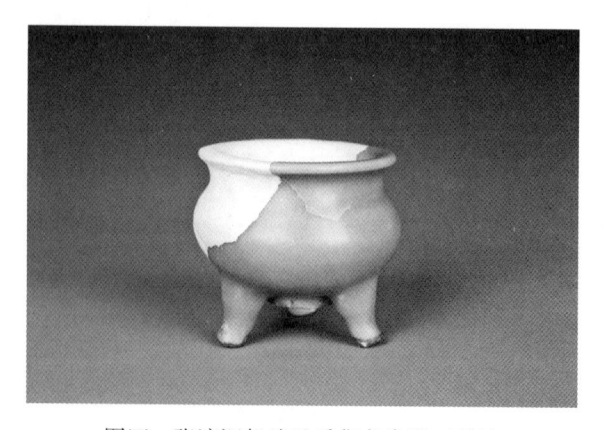

图四　张湾沉船遗址采集龙泉窑三足炉

12.66米，船底部最宽处达2.2米，船尾略宽于船头，整体形状为平头、齐尾、平底，可知首封板和尾封板在船底部安装的位置，从船底横向规律分布的十排铁质船钉推测，2号沉船共九个船舱。该船修补痕迹明显，在船外板与外板之间、船外板与舱壁板之间的缝隙处，用舱料填塞，较大的缝隙则是先用碎瓷片填补，再用油灰填补，在船外板处用于密封钉孔，封堵铁钉帽，防止铁钉生锈腐蚀。在船体四周散落有大量造船时用的铲钉，还有瓷碗、陶罐、城砖、韩瓶、铜钱、骨簪、竹绳、麻绳、兽骨等遗物（图六~图八）。

图五　2号沉船全景（自西向东）

图六　2号沉船遗址出土韩瓶

图七　2号沉船出土铁斧

图八　2号沉船出土釉陶灯

图九 3号沉船全景（自西向东）

3号沉船位于2号沉船北侧约4米处，与2号沉船基本平行，也呈东西向覆扣在运河河道的底部（图九）。该船首、尾残损无存，船体中后部基本轮廓尚存，平底，船底板11路。船体残长约11.8米，船底最宽处约2.8米，尚残存5道舱壁，据外板上钉痕，可知残存部分原有7道舱壁。舱壁板轮廓在船底部平直，舭部呈弧形，舱壁板上面的边接缝轮廓平直。3号沉船木质保存状况不如2号沉船，材质朽蚀较为严重。考古发掘过程中，在沉船内部及周围出土青釉瓷碗、盘、高柄杯、釉陶罐、韩瓶、城砖、骨篦、骨簪、船钉、动物骨骼等遗物（图一〇、图一一）。

根据沉船所在堆积层位和沉船出土器物的年代初步推断，三艘沉船的年代为元末明初之际。

野外考古发掘结束后，我们针对3艘沉船的不同保存状况，分别采取了不同的保护提取方式：对1号沉船残损船板全部编号采集包装；对3号沉船全部船板进行现场编号记录后，逐块拆解并分别包装，运回室内进行脱水加固与复原，对船体内堆积进行现场发掘采集；对保存最好最完整的2号沉船采取整体吊运回室内，在室内对船体内堆积进行二次发掘。这样做，一是可以完整提取到2号沉船这个最大体量的文物，并在室内进行有效保护，不改变其出土时原状；二是可以在室内对船舱内堆积采用多学科手段进行时间充裕、细致的二次考古发掘，提取到在野外考古作业所不容易实现的多方面考古遗存信息，对后续综合研究具有重要意义。通过现场焊接制作尺寸为13米×3米×1.8米（长、宽、高）的钢结构骨架长方体吊箱，将2号沉船连同其船舱内包含物整体提取并翻转箱体180°，使沉船舱口向上，吊装运回室内。钢结构吊箱体积60立方米，封护后重量81吨。如此

图一〇 3号沉船出土铁篙头

图一一 3号沉船出土高柄杯

体积、重量的陆上文物在极短时间内一次性整体切割、封护、翻转、吊运成功实属不易（图一二）。

通过2号沉船室内一个多月时间的再发掘，全面清理船舱内遗物，又提取到更多考古遗存信息，出土了包括陶瓷生活器皿、铁篙头、铁斧、棕绳、竹绳、人骨和动物骨骼等在内的一批与沉船本体有直接关系的重要遗物（图一三、图一四），对沉船船舱内的堆积采用浮选法浮选，获取了包括大麦、小麦、果核等在内的一批植物遗存。

## 二、沉船原因分析

在张湾沉船遗址发掘期间，通过在附近北运河河道内初步踏查发现，该区域沉船数量远不止考古发现的3艘，这使我们思考众多沉船在此区域集中沉埋的原因。据文献记载，北运河开凿于金代，是京杭大运河的重要组成部分，曾称"沽水""潞水""白河"等，明末始称北运河。《天津通志·水利志》载其"河道弯曲，淤积较重，每逢汛期山洪暴发宣泄不畅，甚至漫溢决口造成水灾"，而"冬春常虑水宽浅、阻滞"[1]。因此，自元以来历代政府为确保漕运畅达，屡屡对其进行修守堤防与疏浚河道。据统计[2]，仅明代永乐至万历年间，北运河堤防决溢修筑即有24次之多，这还不包

图一二　2号沉船成功起吊

图一三　2号沉船室内考古发掘现场

图一四　2号沉船船舱内出土人骨及器物

括运河疏浚与裁弯的统计。在北运河天津段不足90千米的河道内，文献中也多见有自元代以来进行加固与治理的记载。如康熙三十八年（1699年），北运河决武清筐儿港，康熙皇帝亲临现场，命于冲决处建减水石坝二十丈，开挖引河，夹以长堤而注入塌河淀，有现存的康熙帝御笔手书"导流济运"碑为证。为了保持水面的比降与减缓水势，有时还会有意保留弯道，故运河上常有"三湾抵一闸"之说，但这也给运河上的往来行船带来安全隐患，检索有关资料[3]，目前已掌握的仅武清区北运河段沉船地点线索已有五六处之多。

沉船遗址所在的张湾村，相关资料[4]都有较为一致的记述，明初成村，称"白马湾"，嘉靖年间，北运河决口，白马湾呈"U"形，又称"马蹄湾"；清初改称"张家湾子"；1962年改称"张湾"，这个小村的名字始终与北运河及其在此形成的非常陡急的转弯联系在一起。三艘沉船在此相对集中出土与其所处位置，即北运河天津段上蒲口村与下蒲口村之间弯多流急容易发生事故应有直接关系。

# 三、初步复原研究

张湾沉船全部考古发掘结束后，我们与专业文物保护科研机构和船史专家合作，开展了以2号沉船为重点的整体保护、复原研究等工作，取得了较好的成果。

通过1、2、3号沉船测量数据分析，3号沉船复原得到的船宽约2.9米，体量应为最大，2号沉船体量最小；1号沉船和2号沉船的大小较接近，1号船略大于2号船。

2号沉船保存经测绘和综合研究，主要信息如下。

经测绘和复原研究，2号船平头、平底、齐尾，适合运河航行。内河航道多淤积，平底不易搁浅；内河船人员货物上下频繁，这种船型也方便停靠。船体平头、平底、齐尾，建造简便，有较大的舱容，可多装载。经复原，2号沉船总长Loa=14.80米，型宽B=2.52米，型深D=0.94米，吃水T=0.6米。

2号沉船外板接缝为直角启口对接，这种接缝技术见于泉州湾宋代海船、山东聊城元代运河船等。直角启口对接缝，在明代船外板端接缝中已经很少使用。从船体外板拼接工艺上看，张湾2号沉船具有元代特征。

2号沉船共设有9道横舱壁，把船分为10个水密舱，有的舱壁下方设流水孔，便于排出舱内积水，而不大的流水孔以棉麻布或木塞堵上，又可使船舱达到水密。第一舱为首尖舱，可堆放缆绳等杂什件；第二、三、五、六、七舱为货舱；第四舱为桅舱；第八、九舱为生活居住舱，第八舱壁为马口梁，底部设纵隔梁，上铺木板便于起居，铺板下也可放置杂物；第十舱仅做备用储物舱（图一五）。

根据出土桅座分析，2号船应为采用单根木的可倒桅技术，船尾部有平衡舵。船体之间的板缝，采用中国木船传统的舱料（俗称"油灰"）进行捻缝，其舱料成分应该为桐油、石灰、麻丝按一定比例以臼杵捣而成。

张湾2号沉船船体外板为杉木，材质一般，各路板的宽度也不对称规范，修理过的位置以碎瓷片填充缝隙也显粗糙，用材的尺寸和材料不很讲究，而官船（含官方造的军船）用料、做

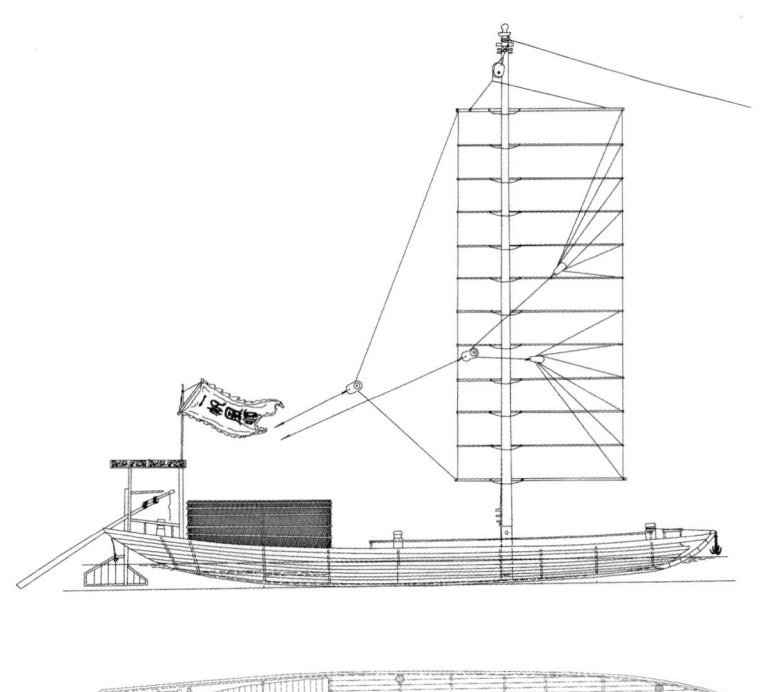

图一五　张湾2号沉船全船总布置复原图
（顿贺教授绘制）

工都比较精细讲究；综合尺寸、材质、工艺及船内出土物分析，2号船应属于家庭式私人经营船舶。

人类学家对出自2号沉船七、八舱内两例颅骨进行了颅观察测量研究，发现他们分别代表了一个30~40岁的成年男性个体和一个4~5岁的幼儿个体，而且这两个颅骨个体在左侧髁管开放、右侧髁管闭锁、枕骨大孔后缘倾斜面三项特征都同时存在，表现一致，在遗传学上存在亲缘关系的可能性很大[5]。成年男性颅骨在测量学特征上属于中国的北方类型，在成年男性颅骨周围还散落有成年男性个体的胫骨，通过观察测量其比目鱼肌线形态和较为发育的滋养孔特征，推测该个体可能长期从事下肢过度承重的体力劳动。

沉船原因蠡测，沉船出土地点是在北运河张湾主航道急转弯的下游不远处，当时船空载，水流湍急，又急转弯，操船又不当，引起船翻沉事故，船底朝上，父子（女）二人被船扣在舱内且人面部朝下而无法逃生。船舱内出土果核和苍耳等植物遗存，说明事发时间是在夏季洪水季节。

## 四、考古价值评估

张湾明代沉船，是天津考古历史上首次科学考古发掘与发现的大运河沉船，21世纪以来，在中国黄河以北地区运河沉船进行正式考古发掘与发现的数量也寥寥可数，是非常重要的考古发现。

明代燕王朱棣定都北京后，首都粮食供给主要是内河漕运，天津段北运河是漕船的必经之处，张湾沉船遗址的发现和发掘对于研究中国古代漕运史、水利史、交通史、船舶发展史都有非常重要的价值。

北运河天津段是我国京杭大运河历史文化遗产的重要组成部分，文献记载的北运河修建于金代海陵王在北京建中都以后，目的是南粮北运，保障首都供给，此后元明清三代延续使用和修建。在此次考古工作中发现金代的钱币、元代的瓷器、明代的沉船以及清代至民国时期大量的生活器皿，清晰地见证了文献记载中北运河的始建与使用的历史过程。

2012年7月，在张湾2号沉船转入室内发掘阶段，天津市文物局邀请国内著名考古、陶瓷考古、船史、漕运史、文物保护等领域专家对北运河张湾明代沉船遗址阶段性发掘工作进行了现场咨询研讨，对这次考古发现做出价值评估，并对后续资料整理、文物保护、综合研究都提出诸多指导性意见。专家们指出，张湾遗址3艘明代沉船的集中发现，是大运河交通运输功能的重要体现，为大运河申遗提供了新的实物证据。除沉船遗址、沉船及相关遗物外，呈倒扣状的2、3号沉船以及2号沉船内人骨的发现，系国内罕见，具有重要考古研究价值。

执笔：盛立双

## 注　释

[1] 天津市地方志编修委员会：《天津通志·水利志》，天津社会科学院出版社，2005年。
[2] 姚汉源：《京杭运河史》，中国水利水电出版社，1998年。
[3] 国家文物局主编：《中国文物地图集·天津分册》，中国大百科全书出版社，2002年。
[4] 天津市北辰区地方志编修委员会编：《北辰区志》，天津古籍出版社，2000年；北辰区地名志编辑部编：《天津市地名志·北辰区》，天津人民出版社，1996年；天津市北辰区政协委员会文史委员会编：《北运河》，天津古籍出版社，2003年。
[5] 李法军、盛立双、朱泓：《天津北辰张湾明代沉船出土人骨鉴定与初步分析》，《边疆考古研究（第20辑）》，科学出版社，2016年。

（原载于《天津文史》2018年第2期）

# 天津城城砖拾记

天津市于20世纪60年代末开始，和全国许多地方一样，大兴土木，修建地下通道。随着修建范围的展开，旧城遗址不断发现。主要的有：

## 一、北门瓮城及瓮城关帝庙遗址

1970年夏，北门外右侧，坐东北转角处店铺内，因修地下通道，发现卫城及关帝庙。出土带字城砖、灰瓦、琉璃瓦、瓦兽、碎瓷片等。

## 二、东门瓮城遗址

1971年3月，东马路一品香糕店内工地，发现废弃瓮城门道、门洞砖墙一段，残高约2、长约5、厚约2米。门口向东南。木门扇、木门闩已朽坏不存，门扇遗迹可见，门磨、门闩铁铸件尚存。两侧闩门石槽完好。淤土中有残瓷片，淤黄土和大量蛤蚌壳散布在原路面上。

## 三、南门城门口路面石，车辙遗迹

1972年夏，南门城门口工地，发现城砖，都无文字，并挖出原路面条石，石上辙迹清楚。惜全部遗失，在清理灰土时，一同运走。

在旧城遗址内，出土的遗物主要是城砖。城砖规格大体相同，长36～40、宽19～20、厚8.5～10厘米。有文字砖和齿形缺口砖两种。文字砖：

1）"窑户关吉造"城砖。阴文，文字用直条戳印成，并有边栏一圈。字在砖侧面，火候不高，文字漫漶，出于北门瓮城关帝庙下层基址之下。

2）"天津卫窑户某某造"城砖。这类砖有阴文和阳文两种。

阴文，文字用直条戳印成，边栏三道，围成一圈，字有在砖侧面的，也有在砖顶的。火候高，砖质好。窑户姓名有郭大贤、萧□、李运、郭□等。出于北门瓮城关帝庙下层基址。

阳文，文字用直条戳印成，双边栏一圈，为"天津卫窑户□川造"。字在砖侧面，火候略低，砖质稍软。出于距南门西约百米处。

3）"大明右卫窑户周近朝、高文"城砖。阴文，文字用直条戳印成，无边栏，字在砖侧面。南门西城址出土。

4）"同治十二年盛军督造"城砖，均无边栏，有数字大小写之分（图一）。

纪年数字大写的城砖，字在砖侧面，直戳有阴文和阳文，出于南门外海光寺旧址围墙上；横戳只有阴文，字在砖顶面。出于南门外海光寺前地下铁道工地。

纪年数字小写的城砖，阴文直条戳印，字在砖侧面。南门外海光寺旧址围墙上发现。

5）"同治拾贰年天津城工"城砖，阴文，用横条戳印，有边栏。数字大写，文在砖顶面。出于南门西城址和南门外海光寺前地下铁道工地。

6）"同治癸酉……"城砖。阳文直条戳印，有边栏，字在砖侧面。癸酉为同治十二年，纪年以下字迹不清。出于南门西城址和南门外海光寺旧址围墙上。又，新华南路营口道交叉处，围墙拆除时也有发现。

7）"盛军督造"城砖。阳文横条戳印，无边栏，字在砖顶面。出于南门外海光寺前地下铁道工地。齿形缺口砖：在砖的一侧，雕刻三个齿形缺口，沿缺口雕出凸起边栏。出于南门西城址工地。

此外，在东门城门口地下3米处，发现无文字的辽金条纹小砖和"乾隆□□年临清窑户……"大砖，数量较多。后者为阳文直条戳印，有双边栏，字在砖顶面。

图一　"同治十二年盛军督造"城砖

另见"同治拾贰年盛军督造"过木石，青石质地，阴刻楷书，字画端正瘦劲，文字自右向左横排。年字居石中央，其左右各有宽0.7厘米阴文直槽一通。1943年发现于现河海中学，已砌作楼房基石，在楼后门北侧墙垛处。

1）明天津卫城遗址的考定。据地方志记载，明代天津卫城，曾经三修，即永乐、弘治、万历三修[1]。《康熙天津卫志》云："永乐二年（1404年），文皇命工部尚书黄福、平江伯陈瑄、都指挥金事凌云、指挥同知黄纲筑城、浚池。……都指挥陈达在镇，用砖包砌，递年始完。"

据研究，淮河以北的城墙，在明以前仍是夯土，只在城四角和水洞等处砌砖。明以后的城墙陆续都是砖砌[2]。可以推知，明永乐时建天津卫城，仍然沿用夯土城墙，是符合历史情况的。

明李东阳撰《创建天津卫城碑记》[3]云："予尝以使命，夜道天津，见土城颓圮，兵士

传递，越堞而行，若履平地，心甚讶之！"《创建天津卫城碑记》本记弘治修城事，所云"土城颓圮"一语，说明弘治时仍是土城，与上述推论永乐时所建为土城也相符合。与《康熙卫志》所云"都指挥陈逵在镇，用砖包砌"一语，也相一致。证明陈逵所包砌，乃是局部，应属实录。

从永乐至弘治，相去百年间，未曾修城，才使土城"颓圮"。这是弘治四年（1491年）新上任的刘福和李东阳所共见的情况。《创建天津卫城碑记》中还转述了刘福的一段话："君至，则谓城池最重，宜亟为之处。……夫城之为制，实取诸设险守固之义，其来尚矣！是必预制于平居无事之日，乃可以保治于无穷！"天津卫的设置，本是驻屯兵丁的所在，《创建天津卫城碑记》当政者不能不重视"设险守固之义"，却又为人力、物力所困。"顾乏帑积，势不可猝办，……累岁而计，每事而处，徐而图之。"直到万历年间才修城一次。《康熙卫志》记载："万历十四年寖坏，天津道副使王来贤重修，详见《碑记》。"此《创建天津卫城碑记》记万历修城事与李东阳所撰《碑记》并非一事。可惜原碑已失，无法得知详情。

北门瓮城遗址内发现关帝庙基址[4]，"天津卫窑户某某造"城砖，即出在相当于或深于庙基下层。据此断定，所出带字城砖，必早于创建关帝庙时的嘉靖年间（1522~1566年），而非万历或清代修城遗物。

右卫窑城砖和天津卫窑砖，虽然不在同一地点出土，书法风格又不尽相同。但在南门西城址出土的右卫窑城砖，有"大明"字样，为断代提供了有力证据，伴出天津卫窑城砖；而在北门瓮城遗址出土的天津卫城砖，有出土层位依据，可视为同时期遗物。结合南门发现的西城址，既非城门所在，又非水洞或四角的地方，所出城砖，不会是局部包砌的遗物，因此可以认为并非永乐修城遗砖，只能是弘治的遗物了。

至于关吉造城砖，只在北门瓮城关帝庙基址下层出土，数量很少。砖文五字正楷，与弘治城砖比较，具有较早的风格，不同于弘治城砖文字，它没有横细竖粗的肤廓字倾向，比较自然流畅。结合永乐修城，采用夯土墙在局部包砌城砖的情况，可以认为"窑户关吉造"城砖，是永乐包砌城门的遗砖[5]。

2）被人遗忘的末次修城。根据同治十二年修城遗砖及过木石的发现，揭示出天津城于同治十二年，曾经有过修城的史实。同治十二年以前所修志书，没有这次修城的记载，是理所当然的。奇怪的是同治十二年以后所修志书，也没有记载。如修于光绪二十四年的《天津府志》、修于民国二十二年的《天津县新志》，都没有记载这次修城的历史。

砖文的盛军，是李鸿章淮军的一部。由安徽合肥人周盛传、盛波兄弟所统率，号称盛字营的盛军。周盛传字薪加，生于道光十三年（1833年）。二十岁时和其兄盛波在家乡组织"乡团"，以反对太平军。同治元年（1862年）投淮军。

十年，奉调率盛军移屯青县马厂，修城即在此时。

1972年，在南京路西头北侧南门外海光寺南围墙上，发现砌有不少带字大砖，其中有"同治拾贰年天津城工"字样，为同治十二年修城历史提供了实物证据。只是，这里的砖是光绪二十七年春拆城后，被日本人当作建筑材料，运来修建兵营的，已是离开原来地点，无法知道原来的修城地段。1973年，南门西城址发现同治城砖，也有同样戳印"天津城工"字样的城砖，才知道南门西城址是当年修过的地段。至于其他还有哪些地段，因历年对城址多次翻动，已难知其详。

执笔：唐石父

## 注　释

[1] （明）毕自严《修造城垣议留班军疏》略谓："天津城内苦洼多水，城外故濠湮塞而几泯其迹。宜以筑城之夫，半分而为浚濠之用，而即以浚濠之土，悉运而垫城内之洼。"本条数据由卞慧新老先生提供，谨表谢意。

[2] 中国科学院考古研究所短期考古训练班参考教材编写小组：《考古教材》，文物出版社，1959年，第59页。

[3] 《康熙天津卫志》（易社校本）卷四艺文中收录此碑文。

[4] 唐石父《挖掘明代天津卫北门瓮城闻见记》（《天津史研究》1985年创刊号）介绍，光绪重修《天津府志》（光绪二十四年刻本）所载关帝庙有30余所。其第三所注云："在北门子城内。"引《前志》，又引《县志》云："明嘉靖年建，雍正初修。"

[5] 高凌雯：《志余随笔》（民国二十二年，屏庐刻本）卷六，18页："卫城建于永乐二年，《旧志》载之。"

（原载于《中国文物报》1989年4月7日第3版）

# 挖掘明代天津卫北门瓮城闻见记

20世纪70年代,天津市修建地下工程,施工点遍及市区,就旧城范围来说,如四门、东西马路等地,都曾被翻动过,其中以北门为最早。

北门瓮城遗址的翻动,在1970年夏季。出土带字古砖,我因疏散在郊区,不能走告有关部门,写信给天津历史博物馆李济才先生,告知此事,请博物馆同志前来调查。及至假日再回市区,未闻有人前去,也未得李先生复信。目睹文物即将遭到毁坏,心实不忍。先后几次前去访问,观察发掘地层,收集部分带字城砖。综合前后见闻,辑录成文,作为一个偶然发现的记载,以供考察天津故城历史的参考。

## 一、挖 掘 情 况

故城北门位于南运河南岸,距河200多米,旧名带河门,当今北马路中间,发现的遗址在北门外大街和北马路交叉处,正当十字路口东北角的鲜果店内,施工区东西横贯,宽3米左右,南距鲜果店前檐1.5米左右。出土带字砖和无字砖完整和残碎相杂,堆放路旁,数量有千八百块。天津旧城,已于1901年春拆除,就城基修建马路,即今天的东、西、南、北四马路。拆下的城砖,当作建筑材料,被各国侵略军瓜分。

北门城址所出的砖,都是从地面以下的基部挖掘出来的。这里所见到的砖,有的是在地下3米多深处掘得的。

当时,四马路都有工程,凡接近城基处,除从前因修路、铺设电车铁轨时破坏部分外,大都出有城砖。在访查过程中,除北门遗址出有带文字城砖外,其他各处都没有带文字砖的发现。

北门城址所控地段,适当旧日瓮城部位,出土城砖数量极多,有少量带字城砖夹杂在里面,是最引人注意的[1]。

## 二、现 场 所 见

北门工地在起土过程中,掘出不少城砖。据施工工人讲,城砖砌筑整齐,是旧日墙基,掘到墙基深一米五六时,掘出东西方向条石一道,条石北侧,平墁方砖,平坦整齐,似是旧有建筑物原来地面。揭去墁地条石、方砖以后，又下掘1米多深时，再次发现东西方向条石，北侧也平墁方砖，与上层相似。在掘土中，曾有屋脊琉璃瓦饰、残兽身躯和首足残件，以及残破瓷器。施工同志说："我们看这些东西，残破不全，不知还有用处，就跟泥土一起清除出去了。"这些零碎残件，如能保存下来，对我们应该是很有用的，可惜既没有保存下来，也没有亲眼看到，是件十分遗憾的事，也是无法弥补的损失。

## 三、遗砖的采集

当时正在炎夏，气温很高，我约夏若海一同前去，再次访问了工地工人，说明来意，想拣带文字的砖。当即得到他们的同意和支持，并允许进入施工现场，随便观察。我们一边走着看，一边和工人交谈。有一位工人说："砖垛的砖，垛下半部是先掘出的，后来掘出的，就堆在垛上半部了。"我们从砖垛表面看上去，这千八百块砖干湿程度不同，下部较干，上部较湿；新旧程度也不一样，棱角完整的，堆在垛的下半部，而在上部的多半是缺角、少边、残破不完整的。

我们开始倒垛了，一块一块地翻看调查，发现文字戳印位置不一定，或在长边，或在顶的侧面上，唯恐有所遗漏，因而必须把砖的六面都看过来，整整翻看了一个上午也没有发现大面带文字的砖。

砖上的文字，都是用戳子印上去的，文字的内容只有两种：

1）"窑户□吉造" 阴文五字，一行直下，外有长方形边栏。这种砖只拣得一块（数年后，杨桂山老先生赠我一块，戳印相同，也是在北门城址拣得的）。

2）"天津卫窑户□□城砖" 阴文九字一行直下，有长方形边栏两栏，外栏粗，内栏细。窑户姓名二字都不清晰，从模糊的字形看，不止一家。

## 四、遗砖年代的推断

据《天津卫志》卷一，城池：

城垣九里十三步，……东去潞河[2]二百二十步，北抵卫河[3]二百步。

光绪重修《天津府志》：

城周一千二百六十二丈六尺，……东去海河二百二十步；北抵卫河二百步。

从文献记载和四马路的现状来印证，四马路和城基相当，原有东、西、南、北四门，现在一如既往,还是行人、车辆出入的孔道,被挖地段相当北门的瓮城部位。当时曾向陆辛农先生详细讲述过,承先生见告:光绪二十六年(1900年)以前,先生年仅十五六岁,每次出城,经北门时,必过瓮城关帝庙,并谈及当日瓮城关帝庙外行人、车马拥挤的情形。如遇年节,庙墙上必张挂壁灯,壁灯都是张和庵先生所绘。庙门坐东朝西,进门对面是东房,转而向北,有一字墙一道,隔成两个院落,进院可见正北殿堂三间。

考《天津卫志》卷三"寺观宫庙条",有关帝庙三所,其中一所在北门瓮城内。光绪重修《天津府志》载关帝庙30余所,其第三所注云:在北门子城内。从挖掘地段坐落地点来看,和文献记载的瓮(子)城关帝庙坐落相符,也和陆辛农先生所讲情况相合。《天津府志》又引"《前志》云明嘉靖年建,《县志》云雍正初修"。这次挖掘所见的两层条石、方砖铺墁地面,层次分明,又相叠压。估计上层应是清雍正初所修地面,下层应是明嘉靖年创建的遗迹。

城砖的字,只有窑户姓名和天津卫窑户字样,并无具体纪年,在年代的断定上有一定困难。现就关帝庙遗址和字砖出土层位关系,参考文献记载,对它们的年代做出如下推测。

瓮城关帝庙创建于明嘉靖年间,已在建城之后,这种残破城砖出于下层,就它的残破情况推想,当时修墙是掺用旧砖修的,它的下限当不晚于嘉靖,即使它的时间再晚,因有天津卫字样,也不会晚于清雍正改卫设州的时候。考《天津卫志》卷一,城池:

> 城垣……明永乐二年,文皇命工部尚书黄福、平江伯陈瑄、都指挥佥事凌云、指挥同知黄纲筑城、浚池,……都指挥陈迩在镇,用砖包砌,递年始完。万历十四年寝(浸)坏,天津道副使王来贤重修,……顺治十年,大水淹城,坍塌二面,总兵甘应祥、副使梁应元重修。

光绪重修《天津府志》卷二十三云:

> 城,明永乐二年,工部尚书黄福、平江伯陈瑄、都指挥陈迩筑。弘治间,副使刘福甃(音宙,zhòu)以砖石……至万历十四年寝(浸)坏,天津道副使王来贤重修。……顺治十年,大水涁(淹)城,坍塌二面,总兵甘应祥,副使梁应元重修。

综合文字资料,自明永乐修城,到清雍正三年改卫设州止,中间共修城四次[4]。顺治十年大水,坍塌两面,文献没有记录具体方位,若从地势高下来忖度,当是西、南两面。《天津卫志》卷一"堤岸条",提供了一条参考资料:

> 城西门外有陆公堤,在藏经间前,去城半里余。万历三十二年,教场口岸冲决,浸及城砖二十四层。有清军同知陆敏捷,申请题留两营班军,修护城堤一道,绕城西南二面,以绝水患,系卫城第一要防……

可见坍塌的是西南两面,与北门并不相干,故可排除顺治一修。万历十四年一修,文献说是浸坏，浸坏是逐渐损坏的意思。从弘治到万历，不到一百年，这种浸坏，应当是因"碱砖"和沥水冲刷而损坏的。如果是这种情况，应当在旧城各遗址中，普遍有天津卫字样的城砖或多或少地被我们发现才符合情况。但据调查得知，唯有北门出有这种字砖。因此，不可能是万历十四年修城的遗物。明弘治年间修城，有明李东阳《修造卫城旧记》记载其事：

> 于时，西蜀刘君（福），实膺是选，承制以行。君至则谓："城池最重，宜亟为之处。"顾乏帑积，势不可猝办。累岁而计，每事而处，徐而图之。

这段记载，说明刘福是经过充分准备才开工的。可能要比永乐初修时还从容一些。李东阳《修造卫城旧记》里还有：

> 予尝以使命夜道天津，见土城颓圮，兵士传递，越堞而行，若履乎地，心甚讶之！

这段话反映当时确是土城。全部用砖砌的城，是明代中叶以后才出现的。所以，刘福在弘治时修城，仍然是在土城基础上加工，曾烧造过一批专供修城用的砖，则是必然的，或者说，比永乐时烧的砖在数量上还可能多一些。现在发现有两种铭文的砖，究竟哪一种属于弘治修城的遗物呢？根据刘福对修城的认真态度，在烧造城砖时，加印天津卫窑户姓名，正是他认真的反映，比光印窑户姓名的砖郑重得多。由物勒工名的戳印，印出窑户姓名来看，一方面是要窑户保证质量，另一方面则是检查窑户成品的依据。从发现数量和质量来比较，有天津卫字样的多些，质量好些，而且窑户非止一家，字文也清楚些。有窑户□吉字样的砖，只有一种，质量较差，火候低，字文模糊。根据这种分析，有天津卫字样的砖，可能晚些，单有窑户字样的砖，可能早些。再从发现城砖的地层方面来考虑，两种城砖都是在相当明嘉靖年间创建的瓮城关帝庙的深处挖出，又是利用旧砖砌筑在墙基里等情况，似乎可以推定，有天津卫字样的城砖，即弘治修城遗砖，只有窑户字样的砖，可能是永乐修城的遗物。

执笔：唐石父

## 注　释

[1] 1958年我在南马路拣得"修"字城砖，十二年后，在北门城址发现有"天津卫"字样城砖，都是向来所未见的新资料。

[2] 潞河，即今海河。

[3] 卫河，即今南运河。

[4] 毕自严《抚津疏草》记载，在明天启年间，曾有修城之议，但未见有关实施记载。

（原载于《天津史研究》1985年创刊号）

# 天津出土大批铁钱币

最近，在天津市望海楼附近，出土数十吨铁钱币。这是一批同样面值的铁钱，钱币上铸有"咸丰通宝"和满文"保福局造"字样，据此，可以断定这是清咸丰四年制造的钱币，当时并未流通。由于出土地点距古炮台遗址仅50米，初步认为，这批钱币很可能与军饷有关。

这次出土的铁钱币数量之大，实属罕见，已引起有关部门的极大关注。这一发现为进一步研究天津地方史、地理变迁及咸丰年间的政治、经济乃至军事情况提供了实物依据。目前，各有关单位对这批钱币正在做深入细致的调查研究工作，它的文物价值将进一步得到考证。

执笔：冯大准

（原载于《中国文物报》1985年12月10日第1版）

# 天津大胡同商业中心挖出"兵器库"

正在施工建设中的天津大胡同商业中心的工地上，挖出47门土炮和150多枚炮弹。经文物研究人员的初步考证，这些土炮和炮弹可能是明代兵器，极具研究价值。

据文物管理所工作人员的现场测定，这些古炮长度在61～77厘米，口径为两种，一种内、外径分别为13、6.5厘米，另一种为13.5、5厘米，炮弹内、外径为14～15、7厘米两种。这就是说，大部分炮弹与土炮是不匹配的。这些土炮制造规格不一，炮身有多圈独特的圆棱，与清朝使用的洋炮不同。

据介绍，几百年前，这里是天津的商业中心，出土这么多兵器实属罕见。有关专家正进行进一步的考证。

执笔：友 杰 柳 丽

（原载于《中国文物报》2001年11月14日第2版）

# 天津武清县出土金元银铤

近年，天津武清县两地先后出土9件银铤。东马圈乡大赵庄村社员平整土地时，在村南元代遗址内发现银铤1件，呈束腰形，表面微凹，周有波纹，长14.5、宽8.7厘米，重1974克，正面砸印"平阳路，伍拾两、旦课银，流泉库官张□，王仲□，库工张海"，錾刻"课税所银"。背面铸"平阳"两个大字（图一）。

《元史·地理志》记载："晋宁路，唐晋州。金为平阳府。元初为平阳路，大德九年，以地震改晋宁路。"知此银铤为元初之物。《元史·食货志》载："河东之盐，出解州池，……太宗庚寅年（1230年），始立平阳府征收课税所，从实办课，每盐四十斤，得银一两。"元继金制，称平阳路课税所。平阳路在今山西临汾运城一带。解池即出于此，银铤应是榷盐所得税银。"商贾之税，元初未有定制。太宗甲午年（1234年），始立征收课税所，凡仓库院务官并合干人等，命各处官司选有产有行之人充之，其所办课程，每月赴所输纳。"[1]又"依中统之初，随路安立官库，买卖金银，平准钞法"[2]。"流泉库"自然是地方上的官库，又记载了库官、库工的姓名和铤的重量。

双树乡小河村平整土地时，在村西金元遗址内发现窖藏一处，出土银铤8件和六耳铁锅、黑釉大罐等元代遗物。银铤形状同大赵庄银铤，均无纪年，刻有行人、秤子的姓名和铤的重量以及砸印符号等。

1号银铤：长14.4、宽8.7、厚2厘米，砸印"杨琮、重伍拾两T、行人卫均、葛永秤，冂、冂、囜"（图二，左）。

2号银铤：长14.6、宽8.7、厚2.3厘米，重2007克。砸印"重肆拾玖两玖钱，行人石永、李仁通秤，凵，〒"（图二，右）。

3号银铤：长14.1、宽8.4、厚2.3厘米，重1994克。砸印"刘作肆拾玖两柒钱，行人毛佐、李□福秤、止、止"（图三，左）。

4号银铤：长15.3、宽8.7、厚2.2厘米，重1997克。砸印"秤子刘政，肆拾玖两叁钱，T、匚"（图三，右）。

5号银铤：长15.1、宽8.9、厚2厘米，重1975克。砸印"榷场银，行人陈圭、十"（图四，左）。

6号银铤：长14.7、宽8.7、厚2厘米，重1965克。砸印"肆拾玖两T，行人杨琮、李□□秤"（图四，右）。

7号银铤：长14.7、宽8.8、厚2厘米，重1967克。砸印"行人王□、□□秤，肆拾玖两T、冂"，铸字"使市"。

图一　大赵庄银铤
（左：正面　右：背面）

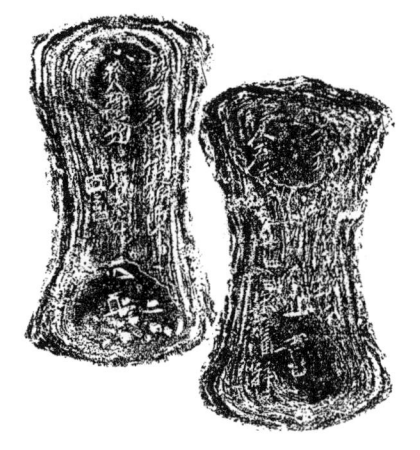

图二　小河村银铤
（左：1号银铤　右：2号银铤）

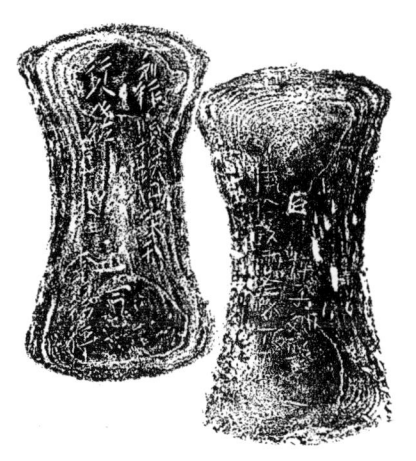

图三　小河村银铤
（左：3号银铤　右：4号银铤）

图四　小河村银铤
（左：5号银铤　右：6号银铤）

8号银铤：残为两段，长11.8、宽8.5、厚2厘米。砸印"人、两"。

从遗址的性质和同出遗物的年代，确定了这批银铤的窖藏年代在元。铸造年代，铤文无确切记载，只5号铤记"榷场银"。《金史·食货志》记："榷场，与敌国互市之所也，皆设场官，严厉禁，广屋宇，以通两国之货，岁之所获亦大有助于经用焉。"金代和元朝蒙古时期曾在边疆广设榷场，以通国内贸易，知5号铤是官家收税所得，而铸成的年代亦应在此时。

余7件银铤无明确纪年，只记有铤的重量、行人、秤子的姓名。行人即店铺总管，捡校肆之事。秤子是专职核准重量的人。这一类无纪年号，用途不明的银铤，也常有发现。例如，陕西临潼出土的金代税银中"地金"类，内蒙古科尔沁右翼中旗出土的银铤（与其同出土的铜钱最晚年号为"正隆"，疑为金铤）等。其年代，从铤的形制、重量上看，金元没有明显的区别。元朝对金银管理严格，蒙古时期及统治后的初期，使用白银贸易和借贷及物价都用银来表示。统治后，曾几次禁止金银流通和买卖[3]。所以发现的几件元代银铤都分别砸印有"太原路、真定路、平阳路"或"平准银"等文字，属官银，并有库子、榷官等文字。而金代一向通用白银，流通支付只用白银，出土的银铤种类较多，有税银、使司银、上贡银、饷银等，所以认为这7件银铤的铸造年代为金代。

小河遗址和大赵庄遗址位于北运河故道两岸，是通往元大都的必经之路，船舶经常往来于此。最近又在小河遗址东南2.5千米处的运河故道中发现元代沉船两艘、码头遗址一处，应为元代码头遗址。那么银铤流落于此也就不足为怪了。

## 注　释

[1]　《元史·食货志》。
[2]　《元典章》。
[3]　彭信威：《中国货币史》，上海人民出版社，1958年。

执笔：纪烈敏

（原载于《内蒙古金融研究》2003年第S2期）

# 第四部分

## 历史考古年鉴

# 1994年年鉴

## 武清县北双庙石器

调查时间：1993年5月
工作单位：天津市历史博物馆考古部

  武清县梅厂乡北双庙村南1千米县第二砖瓦厂，取土时在距地表深8米处出土石耜1件。器物原料为黑色砂岩，长方形，扁平体，平首，下端做桃尖状，长31、宽18.5、厚2.5厘米，通体磨光。同类遗物在宝坻县北里自沽、武清县小韩村等地曾多次发现，形制和内蒙古敖汉旗四棱山遗址出土的石耜相同。为搞清石器出土的地层，在当地开2米×2米探方2个，得知石器所在地层为黑色黏土层，厚64厘米，内含较多苇根、植物根叶，以及成堆的淡水小螺，未发现陶片等其他文化遗物。在黑色黏土层上，交替叠压有潟湖、河口、潮上带等不同类型的地层堆积，总厚度8.1米。与此同时，又调查了北面1千米左右许梅厂乡窑厂的地层剖面，经天津地矿所$^{14}$C测定，石器出土的地层为距今6370年±140年。

（纪烈敏）

# 1995年年鉴

## 宁河县桐城遗址

**调查时间**：1994年春
**工作单位**：天津市历史博物馆考古部、天津地矿所

遗址位于宁河县芦台农场桐城村东北七里海北岸的高地上，面积约22.5万平方米，地表暴露战国及汉代陶片甚多，并可见零星贝壳，主要有文蛤、魁蛤、蛏、蚶等。为了解地层堆积，通过铲削断壁和在遗址中部开0.4米×0.4米探坑一个，分层采取土样，做微体古生物分析，得知：第1层为表土，厚0.2米。第2层为灰黄色淤土层，厚0.3米，内含白小旋螺、多变夹小九字虫、厚壁卷转虫、孔缝鳃九字虫等淡水和半咸水微体古生物。第3层为黑黏土层，厚0.15米，包含夹云母红陶平沿釜、泥质灰陶盆、绳纹砖残块等汉代遗物，亦包含白色小旋螺、厚壁卷转虫、凹陷中华美华介等微体古生物。第4层为黄土层，厚0.15米，内含战国时期的夹云母红陶釜、"燕国鬲"、泥质灰陶盆、豆口沿和筒板瓦、残铁器等，包含微体古生物皆属咸水和半咸水种属，以厚壁卷转虫为主，另有小玻璃液未定种、孔缝鳃九字虫等。地层资料表明（此遗址和田庄坨、大海北等遗址相同）在汉代遭受海水侵袭后废弃。

（纪烈敏）

# 1998年年鉴

## 蓟县青池新石器时代及商周遗址

**调查时间**：1997年11月
**工作单位**：天津市历史博物馆考古队

青池遗址位于蓟县五百户乡青池村北1.5千米处的于桥水库南岸阶地上，有新石器时代和商周时期的文化遗存，新石器时代遗存一部分分布在一、二级阶地上，一部分分布在现今水库水面下。商周时期遗存分布在四、五级阶地上。

1997年由于雨水多，水库蓄水量大，将岸边的围沟堆积冲塌，暴露出大量新石器时代陶、石器。在靠近水边的第一级阶地上，清理了围沟的一个断面。开1米×5米探沟2条，1米×4米探沟1条，试掘面积14平方米。围沟开口于表土层下，打破红色山皮土。上口宽9米余，壁斜坡状，底为圜形，深约2米。

沟内堆积分5层：第1~4层，黑灰土，含大量炭灰，土质松软，出土黑褐色"之"字纹筒形罐、敛口之字纹高圈足杯、钵、蛇首形镂孔陶器、素面陶盆及石斧、石球、石磨棒等。文化面貌与北京平谷上宅文化遗存相似。第5层，黄灰色土，含砂，土质坚硬，厚0.1~0.45米，出土遗物很少，陶器多红褐色夹砂陶，胎较厚，筒形罐残片上饰压印组合纹，即口沿下数道凹弦纹，其下附一条附加堆纹带，以下为网格状纹，类似兴隆洼文化筒形罐特征。

商周时期文化遗存，现存面积3000多平方米，文化层最深处达1米，有张家园上、下层两种文化遗存。

（纪烈敏　张俊生　刘　健）

# 1999年年鉴

## 蓟县青池新石器时代及青铜时代遗址

发掘时间：1998年10～11月
工作单位：天津市历史博物馆考古部

在上一年试掘的基础上，原计划这次正式发掘水库岸边第一、二层阶地的新石器时代"上宅文化"的围沟部分，进一步弄清围沟的走向及沟内填土堆积，但由于遗址山顶上种植果树，为保全资料的完整性，抢救发掘了山顶上的一块青铜时代遗址。

发掘面积263平方米，清理灰坑25个，分早、中、晚三期。早期是大坨头文化，以夹砂红褐陶为主，细绳纹，可辨器形有鼓腹鬲、深腹罐等，并伴出夏家店下层文化的筒形鬲足。中期是围坊三期文化，夹砂灰褐、红褐陶并存，纹饰以细绳纹和交叉僵直绳纹为主，主要器形有花边鬲、小平足跟鬲、敛口钵等。晚期是张家园上层文化，陶质以夹砂灰褐为主，亦有泥质灰陶等，代表器形是叠唇高裆柱足鬲、方唇折肩罐、敛口钵等，鬲、罐通身拍印交叉绳纹，并同出西周文化因素的折沿浅腹矮足鬲、绳纹灰陶簋等。以晚期遗物最丰富。具有鲜明的燕南地区青铜文化遗存特征。

（纪烈敏　刘　健　盛立双　姜佰国）

## 宝坻县哈喇庄金元时期遗址和明清墓葬

发掘时间：1997年5～7月
工作单位：天津市历史博物馆考古部

为配合京沈高速公路宝坻段哈喇庄立交工程，1997年初于哈喇庄村南发现金元时期遗址1处，面积17万平方米，并进行了抢救性发掘。共揭露600余平方米，发现汉、金、元、明、清五个时期的文化堆积，清理残房基1座、灶1个、灰坑57个、墓葬4座，出土铜器、铁器、陶器、瓷器、骨器和铜钱等140余件。

此次清理的汉代地层遗物较少，出有残陶片、砖等。金元时期堆积较厚，出有大量砖瓦及陶瓷残片，另有少量铜器、铁器和石器。出土的陶器多为泥质灰陶，有少量的黑陶和红陶，器形多为盆、罐。瓷器以白瓷为主，多为北方民窑产品，其中有少量定窑、钧窑的产品，器形以碗、盘为主。铁器多为刀、锥之类工具。另出有石球、陶球和铜簪等。明清地层遗物稀少，出有青花瓷片。

此遗址的灰坑多为直壁平底，清理的房基为东北西南向，仅剩下基槽部分，呈长方形，槽内侧有壁柱，转角有角柱，尺寸不详。

遗址中发掘明墓2座、清墓2座。明墓编号为M3、M4，两墓呈顺序排列，均为火化后合葬。墓圹为圆形竖穴土圹，墓室为长方形，墓口以素面青砖错落搭制，最上以素面大方砖封顶。M3为3人合葬，葬具为两个酱釉大瓷罐中夹一青黄釉瓷罐，三罐上均有青黄釉盖，酱釉罐上部饰旋纹，下饰涡状纹。M4为双人合葬，葬具为两个酱釉大罐，一罐上为青瓷盖，另一罐以青花瓷盘为盖，盘底书有"玉堂佳器"款识，两罐内除人骨外另放有木炭，概为防潮所用。从青花盘的款识分析此墓应为明末。M3则要稍早一些。这两座火葬墓形制独特，为天津地区首次发现，为研究北方地区的葬俗提供了新资料。

清墓均为长方形竖穴土圹结构。一墓有棺椁痕迹，葬两人，其中一人为迁葬，随葬青瓷钵、铜钱；另一墓葬一人，以板瓦覆面，只出清代铜钱，无棺椁痕迹。

（刘　健　梅鹏云）

# 天津旧城东门城楼基址

**调查时间**：1997年5、10月
**工作单位**：天津市历史博物馆考古部

市政于东门口输水管道工程中向地面下挖5.3米，安装地下输水管时碰到东门城楼基址。我队配合工程调查，结果如下：城墙距今地面2、高3米余。东门城楼筑基方法是：先打地桩，做梅花桩，间隔1米余，地桩长约2米。其上横铺一层横木，横木上铺黄土和碎砖，夯实加固基础。其上筑城墙，先用纯黄土和砖块、石子等作内芯分层夯筑，外包一层小青砖，小青砖外又包一层大砖，磨砖对缝、白灰勾缝。大砖尺寸为39厘米×19厘米×7厘米，是明代城砖。夯土芯内出土元代沟纹砖、磁州窑和钧窑等瓷片。

此次在门楼东面还发现一道瓮城砖墙及瓮城城门的一些构件，出土清代瓷片、"乾隆通宝"铜钱及两门清代铁炮。修建瓮城的砖是12.5厘米×25厘米×49（或50）厘米的大青砖，砖一侧多印有戳记，可辨认的有"乾隆九年临清砖窑户……""乾隆八年临清……"等，印证了天津县志关于天津旧城始建于明永乐二年，弘治年间门甃以砖石，清雍正年间建瓮城，乾隆年间多次修葺的记载。

（刘　健　纪烈敏）

# 2000年年鉴

## 静海县后双战国、汉代、金元及明清遗址

调查时间：1999年6月
工作单位：天津市历史博物馆考古部

遗址位于静海县东滩头乡双楼村北，当地村民俗称"后双疙瘩"，现为一高出地表约5米的大土丘，平面呈长椭圆形，面积约32000平方米。整个遗址已被辟为枣树林，个别地区被菜窖或坟墓破坏，从残存的菜窖壁上可以看出文化层至少有3.5米厚。采集的遗物有战国时期的红陶釜、灰陶豆、细绳纹罐的残片及方格纹瓦片；汉代时期的红陶釜残片和绳纹砖块；金元时期的泥质红陶盆、泥质红陶瓮、白瓷碗、酱釉碗、白釉篦划纹碗等；明清时期的青花瓷片更是大量散布于遗址的地表。可见该遗址的年代跨度较大，至少可分为战国、汉代、金元、明清四个时期。

（梅鹏云　姜佰国　盛立双）

## 静海县王匡战国至魏晋及金元时期遗址

调查时间：1999年6月
工作单位：天津市历史博物馆考古部

遗址位于静海县东滩头乡王匡村西300米。整个遗址为高出地表约0.5米的方形低缓土丘，面积约1万平方米。地表土质呈黑色，明显有别于周围的红褐土，南半部已被墓地破坏，北部现为农田。地表散布的遗物极为丰富，共采集有战国时期的红陶釜、灰陶豆；汉代时期的红陶釜、浅盘豆、敛口钵、饰交错绳纹或细绳纹罐等残片及小细绳纹砖、方格纹瓦片等，其中在一豆把上还残留半个模糊的戳记；魏晋时期见有青釉瓷钵、瓷灯、青瓷盘等；金元时期的遗物以瓷碗为主，釉色有白釉、青釉、黑釉，个别饰有篦划纹，少数内壁留有涩圈，陶器中常见红陶沟沿瓮和外卷折沿盆，另外还见有沟纹砖及素面大薄砖。

（梅鹏云　姜佰国　盛立双）

## 静海县杨家汉代及金元时期遗址

调查时间：1999年6月
工作单位：天津市历史博物馆考古部

遗址位于静海县陈官屯镇西2.3千米，南距陈大公路约80米，俗称"杨家疙瘩"，现为一高出地表0.8米的低缓土丘，中间被一条水渠破坏，面积约1200平方米。地表可见的遗物较少，仅采集到西汉时期的饰三角纹泥质灰陶罐残片及外饰绳纹内饰方格纹的灰瓦，另外地表见有几块金元时期的沟纹砖。

（梅鹏云　盛立双　姜佰国）

## 静海县谭庄子金元时期遗址

发掘时间：1999年6月5～23日
工作单位：天津市历史博物馆考古部、静海县文化馆

该遗址位于静海县东滩头乡谭庄子村东10米，是当地村民取土时发现的，我们进行了抢救性发掘，共布探方7个、探沟3个，实际发掘面积149平方米。

发掘的遗迹主要为砖井2座、灰坑10座。两座砖井结构基本一样，均为先挖一圆形井坑，然后在坑内用青砖砌成井壁，青砖尺寸均为长29、宽14.5、厚4厘米，井底中心均内凹。99JDTJ1发现时井口已遭破坏，部分井砖已被村民拆去，残存井口形状呈椭圆形，长径为176、短径为154、残深约260厘米，井内砖壁仅存124厘米。该井结构较为独特，井底靠井壁处有一圆形木质井圈，厚约5厘米，腐朽严重，其上为青砖平砌，共残余29层。砖井外壁和坑壁之间用夹杂有黑斑的红花土回填，并经过夯实，井内堆积单一，包含物极少。99JDTJ2形状较小，井口呈圆形，直径77厘米；井壁略向外倾斜，呈袋状，残深86厘米；井内堆积共有四层，从中出土了极少遗物。

共出土各类标本100余件，主要有瓷器、陶器、釉陶器、石器、钱币等。其中尤以瓷器为主，釉色多为白色，装饰很少，器形以碗为大宗，盆、盘、罐次之。陶器以泥质红陶为主，相当多的器物内壁施有红或黑陶衣，器形以罐为主。

从遗址的性质来看，该遗址属于金元时期的村落遗址。这次发掘进一步丰富了天津地区金元时期的考古学资料。

（梅鹏云　姜佰国　盛立双）

# 静海县沉船及相关遗迹

**调查时间**：1999年11月11日
**工作单位**：天津市历史博物馆、静海县文化馆

遗址位于静海县子牙镇子牙村西北约1千米处，西距子牙河堤约40米，东距子牙河约700米，与河北大城县隔堤相望。此处为古河道，地势相对低洼。地表已挖出两条长40、宽3、深3米的南北向与东西向的大沟。沉船遗迹即位于南北向大沟的中部，由当地农民取土时发现。船体破坏殆尽，只有一小部分挂在东侧的沟壁上。具体情况如下。

整个船体距现地表约3米，从地表往下分别为黄色细砂土堆积、暗红色胶土堆积、黄黑色淤土。整个船体位于胶土层。此层应为当时河道的河底。船体由北向南倾斜，为敞口弧底木船，残长185厘米，船帮高30、厚3厘米，船底宽150、厚4厘米。在船舱内残留一完整船称，长150、厚5.5厘米。船体方向为南偏西80°，在现场拾得一枚扁方形船钉。通过大沟两侧的黄黑色淤土堆积，可依稀辨出此处古河道的大致走向，方向大致为南偏东5°。

在沉船北约20米，发现木桥墩遗迹两处，地表散见挖出的桥墩、条石。两排桥墩间距为5.7米，每排桥墩宽为6米，由数根粗细不等的木桩组成。主体木桩长约3米，底部削成尖状。细木桩直径15厘米左右，数量较多。青条石见有数块，长98、宽37、厚29厘米。从地层上看，桥墩之上为细砂土叠压。村民从木桩坑壁挖出"康熙通宝"铜钱一枚，推测该桥的始建年代为清代或晚于清代。

在沉船的东北部50米，发现一处水井遗迹，圆形，直径达2米，灰砖垒砌，砖为4.5~5厘米×15厘米×31~32厘米，未见遗物。开口层位与沉船相同，井的形状结构、井砖的尺寸与静海东滩头清理的元代水井相似，年代也应相近。

沉船内未发现遗物，但水井与沉船开口层位相同，为沉船的年代判定提供了参照，所以此船的年代也不应晚于元代。另外，在遗址附近采集到兽骨、元代褐花瓷碗等。结合相关遗迹，此处应为元代以降临河聚落遗址。

（邸　明　盛立双）

# 静海县袁家元明遗址

**调查时间**：1999年6月
**工作单位**：天津市历史博物馆考古部

遗址位于静海县陈官屯镇曹村西2千米，俗称"袁家疙瘩"，现高出地表0.5米，已被平整

为农田，面积约5600平方米。地表散见大量砖瓦，砖为素面，尺寸为宽14.5、厚4.5厘米。采集的遗物以瓷片为主，其中龙泉窑瓷片占绝大多数，少量钧窑瓷器残片和白釉褐花及青花瓷片，在一青花瓷碗的底部见有"福"字款，少见白瓷片。陶器极少见，仅有泥质红陶，器形单一，只见瓷碗、陶盆。从采集的遗物看，推测该遗址的年代应为元明两代。

（梅鹏云　姜佰国　盛立双）

## 静海县佛寺明代遗址

调查时间：1999年6月
工作单位：天津市历史博物馆考古部

遗址位于静海县陈官屯镇曹村西1.5千米，东邻前进渠0.5千米。该遗址被当地村民俗称为"佛寺疙瘩"，表面平坦，高出地表约1.5米，现可分为上、下两级台地。第一台地平面呈长方形，面积约150米×120米。第二台地于第一台地的正中，平面亦呈长方形，面积为90米×50米。在其西北有一块大条石露出地表，据当地农民讲，过去曾挖出砖墙和大量条石，估计应为一大型建筑。采集的遗物以建筑构件为主，青砖的尺寸均为宽14、厚7厘米，瓦可分为灰瓦和琉璃瓦两种，其他建筑构件还有灰陶鸱吻、脊兽、龙纹瓦当、砖雕以及绿色凤纹琉璃滴水、瓦当等，瓷器见有龙泉青瓷、白釉褐花瓷和青花瓷。从出土的遗物看，推测其应为一处明代建筑遗址。

（梅鹏云　盛立双　姜佰国）

## 静海县西长屯明代遗址

调查时间：1999年6月
工作单位：天津市历史博物馆考古部

遗址位于静海县陈官屯镇西长屯村约4千米。现为一大致呈长方形的低缓土丘，高出地表约1.5米，土呈黑色，明显有别于其周围土色，面积约8000平方米，当地农民俗称"第二疙瘩"，地表随处可见砖瓦残块，砖为素面，宽15、厚6厘米，瓦多饰布纹。采集的遗物有青花瓷片、龙泉窑和钧窑瓷碗残片，釉陶罐、韩瓶、盘残片等。根据遗物特征可推断该遗址的年代为明代。

（梅鹏云　盛立双　姜佰国）

# 2001年年鉴

## 蓟县大安宅商周、战国、汉唐及辽至明代遗址

**发掘时间**：2000年6月9日至9月1日
**工作单位**：天津市历史博物馆考古部、蓟县文物保管所

2000年6月，蓟县西南刘家顶乡大安宅村村民在村北养鱼池内取土时发现了数口古井，并挖出了一些井内遗物，如罐、井钩等，其中较为重要的是挖出了一方汉代木牍。经过调查，发现遗址的范围极大，包括了大安宅村、小安宅村及四百户村三个自然村，面积28万平方米。遗址包含商周、战国、汉代、唐辽及金元等不同时期的文化遗存。

经过对已暴露的古井进行近3个月的抢救性发掘，共清理水井、窖穴、车辙、灰坑等遗迹25个。其中战国时期的水井7眼，汉代水井11眼、窖穴2座、车辙2组、灰坑2个、明代水井1眼。由于取土，这些井的上半部分均遭到不同程度的破坏，开口层位均不清楚。

战国时期的水井主要分布于发掘区的东半部。均为土坑竖穴，有圆形喇叭口和圆角长方形两种，井壁规整。井深距原地表有4~5米，井内填土较为纯净，出有绳纹灰陶罐及灰陶豆、战国红陶釜等遗物。

汉代水井主要是砖木混合结构，少量为圆形砖结构。砖木混合结构水井的上方为圆形砖结构，一般采用侧立弧形砖围砌或小弧形绳纹砖平砌。从部分井内遗物分析，有的在砖井圈之上接砌圆形陶井圈，陶井圈之上再接砌圆形盘口井沿；下方为方形木结构，大多采用搭口法进行搭砌，木结构底层有的也采用榫口法。个别井的木结构采用榫口法。木井圈长1~1.4米。有圆木、半圆木和板材三种。部分水井在方木结构之下还有方形小土坑。井圈外侧填以五花土，并加以夯实。砖井圈有的全采用弧形绳纹小砖平砌，有的用长方形绳纹（或席纹）砖和楔形绳纹砖采取二顺一丁的方式进行砌筑。两种形制水井的井身均底大口小，由下向上逐渐内收。井深距原地表5~7米。车辙位于J6西边，开口于第2层下，由东北向西南，两组相交，每组车辙外侧最大宽度均为1.35米。2个窖穴，H2为方形木结构，底部放置红陶釜、灰陶甑、灰陶盆等一组器物；H4为圆形土坑，原先为水井，后改作窖穴使用，在第5层层面上放有藤筐、陶罐、葫芦、木耙等器物。

此次发掘出土遗物近500件，有石、陶、铜、铁、骨、角、木、藤、草、竹及果核、葫芦和大量的砖瓦残片等。其中石器有球、杵、磨、砺石、纺轮等，陶器有罐、釜、瓮、盆、樽、纺轮、井圈等，陶罐有泥质灰陶、夹蚌红陶两种。铜器有铜簪、五铢钱、铜镜、铜镞等。铁器

有镰、刀、锸、钉、井钩等。骨器有簪，并出有马、牛、鸡、狗等动物骨骼。木器有耙、井钩、棍、水槽及书有道家方术文书的木牍等。另有大量木质井圈出土。藤器仅见小筐1件，另有草绳、竹席及桃核、杏核、板栗皮等遗物出土。

明代水井为土坑，坑壁用木楔将蒲苇钉在壁上，形成井圈，并内出有铜烟袋锅及明代青砖。

此次发掘的战国、汉、明代水井的形制结构均较为特殊，具有明显的地方特征，出土的遗物较为丰富，涉及生产、生活、手工艺、畜牧业、水利技术、环境等诸多方面，对研究天津地区战国—汉时期的考古学文化和历史具有重要的参考价值。特别是道家方术文书木牍为全国首次发现，此前出土的多为道教符篆，对研究我国早期道教的起源具有重要的意义。

（梅鹏云　姜佰国　盛立双）

## 蓟县东大井汉墓

**发掘时间**：2000年10月6~9日
**工作单位**：天津市历史博物馆考古部、蓟县文物保管所

墓葬位于蓟县县级文物保护单位——东大井汉墓群西部，在新建大楼地基的西南角，北距文昌街约45米，两墓相距约2.5米。发掘编号分别为00JDM1、00JDM2。

00JDM1为长方形单室砖墓，不起券，方向为南偏西5°。墓室系用长28、宽15、厚4.5厘米的绳纹砖平砌而成，高1.1、宽1.84米，因墓室南端被压在公路下方，长度不详。墓室底部为"人"字形铺砖。墓东北部已被破坏，室内尸骨凌乱，估计已被盗过。墓室内出土的遗物比较丰富，陶器均为泥质灰陶，北部自东至西依次放置盘口长颈圈足带盖壶2个、矮领鼓腹罐2个、盒1个、鼓腹罐1个，其中一个鼓腹罐里还残存许多鱼骨；中部为一方木匣，已朽，其内放有一圆连弧铭带镜，圆形，镜面微弧，圆纽座，座外一周凸弦纹，外为柿蒂纹，其外两周短斜线纹之间铸有铭文，素宽缘，出土时在镜面上尚可以看到包裹的丝织品痕迹；紧靠铜镜的东部放有一方形小石板，上放一顶圆底方的小石器，这件东西出土时均涂有白色粉末，估计应为研磨脂粉的用具。

00JDM2为土坑竖穴木椁墓，方向南偏西2°。开口于表土层下，距地表0.2米。土圹平面呈长方形，口大底小，口长4.8、宽3.9米，底长3.9、宽2.9米，深3.2米，在其东南部见有一圆形盗洞。木椁已朽，但木板腐朽的痕迹还很清楚，可以看出木椁长3.6、宽2.2、高1.1米，东西两侧的椁板均被挤压变形，尤以东侧的椁板为甚，而且从椁板痕上还可看出东侧的椁板为两块木板拼接而成，其余椁板为一整块木板；椁内南部为脚箱，宽43厘米，由于盗洞直接打在脚箱上，故里面的遗物很少，仅在东部发现1个陶盒，西部见有一侧放的矮领鼓腹罐（罐内见有1粒小桃核），在盗洞和头箱的东南部杂乱地散布着大量人骨，从个别的人骨（如手骨和前臂骨）还相连来看，此墓被盗的年代应为刚刚掩埋，尸体尚未完全腐烂之时，从盗洞中出土了8

枚"货泉"铜钱。椁内无棺，人骨凌乱且少，出土遗物有北部自东至西依次为侧放的长颈鼓腹圈足盖壶2个、陶盒1个、矮颈鼓腹瓮1个，偏南部有漆耳杯2个，中部有矮颈鼓腹罐2个、方銎铁斧1件、顶圆底方的小石器1件（出土时其上部还粘有粉末）、带钩1件、五铢铜钱1串，其中在瓮中残存着许多鸡骨。从盗洞、头箱及椁内的人骨看，分属3个个体，其一为男性，骨骼极为粗壮，从颅骨骨缝基本愈合、下颌骨所有牙齿完全脱落推测，其死亡年龄应在70岁左右，但其余的2个女性的死亡年龄较小，40岁左右。

00JDM1和00JDM2相距较近，方向基本一致，陪葬的器物中陶器均为泥质灰陶，同类器的器形基本一致，组合也大致相同：均为瓮、罐、盒、壶，且陪葬的器物中均有盛放食物的现象，可见这两座墓的年代基本一致，从出土的陶器、铜镜、货泉钱及五铢钱看，年代应为新莽时期。蓟县东大井汉墓的发掘，进一步丰富了天津地区汉代考古学资料，为周边地区尤其是蓟县东关、邦均汉墓的年代断定提供了有力的佐证。

（梅鹏云　姜佰国　赵　俭　何溪光）

# 2002年年鉴

## 宝坻县西辛庄唐代遗址

发掘时间：2001年8~9月
工作单位：天津市历史博物馆考古部

遗址位于宝坻县口东乡西辛村北0.5千米的一处高坡上，当地人俗称"薄家坟"，为配合津蓟高速公路工程对该遗址进行了发掘。共布探方20个，发掘面积500平方米。西辛遗址文化堆积单纯，仅唐代文化一种。共清理灰坑15座、灰沟2条，出土了陶、釉陶、瓷、铜、银等质地的文物20余件，其中以陶瓷器最为丰富。陶器器形主要有碗、盆、盘；瓷器仅有碗一种器形，但釉色圆润，制作较为精美；釉陶器均为蓝色釉，烧制火候较高，器形主要为钵。本次是天津地区第一次对唐代遗址进行发掘，出土了一批有代表性的典型器物，丰富了天津地区考古学文化资料。

（梅鹏云　姜佰国　盛立双）

## 蓟县五里庄辽代墓地

发掘时间：2001年4~5月
工作单位：天津市历史博物馆考古队

五里庄辽代墓地是在津蓟高速公路考古调查工作中首次发现的。据地表分布的沟纹砖判断，墓葬主要坐落在涸溜镇康庄和五里庄之间一块俗称"上台子"的高地上，总面积约4000平方米。因津蓟高速公路从此穿过，抢救性地发掘了已暴露的墓葬4座，其中单室墓3座、多室墓1座。

3座单室墓发掘前均呈孤岛状，凸出于周围地表约1米，墓底周围裸露生土。M1墓室圆形，东西直径4、南北残径3.7米。墓壁残高0.2~0.34米，用半头砖垒砌，砌法是两平一竖。室内北半部有一横长方形砖砌尸床，长2.36、宽1.2米，尸床与北、西、东三壁均间隔一定距离。在墓室北壁转角处，有用青砖磨制的仿木结构的装饰假柱。在尸床周围随葬有陶罐4件、白瓷碗1件、北宋钱11枚。在尸床以下又发现一长方形竖穴遗迹，其大小与尸床几乎相近，深0.4米。坑内填土中除含少量碎砖末和烧土渣外，无任何发现。但在坑的东部一个圆形似头箱的遗迹内，出有陶器5件、漆器1件。M1用砖均有沟纹，但沟纹有7纵、8纵、9纵之别，有纵和斜纵，还有少量绳纹砖。沟纹砖尺寸几乎相同，长34、宽16.5、厚4.5厘米。

M2和M3与M1几乎相同。但M2墓底有并列状铺砖。用砖多素面，长39.2、宽19、厚6厘米。

M4为多室墓，只存西耳室和主室一隅。主室残存圆形直径3.24米。西耳室保存较好，残高0.7米，直径1.5~1.6米，砌法与M1相同。耳室内有一半圆形尸床，尸床西贴西壁，南北砌成一条直线，直接连于南、北两壁。耳室内随葬筒形罐5件、小口鼓腹罐2件。该墓用砖与M2一致。

五里庄4座墓葬虽然毁坏严重，但仍可知均属砖砌仿木结构。据各墓中发现的人骨碎块均被火烧过推知，这些墓葬的主人是焚尸后才埋葬的。这里出土的白瓷碗和泥质陶直口直腹罐及陶剪子等均与我市蓟县抬头村辽墓出土的同类器相近，因此推知这些墓的年代也当属辽代。

（梁宝玲　邱明　王玉平）

# 宝坻县东辛庄金代遗址

发掘时间：2001年5~9月
工作单位：天津市历史博物馆考古部

为配合津蓟高速公路工程建设，对其沿线进行了文物普探，在宝坻县东辛庄村北0.5千米、俗称"鬼王庄"的高坡处发现了金代遗址，面积约4万平方米。随后进行了重点钻探和抢救性发掘，共揭露面积1000余平方米，发现金代中晚期的文化堆积和少量元代文化遗存。清理房址1座、墓葬1座、灰坑48座、灰沟5条，出土陶、瓷、铁、铜、鎏金、玉、骨等质料的小件文物118件。

此次清理的地层堆积内涵较为单纯，主要为金代中晚期文化遗存。出土的器物以瓷、陶器为主，瓷器主要有碗、盆、罐、盖，陶器有瓮、罐、盆、钵等；铜、骨器主要以簪为主，玉器为环等饰品；铜钱多为北宋时期，唐钱少见。

东辛庄遗址的灰坑形式多样，有圆形、长方形、不规整形等多种形状，剖面多呈锅底状。M1为土坑竖穴墓，无棺，无随葬品出土，墓主为一五六岁的儿童。在F1中，发现了两座"回"字形烟道的火炕遗迹，灶坑、灶眼、进火口、烟道等都基本保存，为研究金代取暖设施提供了重要资料。

（姜佰国　梅鹏云）

# 蓟县西庄户元代遗址

**发掘时间**：2001年8～11月
**工作单位**：天津市历史博物馆考古部

2001年3月中旬津蓟高速公路蓟县段沿线考古调查工作中，在蓟县东赵乡后牛宫村西一块俗称"西庄户"的高台地上采集到了大量的辽、金、元时期的砖瓦和陶、瓷碎片，后经多次复查和勘探，确定此处是一大型的辽、金、元时期的村落遗址。8月初开始在遗址中心偏西北的津蓟高速公路路基地段进行了抢救性考古发掘，发掘面积近1000平方米，新发现了少量春秋时期遗存，主要为元代遗存。共清理房址25座、灰坑或窖穴29座、灰沟10条，出土陶、瓷、铁、铜等不同质料的遗物近200件，其中以陶、瓷器为主。陶器以罐、盆类常见，瓷器以碗、盘多见。铁器较多，主要是生产工具和生活用具，武器较少，有镰刀、爪镰、剪子、铃、镞、剑等。铜器以簪为主，镜、带钩等少见。还出有砖、瓦、滴水、门轴等建筑构件。出土的铜钱多为北宋时期的小平钱，唐钱和金钱均少见。

此次清理的房址具有分布密集的特点，有的东西相邻，有的南北向排列，有的上、下叠压，有的经过改建。以单室房址为主，双室较少。单室房址平面形状以抹角长方形为主，进深多大于面阔，室内面积近20平方米，多坐北朝南，坐西朝东者次之。门道有的呈略凸出于室壁状，有的呈舌状，明显伸出室壁。房址的穴壁和火炕的炕台及灶台均是先就地挖筑，而后再经加固修理。除在房址的拐角、炕台的坑面和炕沿以及灶门等处发现有用砖垒砌加固外，余均为土筑。单室房均为一炕一灶，室壁残高20～60厘米。土炕台多作东西状长方形，灶台位于炕台的东南角。炕台上一般有平行的炕洞（烟道）3纵。灶台作抹角方形，灶膛凹壁、凹底。灶膛的火眼呈慢坡状通向炕台的烟道。灶膛内发现的灰烬呈白色，可知当时人们用的燃料是木材。室内居住面甚为坚硬。柱洞多发现在门道旁和灶址附近。在房址周围分布的灰坑中，发现丰富的蚌类外壳和动物骨骼。

西庄户遗址出土的可复原的酱釉碗、白釉褐花内底有字（王、申等）碗、泥质灰陶盆和罐以及夹砂灰陶敛口鋬耳锅等，均属我国北方地区元代常见的生活器皿。已发掘出的元代房内的火炕设施，也是我国北方地区自汉代以来比较流行的取暖方式之一。

元代村落遗址考古目前尚属我国考古学较薄弱环节。天津蓟县西庄户元代村落遗址的发掘，不仅为初步搞清这里元代民居的建筑特点和村落布局提供了重要的资料，而且必将对我国元代村落遗址考古起到积极的推动作用。

（梁宝玲　邱　明　刘　健　王玉平　盛立双）

# 2003年年鉴

## 蓟县东大屯汉墓

**发掘时间**：2002年8月
**工作单位**：天津市文化遗产保护中心（原天津市历史博物馆考古部）

墓葬位于蓟县城关镇东大屯村东100米处，地势略高于周围地表，地表散落汉代绳纹砖，方砖尺寸为31厘米×15.5厘米×5.5厘米，还散见起券用的楔形砖。墓葬早期被盗，破坏严重，墓顶无存，仅存墓室。因东大屯村村民在兴建牛舍过程中，用推土机推出大量墓砖而发现，即进行了抢救性发掘，清理东汉晚期砖室墓1座。

该墓为多室砖墓，由墓道、墓门、甬道、前室、中室、后室、东耳室几部分组成，全长16米。墓道为长方形斜坡式，前、中、后三室及耳室均灰砖平砌，两顺一丁，墓壁呈长弧方形，室与室之间有甬道相连，墓底均灰砖席纹铺地，墓顶应为券顶。出土陶器以明器为主，有陶猪、耳杯、彩绘陶案、盘、彩绘龙首陶斗，还有大量釉陶器，如井、灶、猪圈、锅、盘、人面坐俑、立俑、鸭等。铜器有发饰、"五铢"钱、铜环及鎏金铜车马器、铺首等。比较重要的是甬道封门外发现的一方铜印，此印铜质较好，表面有鎏金痕迹。印面2.4厘米见方，背桥形纽套印，内藏小印不存。阴刻篆书"蔺曜印信"四字。此外还见有铁镢，彩绘漆奁、耳杯及部分铅饰件等。

墓葬规模较大，结构复杂，虽然破坏严重，仍出土了丰富的遗物。出土的大量精美的釉陶器、彩绘陶器及铜印的规制说明，墓主人生前地位较高。人面俑、釉陶井做工精美，釉色墨绿，局部有聚铅现象，体现了较高的原始釉陶工艺水平。在天津地区发现的汉墓中，弧方形砖室汉墓比较罕见。

（盛立双　刘健）

# 蓟县小毛庄汉代及明代墓群

发掘时间：2002年8~10月

工作单位：天津市文化遗产保护中心（原天津市历史博物馆考古部）

小毛庄墓群位于蓟县城关镇小毛庄村北，为配合基建工程，对该遗址开展了考古勘探与发掘，总计完成勘探面积43154平方米，发现并清理古墓葬94座（其中汉代墓葬79座、明代墓葬9座、清代至民国时期墓葬6座）、古窑址1处，出土了各时期文物1000余件。

汉墓以长方形土坑竖穴墓居多，共71座，砖椁墓仅有6座。长方形土坑带墓道墓、洞室墓、东西向墓在以往考古发掘中少见。葬具有一棺、一棺一椁、棺外带头箱等几种方式。随葬品多出于头箱的位置，一般以陶瓮、罐、壶、盒组合为主，兼出漆器及少量的青铜器。埋葬方式多单人仰身直肢，也有少量的夫妻合葬墓。从墓葬的排列方式看，多2个一组分布，或3个一组分布，显示了一定的亲缘关系。汉墓形制、葬具的多样化，随葬品的差异，反映了整个墓地的时间早晚变化以及墓主人之间的等级差异。汉墓的年代大致是西汉中期至东汉中晚期；另外，6座东西向土坑墓，其葬俗、葬式、随葬品、葬具特点都表现出与南北向汉墓极大的不同，应与汉代在燕山一带活动的少数民族有一定的关系。

明墓多为夫妻合葬墓，土坑竖穴单棺，头向西北，尸骨保存较好。出土物有金耳环、银簪、双系灰陶罐、琥珀珠及宋代、明代钱币等，墓葬中出现的头枕板瓦或胸压朱字符咒板瓦的现象，在去年西关墓群的发掘中也曾遇到。

（梅鹏云　盛立双　刘　健　姜佰国　张俊生）

# 蓟县七里峰汉代石刻遗迹

发掘时间：2002年4~5月

工作单位：天津市文化遗产保护中心（原天津市历史博物馆考古部）

石刻遗迹位于蓟县城关镇七里峰汉代墓葬保护区的西北部，依地势而建，曾遭到多次破坏，东南被清代墓葬打破，北部偏东被一扰坑打破，而南部和西部则被晚唐地层叠压。该遗迹平面呈正方形，边长4.9米，每边各有4块长1.05~1.1、厚0.08~0.12、画面高0.6米的石刻，两块石刻之间均有一块宽28、画面高60厘米的桩石，在遗迹的各边交接处均有一平面呈"L"形的角石，长24、宽12、厚6厘米。

所有石刻均采用剔地浅浮雕的形式，题材每边不同；东部残存的3块石刻题材为站立的人物，手持乐器，而中间桩石画面为一站立的门吏，左上角题有"宜禄"二字；北部残存的2块石刻为一马二禽，中间桩石刻有一披头散发、手舞足蹈的人物；西部残存的2块石刻为青龙和白虎，中间桩石刻有一站立的手执棍棒的门吏；南部4块石刻残损得比较厉害，画面可以看出有杀牲、玄武等图案，桩石雕刻的是朱雀。角石均为剔地无图案。石刻遗迹的年代，从填土中出土的铁镞、"大泉五十"以及雕刻风格看，应为东汉中晚期。

蓟县七里峰东汉石刻遗迹的发现，又一次填补了天津地区汉代考古的空白，石刻题材亦不像山东、河南等地出土的画像石那样，青龙、白虎、朱雀、玄武四神各守四方，而是青龙、白虎放在西部，朱雀、玄武放于南部，这一反常的现象一定有其深刻的内涵。青龙、白虎以及舞蹈人物的雕刻，线条流畅，惟妙惟肖，具有很高的艺术价值，这些对于研究汉代葬俗制度以及当时的雕刻艺术都有十分重要的意义。

从石刻的布局和题材看，该石刻遗迹极有可能为墓前祭祀建筑——祭坛。

（姜佰国　梅鹏云　赵　俭　蔡习军　刘福宁）

# 2004年年鉴

## 蓟县东大井西周遗址和汉代、明清墓葬

发掘时间：2002年10月至2003年6月
工作单位：天津市文化遗产保护中心

为配合蓟县金盾花园小区和交通局家属住宅楼建设工程，对上述两项工程近8万平方米的征地范围进行了考古勘探和发掘。共清理西周时期窑址3座，灰坑2个，汉代灰坑27个、水井3口、墓葬79座以及明清墓葬28座。本次发掘出土了包括金、银、铜、铁、陶、骨、玛瑙、玉、漆木器在内的各个时期文物1500余件，"五铢""货泉""万历通宝"等铜钱1000余枚，其中出土的汉代鎏金铜熏炉、铜豆、铜镇、铜镜、铜盘、铜带钩、带鞘铁剑、铜印、鎏金铜车马饰件等器物，均具有极高的历史价值和艺术价值。

西周时期烧造陶器的窑址，在天津地区尚属首次发现。窑址的火道、窑室均保存完好。窑址中出土了大量的夹砂绳纹灰陶片，丰富了天津地区西周时期考古学文化资料。本次发掘的地点距市级文物保护单位围坊遗址不足500米。

汉代墓葬在此次考古发掘中所占的比重较大，取得的成果也最为丰富。从发掘结果看，汉墓多南北向，以砖室墓居多，多带有斜坡状墓道。而台阶状双墓道墓、东西向墓，则在天津地区鲜见。葬具有单棺、一椁两棺两种形制。尸骨多腐朽。随葬品多出于头部棺外，器物组合为罐、壶、方盒、灶等。尚有少量的块石砌成的石室墓，都没有随葬品。随葬品的多寡及墓室的大小，反映了墓主人的贫富差异。从整个墓地的墓葬排列布局看，早期（西汉时期）大中型墓葬（M89、M106乙、M109等）主要分布于西部，地势较高，排列有序，在其分布的范围内没有小型墓葬分布，且出土的随葬品多为精品，可看作是一有势力的家族墓群。与其相反，东部的墓葬多为东汉时期的小型墓葬，排列无序，墓主人应无亲缘族属关系。这在一定程度上反映了从西汉到东汉时期社会关系的变化——家族观念的逐渐打破和人们的相互融合。

M106乙为带斜坡状墓道的土坑竖穴墓，墓室长10、宽5.5、深6.8米，墓道长14米。墓圹和墓道内的填土经过逐层夯打，土质坚硬，椁板四周及顶部、底部填有用于防盗的陶片、瓦片。该墓为天津地区迄今为止发现的规模最大的西汉土坑竖穴墓。而M109和M106甲则为天津地区首次发现的汉代带陪葬车马坑的土坑竖穴墓。M109的陪葬坑，长4.5、宽1.8米，北侧有一小洞室，陪葬有两套木质明器车、马，明器铜马具、车具位置固定、配件齐全。M106甲的陪葬坑已遭盗掘，陪葬品位置凌乱。

本次发掘，获取了汉代墓葬的营造、下葬、填埋、防盗以及随葬器物组合、摆放位置等方面的重要信息。通过对墓圹上所留工具痕与墓葬填土所出的铁锸刃部的比较，从而证明当时的墓葬就是用这种宽度不到7厘米的铁锸一点点挖掘而成的。较深的墓葬一般都留有斜坡状的墓道，无墓道的一般也在墓圹的一角留有方便上下的脚窝。中型墓葬一般有夯打迹象，已发现的夯打技术主要有单夯和排夯两种，夯窝直径亦有5~6厘米和10~12厘米两种，夯层在11~20厘米。在防盗措施上也多种多样，除填土夯打外，还在木椁四周积瓦、积石或积矿渣用以防盗。

明清墓葬多为夫妻合葬墓，单葬墓较少。明代墓葬均为南北向，其中最具典型特征的是石椁墓和多室砖墓。清代墓葬多为土坑竖穴夫妻合葬墓，墓葬方向都是东西向。明清墓葬的共同之处是墓主人的头部均枕有板瓦，在墓内均放有朱砂符记，随葬器物都放在头部，随葬品都是双系陶小罐；不同之处是明墓的朱砂符记放在腰坑内，而清墓则放在胸口位置。出土文物有金簪、金戒指、金币、银簪、明清钱币等。

（姜佰国　张俊生　刘　健）

## 武清区南蔡村镇韩营村战国至汉代墓地

**发掘时间**：2003年4月23日

**工作单位**：天津市文化遗产保护中心、武清区文化馆

该地点位于武清区南蔡村镇韩营村西北约500米处。村民在挖鱼塘过程中发现刀币和陶罐并捡走，武清区文化局、镇派出所在接到举报后迅速将部分出土文物追回。

在现场已经发掘的鱼塘底部看到3~4处已经破坏的古墓葬迹象，刀币即出于此处。在鱼塘的北岸及东部发现古墓葬3处，地表散乱着大量的陶器残片和席纹砖。在附近地区也采集到席纹砖、粗绳纹鬲足、灰陶罐、红陶釜残片等。

结合地层堆积和现场调查情况判断，该地点应为一处战国至汉代时期的墓地。

（盛立双　张俊生）

## 蓟县崔店子战国、汉代、明清墓葬

**发掘时间**：2003年8~10月

**工作单位**：天津市文化遗产保护中心

为配合蓟县富裕家园住宅楼建设工程，对蓟县城关镇崔店子汉代墓葬保护区北部进行了考

古发掘。共发掘战国、汉代、明清各时期的古墓葬近百座,出土了铜、玛瑙、玻璃、陶、金、银等质地的文物200余件,铜钱500余枚。

战国时期的墓葬本次发现较少,均为长方形土坑墓,形制较小。其中两座战国墓形制独特,随葬的陶壶、陶鼎安放在距墓底0.9米高的小壁龛内,这种墓葬形制在天津地区尚属首次发现,且在棺内出土少量战国刀币。

汉代墓葬均为土坑竖穴墓,规模较小,出土的随葬品也较少。大多数墓葬的随葬品安放于头部棺外,这与以往天津其他地区两汉时期随葬品摆放的位置相同;但有两座平行排列的墓葬则恰恰相反,将随葬品摆放于足部棺外,从排列方式看,这两座墓葬应具有一定的亲缘关系,代表了当时一种异于常理的随葬习俗。这种反常的随葬方式,对于研究汉代安葬风俗具有十分重要的意义。

本次发掘还出土了天津地区最早的玻璃饰品。这些玻璃饰品有浅蓝、浅绿、乳白三种颜色,呈圆环形,直径6~8毫米,共计234件,均是从一座汉代土坑墓葬中出土的,出土时散落在墓主颈部周围,故推测其应为项饰。经过专家的初步认定,这些玻璃饰品属于铅钡玻璃。

(姜佰国 郜志坚)

# 蓟县独乐寺西墙外汉至清代遗址及汉魏时期墓葬和明清城墙基址

发掘时间:2003年10月12日至11月1日
工作单位:天津市文化遗产保护中心

蓟县城关镇独乐寺西墙外在修建停车场平整土地时发现墓葬1座。墓葬为东西向单室砖墓,长2.88、宽1.13米。木棺已朽,棺长1.98、头端棺宽0.71、脚端棺宽0.56米。单人葬,人骨腐朽严重,仅存痕迹,无随葬品。据墓砖和木棺形制推测为汉魏时期墓葬。

在墓葬的西南部,试掘5米×5米探方1个。在探方的第1层下发掘出一段壕沟,底部发掘出很多大块砾石,砾石间隙中出土唐代绳纹砖、辽代定窑系白瓷碗口沿残片、辽代沟纹砖等,推测为唐、辽时期壕沟。

在停车场北部,清理长20.4、深2.3米的剖面一处。剖面上部为现代建筑基础堆积,在其下方由晚及早堆积着明清城墙基址及城壕遗迹、唐辽壕沟遗迹、两汉壕沟遗迹。明清城墙基址残宽5.75、残高0.5米,明清城壕残宽6.25、残深2.3米,唐辽壕沟残宽5.5、残深2.1米,两汉壕沟残宽9.5、残深1.3米。在汉代城壕上面,发现汉魏时期儿童瓦棺葬1座。

此外,在明清城壕内和其他地点发现了燕式鬲残片和春秋战国时期灰陶罐、红陶釜残片。

(张 瑞)

# 蓟县东大屯汉墓

发掘时间：2003年9月16～19日
工作单位：天津市文化遗产保护中心

墓葬位于蓟县城关镇东大屯村南，村民取土盖房时发现。墓葬为长方形单室砖墓，墓室长2.84、宽1.9、残高0.84～1.24米，四壁为青砖斜砌，呈"人"字形，墓底呈"人"字形铺砌，顶部不存。由于墓葬已破坏，木棺和尸骨情况不详。绳纹砖尺寸一般为25厘米×13厘米×4厘米。出土灰陶罐1件，素面褐陶罐4件，带盖素面褐陶壶1件。根据墓葬形制和出土文物判断其年代为东汉时期。

（相　军　张　瑞）

# 宝坻区辛务屯唐代遗址和元明时期墓地

发掘时间：2003年4～6月
工作单位：天津市文化遗产保护中心

为配合宝坻区潮阳大道修建工程，对位于宝坻区城关镇辛务屯村与市级文物保护单位、战国时期古城——秦城遗址之间东侧的路基部分进行了考古勘探，勘探面积5.2万平方米，探明唐至明代各个时期的灰坑、墓葬、水井等地下文物遗存单位140余个。

唐代遗存有砖结构水井2口，圆形竖穴，深3米左右，用长37、宽16、厚6厘米的僵直绳纹砖砌成。灰坑多为圆形，出土遗物丰富，有泥质灰陶罐、盆、钵、盘，黄色釉陶盆，玉璧底白瓷碗，铜簪等，以及象拔、海蛎子等海贝壳。以上说明，此处应为一处较大规模的唐代村落遗址。

清理元代墓葬11座，包括竖穴土坑墓6座、砖室墓5座（其中火葬墓2座）。砖室墓用砖基本上是素面砖，尺寸基本上与大直沽天妃宫遗址出土的元砖相仿，长37、宽16、厚5.5～6厘米，并夹杂零星的辽代沟纹砖与唐代僵直绳纹砖。墓内人骨均头向南。出土遗物有黑釉双系罐、钧窑瓷碗、青釉韩瓶、串珠项链和"崇宁重宝""熙宁重宝"等宋代钱币。2座火葬墓葬具为陶罐或缸胎黑釉罐。

清理明代墓葬100余座，并发现两个家族墓地。均为土坑墓，由北向南排列。人骨头向北，头部枕有板瓦，或胸部压有板瓦，瓦上一般画有红符。出土遗物有灰陶双系罐、酱釉双系罐、酱釉瓷碗、银簪、铜镜、铜钱等。

值得注意的是，在元、明时期的家族墓地中发现了"地庙"，用于镇守墓地。均用砖砌成乌龟形状，置于墓地的东北部。元代"地庙"乌龟头向东北，内置一方砖，龟腹放有白瓷盘及铜镜1枚。明代"地庙"保存完好，头、尾、四腿清晰可见；头向东南，头部置一犁铧，象征头部；尾部置一韩瓶；腿部均放有数目不等的铜钱，铜钱年代多为宋钱。龟腹内部立一方砖，砖长31、宽16、厚6厘米，上写有朱红色符，漫漶不清。龟胸内部置酱釉碗、铜镜、砚台、铜钱，并发现残"墨块"痕迹。

发现明代祭祀坑1座，平面方形，土坑竖穴，坑内东西向摆放一马的骨架，无头。

元明时期水井为土坑水井，水井平面有圆形、长方形两种。由于此地元明时期为墓地，非居住址，推测这些水井应为农田灌溉之用。

（梅鹏云）

# 蓟县千像寺遗址

**发掘时间**：2003年3月下旬至6月初
**工作单位**：天津市文化遗产保护中心

千像寺遗址位于蓟县城西北12.5千米处的盘山东麓，现属官庄镇联合村行政区划内。千像寺依地势在中轴线上修建有前、中、后三进大殿，中殿（正殿）和前殿之间左右两侧各有东、西配殿1座，在中轴线两侧还建有库厨和僧房，皆被毁于日本侵华的战火之中。据现存的辽圣宗耶律隆绪统和五年（987年）立的《盘山佑唐寺创建讲堂碑铭》记，千像寺古名长兴寺，一名佑唐寺。唐末兵灾之后，寺院烬灭。另据明嘉靖十五年（1536年）《盘山古刹佑唐寺重铭碑》记，"盘山境之千像寺名佑唐"，阐明了佑唐寺与千像寺的渊源。

千像寺遗址发掘工作主要分两个阶段：第一阶段是清理了遗址上的废墟，清理面积1500平方米，揭露了各殿基址的现状和平面布局；第二阶段是在钻探的基础上，开展了发掘工作，发掘面积300平方米。主要收获有四：一是搞清了千像寺自明清以来中轴线的位置和平面布局基本上未变，弄清了千像寺正殿和前殿及东、西配殿夯土基础以上的建筑经历了三次修建，新揭露了明清时期的钟楼（？）基址1座；二是发掘的金元时期的地层堆积和新发现的同时期的碑刻资料，填补了该遗址金元时期历史的空白；三是发现的开口于金元时期地层下的建筑遗迹和1条石砌排水道中出土的遗物表明年代可上溯至公元一千年，这与千像寺现存的讲堂碑铭所记的历史年代也相吻合；四是在正殿发现的埋藏于铺地砖下的干电池和地线，为盘山抗日根据地革命史的研究增添了新的实证资料。

（梁宝玲）

# 河东区大直沽明清酒坊遗址

**调查时间：** 2003年9月1日
**工作单位：** 天津市文化遗产保护中心

调查地点位于河东区大直沽八号路西侧，宫前东园小区南侧，西与现大直沽酒厂相邻。因基建施工出土文物，遂前往现场调查。

出土物主要位于现地表下约2.7米处，在现场采集到大量的酒坛盖和绿陶酒坛、青砖及少量青花瓷片等。酒坛盖底部印有戳记，戳记文字有"义聚永酒庄天津大直沽　裕丰行选庄　义聚永分此"和"广安居选庄　义庆成记　如有假充　本店字号　男盗女娼"等。采集到的遗物可以分成三个时期：明清之际、清代中期至清代末期、民国时期。

大直沽地区自明清以来就以盛产烧酒而驰名国内外，"义聚永"是当时著名的酒作坊之一，并且民国后曾在此设厂，此次大量盛酒器具的发现，很可能与此有关。

（盛立双　张　瑞　相　军）

# 2006年年鉴

## 蓟县旧石器时代遗址

调查时间：2005年3~5月
工作单位：天津市文化遗产保护中心

此次调查共发现石器地点27处，分布范围覆盖蓟县下营镇、孙各庄满族乡、罗庄子乡、官庄镇、邦均镇、城关镇等6个乡镇，采集到各类石制品1000余件。

石器地点绝大多数属于山前台地、河流的二级阶地，只发现官庄野沟1处地点位于相对孤立的小山丘上。在调查中发现，多数地点地表以下含有砾石层，在砾石层下部分布有厚度不等的黄土层，也有少数地表以下单纯为黄土堆积的地点。采集到的石制品原料以燧石为主，也有少量用石英、石英砂岩等原料加工而成。这些石制品人工痕迹清楚，类型丰富。工具以数量较多的各种类型刮削器为主，还见有尖状器、钻器、砍砸器及石核、石片、残片、断块、碎屑等，在一些地点还发现少数细石器石核和若干不典型的细石叶，表明这个地区旧石器文化的多样性。从石器加工技术来看，除细石器以外，其余几乎都是直接打制的。

根据采集到的石制品标本及其出土地点的地貌特征初步推断，这些石制品的年代为旧石器时代晚期，距今10万~1万年，属中国北方小石器传统。这次调查还发现了旧石器时代晚期至新石器时代早期的地点，为探讨新、旧石器时代的过渡提供了重要线索。

（盛立双　张俊生　甘才超）

## 蓟县于桥水库新石器时代至战国及辽金元时期遗址

调查时间：2004年3~4月、2005年6月
工作单位：天津市文化遗产保护中心

蓟县于桥水库雅称"翠屏湖"，位于蓟县城东约3.5千米处，沿岸有7个镇所辖200余个自然村，大多分散在低于海拔300米的矮山和山前丘陵高地之间。水库北岸淋河、沙河、果河等

均汇入库区。调查中的主要收获如下：

1）新石器时代至商周时期的古遗址1处——小东庄遗址，位于马伸桥镇于各庄村东，坐落在一座小山顶和山前台地上，总面积约3万平方米。山前台地上的文化层保存较好，分2层：上层是商周时期的堆积，黑灰色土，遗物有夹砂褐陶叠唇鬲、泥质灰陶敛口钵等；下层是新石器时代堆积，褐色土较硬，出有夹砂褐陶筒形罐、泥质灰陶红顶钵、支脚等。

2）商周时期遗址6处，文化面貌与于各庄遗址上层相同，采集的遗物有陶片和石斧。其中除出头岭镇北上坡遗址位于丘陵高地，面积达3万平方米外，余5处遗址均坐落在山顶或山坡上，面积不明。

3）辽金时期的堡寨遗址10处，均坐落在水源方便的孤立山顶上，既有独立防御功能，又有遥相呼应的特点。方向依山形走势，多依山顶形状而建，均用石块砌墙。平面以不规则的长椭圆形为主，近圆形、八角形或长方形的均较少。只建一圈城墙的堡寨面积1000~2000平方米，另有瓮城或壕沟等设施的堡寨面积在2000平方米以上。墙体厚0.7~1.5米，一般是内外壁用较规整的石块砌成，中间添碎石。石墙一般残高0.3~1.5米。保存最好的莺歌寨，城墙厚1.7~2.3米，残高在1.5米左右，局部残高4米，砌法是墙体中间添碎石后又加三合土夯筑。

4）战国至金元时期的古遗址或古墓葬7处。在古遗址地表采集有陶、瓷碎片等。辽金时期的古墓地2处，采集的遗物有酱釉小口矮领圆肩罐和陶瓷残片。

（梁宝玲）

# 静海西钓台战国及宋代遗址及唐宋墓葬

**发掘时间**：2005年4~6月
**工作单位**：天津市文化遗产保护中心

遗址和墓葬位于静海县陈官屯镇西钓台村西约2000米，地势平坦，原为林地。为配合京沪高速公路（天津段）二期工程建设，对遗址进行了发掘。

发掘面积900平方米，分南北两个区。南区发掘面积800平方米，遗迹以灰坑最多，共23个，此外还发掘出1个灶、1口水井和1条沟，出土一批白瓷碗、瓷盘等器物的碎片以及大量灰陶片，均为宋代器物。北区发掘面积100平方米，出土战国时代的陶罐、盆、瓮等器物的残片，泥质陶和夹砂陶均有一定数量。

发现墓葬3座，编号为M1~M3。M1坐北朝南，单室墓，墓室呈圆形，顶部不存，四壁及地面保存较好，用青砖铺砌，室南部有一条墓道和一甬道。墓室内有棺床，保存完好，棺床下有12个壶门。棺床巧妙地用锯齿状砖饰表示丝质的床幔，而砖雕的壶门、立柱则完全模仿木质的床榻，在床幔、壶门、立柱上施有朱、白或黑彩，制作精美。墓葬早期被盗，仅出土1件白瓷碗、1件褐陶双耳罐及数枚铜钱。棺床上有部分残骨，棺床下有一头盖骨。M2坐北朝南，单室墓，圆形，墓室南部有条墓道。墓葬破坏严重，仅剩墓圹，有棺床，无随葬品。M3形制与M2相同，破坏严重，仅墓底残留部分青砖，有棺床，填土中出土了白瓷碗、泥质红陶罐残片。从出土遗物及墓葬形制判断，M1年代为唐代晚期，M2、M3年代为宋代。

（相 军 姜佰国）

## 静海古城洼东周时期遗址

发掘时间：2005年4~6月

工作单位：天津市文化遗产保护中心

遗址位于静海县陈官屯镇小钓台村西1500米，陈官屯—大城公路南侧，整个遗址地势平坦，拟建设的京沪高速公路（天津段）二期工程占压整个遗址的中部。布正南北方向的探方43个，发掘面积1075平方米。

遗址的遗迹比较单一，只有道路和灰坑两种。道路遗迹分布于遗址的东南部，路土很薄，厚2~4厘米；灰坑主要分布在遗址的西、北部，一般较浅，呈圆形或椭圆形。遗址中出土的器物主要是陶器，以夹砂褐陶为主，另有部分泥质灰陶；器形有圜底釜、折肩尊、浅盘豆、敞口罐等；豆均为素面，釜、罐等器物表面多饰压印的粗绳纹。

出土遗物所反映的时代特征明显、文化内涵比较单一，当为战国时期。据古代文献记载，今静海县境在战国时期被燕、齐、赵三国交替控制，通过与山东、河北等周边地区同类考古学文化的对比研究，初步判断古城洼遗址应属于战国时期齐国文化。

（姜佰国）

## 静海县鲁辛庄东周时期遗址

发掘时间：2005年4~7月

工作单位：天津市文化遗产保护中心

遗址位于静海县唐官屯镇鲁辛庄村西2000米，南距后石门遗址1500米，遗址地势相对平坦。为配合京沪高速公路（天津段）二期工程，对该遗址进行了抢救性发掘，共布探方44个，发掘面积1100平方米。

该遗址遗迹种类较少，仅见灰坑和灰沟两种。但地层堆积较厚，出土遗物丰富。遗址上部文化层中出土的遗物以泥质灰陶为主，夹砂褐陶、夹蚌红陶占有一定的比例，器形主要有钵、罐、盆等，年代应为西汉时期；遗址下部文化层出土的遗物主要为日常生活所用器皿和建筑材料，主要有铜削、铜洗以及陶纺轮、浅盘豆、罐、釜、板瓦、筒瓦等。陶器以夹砂褐陶为主，泥质灰陶较少。除豆为素面外，其余器物多饰粗绳纹，另外在釜的肩部、豆的口沿或柄部常见有戳记，这是战国、秦汉时期手工业十分流行的做法，即文献记载的"物勒工名，以考其诚"。

这些遗物与战国时期燕国文化有明显的区别，而与古城洼遗址文化内涵相同，应同属于战国时期齐国文化。

（张　瑞　姜佰国）

## 静海县杨家疙瘩汉至唐代遗址

**发掘时间**：2005年4~6月
**工作单位**：天津市文化遗产保护中心

遗址位于静海县陈官屯镇西1800米，陈官屯—大城公路北侧，整个遗址地势中部高、四周低，一条南北向的引水渠将遗址分为东西两部分。为配合京沪高速公路（天津段）二期工程，对遗址进行了抢救性发掘，共布探方51个，其中水渠以西（以下简称西区）布探方30个，水渠以东（以下简称东区）布探方21个，发掘面积1400平方米。

西区文化层较厚，但遗迹现象较少，主要有灰坑、灰沟、道路等。遗物也不丰富，主要有泥质灰陶罐、灰陶绳纹瓦片、灰陶花边瓦片等。此区遗址的年代应为汉魏时期。另外在此区的北部发现3座墓葬，其中2座为土坑竖穴墓，均为南北向，单棺，尸骨已朽，无随葬品，开口于汉魏文化层之下；另1座墓为小型砖室墓，单砖垒砌，制作简陋，随葬品仅1件酱釉双系瓷罐。

东区文化层较薄，但遗迹现象较多，遗物丰富，主要有三彩罐、白釉瓷碗、泥质红陶罐等。此区遗址的年代为唐代。

（刘　健　姜佰国）

## 京津城际轨道交通工程（天津段）沿线汉至金元时期遗址

**调查时间**：2005年3月
**工作单位**：天津市文化遗产保护中心

京津城际轨道交通工程（天津段）沿线进行的考古调查，发现了8处文物点，其中古文化遗址5处、古墓群3处，全部分布在武清区。具体为：

三角地遗址，位于大王庄镇前侯尚村西。地表发现素面泥质灰陶片、素面泥质红陶片、青花瓷片等，可辨器形有罐、盆等。时代为汉、元时期。

董家庄遗址，位于大王古庄镇董家庄村西。地表发现有素面泥质灰陶片口沿、绳纹砖、青花瓷片、铁锈花瓷片等，可辨器形有罐、盆、碗等。年代为汉至金元时期。

稍子营遗址，位于白古屯乡稍子营村西。地表发现素面泥质红陶片、青花瓷片等，可辨器形有罐、碗等。年代为汉至明清时期。

富村墓群，位于白古屯乡富村西。地表发现素面泥质灰陶片、青花瓷片、绳纹砖等，可辨器形有罐、盆、碗等。年代为两汉至金元时期。

白古屯遗址，位于白古屯乡白古屯村西。地表发现绳纹泥质灰陶片、素面泥质红陶片等，可辨器形有罐、盆、钵等。年代为金元时期。

黄辛庄遗址，位于白古屯乡黄辛庄村南。地表发现绳纹泥质红陶片、绳纹灰陶瓦片、绳纹红陶片、青花瓷片等，可辨器形有罐、釜、板瓦、碗等。年代为汉至金元时期。

大桃园墓群，位于城关镇大桃园村东北。地表发现泥质灰陶片、绳纹砖残块等，可辨器形有罐等。年代为汉唐时期。

八里庄墓群，位于城关镇八里庄村东南，地势相对较高，地表隆起，高于其他地区1~2米。地表发现石臼、方格纹砖、绳纹砖、沟纹砖、泥质灰陶片、青花瓷片等，可辨器形有罐、盆、碗等。年代为汉至金元时期。

本次发现的古遗址、古墓地均位于金元、明清大运河的西岸，对研究金元、明清时期大运河与运河沿线聚落，探求古代大运河兴废原因和开展运河沿岸聚落形态研究具有重要意义。

（梅鹏云　张俊生　张　瑞　相　军）

## 京津高速公路工程（天津段）沿线汉至明代遗址

**调查时间**：2004年2月、2005年7月
**工作单位**：天津市文化遗产保护中心

对京津高速公路工程（天津段）进行考古调查和复查，共发现13处遗址和墓地。具体为：

台头墓群，位于台头村东北。采集到青砖块、布纹瓦片、泥质红陶盆片等，年代为汉代。

兰城遗址和墓地，位于兰城村西南。采集到绳纹砖块、布纹瓦片、泥质灰陶片等，年代为汉代。

东岗子遗址，位于牛镇村西南。采集到绳纹砖块、酱釉瓷碗底、绿釉陶盆等，年代为汉至元代。

牛镇遗址，位于牛镇村南互通式立交位置。采集到绳纹瓦片、泥质红陶片、泥质灰陶片

等，年代为汉至明代。

徐庄遗址，位于徐庄村西南。采集到绳纹瓦片、泥质红陶片、泥质灰陶片等，年代为元至明代。

北庄户遗址，位于武清区大碱厂西。采集到绳纹砖块、布纹瓦片、泥质灰陶片等，年代为汉代。

耿庄遗址，位于武清区耿庄东南。调查发现地表散见大量砖瓦残片，并采集到泥质灰陶片、白瓷片、秘色瓷片等，年代为辽至元代。

齐庄遗址，位于武清区齐庄西。地面散布大量绳纹砖、绳纹板瓦、筒瓦和泥质灰陶片等，年代为汉代。

达村遗址，位于达村北。采集到白瓷碗片、泥质红陶盆片、泥质灰陶片等，年代为元至明代。

达村墓地，位于达村东。地表散见大量青砖块、人骨，并采集到白瓷碗片、泥质灰陶片等，年代为汉代。

北马庄遗址，位于陆掘河西，马庄东。采集到青瓷碗、青花碗片、布纹瓦等，年代为元至明代。

南辛庄遗址，位于南辛庄东杨崔公路东侧。采集到元代龙泉窑瓷碗、明青花瓷片及青砖等，年代为元至明代。

此次考古调查大多数为新发现的文物点，时间为汉至明代，为研究该地区的考古学文化提供了新的材料。

（梅鹏云　张俊生　梁宝玲　相　军）

# 静海后石门宋金时期遗址

**发掘时间**：2005年4～7月
**工作单位**：天津市文化遗产保护中心

遗址位于静海县唐官屯镇鲁辛庄村西南2500米，南距京杭大运河2000米，整个地势平坦。为配合京沪高速公路（天津段）二期工程，对该遗址进行了抢救性发掘，共布探方40个，发掘面积1000平方米。

共发现5处宋金时期居住址。这些居住址均为长方形，南北向，保存基本完好，个别居住址甚至还保存着屋内居住面、灶、火坑以及屋外道路、排水沟、渗水井等附属设施。在一处居住址内发现陶网坠、铁犁、骨梳、狗形瓷玩具等遗物。房内居住面上发现一层灰烬，并伴有红烧土块，推断该房屋应毁于一场大火。整个居住址布局合理、设计科学，尤其是火坑的垒砌方法仍为现今中国北方农村所沿用。该遗址出土遗物极为丰富，质地有陶、瓷、石、铁、铜、骨等，器类主要有泥质红陶罐、泥质红陶盆、白釉碗、酱釉碗、石佛像底座、红陶网坠、骨梳、铁犁等，年代为宋金时期。

后石门遗址为京杭大运河沿岸重要的遗址，其考古发掘所获对于研究大运河与运河沿线城市历史，探求古代大运河兴废原因和复原运河沿线聚落形态均具有较为重要的意义。

（张俊生　姜佰国）

# 静海县袁家疙瘩元代窑址

发掘时间：2005年5～7月
工作单位：天津市文化遗产保护中心

窑址位于静海县陈官屯镇曹村西北1600米，地势北高南低。拟建设的京沪高速公路（天津段）二期工程自西北向东南占压了窑址的南部。为了做好该工程的文物保护工作，在前期田野调查和考古勘探的基础上，对该窑址进行了抢救性发掘，共布正南北方向探方40个，发掘面积1000平方米。

经过发掘，共清理出窑址5座。这些窑址均开口于耕土层下，保存完整，结构基本一致，一般由操作间、火膛、窑室、烟道构成。操作间位于窑室外侧，多呈长椭圆形，中间有一圆形小坑，从个别窑址发现的砖砌掏灰口看，这个小坑应为盛灰之用。窑门多为砖砌，起券，留有通风口。窑室呈圆形，窑壁规整，前部为火膛，呈梭形；后部为窑床，窑床上呈扇面状平铺青砖，个别窑址窑床上的青砖还留有缝隙，以利于窑内所烧器物均匀受热。烟道位于窑址的后部，窑室砖壁的外侧，砖砌，弧形。从构建窑壁的青砖尺寸及操作间出土的青瓷碗判断，窑址的年代应为元代。

（姜佰国）

# 蓟县桃花园明清墓群

发掘时间：2005年3～6月
工作单位：天津市文化遗产保护中心

墓群位于蓟县城区的东北部，府君山南麓。此次发掘是2004年桃花园墓地考古的延续，位于2004年发掘区的东部，共清理明清时期墓葬130座。

墓葬多为夫妻合葬墓，土坑竖穴，头向西北；出土器物有墓志，陶罐，瓷碗，铜镜，金、银、玉饰件，铁法器及大量钱币等，计3000余件；墓葬中多见有头枕板瓦或胸压朱砂符咒板瓦的现象。从墓葬形制和规模大小判断，应为当时的平民墓葬。这些墓葬分布于相对集中的四个区域，应为按宗法辈分关系埋葬的家族墓地。发掘出土的墓志和被明确释读的板瓦上的朱砂文字为墓葬的准确断代提供了依据。

以桃花园墓群考古发掘为契机，自2004年考古发掘以来，对人体骨骼标本全部进行现场采集，并展开体质人类学、功能学、病理学等多方面科研工作，现已逐步建立起一个旨在为国内外学者提供研究资料的华北地区明清时期人骨标本库。

（甘才超　盛立双）

# 2007年年鉴

## 武清区齐庄商周至清代遗址和墓地

发掘时间：2006年5~7月
工作单位：天津市文化遗产保护中心

遗址位于武清区泗村店镇齐庄村西北约300米，北与廊（廊坊）良（大良）公路相邻。因京津高速公路建设工程从遗址中间穿过，故对其进行发掘。此次发掘南北向共分Ⅰ、Ⅱ、Ⅲ、Ⅳ四个区，发掘面积2500平方米。

商周时期遗存仅见零星陶鬲、陶罐残片，数量较少。

汉魏隋唐时期遗存以墓葬为主，共发现6座：瓦棺墓3座、瓮棺墓1座、砖室墓1座、土坑墓（火葬）1座，随葬品有陶瓮、罐、壶、盒等。瓦棺墓皆以外表饰有绳纹的筒瓦和板瓦为葬具，未见棺木痕迹，较有特点。瓮棺墓由灰陶瓮与红陶釜扣合而成，内葬有3岁左右儿童骨骸及穿孔圆陶片1件。砖室墓南北向，夫妻合葬，墓室北宽南狭，随葬灰陶罐1件。火葬墓用灰陶罐做葬具，上压两块扣合的青砖与红砖，据红砖上的志铭知，墓主人葬于北齐天保八年（557年），这也是天津地区首次发现带有明确纪年的北朝时期墓葬。隋唐时期遗存仅见有少量瓷器，地层则被晚期地层破坏严重。

该遗址以金元时期堆积最厚，遗迹最为密集。共清理金元时期水井、灰坑等遗迹120余处，但是没有发现居住址，出土这一时期大量建筑构件、生产工具、陶瓷生活器皿等文物。出土瓷器的窑系包括龙泉窑系、钧窑系、磁州窑系、定窑系等，并以磁州窑系产品为大宗。H22出土的金代釉上彩观音造像，造型生动，色彩艳丽，是磁州窑中的精品。

该遗址地表已经被工程建设推掉20厘米，故仅在地表散见零星的明清时期青花瓷片。另清理清代土坑墓2座，皆打破元代地层。

齐庄遗址与墓地延续时间长，根据考古发掘可知，遗址汉魏时期为墓地，金元时期变为规模较大的生活活动区，到清代早期又废弃为墓地。金元时期堆积厚，遗迹遗物丰富，对早期遗存破坏严重，这一时期村落活动址的产生很有可能与金元时期北运河的开凿与修建有关。

（盛立双　张　瑞　甘才超）

# 武清区兰城战国至明清遗址和墓地

发掘时间：2006年5~7月
工作单位：天津市文化遗产保护中心

遗址位于武清区高村乡兰城村西南1千米。整个遗址分布面积较大，地势平坦，经过考古勘探，拟建设的京津高速公路（天津段）工程自北向南占压整个遗址约1.5千米。为便于资料整理，将遗址按照公路标段划分为三个区，发掘面积共计2900平方米。

Ⅰ区：发掘西汉时期道路1条、水井1口、灰坑3个，明代水井1口及清代墓葬15座。西汉道路遗迹宽5.2米，路土厚20厘米左右，在路面上清理出三组车辙痕迹，宽度均为1.2米，可判定当时马车两轮之间的轴距为1.2米，汉代道路向现在兰城村方向延伸。西汉时期水井为圆形，深约2米，上部用青砖垒砌，底部用5层陶井圈垒筑，从中出土外饰旋纹的灰陶板瓦残片、夹蚌红陶罐片、泥质灰陶罐片等。

Ⅱ区：发掘汉代陶窑1座、唐代陶窑1座、明清时期墓葬4座。汉代陶窑保存较好，发掘出完整的操作间、灶、火膛、窑床、排烟口。操作间形状不规整，灶及火膛上的拱券已经坍塌，窑室呈梯形，后部分布有3个长方形的排烟口。从窑床及火膛中清理出陶瓮碎片、云纹瓦当、筒瓦残片等遗物。唐代陶窑呈馒头状，操作间、灶、火膛、窑床、排烟口等保存非常完整。

Ⅲ区：发掘北朝时期墓葬2座、唐代墓葬1座、明清时期墓葬31座，以及战国—汉时期灰坑、灰沟、陶井等遗迹。北朝墓葬均为南北向，土坑砖棺墓。棺采用饰细绳纹的青砖砌成，头部较宽，平面呈倒梯形。在棺外随葬有肩部饰有刻划波浪纹或压印方格纹的夹砂鼓腹褐陶罐；棺内无随葬品，人骨保存较好，葬式为仰身直肢。唐代墓葬为土坑砖室墓，斜坡状短墓道，墓室呈弧方形，墓顶已破坏，墓室北部为棺床，在南部靠近墓门处清理出1件完整的白釉瓷罐、夹砂褐陶罐、"开元通宝"铜钱及3件漆器。明清时期墓葬排列整齐，应为家族墓地，一些墓葬棺内填有黄沙或采用屈肢葬等，为以往天津地区明清墓葬所不见。

（姜佰国　赵　晨　相　军）

# 武清区大桃园汉代窑址

发掘时间：2006年6~8月
工作单位：天津市文化遗产保护中心

窑址位于大桃园村东、八里庄北，2006年3月配合京津城际铁路建设工程考古勘探时发现。共清理4座土窑，两两一组，并列对置。一组南北向，一组东西向，两组呈直角分布。各窑平面形状均呈"甲"字形，由操作间、火门、火膛、窑床和烟道组成，形制规整，形状、大小较为一致，显示出造窑技术的规范化。操作间为长方形坡状；火门为圆形，直接在生土挖成；火膛位于窑床与火门之间的窑室内，做月牙状；窑床占据窑室绝大部分，做台状，较为平整，个别窑床外壁由布纹瓦包砌；烟道均为3个，平面为小长方形，在窑室一侧平均分布。窑壁红烧土较厚，表明烧窑使用时间较长或火候较高。一些窑室的窑床上残留有码放整齐的汉代绳纹小砖，不见其他遗物，由此推测此地应为汉代一处烧砖的专用窑场。由于此次工作范围仅限于铁路路基部分，窑场的大小等信息还有待于进一步工作。

（梅鹏云　杨　新）

## 武清区东岗子西汉遗址唐代窑址明清墓葬

发掘时间：2006年5～7月
工作单位：天津市文化遗产保护中心

遗址位于武清区高村乡牛镇村西500百米，原为耕地。京津高速公路（天津段）工程自南向北穿过该遗址，对其进行了考古发掘。发掘面积1042平方米，自南向北分四个区。

一区和二区为遗址，发掘出道路、灰坑、水井等遗迹。地层分2层，第1层是耕土层，第2层为西汉堆积，出土绳纹灰陶片、泥质红陶片、夹蚌红陶片等。第1层下有3个灰坑，出土方格纹灰陶片、方格纹红陶片、夹蚌红陶片、夹蚌灰陶片、素面灰陶片、夹蚌甑底及口沿残片、铁锸等。第2层下有水井1口，砖砌，井内出绳纹陶片、贝壳、方格纹圜底陶罐残片等。此外还有1座清代墓葬，土坑竖穴，方向北偏西45°，双人合葬，头北脚南，出土铜钱、铜扣、银簪、银耳环等器物。

三区发掘3座明代墓葬和1座唐代窑址。墓葬均为土坑竖穴，南北向，随葬品有酱釉瓷罐和铜钱。窑址叠压于第2层下，由操作间、窑门、火膛、窑床及烟道五部分组成。

四区清理出8座明清墓葬，其中3座是双人合葬墓，余为单人墓。均为土坑竖穴，方向北偏西，头北脚南。随葬品有银发卡、银镯、银簪、银耳环、铜钱、铜扣等器物。

（相　军　姜佰国　赵　晨）

# 蓟县城关镇小毛庄汉唐明清墓葬

发掘时间：2004年5~9月
工作单位：天津市文化遗产保护中心

墓地位于城关镇蓟县公安局东侧，张庄村西侧，小毛庄汉墓群东北部。为配合蓟县人民法院新址建设工程共发掘墓葬7座：东汉砖室墓2座、唐墓1座、明清墓4座。

东汉墓均为多室砖墓。一座为画像石墓，南北向，全长近23米，由长斜坡式墓道、前中后三室和4个耳室构成，墓顶起券。前、中、后三室入口处均有石质墓门，第一和第三道墓门有门扉，三道墓门的门楣、立柱、门扉上均有浅浮雕或线刻，雕刻手法熟练，物象质感很强，内容涉及四神、瑞兽、瑞禽和天上世界以及墓主人日常生活等题材，大部分浮雕和线刻描有彩绘。此墓被盗严重，仍出土"五铢"钱及复原陶器30余件，有陶鼎、壶、罐、盘、案、灯、仓、鸡、人俑等。另一座东汉砖室墓因被现代院墙叠压，只发掘一部分，由斜坡墓道、前室、后室和耳室构成。此墓破坏严重，出土少量陶器，墓葬底部残留部分铺地砖。

唐墓为圆形砖室墓，墓室直径2米左右，南侧有短墓道，墓室北部和东部有棺床痕迹。该墓被现代水沟打破，残损严重，仅墓底残存灰砖数块，出土铜镜1面及少量陶器残片。

明清墓葬均为竖穴土坑墓，南北向，3座为夫妻合葬，1座为单人葬。出土物有青花瓷碗、酱釉碗及明清铜钱等。

（相　军　盛立双）

# 蓟县西关汉墓和明清墓葬

发掘时间：2006年10~11月
工作单位：天津市文化遗产保护中心

墓地位于城关镇吉华小区以南，西临铁路货运专线，北与2001年发掘的西关墓地紧邻。为配合蓟县第三人民医院新址建设工程进行了发掘，共清理汉墓6座、明清墓2座。

汉墓均为南北向多室砖墓。M1由长斜坡墓道、前室、后室和耳室组成。M2和M3形制相同，均由前室、后室及墓室南面的一条长斜坡墓道组成，这两座墓东西并排排列，应为夫妻同茔异穴合葬墓。M5由一条长斜坡墓道、前室、后室及东西耳室组成。M6是这批汉墓中规模最大的一座，该墓前后双室、多耳室，保存最为完好，出土文物也比较丰富。M7被现代建筑破坏，仅存墓道与前室。

汉墓长度在7~12米，宽度在3米左右，体量较大。虽破坏严重，但仍出土大量文物，包括陶罐、壶、瓮、案、盘、耳杯、奁、灶、灯、井等，以及"半两"钱、"五铢"钱、铜带钩、龙首形铜饰件、银指环、骨饰件、滑石器等。从随葬器物特征判断，这批墓葬年代基本为东汉中晚期，个别墓的年代也可能进入魏晋时期。

2座明清墓均为南北向竖穴土坑墓，出土铁锅、铜簪及大量北宋和金代铜钱。

（相　军　甘才超）

## 武清区白古屯东汉至宋元时期遗址

发掘时间：2006年7～9月
工作单位：天津市文化遗产保护中心

遗址位于武清区白古屯乡富村村南约1.5千米处，西距京津塘高速公路约300米。为配合京津城际铁路建设，在京津铁路标段DK59+666.44～DK59+76.644范围内，对该遗址进行抢救性发掘。发掘分Ⅰ、Ⅱ两区：其中Ⅰ区位于遗址的北部，布5×5米探方9个，主要清理了4座陶窑；Ⅱ区位于遗址的南部，布5×5米探方46个。揭露面积共计1375平方米，发现了汉至宋元时期遗存。

遗址内堆积共分5层：第1层为耕土层，灰褐色，质稍硬；第2层为扰土层，黄褐色，质较松，分布整个探方；第3A层为灰黄色，土质结构较为紧密，时代为元代；第3B层为灰黑色，土质稍松，时代为宋代；第4层为黑褐色，土质较硬，时代为东汉；第5层为生土。

清理灰坑22个、灰沟13条、陶窑4座。其中Y2保存较好，开口于第3层下，距地表深60～65厘米。该窑为双室窑，各有两个火门、火膛、火口、窑室、火道。火门在火膛西边正中间，呈半圆形，均东西走向。火门底部铺一块顺向断裂砖。北部的火门距南部火门172厘米，两个火门周壁都呈红烧土壁。在窑的西壁下有两个形状、大小相同的火膛，略呈半圆形，顶部呈弧形状，两者中间间隔10厘米左右。其周壁灰色的烧土壁，内有较多草木灰堆积。南边火膛与北边火膛通往窑室的两个火口开在窑室西壁上，呈弓形，高50厘米左右。窑室底平，近长方形。火膛内南北并列东西走向有5条火道。操作间在窑室西70厘米处，形状近似抹角长方形，南北长393、东西宽140～196、口距底深35～80厘米。东壁南北走向，垂直壁；南北壁也为垂直壁；西壁呈弧形往外鼓，周壁大致呈上下垂直。底部操作面由南向北，由西向东斜坡逐渐加深，脚踏面呈灰色土，厚3～5厘米，内夹杂草木灰及红烧土粒。在两个火门西部各有1个储灰坑，口部形状近似圆角长方形，坑内残留约5厘米厚的烧灰。

窑内填灰色杂土，土质较松软，夹杂较多的红烧土块、灰色烧土块及草木灰。出土较多的红、灰色绳纹砖，布纹板瓦，另有灰陶罐腹部残片等，时代为东汉。

通过此次发掘基本了解了该地区汉代至元代的地层堆积及文化面貌，同时对该时期的烧窑技术和烧制工艺也有了比较全面的了解，如此集中出土不同时期的陶窑在天津地区尚属首次。

（梅鹏云）

# 蓟县鼓楼南大街唐至明清时期遗址

发掘时间：2004年2~4月
工作单位：天津市文化遗产保护中心

遗址位于蓟县鼓楼南侧，属蓟县鼓楼广场建设工程中的考古发掘。发掘面积近4000平方米，共分成Ⅰ、Ⅱ、Ⅲ三个发掘区。

唐辽时期地层堆积被晚期活动扰动严重。发现了辽代房屋建筑基址，基址墙体残留最厚处有12层砖，在砖下还有石砌基础；出土文物有典型唐代黄釉饼形底瓷碗、辽代白釉瓷碗和沟纹砖，以及日用陶器等。发现金元时期较为完整的砖砌排水道等遗迹。出土文物数量大，以陶瓷器为主，瓷器有定窑、钧窑、龙泉窑、磁州窑等窑系的产品。

发现明清时期保存较为完整的连排式建筑基址，这些基址的特点是均面向街道而建，具有典型商业店铺的特点。与商业和生活息息相关的水井、储藏食品和蔬菜的窖穴、排水系统、手工业作坊等遗址也有发现，出土了大量青花瓷器、陶器、玉器、钱币以及称量贵重物品用的衡器等。

此次考古发掘揭露出唐辽、金元、明清、民国时期依次叠压的地层堆积，是蓟县城区范围内首次通过考古发掘出有确凿证据的辽代以来的文化堆积，而且延续至今。出土各个时期瓷器、陶器、骨器、钱币、青铜器、玉器等各类文物300余件，文物标本数千件，为研究古代蓟州城市历史提供了重要的实物材料。

（相 军 张 瑞 盛立双）

# 蓟县东营坊金代窑址和明清墓地

发掘时间：2006年11月
工作单位：天津市文化遗产保护中心

在配合蓟县东营坊村建设工程的考古工作中，发现了一处金代古窑址和一批明清时期的古墓葬。此次发掘出的古窑址形制独特，为以前天津考古所不见。

窑址位于东营坊村东的山顶上，长条形，长11.6、宽3.2、深0.5米，呈东北—西南向分布。窑底部西南低东北高，呈坡状，由操作间、火道、火膛、烟道构成。与一般窑体不同的是，该窑具有1个主火道和12个副火道。主火道位于西南端，副火道由西南向东北依次排列分布，如十三孔桥状。火道及窑室内出土了大量草木灰。从以前天津地区所见的古代窑址看，此窑不见窑床，火膛和操作间长度相当且平行分布，较为特别。在此窑西部相隔5米处，有一长方形水井，深达4米，直接下挖至河沙层，应是为此窑长期使用取水准备的。从烟道垒砌的整块以及窑内填土出土的沟纹砖看，该窑的年代应为金代。

明清墓葬共清理17座，均为长方形竖穴土坑墓，分东西向和南北向两种；木棺，有的墓底铺有白灰；有单人葬、双人葬以及三人葬和迁葬等。出土文物有素面铜镜、铁镜、灰陶双耳罐、瓷罐、瓷碗、铜簪以及铜钱等。年代为明代晚期至清代初期，对于明清时期埋葬习俗以及明清考古学文化变迁具有研究价值。

（梅鹏云　甘才超）

# 武清区八里庄元明遗址

发掘时间：2006年6～8月
工作单位：天津市文化遗产保护中心

遗址位于武清区城关镇八里庄村东南300米，2005年配合京津城际铁路建设工程调查时发现。遗址为东西并列的两个高台。今年对工程路基范围内的遗址部分进行了发掘，布5米×5米探方72个，发掘面积1800平方米。经发掘得知，中间较高处为元代文化堆积层，堆积较厚，2米余，基本上为水平堆积层；高地四周全部为坡向堆积，多为元、明时期流水冲积形成的次生文化堆积层。

元代遗迹较多，有灰坑、灰沟、水井等。灰坑多集中于高台上，有圆形、长条形及不规则形。水井、灰沟分布于高台四周。水井全部为圆形直壁平底，有的井壁有木井圈痕迹，多直接挖至黄沙层。灰沟多为排水沟。元代遗物以陶、瓷器为主。陶器有泥质灰陶罐、盆等；瓷器有龙泉窑、钧窑、定窑、建窑、磁州窑等窑系，有碗、盘、碟、盏等器形。其他遗物有沟纹砖、素面砖、布纹瓦、筒瓦、滴水、兽面纹瓦当等建筑构件以及较多的动物骨骼、琉璃发簪、骨锥、铜钱等。另外遗址中还出土了大量的动物骨骼，主要是牛、马、猪骨骼以及鱼骨等，说明此地畜牧业和养殖业经济发达。

明代遗迹较少，有少量灰坑。清理明代晚期土窑2座，位于遗址南部，由圆形窑室、烟道、火膛、火道、操作间组成，不见窑床。火膛与窑室不直接相连，有圆弧形隔火墙相隔，主要是为了控制进入窑室的热量。从窑室内大量黑炭灰推测，此类窑主要是烧炭使用。明代遗物较少，主要有青花瓷片、陶盆残片等。

（梅鹏云　杨　新）

## 蓟县桃花园明清墓地

发掘时间：2004年3～12月
工作单位：天津市文化遗产保护中心

墓地位于蓟县城关镇土楼村北，桃花园村南，因配合蓟县房地产开发建设工程进行首次考古发掘，总计发掘明清墓葬83座。共分三个阶段进行：第一阶段发掘15座，第二阶段发掘41座，第三阶段发掘27座。

墓葬以夫妻合葬墓居多，土坑竖穴，头向北，尸骨多保存较好，对人骨标本全部进行采集。出土文物有陶罐、釉陶罐、金耳环、银簪等饰件及宋代、明清钱币等，墓葬中多见有头枕板瓦或胸压朱字符咒板瓦的葬俗。墓葬多为集中分布的家族墓地，从墓葬规模、形制来看，应为平民墓。这批明清墓的考古发掘，为蓟县地区明清时期丧葬习俗及开展体质人类学研究提供了重要材料。

（张　瑞　盛立双）

## 塘沽区明清大沽口炮台遗址

勘探时间：2004年3～4月
工作单位：天津市文化遗产保护中心、天津市塘沽区大沽口炮台遗址管理所

遗址位于塘沽区东南部，西邻滨海大道。炮台明代始建，清代历经多次增修，清廷签订《辛丑条约》后，炮台被拆毁。为编制大沽口炮台遗址总体保护规划提供科学依据，对南炮台遗址局部进行了考古勘探与试掘。

在南北长约1、东西宽约0.5千米南炮台遗址区域内共选定11个勘探点，并在炮台东西两侧试掘2米×10米的探沟2条。通过考古勘探与试掘，确认了大沽口炮台遗址地层堆积情况：第1层，黄灰色土，距地表深度0～70厘米；第2层：黄褐色土，距地表深70～200厘米，内含夯土块、碎砖块、瓷片等，为炮台废弃后堆积；第3层，灰褐色土，土质硬度较大，距地表深200～250厘米，炮台原初室外地平面存在于此层，内含青砖碎块、白灰颗粒、瓷片、陶片等；第4层：黑褐色土，距地表深250～450厘米，未见人工遗迹、遗物。

考古勘探与试掘确定了南炮台东侧、西侧围墙的大致走向及残存墙基顶部的宽度，因保存情况不同，围墙遗迹的埋深与宽度差异较大。确定了南炮台围墙内室外地坪的埋深在现地表下2.2米左右。确定了南炮台东墙遗存为三合土构成，埋深0.3米左右，顶界宽1.1、底界宽5.1

米，东墙外侧呈斜坡状，斜坡状墙体至地表下2.2米左右出现平台，平台宽1.2米左右。东墙内侧为直壁，出土遗物有晚清时期的青花瓷碗片、红陶器残片等。考古勘探与试掘结束后，测绘1∶1000的大沽炮台遗址勘探与试掘遗迹平面图，并对遗址及时进行了保护性回填。

（盛立双）

## 武清区太子务明清墓地

发掘时间：2004年6～7月
工作单位：天津市文化遗产保护中心

墓地位于武清区泗村店镇太子务村东北0.5千米，南距龙河1千米，京沪高速公路（天津段）一期工程自北向南穿过该墓地。经过考古勘探并进行考古发掘，在该墓地共清理明清时期墓葬22座，墓葬分布比较分散零乱，个别墓葬有打破现象，应为明清时期沿河聚落的一处公共墓地。这些墓葬均为小型墓葬，葬具为木棺，多为单人葬，偶见双人合葬。棺内随葬品很少，仅有几枚铜钱，棺外无随葬品，这与天津蓟县地区明清时期墓葬中棺外墓主头部随葬陶瓷罐（碗）的葬俗完全不同。

（张俊生　姜佰国）

## 蓟县上宝塔明清墓葬

发掘时间：2006年9～10月
工作单位：天津市文化遗产保护中心

墓地位于蓟县城关镇上宝塔村西侧，配合蓟县房地产开发建设工程进行了发掘，共清理明清时期墓葬18座。

墓葬多数为夫妻合葬墓，竖穴土坑，头向北偏西居多，出土物有陶罐、铜簪、银戒指、铜扣及宋、明、清时期铜币等，计100余件。墓葬分布于相对集中的两个区域，应为平民家族墓地。发现清代长方形单室砖墓1座，南侧带有长斜坡墓道，体量较土坑墓大，该墓破坏严重，尸骨不存，铺地砖已被取走，在墓室中部铺地砖之下发现一个腰坑，坑内出有若干清代钱币。此次对发掘的人骨标本全部进行采集，充实了天津地区明清人骨标本材料，为开展华北地区明清时期的体质人类学研究提供了素材。

（甘才超）

## 武清区南辛庄明清墓地和窑址

发掘时间：2006年5~6月
工作单位：天津市文化遗产保护中心

墓地位于武清区徐官屯乡南辛庄村东侧，西距杨崔公路约80米，因配合京津高速公路建设工程进行考古发掘。

发掘明清时期墓葬14座，分单人葬与夫妻合葬两种，尸骨保存不好，出土物有银簪、铜簪、双系灰陶罐及明代钱币等。清理窑址1座，平面呈圆形，直径约2.25、残高0.8米，窑顶不存，砖砌窑壁，厚20~60厘米。窑体由火门、火膛、窑床、烟道、窑门五部分组成：火门为南北方向；火膛位于窑室南部，呈椭圆形；窑床呈月牙状；烟道位于窑室的北壁下，口部呈长方形，有南北向出烟口7个，内窑壁向上与窑壁中间筑有垂直向上空心墙烟道，道壁光滑，在窑壁上部留有出烟孔2个；窑门位于窑室的北侧，为一斜坡窑道。此窑出土物仅见有零星陶片，根据地层堆积及窑砖尺寸推测此窑建于明代。

（张　瑞　盛立双）

## 塘沽区清大沽船坞遗址

勘探时间：2006年10月
工作单位：天津市文化遗产保护中心

北洋水师大沽船坞遗址位于塘沽区东南部现天津市船厂内，塘沽海神庙遗址西北，海河入海口南岸，始建于1880年，先后共兴建5个船坞、2个土坞。随着人为废弃与自然淤塞，部分船坞逐渐变成遗址，现为区级文物保护单位。为保护大沽船坞遗址提供第一手资料，对遗址局部进行了考古勘探。

通过考古勘探在现天津市船厂物资码头北侧区域，发现2处大型槽状遗迹与1处平台遗迹，均面向海河，东临正在使用的船台。1号槽：南北向略偏西，勘探长25、宽13米左右。2号槽：南北向略偏东，勘探长25米，由南向北呈喇叭口状张开，宽13~16米。1号槽与2号槽开口距现地表0.9~1.5米，深度勘探至地表下5米未到底。在两处大型槽状遗迹的西壁均发现有石块垒砌现象，整个大型槽状剖面上宽下窄，大致为倒梯形。

平台遗迹位于2处大型槽状遗迹之间，叠压在砾石层下，开口距现地表1.4~1.5米，上部堆积为红土层，下部堆积为自然淤积层，红土层经过人工夯筑。

根据考古勘探发现的遗迹的地层叠压关系和位置、形状、结构、尺寸、走向，结合文献资料记载推测，两处大型槽状遗迹为北洋时期修建的土坞遗存，为炮船避冻之用；平台遗迹为北洋时期修建的小船台遗存。

（盛立双）

# 2008年年鉴

## 蓟县东营坊旧石器时代晚期遗址

**发掘时间**：2007年5～7月
**工作单位**：中国科学院古脊椎动物与古人类研究所、天津市文化遗产保护中心

遗址位于蓟县城关镇东营坊村东，2005年调查时发现，地理位置为东经117°26'8.4"，北纬40°03'32.6"，海拔60米。遗址保存基本完好。因建设工程需要，天津市文化遗产保护中心和中国科学院古脊椎动物与古人类研究所组成联合发掘队对该遗址进行了发掘。发掘面积200平方米，分为A、B两区。此次发掘获得了丰富的石制品。

A区地层堆积共分为4层：第1层为现代扰乱层，厚90厘米；第2层为灰黄色粉砂质亚黏土层，夹杂零星小颗粒，厚10～60厘米；第3层为褐红色黏土层，局部夹钙质结核和细小角砾，胶结坚硬，厚10～30厘米；第4层为角砾层，未见底，主要以灰白色白云岩为主，夹杂灰黑色燧石角砾，分选较差，砾径在5～20厘米。石制品主要出于第3层中，对这层堆积分别选取$^{14}$C、光释光和孢粉样品，未见动物骨骼。

B区地层堆积共分10层：第1层为土黄色细粉砂层，厚10～35厘米；第2层为土黄色泥质粉砂层，厚80～100厘米；第3层为土黄色细粉砂层，厚10～40厘米；第4层为褐红色亚黏土层，含丰富的钙质结核，胶结坚硬，厚70～110厘米；第5A层为土黄色泥质细粉砂层，厚65～90厘米；第5B层为棕黄色泥质细粉砂层，厚25～30厘米；第6层为亚黏土、角砾混合层，从土灰色向棕黄色渐变，角砾分选、磨圆度均较差，厚30～45厘米；第7层为土黄色泥质细粉砂层，厚35～55厘米；第8层为土黄色粉砂质黏土层，含丰富小角砾，砾径为1厘米左右，厚30～55厘米；第9层为红色风化层，以砂、角砾为主，厚5～25厘米；第10层为基岩，岩性主要为夹杂燧石条带的灰白色白云岩。石制品主要出于第3～5层中，数量较多且比较集中，未见动物骨骼，对这几层堆积分别取$^{14}$C、光释光和孢粉样品。

石制品共出土2000余件。原料主要为节理发育的劣质燧石，此外还有石英、石英砂岩、硅质岩、脉石英、白云岩等。石制品以小型为主，微型和中型次之，大型标本少见。类型主要有石核、石片、碎屑、断块、工具等。工具类型复杂多样，主要有刮削器、尖状器、雕刻器、钻器等，工具所占石制品比例相对较少。工具类中，刮削器是主要类型，主要有单直刃、单凹刃、单凸刃、双刃及复刃等，其中单直刃数量最多，其他器形较少。值得注意的是，存在一定

数量的使用石片，这还需要以后的微痕分析和残留物分析来验证。石核主要为锤击石片石核，包括单台面、双台面石核，以前者为主。剥片方法主要以锤击法为主，也有一部分使用了砸击法；修理方式以锤击法正向加工为主，反向加工、对向加工、错向加工等较少。工具毛坯以片状毛坯为主，块状毛坯较少。

据石制品面貌和出土地层推测，该遗址属于旧石器时代晚期。

（王春雪　盛立双）

# 蓟县上宝塔唐墓及明清墓葬

**发掘时间**：2007年11～12月
**工作单位**：天津市文化遗产保护中心

因建设工程需要，延续去年的工作，对墓地继续进行考古发掘。墓地位于城关镇上宝塔村西，本次发掘共清理唐代墓葬1座、明清时期墓葬119座。

唐墓为砖室弧方形，南侧有短斜坡墓道，封门砖"人"字形垒砌，地面未见铺砖痕迹，墓室顶部已被破坏，未见葬具。墓室北侧、西侧有刀把形棺床，边缘为青砖垒砌。从残存的墓壁上见有砖砌仿木构建筑。共出土器物10余件，摆放于地面及棺床之上，均为灰陶，包括罐、钵、器盖、六鋬罐、杵臼、盆等。从墓葬形制及随葬器物判断，该墓年代应为唐代晚期。上宝塔唐代墓葬的发现，为天津地区唐墓的分期及研究提供了难得的考古学资料。

明清墓葬均为竖穴土坑墓。夫妻合葬墓居多，单人葬墓及三人以上合葬墓也占有一定比例。木棺多已腐朽，尸骨保存较好。出土文物有金银簪、玉佩、铜帽饰、双系及四系灰陶罐、带流夹砂罐、酱釉罐、瓷碗、釉陶瓮及大量明清时期钱币等，出土遗物大部分保存完整。墓葬中多见有头枕板瓦或胸压朱砂符咒板瓦的葬俗，部分板瓦上的朱砂符咒及文字清晰可辨。本次发掘的明清墓为平民墓葬，其中大部分墓葬呈现区域性集中分布，各区域内墓葬成行排列，墓主人之间辈分关系清楚，应为数个家族墓地。此次考古发掘对人骨进行了全面、科学采集，并将进行综合研究。

（戴　滨）

# 蓟县西大佛塔村唐辽时期塔基

**发掘时间**：2006年11月至2007年10月
**工作单位**：天津市文化遗产保护中心

该塔基位于盘山南麓的山前高地、蓟县官庄镇西大佛塔村西，现为一不规则形大土台，高于现地表约6米。2006年10月，当地村民发现塔基有盗掘现象，及时上报有关部门。后对塔基进行了抢救性发掘。发掘面积810平方米。

塔基的大部分已被揭露，塔基内部结构及构造方式基本清楚。塔基在平面上自外及内主要由方形基岩台基、方形夯土基座、八角形夯土基座等几部分组成。方形基岩台基边长39、高1.4米，是在自然的山体上修整而成；方形夯土基座边长26.5、高2.8米；八角形夯土基座边长3.6、高4.6米，方形夯土基座和八角形夯土基座均以黄砂土为原料采用排夯的方法人工夯制而成，其中八角形夯土基座经过解剖，夯窝直径4~8厘米，夯土坚实，夯层清晰。在塔基的上述组成部分（尤其是八角形夯土基座）的外部当初都包砌有青砖，由于新中国成立前后村民挖掘青砖盖房，绝大部分青砖已不存在，致使塔基各组成部分之间连接的重要信息大部分遗失。

从各遗迹的叠压打破关系看，该塔历经三次修建。目前，从塔基的填土中清理出磨砖、瓦当、铜钱、绿琉璃建筑构件、瓷碗残片、陶罐残片等文物，绿琉璃建筑构件的出土，表明该塔的建筑规格很高。从方形基岩台基及方形夯土基座的外部填土中出土了较多带有红、黑彩绘的白灰块，说明该塔的外部曾做有彩绘装饰。

塔基北部有一寺庙遗址，从采集到的陶罐残片、瓦当、板瓦等遗物看，塔基和寺庙遗址为同一时期，即佛塔与寺庙的建造及使用年代相同。关于该塔的建造年代，不见于《蓟县志》《盘山志》等文献记载，故始建及重修年代不详。根据出土的青砖判断，修建年代为晚唐至辽代。

西大佛塔村唐辽塔基从其体量看，为天津地区目前已知最大的塔基，在我国北方地区也是十分少见的。西大佛塔塔基建造技法十分独特，其内部为八角形夯土基座、外部砌砖，重修时又在外部夯土加固的建造方法，为我国现存唐辽佛塔所不见，其对于我国佛塔建筑研究具有重要意义。

（姜佰国　张俊生　刘　健　赵　晨）

# 京沪高速铁路（天津段）沿线辽金至明清时期遗址

调查时间：2007年6月
工作单位：天津市文化遗产保护中心

对京沪高速铁路（天津段）建设工程沿线进行考古调查，共发现古代遗址10处，其中青坨、一枝花、张家窝、双口4处遗址已作为尚未公布为文物保护单位的不可移动文物登记在《中国文物地图集·天津分册》上，其余6处为此次调查新发现的古代遗址。

周立营遗址，位于武清区东马圈乡周立营村西南约250米处，在地表采集有青砖、白瓷碗残片、素面泥质红陶罐、钵残片等文物标本。年代推断为辽金时期。

南刘庄村遗址，位于武清区黄花店镇南刘庄村东南约300米处，在地表采集有陶片、瓷片、青砖等文物标本。年代推断为金元时期。

黄花店遗址，位于武清区黄花店镇东南约1000米处。在地表采集有青砖、酱釉瓷片、素面泥质红陶片等文物标本，器形可辨有碗、罐、盆等。年代推断为金元时期。

杨庄子遗址，位于武清区杨庄子村西约100米处。在地表采集有青砖块、白瓷碗残片、青花瓷碗残片等文物标本。年代推断为元至明代。

刘唐庄遗址，位于静海县刘唐庄村西南约200米处。遗址位于缓坡上，地势北低南高，在地表发现大量青砖、板瓦、红陶与灰陶盆、罐口沿残片，白瓷盘、碗残片等文物标本。年代推断为金元至明清时期。

大王庄遗址，位于静海县大丰堆镇大王庄村西约50米处。在地表发现大量青砖、素面泥质红陶片、釉陶片、白瓷片、酱釉瓷片、青花瓷片等文物，可辨器形有盘、碟、碗等。遗址年代推断为明清时期。

（盛立双）

# 大港区沈清庄金元和明代遗址

发掘时间：2007年4～5月
工作单位：天津市文化遗产保护中心

遗址位于大港区小王庄镇沈清庄村东北约1000米处，遗址分布面积达2万平方米，原高出周围地表1米多，当地村民称之为"北岭子"，经常出土陶、瓷器残片及铜钱等，后来平整土地将其基本削平。因津汕高速公路（天津段）建设工程需要，对工程沿线穿越的沈清庄遗址进行了考古发掘，发掘面积近1600平方米。根据考古发掘层位关系与出土遗物，可将该遗址初步分成两个时期：金元时期和明代。

金元时期遗存最为丰富，发现灰坑、灰沟、水井、灶址等遗迹，出土遗物以生活器皿为主，包括瓷碗、盘、俑、枕，陶盆、瓮、罐、砚台、纺轮，骨篦等，还发现少量砖、板瓦等建筑材料。出土瓷器多属磁州窑系、龙泉窑系与钧窑系，出土的一方白釉黑花如意头形瓷枕，基本可复原，开光内残见"一派水声长在……山……"墨书文字。在发掘区内没有发现这一时期建筑基址，推测遗址的居住区应位于发掘区的东部。明代遗存因平整土地大部分被削掉，仅在表土及个别灰坑中出土这一时期少量的青花瓷碗残片等生活器皿。

另外，在沈清庄遗址发掘区东侧约15米处发现一道东北—西南走向的贝壳堤古海岸线遗迹，该贝壳堤向西南延伸，从沈清庄村中穿过。经考古勘探与试掘得知，贝壳堤宽30米左右，埋藏在地表下约1米深处，堆积以文蛤、毛蚶居多，蛏、螺、牡蛎也有发现。沈清庄遗址与贝壳堤的考古发掘与发现，为天津滨海地区海陆变迁和人地关系研究提供了资料。

（盛立双　相　军）

# 蓟县长城资源调查

调查时间：2007年10～12月
工作单位：天津市文化遗产保护中心

天津市辖域的长城全部分布在蓟县北部山区，东起蓟县与河北省遵化县交界的钻天峰，向西经赤霞峪、古强峪、船仓峪，折向西北的常州，经东山、刘庄子、青山岭、车道峪、小平安向西穿沟河，过黄崖关，经前甘涧、黄土梁、大松顶，出蓟县界，折向西北，与北京市平谷将军关相连，地跨一个镇十一个自然村。

根据田野调查结果，天津市辖域内明长城全长35.7千米（注：此数据为现场用钢尺测量的结果，以下数据与此相同），其中墙体长24.7千米，山险墙长354米，山险长1.06千米。调查关城1座、寨堡10座、敌台85座、烽火台4座、火池15座、烟灶40座、居住址42座、水窖11座、水井4口。

通过调查，我们有以下认识。

1）天津市明长城不单单是关城、敌台、墙体，而是包括起防御功能的墙体、敌台、关城，起警戒功能的烽火台，起报警功能的火池、烟灶，起生活功能的居住址、水窖、水井，起屯兵功能的寨堡，甚至还包括士兵为耕种粮食、蔬菜而平整的坝地，这是一个完整的防御体系。

2）天津市明长城敌台有石质、上砖下石质和砖质三类，考虑个别敌台青砖叠压块石以及青砖外包的现象，从考古学上叠压打破原理考虑，这三类敌台在建造时间上应有早晚关系。

3）所有石质敌台与长城墙体或地面均没有台阶可以上下，估计当时应该是利用绳梯上下敌台，平时不用时收起，以防敌人偷袭。

4）砖质敌台上有门枢、门闩孔痕迹，箭窗上有窗栓孔，说明当时砖质敌台上有门和窗。石质敌台顶部有长方形半地穴式结构，此结构周边没有柱础、柱洞等痕迹，所以敌台上部没有房屋建筑，且在敌台下部往往有居住址，说明当时敌台并不住人，而是士兵站岗警戒之所。

5）天津市明长城报警系统齐全，有烟灶和火池两大类，其中烟灶位于墙体上或敌台下部，因其只有添柴口没有出火口，所以推测应该是白天用来报警的；火池所处位置与烟灶相同，有些甚至与烟灶相邻，因其多呈簸箕形易通风起火，所以推测应该是夜晚用来报警的。

6）在敌台或居住址附近的低洼地，往往有圆形或方形的水窖，一般不深，石头垒砌，应是士兵饮用水源。

（张俊生　姜佰国　刘　健）

## 南开区天津文庙明清建筑基址

**发掘时间**：2006年12月至2007年1月
**工作单位**：天津市文化遗产保护中心

天津文庙位于南开区东门里大街，南开区东马路1号门内，由府庙、县庙和明伦堂组成，为市内保存完整、规模较大的古建筑群，现为天津市文物保护单位。为配合天津文庙维修工程，受市文物局委托，在不损伤现有建筑情况下，对天津文庙重点建筑的外围进行了考古发掘。

根据古建筑实际情况，在其外围重点位置布探方进行考古发掘。对府庙的崇圣祠、大成殿、大成殿西配殿、大成门、棂星门、泮桥、礼门、万仞宫墙、大成殿广场轴线等，县庙的崇圣祠、大成殿、西配殿、大成门、棂星门、泮桥、礼门、万仞宫墙等，明伦堂的齐贤斋西配殿、明伦堂、搜趣斋等位置进行发掘。共布探方37个，考古发掘面积近500平方米。

通过重点布方发掘，发现了明代甬路遗迹及明清时期建筑基址多处，并出土明清时期建筑构件等文物。考古发掘印证了天津文庙明代始建、清代多次修葺的过程，同时也为天津文庙维修工程复原设计提供了科学依据。

（张　瑞）

## 宝坻区朱刘庄明清墓葬

发掘时间：2007年8月
工作单位：天津市文化遗产保护中心、宝坻区文化局、宝坻区文化馆

墓葬位于宝坻区史各庄镇朱刘庄西北部，2007年8月中旬，当地群众发现墓葬被盗扰后向文物部门举报，文物部门对墓葬进行了抢救性发掘，共清理墓葬2座。

M1为双室砖石结构墓，夫妻合葬。平面呈长方形，无墓道，南北长3.22、东西宽2.24米。头向北。墓底及四壁均为砖砌，当中有一道南北向隔墙将墓室一分为二，南端有通道相连，墓顶为石板封顶，东侧墓室南壁有一壁龛。随葬品有瓷罐、铜钱、银簪等。M2与M1相邻，位于M1南侧，为竖穴土坑墓，夫妻合葬。平面呈长方形，无墓道，南北长2.9、东西宽2.4米。头向北。随葬品有瓷罐、铜镜、铜钱、金花钱、银簪、蚌壳等。根据墓葬形制及出土遗物判断，两座墓葬的年代应为明清之际，发现的砖石混合结构墓为天津地区同期墓葬所少见。

（甘才超）

## 东丽区牧场新村与朱庄村清代墓地

发掘时间：2007年4月
工作单位：天津市文化遗产保护中心

因天津滨海机场改扩建工程建设需要，对东丽区牧场新村与朱庄村墓地进行考古发掘，两处墓地共计发掘墓葬20座。

牧场新村墓地位于牧场新村西北约200米，地势平坦。发掘墓葬8座，其中单人墓1座、双人合葬墓5座、三人合葬墓2座，均为土坑竖穴。随葬品有陶钵、银簪、头饰品、瓶形玻璃器、元宝形铜饰品和铜钱等。朱庄村墓地位于朱庄村东南约1500米，原为耕地，有水渠穿过。发掘墓葬12座，其中单人墓2座、双人合葬墓6座、三人合葬墓2座、迁葬墓1座、瓮棺葬1座，均为土坑竖穴。随葬品有陶钵、银簪、头饰、铜帽饰、铜衣扣和铜钱等，瓮棺葬使用黄釉双耳罐做葬具。

据墓葬形制及出土文物判断，两处墓地的年代均为清代。

（张　瑞）

# 塘沽区清代大沽海神庙遗址

发掘时间：2007年12月
工作单位：天津市文化遗产保护中心

大沽海神庙遗址位于西沽海河南岸，北洋水师大沽船坞旧址、现天津市船厂院内，因厂区推煤作业使遗址局部暴露，遂对该遗址进行了抢救性考古发掘，发掘面积近1000平方米，发现清代海神庙甬道、山门、西配殿、御制碑亭及围墙建筑基址等遗存。

海神庙坐南朝北，面向海河，方向北偏东45°。甬道由青砖铺砌，由主路与辅路组成，宽3.8米，清理长度近15米；甬道向南发现山门建筑基址，进深1间，面阔3间；在山门西侧发现西配殿1间；在山门南侧发现八角形碑亭基址1处，最大宽度约5米，碑亭内发现长方形汉白玉碑座1座；围墙建筑基址共发现2道，由条石砌就，由东北向西南延伸，宽度约为25米，清理长度近40米。出土文物包括清代御制海神庙汉白玉石碑1通、柱顶石5个及其他重要石质建筑构件若干；出土数量较多的清代黄琉璃、绿琉璃筒瓦、板瓦与瓦当；出土带有"永通窑记"戳记的铭文砖及少量清代青花瓷片。御制碑与黄琉璃建筑构件等文物的发现，证实了大沽海神庙较高的建筑规制。

据文献资料记载，康熙三十四年（1695年），康熙视察大沽，敕造此庙，经两年建成。康熙、乾隆皇帝曾巡幸于此，并题写御制海神庙碑记，康熙、乾隆、嘉庆、道光、同治五位皇帝对海神庙题赐匾额与楹联。1922年，海神庙观音阁失火，大庙化为灰烬，遂成遗址。考古发现的海神庙建筑遗存，使文献中记载的大沽海神庙得到确认。由于条件所限，此次所发掘的仅是大沽海神庙遗址的一小部分。

（相 军）

# 2009年年鉴

## 津南区巨葛庄东周时期遗址和清代墓葬

发掘时间：2008年8~9月
工作单位：天津市文化遗产保护中心

遗址位于津南区八里台镇巨葛庄村南300米，整个遗址地势微微隆起。拟建设的津港高速公路自东南向西北穿过整个遗址，对该遗址进行了考古发掘。

遗址整体平面呈圆形，北部被一条冲沟破坏，地层堆积较薄，遗物单纯，陶质比较单一，多为夹砂红陶，罕见夹砂灰陶。器类仅见叠唇鼓腹瓮一种。从器物判断，此遗址年代为战国晚期。

遗址北部发掘出11座清代墓葬，其中9座为家族墓，整齐地排成4排，墓葬均为土坑竖穴式，夫妻同穴合葬，随葬品极少，仅见少量铜钱。

（姜佰国　刘　健　张俊生）

## 宁河县西塘坨元代遗址

发掘时间：2008年5~6月
工作单位：天津市文化遗产保护中心

遗址位于宁河县潘庄乡西塘坨村南50米，地势高出地表约50厘米。拟建设的国道112线高速公路自西向东占压该遗址的北部，对工程占压的区域进行了考古发掘。

此遗址发掘出大量窖穴，这些窖穴间距在几米到几十米不等，分布密集。窖穴形状十分规整，全部为圆形、直壁，穴口直径在1.6米左右，残存深度在0.2~1米。窖穴有严密的防潮措施，如穴壁及底部非常光滑，且有明显的火烧痕迹；底部一般都垫有厚约5厘米的草木灰。从窖穴的构造推断，其功能应该是储存粮食。窖穴中出土遗物极少，根据出土的瓷片判断，这些窖穴的年代为元代。

据当地村民讲，在发掘区南部100米左右原有一处高台，平整土地时被夷为平地。由此推测，这些窖穴应该属于大型聚落址的附属设施。

（张俊生　姜佰国　刘　健）

## 宁河县杨家岭元代窑址及清代墓葬

发掘时间：2008年5～6月
工作单位：天津市文化遗产保护中心

遗址位于宁河县俵口乡后辛村东500米，地势略高。因即将开工建设的国道112线高速公路自东南至西北穿过该遗址，对该遗址进行了考古发掘。

在该遗址共发掘窑址1座，墓葬4座。

窑址为烧制青砖的陶窑，上部已残失，但其下部保存完好，内部结构由操作间、出灰口、窑门、火道、窑室组成，保存十分完整。操作间平面呈半圆形，地面经过踩踏，比较坚硬；出灰口为青砖垒砌，低于操作间地面50厘米，发掘时在内部还残存大量草木灰；灶门为砖砌，长方形；窑室平面呈大半圆形，室内窑床上尚保存已经烧制完成但未出窑的青砖。从窑室的形状及青砖的尺寸，可以判断此窑时代为元代。

墓葬全部为土坑竖穴、双棺、夫妻合葬墓，自北向南排列成整齐的3排，可以清晰地看出有明显的迁葬、二次葬的痕迹，尸骨头部棺外放置1个双系小瓷罐，年代为清代。这些墓葬在墓葬形式、随葬方式、随葬器物上与蓟县明清时期家族墓基本相同。

（姜佰国　张俊生　刘　健）

## 武清区青坨元明时期窑址

发掘时间：2008年11～12月
工作单位：天津市文化遗产保护中心

遗址位于武清区豆张庄乡青坨村东约200米处，为配合京沪高速铁路（天津段）工程建设对其进行发掘，发掘面积达2750平方米，发现元代窑址1座、明代窑场遗存1处、明清墓葬3座，出土陶瓷器等各类文物百余件。

元代窑址位于发掘区北端，窑室呈圆形，青砖垒砌。窑室直径近3米，顶部遭破坏，操作间、窑门、窑室、窑床、烟道保存完好。根据层位关系及出土文物判断该窑为元代，在窑室内发现尚未烧造的泥瓦坯推断该窑应为烧瓦窑。明代窑场遗存位于发掘区中部，该遗存以陶窑为中心，周围分布有制坯场、晾坯场、排水沟、蓄水池、垃圾场等相关遗迹，组成一个功能基本完备的窑场体系。据出土遗物推断，该窑场为制瓦作业区。

另外，在该遗址还清理了明清时期墓葬3座，出土瓷碗、瓷盘、陶盆、银饰及铜钱等文物。

（甘才超　戴　滨　盛立双）

# 天津段明长城调查

**调查时间**：2007年10~12月
**工作单位**：天津市文化遗产保护中心

明长城天津段全部位于天津市蓟县北部山区，东起钻天峰与河北省遵化市明长城相接，向西沿山势蜿蜒曲折，止于黄土梁大松顶，与北京市平谷县明长城相连。

依据自然地理情况，将天津市域内明长城主线墙体自东向西划分为赤霞峪、古强峪、船仓峪、青山岭、车道峪、黄崖关、前甘涧共7个段落，这7个段落内部按照《全国长城资源调查工作手册》又详细划分了156个小段。上述赤霞峪、古强峪等7段长城主线墙体除黄崖关段为砖质（1987年修复）外，其余6段墙体均为石质（未修复）。

石质墙体多用块石干垒而成，外侧部分残存有垛口，内侧全部设有女墙，马道用相对平整的片石铺成，宽1.2~1.8米，内外壁用平整的石块垒砌，三合土抹缝的现象少见，墙体收分在0.5~1.2米，在山势陡峭地段，墙体往往垒砌成台阶状。通过对各段墙体现存的周边环境观察，尤其是在前甘涧段长城中，墙体石块的颜色与其所在山体石块的颜色正好相对应，推测垒砌长城的石块应为就地取材。

砖质墙体因修复过，保存有完整的垛口、女墙、瞭望口、射口等，墙体上还修复有暗门。

除明长城主线墙体外，天津市域内还发现多条二道边长城，其宽度一般比主线墙体窄，并且不见垛口和女墙，墙体上部为平坦的马道，在墙体外侧见有垒砌规整的排水口。这些二道边长城大部分位于主线墙体的外侧，在平面上看，它们修建得很凌乱，看似毫无规律可言，实际上如果把它们放在具体的地理环境中，还是可以看出：它们一般修建于山势由陡到缓的半山腰或峡谷的隘口。这些二道边长城实际上是对长城主线的防御起到了有效的补充作用。

本次还调查了大量与长城相关的遗存，类型十分丰富，主要有关城、寨堡、敌台、烽火台、火池、烟灶、居住址、水窖、水井等。较《中国文物地图集·天津分册》的记载，本次调查的绝大多数遗存都是新发现的。

调查到的关城为黄崖关城，平面呈刀把形，位于沟河西岸，由水关和关城两部分组成，关内有提调公署、玄武庙、八卦街等，关城为1987年修复。

寨堡均位于峡谷南侧相对平坦的山地上，除青山岭寨堡形状保存完整外，其余寨堡的大部分已被现代民房所占压，这些寨堡依地势而建，形状一般不规整，墙体用大石块干垒而成，宽4～6米，现存高度1～2米，寨堡内现存有角楼、马道、水井、居住址等。

敌台按质地可分为石质、上砖下石质和砖质三类，其中石质敌台在数量上占绝大多数，这些敌台在平面上多呈方形，大部分位于山顶或山谷旁居高临下的山包上，地理位置非常重要。

烽火台全部位于长城主线的外侧，多建于山谷旁半山腰上，依山体而建，居高临下。烽火台平面多呈半圆形，石块干垒而成，收分较大，上部平坦，不见其他遗迹。

火池和烟灶是此次调查发现较多的遗存，多位于敌台的南侧，成组分布。火池平面多呈簸箕形，三面垒砌有石块，一面敞开。烟灶平面呈正方形，石块干垒而成，四壁垒砌平整，一面甚至四面的下部垒砌有灶门。在部分火池的内部和烟灶的灶门内发现白色的灰烬，个别火池底部的石块、烟灶灶门附近的石块甚至还可看出有烟熏火燎的痕迹，可见有的火池和烟灶曾经使用过。

居住址、水窖、水井和坝台是此次调查新发现的与长城相关的遗存。居住址现仅存石块垒砌的墙基，它们形态复杂，大小不一，归纳起来主要有以下几种情况：一种为单间，平面呈长方形，此种居住址一般面积较小，多位于长城墙体内侧，距长城墙体不远或有一侧墙壁借助于长城内侧墙壁；还有一种为多间，平面长方形或方形，其内部用石块垒砌的墙壁分隔成若干间，这种居住址面积较大，多位于敌台分布较少的地段，距离长城墙体有10～20米的距离；还有一种居住址比较特别，是在修建长城的过程中在墙体的内部垒砌成一个中空的空间，这种居住址面积较小，发现也较少。水窖为石块垒砌，低于现地表，平面多呈长方形，深度在1.5米左右，面积较大的水窖还保存有上下汲水的台阶，水窖多位于敌台或居住址附近。水井均发现于寨堡，深度在5～10米，井口呈圆形，为便于多人同时取水，井口上部覆盖凿有两孔或四孔的石板。坝台发现一处，位于一处居住址的南侧，沿山势用石块垒砌成十八道坝台，形成了十八块长条形平整的土地。

此次调查测量出了明长城天津段的长度，对于所有长城本体、附属设施、相关遗存全部绘制了平、立、剖面图纸，并做了详细的文字记录和相对应的摄影和摄像记录。

（姜佰国　张俊生　刘　健　刘福宁　郜志坚）

# 蓟县清允禵陪葬墓

发掘时间：2007年12月至2008年1月
工作单位：天津市文化遗产保护中心

陪葬墓位于蓟县下营镇石头营村西北部，黄花山南麓清恂郡王允禵园寝主地宫东南侧。2007年2月与同年秋季，该陪葬墓均遭盗扰，考古工作人员对该墓进行了抢救性发掘。

该墓地上建筑早年拆除，现为耕地，清理中在墓室正南侧与西南侧发现盗洞2处。该墓为长方形砖室墓，四周夯砸三合土。开口距现地表约0.8米，墓顶由20块条石压缝铺就。墓室内壁东西长8、南北宽3.5、高2.6米，墓壁厚1.15米。墓底磨砖铺就，南北两侧各嵌一长条石；中部有一深约0.4米金井，上压方形镂花大理石；在墓底靠南壁处砌有东西向排水沟。墓室内发现木棺4具及零星人骨，均遭拆毁与盗扰，在各棺之间垫有木炭，每棺各由4个"┐"形石构件固定棺位。出土文物仅有残铅妆奁盒、银饰件、玉饰件、铜扣、铜钱、料珠等少量文物。据该园寝内碑文知，该陪葬墓墓主人为允禵第二子弘明。考古发掘后对该墓进行了保护性回填。

（盛立双　甘才超）

## 武清区东肖庄清代遗址

发掘时间：2008年7月
工作单位：天津市文化遗产保护中心

遗址位于武清区陈嘴乡东肖庄村南400米，地势平坦。拟建设的国道112线高速公路自东向西占压该遗址的中部，对该工程占压的区域进行了考古发掘。

在该遗址共发掘出清代房址3座、灰沟1条、灶址3座。房址均用青砖垒砌而成，且房址的附属设施保存完好，即在房址内保存有当时人类在房址内居住时踩踏的居住面、取暖做饭使用的砖砌灶址等遗迹；在房址墙体外侧有青砖铺成的散水、青砖砌成的排水沟以及当时人类出入房屋的道路。

灶址为青砖垒砌，圆形，位于房址内部。

根据房址及灶址垒砌的青砖尺寸及出土的陶瓷片判断，该遗址年代为清代。

（刘　健　姜佰国　张俊生）

# 2010年年鉴

## 蓟县小毛庄明清墓群

**发掘时间**：2009年6～7月
**工作单位**：天津市文化遗产保护中心

墓群位于蓟县城区东部，西距城关镇小毛庄村约1200米，北距蓟县四方台宾馆约80米，遗址平面呈不规则三角形，一条自然水沟斜穿遗址。因房地产建设开发工程对其进行考古发掘，发掘面积1007平方米，发掘古代墓葬33座。其中，明代墓葬18座，清代墓葬11座，迁移墓葬4座。墓葬多为夫妻合葬墓，土坑竖穴，头向西北。出土器物有陶罐、黑瓷罐、银耳勺、银簪、铜钱等，计300余件。从随葬的钱币判断，墓葬时代多为明中期至清中期；从墓葬形制和规模大小判断，应为当时的平民墓。这些墓葬分布于相对集中的3个区域，应是按宗法辈分关系埋葬的家族墓地。

（刘　健　梅鹏云）

## 塘沽区明清大沽口炮台遗址

**勘探时间**：2009年3～5月
**工作单位**：天津市文化遗产保护中心、塘沽区文化局、塘沽区大沽口炮台遗址管理所

遗址位于塘沽区东南部，西邻滨海大道。因大沽口炮台遗址纪念馆选址及遗址整体保护与展示需要，在2004年工作基础上，再次对大沽口南炮台遗址开展考古勘探。

此次考古勘探，有针对性地调整了勘探重点和作业面积，修正了2004年部分勘查成果，确定了大沽口南炮台遗址南部围墙的位置、埋深、分布范围；确定了"镇"字炮台的位置、埋深、形状、结构及堆积情况；确定了长炮台遗存整体的位置、形状、布局、结构等，并发现了2处入口遗迹；在南炮台围墙范围内发现了10余处建筑遗存及铁炮、火药等遗物。本次考古勘探成果与清光绪时（1895～1900年）绘制的南炮台布局图基本吻合。

考古工作结束后，测绘完成与2004年工作为同一底图、比例为1∶1000的《2009大沽口炮台遗址考古勘探成果图》，并提交相关工作报告。

（盛立双　戴　滨）

# 2011年年鉴

## 静海县谷庄子战国遗址

调查时间：2010年4月30日
工作单位：天津市文化遗产保护中心

遗址位于静海县梁头镇谷庄子村西约1.5千米，黑龙港河东面0.2千米处，地理坐标为北纬38°58′34.8″，东经116°50′44.4″。

2010年4月29日，静海县梁头镇一农田里挖掘鱼塘时发现文物，据此线索，遂赶赴现场进行实地调查，发现遗址为一处平坦农田，陶片出自两个正在修建的东西向排列的鱼塘，面积约1200平方米，从鱼塘剖面看，文化层呈黑灰色，距地表深约1米，厚30~40厘米，鱼塘周围挖掘出来的泥土中发现了较多的泥质绳纹灰陶片、褐陶片等遗物，器形有罐、釜、豆等，其文化属性与静海县古城洼、鲁辛庄等遗址相近，初步判断为战国时期遗址。该遗址已被列为第三次全国文物普查新发现地下文物点。

（赵　晨　相　军　姜佰国　祖红霞　孙德民）

## 静海县程庄子唐代遗址

调查时间：2010年4月2日
工作单位：天津市文化遗产保护中心、静海县文化局

遗址位于静海县唐官屯镇程庄子村北。地理坐标为北纬38°43′00.2″，东经116°52′48″。

2010年4月，当地村民在建设取土中发现地下文物埋藏现象，遂赴现场对该遗址进行了实地调查。

遗址现被辟为耕地，地势平坦，文化层距地表深约0.9米，其上为耕土层、黄褐色土层。现场发现一段保存较好的砖墙，南北向，墙体厚0.6、南北厚0.42、残高0.3米，青砖有两种尺寸，分别为28厘米×14厘米×6厘米、25厘米×12.5厘米×5厘米，应为一处房址遗迹。遗址中出土大量泥质布纹板瓦残片，另有少量泥质红陶片、铁器残片等。经地表实地踏查，判断该遗址范围南

北长约200、东西宽约100米。根据文化堆积的包含物初步判断该遗址为唐代时期聚落遗址。

(甘才超　赵　晨　姜佰国　祖红霞　孙德民)

## 东丽区大宋庄清代遗址

勘查时间：2010年6~7月
工作单位：天津市文化遗产保护中心

遗址位于东丽区无瑕街大宋庄村南。据相关资料记载及村民口述，该处原为大宋庄娘娘庙（又称娘娘庙），始建于明，清末重修，民国配为学堂，1950年后成为遗址。

为确认该遗址年代及文化性质，为保护工作提供依据，对其进行了考古勘查，考古勘探面积约10000平方米。

对大宋庄遗址获得了如下认识：根据现场地层剖面观察、采集遗物以及考古钻探结果显示，大宋庄遗址为一处包含明清、民国几个时期的祭祀性建筑基址，考古调查采集遗物不排除该遗址存在年代更早堆积的可能。考古勘探共发现5处砖砌建筑基址，伴出较多的柱顶石、青砖、筒瓦与板瓦、青花瓷片等遗物，建筑基址年代推定为清代，晚期沿用。将勘探发现的5处建筑基址的位置、形状、结构及布局与当地居民口述史调查成果相拟合，推定上述5处建筑基址为清代大宋庄娘娘庙山门，东、西配殿与围墙建筑基址的组成部分。受现场作业条件所限，遗址分布范围待定。

(盛立双　赵　晨　相　军　戴　滨)

## 蓟县龙庭庄园清代墓葬

发掘时间：2010年10~11月
工作单位：天津市文化遗产保护中心

墓葬位于蓟县城关镇燕山东大街南侧。为配合工程建设，对工程所占区域进行考古勘探，并对勘探出的11座墓葬进行了考古发掘。

这些墓葬分布在两个比较集中区域，排列整齐，应为两处家族墓地。墓葬均为长方形土坑竖穴墓，多为合葬、双棺，个别三棺，葬式为仰身直肢，有两座墓葬为迁移葬。墓葬内出土黑釉瓷罐、瓷碗、砂壶、银簪和铜钱等随葬品。根据出土铜钱，可判断这些墓葬年代为清代早中期，其墓葬习俗与蓟县城关其他地区基本相同，为研究清代时期蓟县地区的丧葬习俗与墓葬形制提供了实物资料。

(姜佰国　刘　健　张俊生)

# 2012年年鉴

## 锦州—郑州成品油管道工程（天津段）沿线考古调查

调查时间：2011年4~6月
工作单位：天津市文化遗产保护中心、宝坻区文化馆、武清区文化馆

因锦州—郑州成品油管道工程（天津段）建设需要，对其管道设计线路所经区域进行实地踏查，调查总长约128千米，共新发现战国晚期至明清时期遗址、墓葬等不可移动文物线索10处。

西河口遗址，位于宝坻区口东镇西河口村东南。该遗址地形相对平坦，地表采集遗物有酱釉瓷片、白釉瓷片，灰陶建筑构件砖、瓦等标本，推断遗址年代为元—清代。

黑狼口墓地，位于宝坻区口东镇黑狼口村东南。地表散见残墓碑及棺木，分布较为密集。推断墓地年代为清代。

南芮家庄遗址，位于宝坻区林亭口镇南芮家庄村北。该遗址地势略高出周围地表，现场采集的遗物有酱釉瓷片、板瓦等，年代推断为元—清代。

北史庄遗址，位于宝坻区王卜庄镇北史庄村南，林亭口镇八里庄村北。遗址地形相对平坦，地表采集遗物有青花瓷片、白釉瓷片，灰陶建筑构件砖、瓦等标本。推断遗址年代为明清时期。

南陈庄遗址，位于武清区泗村店镇南陈庄村村北、村西，紧邻北京排污河东堤。该遗址核心区高出周围地表约1米，地表遗物分布较为丰富，采集到白釉瓷片、酱釉瓷片、青花瓷片，灰陶盆口沿、板瓦、筒瓦等标本。推断遗址年代为元—清代。

达村遗址，位于武清区碱东公路北侧。现场采集遗物有白釉瓷片，青砖、瓦等标本。推断遗址年代为金元时期。

三百户遗址，位于武清区崔黄口镇大曹庄与三百户村之间。该遗址采集遗物有夹云母红陶釜、灰陶绳纹罐残片、灰陶盆口沿、布纹瓦、青釉瓷片及青花瓷片等标本，数量较为丰富。推测遗址年代为战国—明清时期。

肖赶庄遗址，位于武清区河北屯乡肖赶庄与冯庄之间，当地村民俗称"窑上"。该遗址略高出周围地表，采集遗物有钧窑系瓷碗残片、白釉瓷碗残片、青花瓷片，青砖、板瓦等标本。推测遗址年代为元—清代。

杨凤庄墓地，位于武清区大碱厂镇杨凤庄村东，当地村民俗称"老坟地"，墓地高出周围地表3米左右。墓地年代待定。

辛庄遗址，位于武清区梅厂镇辛庄村北侧，紧邻杨北公路。遗址略高出周围地表，现场采集有青花瓷片、酱釉碗片、釉陶鸡腿瓶、素面青砖、板瓦等文物标本，在局部开挖剖面还发现建筑基础痕迹。推断遗址年代为明清时期。

（盛立双　相　军　戴　滨）

## 蓟县远景城工程汉明清墓葬及唐代窑址

**发掘时间**：2011年3~5月
**工作单位**：天津市文化遗产保护中心

用地位于蓟县城关鑫海苑住宅小区西侧，西邻康平路，北邻迎宾路，南邻城关镇小毛庄村。东部为一南北向的冲积沟，西部为南高北低的三级台地，汉、明、清墓葬位于三级台地上，唐代窑址位于二级台地上。

本年度共发掘墓葬81座、窑址1座，其中汉代墓葬6座、明清时期墓葬75座、唐代窑址1座，发掘面积2948平方米。出土金、银、玉、铜、玛瑙、玻璃、陶、瓷等质地文物2000余件（套），汉代墓葬出土器物包括书刀、耳杯、盘、奁、镰斗、灯、灶等；明清时期墓葬出土器形包括罐、壶、簪、镜、带钩、戒指、鼻烟壶、腰牌、铜钱等。

汉代砖室墓自北向南一字排开，依山面水，虽经多次盗扰，但从残留的陶器、墓葬形制等分析，墓葬的年代自东汉晚期延续至曹魏时期。

明清时期墓葬为一处家族墓地，排列成清晰的14排共75座，其中明代墓葬5排17座、清代墓葬9排58座，年代自明代中期至清代晚期。从墓葬规格、随葬品、妻妾陪葬情况等方面可以清晰地看出该家族由家底丰厚到步入仕途、人丁兴旺，再到衰败的整个过程。此墓地为迄今天津地区规模最大、序列最清晰、年代延续时间最长的明清时期家族墓地。

唐代窑址包括窑室、烟道、火膛、灶门、操作间。窑室平面呈长方形，长12.3、宽1.4~1.64米。

（姜佰国　张俊生　刘　健）

# 静海县顺小王庄村元代水井

发掘时间：2011年11月
工作单位：天津市文化遗产保护中心、静海县文化馆

水井位于静海县蔡公庄镇顺小王庄村东约500米处的荒地内，地理坐标为北纬38°45′27.3″，东经117°03′24.8″。系当地农民在取土时发现。

水井平面呈圆形，口小，口直径1.88、底直径2.34、口距底深4.38米。井壁采用青砖错缝平砌，砖的尺寸多为32厘米×15厘米×5厘米、32厘米×16厘米×5厘米，并有少量楔形砖。井口已被破坏，井壁残存73层砖，井壁底部用芦苇铺垫，厚0.05米。井的外圹近圆形，最大直径为3.7米。

出土物多数为泥质灰陶片和青砖残块，陶器以盆、罐等残片为主。水井底部还出土了一件脊兽残块及一件白瓷碗底。从釉色和器形判断，白瓷碗属磁州窑系产品。

经调查，在水井东约230米和西北约130米处发现了两处金—明时期的遗址，采集的遗物有残陶滴水、红陶盆口沿残片、白瓷碗残片、青花瓷片。根据井砖的尺寸和出土器物特征推断，井的年代为元代。

（相　军　戴　滨）

# 津南区小站"米立方"建设工地考古调查

工地位于津南区小站镇政府西北约1千米处，在津岐公路东侧。4月中旬，我中心接到群众举报，称该工地施工中出土了不少瓷片，可能是一处古遗址。中心随即派员到工地查看，从残存地表和所挖槽子剖面采集到了白釉褐花碗、外酱内白釉碗、青釉碗、黄釉碗、青花瓷碗、瓷杯、酱釉瓷瓶等残片，以及绿釉陶盆口沿、泥质灰陶盆底、砚台和标枪头等器物。白釉褐花碗和外酱内白釉碗属磁州窑系，青釉碗属龙泉窑系，三者基本为元代遗物。黄釉碗为敞口，圆唇，宽圈足，内底不施釉，器形与白釉褐花碗大体相同，也可定为元代产品。绿釉陶盆为敞口，宽平沿，在天津市其他地区较少发现。青花瓷碗、瓷杯器形和釉色具有晚期特点，年代可能到清晚期。

从遗物推断，遗址的年代早可到元代，晚可到清末。此地是清末训练新军之地，著名的"小站练兵"就发生于此。现场采集到的青花瓷碗、瓷杯等生活器皿，以及练兵用的标枪头当是有力的佐证。

（梅鹏云　相　军）

# 北塘清仁正营炮台遗址

勘探时间：2011年6～8月
工作单位：天津市文化遗产保护中心、塘沽博物馆

仁正营炮台是北塘炮台防御体系的重要组成部分，清代多次重修，1901年拆毁，遂成遗址，现为区级文物保护单位。遗址位于滨海新区北塘街东海路西侧，京津高速公路北侧，地面现残存部分夯土基础及炮塔遗存。受天津滨海新区文化广播电视局及北塘经济区管理委员会委托，对其进行考古勘探。

勘探面积约70000平方米，探明炮台4座、夯土墙体5处及护壕遗迹1处。其中各炮台与夯土墙体相连接形成闭合的整体，外围设护壕以加强防御。炮台一般先采用三合土夯筑出炮台主体，内部留空，夯层向上逐渐错层内收，到达一定高度后形成平台，整体做覆盆状。夯土墙体一般上部宽约0.85、底部宽约4.3、高约3.2米，分层夯筑，每分层厚0.25～0.35米。墙体外侧为长斜坡状，内侧呈倒阶梯形，自上而下逐层内收形成四层台阶，台阶向下为直壁。勘探发现在现地表下深约1.6米处，普遍存在一层厚约10厘米的渣土层，土质坚硬，包含物较杂，推测应为当时炮台内的活动地面。

勘探过程中采集到少量陶、瓷器残片，铁质生产工具，铜饰件，铁炮弹丸等与遗址年代相当的遗物。

本次勘探基本明确了炮台遗址的分布范围、布局及各单体遗迹的构筑方式、相互关系。勘探结果与清同治、光绪年间绘制的北塘营盘图中仁正营炮台的布局结构大致吻合，为炮台遗址的下一步总体保护提供了基础依据。

（戴　滨　盛立双）

# 天津海域水下文物重点调查

调查时间：2011年10月
工作单位：国家水下文化遗产保护中心、天津市文化遗产保护中心

2011年10月，天津市文化遗产保护中心与国家水下文化遗产保护中心共同组织开展了天津水下文物重点调查工作，历时25天，对大沽口散花锚地沉船进行了物探调查和水下确认。

经过对潜水探摸、吹泥、采集标本、水下录像、照相和测量绘图等方式提取的沉船资料进行分析，确定该船为一艘铁木质沉船，船形完整，长21.6、宽5米，船体最高处高出海床

1.1米，最低处低于海床0.9米。船上布满众多后期被挂的渔网。船头与船尾相向侧倾，中部为淤泥覆盖，推测其中部断裂。船主体为木头，船头、船舷包有铁甲；在船头还发现了部分船前甲板，此外还有隔舱板、缆桩、绞盘。经过与文献历史资料对比，该沉船点为民国时期的沉船遗址。

此次调查工作为天津今后开展水下考古工作积累了经验，对今后科学、高效地开展天津水下考古工作具有很好的借鉴意义。

（甘才超　张　瑞）

# 2013年年鉴

## 蓟县东五百户唐代墓葬

发掘时间：2012年5月
工作单位：天津市文化遗产保护中心、蓟县文物保管所

蓟县五百户镇东五百户村村民于2012年初发现村南300米山坡上有古墓被盗，随后报警。我中心与蓟县文物保管所工作人员赴现场察看。

经勘探，发现两座砖室墓。在勘探的基础上布方发掘。两墓规模相当，形制相近，均坐北朝南，由墓道、甬道、墓室三部分组成。墓道为长方形斜坡状，墓室呈弧边方形，直径约为2米，内有东西向半圆形棺床。两墓均遭严重破坏，只剩墓底。M1无随葬品，M2仅出土一块白瓷片和一支银簪，但不能确定白瓷片是否为墓中原有。推测为平民墓葬，年代为唐代。

（相　军）

## 北辰区张湾明代沉船遗址

发掘时间：2012年4～7月
工作单位：天津市文化遗产保护中心、北辰区文化局

遗址位于北辰区双街镇张湾村东南，在北运河河道转弯处。发掘面积550平方米，发现明代沉船遗迹3处，出土与采集金元至明清时期铜、铁、瓷、陶、骨、木、竹、棕等不同质地文物及标本600余件。

三艘木质沉船均埋藏于距现地表深5.5米左右的北运河河道内的沙土层中。

1号沉船因施工机械破坏，残损严重，整体结构无存，仅在现场散落有较多不完整的船板，同时在沉船点周围密集散布丰富的遗物，城砖和韩瓶数量最多，还见有青釉瓷碗、盘残片，釉陶罐，棕绳，骨簪，船钉，铜钱等遗物，同时伴出数量较为丰富的动物骨骼。

2号沉船发现于1号沉船南侧约20米处，该船结构保存较好，仅两侧舷板有损坏。沉船整体木质保存较好，呈东西向覆扣在北运河河道上，全长约12.66米，船底部最宽处达2.2米，船

尾略宽于船头，整体形状为齐头、齐尾、平底，从船底纵向规律分布的九排铁质船钉推测2号沉船应存在八个船舱。该船修补痕迹明显，在船底板之间的缝隙处多用类似白灰的防水涂料填补，较大的缝隙则是先用碎瓷片填充，再用白灰涂补。在船体四周散落有大量各种形态的船钉，也见有瓷碗、陶罐、青砖、韩瓶、铜钱、骨簪、竹绳、麻绳、兽骨等遗物。

3号沉船位于2号沉船北侧约4米处，与2号沉船基本平行，也呈东西向覆扣在运河河道的底部。该船首、尾残损无存，基本轮廓尚存，也呈齐头、齐尾、平底形状，船体残长约11.8、船底最宽处约2.8米，船舱内现存五个隔舱板。在沉船内及周围出土有青釉瓷碗、盘、高柄杯，釉陶罐，韩瓶，城砖，骨篦、簪，船钉，动物骨骼等遗物。

根据沉船所在堆积层位和沉船出土器物的年代初步推断，三艘沉船的年代应为明代。

（盛立双　赵　晨　戴　滨　张　瑞　张俊生　刘　健　姜佰国　梅鹏云）

# 滨海新区明清大沽口北岸炮台遗址

**勘探时间**：2012年4~5月
**工作单位**：天津市文化遗产保护中心、塘沽博物馆

遗址位于滨海新区交通运输部北海救助局天津基地西侧，与大沽口南炮台遗址隔海河相对，中心位置GPS坐标为北纬38°59′40.1″，东经117°42′62.5″。据文献记载，大沽口北岸炮台包括"门"字炮台、"高"字炮台及石头缝炮台。

勘探面积约52000平方米，布设探沟2条，共发现遗迹现象5处，其中包括炮台建筑基础、炮台墙基、道路等。其中遗迹1为三合土夯土基础，遗迹2、遗迹3为三合土墙基，从遗迹的整体分布、规模大小及与历史文献资料比对，推断此三处建筑基础极有可能为"门"字炮台遗存。"高"字炮台与石头缝炮台遗存此次勘察未发现，但通过勘探对这两处遗存分布做出两种推测：一种是在后期开挖北侧的河道时被破坏；另一种可能是分布在北侧河道对岸，被大量现代建筑物所占压，尚需进一步工作确认。遗迹5平面呈条带状分布，由三合土、黑灰、贝壳、石块等夯筑而成，根据遗迹的分布、结构及包含物，初步推断为炮台道路遗迹。此次考古勘探成果与清光绪年间（1895~1900年）绘制的大沽口炮台布局图基本吻合。

本次勘探基本确定了大沽口北岸炮台遗址的分布、结构及建筑方法。与之前大沽口南炮台的勘探成果相结合，对大沽口南、北岸炮台构成的整体防御体系有了进一步认识。

（戴　滨　盛立双）

# 2014年年鉴

## 宝坻区歇马台商周遗址

**勘探时间：** 2013年4～7月

**工作单位：** 天津市文化遗产保护中心、宝坻区文化馆

歇马台遗址位于宝坻县城南的宝平街道歇马台村下，窝头河从遗址北部穿过。

此次歇马台遗址的田野发掘共设3个发掘区，西部发掘区紧邻新宝平路，中部发掘区位于歇马台原村址中部，东部发掘区东距津围公路约1000米。发掘总面积2760平方米，共发掘各类遗迹单位80处，其中水井4口、灰沟4条、灰坑42个、墓葬30座。

遗址出土的遗物以陶器为主，陶质有红陶、灰陶、夹砂红陶、夹砂灰陶、黑陶及夹蚌屑的红陶；可辨识的器形有鬲、罐、壶、盆、瓮、甗、豆、网坠和板瓦、筒瓦等建筑构件；器表饰绳纹较多，素面陶较少，另有少量的旋纹、划纹、戳印纹和附加堆纹等纹饰的陶片。

墓葬均为长方形竖穴土坑墓。以成人单人葬为主。墓向以南北向居多，东西向较少。墓口略大于墓底。葬式以仰身直肢葬为主，侧身屈肢葬较少。葬具多一棺一椁，单棺的只占少数；有随葬品的墓只有10座，随葬品组合极不一致。随葬品多为陶器，有以双罐为组合的，有以罐、瓮为组合的，有以鼎、豆、壶、瓮为组合的，有以鼎、豆、壶、盘、匜、罐为组合的，还有以单簋为陪葬的。陶质均为灰陶，器表多饰旋纹，另有少量的附加堆纹陶器。

歇马台遗址是天津地区截至2013年最南端的商周时期遗址，此次考古发掘是考古部门首次对该遗址进行的大面积揭露。此次歇马台遗址的发掘对于研究天津地区青铜时代至铁器时代考古学文化的演变过程、了解燕山南北青铜时代至铁器时代考古学文化之间的碰撞、融合有着重要意义。

（刘　健　张俊生　姜佰国）

# 武清开发区两汉及北朝墓群

**发掘时间**：2013年4~5月
**工作单位**：天津市文化遗产保护中心

该墓群地处武清开发区西区的武清燃气分布式能源站建设工程用地范围内。

此次发掘墓葬10座，其中土坑墓1座、砖室墓9座。既有单室墓，也有双室墓，既有单人葬，也有夫妻合葬墓；既有成年人墓葬，也有儿童墓葬；墓葬年代涵盖了西汉、东汉及北朝时期，时间跨越了七八百年。这批墓葬虽遭盗扰严重，但仍出土了玉、水晶、铜、鎏金、陶等不同质地文物近百件。

西汉墓发掘1座，为近方形斜坡墓道土坑墓。墓室尸骨无存，仅见残存椁板一块。墓葬内出土随葬品有陶壶、陶盒、陶盆、陶豆等明器及五铢钱20余枚。

东汉墓葬发掘7座，皆为砖室墓。这7座墓葬均遭盗扰，但墓葬构筑材料及方式均有鲜明特色。

M7为砖室夫妻合葬墓，墓葬西室墓壁与墓底均为青砖垒砌，东室则采用板瓦铺砌墓底。东室墓葬尸骨保存完好，西室墓葬尸骨有明显迁葬痕迹。东、西室墓底水平高度不一致的现象可能与该墓葬经后期迁葬、在西侧临时搭建新的墓室有关。另外一个值得注意的现象是，在东、西墓室之间有一个方形孔道，其目的多在于夫妻死后仍能进行正常的沟通与交流，灵魂相通。

北朝时期墓葬发现2座，均为砖室，无墓道。这两座墓葬呈南北向排列，墓室均南宽北窄，呈"大小头"形状。其中M3为夫妻合葬墓，保存较好，东西墓壁呈弧形。出土器物有夹砂灰陶罐、夹砂灰陶壶，以及铜镯、玉剑璏、簪、坠、水晶饰件、鎏金铜铺首等文物。墓葬呈"梯形"的平面形制以及随葬品具有"毁器"特征的随葬习俗，透露出墓主人的身份很可能是中国古代鲜卑族。

（相　军　戴　滨）

# 蓟县小毛庄东汉墓葬

**发掘时间**：2013年12月
**工作单位**：天津市文化遗产保护中心、蓟县文物保管所

墓葬位于天津蓟县康平路西侧，北邻渔阳镇小毛庄村道路，南邻蓟县房地产公司及蓟县第二小学用地。地理坐标为北纬40°02′910″，东经117°25′802″。

此次共清理出汉代砖室墓葬7座，分别编号为M1~M7，发掘面积为450平方米。

M1为竖穴砖室墓，方向54°，平面呈不规则形，长5.44、宽4.48米。由于破坏严重，仅存部分底部铺地砖，未见骨架及随葬品。

M2为竖穴砖室墓，方向10°，平面呈长方形，长3.7、宽1.5米。底部用平砖相互错缝铺砌而成，墓室的北壁用平砖相互错缝垒砌而成，东、南、西壁均采用"人"字形侧立砖相互交叉垒砌而成。

M3为竖穴砖券多室墓，方向10°，长10.5、宽5.5米。由墓道、墓门、西耳室、东1耳室、东2耳室、厅、主室等7部分组成。

M4为竖穴砖券多室墓，长10.34、宽2.48~5.82米，方向8°，由墓道、墓门、东耳室、西耳室、厅、主室等6部分组成。

M5为长方形竖穴砖券单室墓，方向20°，平面呈长方形，顶部已被破坏，四壁采用二平一竖铺缝所砌而成，底部用半砖平铺，未发现骨架和随葬品。

M6为竖穴砖券多室墓，由墓道、墓门、东耳室、西耳室、厅、主室等6部分组成。

M7为长方形竖穴砖券多室墓，方向9°，南北总长8.74、东西宽3~6.16米，墓口距墓底深0.4米。由墓道、甬道、墓门、前厅、东耳室、主室等6部分组成。出土器物有铜剑、陶仓、陶灯、陶耳杯、陶猪、陶壶、陶灶等。

（梅鹏云　姜佰国）

# 蓟县赵家湾唐代窑址

**发掘时间**：2013年10月
**工作单位**：天津市文化遗产保护中心、蓟县文物保护管理所

窑址位于蓟县邦均镇二百户村北，平面呈长方形，方向为15°，顶部已被破坏，总长12.3、宽1.6~1.7米，由操作间、火门、窑室、烟道4部分组成。

操作间位于火门的南部，长方形竖穴土圹式，南北长1.8、东西宽0.5~0.9米，南部留有宽1.7、高0.12米台阶。内填土为灰色花土，土质疏松，内含黑木灰颗粒、少量绳纹砖。

火门位于操作间的北部，窑室南部，顶部已破坏，下部呈半圆形，东西宽0.6、进深0.6、残高0.4米，火门周围红烧土厚0.18米，底部有厚0.01米的黑色草木灰。

窑室位于火门的北部，平面呈长方形，顶部已被破坏，仅残存底部，南北长9.9、东西宽1.6、残高0.6米，内填灰褐色土，土质较疏松，含有红烧土块、蓝烧土颗粒。窑室的底部已经烧成青灰色。

烟道位于窑室的东部偏北，用绳纹砖砌，烟道口平面呈圆形，直径为0.56米。

（姜佰国　张俊生　刘　健）

# 津南区宋代三女砦遗址

发掘时间：2013年3月
工作单位：天津市文化遗产保护中心

在北宋王朝建立后，其北部以海河（时称界河）、大清河为界，与契丹人建立的辽朝隔河对峙。据《武经总要》记载，沧州横海军有9个军寨，坐落在津南区的有泥沽、双港、三女砦三寨。据《津南区志》记载，三女砦建于北宋太平兴国七年（982年），坐落在双港镇前三合村，其东部面对海河故道的白塘口湾南岸，其北部有一条宽约400米，呈东西走向，并有黄河水沉积泥沙的古河道，东北距双港寨遗址约4000米。今军寨斥堠等设施无存，寨墙已平，夯土墙基无迹，成为一土台，东西长200余米，南北宽不足200米，总面积约4万平方米，高出附近地面3米。日本侵华期间开挖赤龙河支河，将该寨一分为二。

2013年，前三河村整体搬迁，天津市文化遗产保护中心对这片高台地进行了考古勘探和试掘工作。勘探面积51500平方米，试掘面积135平方米。经过勘探调查未发现夯土迹象和建筑遗址。

在该区域进行考古试掘工作，共布长、宽各5米探方1个，长4、宽1米探沟8条。从G5的剖面看文化层堆积厚4.3米，分为14层，根据地层内出土的遗物判断：第1、2层为现代垫土层，第3~10层为明清时期，第11~14层为元代时期。

根据考古勘探和试掘工作未在该区域发现寨堡遗迹和宋代时期遗物，可以断定此地不是宋代三女砦所在地。但根据文献记载和地理位置判断，三女砦位置应距此地不远。

（张俊生　姜佰国　刘　健）

# 蓟县吴庄明代墓葬

勘探时间：2013年3月25~29日
工作单位：天津市文化遗产保护中心、蓟县文物保护管理所

2013年3月，蓟县渔阳镇吴庄村附近一座墓葬遭到盗掘，天津市文化遗产保护中心闻讯后前往调查。经现场勘察，该墓葬盗扰严重。为保护文物、避免盗掘行为再次发生，对被盗墓葬进行了抢救性考古发掘，并对墓葬周边区域进行了重点考古勘探，排除了附近区域存在其他墓葬的可能。

吴庄墓葬位于蓟县渔阳镇吴庄村北、大星峪村西南的山前坡地上，墓葬中心处于北纬40°03′19″，东经17°22′26″。墓葬开口据现地表深约0.5米，墓葬下部基本开凿在山岩上。墓葬为长方形竖穴砖石混合结构夫妻合葬墓，东、西两室，墓向北偏西10°。墓壁、墓底以及东、西两室之间隔墙均用素面青砖砌筑，墓口一周用单层条石砌筑，在墓顶石板上方铺有一层不规

则石块。墓室南北长3.9、东西宽3.86米，墓底距墓顶高1米，在东、西两室的北壁以及东室的东壁、西室的西壁共垒砌4个拱形壁龛，两室之间隔墙靠北部处也砌有一个龛形通道相联通。

东室，即此次遭盗掘墓室，墓顶青石盖板已塌落，棺板、人骨大部分已被抛出墓葬之外，仅在填土中发现北宋与明代铜钱、板瓦、少量棺板及人骨等遗物。在东壁龛附近发现铭文方砖一块，丹书文字，仅可辨识出首行"大明阴券"4字，其余文字不清，应为买地券。

西室内发现残木棺一具，棺木残长1.9~2.1、宽0.45~0.65米，棺木保存较差。西室属早期被盗，出土遗物有双系灰陶罐、铜簪、铜钱、板瓦等遗物。

吴庄明墓整体体量不是很大，但是营造难度大、修建精致、结构考究，为天津地区同期墓葬所少见，而买地券的发现对于研究当时的社会习俗、宗教信仰具有重要意义。

（戴　滨　盛立双）

## 天津水下文化遗产重点调查

**调查时间**：2013年8月
**工作单位**：国家文物局水下文化遗产保护中心、天津市文化遗产保护中心

2013年，天津沿海水下文化遗产重点调查工作历时17天，通过物理探测、潜水探摸等方法新发现近代沉船1处。

调查队运用"多波束"、"浅地层剖面"及"侧扫声呐"等海洋物探声呐技术，扫测了包括"天津散化锚地东南部"、"大沽口南锚地"以及锚地西南侧共计12处水下文化遗存疑点及线索点，重点扫测了7处海图上已标注的沉船。经过扫测，排除疑点5处，发现已经被打捞沉船4处，确认水下沉船3处，分别编号为大沽口Ⅰ、Ⅱ、Ⅲ号沉船，获取了一批精确的水下疑点声呐图像与数据资料。

此次重点潜水调查了大沽Ⅰ、Ⅱ号水下沉船，并对2010年重点调查的大沽散花锚地Ⅰ号沉船遗址进行了复查。其中，大沽锚地Ⅱ号沉船遗址位于天津港航道南侧，海图标示时间为1934年。经探摸发现，该沉船遗址处于水深16~26.1米处，南北向，向西倾斜坐于海床，体量较大，船长约42、宽约7、深约7米。该船长宽比、型深与军舰相似，推测可能为战舰，其详细资料正在进一步收集和整理中。

此次调查专门安排试行了《水下考古操作规程》调查部分的内容以及《水下考古调查、发掘项目的考评办法》。为加强水下考古调查、发掘工地的管理向科学化方向发展做出了新的探索和尝试。调查工作得到了天津海洋局的协助，提高了工作效率和保证了潜水安全，为今后的类似工作提供了一定的借鉴和参考。此次调查进一步摸清了天津大沽口海域周边水下文化遗产的分布状况，推进了天津港及周边海域水下文化遗产的调查、研究和保护工作。

（赵　晨　甘才超　张　瑞　戴　滨　相　军）

# 2015年年鉴

## 宁河县田庄坨战国遗址

**发掘时间**：2014年3~5月
**工作单位**：天津市文物管理中心、宁河县图书馆

田庄坨遗址位于宁河县板桥镇田庄坨村的南部，遗址距县城芦台镇北20千米，板桥乡田庄坨村西南200米处，遗址中心地理坐标为北纬39°28′35.7″，东经117°46′44.5″。

唐廊高速公路一期从该遗址区南部边缘经过，我中心对工程占压范围进行考古发掘工作，共布5米×5米探方142个，发掘面积共计3500平方米，共发掘清理灰坑16个（其中汉代至战国时期15个、辽金时期1个）、汉墓3座、辽金井1眼。

该遗址文化层较薄，多为二层，第1层为耕土层，厚0~0.16米；第2层为黑褐土层，土质较松，深0.16~0.36、厚0.3~0.36米，包含灰陶片、红陶片、夹蚌红陶片，年代为战国时期。

3座汉墓中出土器物有罐、瓮、钵、弹丸、网坠、纺轮、铜镜、铜剑、骨笄、五铢、半两、燕刀币等。

（张俊生　姜佰国）

## 蓟县小毛庄东汉列侯家族墓

**发掘时间**：2014年3~9月
**工作单位**：天津市文物管理中心、蓟县文物保护管理所

蓟县小毛庄汉墓群位于蓟县城关镇小毛庄村周边地区，该汉墓群曾在1991年、2002年、2004年、2010年进行过四次发掘。本年度为配合蓟县峰景苑住宅项目建设，我中心对其进行了第五次发掘。

此次发掘地点位于蓟县城东小毛庄村南100米，共清理28座古墓，包括明清墓葬15座、东汉墓葬7座、西汉墓葬5座、战国时期墓葬1座。其中7座东汉时期墓葬规模较大、形制不一、排列整齐、年代集中、出土器物也较丰富，为本次考古发掘的重要成果。

东汉时期墓葬墓号分别为M1、M2、M3、M4、M5、M6、M21，其中M2、M6为砖石结构墓葬，墓门雕刻有画像石，其余墓葬为砖砌多室墓。

M2位于发掘区的东南部，东西宽12.2、南北总长（含墓道）28.8米，由主室、前室、侧室、回廊、甬道及墓道组成，为竖穴土坑的砖石结构，回廊包围主室、前室、侧室。M2盗扰严重，在墓道、回廊及前室发现三个盗洞，随葬品主要发现于侧室与主室，主要有灰陶罐、盘、灶、瓮、五铢、鎏金铜器扣、鎏金铜盖弓帽、玉衣片等。

M6为不规则形砖石多室墓，南北长22、东西宽14.52米，由墓道、封门、门庭、西耳室、东一侧室、墓门、前室、东二侧室、西侧室、后室组成。M6的东一侧室把耳室改为甬道、后室与东二侧室加长甬道、后室与东二侧室甬道与甬道之间加以简单砖墙连接以及前室东南及北部垒砌砖墙加以分割空间等做法，都可以证明该墓葬从初建到后续使用过程中经过了多次改建。在其墓门中立石上刻有"仪雅文""刘淑度""上尚""田仲""李□□"等文字，应该是修造墓葬工匠的名字。

其他5座东汉墓（M1、M3、M4、M5、M21）一般为前、后室或前、中、后室带耳室的砖结构墓葬，长度均在12米以上。

这7座东汉墓葬出土了陶、铜、漆、石、玉等质地文物标本200件，出土文物制作较为精良，从M2带回廊的"甲"字形墓葬形制、墓室中出土的鎏金铜缕玉衣片以及墓门上画像石的雕刻技法，可推断该墓葬为东汉早期列侯等级的墓葬，为目前天津地区发现规格等级最高的墓葬。M1、M2、M3、M4、M5、M6、M21七座东汉墓葬排列有序，延续年代由东汉早期至东汉中期，推断应为一处规模较大的列侯级别家族墓地，这对于研究东汉墓葬形制的演变、家族观念的变化以及社会意识形态的变迁具有重要价值。

（梅鹏云　姜佰国）

# 静海县明清文庙遗址

**发掘时间**：2014年10~11月

**工作单位**：天津市文物管理中心、静海县文化遗产保护中心

静海文庙遗址位于静海县东方红路南侧，群卫路北侧，西邻工农大街，中心位置坐标北纬38°93′24.2″，东经116°92′00.4″。

本次考古发掘共布设探方35个，总发掘面积为960平方米。共清理房址2处（编号F1、F2），院落遗址1处（编号Y1），甬路遗址4处（编号L1~L4）。F1位于发掘区的西南部，面阔三间，进深一间，东西长10.35、南北宽6.85米。F2位于发掘区西北部，坐北朝南，由踏步、门、墙基础、砖磉墩组成。东西长12.9、南北宽11.25米，面阔三间，进深一间。踏步和门位于南墙正中。东、西及北墙基础为同一时期建成，南墙基础为二次修建。Y1位于F2南侧，南

北长18、东西宽13米，由南院门、东院门基础、院墙基础组成。L1位于F2南门的南侧，呈南北向，南北残长约1、东西残宽3.5米。L2位于L1的东侧，呈东西向，东西残长4.4、南北残宽0.2～1.4米。L3位于F2东侧，呈南北向，南北残长7.7、东西宽1.75～2.3米。南部与L4相接，西部与F2东墙及Y1东墙相接。L4位于Y1东门东侧，呈东西向，东西残长约4、南北残宽0.6～3.3米，甬路中部及东部被破坏。

文献记载静海文庙，当地俗称圣人殿，位于老县衙东南。明洪武初年建，坐北朝南，占地10亩。包括泮池、棂星门、大成殿、宦祠、忠义祠、崇圣祠等。该庙于1853年（清咸丰三年）被焚，1872年（同治十一年）修复，民国初年曾辟为小学校，中华人民共和国初期被拆除。

通过本次发掘，结合文献记载及对当地群众的口述调查，推测该建筑基础应为静海文庙的相关附属建筑。

（戴　滨　姜佰国　相　军）

# 天津大沽口Ⅱ号沉船重点调查

**调查时间**：2014年8～9月

**工作单位**：天津市文物管理中心、国家文物局水下文化遗产保护中心

本年度我中心联合国家文物局水下文化遗产保护中心、国家海洋博物馆共同组织、调集了广东、海南、浙江、山东、湖北以及北京、天津、青岛等地8家单位的12名水下考古队员组建水下考古调查队，对天津大沽口Ⅱ号沉船实施了重点调查。

此次调查采用了物探扫测和人工潜水探摸相结合的方法，首先利用旁侧声呐、多波束声呐、磁力探测仪以及水下三维全景成像声呐系统全方位采集沉船的整体轮廓数据及掌握其大体结构，再派遣水下考古队员下水进行局部测绘以及水下影像资料采集。通过此次调查基本弄清了沉船结构以及细部尺寸。该船残存全长50、最宽7.5米，在中部断裂，分成南、北两部分，北侧应为船头，北部残存钢梁不少于18根，钢梁结构为角钢，水平，不见拱起，宽7、高14.5、厚0.5厘米，上部宽面密布铆钉孔，应为连接上甲板的遗存。钢梁与船舷应为焊接，船体外壳已经脱落，仅保留肋骨框架，肋骨为宽10、厚0.5厘米的钢板。沉船中部分布两个方形舱口，舱口为长2米的正方形。两舱口之间为船体最高处，为矩形凸起，位于船体正中。沉船北侧发现一条钢链横贯船体甲板，单个钢链长20、直径3.7厘米。

经过相关专家分析，该沉船的长宽比、型深与货船相似，推测可能为干散货商船，其年代应该为民国早期，有关该沉船的数据信息和相关资料正在进一步搜集整理之中。

（甘才超　梁国庆　张　瑞）

# 2016年年鉴

## 蓟县旧石器考古调查

调查时间：2015年4~5月
工作单位：天津市文化遗产保护中心、吉林大学边疆考古研究中心、蓟县文物保护管理所

以开展国家社科基金项目"天津地区旧、新石器时代过渡遗存综合研究"为契机，联合考古调查队，在2005年调查基础上，再度对蓟县北部山区开展了有针对性的旧石器考古调查。

调查以蓟县1：10000地形图为基础，筛选适于古人类生存并具备第四纪埋藏条件的河流阶地、山谷；结合详细的行政区划图和以往哺乳动物、旧石器考古线索，确定了以蓟县北部和中东部地区为重点考察区域。考察队分两个阶段进行调查。第一阶段，采取地质勘探的"之"字形线路策略，重点考察地形平缓、第四纪沉积物分布集中、河流发育的地段。对出露较好的第四纪剖面进行观察；发现文化遗物后，分析沉积性质，寻找文化遗物的原生层位；对新发现的地点用全球定位系统（GPS）定位，记录地点的地理位置、地貌特征、地层情况、遗址分布范围、开展工作的潜力以及标本发现情况等。第二阶段，对发现的地点进行复查、评估，确定未来工作重点，以及对重要剖面进行测绘并采集考古标本和测年样本。

通过此次调查，又发现14处旧石器地点（遗址），分布于蓟县下营、罗庄子、孙各庄、穿芳峪和渔阳5个乡镇，采集石制品千余件，石制品原料以角岩、石英岩、燧石为主；剥片以锤击法为主，也存在一定比例的间接剥片法，砸击法在少量地点被广泛使用；石制品类型较为丰富，包括石核、石片、断块及工具等，工具种类包括刮削器、尖状器、砍砸器等；修理多采用锤击法，且以正向加工为主。此次调查新发现旧石器地点与2005年调查相比，差异明显：发现的旧石器地点的高度大多提升到第Ⅳ、Ⅲ级阶地；石制品的质料多以角岩、石英岩为主；石制品均以中、大型为主，小型居次。

2015年11月，针对此次调查召开了专家咨询论证会，专家认为，调查新发现14处旧石器地点，文化遗存分布的地貌部位清楚，石制品技术与类型特征明确，文化内涵丰富，学术研究价值重大，从地貌部位与文化特征推测，此次调查新发现的旧石器地点的年代已经进入旧石器时代早、中期，即地质年代的晚更新世早期或更早，不晚于距今10万年。专家指出，此次调查在第Ⅳ、Ⅲ级阶地上新发现的下营南岭、杨庄西山等地点，以大型砾石为原料，生产大石片工具为特色，在华北旧石器文化体系中鲜见；以东井峪骆驼岭为代表的第Ⅱ阶地地点，石片石器的小型化趋势明显，与第Ⅳ、Ⅲ级阶地的石制品形成鲜明对照。上述地点与东营坊遗址以燧石为

主的小石器工业呈现出三种不同的文化面貌，代表蓟县旧石器文化发展的不同阶段，为建立区域旧石器文化序列奠定了基础。另外，此次调查发现的杏花山朝阳洞系天津地区首次发现的旧石器时代洞穴遗址，具有独特的考古价值。

（盛立双　王春雪　甘才超　刘福宁）

## 大沽口海域水下考古调查

**调查时间**：2015年11～12月
**工作单位**：天津市文化遗产保护中心、国家文物局水下文化遗产保护中心

2015年3月，依据前期文献资料整理及实地调查资料，编制完成了《2015天津海域水下考古调查方案》以及《突发事件应急预案》等上报国家文物局审批，成功获得了批准立项。

今年的调查工作任务主要是大沽口海域大沽沙古航道近岸区域及其南侧的独流减河河口重点区域扫测调查工作，利用了旁侧声呐、浅地层、多波束声呐及磁力仪等多种水下物探方法进行了综合性的探测调查并配合重要疑点的人工探摸调查。通过半个多月的调查工作，完成了对上述重点区域的扫测工作，初步掌握了该区域的水下文化遗产分布状况，发现疑似沉船点遗址五处，分别为疑点C、D1、D2、E、F，其中疑点E为通过陆地调查线索扫测出的新发现沉船点，初步命名为"大港一号"沉船遗址，这一遗址位置与陆地走访调查从渔民处获得的线索高度一致，通过此次物探扫测调查，其平面轮廓已经较为明显地呈现出船形，浅地层剖面和磁力数据也明显支持这一结论。由于气温及水温接近0℃冰点，加之能见度也几乎为零，对潜水探摸工作来说是个极大的挑战，但是为了能确认这一重要发现，水下考古队员在充分准备之后进行了潜水探摸调查，初步确认了铁质船体的存在。另外四处疑点均位于大沽沙古航道东部区域，其中C点根据侧扫平面图所呈现的船形结构基本可以推测为近当代运沙船；D1、D2点完全覆没于表层泥沙之下，无法判断其形态及质地，需更新设备进一步调查并探摸确认；F点由于沉态特异无法判断其形态，根据磁力数据初步判断为木质沉船。

此次天津水下考古调查工作正值寒冬季节，考古人员克服了气候寒冷、环境艰苦、水文情况恶劣等多重困难，顺利完成了调查目标和任务，并取得了重要发现，为天津下阶段的水下考古工作奠定了重要的基础。

（甘才超　梁国庆　张　瑞　戴　滨）

# 2017年年鉴

## 蓟州区官善村商周至明清时期遗址

发掘时间：2016年10月
工作单位：天津市文化遗产保护中心、蓟县文物保护管理所

2016年10月，蓟州区白涧镇官善村村民植树掘土时发现大量陶片及建筑构件，天津市文化遗产保护中心闻讯前往现场调查。

遗址位于官善村东的一处海拔不高的小台地上，现存面积约1000平方米，现地表大部为杂草及低矮灌木，土地平整，现场采集到较为丰富的商周时期遗物残片，可辨器形有鬲、罐、盆、钵、臼等；遗址现场还采集有汉代陶器残片，金元时期陶、瓷器残片，明清时期建筑构件等遗物。该遗址距张家园商周遗址较近，二者应有密切联系。

（戴　滨　盛立双　梅鹏云　刘福宁）

# 2018年年鉴

## 静海区纪庄战国至汉代遗址

**发掘时间**：2017年6~7月
**工作单位**：天津市文化遗产保护中心、静海区文化馆

遗址位于静海区陈官屯镇纪家庄村西南，西邻京沪高速，与胡辛庄互通，东距京福公路1.5千米。因天津液化天然气（LNG）项目输气干线工程建设，对该遗址进行考古发掘，发掘面积900平方米。

遗址文化堆积比较简单，遗物主要以战国时期为主，汉代遗物较少。共清理灰坑33个，出土了较丰富的战国时期遗物，包括生活器皿、生产工具和建筑构件等几类，生活器皿主要有陶釜、罐、豆、盆、瓮和石臼等，生产工具主要有铁铲、铁镢、铜凿等，建筑构件见有板瓦和筒瓦等，此外还发现少量兽骨、蚌壳等遗物。

通过考古发掘初步认识，纪庄遗址为战国时期一处村落遗址的边缘区域，该遗址的发掘，对探讨战国时期天津地区古代遗存的考古学文化面貌、开展战国时期聚落考古研究，提供了难得的实物资料。

（尹承龙　盛立双）

## 静海区西钓台村西战国、汉代和金元时期遗址

**发掘时间**：2017年6~8月
**工作单位**：天津市文化遗产保护中心、静海区文化馆

遗址位于静海区陈官屯镇西钓台村西，东距京福公路约1千米。因天津液化天然气（LNG）项目输气干线工程建设，对该遗址进行考古发掘，发掘面积2300平方米。遗址堆积年代主要以战国—汉为主，金元时期遗存不丰富。

战国—汉时期遗存丰富，发现灰坑、砖井、瓮棺葬等遗迹，出土遗物较多，主要以生活器具、建筑构件、生产工具为主，包括陶釜、鼎、罐、豆、盆、甑、瓮、砖、板瓦、筒瓦以及铁

质生产工具等。陶器中常见的粗绳纹圜底红陶釜较有特色。在陶罐口沿以及陶豆口沿、柄部常见有戳记，少数为陶文。

该遗址战国时期遗存的文化面貌与近年来发掘的静海古城洼、鲁辛庄等同时期遗存，均具有明显非燕文化特征，为探讨天津南部地区战国时考古遗存的文化面貌，提供了重要实物资料。

金元时期遗存较少，主要分布于发掘区南侧，发现灰坑、灶址等遗迹，出土遗物主要为生活器具，包括陶盆、白瓷碗等，还发现大量板瓦、砖等建筑构件。

（盛立双　尹承龙）

## 蓟州区下闸村辽代水井

**发掘时间**：2017年4月
**工作单位**：天津市文化遗产保护中心、蓟州区文物保护管理所

水井位于蓟州区渔阳镇下闸村"棕榈名邸"房地产项目建筑工地地下约4.5米处，在施工过程中被发现，其上部堆积已被破坏，为避免施工对水井造成进一步破坏，联合蓟州区文物保护管理所对该水井进行抢救性考古发掘。

水井主体为木石结构，木井圈平面为榫卯结构六边形，由预先搭建好的木质井圈层层堆加而成，外部有卵石堆砌加固。通过考古发掘出土大量陶罐，以及零星骨笄、砖、瓷盘、瓷碗、铁钉等遗物。经修复，陶罐类型单一，均为泥制灰陶鼓腹罐，应是当时汲水器。根据井内出土遗物推断，该井为辽代。

该井形制较为特殊，其构筑方式、构筑材质以及木井圈的加工与扣合方式都具有重要研究价值，显示出了较高的造井技术和木工技艺。

（尹承龙　盛立双　刘福宁）

## 蓟州区大云泉寺村辽金墓

**发掘时间**：2016年12月至2017年1月
**工作单位**：天津市文化遗产保护中心、蓟州区文物保护管理所

墓葬位于蓟州区别山镇大云泉寺村北，因发现被盗，经相关报批手续后，组织进行抢救性考古发掘，清理金代墓葬2座（编号M1、M2）。墓葬盗扰严重，墓室内仅出土零星陶器残

片、铜钱等遗物。

M1位于大云泉寺村北约600米处，南邻M2，方向174°，平面呈"甲"字形，竖穴土圹砖室墓，由墓道、墓门、墓室三部分组成，墓室破坏严重。墓口距地表深0.4米，墓底距墓口深3.4米，墓南北总长8.1、东西宽1.1~4.8米。

M2北邻M1，方向186°，平面呈椭圆"甲"字形，竖穴土圹砖室墓，由通道、墓门、东侧室、西侧室、墓道、墓室六部分组成。墓口距地表深1.2米，墓底距墓口深1.7~6.4米，墓南北总长17.6、东西宽2~10.7米。在该墓墓室东西两壁各饰有壁画，破坏严重。

根据墓葬形制、墓砖纹饰及出土遗物推断，墓葬为辽金时期，为研究辽金元时期本地区墓葬形制提供了重要参考。

（甘才超　张　瑞　戴　滨）

# 蓟县明清多宝佛塔遗址

**发掘时间**：2017年10月
**工作单位**：天津市文化遗产保护中心、蓟州区文物保护管理所

多宝佛塔又称少林寺塔，位于蓟县官庄镇砖瓦窑村东，盘山少林寺东龙首山上。明崇祯十七年（1644年）重建，清顺治九年（1652年）竣工。石砌基座，砖砌塔身，八角十三层密檐式，第一层檐下砖雕斗拱，其余密檐之间作矮层塔身，东、西、南、北四面作佛龛，高26米。1991年8月2日，天津市人民政府将多宝佛塔公布为天津市文物保护单位。

2017年10月，在多宝佛塔的维修施工中发现密檐间的佛龛内有文物存在的线索。天津市文化遗产保护中心随即与中国文化遗产研究院合作，开展考古清理与文物现场保护工作。此次清理共出土文物52件套，包括造像42尊、佛塔模型3件、丝织品2套、铜饰1件、木龛（盒）3件、佛珠1套、已提取或散落的装藏7套（因与出土文物存在从属关系未计入总数）、铜钱若干（万历通宝、崇祯通宝、顺治通宝）；文物材质种类丰富，金属、陶、瓷、石、木、泥、丝织品、纸制品均有出土；出土的文物内容以佛教题材的造像为主，除四层南出土一尊泥质道教造像外，其余佛龛内均出土佛教题材的文物。这些造像风格多样，供奉方式独特，有些造像罕见，其中绿度母、宝冠释迦、文殊菩萨等造像具有典型的藏传佛教风格。通过出土时观察，仍有一定比例的造像中带有装藏，因现场工作条件有限未进行提取，此工作将于保护处理时一并进行。2018年3月，天津市文化遗产保护中心对佛龛内的残留物进行了筛选。

目前，多宝佛塔出土文物抢救性保护方案初稿已编制完成，待审核通过后开展相关的文物保护工作。

（刘　健　梅鹏云）

# 津南区慈云寺遗址

发掘时间：2017年6~8月
工作单位：天津市文化遗产保护中心

辛庄慈云寺位于津南区辛庄镇高庄子村，始建于明崇祯二年（1629年），四合院式建筑，占地面积800平方米，现为天津市文物保护单位。2017年6~8月，因辛庄慈云寺文物保护工程方案设计需要，经国家文物局批准，天津市文化遗产保护中心对慈云寺建筑基址开展了考古清理工作。此次发掘共布设探方12个、扩方2个、探沟2条，发掘面积300平方米，清理重要建筑基址1处、灰坑19个，出土各类文物30余件。

通过对慈云寺院落基址的考古清理及局部解剖，基本厘清了各个时期遗迹的年代关系及修缮过程，摸清了基本院落布局情况，得出如下初步认识：

遗址大体可分为三期：第一期为大殿基础部分，包括大殿基础及月台底部，推测年代为明清时期；第二期为东西配殿、偏殿、围墙及大门基础部分，包括西跨院铺地砖平面及院内一层下踩踏面，推测年代为民国时期；第三期为地表铺地砖部分，包括院内三层铺地砖及地下给排水系统，推测年代为新中国成立至21世纪。

院落布局：目前现存主体院落格局为民国时期形成，发掘中只见踩踏面未见砖铺甬道。根据地下基础部分分析，东西耳房应为较晚近时期添建建筑，东便门应为券门形式（与正大门相仿）。

月台结构：现存月台分三期形成；最底层应与大殿基础同时期，规模较大，目前仅存部分砖结构基础；中间一期应为民国时期形成，与现存规模基本相仿，现存夯土台及夯土面；最后一期，即现状部分为近代形成。

通过此次考古发掘，完成了对慈云寺的院落布局、形制和构件的考证，做出了对遗址本体的分期断代，追溯了修缮历史；为后续修缮设计提供了重要依据。

（甘才超　张　瑞　戴　滨）

# 蓟州区中峪清代墓葬

发掘时间：2016年12月至2017年1月
工作单位：天津市文化遗产保护中心、蓟州区文物保护管理所

2016年12月，出头岭镇中峪村东发现一处被盗古墓葬，经相关报批后，组织对其进行抢救

性考古清理，清理墓葬1座。

墓葬位于出头岭镇五清庄村西约200米处，方向178°，为长方形竖穴土圹三合土夯制，被盗严重，墓顶部有大小不均的五处盗洞。墓口距地表深0.5米，墓底距墓口2.8米。该墓由墓道、墓门、墓室三部分组成；墓室三个，位于墓门的北部，由于被破坏严重，墓室的顶部所打三合土被破坏，残存墓室的东南角和东北角所打三合土用江米汁、白灰和土搅拌平夯而成，十分坚硬，未发现随葬器物。根据墓葬形制和调查得知，应为清代墓葬。

（甘才超　戴　滨　张　瑞）

图版一

1. 蓟县旧石器地点采集石制品

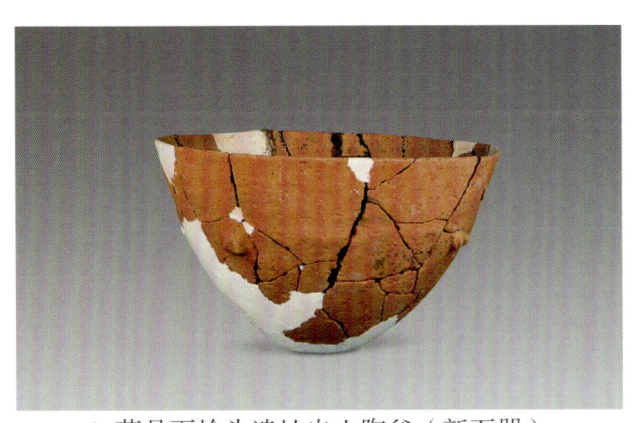

2. 蓟县下埝头遗址出土陶釜（新石器）

3. 蓟县青池遗址出土陶筒形罐（新石器）

4. 蓟县张家园遗址出土铜鼎（商周）

5. 蓟县张家园遗址出土铜簋（商周）

天津旧石器、新石器、夏商周考古

图版二

1. 静海西钓台古城出土"陈和志左廪"陶量铭文（战国）

2. 蓟县西关汉墓出土白玉龙形璜（东汉）

3. 蓟县小毛庄东汉画像石墓彩绘人物

4. 蓟县崔店子汉墓出土玻璃珠串饰（西汉）

5. 蓟县小毛庄东汉画像石墓瑞兽图案拓片

天津春秋战国、秦汉考古

图版三

1. 蓟县小毛庄东汉画像石墓全景

2. 蓟县东大井M106（西汉）

天津秦汉考古

图版四

1. 蓟县大安宅遗址1号水井（西汉）

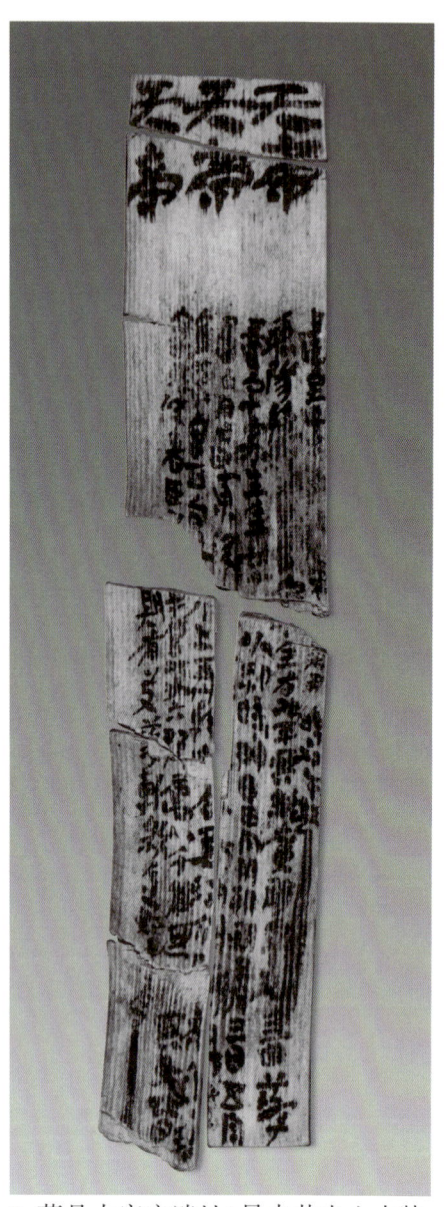

2. 蓟县大安宅遗址1号水井出土木牍（东汉）

3. 宝坻秦城遗址出土泉州丞印、范阳丞印印范拓片（秦）

天津秦汉考古

图版五

1. 武清白古屯遗址唐代窑址

2. 蓟县千像寺32号石刻造像（辽）

3. 蓟县西大佛塔塔基（辽）

天津隋唐、宋辽考古

图版六

1. 京杭大运河静海唐官屯段（元—清）

2. 河东天妃宫遗址元代建筑基址

天津金元以降考古

图版七

1. 蓟县西庄户遗址元代房址

2. 武清齐庄遗址出土观音菩萨瓷造像（金）

3. 静海袁家疙瘩遗址Y3（元）

天津金元以降考古

图版八

1. G1发掘全景（东北—西南）

2. G1发掘现场（东—西）

蓟县青池遗址G1

图版九

1. A型斧（T4G1⑧∶7）

2. A型斧（T1G1⑥∶5）

3. B型斧（T5G1⑧∶2）

4. 磨盘和磨棒（T3G1⑦∶8、T1G1⑨∶1）

5. 磨石（T2G1⑥∶4）

6. 砧石（T5G1⑥∶7）

蓟县青池遗址新石器时代第一期文化遗存出土石器

**图版一〇**

1. 碗（T3G1⑤：3）

2. 小杯（T4G1⑤：4）

3. Ⅰ式筒形罐（97G1②：5）

4. Ⅰ式筒形罐（97G1④：4）

5. Ⅱ式筒形罐（97G1④：1）

6. 罐底（97G1③：6）

蓟县青池遗址新石器时代第二期文化早、晚段遗存出土陶器

图版一一

1. Ⅰ式夹砂陶盆（97G1③：5）

2. Ⅱ式夹云母屑陶盆（97G1②：9）

3. 陶豆（97G1③：11）

4. Ⅰ式陶钵（97G1③：7）

5. 陶支脚（97G1④：11）

6. A型石耜（97G1④：26）

蓟县青池遗址新石器时代第二期文化晚段遗存出土器物

**图版一二**

1. 陶筒形罐（97G1采：27）

2. 陶碗（97采：30）

3. 人面石雕像（99采：1）

4. 石玦形佩饰（97采：56）

蓟县青池遗址采集器物

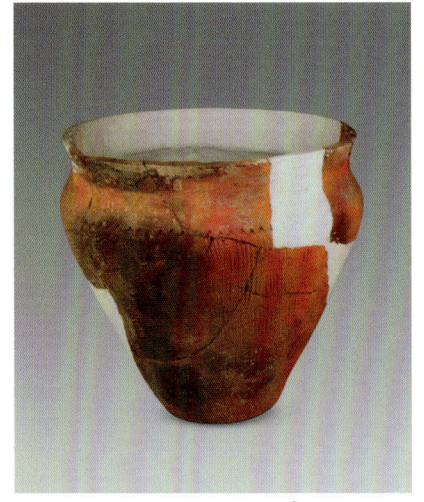

图版一三

1. 陶大口罐（T1611②：1） 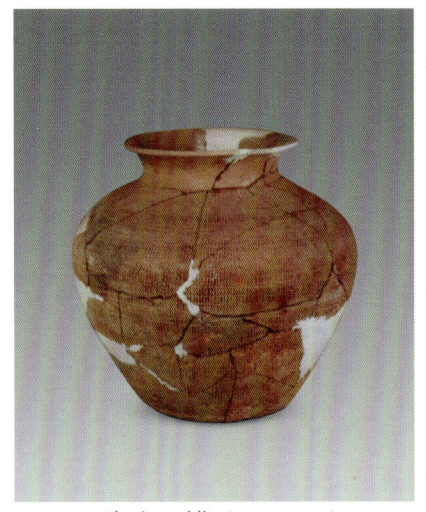　　2. 陶小口罐（H2：11） 　　3. A型陶深腹鬲（T1507③B：1）

4. B型陶深腹鬲（T1510③：1） 　　5. C型石斧（T1608③B：6） 　　6. C型石斧（T1609③：2）

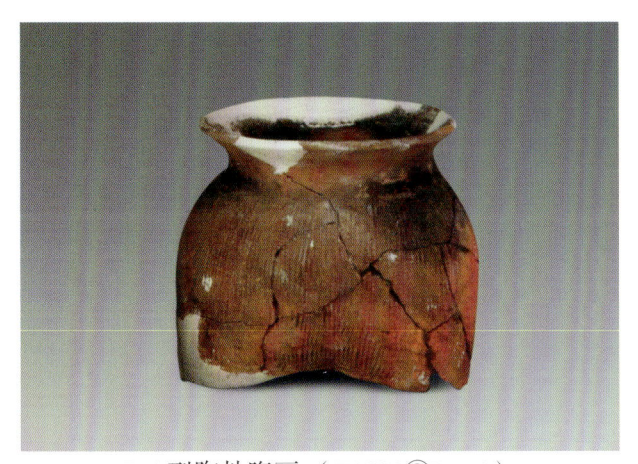

7. A型陶鼓腹鬲（T1508③B：1） 　　8. 人面石雕饰（H2：1）

蓟县青池遗址山顶遗存

**图版一四**

1. J1（东—西）

2. J1出土陶罐

3. 白釉印花瓷盘（J1：24）

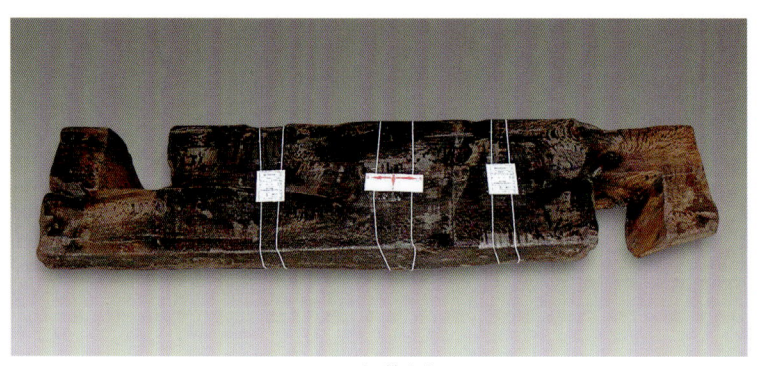

4. 木井圈

蓟州下闸村辽代水井J1

图版一五

1. 筒形罐（M1∶1）和器盖（M1∶6）

2. 筒形罐（M1∶2）和器盖（M1∶7）

3. 筒形罐（M1∶5）和器盖（M1∶10）

4. 碟（M1∶14）

5. 鸡腿瓶（M1∶20）

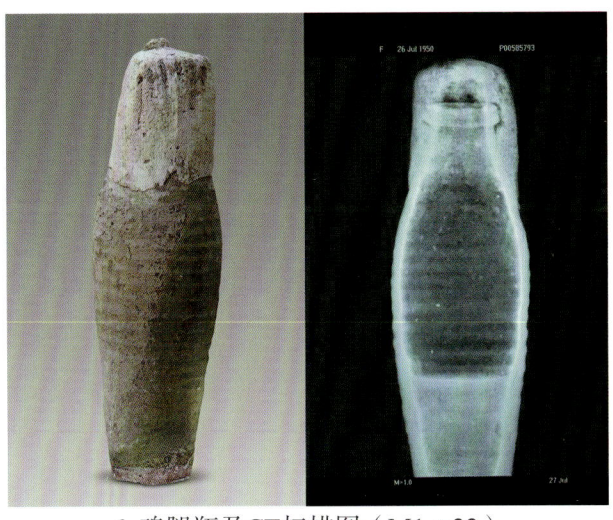

6. 鸡腿瓶及CT扫描图（M1∶22）

宝坻茶棚村金代石椁墓M1出土瓷器

**图版一六**

1. 瓷盘（M1∶24）

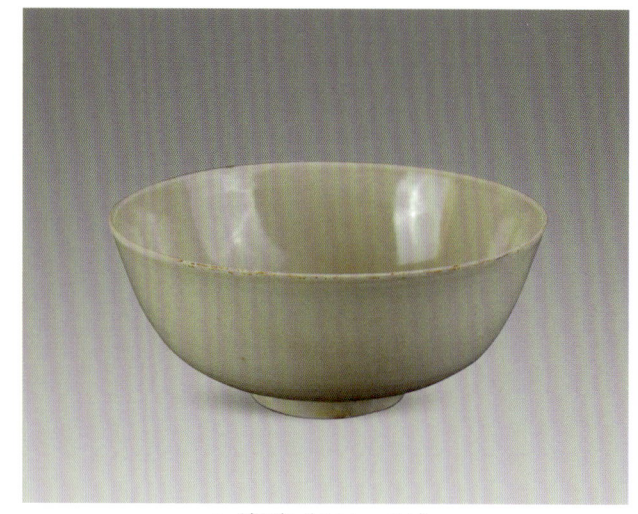

2. 瓷碗（M1∶27）

3. 铜镜及其外缘刻记（M1∶11）

4. 铜镜及其外缘刻记（M1∶12）

5. 黑灰色卵石（M1∶18）

6. 白色卵石（M1∶19）

宝坻茶棚村金代石椁墓M1出土器物

蓟县吴庄明代墓葬 M1

图版一八

蓟县小毛庄东汉列侯家族墓全景

图版一九

3. M2南部回廊（西—东）

1. M2

2. M6

浚县小毛庄东汉列侯家族墓M2、M6

图版二〇

1. M2后室门楣

2. M6前室门楣

蓟县小毛庄东汉列侯家族墓M2、M6

图版二一

1. M2出土玉衣片
2. M1出土"大牢"陶片 
3. M5出土绿釉陶楼 
4. M5出土绿釉陶灯 
5. M4出土陶奁 
6. M6出土釉陶壶 
7. M21出土陶圈厕 
8. M21出土陶俑 
9. M5出土鎏金铜饰件 

蓟县小毛庄东汉列侯家族墓出土器物

图版二二

1. 第三道墓门（南—北）

2. 日轮图案（内有三足乌、走兽）

蓟县小毛庄东汉画像石墓

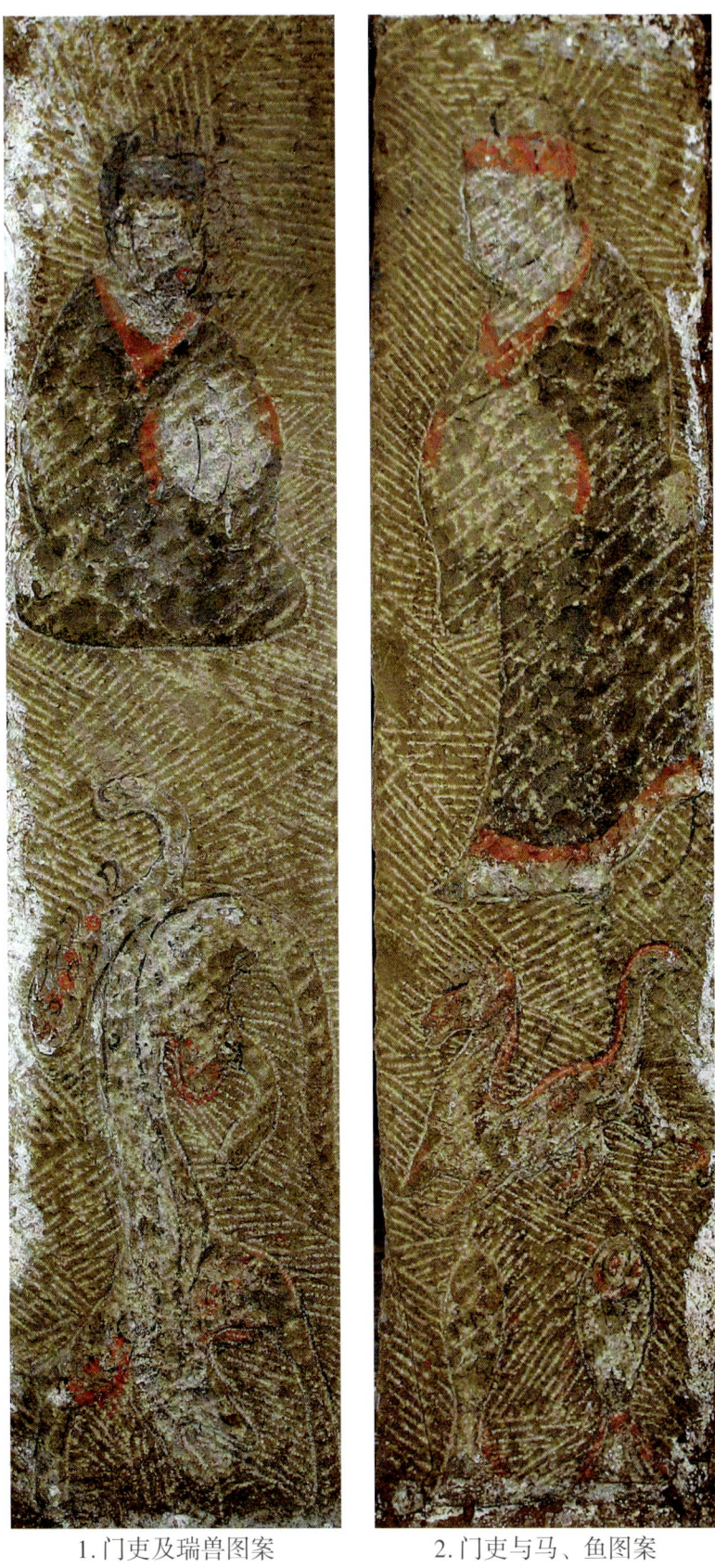

图版二三

1. 门吏及瑞兽图案  2. 门吏与马、鱼图案

蓟县小毛庄东汉画像石墓

图版二四

1. 白虎图案拓片

2. 青龙图案拓片

3. 第一道墓门门楣拓片

4. 出土陶器

5. 出土陶俑

蓟县小毛庄东汉画像石墓